Dr. Jens M. Schmittmann
Werbung im Internet

Rechtsanwaltskanzlei
Gerald Munz
Herdweg 55
70174 Stuttgart
Tel. 07 11 / 205 888 5

Werbung im Internet

Recht und Praxis

von

Dr. Jens M. Schmittmann
Rechtsanwalt und Steuerberater, Essen

Verlag C. H. Beck München 2003

Verlag C. H. Beck im Internet:
beck.de

ISBN 3 406 49945 7

© 2003 Verlag C. H. Beck oHG,
Wilhelmstraße 9, 80801 München

Druck: Nomos Verlagsgesellschaft
In den Lissen 12, 76547 Sinzheim
Satz: Federer & Krauß GmbH, Augsburg

Gedruckt auf säurefreiem, alterungsbeständigem Papier
(hergestellt aus chlorfrei gebleichtem Zellstoff)

Vorwort

Auch wenn in den vergangenen Monaten zahlreiche Unternehmen der New Economy den Weg zum Insolvenzrichter antreten mußten und andere Unternehmen noch ihren Platz zwischen „Hype" und „Flop" suchen, ist der Electronic Commerce weltweit nach wie vor ein sehr bedeutsamer Teil des Wirtschaftslebens. Dabei stellen sich in der Netzwirtschaft oftmals die gleichen rechtlichen und betriebswirtschaftlichen Fragen wie in der klassischen Wirtschaft. Es sind aber auch zahlreiche Fragen hinzugekommen, die durch die schnelle und preisgünstige Verbreitung von Informationen rund um den Erdball durch das Internet bedingt sind.

Die schnelle und preisgünstige Verbreitung von Informationen rund um die Erde hat zu einer größeren Transparenz der Märkte geführt, was sowohl für die Nachfrager- als auch die Anbieterseite gilt. Dies erfordert auch neue und flexiblere Formen der Werbung, um Marktanteile zu halten und zu vergrößern. Dabei steht der Unternehmer nicht mehr nur im Wettbewerb mit den ortsansässigen Anbietern, sondern bei online zu erbringenden Dienstleistungen und/oder leicht zu versendenden Waren mit Anbietern auf der ganzen Welt.

Die Globalisierung der Wirtschaft bringt eine Globalisierung der Werbung mit sich. Dabei stellen sich die verschiedensten Fragen, angefangen mit Fragen des Gerichtsstands und des anwendbaren Rechts und endend mit der wettbewerbsrechtlichen Einordnung neuer internetspezifischer Werbeformen. Dieses Buch kann nur Grundzüge darstellen und keineswegs ein umfassendes Bild des gesamten Werberechts im Internet zeichnen. Die Darstellung orientiert sich gleichermaßen an der Rechtsprechung der deutschen Gerichte und der Literatur.

Ich habe mich bemüht, eine möglichst umfassende Darstellung der wettbewerbsrechtlichen Probleme des E-Commerce zu geben. Dabei ist mir aber bewußt, daß die Darstellung angesichts der Komplexität der Materie nicht in allen Bereichen vollständig sein kann. Darüber hinaus unterliegt sowohl das Wettbewerbsrecht als auch das Telekommunikationsrecht laufend tiefgreifenden Veränderungen, so daß die dargestellten Lösungsvorschläge jeweils nur eine Momentaufnahme darstellen.

Dieses Buch dient der allgemeinen Information und stellt keine rechtliche Beratung in einem Einzelfall dar. Jeder Fall hat seine Besonderheiten und muß – je nach den Einzelheiten des Sachverhalts – durch einen Rechtsanwalt geprüft und bewertet werden. Der Verfasser kann daher ebensowenig wie der Verlag eine Haftung für technische oder rechtliche Hinweise übernehmen.

Gesetzgebung, Rechtsprechung und Literatur sind bis Anfang Dezember 2002 ausgewertet, wobei aufgrund der Fülle des Materials nicht auf alle Einzelfragen eingegangen werden konnte.

Kritik und Verbesserungsvorschlägen sehe ich gerne entgegen.

Essen, Januar 2003 *Jens M. Schmittmann*

Inhaltsverzeichnis

Abkürzungsverzeichnis	XV
Literaturverzeichnis	XXIII

§ 1. Einführung ... 1
  I. Historische Entwicklung ... 1
  II. Verbreitung des Internet ... 1
  III. Netzwirtschaft ... 2
    1. Wirtschaftliche Bedeutung ... 2
    2. Internetspezifische Werbeformen ... 7
      a) Website ... 7
      b) Comet Curser ... 8
      c) Banner ... 8
      d) Interstitial ... 9
      e) Button ... 9
      f) Keyword-Werbung ... 10
      g) E-Mail-Werbung ... 10
    3. Messung von Online-Medialeistungen ... 10
      a) Website ... 10
      b) Bannerwerbung ... 11
  IV. Rechtswissenschaftlicher Werbebegriff ... 12
    1. Europarechtlicher Werbebegriff ... 12
    2. Nationaler Werbebegriff ... 13
      a) Abgrenzung zur „invitatio ad offerendum" ... 13
      b) Imagewerbung und Aufmerksamkeitswerbung ... 14
      c) „Schockwerbung" und Grundrechte ... 14
      d) „Schleichwerbung" ... 16
      e) Trennung von Werbung und redaktionellem Text im Internet ... 18
    3. Begriff des Wettbewerbs ... 21
      a) Rechtliche Begriffsbestimmung ... 21
      b) Wirtschaftliche Begriffsbestimmung ... 21
    4. Mechanismen der Selbstregulierung („Self Regulation") ... 23
      a) Netiquette ... 23
      b) International Chamber of Commerce ... 24
      c) Internationale Liga für Wettbewerbsrecht ... 24
      d) OECD ... 24

§ 2. Ermittlung und Durchsetzung werberechtlicher Ansprüche ... 27
  I. Gerichtsstandsbestimmung nach nationalem Recht ... 27

Inhaltsverzeichnis

    1. Gerichtsstandsbestimmung gem. § 32 ZPO............ 27
    2. Gerichtsstand bei Internetsachverhalten.............. 29
  II. Gerichtsstandsbestimmung nach der Richtlinie
      2000/31/EG („E-Commerce-Richtlinie").............. 30
    1. Herkunftslandprinzip.............................. 31
    2. Umsetzung in Deutschland 32
  III. Bestimmung des anwendbaren Rechts................. 33
  IV. Marktwirkung eines Wettbewerbsverstoßes............. 35
    1. Bestimmung des relevanten Marktes................ 35
       a) Sprache als Abgrenzungskriterium................ 35
       b) Fehlende Hinweise auf bestimmten Staat
          und nach deutschem Maßstab ungewöhnliche
          Gestaltung als Abgrenzungskriterium............. 37
       c) Warenart und Dienstleistungsform als
          Abgrenzungskriterium 37
       d) Ausgewählte Konsequenzen aus der Marktermittlung 38
    2. Wettbewerbsverhältnis............................. 39
    3. Ausschluß einer bestimmten Rechtsanwendung
       durch „Disclaimer"................................ 41
  V. Prüfung des Heimatrechts durch das Gericht des Deliktsorts 42
  VI. Prozessuale Besonderheiten........................... 45
    1. Abmahnung....................................... 45
       a) Abmahnung des Verletzten bzw. eines
          anderen Unterlassungsgläubigers................. 47
       b) Reaktion des Verletzers 48
    2. Schutzschrift..................................... 49
    3. Abschlußschreiben 50
    4. Abschlußerklärung 51
    5. Dispute-Eintrag................................... 52
    6. Einstweiliger Rechtsschutz........................ 52
       a) Grundzüge des Verfügungsverfahrens............. 52
       b) Spezifika bei Internetsachverhalten 55
       c) Vollzug Einstweiliger Verfügungen 56
    7. Gegenstandswert bei Internetsachverhalten 57
       a) Grundzüge der Streitwertbestimmung............. 57
       b) Streitwerte bei Internetsachverhalten.............. 59

§ 3. Werbebeschränkungen aus dem allgemeinen
     Wettbewerbsrecht (UWG) 63
  I. Generalklausel, § 1 UWG............................. 63
    1. Kundenfang...................................... 63
       a) Täuschung 64
          aa) Klassische Formen der Täuschung............ 64
          bb) Täuschung bei Internetsachverhalten.......... 65

b) Nötigung	69
c) Allgemeine Fälle der Belästigung	69
d) Belästigung durch E-Mail-Werbung	70
aa) Werbung gegenüber Privaten	72
bb) Werbung gegenüber Gewerbetreibenden und Freiberuflern	75
cc) Europarechtliche Implikationen bei E-Mail-Werbung	77
α) Fernabsatz-Richtlinie	78
β) E-Commerce-Richtlinie	79
γ) ISDN-Datenschutz-Richtlinie bzw. Datenschutzrichtlinie für elektronische Kommunikation	80
dd) Rechtsschutz gegen E-Mail-Werbung	81
α) Außergerichtliche Durchsetzung (Abmahnung)	81
β) Gerichtliche Durchsetzung	82
αα) Unterlassungsantrag	82
ββ) Wiederholungsgefahr	82
γγ) Einwendungen des Beklagten aus Verfassungsrecht	83
δδ) Rechtsfolgen der Unterlassungsverpflichtung	84
ee) Gegenstandswert bei E-Mail-Werbung	85
ff) Perspektiven der E-Mail-Werbung	86
e) Belästigung durch sachfremde Keywords	86
f) Belästigung durch Zusendung unbestellter Ware	87
g) Belästigung durch geschmacklose Werbung	90
h) Verlockung und Kundenbestechung	92
i) Psychologischer Kaufzwang durch Rabatte und Zugaben?	93
aa) Verlockungen durch Zugaben und Rabatte	93
bb) Fallbeispiel: Verlockung durch kostenloses Mobiltelefon mit Kartenvertrag	95
cc) Übertriebenes Anlocken nach Wegfall des Rabattgesetzes und der Zugabeverordnung	99
j) Aleatorische Anreize	102
aa) Straf- und zivilrechtlicher Hintergrund	102
bb) Wettbewerbsrechtliche Beurteilung	104
cc) Powershopping und CoShopping	105
α) Begriffsbestimmungen	105
β) Wertreklame	106
γ) Auswirkungen des Fernabsatzrechts	108
δ) Übertriebenes Anlocken	109

ε) Übersteigerung von Werbemethoden 110
dd) Preisausschreiben, Gratisverlosungen
und Gewinnspiele 114
k) Gefühls- und Vertrauensausnutzung 115
aa) Angstwerbung............................... 116
bb) Gefühlsbetonte Werbung..................... 116
cc) Schockwerbung.............................. 117
dd) Einsatz fremder Autorität
(„Testimonial"-Werbung).................... 118
ee) Subliminal-Werbung 119
g) Ausnutzen der Unerfahrenheit 120
h) Laienwerbung.................................. 120
2. Behinderung 121
a) Werbebehinderung............................... 122
aa) Fernsehfee und Webwasher................... 122
α) Einsatz im privaten Bereich 122
β) Einsatz im unternehmerischen Bereich..... 123
bb) Index-Spamming............................. 124
cc) Bündel- oder Clusterregistrierung 126
b) Absatzbehinderung 127
3. Ausbeutung.. 127
4. Zulässigkeit von Metatags......................... 131
5. Zulässigkeit von Linking und Framing 133
II. Irreführende Angaben, §3 UWG 136
III. Vergleichende Werbung, §2 UWG n.F................ 138
IV. Räumungsverkäufe, §8 UWG 140
V. Haftung für Dritte 141
1. Allgemeiner Störerbegriff 141
2. Störerbegriff im Internet........................... 142
a) Content-Provider............................... 143
b) Host-Provider.................................. 144
c) Access-Provider 146
3. Haftung der Vergabestellen 149
a) DENIC e.G. 149
aa) Grundlage der DENIC e.G. 149
bb) Vergabebestimmungen der DENIC e.G. 151
α) Antragstellende Organisationen und
Kontaktpersonen 151
β) Dispute-Eintrag......................... 152
cc) Verantwortlichkeit der DENIC e.G........... 154
α) Verantwortlichkeit für die Domain-Wahl.... 154
β) Verantwortlichkeit für Inhalte 156
γ) Verpflichtung zur Führung von Negativlisten . 157
δ) Rechtsprechung des BGH.................. 157

dd) Domain-Recherche im Internet............... 160
b) Sonstige Vergabestellen 161
VI. Wettbewerbswidrige Domainwahl 163
1. Namensrechtliche Tatbestände 163
a) Namensrecht, § 12 BGB......................... 164
aa) Bürgerliche Namen und Firmen.............. 164
bb) Gemeinden................................. 169
cc) Behörden und Institutionen 173
dd) Sonstige Bezeichnungen..................... 174
b) Probleme der Gleichnamigkeit 174
aa) Gleichnamigkeit und Behinderung............ 175
bb) Gleichnamigkeit von Gebietskörperschaften... 175
cc) Gleichnamigkeit und Verwässerung........... 176
2. Markenrechtliche Tatbestände...................... 177
a) § 5 Abs. 1 MarkenG 178
b) § 14 Abs. 2 MarkenG 180
c) § 15 Abs. 2 MarkenG 183
d) § 23 Abs. 1 MarkenG 185
3. Wettbewerbsrechtliche Tatbestände................. 187
a) Wettbewerbwidrige Behinderung i.S. des § 1 UWG . 187
b) Irreführung i.S. des § 3 UWG 188
4. Rechtsfolgen 189
a) Löschung 189
b) Übertragung................................... 191

§ 4. Werbebeschränkungen aus anderen Bestimmungen 195
I. Urheberrecht 195
1. Begriff der Schutzfähigkeit 195
2. Rechtsschutz nach dem UrhG 197
a) Identitätsschutz des Urhebers 198
b) Integritätsschutz des Werkes 198
3. Datenbank i.S. des § 87a UrhG..................... 199
4. Reichweite der Rechteeinräumung.................. 200
II. Heilmittelwerberecht und Heilmittelhandelsrecht....... 202
1. Heilmittelwerbegesetz (HWG)...................... 202
a) Publikumswerbung 203
b) Fachwerbung................................... 205
c) Heilmittelwerbung und Internet................. 210
d) Abgrenzung zwischen Publikums-
und Fachwerbung im Internet................... 212
2. Gesetz über den Verkehr mit Arzneimitteln 216
III. Gewerbeordnung und sonstiges Wirtschaftsaufsichtsrecht. 218
1. Zurschaustellung von Personen 218
2. Veranstaltung von Lotterien und Versteigerungen 218

	a) Lotterien	219
	b) Versteigerungen	219
IV.	Besondere Vertriebsformen und Internet, §§ 312 ff. BGB	222
	1. Haustürgeschäfte	222
	2. Fernabsatzverträge	222
V.	Vorsätzliche sittenwidrige Schädigung, § 826 BGB	223
	1. Allgemeines zur sittenwidrigen Schädigung	223
	2. Sittenwidrige Schädigung durch Domain-Grabbing, Cybersquatting und Domain-Trafficking	224
VI.	Persönlichkeitsrecht	226
	1. Recht am eigenen Bild	227
	2. Sonstige Erscheinungen des Persönlichkeitsrechts	228
	a) Schuldnerspiegel	229
	b) Werbung wider Willen	231
	c) Informationelle Selbstbestimmung	233
VII.	Werktitelschutz und Internetzeitschriften (E-Zines)	235
VIII.	Kartellrecht	240
IX.	Preisangabenverordnung	241

§ 5. Europarechtliche Implikationen ... 243
   I. Fernabsatz-Richtlinie ... 243
      1. Allgemeines ... 243
      2. Genese der Richtlinie ... 244
      3. Anwendungsbereich ... 244
      4. Umsetzungsfrist ... 245
      5. Weitere verbraucherschützende Richtlinien ... 246
      6. Deutsche Umsetzung ... 246
      7. Modifikation des Fernabsatzrechts durch die Schuldrechtsreform ... 247
      8. Fernabsatzverträge ... 248
         a) Fernkommunikationsmittel und Verbraucher ... 248
         b) Gesetzliche Ausschlüsse ... 251
         c) Unterrichtung des Verbrauchers bei Fernabsatzverträgen ... 252
         d) Widerrufs- und Rückgaberecht bei Fernabsatzverträgen ... 255
            aa) Widerrufsrecht, § 312d Abs. 1 Satz 1 BGB ... 255
            bb) Rückgaberecht, § 312d Abs. 1 Satz 2 BGB ... 257
      9. Wettbewerbsrechtliche Implikationen des Fernabsatzrechts ... 261
         a) Klagebefugnisse und andere formale Voraussetzungen ... 261
         b) Materielle Wettbewerbsverstöße ... 262
   II. E-Commerce-Richtlinie ... 265
      1. Umsetzung der ECRL durch das EGG ... 269

Inhaltsverzeichnis

2. Änderungen des Teledienstegesetzes	269
a) Begriffsbestimmungen	269
b) Herkunftslandprinzip	271
c) Allgemeine Informationspflichten aus § 6 TDG	272
d) Trennungsgebot aus § 7 Nr. 1 TDG	275
e) Werbung reglementierter Berufe, Art. 8 ECRL	277
f) Verantwortlichkeit von Providern, §§ 8 ff. TDG n.F.	277
3. Änderungen des Teledienstedatenschutzgesetzes	279
III. Telekommunikationsrichtlinie	281
IV. Datenschutzrichtlinie für elektronische Kommunikation	283
1. Erwägungsgründe	284
2. Richtlinienvorschlag	285
V. Finanzdienstleistungs-Richtlinie	286
1. Erwägungsgründe	286
2. Regelungen in der Richtlinie	287
VI. Sonstige relevante europarechtliche Regelungen	288
§ 6. Sonderwerberecht bestimmter Berufe	**289**
I. Harmonisierung und Liberalisierung des Berufsrechts	289
II. Rechtsprechung des BGH	291
III. Rechtsprechung des Bundesverfassungsgerichts	294
IV. Berufsgruppen	296
1. Rechtsanwälte und Notare	296
a) Rechtsanwälte	296
b) Notare	299
2. Steuerberater	301
3. Wirtschaftsprüfer	304
4. Ärzte und Zahnärzte	306
a) Ärzte	306
b) Zahnärzte	310
c) Werbung für Ärzte und Zahnärzte durch Krankenhäuser	314
5. Tierärzte	314
6. Architekten	316
7. Sonstige freie Berufe	317
8. Anwendbares Recht bei Mehrfach-Berufsträgern	317
V. Internetpräsenz eines Arztes – eine Fallstudie	318
1. Berufs- und wettbewerbsrechtliche Fragen	319
2. Verfassungsmäßigkeit der Berufsordnung	320
VI. Unzulässige Gestaltungen	320
1. Einrichtung eines Gästebuchs	320
2. Übertriebene Gestaltungen	322
3. Werbung für den Verkauf von Gegenständen	324
4. Veranstaltung von Gewinnspielen	324

5. Gebührenunterbietung 324
　　　6. Bannerwerbung 326
　　　7. Täuschende Angaben i.S. von §3 UWG 326
　　　8. Online-Vollmacht 330
　　　9. Metatags 330
　　10. Einrichtung von Countern 331
　　11. Angstwerbung 331
　　12. Vergleichende Werbung 332
　　13. Testimonial Werbung 333
　VII. Zulässige Gestaltungen 333
　　　1. Einrichtung einer Mailbox 334
　　　2. Sachliche Informationen über den Berufsträger 334
　　　3. Sachliche Informationen über das Sachgebiet 337
　　　4. Verwendung von Slogans 337
　　　5. Informationspflichten nach TDG 338
　VIII. Auswahl der Domain 338
　　　1. Gattungsdomains 339
　　　2. Beispiele zulässiger Domainwahl 342
　IX. Zusammenfassende Übersicht 345

§7. Wettbewerbsrechtliches Sanktionensystem 347
　I. Unterlassung 347
　II. Schadensersatz 349
　　　1. Prozeßtaktik und Schadensersatzansprüche 349
　　　2. Domain-Grabbing und Schadensersatz 350
　　　3. Prozessualer Schadensersatzanspruch 351
　　　4. Berechnung des Schadensersatzes 351
　III. Auskunftsanspruch 352
　IV. Rechnungslegungsanspruch 354

§8. Werbevertragsrecht 357
　I. Webdesign-Vertrag 357
　II. Bannerwerbevertrag 363

§9. Tätigkeit der Verwertungsgesellschaften 373
　I. GEMA 373
　　　1. Allgemeines 373
　　　2. Digitale Werke und Online-Vervielfältigungen 374
　II. VG Wort 377
　III. VG Bild-Kunst 378
　IV. Reformüberlegungen 379

§10. Leitsätze 381

Stichwortverzeichnis 417

Abkürzungsverzeichnis

a.A.	anderer Ansicht
a.a.O.	am angegebenen Ort
ABl.	Amtsblatt
ABl.EG	Amtsblatt der Europäischen Gemeinschaft
Abs.	Absatz
a.F.	alte Fassung
AfP	Archiv für Presserecht
AGB	Allgemeine Geschäftsbedingungen
AGBG	Gesetz zur Regelung des Rechts der allgemeinen Geschäftsbedingungen
Alt.	Alternative
AMG	Arzneimittelgesetz
Anh.	Anhang
AnwBl.	Anwaltsblatt (Zeitschrift)
AnwG	Anwaltsgericht
AnwGH	Anwaltsgerichtshof
AO	Abgabenordnung
Art.	Artikel
ASP	Application Service Provider
Az.	Aktenzeichen
B2B	business to business
B2C	business to consumer
BAG	Bundesarbeitsgericht
BB	Betriebsberater (Zeitschrift)
BGB	Bürgerliches Gesetzbuch
BGBl.	Bundesgesetzblatt
BGH	Bundesgerichtshof
BGHSt	Sammlung der Entscheidungen des BGH in Strafsachen
BGHZ	Sammlung der Entscheidungen des BGH in Zivilsachen
BNotO	Bundesnotarordnung
BORA	Berufsordnung der Rechtsanwälte
BOStB	Berufsordnung der Steuerberater
BRAK	Bundesrechtsanwaltskammer
BRAK-Mitt.	Mitteilungen der Bundesrechtsanwaltskammer (Zeitschrift)

XVI   Abkürzungsverzeichnis

BRAO .... Bundesrechtsanwaltsordnung
BRAGO .... Bundesrechtsanwaltsgebührenordnung
BR-Drs. .... Bundesratsdrucksache
bspw. .... beispielsweise
BT-Drs. .... Bundestagsdrucksache
Buchst. .... Buchstabe
BVerfG .... Bundesverfassungsgericht
BVerfGE .... Sammlung der Entscheidungen des Bundesverfassungsgerichts
BVerwG .... Bundesverwaltungsgericht
BVerwGE .... Sammlung der Entscheidungen des Bundesverwaltungsgerichts
bzw. .... beziehungsweise

CC .... Codice Civile
CD-ROM .... Compact Disc-Read Only Memory
CR .... Computer und Recht (Zeitschrift)

DB .... Der Betrieb (Zeitschrift)
DENIC e.G. .... Interessenverband Deutsches Network Information Center eingetragene Genossenschaft
ders. .... derselbe
d.h. .... das heißt
dies. .... dieselbe oder dieselben
DIN .... Deutsche Industrie Norm
DNotZ .... Deutsche Notarzeitung (Zeitschrift)
DÖV .... Die Öffentliche Verwaltung (Zeitschrift)
DStR .... Deutsches Steuerrecht (Zeitschrift)
DStRE .... Deutsches Steuerrecht – Entscheidungsdienst (Zeitschrift)
DSWR .... Deutsches Steuer- und Wirtschaftsrecht
DuD .... Datenschutz und Datensicherheit (Zeitschrift)
DZWir .... Deutsche Zeitschrift für Wirtschafts- und Insolvenzrecht (Zeitschrift)

E-Commerce .... Electronic Commerce
ECRL .... Electronic Commerce Richtlinie
EDV .... Elektronische Datenverarbeitung
EG .... Europäische Gemeinschaft
e.G. .... eingetragene Genossenschaft
EGBGB .... Einführungsgesetz zum Bürgerlichen Gesetzbuch

EGG	Elektronischer Geschäftsverkehr-Gesetz
EGV	Vertrag zur Gründung der Europäischen Gemeinschaft vom 25.03.1957
Einl.	Einleitung
E-Mail	Electronic Mail
etc.	et cetera
EU	Europäische Union
EuGH	Gerichtshof der Europäischen Gemeinschaften
EuGVÜ	Übereinkommen der Europäischen Gemeinschaft über die gerichtliche Zuständigkeit und die Vollstreckung gerichtlicher Entscheidungen in Zivil- und Handelssachen
EuZW	Europäische Zeitschrift für Wirtschaftsrecht (Zeitschrift)
EuWiR	Entscheidungen zum Wirtschaftsrecht (Zeitschrift)
EWG	Europäische Wirtschaftsgemeinschaft
EWIV	Europäische Wirtschaftsvereinigung
EWS	Europäisches Wirtschafts- und Steuerrecht (Zeitschrift)
F.A.Z.	Frankfurter Allgemeine Zeitung
FernAbsG	Fernabsatzgesetz
FARL	Fernabsatzrichtlinie
FernUSG	Fernunterrichtsschutzgesetz
f.	folgende
ff.	fortfolgende
GbR	Gesellschaft bürgerlichen Rechts
GEMA	Gesellschaft für musikalische Aufführungs- und mechanische Vervielfältigungsrechte
GewO	Gewerbeordnung
GG	Grundgesetz
GjSM	Gesetz über die Verbreitung jugendgefährdender Schriften und Medieninhalte
GmbH	Gesellschaft mit beschränkter Haftung
GRUR	Gewerblicher Rechtsschutz und Urheberrecht (Zeitschrift)
GRUR Int.	Gewerblicher Rechtsschutz und Urheberrecht (Internationaler Teil) (Zeitschrift)
GRUR-RR	Gewerblicher Rechtsschutz und Urheberrecht – Rechtsprechungsreport (Zeitschrift)
GVBl.	Gesetz- und Verordnungsblatt

Abkürzungsverzeichnis

GWB	Gesetz gegen Wettbewerbsbeschränkung
HausTWG	Gesetz über den Widerruf von Haustürgeschäften und ähnlichen Geschäften
HGB	Handelsgesetzbuch
Hrsg.	Herausgeber
HWG	Heilmittelwerbegesetz
HWiG	Gesetz über den Widerruf von Haustürgeschäften und ähnlichen Geschäften
i.e.	id est
IPO	Initial Public Offering
ITRB	Der Internet-Rechtsberater (Zeitschrift)
i.V.m.	in Verbindung mit
JA	Juristische Arbeitsblätter (Zeitschrift)
Jura	Juristische Ausbildung (Zeitschrift)
JurPC	Zeitschrift unter „www.jurpc.de"
JuS	Juristische Schulung (Zeitschrift)
JZ	Juristenzeitung (Zeitschrift)
K & R	Kommunikation & Recht (Zeitschrift)
KfH	Kammer für Handelssachen
Kfz	Kraftfahrzeug
KG	Kammergericht
KWG	Gesetz über das Kreditwesen
lit.	Buchstabe
LG	Landgericht
LMBG	Gesetz über Lebensmittel und Bedarfsgegenstände
MarkenG	Markengesetz
m.N.	mit Nachweisen
m.w.N.	mit weiteren Nachweisen
MedR	Medizin und Recht (Zeitschrift)
MDR	Monatsschrift für Deutsches Recht (Zeitschrift)
MDStV	Mediendienste-Staatsvertrag
MittPA	Mitteilungen der deutschen Patentanwälte (Zeitschrift)
MMR	MultiMedia und Recht (Zeitschrift)

NJW	Neue Juristische Wochenschrift (Zeitschrift)
NJW-CoR	NJW-Computerreport (Zeitschrift)
NJWE-WettbR	NJW-Entscheidungsdienst Wettbewerbsrecht (Zeitschrift)
NJW-RR	NJW – Rechtsprechungs-Report (Zeitschrift)
NotBZ	Zeitschrift für die notarielle Beratungs- und Beurkundungspraxis (Zeitschrift)
Nr.	Nummer
NVwZ	Neue Zeitschrift für Verwaltungsrecht (Zeitschrift)
NWB	Neue Wirtschafts-Briefe (Zeitschrift)
NWB-EN	Neue Wirtschafts-Briefe – Eilnachrichten
NZA	Neue Zeitschrift für Arbeitsrecht (Zeitschrift)
ÖBl.	Österreichische Blätter (Zeitschrift)
ÖOGH	Österreichischer Oberster Gerichtshof
ÖJZ	Österreichische Juristen-Zeitung (Zeitschrift)
OHG	Offene Handelsgesellschaft
OLG	Oberlandesgericht
OVG	Oberverwaltungsgericht
PAngV	Preisangabenverordnung
PatG	Patentgesetz
PharmaR	Pharmarecht (Zeitschrift)
ProstG	Prostitutionsgesetz
RabattG	Rabattgesetz
RAM	Random Access Memory
Rdnr.	Randnummer
RDV	Recht der Datenverarbeitung (Zeitschrift)
RG	Reichsgericht
RGSt	Sammlung der Entscheidungen des Reichsgerichts in Strafsachen
RGZ	Sammlung der Entscheidungen des Reichsgerichts in Zivilsachen
RIW	Recht der Internationalen Wirtschaft (Zeitschrift)
RTkom	Recht der Telekommunikation (Zeitschrift)

S.	Seite
SigG	Signaturgesetz
SLD	Second Level Domain
Slg.	Sammlung der Rechtsprechung des Gerichtshofes der Europäischen Gemeinschaft
SMS	Short-Message-Service
sog.	sogenannt(e)
StB	Steuerberater
StB	Der Steuerberater (Zeitschrift)
StBerG	Steuerberatungsgesetz
Stbg	Die Steuerberatung (Zeitschrift)
StGB	Strafgesetzbuch
StPO	Strafprozeßordnung
StuB	Steuern und Bilanzen (Zeitschrift)
TDG	Teledienstegesetz
TDDSG	Teledienste-Datenschutzgesetz
TDL	Top Level Domain
TzWrG	Gesetz über die Veräußerung von Teilnutzungsrechten an Wohngebäuden
u.a.	unter anderem
UrhG	Urheberrechtsgesetz
UrhWG	Urheberrechts-Wahrnehmungsgesetz
URL	Uniform Ressource Locator
UWG	Gesetz gegen unlauteren Wettbewerb
VerbrKrG	Verbraucherkreditgesetz
VersR	Zeitschrift für Versicherungsrecht (Zeitschrift)
VerstV	Versteigererverordnung
VG	Verwaltungsgericht oder Verwertungsgesellschaft
VGH	Verwaltungsgerichtshof
vgl.	vergleiche
VuR	Verbraucher und Recht (Zeitschrift)
VR	Verwaltungsrundschau (Zeitschrift)
VVG	Versicherungsvertragsgesetz
VwVfG	Verwaltungsverfahrensgesetz
WM	Wertpapiermitteilungen (Zeitschrift)
WIPO	World Intellectual Property Organisation
WP	Wirtschaftsprüfer
WpHG	Wertpapierhandelsgesetz

WPK-Mitt	Mitteilung der Wirtschaftsprüfer-Kammer (Zeitschrift)
WPO	Wirtschaftsprüferordnung
WRP	Wettbewerb in Recht und Praxis (Zeitschrift)
WuW	Wirtschaft und Wettbewerb (Zeitschrift)
WuW/E	Wirtschaft und Wettbewerb Entscheidungssammlung (Zeitschrift)
z.B.	zum Beispiel
ZEV	Zeitschrift für Erbrecht und Vermögensnachfolge (Zeitschrift)
ZIP	Zeitschrift für Wirtschaftsrecht (Zeitschrift)
ZPO	Zivilprozeßordnung
ZugabeVO	Zugabeverordnung
ZUM	Zeitschrift für Urheber- und Medienrecht (Zeitschrift)

Literaturverzeichnis

Abel, Generische Domains, WRP 2002, 1426 ff.;
Aigner/Hofmann, Virtuelle Kaufhäuser, MMR Beilage zu Heft 8/2001, 30 ff.;
Ambs, Gewerbeordnung, in: Erbs/Kohlhaas, Strafrechtliche Nebengesetze, 140. EL, München, Dezember 2000;
Apel/Steden, Urheberrechtsverletzungen durch Werbeblocker im Internet?, WRP 2001, 112 ff.;
Arndt/Lerch/Sandkühler, Bundesnotarordnung – Kommentar, 4. Aufl., Köln u.a., 2000;
Arnold/Dötsch, Verschärfte Verbraucherhaftung beim Widerruf, NJW 2003, 187 ff.;
Bahr, 0190-Telefonnummern und Gewinnspiele – ein Verstoß gegen § 1 UWG?, WRP 2002, 501 ff.;
Bange/Maas/Wasert, Recht im E-Business, Bonn, 2001;
Barowski/Müller, Online-Marketing, Berlin, 2000;
Baumbach/Hefermehl, Wettbewerbsrecht, 22. Aufl., München, 2001;
Becker, Die Präsenz des Notars im Internet – Teil 1, NotBZ 1999, 239 ff.; Teil 2, NotBZ 2000, 11 ff.;
Berghoff, Selbstregulierung im Marketing, RDV 2002, 78 ff.;
Bizer, Datenschutzgerechte Gestaltung des technischen Urheberschutzes, DuD 2001, 726 ff.;
ders., Ziele und Elemente der Modernisierung des Datenschutzrechts, DuD 2001, 274 ff.;
Boehme-Neßler, CyberLaw. Lehrbuch zum Internet-Recht, München, 2001;
ders., Datenschutz in der Informationsgesellschaft, K & R 2002, 217 ff.;
ders., internetrecht.com, München, 2001;
Börner/Rath/Sengpiel, Fernabsatzrecht – Leitfaden mit Gestaltungshinweisen, Köln, 2001;
Brinson/Dara-Abrams/Masek/McDunn/White, Analyzing E-Commerce & Internet Law, Upper Saddle River, 2001;
Bröhl, EGG – Gesetz über rechtliche Rahmenbedingungen des elektronischen Geschäftsverkehrs, MMR 2001, 67 ff.;
Bücking, Namens- und Kennzeichenrecht im Internet, Stuttgart, 1999;
ders., Liberalisierung im Vergabewesen deutscher Domainadressen?, GRUR 2002, 27 ff.;
Bülow/Ring, Heilmittelwerbegesetz – Kommentar, Köln u.a., 1996;
Bunte, Zusendung unbestellter Waren – Gedanken zu einem alten, neuen Thema, in: Festschrift Gaedertz, 1992, S. 87 ff.;
Burgard, Online-Marktordnung und Inhaltskontrolle, WM 2001, 2102 ff.;
Bürger, Das Fernabsatzrecht und seine Anwendbarkeit auf Rechtsanwälte, NJW 2002, 465 ff.;
Burger/Vallant, Grenzüberschreitender Wettbewerb im Internet, RIW 2002, 188 ff.;
Buri, Die Verwechselbarkeit von Internet Domain Names, Bern, 2000;
Cichon, Internetverträge – Verträge über Internet-Leistungen und E-Commerce, Köln, 2000;
Deckers, Allgemeine Geschäftsbedingungen im Web-Design-Vertrag, CR 2002, 900 ff.;
Dilger, Verbraucherschutz bei Vertragsabschlüssen im Internet, München, 2002;
Dittmer, Rabatte und Zugaben nach dem Wegfall von Rabattgesetz und Zugabeverordnung: Mehr Gestaltungsspielraum für Unternehmer, BB 2001, 1961 ff.;
Dittrich, Zur Frage der urheber- und wettbewerbsrechtlichen Zulässigkeit von Hyperlinks, JurPC Web-Dok. 72/2002;

Eichhorn, Internet-Recht – Ein Lehrbuch für das Recht im World Wide Web, Köln, 2000;
Eicke, Meinungsfreiheit für die Werbung?, WRP 1988, 645 ff.;
Ekey/Klippel/Kotthoff/Meckel/Plaß, Wettbewerbsrecht, Heidelberg, 2000;
Emmerich, Unlauterer Wettbewerb, 6. Aufl., München, 2002;
Ende/Klein, Grundzüge des Vertriebsrechts im Internet, München, 2001;
Engels, Zivilrechtliche Haftung für Inhalte im World Wide Web, AfP 2000, 524 ff.;
Engels/Eimterbäumer, Sammeln und Nutzen von E-Mail-Adressen zu Werbezwecken, K&R 1998, 196 ff.;
Erman-*Bearbeiter*, BGB – Kommentar, 10. Aufl., Münster/Köln, 2000;
Ernst, Verbraucherschutzrechtliche Aspekte des EU-Richtlinienvorschlags zum Electronic Commerce, VuR 1999, 397 ff.;
ders., Vereinbarungen über die Zulässigkeit von Hyperlinks, ITRB 2002, 68 ff.;
ders., Nur nichts vergessen – Informationspflichten online, ITRB 2002, 265 ff.;
ders., Wirtschaftsrecht im Internet, BB 1997, 1057 ff.;
ders., Verträge rund um die Domain, MMR 2002, 714 ff.
Ernst/Vassilaki/Wiebe, Hyperlinks – Rechtsschutz, Haftung, Gestaltung, Köln, 2002;
Ernst/Wiebe, Immaterialgüterrechtliche Haftung für das Setzen Links und vertragliche Gestaltungsmöglichkeiten, MMR Beilage zu Heft 8/2001, 20 ff.;
Eylmann/Vaasen, Bundesnotarordnung – Kommentar, München, 2000;
Fezer, Markenrecht, 3. Aufl., München, 2001;
Fikentscher/Möllers, Die (negative) Informationsfreiheit als Grenze von Werbung und Kunstdarbietung, NJW 1998, 1337 ff.;
Fischer, Das verbraucherschützende Widerrufsrecht und die Schuldrechtsreform, DB 2002, 253 ff.;
Flechsig, Subdomain: Sicher versteckt und unerreichbar?, MMR 2002, 347 ff.;
Foerstl, Die Entscheidung „shell.de" – Stärkung von Kennzeichenrechten im Internet, CR 2002, 518 ff.;
Fritz, Internet-Marketing und Electronic Commerce, 2. Aufl., Wiesbaden, 2001;
Fröhle, Web-Advertising, Nutzerprofile und Teledienstedatenschutz, München, 2003;
Gaedertz/Steinbeck, Diskriminierende und obszöne Werbung, WRP 1996, 978 ff.;
Gaertner/Gierschmann, Das neue Fernabsatzgesetz, DB 2000, 1601 ff.;
Geis, Schutz von Kundendaten im E-Commerce und elektronische Signatur, RDV 2000, 208 ff.
Gerhold/Heil, Das neue Bundesdatenschutzgesetz 2001, DuD 2001, 377 ff.;
Gierschmann, Die E-Commerce-Richtlinie, DB 2000, 1315 ff.;
Göhler, Ordnungswidrigkeitengesetz, 13. Aufl., München, 2002;
Gola/Klug, Die Entwicklung des Datenschutzrechts in den Jahren 2000/2001, NJW 2001, 3747 ff.;
Göpelt, Das Spannungsfeld zwischen der Meinungsfreiheit und den Vorschriften zum Schutz vor unlauterem Wettbewerb aus nationaler und EG-rechtlicher Sicht, Bochum, 1994;
Gora/Mann-Bearbeiter, Handbuch Electronic Commerce, 2. Aufl., Berlin/Heidelberg, 2001;
Gounalakis/Rhode, Persönlichkeitsrecht im Internet – Grundlagen und Online-Spezifika, München, 2002;
Grapentin, Vertragsschluß bei Internetauktionen, GRUR 2001, 713 ff.;
Günther, Auktionen im Internet, ITRB 2002, 93 ff.;
Grigoleit, Besondere Vertriebsformen im BGB, NJW 2002, 1151 ff.;
Großkommentar UWG, Berlin/New York, Stand: 13. Lieferung, 2000, zit.: *Verfasser*, in Großkommentar;
Hagenkötter/Härting, Anwälte im Netz, Berlin, 2001;
Hager, Die Versteigerung im Internet, JZ 2001, 786 ff.;
Hamm/Machill, Wer regiert das Internet? – ICANN als Fallbeispiel für Global Internet Governance, Gütersloh, 2001;
Härting, Fernabsatzgesetz – Kurzkommentar, Köln, 2000;
ders., Internetrecht, Köln, 1999;

ders., Umsetzung der E-Commerce-Richtlinie, DB 2001, 80 ff.;
Härting/Schirmbacher, Finanzdienstleistungen im Fernabsatz, CR 2002, 809 ff.;
Hartmann/Koch, Datenbankschutz gegen Deep-Linking, CR 2002, 441 ff.;
Hasselblatt, Münchener Anwaltshandbuch Gewerblicher Rechtsschutz, München, 2001;
Heiderhoff, Internetauktionen als Umgehungsgeschäfte, MMR 2001, 640 ff.;
Heil, Der Steuerberater im Umfeld von Internet und E-Commerce, StuB 2001, 704 ff.;
Henning-Bodewig, Neue Aufgaben für die Generalklausel – von „Benetton" zu „Busengrapscher", GRUR 1997, 180 ff.;
Hey, Online-Werbung – effiziente Gestaltung und rechtliche Rahmenbedingungen, BuW 2001, 119 ff.;
Hillenbrand-Beck/Greß, Datengewinnung im Internet, DuD 2001, 389 ff.;
Hoenicke/Hülsdunk, Die Gestaltung von Fernabsatzangeboten im elektronischen Geschäftsverkehr nach neuem Recht, MMR 2002, 415 ff.;
Hoenicke/Hülsdunk, Rechtliche Vorgaben für Fernabsatzangebote im elektronischen Geschäftsverkehr bei und nach Vertragsabschluß, MMR 2002, 516 ff.;
Hoeren, Cybermanners und Wettbewerbsrecht – Einige Überlegungen zum Lauterkeitsrecht im Internet, WRP 1997, 993 ff.;
ders., Internetrecht, Online-Fassung, Stand Oktober 2002;
ders., Rechtliche Zulässigkeit von Meta-Suchmaschinen, MMR Beilage zu Heft 8/2001, 2 ff.;
ders., Vorschlag für eine EU-Richtlinie über E-Commerce, MMR 1999, 192 ff.;
Hoeren/Holznagel/Geppert, ITM, 3. EL, München, 2001;
Hoeren/Oberscheidt, Verbraucherschutz im Internet, VuR 1999, 371 ff.;
Hoeren/Sieber, Handbuch Multimedia-Recht – Rechtsfragen des elektronischen Geschäftsverkehrs, 3. EL, München, Dezember 2001;
Hoffmann, Der Einfluß der neuen E-Commerce-Richtlinie auf die Gestaltung patent- und rechtsanwaltlicher Websites, MittPA 2001, 352 ff.;
ders., Zivilrechtliche Haftung im Internet, MMR 2002, 284 ff.;
Holznagel/Grünwald/Hanßmann, Elektronische Demokratie – Bürgerbeteiligung per Internet zwischen Wissenschaft und Praxis, München, 2001;
Horn, Verbraucherschutz bei Internetgeschäften, MMR 2002, 209 ff.;
Husmann, Gewerberechtliche Anforderungen an Online-Auktionen, VR 2000, 230 ff.;
Hartung/Hartmann, „Wer bietet mehr ?" – Rechtssicherheit des Vertragsschlusses bei Internetauktionen, MMR 2001, 278 ff.;
Jacobs, Das neue Urhebervertragsrecht, NJW 2002, 1905 ff.;
Jaeger-Lenz, Werberecht – Recht der Werbung in Internet, Film, Funk und Printmedien, Weinheim, 1999;
Jarass/Pieroth, Grundgesetz – Kommentar, 6. Aufl., München, 2002;
Jessnitzer/Blumberg, BRAO – Kommentar, 9. Aufl., Köln, 2000;
Kieser, „shell.de" – Ende der Domainübertragungsanspruchs?, K&R 2002, 537 ff.;
Kießling/Kling, Die Werbung mit Emotionen, WRP 2002, 615 ff.;
Kippes, Marketing für Steuerberater und Wirtschaftsprüfer, DStR 2002, 820 ff.
Kirchner, Internetmarktplätze, Markttransparenz und Marktinformationssysteme, WuW 2001, 1030 ff.;
Klam, Die rechtliche Problematik von Glücksspielen im Internet, Berlin, 2002 [zugleich Diss. iur., Saarbrücken, 2002];
Kleine-Cosack, Das Werberecht der rechts- und steuerberatenden Berufe, Freiburg u.a., 1999;
Klickermann, Europäisches Fernsehwerberecht im Wandel der neuen Medien, Frankfurt am Main, 2001;
Kloepfer, Informationsrecht, München, 2002;
Koch/Leonti, Domain-Namen: Wo klagt man mit welchem Antrag?, ITRB 2002, 187 ff.;
Koenig/Kulenkampff/Kühling/Loetz/Smit, Internetplattformen in der Unternehmenspraxis, Heidelberg, 2002;
Koenig/Neumann, Europas Identität im Internet – die Einführung der Top-Level-Domain „.eu", JurPC Web-Dok. 154/2002;

Köhler, Zum Anwendungsbereich der §§ 1 und 3 UWG nach Aufhebung von RabattG und ZugabeVO, GRUR 2001, 1067 ff.;
Köhler/Arndt, Recht des Internet, 3. Aufl., Heidelberg, 2001;
Köhler/Piper, UWG – Kommentar, 2. Aufl., München, 2001;
Körner, Gleichnamigkeitskonflikte bei Internet-Domain-Namen, NJW 2002, 3442 ff.;
Kort, Beschränkte Prüfungspflicht der Registrierungsstelle bei Anmeldung von Domain-Namen, WRP 2001, 1260 ff.;
ders., Namens- und markenrechtliche Fragen bei der Verwendung von Domain-Namen, DB 2001, 249 ff.;
Krimphove, Europäisches Werberecht, München, 2002;
Kröger, Informationsfreiheit und Urheberrecht, München, 2002;
Krugmann, „Internetauktion" bei Versteigerungen im Sinne des § 34b GewO, NVwZ 2001, 651 ff.;
Kur, „Die geschlechtsdiskriminierende Werbung" im Recht der nordischen Länder, WRP 1995, 790 ff.;
Lange/Spätgens, Rabatte und Zugaben im Wettbewerb – Das neue Recht nach Wegfall von Rabattgesetz und Zugabeverordnung, München, 2001;
Lankau, Webdesign und -publishing, 2. Aufl., München/Wien, 2001;
Lapp, Die Neuerungen in TDG und TDDSG im Überblick, ITRB 2002, 62 ff.;
Leupold/Bräutigam/Pfeiffer, Von der Werbung zur kommerziellen Kommunikation: Die Vermarktung von Waren und Dienstleistungen im Internet, WRP 2000, 575 ff.;
Linke, Das Recht der Namensgleichen bei Domains, CR 2002, 271 ff.;
Litten, Urheberrechtlicher Schutz für Fernsehshow- und Fernsehserienformate, MMR 1998, 412 ff.;
Loewenheim/Koch-Bearbeiter, Praxis des Online-Rechts, Weinheim, 1998;
Loock-Wagner, Das Internet und sein Recht, Stuttgart/Berlin/Köln, 2000;
Lorenz, Im BGB viel Neues: Die Umsetzung der Fernabsatzrichtlinie, JuS 2000, 837 ff.;
Lurger/Vallant, Die österreichische Umsetzung des Herkunftslandprinzips der E-Commerce-Richtlinie, MMR 2002, 203 ff.;
Maennel, Elektronischer Geschäftsverkehr ohne Grenzen – der Richtlinienvorschlag der Europäischen Kommission, MMR 1999, 187 ff.
Mand, E-Commerce mit Arzneimitteln, MMR 2003, 77 ff.;
Mankowski, Das Herkunftslandprinzip des E-Commerce-Rechts als Internationales Privatrecht, EWS 2002, 401 ff.;
Merz, Electronic Commerce, Heidelberg, 1999;
Meub, Fernabsatz und E-Commerce nach neuem Recht, DB 2002, 359 ff.;
Meyer, E-Commerce mit Arzneimitteln, Stuttgart, 2000;
Micklitz/Tonner, Vertriebsrecht – Haustür-, Fernabsatzgeschäfte und elektronischer Geschäftsverkehr Handkommentar, Baden-Baden, 2002;
Mietzel/Hero, Sittenwidriger Domainhandel: Gibt es die „Hinterhaltsdomain"?, MMR 2002, 84 ff.;
Möhring/Nicolini-Bearbeiter, Urheberrechtsgesetz – Kommentar, 2. Aufl., München, 2000;
Müglich, Auswirkungen des EGG auf die haftungsrechtliche Behandlung von Hyperlinks, CR 2002, 583 ff.;
Müller, Internet-Domains von Rechtsanwaltskanzleien, WRP 2002, 160 ff.;
Müller/Petri, Ausgewählte wettbewerbsrechtliche Probleme von Internetauktionen unter besonderer Berücksichtigung des B2B-Geschäftes, RTkom 2001, 153 ff.;
Müller-Grote/Reydt/Schmid, eBusiness – Wie man's macht und was es kostet, Neuwied/Kriftel, 2001;
Nägele, Die Rechtsprechung des Bundesgerichtshofs zu Internet-Domains, WRP 2002, 138 ff.;
Naumann, Präsentationen im Internet als Verstoß gegen §§ 1, 3 UWG, [Diss. iur., Dresden] Frankfurt, 1999;
Nickels, Der elektronische Geschäftsverkehr und das Herkunftslandprinzip, DB 2001, 1919 ff.;
ders., Neues Bundesrecht für den E-Commerce, CR 2002, 302 ff.;

Nordemann, Das neue Urhebervertragsrecht, München, 2002;
Nordmann, Neuere Entwicklungen im Recht der vergleichenden Werbung, GRUR Int. 2002, 297 ff.;
Ohlenburg, Die neue EU-Datenschutzrichtlinie 2002/58/EG, MMR 2003, 82 ff.;
Palandt/*Bearbeiter*, Bürgerliches Gesetzbuch, 62. Aufl., München, 2003;
Paschke, Zur Liberalisierung des Rechts des Telefonmarketing, WRP 2002, 1219 ff.;
Pauly, Die wettbewerbsrechtliche Abmahnung in der Praxis, DB 2002, 1426 ff.;
Pelchen, Arzneimittelgesetz und Heilmittelwerbegesetz, in: Erbs/Kohlhaas, Strafrechtliche Nebengesetze, 140. EL, München, Dezember 2000;
Perrey, Das Namensrecht der Gebietskörperschaften im Internet – Umfang und Durchsetzung, CR 2002, 349 ff.;
Pescatore/Ruperto, Codice Civile – Annotato con la Giurisprudenzia della Corte Costitutionale, della Corte di Cassazione e delle Giurisdiszioni amministrativa superiori, 12. Aufl., Mailand, 2000;
Peter/Charlier, Steuerberatungsgesetz – Kommentar mit Berufsrecht und Praxis der Steuerberatung, 46. EL, Juni 2000;
Plath, Herkunftslandprinzip und Online-Vertragsgestaltung, ITRB 2002, 168 ff.;
Ploss, Handbuch E-Mail-Marketing, Bonn, 2002;
Pützhoven, Europäischer Verbraucherschutz im Fernabsatz, München, 2001;
Ranke, M-Commerce – Einbeziehung von AGB und Erfüllung von Informationspflichten, MMR 2002, 509 ff.;
Rasmussen, Datenschutz im Internet, CR 2002, 36 ff.;
Rath-Glawatz, Die Namen von kommunalen Verwaltungseinheiten im Titel von Medienangeboten, AfP 2002, 115 ff.;
Ratzel/Lippert, Kommentar zur Musterberufsordnung der deutschen Ärzte, 2. Aufl., Berlin u.a., 1998;
Rauschhofer, Domaingrabbing-Fälle in der praktischen Verfolgung – Domainübertragung im einstweiligen Rechtsschutz, JurPC Web-Dok. 23/2002;
Redeker, Rechtsverkehr im Internet: Anwendbares Recht, ITRB 2001, 293 ff.;
Reim, Arbeitnehmer und/oder Verbraucher?, DB 2002, 2434 ff.;
Reinhart, Bedeutung und Zukunft der Top-Level-Domains im Markenrecht einerseits und im Namens- und Wettbewerbsrecht andererseits, WRP 2002, 628 ff.;
Reinholz, Das ICANN-Beschwerdeverfahren für Domainstreitigkeiten und das ZPO-Schiedsverfahren, ITRB 2002, 140 ff.;
Rengelshausen, Online-Marketing deutscher Unternehmen, Wiesbaden, 2000;
Ricke (Hrsg.), Ratgeber Online Recht, München, 1998;
Rösler/Zagouras, Neue verbraucherschützende Grundlagen bei Mehrwertdiensten, NJW 2002, 2930 ff.;
Ruess, Die E-Commerce-Richtlinie und das deutsche Wettbewerbsrecht, München, 2003;
Ruppert, Änderungen der Regelungen zur Werbung in der Berufsordnung der Bundessteuerberaterkammer, DStR 2002, 825 ff.;
Sack, Das internationale Wettbewerbsrecht nach der E-Commerce Richtlinie (ECRL) und dem EGG-/TDG-Entwurf, WRP 2001, 1408 ff.;
Schaar, Datenschutz im Internet, München, 2002;
ders., Datenschutzrechtliche Einwilligung im Internet, MMR 2001, 644 ff.;
ders., Neues Datenschutzrecht für das Internet, RDV 2002, 4 ff.;
ders., Persönlichkeitsprofil im Internet, DuD 2001, 383 ff.;
Schafft, „Reverse Auctions" im Internet, CR 2001, 392 ff.;
ders., Die systematische Registrierung von Domain-Varianten, CR 2002, 434 ff.;
Schaumburg, Die neue Verbandsklage, DB 2002, 723 ff.;
Schmidt, Zehn Millionen Deutsche kaufen ihre Weihnachtsgeschenke im Internet, F.A.Z. vom 16. Dezember 2002, S. 20;
Schmittmann, Aktuelle Entwicklungen im Recht des Internets, NWB Fach 28, S. 929 ff.;
ders., Bannerwerbung – Rechtsprobleme insbesondere bei kammergebundenen Berufen, MMR 2001, 792 ff.;

ders., Die Überwachung und Aufzeichnung von Telefaxübermittlungen im Lichte des Art. 10 GG, RDV 1995, 234 ff.;
ders., Die Zulässigkeit von E-Mail-Werbung nach deutschem Recht unter Berücksichtigung europarechtlicher Parameter, RDV 2001, 172 ff.;
ders., Domain-Names von Gebietskörperschaften – Streitpunkte in der Praxis, K & R 1999, 510 ff.;
ders., Geschäfte und Werbung im Internet, DuD 1997, 636 ff.;
ders., Gesetz über rechtliche Rahmenbedingungen für den elektronischen Geschäftsverkehr, NWB Fach 28, S. 949 ff.;
ders., Kosten beim Empfänger unerwünschter E-Mail-Werbung, K & R 2002, 135 ff.;
ders., Liberalisierung des Werberechts der freien Berufe, Die Kanzlei 7/2002, 9 ff.;
ders., Präsentation von Wirtschaftsprüfern und vereidigten Buchprüfern im Internet, WPK-Mitteilungen 2002, 8 ff.;
ders., Streitwertbestimmung bei Domainstreitigkeiten, MMR 2002, Heft 12, S. V.;
ders., Telefaxübermittlungen im Zivilrecht unter besonderer Berücksichtigung des Wettbewerbsrechts, Münster, 1999;
ders., Telefaxwerbung im Licht der Richtlinie des Europäischen Parlamentes zum Datenschutz in digitalen Kommunikationsnetzen, RDV 1995, 61 ff.
ders., Werbung von Steuerberatern im Internet, StB 2001, 180 ff.;
ders., Zur Problematik der wettbewerbsrechtlichen Abmahnung mittels Telefax, WRP 1994, 225 ff.;
Schmittmann/Chall, Steuer- und Zollrecht im E-Business, in: Schiffer/von Schubert, Recht, Wirtschaft und Steuern im E-Business, Herne, 2002;
Schmittmann/Gorris, Steuerliche Aspekte des Fernabsatzrechts, Heidelberg, 2002;
Schmitz, Die vertraglichen Pflichten und die Haftung der Informationsanbieter im Internet, Stuttgart/Berlin/Köln, 2000;
Schmitz/Schröder, Streitwertbestimmung bei Domainstreitigkeiten, K & R 2002, 189 ff.;
Scholtissek, Einige Gedanken zum Persönlichkeitsrecht in der Werbung und den Medien, WRP 1992, 162 ff.;
Schrey/Meister, Beschränkte Verwendbarkeit von Standortdaten – Hemmschuh für den M-Commerce, K & R 2002, 177 ff.;
Schrick, Direktmarketing mittels E-Mail und seiner Entwicklung, MMR 2000, 399 ff.;
Schulte/Schulte, Unzulässige Werbung von Anwälten im Internet?, MMR 2002, 585 ff.;
Schultze, Product Placement im Spielfilm, München, 2001;
Schulz, Referentenentwurf zur Umsetzung der Urheberrechts-Richtlinie, ITRB 2002, 101;
Schuster, Vertragshandbuch Telemedia, München, 2001;
Schuster/Müller/Drewes, Entwicklung des Internet- und Multimediarechts von April bis Dezember 2001, MMR-Beilage 3/2002, 1 ff.;
Schwung, Die Zusendung unbestellter Waren, JuS 1985, 449 ff.;
Seybold/Schippel, Bundesnotarordnung – Kommentar, 7. Aufl., München, 2000;
Simon/Schmittmann, Rechtliche Rahmenbedingungen für Internetpräsentationen von Krankenhäusern unter besonderer Berücksichtigung des ärztlichen Berufsrechts, MedR 2001, 228 ff.;
Sosnitza, Das Internet im Gravitationsfeld des Rechts: Zur rechtlichen Beurteilung so genannter Deep Links, CR 2001, 693 ff.;
Spindler (Hrsg.), Vertragsrecht der Internet-Provider, Köln, 2000;
ders., Das Gesetz zum elektronischen Geschäftsverkehr – Verantwortlichkeit der Diensteanbieter und Herkunftslandprinzip, NJW 2002, 921 ff.;
ders., Das Herkunftslandprinzip im neuen Teledienstegesetz, RIW 2002, 183 ff.;
ders., Die zivilrechtliche Verantwortlichkeit von Internetauktionshäusern, MMR 2001, 737 ff.;
ders., Verantwortlichkeit von Diensteanbietern nach dem Vorschlag einer E-Commerce-Richtlinie, MMR 1999, 199 ff.;
Spindler, Verantwortlichkeit und Haftung für Hyperlinks im neuen Recht, MMR 2002, 495 ff.;
ders., Vertragsabschluß und Inhaltskontrolle bei Internetauktionen, ZIP 2001, 809 ff.;

Spindler/Schmittmann, Unerwünschte E-Mail-Werbung, MMR Beilage zu Heft 8/2001, 10 ff.;
Steinbeck, Aleatorische Anreize beim Community-Shopping, WRP 2002, 604 ff.;
dies., Das Bild der Frau in der Werbung, ZRP 2002, 453 ff.;
Steinbrecher, Internetauktionen, DuD 2001, 648 ff.;
Stoffmehl; Powershopping und Customer-driven Pricing als Marketing- und Vertriebsformen im Internet, MMR Beilage zu Heft 8/2001, 35 ff.;
Strangmeier, Internetpräsenz für Rechtsanwälte, Steuerberater und Wirtschaftsprüfer, Bielefeld, 2000;
Strömer, Das ICANN-Schiedsverfahren, Heidelberg, 2002;
ders., First come – first serve: Keine Regel ohne Ausnahme, K&R 2002, 306 ff.;
ders., Online-Recht, 2. Aufl., Heidelberg, 1999;
Taupitz, Die Standesordnungen der freien Berufe, Berlin, 1991;
Tettenborn, Die Evaluierung des IuKDG, MMR 1999, 516 ff.;
Tettenborn/Bender/Lübben/Karenfort, Rechtsrahmen für den elektronischen Geschäftsverkehr, Beilage zu K&R 2001, 1 ff.;
Torrani/Parise, Internet e diritto, 2. Aufl., Mailand, 1998;
Ulmer, Unterlassungsklagen und elektronischer Geschäftsverkehr, ITRB 2002, 135 ff.;
Ulrici, Einstweilige Verfügung im Kollektiven Verbraucherschutz, WRP 2002, 399 ff.;
ders., Zum Vertragsschluß bei Internetauktionen, NJW 2001, 1112 ff.;
Ultsch, Zivilrechtliche Probleme elektronischer Erklärungen – dargestellt am Beispiel der Electronic Mail, DZWir 1997, 466 ff.;
Vec, Internet, Internationalisierung und nationalstaatlicher Rechtsgüterschutz, NJW 2002, 1535 ff.;
Viefhues, Domain-Names. Ein kurzer Rechtsprechungsüberblick, MMR 2001, Beilage zu Heft 8/2001, 25 ff.;
Völker, Preisangabenrecht, 2. Aufl., München, 2002;
von Olenhusen/Crone, Der Anspruch auf Auskunft gegenüber Internet-Providern bei Rechtsverletzungen nach Urheber- bzw. Wettbewerbsrecht, WRP 2002, 164 ff.;
Weichert, Datenschutz als Verbraucherschutz, DuD 2001, 264 ff.;
Weidert/Lührig, Was hat Vossius, was Shell nicht hat und umgekehrt, WRP 2002, 880 ff.;
Wendtland, Cybersquatting, Metatags und Spam – Gemeinsamkeiten und Gegensätze im amerikanischen und deutschen Wettbewerbs- und Markenrecht, München, 2002;
Wenzel, Internetauktion: Anwendbarkeit des AGB-Gesetzes im Verhältnis Antragender/Annehmender, DB 2001, 2233 ff.;
Wernicke/Hoppe, Die neue EuGVVO – Auswirkungen auf die internationale Zuständigkeit bei Internetverträgen, MMR 2002, 643 ff.;
Wessel, Die Zusendung unbestellter Waren, BB 1966, 432 f.;
Wittsiepe, Steuerberatung im digitalen Umfeld, NWB Fach 30, 1381 ff.;
Wolff, Direktwerbung und Datenschutz, RDV 1999, 9 ff.;
Wollschläger, Internet-Ratgeber für Steuerberater, Herne, 2002;
Wüstenberg, Das Fehlen von in §6 TDG aufgeführten Informationen auf Homepages und seine Bewertung nach §1 UWG, WRP 2002, 782 ff.;
ders., Die Haftung der Internetauktionatoren auf Unterlassung wegen Markenrechtsverletzungen im Internet, WRP 2002, 497 ff.;
Zerdick/Picot/Schrape/Artopé/Goldhammer/Heger/Lange/Vierkant/López-Escobar/Silverstone, Die Internet-Ökonomie, 3. Aufl., Heidelberg/Berlin, 2001;
Zöller/Bearbeiter, Zivilprozeßordnung, 23. Aufl., Köln, 2002.

§ 1. Einführung

I. Historische Entwicklung

Wesentlicher Auslöser für die Entwicklung des Internet war der Kalte Krieg. Das Internet – Interconnected network[1] – ist ein umfassendes Netzwerk der Netzwerke, das im Jahre 1969 vom Verteidigungsministerium der USA bei der Advance Research Projects Agency (ARPA) in Auftrag gegeben wurde[2]. Das Projekt wurde unter dem Namen ARPA-Net (Advance Research Projects Agency Experimental Pocket-Switched Network) bekannt[3]. Das Projekt sollte u.a. dazu dienen, zwischen den unterschiedlichen, über das ganze Land verstreuten Computer Daten auszutauschen und von einem Rechner aus mit allen Programmen der anderen Rechner arbeiten zu können[4]. Die wichtigste Eigenschaft des Netzes sollte jedoch darin bestehen, trotz partieller Zerstörung des Kommunikationsnetzes in einer militärischen Auseinandersetzung einen Datentransfer aufrecht erhalten zu können, der den Datenaustausch regelt. Zu diesem Zwecke wurden Interface message processors (IMP) entwickelt. Sie brachten die Nachrichten der unterschiedlichsten Rechner in ein maschinenunabhängiges Format und übermittelten sie dann an entfernte IMPs. Durch die Verbindung eines IMP mit mehreren oder allen anderen IMPs wurde erreicht, daß bei Ausfall bzw. Zerstörung von Übertragungsstrecken eine Datenkommunikation weiterhin über die anderen IMPs gewährleistet war[5].

II. Verbreitung des Internet

Im Jahre 1971 waren gerade einmal 23 Militärcomputer über das Internet miteinander vernetzt[6]. Wieviele Computer weltweit an das Internet angeschlossen sind und wie viele Menschen dadurch Zugang zum Internet haben, ist realistischerweise nur zu schätzen. Die Zahlen ändern sich

---

[1] So *Fezer*, MarkenG, § 3 Rdnr. 296.
[2] S. *Kloepfer*, Informationsrecht, S. 5 ff.
[3] So *Wendtland*, Cybersquatting, Metatags und Spam, S. 6 ff.; *Hoeren*, Internetrecht, Oktober 2002, S. 8.
[4] S. *Eichhorn*, Internet-Recht, S. 19 f.
[5] Vgl. *Schmittmann*, NWB Fach 28, S. 929 ff.
[6] S. *Hoeren*, Internetrecht, Oktober 2002, S. 19.

täglich. Im Jahre 2001 ging man davon aus, daß rund 1 Million Computer mit 100 Millionen Nutzern an das Internet angeschlossen waren[7]. Die Zahl der User nimmt täglich zu. Im Herbst 2001 gaben 88,9 Millionen Personen aus Belgien, Frankreich, Deutschland, den Niederlanden, Spanien und Großbritannien an, mindestens einmal im Monat das Internet zu nutzen. Im Frühjahr 2001 waren es lediglich 77,7 Millionen Menschen[8]. In Deutschland nutzen etwa 30 Millionen Menschen das Internet[9].

Nach einer Studie der EU-Kommission wird sich die Verbreitung des Internet in der EU unterhalb des Niveaus in den USA einpendeln. Die Verbreitung des Internet in den Haushalten der EU ist von 18 % im März 2000 auf 28 % im Oktober 2000 und auf 36 % im Juni 2001 angestiegen. Im Dezember 2001 wurde ein Stand von 38 % erreicht. Dies deutet – so die Kommission – darauf hin, daß die Internet-Verbreitung nun abflache. Es ist jedoch bereits eine weitere Studie in Arbeit, die dieses Phänomen klären soll[10].

III. Netzwirtschaft

Wer heute im Internet surft, denkt im Regelfall nicht mehr an den historischen militärischen Ursprung des Datennetzes. Vielmehr stehen heute insbesondere Information, Unterhaltung und Konsum im Mittelpunkt[11]. Auch die Zeit der „Ökonomie des Schenkens" ist vorbei[12]. Mit der Verbreitung von Information im Internet kann und muß Geld verdient werden.

1. Wirtschaftliche Bedeutung

Das Internet hat die Weltwirtschaft tiefgreifend verändert[13]. Wesentliche Merkmale der Internet-Ökonomie sind:

---

[7] Vgl. *Schmittmann/Gorris*, Steuerliche Aspekte des Fernabsatzrechts, S. 19; *Hoeren*, Internetrecht, Oktober 2002, S. 21.
[8] S. www.gfk-webgauge.com
[9] S. www.gfk-webgauge.com
[10] Vgl. Cordis Focus Nr. 191 vom 25. Februar 2002, S. 2f.; zit. nach MMR 4/2002, S. XIX.
[11] Vgl. umfassend aus betriebswirtschaftlicher Sicht: *Rengelshausen*, Online-Marketing in deutschen Unternehmen; *Fritz*, Internet-Marketing und Electronic Commerce, S. 78 ff.
[12] So *Boehme-Neßler*, CyberLaw, S. 221.
[13] Vgl. *Kirchner*, Internetmarktplätze, Markttransparenz und Marktinformationssysteme, WuW 2001, 1030 ff.

III. Netzwirtschaft

– Globalisierung,
– Dezentralisierung,
– Individualisierung und Flexibilisierung,
– Vernetzung,
– innovative Regulierungen.

Das Internet ist noch heute von einer lockeren Struktur geprägt, die sich durch nicht hierarchisch organisierte Gemeinschaften von Usern auszeichnet. Diese Communities finden sich leicht zusammen und lösen sich auch wieder auf, je nachdem, wie sich die Interessenlage der User entwickelt. Diese dezentrale Organisationsstruktur prägt auch die Internet-Ökonomie[14].

Der Handel von Verbrauchsgütern im Internet hat in den letzten Jahren deutlich zugenommen[15]. Doch viele Unternehmen des E-Business befinden sich in der Krise, im Jahre 2001 waren Insolvenzen an der Tagesordnung. Börsengänge wurden verschoben. Der Umschwung soll allerdings inzwischen gelungen sein. Im Mai 2001 sind nach einer Untersuchung der Beratungsfirma Webmergers z.B. in Kalifornien 64 sog. „Dot.com"-Unternehmen insolvent geworden. Im Januar 2002 waren es nur noch 19 Unternehmen[16].

Viele Strategien haben sich unterdessen als undurchführbar herausgestellt. Hoffnungen haben sich als Illusion erwiesen. Dies gilt insbesondere für den Business-to-Consumer-Bereich („B2C"). Es hat sich gezeigt, daß die Verbraucher im Internet zwar immer mehr Geld ausgeben, bei weitem aber nicht so viel wie zuvor von den Unternehmen angenommen wurde. Umsatzsteigerungen können von vielen Unternehmen verbucht werden, gleichwohl befinden sich zahlreiche Unternehmen noch nicht in der Gewinnzone. Das Internet-Unternehmen Web.de AG in Karlsruhe konnte im Jahre 2001 den Umsatz um 41 Prozent auf 16,6 Millionen € steigern, dabei entstand aber ein Jahresfehlbetrag von 50,4 Millionen €. Durch die Einführung kostenpflichtiger Dienste soll das Ergebnis verbessert werden. Der Umsatz 2002 soll auf 25 Millionen € steigen und das Unternehmen damit in die Gewinnzone bringen[17].

Die dezentrale Organisationsstruktur prägt auch die Internet-Ökonomie[18]. Daraus erklärt sich auch, daß das Interesse an Internet-Marktplätzen gering ist. Der Analyst *David Metcalfe* von Forrester hat 25 Marktplätze untersucht und dabei festgestellt, daß 88 Prozent der Marktplätze noch mit Verlust arbeiten. Nur 36 Prozent der Marktplätze werden voraussichtlich im Jahre 2002 die Gewinnzone erreichen. Nur sechs Prozent

---

[14] So *Boehme-Neßler*, CyberLaw, S. 9.
[15] Vgl. *Schmittmann/Gorris*, Steuerliche Aspekte des Fernabsatzrechts, S. 21 ff.
[16] S. *ht*, Die Zahl der Dot.com-Pleiten sinkt, F.A.Z. vom 14. Februar 2002.
[17] S. *sup*, Web.de will 2002 die Gewinnzone erreichen, F.A.Z. vom 30. März 2002.
[18] So *Boehme-Neßler*, CyberLaw, S. 9.

der europäischen Großunternehmen haben mehr als fünf Prozent ihrer direkten Güter über einen Internet-Marktplatz bezogen[19].

Trotz der dezentralen Organisation der Internet-Ökonomie stellt sie einen gewichtigen Wirtschaftsfaktor dar. Schon für das Weihnachtsgeschäft 2001 wurden Umsatzrekorde erzielt. Dieser Trend setzte sich 2002 fort. Allein in Deutschland wurden schon im Jahre 2001 beim B2C-Geschäft rund 5,0 Milliarden € Umsatz erzielt. Im Jahre 2002 sollten nach seriösen Schätzungen 8,0 Milliarden € umgesetzt worden sein; für 2003 wird eine Steigerung auf 11,0 Milliarden € prognostiziert. Das macht auf den Einzelhandelsumsatz bezogen einen Anteil von 1,0 Prozent in 2001, von 1,6 Prozent in 2002 und 2,1 Prozent in 2003 aus[20].

In den Vereinigten Staaten soll der elektronische Handel im Internet im Jahre 2001 um 12 Prozent auf etwa 47,5 Milliarden US-Dollar angewachsen sein. Nach Angaben von Forrester Research entfielen 8,3 Milliarden US-Dollar auf das vierte Quartal, rund 8,3 Prozent mehr als im Vorjahr[21].

Das Marktforschungs- und Beratungsunternehmen Gartner hat für das Jahr 2002 die Prognose aufgestellt, daß der Online-Handel einen Umsatz von 97,8 Milliarden € erzielen wird. Dies entspräche einem Wachstum von 48 Prozent gegenüber dem Jahre 2001, in dem – so das Unternehmen – ein Volumen von 66,2 Milliarden € ausgewiesen worden war. Ein Blick auf die Online-Quote des Einzelhandels ist hingegen ernüchternd. Lediglich 2,3 Prozent des Gesamtumsatzes des europäischen Einzelhandels werden online gemacht. Dieser Anteil soll in den nächsten Jahren jedoch kontinuierlich steigen und sich im Jahre 2002 auf 5,6 Prozent belaufen. Dies entspräche dann einem online abgewickelten Umsatz von 258 Milliarden €. Für Deutschland geht Gartner davon aus, daß sich der Online-Umsatz im Jahre 2002 auf 23,2 Milliarden € steigern wird und im Jahre 2005 ein Online-Umsatz von 75 Milliarden € erreicht sein soll. Auch zum M-Commerce, dem Handel über Mobilfunk[22], liegen erste Schätzungen vor. Bis zum Jahre 2005 soll der Warenabsatz über Mobiltelefone in Deutschland einen Umsatz von 7,2 Milliarden € erreichen[23].

Weltweit geht man bei „amazon.com", einem Unternehmen, das sich von Internet-Buchhändler zur angeblich leistungsfähigsten Handelsplattform der Welt entwickelt hat und das sich 22 Prozent des gesamten Inter-

---

[19] S. *ht*, Geringes Interesse an Internet-Marktplätzen, F.A.Z. vom 28. März 2002.
[20] S. *Schmidt*, F.A.Z. vom 16. Dezember 2002.
[21] S. *o.V.*, Umsatz im E-Commerce legte 2001 um 12 Prozent zu, F.A.Z. vom 31. Januar 2002.
[22] Vgl. *Müller-Grote/Reydt/Schmid*, eBusiness, S. 17f.
[23] S. *jcw*, Online-Handel wächst auf 100 Milliarden Euro, F.A.Z. vom 21. März 2002.

III. Netzwirtschaft

net-Umsatzes mit Ebay teilt[24], von einem Umsatz in einer Größenordnung von 3 Milliarden US-Dollar jährlich aus[25]. In Deutschland rechnet Branchenführer „amazon.de" mit einem Plus von über 40% im Weihnachtsgeschäft und hat nach eigenen Angaben in den Weihnachtswochen über 100.000 Bestellungen pro Tag (Vorjahr knapp 70.000 pro Tag) erhalten. Etwa 29 Prozent der Deutschen shoppen online[26].

Beim Internet-Buchhändler Booxtra GmbH & Co. KG haben sich nach eigenen Angaben die Umsätze im Weihnachtsgeschäft im Vergleich zum Vorjahr mehr als verdoppelt. In der Spitze gingen pro Tag 4.500 Bestellungen ein. Der Internethändler Booxtra ist ein Gemeinschaftsunternehmen der Springer AG, Holzbrink, T-Online und Weltbild.

Die Metro hat „www.primus.de" ins Rennen geschickt. Mit einem Angebot von über fünf Millionen Artikeln zählt das Unternehmen zu den größten deutschen Webhändlern. Die Gewinnschwelle soll noch nicht erreicht sein, aber der Umsatz soll im ersten Halbjahr 2001 um 65 Prozent gestiegen sein[27].

Beim Versandhaus Quelle war man mit dem Weihnachtsgeschäft 2001 zufrieden. In den letzten drei Monaten des Jahres 2001 konnten insgesamt 200 Millionen € Umsatz im Onlinegeschäft erzielt werden. Auf die Website „www.quelle.de" sei von Januar 2001 bis Ende November 2001 für insgesamt über 500 Millionen € Ware geordert worden. Jeder zehnte deutsche Internet-User besuchte im letzten Jahr eines der 45 Shopping-Portale des Karstadt-Quelle-Konzern[28]. Erfolge beim traditonsreichen Versandhaus Quelle belegen den Trend. Die Käufer setzen mehr und mehr auch im Internet auf vertraute Marken. Auf die Kernmarken „www.quelle.de"und „www.neckermann.de" entfielen 98 Prozent des gesamten Online-Umsatzes von 450 Millionen € im Jahre 2000. Die 500 Millionen-Euro-Schwelle soll im Jahre 2001 gefallen sein[29]. Während sich die Zahl der Besucher auf den 15 beliebtesten E-Commerce-Seiten in Deutschland auf über 7 Millionen User verdoppelt hat, wird die Luft für reine Webunternehmen aus der zweiten Reihe und Neueinsteiger immer dünner. Eine Umfrage der Unternehmensberatung Mummert und Partner ergab, daß 53% der Befragten beim Online-Kauf bekannte Markennamen bevorzugen.

---

[24] S.o.V., Umsatz im E-Commerce legte 2001 um 12 Prozent zu, F.A.Z. vom 31. Januar 2002.
[25] S. *von Elm*, Webkings – Zehn deutsche Internet-Händler auf Erfolgskurs, Online Today, 2/2002, S. 50 (51).
[26] S. www.gfk-webgauge.com
[27] S. *von Elm*, Webkings – Zehn deutsche Internet-Händler auf Erfolgskurs, Online Today, 2/2002, S. 50 (52)
[28] S. *von Elm*, Webkings – Zehn deutsche Internet-Händler auf Erfolgskurs, Online Today, 2/2002, S. 50 (51).
[29] S. *von Elm*, Webkings – Zehn deutsche Internet-Händler auf Erfolgskurs, Online Today, 2/2002, S. 50 (51).

§ 1. Einführung

Auch in der Reisebranche wird erheblicher Umsatz durch das Internet generiert. Der Preussag-Konzern, der mit Marken wie TUI und L'tur präsent ist, setzt bereits seit 1995 auf das Internet. Rund 650.000 Kunden buchen jährlich im Internet ihren Urlaub[30]

Zu den größten Internet-Anbietern in Deutschland gehören ebay mit 11,3 Millionen Besuchern im Oktober 2002, amazon.de mit 7,9 Millionen Besuchern und schließlich noch tchibo.de mit 2,5 Millionen Besuchern. Neckermann und Karstadt sind mit rund 1,1 und 1,2 Millionen Besuchern deutlich abgeschlagen.[31]

Interessant ist auch die Beobachtung, daß die Geschäfte online und offline sich diametral auseinanderbewegen können. Während die Spiegel-Group, zu der Eddie Bauer gehört, im Offline-Geschäft im Jahre 2001 17 Prozent weniger umsetzte als im Vorjahr, stiegen die Online-Umsätze um 20 Prozent[32].

Weltweite und abschließende Zahlen für das Jahr 2001 liegen noch nicht vor. Forrester Research geht für das Gesamtjahr 2001 von 72,4 Milliarden € Online-Umsätzen in den USA und rund 17 Milliarden € in Europa aus. Für Asien schätzt die Unternehmensberatung Boston Consulting Group Online-Umsätze in Höhe von 14 Milliarden US-Dollar. Im noch jungen Online-Markt Lateinamerika dürfte sich der Internet-Handel dagegen auf lediglich 1,3 Milliarden US-Dollar belaufen.

Das Bundesministerium für Wirtschaft hat für das Jahr 2001 Umsätze im E-Commerce ermittelt, die zwar beachtlich sind, an die Umsätzen des klassischen Handels jedoch nach wie vor nicht heranreichen. So beliefen sich die E-Commerce-Umsätze in Deutschland im Jahre 2001 auf 21,3 Milliarden € und in Großbritannien auf 19,9 Milliarden €. Dagegen fallen Frankreich mit immerhin noch 8,0 Milliarden €, die Niederlande mit 5,9 Milliarden € und Schweden mit 5,6 Milliarden € stark zurück. Die Umsätze in Finnland, Italien, Dänemark, Norwegen und Spanien liegen mit 4,6 bis 1,5 Milliarden € deutlich niedriger[33].

Für den Bereich B2B hat eine Studie von Forrester Research ergeben, daß der B2B-Online-Handel im Jahre 2001 in Europa einen Umsatz von rund 78 Millionen € erbrachte und davon ausgegangen werden kann, daß der Umsatz bis 2006 auf jährlich rund 2,2 Billionen € steigen wird. Damit würde der B2B-Online-Handel einen Anteil von 22 % am gesamten Handelsumsatz in Europa erreichen[34].

---

[30] S. *von Elm*, Webkings – Zehn deutsche Internet-Händler auf Erfolgskurs, Online Today, 2/2002, S. 50 ff.

[31] S. *Schmidt*, F.A.Z. vom 16. Dezember 2002.

[32] S. *o.V.*, Umsatz im E-Commerce legte 2001 um 12 Prozent zu, F.A.Z. vom 31. Januar 2002.

[33] S. *o.V.*, E-Commerce in Europa, StuB 10/2002, S.V.

[34] Vgl. *o.V.*, Wachstum für europäischen B2B-Online-Handel, Cybiz vom 7. August 2002, www.cybiz.de

III. Netzwirtschaft

Auch wenn die vorstehenden Zahlen lediglich Teilbereiche beleuchten und auch nicht auf sicheren Statistiken beruhen, so wird doch klar, daß der Vertrieb von Waren und Dienstleistungen über das Internet bereits heute ein wichtiger Wirtschaftsfaktor ist, der seine Bedeutung in der Zukunft noch erheblich steigern wird.

2. Internetspezifische Werbeformen

Die vorstehenden Zahlen dokumentieren plastisch, daß der virtuelle Markt der Markt der Zukunft ist. Wachstumsraten wie im Internet werden sonst in keinem Vertriebskanal erreicht. Es verwundert daher nicht, daß die Werbung im Internet eine immer größere Rolle spielt. Dies liegt einmal daran, daß der Wettbewerb im Internet selbst an Schärfe zunimmt, andererseits auch daran, daß das Internet im Gegensatz zu anderen Werbeformen eine viel unmittelbarere und individuellere Ansprache des Kunden als andere Medien ermöglicht. Das führt zu einer verstärkten Face-to-Face-Werbung, die die mit dem üblichen Marketing verbundenen Streuverluste vermeidet[35]. Werbung im Internet wird daher aus betriebswirtschaftlicher Sicht auch als „individualisierbare Massenkommunikation" bezeichnet[36].

Die Aufwendungen der Unternehmen für Internetwerbung steigen ständig. Nach Angaben von Nielsen-Mediaresearch wurden im April 2002 22,3 Millionen € für die Werbung im Internet ausgegeben. Dies sind 15 Prozent mehr als im Vorjahr und immerhin noch 9 Prozent mehr als im Vormonat. Vor allem Dienstleister investieren mehr Anteile ihres Werbe-Budgets im Internet[37].

Von besonderer Bedeutung ist beim Internet nicht nur die weltweite Verfügbarkeit und die Verbreitung von Werbebotschaften in Sekundenschnelle rund um den Erdball, sondern gerade auch die Möglichkeit, über die bisherigen klassischen Werbeformen hinaus Botschaften zu übermitteln.

a) Website

Klassisches Werbemittel im Internet ist die Website. Eine solche Website eines Unternehmens kann in Form einer **Corporate Site** erfolgen, mit der das Unternehmen sich als Ganzes im Wettbewerb profilieren und für die Kunden attraktiv machen möchte. Solche Corporate Sites dienen damit sowohl der Unternehmenswerbung als auch der Befriedigung von In-

---

[35] So *Zerdick u.a.*, Die Internet-Ökonomie, S. 194 ff.; *Merz*, Electronic Commerce, 1999, S. 244 f.; *Boehme-Neßler*, CyberLaw, S. 10.
[36] So *Fritz*, Internet-Marketing und Electronic Commerce, S. 142 f.
[37] S. *ht*, Online-Werbung legt im April kräftig zu, F.A.Z. vom 23. Mai 2002.

formationsinteressen der allgemeinen Öffentlichkeit und können so auch als Instrumente der Public Relations (PR) angesehen werden[38].
Davon unterscheiden sich die sog. **Marketing Sites** dadurch, daß über sie der Verkauf von Produkten oder Dienstleistungen gefördert werden soll. Zu diesem Zwecke werden die Seiten oftmals wie ein elektronischer Katalog oder Prospekt gestaltet[39]. Inzwischen gibt es bei vielen Unternehmen die Möglichkeit, auch unmittelbar über die Website zu bestellen („E-Business"), so daß der Kunde nicht mehr den Einzelhandel aufsuchen muß.

b) Comet Curser

Der Comet Curser ist eine Rich-Media-Anwendung, die dem Cursor ein neues, überraschendes Aussehen gibt und somit eine Verbindung zum Produkt oder zur Dienstleistung aufbaut[40]. Voraussetzung ist allerdings eine spezielle Software, die beim erstmaligen Einsatz heruntergeladen werden muß[41].

c) Banner

Die erste Bannerwerbung wurde 1994 durch AT&T geschaltet[42]. Seither hat sich diese Werbeform schnell verbreitet[43]. Das Werbebanner ist eine Graphik auf einer Website eines anderen Anbieters[44]. Die gängigsten Formate sind 234 × 60 Pixel oder 468 × 60 Pixel[45]. Der Ort der Speicherung der Graphikdatei ist dabei nicht von Interesse. Es kommt ausschließlich darauf an, daß durch die Plazierung der Internet-Adresse der Graphikdatei in dem HTML-Code der Website der Browser des Benutzers diese Graphik anzeigt. Die Graphik ist mit einem Hyperlink versehen, der bei Anklicken auf die vom Inserenten gewünschte Website, meist sein Produkt- oder Dienstleistungsangebot, führt.
Weiterentwicklungen der herkömmlichen Bannerwerbung stellen im Banner integrierte Fenster, sog. Pop-Up-Ads und Rich-Media-Banner dar[46]. Damit können kurze Videos und 3-D-Welten auf Banner-Format abgespielt bzw. präsentiert werden. Einen erhöhten Informationswert ha-

---

[38] S. *Fritz*, Internet-Marketing und Electronic Commerce, S. 143.
[39] S. *Fritz*, Internet-Marketing und Electronic Commerce, S. 143.
[40] S. Kaminski/Henßler/Kolaschnik/Papathoma-Baetge-*Oelschlägel*, Rechtshandbuch E-Business, S. 763.
[41] S. *Barowski/Müller*, Online-Marketing, S. 38.
[42] S. Kaminski/Henßler/Kolaschnik/Papathoma-Baetge-*Oelschlägel*, Rechtshandbuch E-Business, S. 759.
[43] Vgl. *Cichon*, Internetverträge, S. 139 ff.; *Schmittmann*, MMR 2001, 792 ff.
[44] S. *Fritz*, Internet-Marketing und Electronic Commerce, S. 221.
[45] S. *Schmittmann*, MMR 2001, 792 ff.; *Hey*, BuW 2001, 119 (121).
[46] S. *Leupold/Bräutigam/Pfeiffer*, WRP 2000, 575 (579 f.); *Hey*, BuW 2001, 119 (122).

ben sog. Ticker- oder Realtime-Banner, bei denen aktuelle Nachrichten oder Börsenkurse als Text auf das Banner übertragen werden[47]. Bei sog. Nanosite-Bannern wird auf der zur Verfügung stehenden Werbefläche eine funktionsfähige Website eingeblendet[48]. Keine Banner sind werbende Links, die in einem Werbebanner angelegt sind[49]. Insbesondere auf den Homepages der Suchmaschinen finden sich Werbebanner, die neben dem „Verkauf" von Spitzenplätzen auf der Ausgabeliste einen nicht unerheblichen Beitrag zur Finanzierung dieser Suchmaschinen leisten[50].

d) Interstitial

Interstitials[51] sind eine bestimmte Form der Unterbrecherwerbung, bei der dem Nutzer verhaltensunabhängig beim Besuch einer Website ein Bildfeld mit werbendem Inhalt („Interstitial") präsentiert wird, das maximal den ganzen Bildschirm einnimmt[52].

Der User wird von dieser Form der Werbung unmittelbar und ohne Chance der Vermeidung getroffen. Dabei sind aber mehrere Formen zu unterscheiden. Bei der üblichen Form des Interstitials kann der Nutzer zwar das Feld durch Mausklick schließen. Zu diesem Zeitpunkt hat er die Werbung aber zumindest blickfangmäßig wahrgenommen, da sich diese Werbung optisch vor die vom User gewählte Website stellt und damit den Blick auf den ursprünglich gewählten Inhalt verhindert.

Eine andere Form der Interstitialwerbung verhindert das Schließen des Fensters und verschwindet erst nach einer bestimmten Zeit, dann aber selbständig.

e) Button

Ein Werbebutton stellt eine kleine, meist interaktive Werbefläche in der Mitte oder am unteren Rand fremder Websites dar, die nur den Namen eines Unternehmens oder eines Produkts enthält. Klickt der Benutzer auf diesen Button, so erscheint – ähnlich wie beim Banner – in der Regel die Homepages des Unternehmens[53].

---

[47] Vgl. *Fritz*, Internet-Marketing und Electronic Commerce, S. 226.
[48] S. *Barowski/Müller*, Online-Marketing, S. 36.
[49] Vgl. *Engels*, AfP 2000, 524 (527).
[50] Vgl. zur Verantwortlichkeit von Suchmaschinenbetreibern: LG Frankfurt am Main, Urteil vom 5. September 2001 – 3/12 O 107/01, GRUR-RR 2002, 83 ff.
[51] S. *Barowski/Müller*, Online-Marketing, S. 39.
[52] S. *Kaminski/Henßler/Kolaschnik/Papathoma-Baetge-Oelschlägel*, Rechtshandbuch E-Business, S. 760.
[53] S. *Fritz*, Internet-Marketing und Electronic Commerce, S. 144.

§ 1. Einführung

f) Keyword-Werbung

Unter Keyword-Werbung oder Keyword-Advertising versteht man den gezielten Einsatz von bestimmten Begriffen als Metatags, um so eine bevorzugte oder gar dominierende Ausgabe in Suchmaschinen zu erreichen. Oft wird dies mit der Verknüpfung eines Werbebanners mit der Ausgabe der Suchmaschine kombiniert, was allerdings eine gesonderte Vereinbarung mit dem Betreiber der Suchmaschine voraussetzt[54].

g) E-Mail-Werbung

Eine weitere internetspezifische Werbeform steht die E-Mail-Werbung dar, die in einem besonderen Abschnitt (§ 3 I. 1. d)) dargestellt wird[55]. Ähnlich wie bei Bannern gibt es auch bei E-Mail-Werbung inzwischen Rich-Media-Formen[56].

3. Messung von Online-Medialeistungen

Für die Preisbildung von Media-Dienstleistungen, also insbesondere von geschalteter Werbung, ist die Anzahl der Zugriffe auf eine bestimmte Website von herausragender Bedeutung. Dabei kommt es nicht allein darauf an, wie viele Nutzer überhaupt auf die Seite gelangen, sondern insbesondere auch darauf, ob sie über die Homepage (Startseite) hinaus die Präsentation betrachten.

a) Website

Die Zahl der Aufrufe einer Homepage ist technisch faßbar und durch systemseitige Gestaltung auch nachvollziehbar[57]. Es wird dabei zwischen „visits" und „pageviews" (oder „pageimpressions" bzw. „hits"[58]) unterschieden, wobei „visits" die Zahl der zusammenhängenden Nutzungsvorgänge („Besuche") eines Internetangebots erfaßt, die „pageviews" für die Anzahl der innerhalb der Domain abgerufenen Seiten[59]. Beide Ziffern indizieren die Anziehungskraft der Website. Die „visits" dokumentieren in erster Linie, ob die Domain attraktiv ist und leicht aufgefunden werden kann. Die „pageimpressions" bzw. „pageviews" lassen erkennen, ob die

---

[54] Vgl. *Barowski/Müller*, Online-Marking, S. 38.
[55] Vgl. insbesondere aus betriebswirtschaftlicher Sicht: *Ploss*, Handbuch E-Mail-Marketing.
[56] S. *Ploss*, Handbuch E-Mail-Marketing, S. 111.
[57] S. umfassend: *Brinson et al.*, Analyzing E-Commerce & Internet Law, S. 257.
[58] S. *Fritz*, Internet-Marketing und Electronic Commerce, S. 180; *Merz*, Electronic Commerce, S. 239f.; *Barowski/Müller*, Online-Marketing, S. 44f.; *Müller-Grote/Reydt/Schmid*, eBusiness, S. 24ff.
[59] S. *Lankau*, Webdesign, S. 284f.; *Schmittmann*, Die Kanzlei 7/2002, 9 (10).

III. Netzwirtschaft

Präsentation so interessant ist, daß der User sich verschiedenen Seiten ansieht[60].

Viele Internetagenturen stellen für ihre Kunden die monatlichen oder sogar täglichen „visits"und „pageviews" in übersichtlichen Graphiken zusammen, so daß der Unternehmer stets orientiert ist, wie viele User seine Website besucht haben. Die Zahlen, die diesbezüglich von großen Unternehmen veröffentlich werden, sind durchaus beachtlich. So sollte die Homepage von Altavista monatlich von rund 20 Millionen Nutzern besucht werden, Zeitungen und Nachrichtenmagazine liegen ebenfalls im Ranking ganz vorn. Das Angebot von Focus Online soll im Oktober 2001 rund 12,5 Millionen „visits" erreicht haben[61]. Nach Angaben von *Fritz* hat das Unternehmen „Autoscout 24" durch einen Marketingaufwand von rund 40 Millionen Euro im Jahre 2001 eine erhebliche Steigerung seiner Bekanntheit und seiner Seitenabrufe erreicht. Die Visits konnten von rund 500.000 im Monat Dezember 1999 auf 2,3 Millionen im Mai 2000 gesteigert werden. Die Anzahl der Pageimpressions konnte auf nunmehr 50 Millionen monatlich gesteigert werden[62].

Bei dem Domain-Grabbing, das später noch im einzelnen erörtert werden wird (vgl. § 4 V.), kommt gerade der Zahl der „visits" eine hohe Bedeutung zu, da der Verkäufer den Käufer mit dem Hinweis auf eine große Zahl von „visits" zur Zahlung eines möglichst hohen Kaufpreises veranlassen will.

In den USA werden zur Messung der Attraktivität einer Website oftmals die Unique Users oder Unique Visitors herangezogen. Hiermit soll die Anzahl unterschiedlicher Besucher einer Website innerhalb eines bestimmten Zeitraums, z.B. innerhalb eines Monats, ermittelt werden. Nur einmal gezählt werden bei diesem Verfahren wiederholte Besuche desselben Nutzers[63].

Ein Maß der Attraktivität der Website ist die sog. „Site Stickiness", die angibt, welche Zeit ein Unique Visitor auf der Website verbringt[64].

b) Bannerwerbung

Die Reichweite von Werbebannern und ähnlichen Werbeformen wird durch sog. „AdClicks" gemessen, wobei es sich um das Anklicken des Banners durch den User handelt, der damit auf die Website des Werbenden gelangt[65]. Davon zu unterscheiden sind die „AdImpressions"oder „AdViews", die lediglich angeben, wie oft die Website aufgerufen worden

---

[60] Vgl. dazu *Schmitz/Schröder*, K & R 2002, 189 (191).
[61] So *Schmitz/Schröder*, K & R 2002, 189 (191) m.w.N.
[62] S. *Fritz*, Internet-Marketing und Electronic Commerce, S. 198.
[63] So *Fritz*, Internet-Marketing und Electronic Commerce, S. 180.
[64] So *Fritz*, Internet-Marketing und Electronic Commerce, S. 180.
[65] So *Fritz*, Internet-Marketing und Electronic Commerce, S. 221.

§ 1. Einführung

ist, auf der sich der Werbebanner oder der Werbebutton befindet[66]. Als Kennzahlen bei der Bannerwerbung kommen daher AdImpressions und AdViews in Betracht[67].

Der Preis der Bannerwerbung wird meist als Tausender-Kontakt-Preis angegeben („CPM: Cost per thousand AdImpressions"), was im Vertrag allerdings im einzelnen niedergelegt werden sollte. Die deutschen Unternehmen lassen sich inzwischen ihre Bannerwerbung einiges kosten. Immerhin rund 210 Millionen € sind von den Unternehmen in Deutschland für Bannerwerbung investiert worden[68]. Nach einer Studie von „Digitale Hanse" hat Ebay im Jahre 2001 für 3.947.171,00 € Bannerwerbung geschaltet. Amazon gab dafür 2.378.444,00 € aus und die Deutsche Telekom 2.130.669,00 €. Die Dresdner Bank ließ sich Bannerwerbung im gleichen Zeitraum 1.592.199,00 € und Tchibo International immerhin noch 1.576.671,00 € kosten[69]. Die Einnahmen aus der Bannerwerbung gingen mit 12.499.163,00 € an T-Online, mit 9.931.883,00 € an Web.de und mit 8.966.139,00 € an Tomorrow Internet. Danach kamen Yahoo! Deutschland mit 5.884.444,00 € und RTL New Media mit 5.377.150,00 €[70].

IV. Rechtswissenschaftlicher Werbebegriff

Ebenso wie für alle anderen Bereiche des Internet gilt auch für die Werbung der Grundsatz, daß das Internet kein rechtsfreier Raum ist[71]. Der rechtswissenschaftliche Werbebegriff („Werbung") ist sowohl europarechtlich[72] determiniert als auch durch die nationale Rechtsprechung geprägt.

1. Europarechtlicher Werbebegriff

Gemäß Art. 2 der Richtlinie des Rates 84/450/EG vom 10. September 1984 zur Angleichung der Rechts- und Verwaltungsvorschriften der Mitgliedstaaten über irreführende Werbung, geändert durch die Richtlinie

---

[66] So *Fritz*, Internet-Marketing und Electronic Commerce, S. 221.
[67] So *Fritz*, Internet-Marketing und Electronic Commerce, S. 181.
[68] S.*ht*, Ebay und Amazon führen Rangliste der Online-Werber an, F.A.Z. vom 7. Februar 2002.
[69] S.*ht*, Ebay und Amazon führen Rangliste der Online-Werber an, F.A.Z. vom 7. Februar 2002.
[70] S.*ht*, Ebay und Amazon führen Rangliste der Online-Werber an, F.A.Z. vom 7. Februar 2002.
[71] Vgl. umfassend: *Kiethe*, Werbung im Internet, WRP 2000, 616 ff.; *Gounalakis/Rhode*, Persönlichkeitsschutz im Internet, S. 197.
[72] Vgl. umfassend: *Krimphove*, Europäisches Werberecht, 2002.

IV. Rechtswissenschaftlicher Werbebegriff 13

vom 6. Oktober 1997[73], ist Werbung jede Äußerung bei der Ausübung eines Handels, Gewerbes, Handwerks oder freien Berufes mit dem Ziel, den Absatz von Waren oder die Erbringung von Dienstleistungen, einschließlich beweglicher Sachen, Rechte und Verpflichtungen zu fördern[74]. Richtlinien sind als sekundäres Gemeinschaftsrecht im Lichte des primären Gemeinschaftsrechts, insbesondere der Grundfreiheiten, auszulegen[75].

2. Nationaler Werbebegriff

Nach der Rechtsprechung des BGH ist Werbung ein Verhalten, das darauf angelegt ist, andere dafür zu gewinnen, die Leistung desjenigen, für den geworben wird, in Anspruch zu nehmen. Ob diese Merkmale erfüllt sind, ist objektiv danach zu ermitteln, wie nach der Verkehrsanschauung das Verhalten zu beurteilen ist und nicht danach, wie der Werbende es aufgefaßt wissen möchte. Danach handelt es sich um Werbung, wenn sich jemand mit positiven Bewertungen oder mit Aufforderungen zur Inanspruchnahme der Leistungen an das Publikum wendet. Bei der gebotenen Gesamtbetrachtung aller Umstände können auch sonstige Gründe das Urteil rechtfertigen, das betreffende Verhalten sei darauf angelegt, andere für die Inanspruchnahme der Leistung zu gewinnen[76].

a) Abgrenzung zur „invitatio ad offerendum"

Abzugrenzen ist Werbung stets von einem konkreten Vertragsangebot (z.B. „offerta ad incertas personas"). Für ein konkretes Vertragsangebot ist es erforderlich, daß der Erklärende mit konkretem Rechtsbindungswillen handelt. Dies scheidet im Regelfall aus, wenn er sich an eine Vielzahl von Empfängern wendet, so daß er rein faktisch nicht in der Lage ist, alle Verträge zu erfüllen, wenn alle Empfänger eine entsprechende Willenserklärung abgeben. In einem solchen Fall ist nicht von einem Angebot, sondern vielmehr nur von einer „invitatio ad offerendum" auszugehen. Besondere Sorgfalt für die Gestaltung der Werbung ist geboten, weil § 434 Abs. 1 Satz 3 BGB n.F. vorsieht, daß Werbeaussagen – im Gegensatz zur früheren Rechtsprechung – als Zusagen angesehen werden und somit bei Nichteinhaltung von Werbeaussagen Sachmängelgewährleistungsansprüche in Betracht kommen.

---

[73] S. ABl. EG 1984 Nr. L 250, S. 17 ff., i.d.F. der Richtlinie 97/55/EG des Europäischen Parlaments und des Rates vom 6. Oktober 1997 zur Änderung der Richtlinie 84/450/EWG über irreführende Werbung zwecks Einbeziehung der vergleichenden Werbung, ABl. EG 1997 Nr. L 290, S. 18 ff.; vgl. dazu *Köhler/Piper*, Einf Rdnr. 61.
[74] Vgl. dazu *Schmittmann*, RDV 2001, 172 (173).
[75] So EuGH, Slg 1992, I-3669 Tz. 26 – Delhaize et Le Lion; EuGH, WRP 1994, 380 (381) Tz. 12 – Clinique.
[76] S. BGH, Urteil vom 7. Oktober 1991 – AnwZ (B) 25/91, ZIP 1991, 1515 (1516).

§ 1. Einführung

Ob Werbung vorliegt, ist in erster Linie durch Auslegung zu bestimmen. Im nachfolgenden wird davon ausgegangen, daß die z.b. eingehende E-Mail-Nachricht oder das eingehende Telefax Werbung darstellt. In Regel wird in einer solchen Nachricht kein ernsthaftes Vertragsangebot zu sehen sein.

b) Imagewerbung und Aufmerksamkeitswerbung

Werbung muß sich auch im juristischen Sinne nicht zwingend auf ein bestimmtes Produkt oder das Warenangebot des Werbenden allgemein beziehen. Die Beurteilung einer Wettbewerbshandlung setzt nicht notwendigerweise voraus, daß die Werbemaßnahme produktbezogen ist. Auch eine reine Aufmerksamkeitswerbung, welche geeignet ist, den Namen des werbenden Unternehmens im Verkehr bekanntzumachen oder dessen Verkehrsbekanntheit zu steigern, rechnet zu den Wettbewerbshandlungen im geschäftlichen Verkehr[77]. Die Verkehrsbekanntheit des Namens eines Unternehmens bestimmt im wesentlichen dessen Werbewert. Der Verbraucher widmet nämlich den Angeboten eines Unternehmens, dessen Namen er kennt, von vornherein eine erhöhte Aufmerksamkeit. Wegen ihrer Werbewirkung stehen sonach auch Maßnahmen, die der Pflege des Namens eines Unternehmens dienen, unter dem Vorbehalt des Verbots sittenwidrigen Verhaltens gem. § 1 UWG[78].

Eine zulässige Imagewerbung erfordert nicht, daß leistungsbezogen geworben wird[79]. Einem Unternehmen, dem es in seiner Werbung lediglich darum geht, seine namentliche Bekanntheit im Verkehr zu steigern, bleibt es unbenommen, sich dabei auch solcher Werbemethoden oder „Werbegags" zu bedienen, die keinerlei Bezug zum Gegenstand des Unternehmens oder zu dessen Leistungsfähigkeit haben.

c) „Schockwerbung" und Grundrechte

Ebensowenig kann es als ein ohne weiteres oder schon für sich allein taugliches Kriterium zur Bestimmung der Sittenwidrigkeit einer Aufmerksamkeitswerbung angesehen werden, ob diese geschmacklos oder gar schockierend ist. Es ist nicht Aufgabe des Wettbewerbsrichters, die Werbung einer Geschmackszensur zu unterziehen[80].

Sittenwidrig ist nach der Rechtsprechung des BGH ein Wettbewerbsverhalten, das dem Anstandsgefühl der beteiligten Verkehrskreise wider-

---

[77] S.BGH, GRUR 1995, 595 (596) – Kinderarbeit; *Köhler/Piper*, Einf Rdnr. 204.
[78] So BGH, Urteil vom 6. Juli 1995 – I ZR 239/93, BGHZ 130, 196 (199f.) –„Ölverschmutzte Ente".
[79] So BGH, Urteil vom 6. Juli 1995 – I ZR 239/93, BGHZ 130, 196 (202); *Löffler*, AfP 1993, 536 (539).
[80] So BGH, Urteil vom 29. Mai 1970 – I ZR 25/69, GRUR 1970, 557 (558); BGH, Urteil vom 18. Mai 1995 – I ZR 91/93, BGHZ 130, 5 (8).

spricht oder von der Allgemeinheit mißbilligt und für untragbar angesehen wird[81]. Die damit vorausgesetzte sittlich-rechtliche Wertung ist im Hinblick auf die Funktion des § 1 UWG im Wettbewerb vorzunehmen, so daß eine Orientierung allein nach allgemein ethisch-moralischen Vorstellungen nicht genügen kann. Insbesondere darf eine bloße Geschmackszensur auf der Grundlage des § 1 UWG nicht stattfinden[82]. Bei der erforderlichen rechtlichen Beurteilung ist aber sowohl die Meinungsäußerungsfreiheit als auch die Freiheit zur Befriedigung von Informationsinteressen zu berücksichtigen. Beide Bereiche fallen in den Schutzbereich des Art. 5 Abs. 1 GG, u.U. auch in den Kunstschutz aus Art. 5 Abs. 3 GG, was bei der nach der Rechtsprechung des BVerfG in jedem Einzelfall vorzunehmenden Güterabwägung nicht unberücksichtigt bleiben kann[83].

Die Anwendung des UWG bedeutet nicht, daß die Kunstfreiheit i.S. des Art. 5 Abs. 3 GG in rechtlich unzulässiger Weise eingeschränkt wird. Die Anwendung des Gesetzes gegen den unlauteren Wettbewerb gibt vielmehr eine Antwort auf die Frage, ob es dem Werbenden gestattet sein soll, ein – unterstellt künstlerisch wertvolles – Medium in wettbewerbswidriger Weise zu eigenem geschäftlichen Vorteil einzusetzen. Das aus § 1 UWG abzuleitende Verbot beschränkt sich auf die Verwendung der streitgegenständlichen Fotografie in wettbewerbswidriger Weise, richtet sich aber nicht gegen die Veröffentlichung der Fotografie als solcher. Der Schutz der Kunst i.S. des Art. 5 Abs. 3 GG gibt dem Werbenden in diesem Zusammenhang keinen Freiraum. Die Bestimmung des Art. 5 Abs. 3 GG schützt nämlich nicht den (zweckwidrigen) Einsatz von Kunst zur Mißachtung der gesetzlichen Ordnungsvorschrift in der Absicht, daraus einen Wettbewerbsvorteil zu ziehen. Die Meinungsäußerungsfreiheit der Werbenden aus Art. 5 Abs. 1 GG entbindet sie aber nicht von ihrer Pflicht, die Gesetze zum Schutz des lauteren Wettbewerbs zu beachten[84]. Die Vorschrift des § 1 UWG ist im Lichte der Bedeutung des Grundrechts aus Art. 5 Abs. 1 Satz 1 GG auszulegen und so in ihrer das Grundrecht beschränkenden Wirkung selbst wieder einzuschränken[85]. Auch bei

---

[81] Vgl. BGHZ 15, 356 (364f.) – Progressive Kundenwerbung; BGHZ 19, 392 (396) – Anzeigenblatt; BGHZ 54, 188 (191) – Fernsprechwerbung; BGHZ 56, 18 (19) – Grabsteinaufträge II; BGH, Urteil vom 3. Februar 1998 – I ZR 222/85, GRUR 1988, 614 (615) = WRP 1988, 352.
[82] Vgl. BGH, Urteil vom 29. Mai 1970 – I ZR 25/69, GRUR 1970, 557 (558) – Erotik in der Ehe; BGH, Urteil vom 18. Mai 1995 – I ZR 91/93, BGHZ 130, 5 (8) – „Busengrapscher".
[83] Vgl. BVerfGE 7, 198 (208); BVerfGE 21, 239 (243); BVerfGE 24, 278 (282); BVerfGE 34, 202 (225); BVerfGE 50, 234 (241); BVerfGE 54, 129 (136ff.).
[84] So BGH, Urteil vom 6. Juli 1995 – I ZR 239/93, BGHZ 130, 196 (202f.).
[85] So BVerfG, Beschluß vom 4. Oktober 1988 – 1 BvR 1611/87, NJW 1992, 1153 (1154); BGH, Urteil vom 25. Juni 1992 – I ZR 60/91, GRUR 1992, 707 (708) – Erdgassteuer; vgl. *Schmittmann*, Telefaxübermittlungen, S. 218.

§ 1. Einführung

Meinungsäußerungen, welche neben anderen Motiven in Wettbewerbsabsicht erfolgen, können im Einzelfall wesentliche Belange der Allgemeinheit berührt werden. Haben sie wirtschaftliche, politische, soziale und kulturelle Probleme zum Gegenstand, denen innerhalb der öffentlichen Auseinandersetzung ein nicht unerheblicher Stellenwert zugemessen wird, so ist in einer Abwägung der wechselseitigen Rechtsgüter – Lauterkeit des Wettbewerbs einerseits, Meinungsäußerungsfreiheit andererseits – einzutreten, um beurteilen zu können, ob das Verbot aus § 1 UWG herzuleiten ist. In diesem Zusammenhang ist danach zu fragen, ob die Absicht, den eigenen oder fremden Wettbewerb zu fördern, hinter den anderen Beweggründen der öffentlichen Meinungsäußerung zurücktritt[86]. Denn der verfassungsrechtliche Schutz der Meinungsäußerungsfreiheit und das Interesse der Öffentlichkeit, in den Meinungsbildungsprozeß wichtiger öffentlicher und wirtschaftlicher Fragen eingebunden zu werden, lassen es nicht zu, hinter jeder im Meinungskampf getroffener Äußerung mit wettbewerbsrechtlichem Bezug ein entsprechendes zielgerichtetes absichtliches Handeln zu Zwecken des Wettbewerbs zu sehen[87].

Aus dem Einfluß der verfassungsrechtlich geschützten Meinungsäußerungsfreiheit auf die Auslegung der Normen des Privatrechts folgt, bezogen auf die rechtliche Beurteilung der Imagewerbung im Rahmen des § 1 UWG, daß aus wettbewerbsrechtlichen Gründen grundsätzlich nicht beanstandet werden kann, wenn ein Gewerbetreibender öffentlich zu die Gesellschaft berührenden Ereignissen Stellung nimmt, und zwar unabhängig davon, ob er sich hierzu zur Wahrung seiner eigenen geschäftlichen Interessen aufgerufen sieht. Die Tatsache, daß ein Gewerbetreibender im Wettbewerb zu anderen steht, nimmt ihm nicht das Recht, zu gesellschaftspolitisch relevanten Themen, die auch außerhalb seines geschäftlichen Bereichs liegen, öffentlich Stellung zu nehmen. Auch soweit solche Äußerungen in der Öffentlichkeit zur Steigerung der Bekanntheit des Unternehmens und seines Ansehens bei den Verbrauchern beitragen, läßt sich grundsätzlich nicht von einer gesetzwidrigen Imagewerbung sprechen[88].

d) „Schleichwerbung"

Weitere Fragen des Rechts der Werbung ergeben sich bei der Betrachtung von getarnter Werbung („Schleichwerbung"). Der wettbewerbsrechtliche Grundsatz des Verbots getarnter (Wirtschafts-)Werbung gilt über den Bereich der Print- und elektronischen Medien hinaus auch für Kinospielfilme. Geht es nicht um das Verbot des Vertriebs eines als

---

[86] Vgl. *Schmittmann*, Telefaxübermittlungen, S. 218.
[87] So BGH, Urteil vom 6. Juli 1995 – I ZR 239/93, BGHZ 130, 196 (204); BGH, Urteil vom 25. Juni 1992 – I ZR 60/91, GRUR 1992, 707 (708) – Erdgassteuer.
[88] So BGH, Urteil vom 6. Juli 1995 – I ZR 239/93, BGHZ 130, 196 (204).

Kunstwerk i. S. des Art. 5 Abs. 3 GG anzusehenden Spielfilms schlechthin, sondern nur um die Untersagung einer bestimmten, den Wesensgehalt des Kunstwerks und die freie Gestaltungsmöglichkeit des Künstlers nicht berührenden Vertriebsmodalität (hier: um die Aufklärung des Publikums über den Umstand, daß der Film bezahlte Werbung zeigt), so gebührt im Rahmen der dann – am äußersten Rande des sog. Wirkbereichs[89] – vorzunehmenden Abwägung dem ebenfalls verfassungsrechtlich aus Art. 2 GG geschütztem Recht des Einzelnen auf freie, d.h. auch von Manipulationen unbeeinflußte, Entfaltung der eigenen Persönlichkeit der Vorrang. Demnach erscheint eine nach § 1 UWG gebotene Auflage, das Publikum vor der Vorführung des Films auf seinen besonderen (Werbe-) Charakter hinzuweisen, verfassungsgemäß[90].

Werbung ist grundsätzlich dem Adressaten als solche kenntlich zu machen; die (auf Täuschung angelegte) Tarnung einer Werbemaßnahme wird regelmäßig weder dem das Wettbewerbsrecht beherrschenden Wahrheitsgrundsatz[91] noch dem Gebot der Achtung der Persönlichkeitssphäre gerecht, weil letztere durch Beeinflussungen des Adressaten nur dann nicht in unzulässiger Weise angetastet wird, wenn der Umworbene erkennt, daß es sich um eine Werbemaßnahme handelt, und seine Entscheidung bewußt auf der Grundlage dieser Kenntnis treffen kann. Demgemäß sind Werbemaßnahmen, die sich nicht als solche, sondern als Maßnahmen scheinbar anderer, objektiverer Art darstellen[92], in der Rechtsprechung des BGH beanstandet worden[93].

Die Beanstandung durch die Rechtsprechung beruht auf der Erwägung, daß der Verkehr der Information eines am Wettbewerb selbst nicht unmittelbar beteiligten Dritten regelmäßig größere Bedeutung und Beachtung beimißt als entsprechenden, ohne weiteres als Werbung erkennbaren Angaben des Werbenden selbst. Dieser Gedanke liegt zwar auch den im Bereich von Presse und Rundfunk geltenden besonderen Geboten der Trennung von Werbung und redaktionellem Teil zugrunde. Er gilt jedoch allgemein für alle Fallgestaltungen, bei denen Werbung als Äuße-

---

[89] Vgl. BVerfGE 77, 240 (252 ff.).
[90] So BGH, Urteil vom 6. Juli 1995 – I ZR 58/93, BGHZ 130, 205 – Feuer, Eis & Dynamit.
[91] Vgl. *Baumbach/Hefermehl*, Wettbewerbsrecht, § 1 UWG Rdnr. 5; *Bork*, GRUR 1988, 264 (271); *Henning-Bodewig*, ZUM 1988, 263 (268).
[92] S. auch *Köhler/Piper*, § 1 Rdnrn. 38 ff.
[93] Vgl. BGH, Urteil vom 23. März 1962 – I ZR 138/60, GRUR 1962, 461 (464 f.) = WRP 1962, 233 – Werbeveranstaltung mit Filmvorführung; BGH, Urteil vom 07. Juni 1967 – I b ZR 34/95, GRUR 1968, 382 (384) = WRP 1967, 363 – Favorit II; BGHZ 50, 1 (3) – Pelzversand; BGHZ 81, 247 (250 f.) – Getarnte Werbung I; BGHZ 110, 278 (291) – Werbung im Programm; BGH, Urteil vom 30. Juni 1994 – I ZR 167/92, GRUR 1994, 819 (820) = WRP 1994, 728 – Produktinformation II; BGH, Urteil vom 07. Juli 1994 – I ZR 162/92, GRUR 1994, 823 (824) = WRP 1994, 816 – Preisrätsel-Gewinnauslobung II; BGH, Urteil vom 06. Juli 1995 – I ZR 58/93, BGHZ 130, 205 (214) – Feuer, Eis & Dynamit.

§ 1. Einführung

rung eines scheinbar objektiven Dritten dargestellt und damit getarnt wird[94]. Diese Grundsätze gelten grundsätzlich auch für die Werbung im Internet.

e) Trennung von Werbung und redaktionellem Text im Internet

Die erforderliche Trennung von Werbung und redaktionellem Text („Content") ist insbesondere für die Sachverhaltskonstellationen von Bedeutung, in denen ein scheinbar objektiver Dritter, etwa ein Portalbetreiber oder ein Moderator, auftritt und bestimmte Produkte oder Dienstleistungen präsentiert. Nimmt der Portalbetreiber etwa nur bestimmte Anbieter in sein Programm auf, was er in der Regel entgeltlich tut, so ist darauf abzustellen, ob für den Internet-User erkennbar ist, daß es sich insoweit um ein kommerzielles Portal handelt, also davon auszugehen ist, daß die entsprechenden Einträge von der Zahlung eines Entgelts abhängig gemacht worden sind und nicht vielmehr von der Güte des dargestellten Produkts.

Seinen Niederschlag hat das Trennungsprinzip, das auf Artt. 10, 11 der Richtlinie 89/552/EWG des Rates vom 3. Oktober 1989 zur Koordinierung bestimmter Rechts- und Verwaltungsvorschriften der Mitgliedstaaten über die Ausübung der Fernsehtätigkeit („Fernseh-Richtlinie")[95], u.a. in § 9 Abs. 2 Mediendienste-Staatsvertrag (MDStV) gefunden[96]. Danach muß Werbung als solche klar erkennbar und vom übrigen Inhalt der Angebote eindeutig getrennt sein. In der Werbung dürfen weiter keine unterschwelligen Techniken eingesetzt werden.

Auch das TDG 2002 trifft entsprechende Regelungen. Aus § 7 TDG n.F. ergeben sich besondere Informationspflichten bei kommerziellen Kommunikationen. In Anlehnung an die Vorschriften aus den Medien-Staatsverträgen wird ein Trennungsgebot eingeführt, damit der Nutzer erkennen kann, ob er sich gerade mit einer „Anzeige" befaßt oder mit einem redaktionellen Text. Abgrenzungsschwierigkeiten zeichnen sich ab, da jede Unternehmenshomepage per se Werbung für das Unternehmen enthält, andererseits aber auch neutrale Informationen enthalten kann. So wird man die Homepage einer Bank als Werbung ansehen müssen, auch wenn über diese Seite neutrale Informationen, etwa Börsenkurse und Zinssätze der EZB, abrufbar sind. Auch Homepages von Gebietskörperschaften dürften i.d.R. neben sachlichen Informationen auch Werbung enthalten[97].

---

[94] S. *Köhler/Piper*, § 1 Rdnr. 39.
[95] S. ABl. EG Nr. L 298, S. 23 = GRUR Int. 1990, 134. Vgl. *Krimphove*, Europäisches Werberecht, S. 107.
[96] S. *Köhler/Piper*, § 1 Rdnr. 44. Vgl. zum Recht der Fernsehwerbung: *Klickermann*, Europäisches Fernsehwerberecht im Wandel der neuen Medien, Frankfurt am Main, 2001.
[97] Vgl. *Schmittmann*, NWB Fach 28, S. 949 (956).

IV. Rechtswissenschaftlicher Werbebegriff

Diensteanbieter haben bei kommerziellen Kommunikationen, die Bestandteile eines Teledienstes sind oder die einen solchen Dienst darstellen, mindestens die nachfolgenden Voraussetzungen zu beachten:

1. kommerzielle Kommunikation müssen klar als solche zu erkennen sein;
2. die natürliche oder juristische Person, in deren Auftrag kommerzielle Kommunikation erfolgen, muß klar identifizierbar sein;
3. Angebote zur Verkaufsförderung wie Preisnachlässe, Zugaben und Geschenke müssen klar als solche erkennbar sein, und die Bedingungen für ihre Inanspruchnahme müssen leicht zugänglich sein sowie klar und unzweideutig angegeben werden;
4. Preisausschreiben oder Gewinnspiele mit Werbecharakter müssen klar als solche erkennbar und die Teilnahmebedingungen leicht zugänglich sein sowie klar und unzweideutig angegeben werden.

Darüber hinaus bleiben die Vorschriften des Gesetzes gegen den unlauteren Wettbewerb (UWG) unberührt.

Die Kennzeichnungspflicht für kommerzielle Kommunikationen betrifft zuvörderst den Versand von werbenden E-Mails[98]. Für den Nutzer muß schon in der Betreffzeile der Mail zu erkennen sein, daß es sich um von ihm nicht angeforderte Werbung handelt. Grundsätzlich bleibt es jedoch in Deutschland aufgrund der Vorschriften des UWG bei der Unzulässigkeit unaufgeforderter Telefax- oder E-Mail-Werbung, solange der Empfänger nicht im Einzelfall seine Zustimmung erklärt hat. Weiterhin ist auch bei werbenden Telefongesprächen zunächst darauf hinzuweisen, daß es sich um eine kommerzielle Kommunikation handelt[99].

Gerade die vorstehenden Regelungen bergen erhebliches Abmahnungspotential, so daß den betroffenen Unternehmen nur dringend empfohlen werden kann, die Informations- und Hinweispflichten ernst zu nehmen und die Mitarbeiter, die im Telemarketing tätig sind, entsprechend zu unterrichten.

Gerade bei getarnter Werbung in Fernseh- und Kinofilmen tritt eine Grauzone auf, die auch von der Rechtsprechung schwer zu greifen ist. Der BGH stellt fest, daß mit entsprechenden Erscheinungen in einem

---

[98] S. umfassend: § 3 I. 1. d); vgl. auch *Loock-Wagner*, Das Internet und sein Recht, S. 34 f.; *Jaeger-Lenz*, Werberecht, S. 104 f.; *Köhler/Arndt*, Recht im Internet, Rdnrn. 371 ff., *Schmittmann*, DuD 1997, 636 (639); ders., RDV 1995, 234 (237); ders., RDV 2001, 172 ff.; *Fikentscher/Möllers*, NJW 1998, 1337 (1343); *Wolff*, RDV 1999, 9 (11); *Watel*, Le problème du Spamming ou comment guérir le cancer de l'internet, JurPC Web-Dok. 163/2001, www.jurpc.de/aufsatz/20010163.htm; *Memis*, Spamming im türkischen Recht – eine Bestandsaufnahme und Lösungsansätze, JurPC Web-Dok. 226/2001, www.jurpc.de/aufsatz/20010266.htm.
[99] Vgl. *Schmittmann*, NWB Fach 28, S. 949 (957).

§ 1. Einführung

kommerziellen Unterhaltungsmedium gerechnet werden muß[100]. Jedoch stoße eine solche Toleranz auch bei Spielfilmen dort an ihre Grenze, wo über solche – nicht unerwartete und erträgliche – Verquickungen von Hersteller- und Werbeinteressen hinaus Zahlungen oder andere geldwerte Leistungen von einigem Gewicht von Unternehmen dafür erbracht werden, daß diese selbst oder ihre Erzeugnisse in irgendeiner Weise im Film in Erscheinung treten. Dies erwartet das Publikum regelmäßig nicht, so daß es mit solchen Konstellationen und den mit ihnen verbundenen weitgehenden Manipulationsmöglichkeiten zum Vorteil der zahlenden und demgemäß möglicherweise mitbestimmenden Dritten und zum Nachteil der eigenen Erkenntnismöglichkeit hinsichtlich des Vorliegens von Werbung und der damit verbundenen Entschließungsfreiheit nicht zu rechnen braucht, vielmehr insoweit seitens eines lauteren Anbieters Aufklärung erwarten darf[101].

Der BGH führt aber weiter aus, daß sowohl der Produzent eines Films als auch dessen Vertriebsunternehmen – und nicht nur der herstellende Künstler – den Schutz des Art. 5 Abs. 3 GG in Anspruch nehmen kann, soweit es bei deren Herstellungs- und Vertriebstätigkeiten nicht nur um eine rein wirtschaftliche Verwertung, sondern zugleich um die kommunikative Vermittlung des Kunstwerks als solchen geht[102].

Der Schutz aus Art. 5 Abs. 3 GG entfällt nicht deshalb, weil bei werblichen Aussagen, die ihrerseits künstlerisch gestaltet sind und deshalb dem Schöpfer selbst den Schutz gem. Art. 5 Abs. 3 GG verschaffen können, dieser Schutz dem bloßen Träger der Werbung in der Regel nicht zuteil wird. Die Vertriebshandlungen der Werbenden sind somit als solche, da Art. 5 Abs. 3 GG keinen Gesetzesvorbehalt kennt, nach § 1 UWG nicht verbietbar[103].

Einer den Kernbereich des künstlerischen Gestaltungsrechts nicht berührenden und am äußersten Rande des sog. Wirkbereichs angesiedelter Modalität des Vertriebs kommt im Rahmen der geboten Abwägung ein anderes, geringeres Gewicht zu als bei stärkerem, unmittelbarerem Kunstbezug[104]. Ihm gegenüber gebührt dem ebenfalls verfassungsrechtlich geschützten Recht aus Art. 2 Abs. 1 GG des Einzelnen auf freie, d.h. auch von Manipulationen unbeeinflußte, Entfaltung der eigenen Persönlichkeit der Vorrang. So wie der Schutz freier Kunstausübung sich

---

[100] Vgl. *Ullmann,* Spenden – Sponsern – Werben, in: FS für Traub 1994, S. 411 (418).

[101] S. BGH, Urteil vom 6. Juli 1995 – I ZR 58/93, BGHZ 130, 205 (217f.) – Feuer, Eis & Dynamit.

[102] Vgl. BVerfGE 30, 173 (191); BVerfGE 36, 321 (331); BVerfGE 77, 240 (251); BGHZ 130, 205 (218).

[103] So BGH, Urteil vom 6. Juli 1995 – I ZR 2/94, NJW 1995, 3182 – Feuer, Eis & - Dynamit II.

[104] Vgl. BVerfGE 77, 240 (255).

nicht darauf erstreckt, ein Musikstück für Trompete nachts in einer Wohngegend spielen oder ein Gemälde auf einer belebten Straßenkreuzung malen zu dürfen, letzteres etwa weil sich nur von dort die gewünschte Perspektive ergibt, kann er auch nicht zur Rechtfertigung dafür herangezogen werden, daß bei der Veröffentlichung eines Kunstwerks das für den Vermittlungsakt bezahlende Publikum über einen für die freie Willensentschließung maßgeblichen Umstand, nämlich die Aufnahme bezahlter Werbung, getäuscht wird.

Auch für Angebote im Bereich der Informations- und Kommunikationsdienste gilt, um eine Irreführung auszuschließen, das Gebot der Trennung von Werbung und sonstigem Text[105].

3. Begriff des Wettbewerbs

Der Begriff des Wettbewerbs ist rechtlich und wirtschaftlich zu betrachten.

a) Rechtliche Begriffsbestimmung

Der Begriff des Wettbewerbs ist der Kern des deutschen Lauterkeitsrechts. Das Wort „Wettbewerb" ist eine seit langem eingebürgerte Verdeutschung des Wortes Konkurrenz, das seinerseits auf dem Umweg über das französische „Concurrence" vom lateinischen „concurrere" stammt. Die lateinischen Begriffe „competitio" und englisch „competition" haben die gleiche Bedeutung. Jeder Wettbewerber strebt danach, den anderen zu überholen, mindestens aber mit ihm Schritt zu halten[106].

Nach dem gewöhnlichen Sprachgebrauch ist Wettbewerb ein Verhalten mehrerer Personen, dadurch gekennzeichnet, daß der eine das zu gewinnen strebt, was ein anderer zu gleicher Zeit zu gewinnen strebt („rivalry for the same thing"). Webster's dictionary erklärt „competiton" wie folgt: „the act of seeking or endeavoring to gain that for which another is also striving; rivalry; mutual strife for the same object". Aus der Gleichheit des Ziels, das mehrere zu erreichen suchen, ergibt sich zwangsläufig der Wettbewerb.

b) Wirtschaftliche Begriffsbestimmung

Der wirtschaftliche Begriff des Wettbewerbs wird in dreifacher Beziehung gebraucht:

Im volkswirtschaftlichen Sinne durchzieht das Wettbewerbsprinzip in einem marktwirtschaftlichen System – von Ausnahmebereichen abgesehen – die ganze Wirtschaft und bewirkt durch seine Ergebnisse den ge-

---

[105] So *Baumbach/Hefermehl*, Wettbewerbsrecht, § 1 UWG Rd. 45 a; *Mann*, NJW 1996, 1241 ff.; *Gummig*, ZUM 1996, 573 (577).

[106] So *Baumbach/Hefermehl*, Wettbewerbsrecht, Allg Rdnr. 1.

samtwirtschaftlichen Prozeß. Überlegene Erzeugnisse und Leistungen verdrängen die weniger geeigneten oder weniger beliebten. In Beziehung auf den Markt für ein bestimmtes Erzeugnis oder eine Gruppe von Erzeugnissen dient der Wettbewerbsbegriff zur Umschreibung der Marktlage für bestimmte Erzeugnisse. Schließlich gilt der Wettbewerbsbegriff auch in Beziehung auf ein einzelnes Unternehmen, d.h. den individuellen Marktausschnitt, auf dem sich das Unternehmen wirtschaftlich betätigt. In diesem Feld sind die horizontalen Wettbewerbsbeziehungen zu Unternehmen der selben Marktstufe und die vertikalen Austauschbeziehungen zu Unternehmen der vor- und nachgeordneten Wirtschaftsstufen und zu den Endverbrauchern zu unterscheiden.

Aus der Sicht des einzelnen Unternehmens besteht Wettbewerb, wenn es zwei oder mehr Mitbewerber hat, die ihm den Abschluß von Geschäften mit Dritten (Marktpartner) streitig machen. Für diese ergeben sich aus dem wettbewerblichen Verhalten der Anbieter oder Nachfrager Alternativen, zwischen denen sie wählen können. Unter beiden Aspekten, dem des Verhaltens mehrerer Unternehmen auf einer Marktseite und dem Bestehen von Alternativen auf der Marktgegenseite ist der Wettbewerb zu begreifen. Solange Nachfrager auf andere Anbieter unschwer ausweichen können, ist der Markt nicht vermachtet und kann der Wettbewerb seine Steuerungsfunktion entfalten. Während der Verbraucher nur als Nachfrager auf einem bestimmten Markt auftritt, werden Unternehmen, insbesondere solche des Handels, gewöhnlich als Anbieter und als Nachfrager auf verschiedenen Märkten tätig[107].

Das deutsche und europäische Wettbewerbsrecht ist von einem wirtschaftlichen Grundverständnis geprägt, das sowohl Auswirkungen auf das Kartell- als auch das Lauterkeitsrecht hat. Dabei ist von Wettbewerb als Ausleseprozeß auszugehen, was zu nachstehenden Prämissen führt[108]:

– Zum Wesen des wirtschaftlichen Wettbewerbs gehört es, Kunden zu gewinnen, mit denen der Mitbewerber rechnet, oder ihm Kunden abzunehmen, die er schon hat.
– Die Verdrängung des Mitbewerbers ist eine wesenseigene Folge des wirtschaftlichen Wettbewerbs.

Wettbewerb ist weder ein Zustand, noch ein Selbstzweck. Vielmehr ist der Wettbewerb ein stetiger Verhaltensprozeß, der keinen Stillstand duldet. Jede Wettbewerbshandlung ist eine Markthandlung, jeder Wettbewerbsprozeß als Verhaltensprozeß ein Marktprozeß. Der Wettbewerb koordiniert die vertraglichen Beziehungen der Marktteilnehmer und ist damit Regulator eines sich selbst steuernden Marktprozesses. Die kompe-

---

[107] Vgl. zum Ganzen: *Baumbach/Hefermehl*, Wettbewerbsrecht, Allg Rdnr. 4.
[108] Vgl. *Baumbach/Hefermehl*, Wettbewerbsrecht, Allg Rdnr. 21.

titiven Beziehungen zwischen den Wettbewerbern müssen erhalten bleiben, damit in einer arbeitsteiligen Wirtschaft die kooperativen Beziehungen zwischen den Marktpartner aufgrund beiderseits freier Entschließung gestaltet werden[109].

4. Mechanismen der Selbstregulierung („Self Regulation")

Der Wettbewerb ist einerseits durch nationale (vgl. §§ 3 und 4) und supranationale (vgl. § 5) Regelungen beschränkt. Hinzu treten Selbstregulierungsmaßnahmen, die sich bestimmte Kreise auferlegt haben, ohne daß die Regelungen Rechtskraft haben[110].

a) Netiquette

Im Internet haben sich netzspezifische Verhaltensregeln herausgebildet, die im wesentlichen darauf beruhen, daß das Internet einer Reihe neuer, in dieser Weise bislang unbekannte Kommunikationsmöglichkeiten eröffnet, etwa die alternierende Kommunikation eines Teilnehmers einer Mailing-Liste zwischen der Massenkommunikation mit allen Teilnehmern der Mailing-Liste und einer Individualkommunikation mit einem einzelnen Teilnehmer der Liste. Die Konventionen gelten sowohl für die jeweiligen Einzeldienste des Netzes als auch für die Nutzung des Internet überhaupt. Es wird wie folgt unterschieden[111]:

- Netiquette[112] (Einzelregelungen)
- Nethics (übergeordnete Regeln).

Das Computer Essex Institute hat Regeln für den verantwortungsvollen Umgang mit Computern, Programmen und Daten aufgestellt. Die daraus für die einzelnen Nutzdienste des Internet abgeleiteten Regeln der Netiquette sind bislang aber nicht einheitlich kodifiziert[113]. Vielmehr existiert eine Vielzahl geschriebener Regelungen, insbesondere für die Nutzung von E-Mail-Diensten.

Selbst wenn man von dem Bestehen einer Netiquette ausgehen wollte, so kann nicht angenommen werden, daß es sich um eine verbindliche Standes-

---

[109] S. *Baumbach/Hefermehl*, Wettbewerbsrecht, Allg Rdnr. 22.
[110] S. *Kloepfer*, Informationsrecht, S. 188 ff.
[111] Vgl. Hoeren/Sieber-*Körner/Lehment*, Handbuch Multimedia-Recht Kap. 11.1 Rdnr. 121.
[112] Umstritten ist, ob die Netiquette, vgl. *Barowski/Müller*, Online-Marketing, S. 175; *Kloepfer*, Informationsrecht, S. 189, überhaupt eine Bedeutung für die Beurteilung von Werbung im Internet hat. Tendenziell befürwortend: *Ploss*, Handbuch E-Mail-Marketing, S. 99 ff.; *Berghoff*, RDV 2002, 78 (80); *Schmittmann*, MMR 1998, 53 (54); *Strömer*, Online-Recht, S. 41 f.; dagegen: *Hoeren*, Internetrecht, Oktober 2002, S. 208.
[113] Vgl. Kaminski/Henßler/Kolaschnik/Papathoma-Baetge-*Oelschlägel*, Rechtshandbuch E-Business, S. 774.

§ 1. Einführung

oder Berufsüberzeugung handelt, die eine rechtliche Bindungswirkung über die konkrete Vereinbarung hinaus entfaltet. Dabei käme es für die wettbewerbsrechtliche Beurteilung einer solchen Regel vor dem Hintergrund des Vorsprungs durch Rechtsbruch lediglich darauf an, ob die Durchsetzung innerhalb der im Streitfall maßgeblichen Branche festgestellt werden kann.

b) International Chamber of Commerce

Die Internationale Handelskammer[114] hat bereits im Jahre 1996 Richtlinien zur interaktiven Marketingkommunikation im Internet aufgestellt und im Jahre 1998 eine überarbeitete Fassung der „ICC Guidelines on interactive Marketing communication", die zur Selbstregulierung der Werbewirtschaft beitragen sollen, vorgelegt[115].

Zu den wesentlichen Prinzipien der ICC-Guidelines gehören folgende Verpflichtungen:

- die Bekanntgabe der eigenen Identität, wenn mit Nutzern kommuniziert wird,
- keine Aussagen und Darstellungen zu vertreiben, die pornographische, rassistische und sexistische Inhalte haben,
- die Berücksichtigung von Wünschen Betroffener, keine Werbung auf elektronischem Wege zu erhalten,
- die Verpflichtung der Unternehmen, diejenigen geographischen Räume anzugeben, in die ihre Informationen hineinwirken sollen.

c) Internationale Liga für Wettbewerbsrecht

Die „International League for Competion Law" hat 1999 einen detaillierten Verhaltenskodex für Internet-Marketing-Aktivitäten verabschiedet, der auf 15 Länderberichten von ausgewiesenen Experten des Wettbewerbsrechts beruht. Der Kodex regelt u.a. Framing, Linking, Powershopping sowie E-Mail-Werbung[116].

d) OECD

Die OECD (Organisation for Economic Co-operation and Development; Sitz Paris/Frankreich) hat „Leitlinien für den Verbraucherschutz im Zusammenhang mit dem elektronischen Geschäftsverkehr" aufgestellt[117], die auch in deutscher Sprache zugänglich sind[118].

---

[114] S. www.icc-deutschland.de oder www.iccwbo.org
[115] Vgl. *Strömer*, Online-Recht, S. 141; *Krimphove*, Europäisches Werberecht, S. 225f.; *Boehme-Neßler*, internetrecht.com, S. 215; Kaminski/Henßler/Kolaschnik/Papathoma-Baetge-*Oelschlägel*, Rechtshandbuch E-Business, S. 772.
[116] Vgl. *Berghoff*, RDV 2002, 78 (80).
[117] S. *Berghoff*, RDV 2002, 78 (80).
[118] S. www.econsumer.gov/german/oecd-german.pdf.

IV. Rechtswissenschaftlicher Werbebegriff

Die Realität des Internet zeigt, daß diese Richtlinien faktisch nicht befolgt werden. Dies verwundert nicht, da sie keinerlei rechtliche Bindungswirkung haben, sondern lediglich ein freiwilliger Verhaltenskodex sind, dessen Einhaltung nicht eingefordert werden kann.

§ 2. Ermittlung und Durchsetzung werberechtlicher Ansprüche

Vorrangig für jeden Wettbewerbsprozeß ist die Frage zu untersuchen, an welchem Gericht Klage erhoben werden kann. Erst danach schließt sich die Frage an, welches Recht das angerufene Gericht anwenden muß.

I. Gerichtsstandsbestimmung nach nationalem Recht

Jedes Gericht befaßt sich von Amts wegen und in jeder Lage des Verfahrens mit der Frage, ob es selbst örtlich (und ggf. sachlich) zuständig ist[119]. Gemäß § 32 ZPO ist für Klagen aus unerlaubten Handlungen das Gericht zuständig, in dessen Bezirk die Handlung begangen worden ist. Wettbewerbsrecht ist nach deutscher (und weitgehend internationaler) Anschauung als Deliktsrecht anzusehen, so daß die Zuständigkeit deutscher Gericht unmittelbar aus § 32 ZPO folgt, wenn die unerlaubte Handlung in Deutschland begangen ist.

1. Gerichtsstandsbestimmung gem. § 32 ZPO

Die Norm des § 32 ZPO begründet den besonderen Gerichtsstand der unerlaubten Handlung. Nach allgemeiner Auffassung in Rechtsprechung[120] und Literatur[121] ist im Wettbewerbsrecht das Deliktstatut anwendbar. Verstöße gegen die Regeln des Wettbewerbs sind unerlaubte Handlungen, das auf sie anwendbare Recht ist daher grundsätzlich die *lex loci delicti commissi*[122]. Somit können deutsche Gerichte zur Entscheidung über internationale wettbewerbsrechtliche Streitigkeiten berufen sein, sofern die allgemeinen Voraussetzungen der §§ 12 ff. ZPO vorlie-

---

[119] Vgl. BGH, GRUR 1994, 530 (531); *Köhler/Piper*, Einf Rdnr. 109.

[120] So BGHZ 35, 329 (333); BGHZ 40, 391 (394); BGHZ 113, 11 (14); RGZ 150, 265 (268).

[121] S. *Lindacher*, WRP 1996, 645 (646); *ders.*, in: FS Piper, S. 355 (360); *ders.*, in: FS Nakamura, S. 321 (323); *Reich*, EuZW 1995, 407 (408); *Kort*, GRUR Int. 1994, 594 (595); *Sack*, IPRax 1992, 24; *Möllering*, WRP 1990, 1; *Baumbach/Hefermehl*, Wettbewerbsrecht, Einl. UWG Rdnr. 176 ff.; nach a.A. entfernt sich das Kollisionsrechts des unlauteren Wettbewerbs wegen der erweiterten Schutzrichtung (Verbraucherschutz und Allgemeininteresse) zunehmend vom Deliktsrecht, so *Kropholler*, IPR, § 53 VII.

[122] S. *Troller*, Das internationale Privatrecht des unlauteren Wettbewerbs, Freiburg (Schweiz), 1962, S. 140.

gen[123]. Für die Rechtsanwendung ist damit immer der Ort maßgebend, der mit der unlauteren Handlung vom Wesen des Wettbewerbs den engsten Zusammenhang hat[124].

Im Internet ist der Begehungsort einer Wettbewerbs- oder Schutzrechtsverletzung stets und unstreitig jedenfalls derjenige Ort, an dem der Handelnde für die Einspeisung seiner Daten in den Computer und das Computernetz organisatorisch sorgt, unabhängig davon, auf welchem Rechner die verletzende Information physikalisch abgelegt ist[125].

Grundsätzlich darf davon ausgegangen werden, daß die organisatorische Einspeisung der Daten am Sitz des Unternehmens erfolgt. An seinem Sitz oder am Ort seiner Niederlassung kann ein unlauter und beispielsweise markenverletzend werbendes Unternehmen ohnehin gerichtlich gem. §§ 12, 14, 21 ZPO in Anspruch genommen werden, was zugleich regelmäßig die Anwendbarkeit des am Unternehmenssitz geltenden Deliktsrechts nach sich ziehen wird. Dieser Grundsatz gilt im wesentlichen für alle Rechtsordnungen.

Diese Konstellation ist auch nicht spezifisch durch das Internetzeitalter bedingt. Bereits früher gab es ähnliche, grenzüberschreitende Konstellationen. Wurde beispielsweise in einer französischen Modezeitschrift, die auch in der Bahnhofsbuchhandlung in Berlin oder München erhältlich ist, eine Anzeigenwerbung veröffentlicht, die auch von deutschen Lesern zur Kenntnis genommen wurde, stellt sich damit – bei unterstellter Wettbewerbswidrigkeit dieser Anzeige – die Frage nach der Zuständigkeit der deutschen Gerichte. Ähnlich liegt es auch, wenn ein Werbebrief vom Ausland aus verschickt wird, aber am Ankunftsort, nämlich dem Aufenthaltsort des potentiellen Kunden, seine Wirkung erreichen soll. Bei Werbeannoncen in den Printmedien bejaht die Rechtsprechung seither den Deliktsort überall dort, wo die betreffende Zeitschrift bestimmungsgemäß vertrieben wird[126].

Der Vorteil für den Antragsteller bzw. Kläger im Wettbewerbsverfahren liegt darin, daß er beinahe jeden beliebigen Ort zum Ausgangspunkt der gerichtlichen Maßnahmen machen kann, wenn es ihm gelingt, nachzuweisen, daß die anzugreifende Werbung gerade im Gerichtsbezirk vertrieben wird. Dafür reicht beispielsweise der Verkauf einer Zeitschrift an einem Bahnhofskiosk aus. Auch die Ausstrahlung einer Rundfunksendung in dem betreffenden Gerichtsbezirk kann als hinreichend angesehen werden[127].

---

[123] So *Geimer*, Internationales Zivilprozeßrecht, 2. Aufl., Köln, 1993, Rdnr. 1056.
[124] S. *Troller*, a.a.O., S. 146.
[125] Vgl. Hoeren/Sieber-*Körner/Lehment*, Handbuch Multimedia-Recht Kap. 11.1 Rdnr. 196.
[126] So OLG Düsseldorf, GRUR 1971, 281; EuGH, GRUR Int. 1997, 829; *von Maltzahn*, GRUR 1983, 711.
[127] Vgl. LG Düsseldorf, Urteil vom 4. April 1997 – 34 O 191/96, NJW-RR 1998, 979 = MMR 1998, 620 – www.epson.de.

I. Gerichtsstandsbestimmung nach nationalem Recht 29

Daneben besteht ein Gerichtsstand überall dort, wo beispielsweise wettbewerbs-, patent- oder markenverletzende Waren angeboten, vertrieben oder in Verkehr gebracht worden sind. Man spricht daher auch gern vom sog. „fliegenden Gerichtsstand", weil regelmäßig eine so große Anzahl von Gerichtsständen gegeben ist, daß der Wettbewerber des Verletzers beinahe frei auswählen kann.

2. Gerichtsstand bei Internetsachverhalten

Für im Internet begangene Wettbewerbsverstöße ergeben sich daraus folgende Konsequenzen:
Eine Homepage im Internet ist an jedem beliebigen Ort der Welt abrufbar. Damit kann grundsätzlich die deutsche Gerichtsbarkeit den gesamten, weltweit einsehbaren Inhalt des Internet der Kontrolle durch die deutsche Gerichtsbarkeit unterwerfen[128].

Beispiel:
A und B vertreiben im Internet Bücher. A meint, daß eine bestimmte Einzelheit der Internetpräsentation des B wettbewerbswidrig ist. A hat seinen Sitz in München, B hat seinen Sitz in Berlin. A läßt sich üblicherweise in Internetrechtsstreitigkeiten von der in Düsseldorf ansässigen Kanzlei C vertreten. Die Kanzlei C zieht es im Regelfall vor, vor dem Landgericht Düsseldorf aufzutreten, einerseits deshalb, weil damit Reisezeiten vermieden werden, andererseits aber auch deshalb, weil sie die örtliche Rechtsauffassung der Kammern besser kennt. Rechtsanwalt R, der in der Kanzlei C tätig ist, ruft auf dem Bildschirm seines Bürocomputers die inkriminierte Internetpräsentation von B auf. Damit hat er die Zuständigkeit des LG Düsseldorf begründet, da er als potentieller Kunde des Internetauftritts in Betracht kommt.
Für den Fall, daß die Zuständigkeit des Gerichts streitig werden könnte und R daher einen objektiven Zeugen zur Verfügung haben möchte, bittet er seine Sekretärin S, in der Kanzlei eine entsprechende Internetpräsentation von B zu öffnen. Da auch die S potentielle Kundin von A und B ist, steht nunmehr nicht nur eine Zeugin für die Abrufbarkeit in Düsseldorf zur Verfügung, sondern auch eine konkret geschädigte Person.

Es spielt grundsätzlich auch keine Rolle, ob eine deutsche oder eine ausländische Präsentation aufgerufen wird. Unter der Voraussetzung, daß tatsächlich ein Wettbewerbsverhältnis vorliegt, kann also die deutsche Gerichtsbarkeit ein Verhalten eines Anbieters überprüfen, der seinen Sitz auf Tuvalu hat und daher z.B. unter der Domain „www.kaufmich.tv" seine Waren feilhält.
Selbst wenn die in Rede stehende Internetpräsentation von einem Server mit Standort im Ausland in das Internet eingespeist wird, ist deutsche Gerichtsbarkeit gegeben[129].

---

[128] Vgl. LG München I, Urteil vom 17. Oktober 1996 – 4 HK O 12190/96, CR 1997, 155; LG Berlin, Urteil vom 25. März 1997 – 5 U 659/97, NJW 1997, 3321 = CR 1997, 685; LG Düsseldorf, Urteil vom 4. April 1997 – 34 O 191/96, NJW-RR 1998, 979 = MMR 1998, 620 – www.epson.de.
[129] Vgl. OLG Karlsruhe, Urteil vom 9. Juni 1999 – 6 U 62/99, VR 2000, 320 m. Anm. *Schmittmann*.

§ 2. Ermittlung und Durchsetzung werberechtlicher Ansprüche

Daraus darf aber nicht vorschnell der Schluß gezogen werden, daß damit zugleich feststeht, daß aus § 1 UWG ein Unterlassungsanspruch besteht. Dieser ist gesondert vorzutragen und zu beweisen, was bei Individualstreitigkeiten voraussetzt, daß ein konkretes Wettbewerbsverhältnis besteht. Zwischen einer in Berlin und einer in Heilbronn ansässigen eher kleineren Rechtsanwaltskanzlei besteht kein konkretes Wettbewerbsverhältnis. Dies gilt auch für im Internet angebotene sog. „Online-Rechtsberatungen"[130]. Die Entscheidung ist m.E. fraglich, da aufgrund des weggefallenen Lokalisationsgrundsatzes und der fortschreitenden Spezialisierung grundsätzlich Mandate nicht mehr in erster Linie nach Standort der Kanzleien vergeben werden, sondern nach anderen Kriterien.

II. Gerichtsstandsbestimmung nach der Richtlinie 2000/31/EG („E-Commerce-Richtlinie")

Die Frage der internationalen Zuständigkeit und der Bestimmung des zuständigen Gerichtsstands einschließlich der Anwendbarkeit des nationalen Rechts hat durch die Richtlinie 2000/31/EG des Europäischen Parlaments und des Rates über bestimmte rechtliche Aspekte der Dienste der Informationsgesellschaft, insbesondere des elektronischen Geschäftsverkehrs, im Binnenmarkt („Richtlinie über den elektronischen Geschäftsverkehr" – „E-Commerce-Richtlinie"[131]) einen völlig neuen Stellenwert erhalten. Die Richtlinie über den elektronischen Geschäftsverkehr (ECRL) hat zu breiten Umwälzungen im deutschen und europäischen Recht geführt:

- die ECRL hat durch Abschaffung des Rabattgesetzes und der Zugabeverordnung zu einer Liberalisierung des deutschen Wettbewerbsrechts geführt;
- die ECRL gibt wichtige Impulse für den Prozeß der Harmonisierung des europäischen Wettbewerbsrechts, insbesondere im Werbebereich;
- die ECRL eröffnet für den deutschen Dienstleistungsbereich branchenübergreifend neue Dimensionen, die offline teilweise noch nicht möglich sind und insbesondere Bereiche der freien Berufe betreffen;
- die ECRL hat die Diskussion um die Neugestaltung des internationalen Privatrechts neu angestoßen.

---

[130] S. OLG Brandenburg, Beschluß vom 27. März 2002 – 6 U 150/01, MMR 2002, 463.
[131] S. ABl. EG Nr. L 178, vom 17. Juli 2000, S. 1; vgl. *Krimphove*, Europäisches Werberecht, S. 259f.

II. Gerichtsstandsbestimmung nach der Richtlinie 2000/31/EG

Die ECRL ist am 17. Juli 2000 in Kraft getreten, nachdem sie am 04. Mai 2000 das Europäische Parlament ohne Änderungen passiert hatte. Die Richtlinie verfolgt einen horizontalen Ansatz mit dem Ziel, einen Rechtsrahmen auf der Ebene der EU für „Dienste der Informationsgesellschaft" zu schaffen, der die notwendigsten Regelungen enthält („Mindestrechtsrahmen"). Gegenstand der Regelung sind interaktive, im Fernabsatz und auf elektronischem Wege erbrachte Dienstleistungen. Von der ECRL nicht erfaßt sind Rundfunk und Telekommunikation[132].

1. Herkunftslandprinzip

Das Herkunftslandprinzip, auch Ursprungslandprinzip genannt, hat sich in der Rechtsprechung des Europäischen Gerichtshofs und in der Praxis der EU-Kommission zu einem konstituierenden Bestandteil des Binnenmarktes entwickelt. Dies galt jedoch bisher lediglich für den Bereich des Warenverkehrs, nicht aber für den Dienstleistungssektor[133]. Nach dem Herkunftslandprinzip darf ein Dienst der Informationsgesellschaft, der in einem Mitgliedstaat rechtmäßig erbracht wird, im Zugang zum Binnenmarkt nicht behindert werden. Außerdem unterliegt die Aufsicht über dem Dienst dem Mitgliedstaat, in dem der Dienst niedergelassen ist. Das Herkunftslandprinzip ist von Amts wegen im Prozeß wie jedes andere europäische Recht zu beachten[134].

Die Bestimmung des Art. 3 Abs. 1 ECRL stellt weiterhin klar, daß jeder Mitgliedstaat dafür Sorge trägt, daß die Dienste der Informationsgesellschaft, die von einem in seinem Hoheitsgebiet niedergelassenen Diensteanbieter erbracht werden, den in diesem Mitgliedstaat geltenden innerstaatlichen Vorschriften entsprechen, die in den koordinierten Bereich fallen. Die Mitgliedstaaten dürfen gem. Art. 3 Abs. 2 ECRL den freien Verkehr von Diensten der Informationsgesellschaft aus einem anderen Mitgliedstaat nicht aus Gründen einschränken, die in den koordinierten Bereich fallen. Die Mitgliedstaaten können gem. Art. 3 Abs. 4 ECRL Maßnahmen ergreifen, die im Hinblick auf einen bestimmten Dienst der Informationsgesellschaft von Art. 3 Abs. 2 ECRL abweichen, wenn die Maßnahmen zum Schutz der öffentlichen Ordnung, zum Schutz der öffentlichen Gesundheit, zum Schutz der öffentlichen Sicherheit sowie zum Schutz der Verbraucher erforderlich sind, einen bestimmten Dienst der Informationsgesellschaft betreffen und in einem angemessenen Verhältnis zu diesen Schutzzielen stehen.

---

[132] Vgl. *Tettenborn/Bender/Lübben/Karenfort*, Rechtsrahmen für den elektronischen Geschäftsverkehr, Beilage zu K&R 2001, S.1 (2ff.); *Karenfort/Weissgerber*, Beilage MMR 2/2000, S.38ff.; *Spindler*, Beilage MMR 7/2000, S.4, 9; *Mankowski*, EWS 2003, 401 ff.

[133] So *Tettenborn/Bender/Lübben/Karenfort*, Rechtsrahmen für den elektronischen Geschäftsverkehr, Beilage zu K&R 2001, 1 (9).

[134] So *Spindler*, RIW 2002, 183 (187).

Gem. Art. 3 Abs. 3 ECRL finden diese Regelungen auf bestimmte Rechte wie Urheberrechte, verwandte Schutzrechte, die Ausgabe elektronischen Geldes durch Institute, die Freiheit der Rechtswahl durch Vertragsparteien, vertragliche Schuldverhältnisse in bezug auf Verbraucherverträge, Immobilienverträge sowie die Zulässigkeit nicht angeforderter kommerzieller Kommunikation mittels elektronischer Post[135] keine Anwendung.

2. Umsetzung in Deutschland

Das Herkunftslandprinzip ist in Deutschland in § 4 TDG (Teledienstegesetz) umgesetzt worden[136]. Gem. § 4 Abs. 1 TDG unterliegen in der Bundesrepublik Deutschland niedergelassene Diensteanbieter und ihre Teledienste den Anforderungen des deutschen Rechts auch dann, wenn die Teledienste in einem anderen Staat innerhalb des Geltungsbereichs der ECRL geschäftsmäßig angeboten oder erbracht werden.

Gem. § 4 Abs. 2 TDG wird der freie Dienstleistungsverkehr von Telediensten, die in der Bundesrepublik Deutschland von Diensteanbietern geschäftsmäßig angeboten oder erbracht werden, die in einem anderen Staat innerhalb des Geltungsbereichs ECRL niedergelassen sind, nicht eingeschränkt[137].

Die Einführung des Herkunftslandprinzips in § 4 Abs. 1 und 2 TDG läßt die Freiheit der Rechtswahl, die Vorschriften für vertragliche Schuldverhältnisse in bezug auf Verbraucherverträge sowie die gesetzlichen Vorschriften über den Grundstückserwerb unberührt.

Darüber hinaus gilt das Herkunftslandprinzip gem. § 4 Abs. 4 TDG nicht für:

1. die Tätigkeit von Notaren sowie von Angehörigen anderer Berufe, soweit diese ebenfalls hoheitlich tätig sind,
2. die Vertretung von Mandanten und die Wahrnehmung ihrer Interessen vor Gericht,
3. die Zulässigkeit nicht angeforderter kommerzieller Kommunikationen durch elektronische Post,
4. Gewinnspiele mit einem einen Geldwert darstellenden Einsatz bei Glücksspielen, einschl. Lotterien und Wetten,
5. die Anforderungen an Verteildienste,
6. das Urheberrecht und verwandte Schutzrechte,

---

[135] Vgl. dazu § 3 I. 1. d).
[136] Vgl. umfassend: *Spindler*, NJW 2002, 921 (926); *Lurger/Vallant*, RIW 2002, 188 (191); *Schmittmann*, NWB Fach 28, S. 949 (950f.); *Ulmer*, ITRB 2002, 135 (138); *Plath*, ITRB 2002, 168 ff.; vgl. zur Umsetzung in Österreich: *Lurger/Vallant*, MMR 2002, 203 ff.
[137] Vgl. umfassend: *Spindler*, NJW 2002, 921 (926); *Schmittmann*, NWB Fach 28, S. 949 (950f.).

7. die Ausgabe elektronischen Geldes durch Institute,
8. Vereinbarungen oder Verhaltensweisen, die dem Kartellrecht unterliegen,
9. bestimmte, vom Versicherungsaufsichtsgesetz erfaßte Bereiche,
10. das für den Schutz personenbezogener Daten geltende Recht.

Die Klausel aus Art. 3 Abs. 4 ECRL betreffend die Einschränkungen des freien Verkehrs von Diensten der Informationsgesellschaft ist in § 4 Abs. 4 TDG umgesetzt.

III. Bestimmung des anwendbaren Rechts

Obwohl es in § 2 Abs. 6 TDG ausdrücklich heißt, daß das TDG weder Regelungen im Bereich des internationalen Privatrechts schafft noch es sich mit der Zuständigkeit der Gerichte befaßt, sind die Auswirkungen auf das Internationale Privatrecht nicht zu verkennen.

Das Internationale Privatrecht (IPR) regelt, welches Recht beim grenzüberschreitenden E-Commerce gilt und wo der Gerichtsstand im Streitfalle anzunehmen ist. Je nach Verständnis des Herkunftslandprinzips korrigiert oder verdrängt dieses das durch die allgemeinen Regelungen des IPR ermittelte anwendbare Recht. Das Herkunftslandprinzip kann dabei als „Meta-Kollisionsnorm" gesehen werden, die sämtliche Verweisungen des IPR verdrängt. Es kann aber auch als allgemeine Verweisungsnorm aufgefaßt werden, die auf das gesamte nationale Recht und damit auch auf das jeweilige IPR eines Landes verweist[138].

Der Konflikt zwischen IPR und Herkunftslandprinzip ist bereits in der Richtlinie selbst angelegt[139]. Während Art. 1 Abs. 4 ECRL, der in § 2 Abs. 6 TDG umgesetzt wird, bestimmt, daß die Richtlinie keine zusätzlichen Regeln im Bereich des IPR schafft, gibt Art. 3 Abs. 1 ECRL vor, welchen Staates Privatrecht anzuwenden ist und stellt somit eine Regelung des IPR dar[140]. Diese zwei „schwer miteinander zu harmonisierenden Regelungen", die zutreffend als „neue hybride Mischung aus Europa- und klassischem Kollisionsrecht" bezeichnet wurden[141], sind kaum umzusetzen. Aus diesem Grund ist das für Anbieter und Nutzer zentrale Verhältnis des Herkunftslandprinzips zum IPR auch auf nationaler Ebene heftig umstritten und war Auslöser der Expertenanhörung zum EGG im

---

[138] S. *Tettenborn/Bender/Lübben/Karenfort*, Rechtsrahmen für den elektronischen Geschäftsverkehr, Beilage zu K&R 2001, S. 1 (10).

[139] Vgl. umfassend: *Spindler*, RIW 2002, 183 (185 ff.).

[140] So *Tettenborn/Bender/Lübben/Karenfort*, Rechtsrahmen für den elektronischen Geschäftsverkehr, Beilage zu K&R 2001, S. 1 (10).

[141] So *Spindler*, Bundestagsanhörung am 8. Oktober 2001, Ausschuß-Drucksache 339/14 des Ausschusses für Wirtschaft und Technologie, n.v.

§ 2. *Ermittlung und Durchsetzung werberechtlicher Ansprüche*

Deutschen Bundestag[142]. Nachdem der Gesetzgeber zur Umsetzung lange das sog. „Günstigkeitsprinzip", wonach das IPR grundsätzlich auch bei grenzüberschreitenden Telediensten galt[143], favorisiert hatte, setzte sich gegen Ende des Gesetzgebungsverfahrens eine reine sachrechtlich zu verstehende Umsetzung des Herkunftslandprinzips durch. Im Gegensatz zu vorherigen Formulierungen zeigt die jetzige Fassung von § 4 Abs. 1 TDG, daß der Gesetzgeber das Herkunftslandprinzip als Regelung des IPR auffaßt, die die sonstigen Verweisungsnormen des IPR verdrängt[144].

Zum Teil wird die Auffassung vertreten, daß nach Art. 1 Abs. 4 ECRL diese Richtlinie keine Änderung des internationalen Wettbewerbsrechts der Mitgliedstaaten bezweckt und demnach gem. § 2 Abs. 6 TDG das Entsprechende für das deutsche internationale Wettbewerbsrecht gilt. Deshalb seien bei der Auslegung von Art. 3 ECRL bzw. § 4 TDG im Zweifel solche Lösungen vorzugswürdig, die den IPR-Vorbehalt des Art. 1 Abs. 4 ECRL und des § 2 Abs. 6 TDG respektieren[145]. Soweit nach dem Kollisionsrecht des Herkunftslandes neben seinem Sachrecht auch das anderer Mitgliedstaaten berufen ist, steht dessen Anwendung wegen des IPR-Vorbehalts des Art. 1 Abs. 4 ECRL das in Art. 3 Abs. 1 und 2 ECRL geregelte Herkunftslandprinzip nicht entgegen. Aus § 4 Abs. 2 Satz 2 TDG folgt für deutsche Diensteanbieter ein Günstigkeitsvergleich, wonach kollisionsrechtlich berufenes ausländisches Wettbewerbsrecht nur insoweit anwendbar ist, als es nicht über die Anforderung des deutschen Wettbewerbsrechts hinausreicht[146].

Zielt Online-Werbung ausschließlich auf ausländische Märkte, dann ist nach der in den meisten Mitgliedstaaten der EU geltenden Marktortregel ausschließlich ausländisches Recht anwendbar. Die europäische Warenverkehrsfreiheit und Dienstleistungsfreiheit nach Artt. 28, 30 und 49 ff. EGV zwingen nicht zur Anwendung des Rechts des Herkunftslandes. Auch besteht zum Herkunftsland bei grenzüberschreitenden unteilbaren Wettbewerbshandlungen nicht die engste Verbindung i.S. von Art. 41 EGBGB[147].

Bei Internetwerbung handelt es sich um eine grenzüberschreitende und unteilbare Wettbewerbshandlung, da die Internetpräsentation, wenn sie einmal in das Netz gestellt ist, in der gleichen Form von allen Nutzern rund um die Erde aufgerufen werden kann. Die Darstellung ist insoweit auch unteilbar, da eine Aufgliederung nach verschiedenen Staaten tech-

---

[142] Vgl. *Tettenborn/Bender/Lübben/Karenfort*, Rechtsrahmen für den elektronischen Geschäftsverkehr, Beilage zu K&R 2001, S. 1 (10).

[143] Vgl. dazu: *Plath*, ITRB 2002, 168 (169).

[144] S. *Schmittmann*, NWB Fach 28, S. 949 (952); vgl. *Bräutigam*, in: Geis, Die digitale Signatur – eine Sicherheitstechnik für die Informationsgesellschaft, 2000, S. 253 ff.

[145] So *Sack*, WRP 2001, 1408 (1424).

[146] So *Sack*, WRP 2001, 1408 (1425).

[147] So *Sack*, WRP 2001, 1408 (1425).

nisch nicht möglich ist. Hierin liegt ein Spezifikum des Internet. Beispielsweise bei Zeitschriften ist möglich, verschiedene Printversionen für verschiedene Länder zu erstellen, um die dort geltenden nationalen Regelungen hinreichend zu berücksichtigen. Bei Internet ist eine Trennung nach Abrufstaaten nicht möglich.

Diese Erkenntnis führt zunächst zu der Annahme, daß eine Internetpräsentation nicht nur der Rechtsordnung genügen muß, in deren Bereich sie erzeugt und in das Internet eingestellt wird, sondern sämtlichen Rechtsordnungen. Dies kann nicht richtig sein.

IV. Marktwirkung eines Wettbewerbsverstoßes

Bei tatsächlichen oder vermeintlichen Rechtsverstößen im Internet ist zunächst die Frage zu prüfen, ob sich die inkriminierte Wettbewerbshandlung in irgendeiner Weise auf den deutschen Wettbewerb auswirkt. Nach der Rechtsprechung gilt auch im Internet der Grundsatz, daß zunächst auf die Auswirkung auf den deutschen Markt abzustellen ist[148].

1. Bestimmung des relevanten Marktes

Die Auswirkung einer Internetpräsentation auf den Markt ist anhand von geeigneten Kriterien zu bestimmen. Ein wichtiges Indiz für die Marktauswirkung ist die Wahl der Top-Level-Domain[149]. Wer unter der TLD „.de" eine Website betreibt, unterliegt dem deutschen Recht[150], unabhängig davon, ob es sich um ein aus- oder inländisches Unternehmen handelt[151]. Schwieriger sind die Fälle zu beurteilen, in denen eine keinem bestimmten Staat zuzuordnende TLD wie „.com"oder „.biz" verwendet wird. Auch Seiten, die unter einer der ccTLD eines anderen Staates registriert sind, können Auswirkungen auf den deutschen Markt haben, wenn sie sich an Marktteilnehmer in Deutschland richten.

a) Sprache als Abgrenzungskriterium

Ob sich eine Internetpräsentation an Marktteilnehmer in Deutschland richtet, kann in jedem Fall bejaht werden, wenn auf der Homepage die

---

[148] So LG Köln, Urteil vom 20. April 2001 – 81 O 160/99, CR 2002, 58 m. Anm. *Cichon* = JurPC Web-Dokument 148/2001 – www.budweiser.com; OLG Frankfurt, Urteil vom 31. Mai 2001 – 6 U 240/00, WRP 2001, 951 = CR 2001, 556 = JurPC Web-Dokument 171/2001.
[149] Vgl. *Redeker*, ITRB 2001, 293 (294).
[150] Differenzierend: LG Hamburg, Urteil vom 3. August 2001 – 416 O 294/00, GRUR Int. 2002, 163 – www.hotel-maritime.dk
[151] So auch *Kort*, DB 2001, 249 (256).

deutsche Sprache verwendet wird[152]. Dies gilt unabhängig davon, daß auch in anderen Staaten wie Österreich und der Schweiz sowie in Italien[153], Belgien und Luxemburg die deutsche Sprache zumindest in einigen Regionen Amtssprache ist.

Aber auch eine englische Website kann so gestaltet sein, daß sie sich an den deutschen Markt wendet. Vielfach wird in bestimmten Branchen in englischer Sprache kommuniziert, gerade in den Bereichen Technik, Kommunikation und in bestimmten Sportarten. Allein die Verwendung der englischen Sprache ist daher kein hinreichendes Indiz dafür, daß sich die Präsentation nicht an den deutschen Markt richtet.

Aber auch weniger verbreitete Sprachen wie französisch, portugiesisch oder spanisch indizieren nicht, daß deutsches Wettbewerbsrecht nicht anwendbar ist. Einerseits gibt es zahlreiche Deutsche, die die genannten Fremdsprachen verstehen können, andererseits gibt es entsprechende Ausländergruppen in Deutschland, die sich für Websites in ihrer Muttersprache interessieren. Es verwundert daher nicht, daß es mittlerweile auch eine Reihe von mehrsprachigen Websites gibt, die neben der deutschen Grundversion auch Fremdsprachen von in Deutschland weit verbreiteten Ausländergruppen umfassen (z.B. „www.harem-girls.de").

Nach Auffassung des LG Berlin reicht die Verwendung der englischen Sprache allein nicht aus, anzunehmen, daß die Werbeaussagen nur für das Ausland bestimmt seien[154]. Auch das LG Nürnberg-Fürth geht davon aus, daß – unabhängig von der Sprache – die Abrufbarkeit und der tatsächliche Abruf der streitgegenständlichen Internetpräsentation ausreichen, die örtliche Zuständigkeit aus § 32 ZPO anzunehmen[155].

Ob es sinnvoll ist, nach Sprachen innerhalb und außerhalb Europas zu unterscheiden[156], ist zweifelhaft. Zwar wird es außereuropäische Sprachen geben, die lediglich auf kleinen Inseln in der Südsee gesprochen werden, andererseits gibt es auch außereuropäische Sprachen wie Japanisch oder Chinesisch, die aufgrund des Handelsverkehrs auch in Europa verbreitet sind. Bei Japanisch ist überdies festzustellen, daß es zahlreiche Japaner mit Ansässigkeit in Deutschland gibt, die auch einer regen Handelstätigkeit nachgehen. Demnach scheidet die Sprache als alleiniges Indiz aus.

---

[152] Differenzierend: LG Hamburg, Urteil vom 3. August 2001 – 416 O 294/00, GRUR Int. 2002, 163.
[153] Vgl. *Schmittmann*, Europarecht und Sprachenstreit, VR 2001, 97 ff.
[154] S. LG Berlin, Beschluß vom 14. März 1997 – 16 O 166/97, n.v.
[155] So LG Nürnberg-Fürth, Urteil vom 29. Januar 1997 – 3 O 33/97, AnwBl. 1997, 226.
[156] So wohl *Redeker*, ITRB 2001, 293 (294).

b) Fehlende Hinweise auf bestimmten Staat und nach deutschem Maßstab ungewöhnliche Gestaltung als Abgrenzungskriterium

Das LG Köln hat eine beanstandete Internetpräsentation daran geprüft, ob sie für den deutschen Markt typisch ist[157]. So wurde in dem vom LG Köln entschiedenen Sachverhalt zunächst nach dem Alter des Besuchers gefragt, einer nach deutschen Maßstäben völlig untypischen Frage bei einem Angebot von Bier. Schon deshalb solle ein User bei einer solcher Website annehmen, daß es sich nicht um ein für ihn als Bewohner Deutschlands bestimmtes Angebot handelt. Die fehlende Bestimmung in bezug auf Deutschland ziehe sich weiter wie ein roter Faden durch den Aufbau der gesamten Präsenz, angefangen von der Verwendung der englischen Sprache über Auswahl durch verschiedene Nationalflaggen (unter denen sich die deutsche Fahne nicht befindet) bis hin zu der Werbung mit Personen, die im amerikanischen Fernsehen, nicht aber in der Bundesrepublik Deutschland bekannt sind, und dem Fehlen einer deutschen Kontaktadresse. Klarer könne die bestimmungsgemäße Verbreitung als nicht auf die Bundesrepublik bezogen kaum dargestellt werden[158].

c) Warenart und Dienstleistungsform als Abgrenzungskriterium

Als weiteres Indiz kommt der Inhalt der angebotenen Dienstleistung in Betracht. So nimmt *Redeker* an, daß für die Internetwerbung einer Gaststätte in New York kein deutsches Wettbewerbsrecht gelten kann[159]. So sehr der Hinweis auf den Inhalt der Dienstleistung zutrifft, so wenig ist dieses Beispiel zu Veranschaulichung geeignet. Es ist bekannt, daß viele deutsche Touristen, die von ihnen im Ausland in Aussicht genommenen Hotels und Gaststätten zuvor im Internet ermitteln. Demnach kann die Werbung einer Gaststätte in New York durchaus für deutsche USA-Reisende von Bedeutung sein. Anders wäre es beispielsweise, wenn es sich um das Angebot einer Autoreparaturwerkstatt handelt, die ein deutscher Reisender in Amerika in Anspruch nehmen muß, weil an dem von ihm geführten Fahrzeug ein Defekt auftritt. Hier ist vor Abreise in Deutschland gerade nicht feststellbar, wann und wo der Schaden auftritt, so daß auch vorab von Zuhause aus keine Ermittlung einer geeigneten Werkstatt im Internet stattfinden kann.

Schließlich ist als Indiz auch darauf abzustellen, ob Warenlieferungen, auch über die Grenze, angeboten werden. Hierbei ist zu differenzieren.

---

[157] So LG Köln, Urteil vom 20. April 2001 – 81 O 160/99, CR 2002, 58 m. Anm. *Cichon* = JurPC Web-Dokument 148/2001 – www.budweiser.com.
[158] So LG Köln, Urteil vom 20. April 2001 – 81 O 160/99, CR 2002, 58 m. Anm. *Cichon* = JurPC Web-Dokument 148/2001 – www.budweiser.com.
[159] So *Redeker*, ITRB 2001, 293 (294).

Beispiel:
Eine Milchbar oder eine Metzgerei, die ausschließlich mit schnell verderblichen Produkten handelt, wird in der Regel einen Versand ihrer Waren überhaupt nicht anbieten. Insoweit scheidet eine Marktauswirkung im Ausland aus. Dies könnte allenfalls dann anders sein, wenn es sich um extrem hochpreisige Luxusartikel handelt, die beispielsweise nur von wenigen Geschäften weltweit verkauft werden und Kunden ausschließlich wegen dieses Produktes oder dieser Produktpalette anreisen.

Werden Warenlieferungen auf der Homepage angeboten und erfolgen diese auch ins Ausland, so ist ohne weiteres eine Marktauswirkung auf das Ausland anzunehmen, sofern nicht die Lieferung in bestimmte Staaten a priori ausgeschlossen wird. Umgekehrt ist aber ein Inlandsbezug bei einer Leistung, die nur im Ausland erbracht werden soll, etwa einem Aufenthalt in einem im Ausland gelegenen Hotel, nicht zwingend anzunehmen; vielmehr ist eine umfassende Gesamtwürdigung erforderlich.[160]

d) Ausgewählte Konsequenzen aus der Marktermittlung

Der Inlandsbezug von Internetwerbung ist insbesondere auch bei der Verletzung von Ansprüchen nach § 14 MarkenG von Bedeutung, weil Ansprüche aus § 14 MarkenG nur in Betracht kommen, wenn eine Verletzungshandlung im territorialen Schutzbereich der Marke begangen worden ist oder droht. Bei grenzüberschreitenden Medien ist wiederum zunächst zu prüfen, ob eine Inlandsmarktwirkung erkennbar ist[161] oder die Veröffentlichung einen über den bloßen tatsächlichen Empfang im Inland hinausgehenden Inlandsbezug aufweist, etwa aus einer besonderen inhaltlichen Verbindung der kennzeichenverletzenden Veröffentlichung zu inländischen Empfängern[162].

Die Marktwirkungslehre wird vom LG Düsseldorf mit der Überlegung bekräftigt, daß es einer Rechtsschutzverweigerung gleich käme, wenn man für die Bestimmung der örtlichen Zuständigkeit allein auf den Standort des Servers abstellen würde, auf dem die Homepage mit Domain abgelegt ist, da es jedem Anbieter möglich wäre, sich der Rechtsverfolgung durch Plazierung eines Servers an einem beliebigen Ort der Welt, an dem ein effektiver Rechtsschutz nicht oder nur schwer zu erlangen ist, zu entziehen[163].

Dieses Argument wird um so einleuchtender, wenn man sich vergegenwärtigt, daß es nicht nur möglich ist, den Server an einem Ort zu installieren, wo effektive Rechtsverfolgung nur schwer zu erlangen ist, sondern auch an Orten, die nicht ohne weiteres einem Staatsgebiet

---

[160] So OLG Hamburg, Urteil vom 2. Mai 2002 – 3 U 312/01, MMR 2002, 832.
[161] So *Fezer*, MarkenG, § 14 Rdnr. 19.
[162] So *Ingerl/Rohnke*, MarkenG, § 14 Rdnrn. 28 bis 31.
[163] So LG Düsseldorf, Urteil vom 4. April 1997 – 34 O 191/96, GRUR 1998, 159.

zuzuordnen sind, sei es das Principality of Sealand[164] oder Melchizedek[165].

Die vorstehende Betrachtungsweise wird im wesentlichen auch von amerikanischen, britischen und französischen Gerichten geteilt[166]. Auch im Österreich gilt, daß die internationale Tatortzuständigkeit bereits dann gegeben ist, wenn die Werbung sich auch an österreichische Internetnutzer richtet[167].

Auch wenn die deutsche Rechtsprechung grundsätzlich den gesamten Inhalt des Internet umfassend der deutschen nationalen Rechtsordnung und damit auch dem deutschen Lauterkeitsrecht unterwirft, so führt dies jedoch nicht zwingend dazu, daß in Deutschland unbegrenzt Unterlassungsansprüche bestehen und Unterlassungstitel geschaffen werden können.

2. Wettbewerbsverhältnis

Der Unterlassungsanspruch aus § 1 UWG kann gem. § 13 Abs. 2 Nr. 1 UWG nur von Gewerbetreibenden, die Waren oder gewerbliche Leistungen gleicher oder verwandter Art auf dem selben Markt vertreiben, geltend gemacht werden, soweit der Anspruch eine Handlung betrifft, die geeignet ist, den Wettbewerb auf diesem Markt wesentlich zu beeinträchtigen. Es kommen aus diesem Grunde keine uferlosen Unterlassungsansprüche in Betracht, sondern nur solche zwischen Parteien, die in einem Wettbewerbsverhältnis stehen. Das Wettbewerbsverhältnis braucht jedoch nach Auffassung von Rechtsprechung[168] und Literatur[169] nur abstrakter Natur zu sein.

Für ein abstraktes Wettbewerbsverhältnis genügt es, daß eine nicht gänzlich unbedeutende potentielle Beeinträchtigung mit einer gewissen – wenn auch nur geringen – Wahrscheinlichkeit vorliegen kann. Wenn aber jede Beeinträchtigung praktisch ganz ausscheidet, ist die Klageberechtigung eines Gewerbetreibenden nach dem Normzweck des § 13 Abs.

---

[164] Vgl. *Schmittmann/Gorris*, Steuerliche Aspekte des Fernabsatzrechts, S. 30; *Schmittmann/Chall*, Steuer- und Zollrecht im E-Business, in: Schiffer/von Schubert, Wirtschaft, Recht und Steuern im E-Business, Tz. 197.
[165] Vgl. *Schmittmann/Chall*, Steuer- und Zollrecht im E-Business, in: Schiffer/von Schubert, Wirtschaft, Recht und Steuern im E-Business, Tz. 198; *Schmittmann/Gorris*, Steuerliche Aspekte des Fernabsatzrechts, S. 31.
[166] Vgl. dazu im einzelnen *Bettinger*, Der lange Arm amerikanischer Gerichte – Personal Jurisdiction im Cyberspace, GRUR Int. 1998, 660 m.w.N.
[167] So ÖOGH, Beschluß vom 29. Mai 2001 – 4 Ob 110/01, GRUR Int. 2002, 344 (345) – BOSS.
[168] So BGH, GRUR 1960, 144 – Bambi; BGH, GRUR 1989, 673 – Zahnpasta; BGH, GRUR 1993, 563, 564 – Neu nach Umbau; BGH, GRUR 1996, 804, 805 – Preisrätselgewinnauslosung III; BGH, GRUR 1997, 537 – Liftingcreme; BGH, GRUR 1997, 681 – Produktwerbung; BGH, GRUR 1997, 479, 480 – Münzangebot.
[169] S. *Köhler/Piper*, UWG, Einf Rdnr. 243.

2 Nr. 1 UWG nicht mehr gegeben[170]. Es genügt deshalb nicht eine nur theoretisch denkbare abstrakte Beeinträchtigungsmöglichkeit, sondern nur eine solche, die mit einer – sei es auch nur geringen Wahrscheinlichkeit – in Betracht kommen kann und die für die Betroffenen nicht völlig unbedeutend ist[171]. Die Waren oder gewerblichen Leistungen müssen nach der Verkehrsanschauung soviel Übereinstimmendes haben, daß sie mit einer gewissen, wenn auch nur geringen, Wahrscheinlichkeit, einander im Absatz behindern können[172].

Die Parteien brauchen nicht derselben Wirtschaftsstufe anzugehören und den selben Abnehmerkreis zu haben; eine mittelbare Beeinträchtigung des Absatzes genügt[173]. Nach einer m.E. fragwürdigen Entscheidung des OLG Brandenburg soll ein konkretes Wettbewerbsverhältnis zwischen einer in Heilbronn und einer in Berlin ansässigen Rechtsanwaltskanzlei selbst dann nicht bestehen, wenn im Internet eine sog. „Online-Rechtsberatung" angeboten wird[174]. Es ist vielmehr davon auszugehen, daß zwischen allen deutschen Rechtsanwaltskanzleien, die im Internet vertreten sind, ein konkretes Wettbewerbsverhältnis besteht, da potentielle Mandanten sich im Internet über Rechtsanwälte informieren und ihre Entscheidung oftmals nicht vom Sitz der Kanzlei abhängig machen, sondern vom virtuellen Erscheinungsbild der Kanzlei.

Schon aus vorstehenden Überlegungen ergibt sich, daß ein Wettbewerbsverhältnis mit einem Gewerbetreibenden, der seinen Sitz im Ausland hat, nur unter bestimmten Voraussetzungen überhaupt anzunehmen ist. Dies ist beispielsweise dann der Fall, wenn der Mitbewerber eine Online-Dienstleistung anbietet, die weltweit abrufbar ist, oder explizit auch Warenversand in das Land anbietet, in dem der (vermeintliche) Unterlassungsgläubiger seinen Sitz hat.

Eine weitere Überlegung führt dazu, daß Unterlassungsansprüche gegen Mitbewerber, die ihren Sitz in schwer zugänglichen Ländern haben, nur selten tatsächlich gerichtlich geltend gemacht werden. Selbst wenn der Unterlassungsgläubiger tatsächlich eine einstweilige Verfügung sowie einen Kostenfestsetzungsbeschluß gegen den Unterlassungsschuldner erreicht, stellen sich bei der Zustellung der Titel schon die ersten – teilweise unüberwindlichen – Schwierigkeiten. Ob darüber hinaus der Anspruch

---

[170] So *Baumbach/Hefermehl*, Wettbewerbsrecht, § 13 UWG Rdnr. 14.
[171] So BGH, GRUR 1981, 529, 530 – Rechtsberatungsanschein.
[172] So BGH, BGHZ 18, 175, 182 – Werbeidee/Matern; BGH, GRUR 1990, 611, 612 – Werbung im Programm; BGH, GRUR 1996, 804 – Preisrätselgewinnauslosung III; BGH, WRP 1996, 1102, 1003 – Großimporteur.
[173] So BGH, GRUR 1957, 342 – Underberg; BGH, GRUR 1983, 582, 583 – Tonbandgerät; BGH, GRUR 1993, 563 – Neu nach Umbau.
[174] So OLG Brandenburg, Beschluß vom 27. März 2002 – 6 U 150/01, MMR 2002, 463.

aus dem Kostenfestsetzungsbeschluß vollstreckbar ist, ist für einige Länder dieser Erde jedenfalls mit erheblichen Zweifeln behaftet.

Im übrigen kann auch der Verhältnismäßigkeitsgrundsatz aus Art. 30 EGV die Kontrolle in- und ausländischer Internetangebote einschränken. Der EuGH hatte im Fall einer vom Ausland ausgestrahlten Fernsehwerbung, die auch in Schweden zu empfangen war, wo es verboten ist, zu bestimmten Tageszeiten die Aufmerksamkeit von Jugendlichen unter 12 Jahren zu erregen, entschieden, daß das nationale Verbot einer ausländischen Fernsehsendung den Absatz ausländischer Erzeugnisse gegenüber inländischen Erzeugnissen nicht diskriminieren darf, es sei denn, das Gesamtverbot wäre aus zwingenden Gründen des Allgemeinwohls erforderlich und es gäbe keine verhältnismäßiges milderes Mittel[175].

3. Ausschluß einer bestimmten Rechtsanwendung durch „Disclaimer"

Im übrigen stellt sich die Frage, ob ein „Disclaimer" zum Ausschluß der Kontrolle durch ein nationales Wettbewerbsrecht führen kann, wenn der Disclaimer ausdrücklich die räumliche Begrenzung des Angebots enthält[176]. Entscheidungen zu dieser Frage in Deutschland waren lange Zeit nicht ersichtlich[177]. Nunmehr liegt eine Entscheidung des LG Frankfurt am Main vor, nach der ein Disclaimer mit dem Text „Bitte bedenken Sie, daß sich unser Angebot an alle Europäer wendet, nicht aber an deutsche Adressen" keine Wirkung zeitigt. Dies gilt jedenfalls dann, wenn der Text der Website deutschsprachig ist, eine deutsche Postanschrift verwendet wird und angekündigt wird, Kundenanfragen in deutscher Sprache zu beantworten[178].

Es dürfte für die Wirksamkeit eines Disclaimers zwingend erforderlich sein, daß es sich nicht lediglich um eine Absichtserklärung handelt, sondern daß die Beschränkung auch faktisch konsequent eingehalten wird[179]. Der Kunde bzw. potentielle Kunde muß Anlaß haben, den Hinweis ernst zu nehmen[180]. Wer also das Versenden von bestimmten Waren in be-

---

[175] So EuGH, Urteil vom 9. Juli 1997 – Rs. C 34 bis 36/95, EuZW 1997, 654.
[176] Vgl. *Ernst*, in: Ernst/Vassilaki/Wiebe, Hyperlinks, Rdnr. 236; *Dieselhorst*, CR 2002, 224 (225).
[177] *Bettinger* (Der lange Arm amerikanischer Gerichte: Personal Jurisdiction im Cyberspace, GRUR Int. 1998, 660, 664) berichtet über die Entscheidung Playboy Enterprises v. Chuckleberry Publishing Inc. (39 USPQ 2d 1746 (SDNY 1996)), in der die gegen einen Unterlassungstitel verstoßende italienische Website „Playmen Pro" mit dem Hinweis weitergeführt werden darf, daß das Magazin „Playmen Pro" an Interessenten in den USA nicht zugänglich gemacht werden darf und dies durch die Überprüfung des Zahlungseingangs sowie die Vergabe eines Kennworts überprüft wird.
[178] So LG Frankfurt am Main, Urteil vom 10. August 2001 – 3/12 O 96/01, GRUR-RR 2002, 81 (82); *Ernst*, in: Ernst/Vassilaki/Wiebe, Hyperlinks, Rdnr. 236
[179] Vgl. *Mankowski*, EWiR 2000, 651 (652).
[180] So LG Frankfurt am Main, Urteil vom 10. August 2001 – 3/12 O 96/01, GRUR-RR 2002, 81 (82).

§ 2. *Ermittlung und Durchsetzung werberechtlicher Ansprüche*

stimmte Länder ausschließt, muß auch dafür sorgen, daß ein entsprechender Versand tatsächlich nicht stattfindet, anderenfalls liegt eine *protestatio facto contraria* vor[181]. Dies dürfte von Wettbewerbern mittels Kontrollbestellungen leicht nachvollziehbar sein. Weiterhin muß der Disclaimer so ausgestaltet sein, daß der Nutzer bestimmte konkrete Angaben machen muß, etwa über sein Alter oder seinen Wohnort.

Ein Disclaimer führt im übrigen keinesfalls zu einem Ausschluß der Haftung nach Deliktsrecht, sondern kann allenfalls als Distanzierung verstanden werden[182]. Auch bei Verwendung eines Disclaimers haftet der Provider, der eine Community bzw. ein Forum mit grob vorstrukturierten Inhalten anbietet, wenn ein Nutzer in dieser Community oder in diesem Forum rechtsverletzende Inhalte anbietet. Da der Provider u. a. durch Werbung einen finanziellen Vorteil aus der Community zieht, macht er sich trotz Disclaimer die Inhalte zu Eigen[183].

V. Prüfung des Heimatrechts durch das Gericht des Deliktsorts

Das Heimatrecht ist nur dann durch das Gerichts des Deliktsorts zu prüfen, wenn das Günstigkeitsprinzip zur Anwendung kommt. Entgegen der Auffassung des deutschen Gesetzgebers ist anzunehmen, daß Art. 3 Abs. 2 ECRL als eine Bekräftigung oder Erläuterung der Funktionsweise des Herkunftslandprinzips nach Art. 3 Abs. 1 und Abs. 3 bis 6 ECRL zu verstehen ist. Es gilt somit das Herkunftslandrecht und das Marktortrecht darf nur zur Anwendung kommen, wenn es nicht „einschränkt"[184]. Diese Feststellung setzt m.E. voraus, daß der Tatortrichter das Herkunftslandrecht prüft.

Soweit die Mitgliedstaaten der EU nach der ECRL verpflichtet sind, keine schärferen nationalen Rechtsnormen auf ausländische innergemeinschaftliche Dienstleistungen anzuwenden als dies nach dem Ursprungsland der Dienstleistung der Fall ist und es sich um Sachverhalte des koordinierten Bereichs handelt, ist Herkunftslandrecht zu prüfen[185].

Bietet also ein italienischer Dienstleister seine Dienstleistungen mittels Internet an, und ist davon auszugehen, daß seine Dienstleistungen u.a. den deutschen Markt erreichen sollen, so kann auch Deutschland Bege-

---

[181] Vgl. *Hoeren*, WRP 1997, 993 (998); *Mankowski*, EWiR 1999, 471 (472) *Ernst*, in: Ernst/Vassilaki/Wiebe, Hyperlinks, Rdnr. 376.
[182] S. OLG München, Urteil vom 17. Mai 2002 – 21 U 5569/01; NJW 2002, 2398 = K&R 2002, 550
[183] S. OLG Köln, Urteil vom 28. Mai 2002 – 15 U 221/01, MMR 2002, 548 m. Anm. *Spindler*
[184] So *Lurger/Vallant*, RIW 2002, 188 (196).
[185] S. *Tettenborn/Bender/Lübben/Karenfort*, Rechtsrahmen für den elektronischen Geschäftsverkehr, Beilage zu K&R 2001, S.1 (10f.), *Schmittmann*, NWB Fach 28, S. 949 (952f.).

V. Prüfung des Heimatrechts durch das Gericht des Deliktsorts

hungsort sein, so daß die Zuständigkeit deutscher Gerichte gegeben ist. Das deutsche Gericht wird somit auf das italienische Angebot zunächst das deutsche UWG anwenden. Gleichzeitig ist aber die Anwendung deutschen Rechts darauf begrenzt, was das italienische Wettbewerbsrecht an Normen bereithält. Es muß also stets eine Doppelprüfung stattfinden:

– Ist die betroffene Handlung eines innergemeinschaftlichen Internet-Dienstleisters nach deutschem Recht zulässig?
– Ist die Wettbewerbshandlung nach dem Recht des Ursprungslandes der Dienstleistung zulässig?

Wenn auch nur eine der beiden Fragen zu bejahen ist, ist die Wettbewerbshandlung auch in Deutschland zulässig. Entspricht sie deutschem Wettbewerbsrecht, ist dies ohnehin eindeutig, selbst wenn eine Wettbewerbshandlung nach ausländischem Recht unzulässig ist.

Ist die Handlung aber nach deutschem UWG unzulässig, jedoch nach dem Wettbewerbsrecht des Herkunftslandes Italien zulässig, darf das Wettbewerbsrecht der Bundesrepublik Deutschland keine strengeren Vorschriften zur Anwendung bringen, als die ausländische Rechtsordnung vorsieht[186].

Es liegt auf der Hand, daß die nunmehr erforderliche Rechtsprüfung einen außerordentlich komplizierten Weg darstellt. Möglicherweise können größere Unternehmen noch überblicken, welche Maßnahmen eines Wettbewerbers wettbewerbskonform sind, weil sie sich insoweit auf die Beratung durch ihre innergemeinschaftlichen Tochtergesellschaften stützen können. Kleinere und nicht im Ausland vertretene Unternehmen werden indes völlig überfordert sein. Auch der Rechtsberater, der Unternehmen im Wettbewerbsrecht berät, wird sich nicht mehr allein auf die Prüfung des deutschen Rechts beschränken können, sondern muß zugleich auch die Rechtsordnung des Herkunftslandes im Auge behalten.

Das LG Berlin hat bereits die ECRL zur Anwendung gebracht. In einem Fall der sog. „sklavischen Nachahmung" entschied das Gericht, daß das Verbot des Verbreitens von Abbildungen von Produkten im Internet durch die italienische Antragsgegnerin nur in Betracht kommt, wenn die Werbung nach italienischem Recht unzulässig ist. Da die „sklavische Nachahmung" sowohl nach §1 UWG als auch nach Art. 2598 Nr. 1 Codice Civile[187] [„Atti di concorrenza sleale"] unzulässig ist, war der Unterlassungsanspruch insgesamt begründet[188].

---

[186] So *Schmittmann*, NWB Fach 28, S. 949 (952).
[187] Die Bestimmung des Art. 2598 Codice Civile stellt die Generalklausel des italienischen Lauterkeitsrechts dar, das ebenfalls von einer Reihe von Fallgruppen geprägt ist. Hier geht es um die sog. „imitazione servile", die auch unter dem Stichwort der Urheberrechtsverletzung („diritto d'autore") und der Verletzung anderer Rechtspositionen („diritti di privativa") diskutiert wird, vgl. *Pescatore/Ruperto*, Art. 2598 Anm. 9 ff.
[188] S. LG Berlin, Beschluß vom 8. Juni 2001 – 15 O 327/01, n.v.

§ 2. Ermittlung und Durchsetzung werberechtlicher Ansprüche

Es ist daher von Bedeutung, zunächst die Prinzipien herauszuarbeiten, die dem Wettbewerbsrecht sämtlicher Mitgliedstaaten der Europäischen Union zugrunde liegen. Soweit es sich hier um Verbote handelt, die auf Richtlinien der Europäischen Union zurückgehen, dürfte eine Anwendung vergleichsweise einfach sein.

Beispiel:
Richtlinie 84/450/EWG des Rates vom 10. September 1984 über irreführende und vergleichende Werbung[189].

Einige Überblicksdarstellungen über die Grundzüge des ausländischen Wettbewerbsrechts finden sich in den einschlägigen Kommentaren. Es liegt aber auf der Hand, daß diese Darstellungen lediglich einführende Hinweise bieten können, nicht jedoch vollständige Fallösungen[190]. Gute Übersichten finden sich darüber hinaus bei *Skouris*[191], *Schotthöfer*[192] und *Schricker*[193].

Existenz und Inhalt ausländischen Rechts sind grundsätzlich wie eine Tatsachenbehauptung zu behandeln, sind somit dem Beweis zugänglich und müssen von der darlegungs- und beweisbelasteten Partei vorgetragen werden[194]. Gleichwohl hat das deutsche Gericht nach Kräften das ausländische Recht zu ermitteln.

Aus dem in § 4 Abs. 2 TDG vorgesehenen Regel-Ausnahme-Verhältnis ergibt sich, daß derjenige, der sich auf die Beschränkung des freien Dienstleistungsverkehrs beruft, hierfür die Darlegungs- und Beweislast trägt. Der ausländische, innergemeinschaftliche Teledienste-Anbieter muß also darlegen und beweisen, daß sein Handeln in seinem Ursprungsland rechtlich zulässig ist. Wird dies zulässigerweise vom Unterlassungsgläubiger mit Nichtwissen bestritten, ist über den Inhalt des ausländischen Rechts durch Beauftragung eines Sachverständigen Beweis zu erheben. Kann der ausländische, innergemeinschaftliche Teledienste-Anbieter nicht darlegen, daß sein Verhalten nach seinem Ursprungslandrecht zulässig ist, ist er nach den Beweislastregeln der ZPO zu verurteilen, wenn sein Verhalten nach deutschem Recht unzulässig ist.

Im einstweiligen Verfügungsverfahren stellen sich weitere Schwierigkeiten. Zwar gelten im Verfügungsverfahren die gleichen Regeln der Darlegungs- und Beweislast wie im Hauptsacheverfahren, der Antragsteller sollte

---

[189] Vgl. *Henning-Bodewig*, E-Commerce und irreführende Werbung, WRP 2001, 771 ff.; *Krimphove*, Europäisches Werberecht, S. 175.

[190] Vgl. *Baumbach/Hefermehl*, Wettbewerbsrecht, UWG Einleitung Rdnr. 2 ff.; *Köhler/Piper*, Einf Rdnr. 112 ff.; *Ekey/Klippel/Kotthoff/Meckel/Plaß*, Wettbewerbsrecht, S. 691 ff.

[191] S. *Skouris*, Advertising and constitutional rights in Europe, Baden-Baden, 1994.

[192] S. *Schotthöfer*, Das Recht der Werbung in den Mitgliedstaaten der EU, Köln, 2000.

[193] S. *Schricker*, Recht der Werbung in Europa, München/Baden-Baden, 1999.

[194] Vgl. *Zöller/Geimer*, ZPO, § 293 Rdnr. 11.

aber angesichts der Praxis vieler Gerichte, im Verfügungsverfahren ohne mündliche Verhandlung auch das Nichtvorliegen naheliegender anspruchsvernichtender oder anspruchshemmender Einwendungen zu prüfen, zu den negativen Tatbestandsvoraussetzungen des § 4 Abs. 2 TDG vortragen. Sinnvollerweise sollte der Antragsteller bei einem innergemeinschaftlichen Verletzer, der unter das TDG fällt, den wesentlichen Inhalt des ausländischen Rechts bereits selbst vortragen und darlegen, daß die beantragte Untersagungsverfügung die Dienstleistungsfreiheit nicht beschränkt.

VI. Prozessuale Besonderheiten

Obgleich Wettbewerbs- und Markenrecht ohne weiteres dem Zivilrecht zuzuordnen sind, gelten bei der Durchsetzung von Ansprüchen aus dem UWG, dem MarkenG und sonstigen wettbewerbsrechtlichen Anspruchsgrundlagen einige Besonderheiten, die nachstehend erörtert werden: Abmahnung, Unterwerfung, Abschlußschreiben und Abschlußerklärung sind gängige wettbewerbsrechtliche Instrumente zur außergerichtlichen Beilegung von Streitigkeiten.

1. Abmahnung

Die Abmahnung ist die von einem Wettbewerber oder Verband an einen Störer bzw. Verletzer gerichtete vorprozessuale Aufforderung, sich zu verpflichten, einen Wettbewerbsverstoß zu unterlassen. Sie wird in der Regel mit der Androhung gerichtlicher Maßnahmen für den Fall verbunden, daß die verlangte Erklärung nicht fristgerecht abgegeben wird. Eine gesetzliche Regelung der Abmahnung fehlt, obwohl der Gesetzgeber jedoch in der Bestimmung des § 13 Abs. 5 UWG das Institut der Abmahnung offenbar als bestehend vorausgesetzt hat[195].

Die Abmahnung ist keine Prozeßvoraussetzung[196] und im wesentlichen für die Kostenentscheidung von Bedeutung[197]. Es besteht nach einhelliger Rechtsprechung[198] und Literatur[199] keine Rechtspflicht, den Ver-

---

[195] Vgl. *Baumbach/Hefermehl*, Wettbewerbsrecht, § 13 UWG Rdnr. 48; *Schmittmann*, Telefaxübermittlungen, S. 130; *Pauly*, DB 2002, 1427 ff.

[196] So KG, WRP 1974, 410.

[197] Vgl. *Wilke/Jungeblut*, Abmahnung, Schutzschrift und Unterlassungserklärung im gewerblichen Rechtsschutz, 2. Aufl., München, 1995, S. 13; *Emmerich*, WettbewerbsR, § 25 Abschn. 2.

[198] Siehe nur OLG Düsseldorf, GRUR 1951, 402; OLG Düsseldorf, GRUR 1974, 170 (171); OLG München, WRP 1968, 62; OLG Frankfurt am Main, GRUR 1955, 429; OLG München, WRP 1967, 69; OLG Hamburg, WRP 1980, 208; OLG Oldenburg, WRP 1987, 718.

[199] So *Baumbach/Hefermehl*, Wettbewerbsrecht, Einl. UWG Rdnr. 529; *Kreft*, in: Großkommentar UWG, Vor § 13 C. Rdnr. 5; *Seydel*, NWB Fach 20, S. 475; *Wilke/Jungeblut*, S. 13.

letzer vor Erhebung einer Unterlassungsklage zu warnen oder zu mahnen, sondern nur eine Obliegenheit[200]. Sie dient der Vermeidung von Kostennachteilen im gerichtlichen Verfahren. Erkennt nämlich der Beklagte sofort an, hat der Kläger ohne vorherige Abmahnung nach § 93 ZPO die Kostenlast zu tragen[201].

Die Abmahnung ist nach richtiger Auffassung ein Vertragsangebot und daher eine empfangsbedürftige Willenserklärung. Dies ergibt sich aus der Auslegung der üblichen Formulierungen von Abmahnungen. Regelmäßig handelt es sich dabei um die Aufforderung, eine Unterwerfungserklärung abzugeben, in Verbindung mit der Zusicherung des Abmahnenden, keine Unterlassungsklage zu erheben. Da dies als Vertragsangebot anzusehen ist, liegt eine Willenserklärung vor.

Der Rechtsgedanke des § 93 ZPO ist anzuwenden, wenn der Unterlassungsschuldner seine Verpflichtung sofort anerkennt und der Kläger zuvor den einfacheren Weg der Abmahnung nicht gewählt hat. Wenn den Unterlassungsschuldner die vom Unterlassungsgläubiger abgeschickte Abmahnung nicht erreicht, stellt sich die Situation für ihn ebenso dar, als wenn er überhaupt nicht abgemahnt worden wäre. Er kann noch sofort anerkennen. Der Kläger bzw. Verfügungskläger muß daher, wenn er der Kostenfolge des § 93 ZPO entgehen will, die Gefahr des Zugangs und die Last des Nachweises des Zugangs tragen. Ansonsten würde den Verletzer die Kostenpflicht allein deshalb treffen, weil er die Verletzungshandlung begangen hat. Dies läßt sich jedoch nicht mit dem Kostensystem vereinbaren[202].

Kommt es zur Durchführung des Hauptsacheverfahrens und gibt der Verletzer im Hauptsacheverfahren die streitgegenständliche Domain frei, so ist dies als „sofortiges Anerkenntnis" zu sehen[203], so daß das Gericht gem. § 93 ZPO lediglich noch über die Kosten zu entscheiden hat.

Auch aus dem Gedanken, daß in der Abmahnung ein Vertragsangebot zu sehen ist, folgt, daß der Zugang der Abmahnung erforderlich ist. Durch die Abmahnung soll ein besonderes Schuldverhältnis, das sog.

---

[200] S. *Spehl*, Abschlußschreiben und Abschlußerklärung im Wettbewerbsverfahrensrecht, Konstanz, 1988, S. 54.

[201] So st. Rspr. BGH, GRUR 1984, 129 (131) = WRP 1984, 134 (136) – shop in the shop m.w.N. Vgl. auch *Baumbach/Hefermehl*, Wettbewerbsrecht, Einl UWG Rdnr. 529; v. *Gamm*, Wettbewerbsrecht, 3. Aufl., Köln, 1993, § 1 Rdnr. 298; LG Aachen, WRP 1996, 1132 (1133); *Pauly*, DB 2002, 1426 (1427); *Loewenheim*, Probleme der vorprozessualen Abmahnung bei der Verfolgung von Wettbewerbsverstößen durch Verbände, WRP 1979, 839 (841); gegen einen einschlägigen Erstattungsanspruch aus Geschäftsführung ohne Auftrag, wohl aber aus Vertrag oder Delikt hingegen Stein/Jonas-*Leipold*, ZPO, 20. Aufl., Vor § 91 Rdnr. 16; *Loritz*, GRUR 1981, 883 (885 ff.).

[202] S. *Schmittmann*, WRP 1994, 225 (227).

[203] So OLG Hamburg, Beschluß vom 6. Dezember 2001 – 3 U 251/01, AfP 2002, 59.

VI. Prozessuale Besonderheiten

„Abmahnungsschuldverhältnis" begründet werden. Dies ist nur möglich, wenn die Abmahnung zugeht[204].

Zu dem selben Ergebnis erlangt man auch mit der Überlegung, daß die Kosten der Abmahnung nach der Rechtsprechung nach den Grundsätzen der Geschäftsführung ohne Auftrag ersatzfähig sind. Die Abmahnung kann nur dann im Interesse des Abgemahnten liegen, wenn sie ihn auch erreicht. Die Abmahnung soll weiterhin den Glauben des Werbenden an die Rechtmäßigkeit der Werbung beenden und ihn bösgläubig machen. Auch das ist nur möglich, wenn ihm die Abmahnung zugeht[205].

Die Schwierigkeiten des längeren Postlaufs kann man heute durch moderne Kommunikationsmittel wie Telefax überwinden. Soweit Verletzer und Verletzter über einen Telefaxanschluß verfügen, sollte zur Beschleunigung des Verfahrens in Eilfällen über diesen abgemahnt werden[206].

a) Abmahnung des Verletzten bzw. eines anderen Unterlassungsgläubigers

Eine Abmahnung bei unerwünschter E-Mail-Werbung kann in etwa folgenden Wortlaut haben:

Hiermit zeigen wir an, daß uns die Firma A GmbH [Anschrift] mit der Wahrnehmung ihrer rechtlichen Interessen beauftragt hat. Auf uns lautende Vollmacht liegt im Original als Anlage bei.

Sie haben am 17. Juli 2002 eine elektronische Post (E-Mail) mit werbendem Inhalt an die Verbraucher X, Y und Z übermittelt. In dieser elektronischen Post haben Sie u.a. Ihre Internetpräsentation „www.b-gmbh.de" angepriesen.

Die Werbung mit elektronischer Post gegenüber Verbrauchern verstößt gegen § 1 UWG. Dies gilt jedenfalls solange, wie sie nicht auf Veranlassung oder mit Einverständnis des Verbrauchers erfolgt ist. Wir nehmen insoweit Bezug auf die Rechtsprechung [ggf. Rechtsprechung anführen].

Gem. § 1 UWG sind Sie verpflichtet, derartige Werbung zukünftig zu unterlassen.

Unsere Mandantin ist als Ihr Wettbewerber befugt, wettbewerbsrechtliche Ansprüche gegen Sie geltend zu machen. Die A GmbH betreibt wie Sie einen Online-Shop, in dem vergleichbare Produkte angeboten werden.

Sie sind daher unserer Mandantin gegenüber verpflichtet, es ab sofort zu unterlassen, mit elektronischer Post zu werben, solange nicht der Empfänger dieser ausdrücklich zugestimmt hat. Dabei genügt es nicht, daß Sie das beanstandete Verhalten lediglich einstellen. Sie können die Wiederholungsgefahr

---

[204] So nun auch *Pauly*, DB 2002, 1426 (1427).
[205] So *Pauly*, DB 2002, 1426 (1427); *Schmittmann*, Telefaxübermittlungen, S. 133.
[206] So *Schmittmann*, Telefaxübermittlungen, S. 136

vielmehr nur durch die Abgabe einer strafbewehrten Unterlassungserklärung beseitigen. Eine entsprechende Erklärung fügen wir bei und fordern Sie auf, sie zu unterzeichnen und bis spätestens

(Frist)

an uns zurückzusenden. Zur Fristwahrung genügt die Übermittlung per Telefax, wenn das Original unverzüglich folgt. Sollten Sie die Frist ungenutzt verstreichen lassen, werden wir unserer Mandantin empfehlen, gerichtliche Hilfe in Anspruch zu nehmen.

Nach der Rechtsprechung des Bundesgerichtshofs (BGHZ 52, 393 – Fotowettbewerb) sind Sie ferner verpflichtet, unserer Mandantin die Rechtsanwaltskosten für diese Abmahnung zu erstatten. Wir fordern Sie daher auf, den in der beiliegenden Kostenrechnung ausgewiesenen Betrag bis spätestens

(Frist)

auf eines der unten angegebenen Konten zu überweisen. Sollten wir innerhalb der Frist keinen Zahlungseingang feststellen, werden wir unserer Mandantin empfehlen, auch insoweit gerichtliche Hilfe in Anspruch zu nehmen.

Die Geltendmachung weiterer Ansprüche, insbesondere auf Auskunft und Schadensersatz, bleibt ausdrücklich vorbehalten.

Die der Abmahnung im Entwurf beigefügte strafbewehrte Unterlassungserklärung könnte folgenden Wortlaut haben:

Die B GmbH, Anschrift, verpflichtet sich gegenüber der A GmbH, Anschrift,

1. es ab sofort zu unterlassen, im geschäftlichen Verkehr zu Zwecken des Wettbewerbs mit elektronischer Post an Verbraucher heranzutreten, ohne daß diese zuvor ihr Einverständnis erklärt haben;

2. für jeden Fall der Zuwiderhandlung gegen die vorbezeichnete Unterlassungsverpflichtung eine Vertragsstrafe in Höhe von € 20.000,00 an die A GmbH zu zahlen.

b) Reaktion des Verletzers

Der Abgemahnte hat auf die Abmahnung verschiedene Reaktionsmöglichkeiten. Er kann die geforderte strafbewehrte Unterlassungserklärung ohne Einschränkung innerhalb der gesetzten Frist abgeben und zugleich alle möglichen und zumutbaren Maßnahmen treffen, um eine Zuwiderhandlung zu vermeiden[207]. Entsprechende Anweisungen an Mitarbeiter

---

[207] Vgl. OLG Düsseldorf, WRP 1985, 30, 31.

oder die Stornierung von Anzeigen bei einem Verlag sollten schriftlich dokumentiert werden, da im Falle einer Zuwiderhandlung das Vertretenmüssen des Schuldners gem. § 282 BGB vermutet wird, der Schuldner also den Entlastungsbeweis zu führen hat[208].

2. Schutzschrift

Der Schuldner kann es andererseits aber auch ablehnen, sich zu unterwerfen. Damit gibt er aber Veranlassung zur Klage. Es kann zweckmäßig sein, in dieser Situation bei Gericht eine Schutzschrift zu hinterlegen. Der mutmaßliche Antragsgegner kann im Verfahren über den Antrag auf Erlaß einer einstweiligen Verfügung eine Schutzschrift einreichen. Damit wird die Bitte ausgesprochen, einem aufgrund der Abmahnung zu erwartenden Verfügungsantrag nicht oder nicht ohne mündliche Verhandlung zu entsprechen[209].

Eine Schutzschrift kann in etwa folgenden Wortlaut haben:

Schutzschrift gegen einen möglichen Antrag auf Erlaß einer einstweiligen Verfügung

A GmbH
- Antragstellerin -

gegen

B GmbH
- Antragsgegnerin -

wegen angeblich unlauteren Wettbewerbs

Hiermit zeigen wir an, daß wir die Antragsgegnerin vertreten. Für den Fall, daß die Antragstellerin wegen des nachstehend wiedergegebenen Sachverhalts einen Antrag auf Erlaß einer einstweiligen Verfügung stellen sollte, beantragen wir,

1. den Antrag auf Erlaß einer einstweiligen Verfügung zurückzuweisen;

2. hilfsweise: über den Verfügungsantrag nicht ohne mündliche Verhandlung zu entscheiden;

3. äußerst hilfsweise: die Anordnung oder die Vollziehung der einstweiligen Verfügung von einer Sicherheitsleistung der Antragstellerin abhängig zu machen;

4. für den Fall der Zurückweisung des Verfügungsantrags oder seiner Rücknahme: der Antragstellerin die Kosten des Verfügungsverfahrens ein-

---

[208] So BGH, GRUR 1985, 1065, 1066 – Erfüllungsgehilfe; BGH, GRUR 1988, 561, 563 – Verlagsverschulden.
[209] Vgl. *Schmittmann*, Telefaxübermittlungen, S. 167 ff.

schließlich derjenigen aufzuerlegen, die durch die Hinterlegung dieser Schutzschrift entstanden sind.

Wir bitten ggf. um Übermittlung des Verfügungsantrags zwecks Stellungnahme (Art. 103 Abs. 1 GG) und sind unter dieser Voraussetzung damit einverstanden, daß auch der Antragstellerin die vorliegende Schutzschrift zur Kenntnis gegeben wird.

Zur Begründung ist im einzelnen auf folgendes hinzuweisen: [es folgen im einzelnen die rechtlichen und tatsächlichen Darlegungen].

3. Abschlußschreiben

Ein weiteres spezifisch wettbewerbsrechtliches Instrument ist das Abschlußschreiben. Das Abschlußschreiben ist die Aufforderung des Verletzten an den Verletzer, eine einstweilige Verfügung in jeder Beziehung als endgültige Regelung anzuerkennen. Will der Antragsteller nach abgeschlossenem Eilverfahren gegen den Antragsgegner in der Hauptsache Klage erheben, so muß er diesem – unter Kostengesichtspunkten – zuvor durch das „Abschlußschreiben" Gelegenheit geben, die Angelegenheit außergerichtlich zu beenden, wenn er der Kostenlast für den Fall entgehen will, daß der Antragsgegner sofort anerkennt[210].

Die beabsichtigte Reaktion auf das Abschlußschreiben ist die Abschlußerklärung. Der Verletzer kann eine gegen ihn ergangene einstweilige Verfügung als endgültig anerkennen, in dem er auf die Rechte aus § 924 ZPO (Widerspruch) und aus § 926 ZPO (Fristsetzung zur Erhebung der Hauptsacheklage) verzichtet. Liegt dieser Verzicht vor, entfällt das Rechtsschutzbedürfnis für die Hauptsacheklage[211].

Das Abschlußschreiben kann folgenden Wortlaut haben:

Für unsere Mandantin, die A GmbH, Anschrift, haben wir am [Datum] beim Landgericht Essen eine einstweilige Verfügung gegen Sie erwirkt. Diese Verfügung ist Ihnen ausweislich der uns vorliegenden Zustellungsurkunde am [Datum] zugestellt worden.

Die ergangene einstweilige Verfügung gewährt nur vorläufigen Rechtsschutz. Sie unterbricht insbesondere nicht die Verjährung. Außerdem stehen unserer Mandantschaft noch Ansprüche auf Schadensersatz und Auskunftserteilung zu.

Wir geben Ihnen Gelegenheit, durch Abgabe der beigefügten Abschlußerklärung zu unseren Händen bis spätestens

(Frist)

---

[210] Vgl. *Schmittmann*, Telefaxübermittlungen, S. 161.
[211] So *Schmittmann*, Telefaxübermittlungen, S. 163.

eine Hauptsacheklage zu vermeiden. Sollten Sie die Frist ungenutzt verstreichen lassen, werden wir unserer Mandantin empfehlen, Klage zu erheben.

Nach der Rechtsprechung des Bundesgerichtshofs (BGH, GRUR 1973, 384 – Goldene Armbänder), sind Sie ferner verpflichtet, unserer Mandantin die Anwaltskosten für dieses Abschlußschreiben zu erstatten. Wir fordern Sie auf, den in der beiliegenden Kostenrechnung ausgewiesenen Betrag bis spätestens zum

(Frist)

auf eines der angegebenen Konten zu überweisen. Sollten wir innerhalb der Frist keinen Zahlungseingang feststellen, werden wir unserer Mandantin empfehlen, auch insoweit gerichtliche Hilfe in Anspruch zu nehmen.

4. Abschlußerklärung

Die Abschlußerklärung könnte folgenden Wortlaut haben:

Die Firma B GmbH, Anschrift,

1. erkennt gegenüber der A GmbH, Anschrift, die am [Datum] ergangene einstweilige Verfügung des Landgerichts Essen [Aktenzeichen] als endgültige und zwischen den Parteien materiell-rechtlich verbindliche Regelung an und verzichtet insbesondere auf die Einlegung eines Widerspruchs gem. § 924 ZPO sowie auf die Rechtsbehelfe der §§ 926, 927 ZPO, eine Frist zur Erhebung der Hauptsacheklage setzen zu lassen und/oder die Aufhebung der einstweiligen Verfügung wegen veränderter Umstände zu beantragen;

2. verpflichtet sich, der Firma A GmbH unverzüglich Auskunft darüber zu erteilen, in welchem Umfang sie die im Verfügungstenor bezeichneten Handlungen begangen hat, insbesondere unter Angabe der Namen und Adressen der Empfänger der streitgegenständlichen elektronischen Post;

3. verpflichtet sich, der Firma A GmbH allen Schaden zu ersetzen, der dieser durch die im Verfügungstenor bezeichneten Handlungen entstanden ist und künftig noch entstehen wird.

Der Gläubiger sollte dem Schuldner Gelegenheit geben, von sich aus eine Abschlußerklärung abzugeben. Die Kostentragungspflicht besteht nur, wenn für das Schreiben Veranlassung bestand. Der Unterlassungsschuldner soll zunächst Gelegenheit haben, die Regelung der einstweiligen Verfügung von sich aus als endgültig anzuerkennen. Daher ist streitig, ob der Antragsteller unmittelbar nach Erlaß der einstweiligen Verfügung tätig werden sollte[212].

---

[212] Vgl. OLG Köln, GRUR 1986, 96; a.A. BGH, GRUR 1973, 384, 385 – Goldene Armbänder.

§ 2. Ermittlung und Durchsetzung werberechtlicher Ansprüche

Zulässig ist das Abschlußschreiben gleichwohl jederzeit. Der Unterlassungsgläubiger trägt aber bei einem zu früh veranlaßten Schreiben das Risiko, daß die hierfür entstehenden Kosten nicht vom Gegner zu ersetzen sind. Wenn Verjährung droht, ist eine entsprechende Frist selbstverständlich nicht einzuhalten.

Zweifelhaft ist eine in verschiedenen Bezirken übliche Praxis, nach der sich der Unterlassungsgläubiger eine „Vorratsverfügung" verschafft[213]. In diesem Fall erwirkt der Unterlassungsgläubiger zunächst eine einstweilige Verfügung im Beschlußwege, mahnt dann ab und stellt den Beschluß erst nach fruchtlosem Fristablauf zu. Auf diese Weise kann der Unterlassungsgläubiger zunächst einmal die Einschätzung des Gerichts erfahren und erst dann, wenn er sich auf der „sicheren Seite" befindet, den Verletzer überhaupt von einer vermeintlich erst anstehenden Rechtsverfolgung in Kenntnis setzen.

5. Dispute-Eintrag

Ein weiteres Spezifikum der Wettbewerbsverfolgung im Domainrecht ist der sog. Dispute-Eintrag bei der DENIC e.G[214]. Der Dispute-Eintrag ersetzt seit dem Jahr 2000 den früheren Wait-Eintrag.

Aus den Registrierungsbedingungen der DENIC e.G. ergibt sich, daß ein Dispute-Eintrag erfolgt, wenn jemand glaubhaft macht, daß er ein Recht auf eine Domain hat und dieses gegenüber dem Domaininhaber geltend macht. Der Dispute-Eintrag bewirkt, daß der Inhaber die Domain nicht auf einen Dritten übertragen kann und verhindert somit, daß er sich der Auseinandersetzung mit dem Anspruchsteller entzieht. Außerdem gewährleistet der Dispute-Eintrag, daß der Anspruchsteller automatisch neuer Domaininhaber wird, wenn der bisherige Domaininhaber die Domain aufgibt.

6. Einstweiliger Rechtsschutz

Der einstweilige Rechtsschutz ist von der sog. „Einstweiligen Verfügung", einem Beschluß des zuständigen Gerichts, geprägt.

a) Grundzüge des Verfügungsverfahrens

Die einstweilige Verfügung hat im Wettbewerbsrecht eine große praktische Bedeutung, da Wettbewerbsachen grundsätzlich als eilbedürftig anzusehen sind[215]. Um Wettbewerbsverstöße rasch und wirksam ahnden zu können, erleichtert § 25 UWG den Erlaß einer einstweiligen Verfügung, indem eine einstweilige Verfügung auch dann erlassen werden kann,

---

[213] Vgl. OLG Hamburg, MD 1986, 266 = LRE 19, 192; KG, MD 1988, 1084, 1087.
[214] Als PDF-Datei abrufbar unter: www.denic.de
[215] So OLG Karlsruhe, WRP 1996, 1198 (1199).

VI. Prozessuale Besonderheiten

wenn die in den §§ 935, 940 ZPO bezeichneten Voraussetzungen nicht zutreffen[216]. Der Gläubiger braucht nicht darzulegen, daß für den Fall der Wiederholung des Wettbewerbsverstoßes eine wesentliche Erschwerung der Durchsetzung seiner Rechte droht (§ 935 ZPO) oder eine einstweilige Regelung zur Abwendung erheblicher Nachteile notwendig ist (§ 940 ZPO).

Die Dringlichkeitsvermutung aus § 25 UWG gilt allerdings nur für wettbewerbsrechtliche Unterlassungsansprüche aus UWG und MarkenG sowie – vor deren Aufhebung – aus Zugabeverordnung und Rabattgesetz, nicht aber für Ansprüche aus dem Urheberrecht[217], dem Patentrecht und dem Geschmacksmusterrecht[218]. Die Dringlichkeitsvermutung aus § 25 UWG ist widerlegbar. Sie gilt insbesondere dann als widerlegt, wenn der Antragsteller in Kenntnis des Wettbewerbsverstoßes ohne Grund mit der Stellung des Verfügungsantrages längere Zeit zugewartet hat[219]. Er zeigt damit, daß ihm die Sache selbst nicht eilig ist. Was unter „längere Zeit" verstanden wird, ist von Gericht zu Gericht sehr unterschiedlich[220].

Für die Praxis wichtig ist der Hinweis, daß der Antrag auf Erlaß einer einstweiligen Verfügung die Verjährung nicht unterbricht. Der Gläubiger muß also die kurze Verjährungsfrist des § 21 UWG im Auge behalten und ggf. zur Unterbrechung der Verjährung Hauptsacheklage erheben (vgl. § 209 Abs. 1 BGB). Verfügungsverfahren und Hauptsacheklage können gleichzeitig durchgeführt werden, da die Streitgegenstände nicht identisch sind. Streitgegenstand des Verfügungsverfahrens ist nicht der Anspruch, sondern seine vorläufige Befriedigung[221]. Im Verfügungsverfahren ist gem. § 245 Abs. 2 ZPO eine Revision zum BGH nicht zulässig, so daß sich im Wettbewerbsverfahren im wesentlichen eine Rechtsprechung der Oberlandesgerichte herausgebildet hat, der es in vielen Bereichen an Einheitlichkeit fehlt. Daher ist die Wahl des „richtigen Gerichtsstandes" eine gewichtige Weichenstellung für die erfolgreiche Durchsetzung eines wettbewerbsrechtlichen Anspruchs.

Örtlich und sachlich zuständig für den Erlaß einer einstweiligen Verfügung ist das Gericht der Hauptsache, § 937 Abs. 1 ZPO.

Die örtliche Zuständigkeit ergibt sich aus § 24 UWG. Für Klagen aufgrund des UWG ist gem. § 24 Abs. 1 UWG das Gericht zuständig, in dessen Bezirk der Beklagte seine gewerbliche Niederlassung oder in Ermangelung einer solchen seinen Wohnsitz hat, und außerdem gem. § 24 Abs. 2 UWG das Gericht, in dessen Bezirk die Handlung begangen ist.

---

[216] S. *Köhler/Piper*, § 25 Rdnr. 1.
[217] S. KG, GRUR 1996, 974; OLG Frankfurt am Main, GRUR 1989, 227; LG Köln, Urteil vom 11. Dezember 2002 – 28 O 716/02, n.v..
[218] Vgl. *Köhler/Piper*, § 25 Rdnr. 14.
[219] So *Baumbach/Hefermehl*, Wettbewerbsrecht, § 25 UWG Rdnr. 13.
[220] Vgl. Münchener Prozeßformularbuch Gewerblicher Rechtsschutz, Urheber- und Presserecht – *Bopp*, Kap. A. 4. Anm. 20.
[221] So *Köhler/Piper*, § 25 Rdnr. 6

§ 2. Ermittlung und Durchsetzung werberechtlicher Ansprüche

Für die in § 13 Abs. 2 Nrn. 1 bis 4 UWG genannten Klageberechtigten ist der Gerichtsstand aus § 24 Abs. 2 Satz 1 UWG gem. § 24 Abs. 2 Satz 2 UWG nur gegeben, wenn der Beklagte im Inland weder eine gewerbliche Niederlassung noch einen Wohnsitz hat. Das Klagerecht des unmittelbar Verletzten wird von der Neuregelung durch das Gesetz vom 01. September 1994[222] nicht berührt[223].

Für den Antrag auf Erlaß einer Einstweiligen Verfügung besteht kein Anwaltszwang (§§ 936, 920, 78 Abs. 3 ZPO). Der Antrag sollte jedoch in der Praxis, insbesondere aufgrund der Anforderungen an den Vortrag und die Glaubhaftmachungen von einem Rechtsanwalt gestellt werden. Wenn es zur mündlichen Verhandlung kommt, muß ohnehin ein zugelassener Rechtsanwalt bestellt werden, der für den Antragsteller auftritt.

Im Verfügungsverfahren sind drei Dringlichkeitsstufen zu unterscheiden:

- die allgemeine Dringlichkeit, die Voraussetzung für den Erlaß einer Einstweiligen Verfügung ist und gem. § 25 UWG vermutet wird;
- der „dringende Fall" i.S. des § 937 Abs. 2 ZPO, der es dem Gericht erlaubt, ohne mündliche Verhandlung zu entscheiden;
- der „dringende Fall" i.S. des § 944 ZPO, in dem der Vorsitzende allein anstelle der Kammer entscheiden kann, was allerdings unter Berücksichtigung der ZPO 2002 praktisch nur noch geringe Bedeutung hat.

Die besondere Dringlichkeit, die nach § 937 Abs. 2 ZPO erforderlich ist, damit das Gericht ohne mündliche Verhandlung entscheiden kann, wird in der ganz überwiegenden Praxis der Gerichte bei wettbewerbsrechtlichen Ansprüchen ohne weiteres bejaht[224]. Es kann jedoch nicht schaden, in der Antragsschrift gesondert zu begründen, warum die Sache so dringlich ist, daß selbst eine innerhalb kürzester Frist anberaumte mündliche Verhandlung nicht abgewartet werden kann. Ohne mündliche Verhandlung ergangene Beschlußverfügungen wurden schon im Rahmen des EuGVÜ nicht anerkannt[225]. Nunmehr ist die Verordnung über die gerichtliche Zuständigkeit und die Anerkennung und Vollstreckung von Entscheidungen in Zivil- und Handelssachen[226] zu berücksichtigen[227]. Danach ist ebenfalls eine Vollstreckung nur möglich, wenn die Entscheidung aufgrund einer mündlichen Verhandlung ergangen ist. Hat der An-

---

[222] S. BGBl. I 1994, 1374.
[223] So OLG München, WRP 1995, 1054, 1055; KG, GRUR 1995, 752 (753); *Köhler/Piper*, § 24 Rdnr. 19.
[224] Vgl. OLG Hamburg, WRP 1995, 854.
[225] S. EuGH, Entscheidung vom 21. Mai 1980 – Rs. C 125/79, EuGHE 1980, 1553.
[226] S. EuGVVO – Verordnung EG 44/2001 des Rates vom 22. Dezember 2000, ABl. EG Nr. L 12/1.
[227] Vgl. dazu: *Wernicke/Hoppe*, MMR 2002, 643ff.; *Piltz*, NJW 2002, 789ff.; *Micklitz/Rott*, EuZW 2001, 325ff.

VI. Prozessuale Besonderheiten 55

tragsgegner seinen Sitz im Vertragsgebiet, sollte daher der Erlaß einer einstweiligen Verfügung grundsätzlich nach vorheriger mündlicher Verhandlung beantragt werden.

Der Vorsitzende der angerufenen Kammer kann gem. § 944 ZPO allein entscheiden, wenn die Zeit bis zum Zusammentreten der Kammer nicht abgewartet werden kann. Praktisch relevant wird dies insbesondere bei der Kammer für Handelssachen, deren Handelsrichter nicht kurzfristig verfügbar sind. Das Einverständnis des Beklagten (§ 349 Abs. 3 ZPO) mit der Entscheidung durch den Vorsitzenden ist nicht erforderlich (§ 105 Abs. 1 GVG i.V.m. § 944 ZPO).

Eine Unterlassungsverfügung wird nach § 890 ZPO vollstreckt. Üblicherweise werden die Ordnungsmittel in der Verfügung bereits angedroht, da die Festsetzung von Ordnungsmitteln gem. § 890 Abs. 2 ZPO eine Androhung voraussetzt. Die Androhung muß die Ordnungsmittel nach Art und Höchstmaß konkretisieren[228]. Das Höchstmaß der ersatzweisen Ordnungshaft beträgt gem. Art. 6 Abs. 2 Satz 1 EGStGB sechs Wochen. Die Androhung von Ersatzordnungshaft gegen eine juristische Person mit der Maßgabe, daß sie an einem organschaftlichen Vertreter zu vollziehen ist, ist zulässig[229].

Die Einstweilige Verfügung ist ihrer Natur nach ohne Sicherheitsleistung vorläufig vollstreckbar. Eine besondere Antragstellung ist dafür nicht erforderlich. Die vorläufige Vollstreckbarkeit ohne Sicherheitsleistung wird auch üblicherweise nicht tenoriert.

Im Verfügungsverfahren ist lediglich eine Glaubhaftmachung der anspruchsbegründenden Tatsachen erforderlich, §§ 936, 920 Abs. 2 ZPO. Die Richtigkeit des Parteivorbringens muß somit nicht gewiß, sondern nur überwiegend wahrscheinlich sein[230]. Zulässig ist nach § 294 Abs. 1 ZPO insbesondere die eidesstattliche Versicherung der Partei selbst. Weitere Mittel der Glaubhaftmachung sind Prospekte, Fotos, Zeitungsanzeigen, Warenmuster und die sog. anwaltliche Versicherung[231].

b) Spezifika bei Internetsachverhalten

Soweit es im Verfügungsverfahren um Internetdarstellungen geht, bietet es sich an, Screen Shots von den streitgegenständlichen Websites unter Ausdruck der URL und des Datum unter Hinzuziehung eines Zeugen (z.B. Mitarbeiter der Partei, Anwaltsgehilfin) zu fertigen, und dem Antrag auf Erlaß der Einstweiligen Verfügung beizufügen. Es kann insoweit auch zweckmäßig sein, wenn der anwaltliche Vertreter in die Antragsschrift mit aufnimmt, daß er sich kurz vor Einreichen des Antrages per-

---

[228] S.BGH, GRUR 1995, 744 – Feuer, Eis & Dynamit I.
[229] S.BGH, GRUR 1991, 929, 931.
[230] Vgl. BGH, NJW 1998, 1870.
[231] So OLG Köln, GRUR 1986, 196.

sönlich davon überzeugt hat, daß der Ausdruck noch mit der Internetpräsentation übereinstimmt.

Wird gegen E-Mail-Werbung vorgegangen, so sollte die streitgegenständliche E-Mail ebenfalls ausgedruckt und beigefügt werden, wobei es sich anbieten kann, auch das sog. „Routing" mit auszudrucken und beizufügen, um so zu dokumentieren, welchen Weg die E-Mail genommen hat. Dies ist insbesondere in den Fällen hilfreich, in denen der Antragsgegner später bestreitet, Urheber der Mail zu sein.

Schwierig ist die Glaubhaftmachung von SMS-Werbung, da die SMS üblicherweise nicht ausgedruckt werden kann. Hier bietet es sich an, das Display des Mobiltelefons zu fotokopieren oder zu fotografieren, die entsprechende Wiedergabe einschließlich der eidesstattlichen Versicherung des Antragstellers beizufügen, daß er die SMS zu einem bestimmten Zeitpunkt erhalten hat.

In die eidesstattliche Versicherung des Antragstellers ist sinnvoller Weise auch aufzunehmen, daß er kein Einverständnis mit dieser Form der Werbung erklärt hat. Da der Gegner – zunächst – nicht gehört wird, muß das Gericht davon ausgehen, daß er alles bestreiten wird. Der Antragsteller muß deshalb alle Tatsachen glaubhaft machen, die zur Begründung des Verfügungsanspruchs erforderlich sind. Dazu gehört auch das fehlende Einverständnis.

c) Vollzug Einstweiliger Verfügungen

Einstweilige Verfügungen müssen, anders als Urteile im Hauptsacheverfahren, binnen eines Monats vollzogen werden, §§ 936, 929 Abs. 2 ZPO. Die Vollziehungsfrist soll im Interesse des Schuldnerschutzes verhindern, daß Einstweilige Verfügungen unter wesentlich veränderten Umständen vollzogen werden. Vollziehung bedeutet Zwangsvollstreckung, so daß der Gläubiger zweckmäßigerweise die Einstweilige Verfügung zustellt. Dies geschieht im Parteibetrieb[232]. Bei der Beschlußverfügung beginnt die Monatsfrist mit Zustellung des Beschlusses an den Gläubiger.

Die Zustellung erfolgt im Auftrage des Gläubigers, § 922 Abs. 2 ZPO durch den Gerichtsvollzieher. Mit Zustellung im Parteibetrieb wird die Beschlußverfügung wirksam und zugleich gem. § 929 Abs. 2 ZPO vollzogen. Bei der Urteilsverfügung beginnt die Monatsfrist mit Verkündung des Urteils, § 929 Abs. 2 ZPO. Die Zustellung des schriftlichen Urteils erfolgt an beide Parteien von Amts wegen, § 317 Abs. 1 ZPO. Diese amtswegige Zustellung ist keine Vollziehung i.S. von § 929 Abs. 2 ZPO[233]. Erforderlich ist also eine nochmalige Zustellung des Urteils durch den

---

[232] So BGH, GRUR 1993, 415.

[233] So BGH, GRUR 1993, 415 (416); OLG Hamburg, WRP 1997, 53; OLG München, NJWE-WettbR 1998, 282; OLG Köln, GRUR 1999, 89.

VI. Prozessuale Besonderheiten 57

Gläubiger an den Schuldner im Parteibetrieb. Dazu kann der Gläubiger sich nach Verkündung des Urteils eine abgekürzte Ausfertigung erteilen lassen, um diese innerhalb der Monatsfrist zuzustellen[234].

Oftmals wird man es bei Internetstreitigkeiten mit Antragsgegnern oder Beklagten zu tun haben, die ihren Sitz nicht im Inland haben, so daß der (deutsche) Gerichtsvollzieher auch nicht zustellen kann.

Eine im Ausland zu bewirkende Zustellung erfolgt gem. § 199 ZPO mittels Ersuchens der zuständigen Behörde des fremden Staates oder des in diesem Staate residierenden Konsuls oder Gesandten des Bundes. Gem. § 207 Abs. 1 ZPO genügt zur Wahrung der Frist des § 929 Abs. 2 ZPO die Einreichung des – formfreien und nicht dem Anwaltszwang unterliegenden – Zustellungsgesuchs bei dem Vorsitzenden. Der Begriff „demnächst" wird großzügig ausgelegt. Entscheidend ist, daß die Zustellung nicht durch von der Partei zu vertretende Umstände verzögert wird. Dies ist nicht der Fall bei Verzögerung der Auslandszustellung durch das Gericht[235].

Im Hinblick auf die in jedem Land unterschiedlichen Modalitäten bzgl. der Zahlung eines Übersetzungskostenvorschusses oder der Einreichung einer bestimmten Anzahl von Ausfertigungen ist die Kontaktaufnahme mit dem für Auslandszustellungen zuständigen Rechtspfleger zu empfehlen.

Praktisch relevante Vorschriften über die Zustellung im Ausland enthält das Haager Übereinkommen über die Zustellung gerichtlicher und außergerichtlicher Schriftstücke im Ausland in Zivil- oder Handelssachen[236]. Nach Art. 1 Abs. 1 HZÜ ist es in allen Zivil- oder Handelssachen anzuwenden, in denen ein gerichtliches oder außergerichtliches Schriftstück zum Zwecke der Zustellung in das Ausland zu übermitteln ist. Die Zustellung in den Mitgliedstaaten des HZÜ wird in der Weise bewirkt, daß die nach dem Recht des Ursprungstaates zuständige Behörde, also bei einstweiligen Verfügungen das Prozeßgericht durch seinen Vorsitzenden, unter Verwendung eines bestimmten Musters einen Antrag auf Zustellung an die „zentrale Behörde" des ersuchten Staates richtet.

7. Gegenstandswert bei Internetsachverhalten

Von nicht unerheblicher wirtschaftlicher Bedeutung ist die Bemessung des Gegenstandswertes einer Streitigkeit.

a) Grundzüge der Streitwertbestimmung

Die Klageschrift soll den Streitwert angeben, so regelt es § 253 Abs. 3 ZPO. Von dem Streitwert hängen die sachliche Zuständigkeit des Ge-

---

[234] So *Baumbach/Hefermehl*, Wettbewerbsrecht, § 25 UWG Rdnr. 36.
[235] So OLG Hamburg, NJW RR 1988, 1277; OLG Köln, GRUR 1999, 66.
[236] S. HZÜ, BGBl. 1977 II, 1453.

§ 2. *Ermittlung und Durchsetzung werberechtlicher Ansprüche*

richts, die Zulässigkeit eines Rechtsmittels sowie die Höhe der Gerichts- und Anwaltskosten ab. Die festgestellten Streitwerte variieren in der Praxis zwischen 5.000,00 € und 500.000,00 €[237]. Der Streitwert wird vom Gericht nach freiem Ermessen (§ 3 ZPO) festgesetzt. Die Angaben der Parteien haben lediglich indizielle Bedeutung[238]. Nach einer von *Schmitz/Schröder* für Internetsachverhalte vorgeschlagenen Sammlung von Kriterien soll es auf die Zahl der Visits[239] und den erzielten Umsatz ankommen[240].

Nach Ansicht des OLG Stuttgart ist für die Bemessung des Streitwerts das Interesse des Klägers an der begehrten Unterlassung[241] maßgebend[242]. Das OLG München vertritt die Auffassung, der Streitwert einer Unterlassungsklage bestimme sich nach der Beeinträchtigung, die von dem beanstandeten Verhalten des Gegners verständigerweise zu besorgen sei und die mit dem jeweils begehrten Maßregeln beseitigt werden soll[243].

Die vorstehenden Ansätze sind zu allgemein, um zu einer konkreten Streitwertbestimmung zu gelangen. Auch die Auffassung, der Streitwert einer Unterlassungsklage richte sich nach dem von der Verkehrsanschauung bestimmten Wert, den der streitige Anspruch im Wettbewerb unter Berücksichtigung des verletzten Rechts im Wirtschaftleben habe[244], führt nicht zu präziseren Ergebnissen. Es bedarf daher für wettbewerbsrechtliche Ansprüche einer konkreten Betrachtung[245].

Bewertungsmaßstäbe sind insbesondere die Gefährlichkeit („Angriffsfaktor") des Wettbewerbsverstoßes, der drohende Schaden, etwa durch Umsatzeinbußen, und der Verschuldensgrad. Klagt der unmittelbar Verletzte, ist allein sein Eigeninteresse unter Außerachtlassung möglicher Interessen Dritter oder der Allgemeinheit anzusetzen[246]. Die früher bei Klagen von Wettbewerbsverbänden gemachte Unterscheidung danach, ob der Verband im Interesse der Allgemeinheit tätig wurde – dann war dieses (regelmäßig niedrigere) Interesse anzusetzen[247] – oder ob es sich um einen Interessen- bzw. Fachverband handelte – dann war die Summe aller Interessen seiner Mitglieder anzusetzen[248] – hat der BGH nach der

---

[237] Vgl. *Schmitz/Schröder*, K & R 2002, 189 ff.; *Bücking*, Domainrecht, Rdnr. 300 m.w.N.
[238] So BGH, GRUR 1986, 93 (94) – Streitwertbemessung.
[239] Vgl. dazu *Schmittmann*, Die Kanzlei 7/2002, 9 (10).
[240] So *Schmitz/Schröder*, K & R 2002, 189 (191f.).
[241] So OLG Stuttgart, Rpfleger 1964, 162.
[242] Vgl. *Hillach/Rohs*, Handbuch des Streitwerts in Zivilsachen, 9. Aufl., 1995, S. 181.
[243] So OLG München, BB 1963, 576 = JurBüro 1963, 298.
[244] So *Oestreich/Winter/Heldstab*, Streitwerthandbuch, 2. Aufl., 1998, S. 132.
[245] Vgl. *Schmittmann*, Streitwertbestimmung bei unaufgeforderter Telefaxwerbung, JurBüro 1999, 572f.
[246] So BGH, GRUR 1977, 748, 749 – Kaffee-Verlosung II.
[247] S. BGH, GRUR 1977, 748, 749 – Kaffee-Verlosung II.
[248] S. BGH, GRUR 1968, 106 (107) – Ratio-Markt I.

VI. Prozessuale Besonderheiten

Novelle des UWG im Jahre 1994 aufgegeben[249]. Maßgebend ist nunmehr nach der Rechtsprechung des BGH bei sämtlichen Verbänden das Interesse eines gewichtigen Mitbewerbers an der begehrten Unterlassung[250]. Mangels greifbarer Maßstäbe schätzen die Gerichte und Instanzen den konkreten Streitwert oft sehr verschieden ein. Im Hinblick darauf, daß nicht nur Gerichts- und Anwaltskosten von der Höhe des Streitwertes abhängen, sondern auch die Zulässigkeit eines Rechtsmittels, sollte auf die zutreffende Streitwertbemessung besondere Sorgfalt verwendet werden.

Für einen Unterlassungsantrag werden oftmals Beträge zwischen € 25.000,00 und € 50.000,00, für Schadenersatzfeststellungsanträge ½ bis ¼ des Unterlassungsantrags und für den Auskunfts- und Rechnungslegungsantrag 1/5 bis 1/3 des Schadenersatzfeststellungsantrages in Ansatz gebracht[251].

Bei regionalen Auswirkungen des Wettbewerbsverstoßes unter Unternehmen kleinerer Größenordnung kann der Streitwert für den Unterlassungsantrag auch darunter liegen. Höhere Streitwerte sind insbesondere bei der bundesweiten Werbung großer Unternehmen, Sonderveranstaltungen oder Vertriebsverboten anzutreffen. *Schmitz/Schröder* gehen davon aus, daß überwiegend Beträge zwischen rund € 50.000,00 und € 125.000,00 festgesetzt werden[252].

b) Streitwerte bei Internetsachverhalten

Am unteren Rand der Streitwertskala sind Individualklagen gegen unaufgeforderte Telefax- und E-Mail-Werbung angesiedelt[253]. Je nach Lage des Einzelfalls dürfte hier ein Streitwert von € 10.000,00 als angemessen gelten. Bei einer Individualklage gegen unerwünschte SMS-Werbung hat das AG Aachen einen Gegenstandswert von € 500,00 angenommen[254].

Bei Domainstreitigkeiten sind Gegenstandswerte sämtlicher Couleur anzutreffen[255]. So geht etwa das LG Köln lediglich von einem Streitwert von DM 15.000,00 (etwa € 7.500,00) aus[256], wenn es um die Unterlassung der Benutzung eines Namens in Form einer E-Mail-Adresse oder Domainbezeichnung geht. Sind keine Besonderheiten vorgetragen, so

---

[249] So BGH, GRUR 1998, 958 – Verbandsinteresse.
[250] So BGH, GRUR 1998, 958 – Verbandsinteresse.
[251] Vgl. *Köhler/Piper*, Vor §§ 23 a, 23 b Rdnr. 12 ff.; *Baumbach/Hefermehl*, Wettbewerbsrecht, Einl UWG Rdnr. 509 ff.; OLG Köln, GRUR 1998, 724.
[252] S. *Schmitz/Schröder*, K&R 2002, 189 (190).
[253] Vgl. *Schmittmann*, JurBüro 1999, 572f.
[254] So AG Aachen, Beschluß vom 19. Juli 2002 – 84 C 373/02, n.v. (Beschwerde anhängig).
[255] Vgl. *Schmittmann*, MMR 12/2002, S. V.
[256] S. LG Köln, Urteil vom 23. Februar 2000 – 14 O 322/99, MMR 2000, 437 – www.maxem.de

geht das LG Essen von einem Regelstreitwert von DM 50.000,00 (etwa € 25.000,00) aus[257].

Mit DM 500.000,00 (fast € 250.000,00) überaus hohe Gegenstandswerte wurden bei „www.d-info.de"[258], bei „www.zwilling.de"[259], bei „www.shimano.de"[260], und „www.barbie.de"[261] festgesetzt. Ebenfalls ein hoher Gegenstandswert wurde im Streit um die Domain „www.terrawert.de" mit DM 400.000,00 (rund € 200.000,00) festgesetzt[262]. Ein ebenfalls hoher Gegenstandswert wurde in der Sache „www.cartronic.de" mit DM 1.000.000,00 (rund € 500.000,00) bestimmt[263].

Steht Domaingrabbing[264] im Raum, so wird bisweilen die geforderte Ablösesumme für den Streitwert herangezogen[265]. Wird also etwa eine Ablösesumme, d.h. eine Zahlung für die Übertragung der Domain in Höhe von DM 30.000,00 (etwa € 15.000,00) gefordert, so ist dies – ungeachtet der möglichen Sittenwidrigkeit des Vertrags gemäß § 138 BGB[266] – auch als Streitwert anzusetzen[267].

Erheblich höhere Gegenstandswerte wird man in markenrechtlichen Streitigkeiten annehmen können, insbesondere wenn es um die Verbreitung von Software unter Verwendung eines geschützten Zeichens geht. Bei markenrechtlichen Streitigkeiten liefern der Warenumsatz unter der Marke oder die Werbeaufwendungen des Markeninhabers Anhaltspunkte für die Streitwertbemessung[268]. In einem solchen Fall hat das LG Braunschweig einen Gegenstandswert von DM 100.000,00 (etwa € 50.000,00) als angemessen angesehen[269].

---

[257] So LG Essen, Beschluß vom 22. März 2000 – 12 O 141/00, n.v. – www.ancnews-tv.de

[258] So LG Hamburg, Beschluß vom 14. Juli 1997 – 315 O 448/97 und 315 O 445/97, zit. nach *Schmitz/Schröder*, K&R 2002, 189 (190).

[259] So LG Mannheim, Beschluß vom 3. Juni 1997 – 7 O 241/97, zit. nach *Schmitz/Schröder*, K&R 2002, 189 (190).

[260] So LG München I, Beschluß vom 4. Juli 1997 – 4 HK O 12440/97, zit. nach *Schmitz/Schröder*, K&R 2002, 189 (190).

[261] So LG Frankfurt am Main, Urteil vom 8. Juli 1999 – 2/3 O 98/99, zit. nach *Schmitz/Schröder*, K&R 2002, 189 (190).

[262] S. LG Leipzig, Beschluß vom 23. Juni 1997 – 5 O 5206/97, zit. nach *Schmitz/Schröder*, K&R 2002, 189 (190).

[263] So LG Düsseldorf, Beschluß vom 7. August 1997 – 34 O 119/97, zit. nach *Schmitz/Schröder*, K&R 2002, 189 (190).

[264] Vgl. OLG Frankfurt am Main, NJWE-WettbR 2000, 160; LG Frankfurt am Main, GRUR-RR 2002, 68.

[265] So auch *Schmitz/Schröder*, K&R 2002, 189 (190).

[266] So LG Saarbrücken, Urteil vom 30. Januar 2001 – 7 IV O 97/00, JurPC Web-Dok. 175/2001.

[267] So LG Wiesbaden, Beschluß vom 9. August 2000 – 3 0 129/00, MMR 2001, 59 = JurPC Web-Dok. 26/2002.

[268] So *Schmitz/Schröder*, K&R 2002, 189 (190).

[269] So LG Braunschweig, Urteil vom 6. September 2000 – 9 0 188/00, JurPC Web-Dok. 213/2000 – FTP-Explorer.

VI. Prozessuale Besonderheiten

In einen Rechtsstreit um die Domain „www.boris.de" nahm das LG München I im Verfügungsverfahren einen Streitwert von DM 20.000,00 an[270].

Sind Namensrechte von international bekannten Unternehmen im Streit, so kann der Gegenstandswert auf € 50.000,00 (rund DM 100.000,00) festgesetzt werden[271].

Auch eine Verlinkung auf eine rechtlich geschützte Seite kann mit einem hohen Gegenstandswert angenommen werden. So hat das Hanseatische OLG im Fall eines Inline-Linking einen Gegenstandswert von DM 200.000,00 angenommen[272].

In einem Fall des Deep-Linking hat das LG Köln lediglich DM 75.000,00 als Streitwert angenommen[273]. Dabei ist auch die Tendenz nicht zu verkennen, daß die Gerichte in der Anfangszeit des Internet zunächst von sehr hohen Gegenstandswerten ausgegangen sind, inzwischen aber nicht immer kritiklos die von den Antragsstellern bzw. Klägern vorgegebenen Gegenstandswerte übernommen werden.

Bei Streitigkeiten zwischen international tätigen Unternehmen unter Beteiligung berühmter Marken kann es auch einmal zu Streitwertfestsetzungen in Millionenhöhe kommen. So hat das LG Köln bei einer Streitigkeit zwischen Bierherstellern und Vertreibern beim Streit um die Internetpräsentation einen Gegenstandswert von DM 2 Mio. angenommen[274].

Bei einer Streitigkeit um eine lediglich gattungsmäßige Domain („www.versteckte-toscana.de") kommt ein Streitwert von DM 100.000,00 in Betracht[275]. Auch bei der Streitigkeit um die Gattungsdomain „www.literaturen.de" wurde ein Gegenstandswert von DM 100.000,00 angenommen[276].

Vergleichsweise niedrig setzte das LG Hannover den Streitwert im Verfahren um die Domain „www.verteidigungsministerium.de" mit lediglich DM 20.000,00 fest, da das Verteidigungsministerium – so das Gericht –

---

[270] So LG München I, Beschluß vom 24. Oktober 2000 – 26 O 20103/00, n.v.
[271] So LG Berlin, Beschluß vom 18. Januar 2001 – 16 O 33/01, n.v.; das Urteil vom 6. März 2001 zum gleichen Geschäftszeichen ist veröffentlicht in: MMR 2001, 630 = ZUM-RD 2002, 7 – www.oil-of-elf. Das Urteil wurde vom KG (Urteil vom 23. Oktober 2001 – 5 U 101/01, MMR 2002, 686 = CR 2002, 760 m. Anm. *Graf*) unter Hinweis auf Art. 5 Abs. 1 GG aufgehoben.
[272] So OLG Hamburg, Urteil vom 22. Februar 2001 – 3 U 247/00, MMR 2001, 533 = AfP 2001, 316 = ZUM 2001, 512 = GRUR 2001, 831 – www.roche-lexikon.de.
[273] So LG Köln, Urteil vom 28. Februar 2001 – 28 O 692/00, JurPC Web-Dok. 138/2001.
[274] So LG Köln, Urteil vom 20. April 2001 – 81 O 160/99, JurPC Web-Dok. 148/2001 = ITRB 2001, 285 = NWB EN-Nr. 1415/2001 m. Anm. *JMS* – www.budweiser.com
[275] So LG Düsseldorf, Urteil vom 4. Mai 2001 – 38 O 22/01, n.v. – www.versteckte-toscana.de
[276] So LG Düsseldorf, Urteil vom 6. Juli 2001 – 38 O 18/01, MMR 2002, 126 = MittPA 2002, 147 K & R 2002, 98 = CR 2002, 138 – www.literaturen.de

auch auf andere Domain-Namen zurückgreifen kann. Möglicherweise wollte das Landgericht auch den wirtschaftlichen Ruin des Beklagten durch eine höhere Streitwertfestsetzung abwenden[277]. Mit Interesse bleibt abzuwarten, welchen Gegenstandswert der BGH in der Domainstreitigkeit um „www.shell.de" festsetzt[278].

Das LG Düsseldorf hat einen Gegenstandswert von € 25.000,00 angenommen als es einen Verstoß gegen § 1 UWG in der Fallgruppe des übertriebenen Anlockens und der Belästigung zu entscheiden hatte, bei dem der Seitenbetreiber Keywords verwendet hatte, die in keinem Zusammenhang mit dem Inhalt des Angebotes standen[279].

Bei der Streitigkeit um ein Powershopping-System[280] im Internet und die behauptete Wettbewerbswidrigkeit hat das OLG Köln einen Wert von DM 100.000,00 angenommen[281].

---

[277] Vgl. LG Hannover, Urteil vom 12. September 2001 – 7 O 349/01, JurPC Web-Dok. 207/01.

[278] Vgl. BGH, Urteil vom 22. November 2001 – I ZR 138/99, MMR 2002, 382 m. Anm. *Hoeren* = JurPC Web-Dok. 139/2002 = BB 2002, 1137 = NJW 2002, 2031. Streitwertbeschluß nicht bekannt.

[279] So LG Düsseldorf, Urteil vom 27. März 2002 – 12 O 48/02, MMR 2002, 557 = K & R 2002, 380 = ITRB 2002, 153 [*Rössel*].

[280] S. *Schuster/Müller/Drewes*, MMR Beilage 3/2002, 1 (10); *Stoffmehl*, MMR Beilage 8/2001, 35 ff.; vgl. dazu aus betriebswirtschaftlicher Sicht: *Fritz*, Internet-Marketing und Electronic Commerce, S. 138.

[281] So OLG Köln, Urteil vom 1. Juni 2001 – 6 U 204/00, MMR 2001, 523 = ZUM 2001, 598 m. Anm. *Hucke* = CR 2001, 545 m. Anm. *Leible/Sosnitza* – Primus Online.

§ 3. Werbebeschränkungen aus dem allgemeinen Wettbewerbsrecht (UWG)

Das deutsche Lauterkeitsrecht ist durch die Generalklausel aus § 1 UWG geprägt. Die Generalklausel beherrscht, daher auch an die Spitze des Gesetzes gestellt, das gesamte Recht des unlauteren Wettbewerbs[282]. Die Generalklausel soll ergänzend und unterstützend überall da eingreifen, wo die Einzelvorschriften des Gesetzes nicht ausreichen[283]. Die Sondervorschriften des UWG oder anderer Gesetze schließen die Anwendbarkeit der Generalklausel des § 1 UWG nicht aus[284].

I. Generalklausel, § 1 UWG

Nach der Generalklausel des § 1 UWG kann auf Unterlassung und Schadensersatz in Anspruch genommen werden, wer im geschäftlichen Verkehr zu Zwecken des Wettbewerbs Handlungen vornimmt, die gegen die guten Sitten verstoßen.

Da das deutsche Lauterkeitsrecht im wesentlichen durch Richterrecht bestimmt ist, das nach und nach die Generalklausel aus § 1 UWG konkretisiert hat, wurden von der Rechtsprechung und Literatur Fallgruppen gebildet[285]. Die Fallgruppen (Kundenfang, Behinderung, Ausbeutung, Rechtsbruch, Marktstörung) werden nachstehend anhand der bislang ergangenen Rechtsprechung nachgezeichnet und im Hinblick auf Werbung im Internet untersucht.

1. Kundenfang

Der Kundenfang, d.h. die Beeinflussung des Kunden zugunsten eines bestimmten Marktteilnehmers, ist immanenter Bestandteil der Marktordnung. Der Kaufmann ist keinesfalls auf bekannte und übliche Werbemaßnahmen beschränkt, sondern kann auch zu völlig neuartigen Werbemethoden greifen und muß dies auch tun, um im Wettbewerbskampf bestehen zu können. Das entscheidende Kriterium des Kundenfangs, das

---

[282] So RGZ 79, 327.
[283] S. *Köhler/Piper*, § 1 Rdnr. 1.
[284] So BGH, GRUR 1962, 45, 48 – Betonzusatzmittel; BGH, GRUR 1957, 491 (493) = WRP 1957, 259 – Wellaform; BGHZ 11, 269 – Orbis.
[285] Vgl. *Hartwig*, Verfassungsrechtliche Anforderungen an die Fallgruppenbildung nach § 1 UWG, NJW 2002, 38f.

§3. Werbebeschränkungen aus dem allgemeinen Wettbewerbsrecht

ihn sittenwidrig macht, ist, daß der Absatz weniger durch die Güte und Preiswürdigkeit der Ware oder Leistung, als durch sachfremde Momente erreicht werden soll, die die selbständige Entschließung des Kunden beeinträchtigen[286]. Es werden Mittel eingesetzt, die dem Leitbild des Leistungswettbewerbs widersprechen. Die Entscheidung des Kunden wird:

- erschlichen
- verfälscht oder
- erkauft.

Das Kennwort „Kundenfang" deckt an sich nicht die Fälle, in denen beim Wettbewerb der Nachfrager die Entscheidungsfreiheit des Lieferanten beeinträchtigt wird, z.b. wenn ein Großhändler dem Einzelhändler vortäuscht, nur an Einzelhändler zu verkaufen[287]. Die meisten Mittel, die den Wettbewerb der Anbieter zum wettbewerbswidrigen Kundenfang stempeln, können den Wettbewerb der Nachfrager zum wettbewerbswidrigen „Lieferantenfang" machen. Im weiteren Sinne geht es somit in dieser Fallgruppe um das Einfangen des Marktgegners durch Beeinträchtigung seiner Entscheidungsfreiheit.

a) Täuschung

Der Wahrheitsgrundsatz ist ein beherrschender Grundsatz des Wettbewerbsrechts. Daraus folgt, daß alle Wettbewerbshandlungen, die die Gefahr einer Täuschung des Publikums zur Folge haben, wettbewerbsfremd sind. Täuschung ist der Hervorrufen einer falschen, der Wirklichkeit nicht entsprechenden Vorstellung. Damit steht der Wahrheitsgrundsatz des Wettbewerbsrechts in direktem Widerspruch zu der schon von den Römern gemachten Erfahrung: *„omnis mercator mendax"*.

aa) Klassische Formen der Täuschung

Die denkbaren Arten der Täuschung sind vielfältig. Der Kaufmann kann über die eigene geschäftliche Sphäre, etwa durch unrichtige Angaben und Äußerungen über seine eigene Ware oder Leistung, sein Unternehmen oder seine geschäftlichen oder persönlichen Verhältnisse, aber auch über die fremde geschäftliche Sphäre täuschen, indem er beispielsweise über Waren, Leistungen, persönliche oder geschäftliche Verhältnisse des Mitbewerbers unrichtige Behauptungen aufstellt und dadurch dessen Absatz beeinträchtigt.

Beide Phänomene sind im Internet häufig zu beobachten. So wird beispielsweise oftmals über die Größe des eigenen Unternehmens oder die internationale Verbreitung getäuscht. Da der Kunde im Internet darauf verwiesen ist, die dortigen Angaben hinzunehmen, ist die Täuschung be-

---

[286] S. *Köhler/Piper*, § 1 Rdnr. 10.
[287] Vgl. BGHZ 28, 54.

sonders einfach. Sie ist auch leicht umzusetzen, da die Programmierung von Web-Inhalten sehr simpel möglich ist. Auch die Täuschung über die fremde geschäftliche Sphäre ist oftmals anzutreffen. So werden in Newsgroups oder Chatrooms Nachrichten hinterlassen, die oftmals unter falschem Namen verbreitet werden, die den Mitwerber herabsetzen, beleidigen oder denunzieren. Im Hinblick auf eine weitgehende Anonymität im Internet sind derartige Wettbewerbsverstöße regelmäßig schwer nachzuweisen und damit faktisch nicht verfolgbar.

Zwar ist Eigenlob an sich nicht wettbewerbsfremd, die herausgestellten Vorzüge müssen jedoch wirklich vorhanden sein, zumindest nach verbreiteter Meinung[288].

So ist es zwar zulässig, mit dem Slogan „Kaffee Hag schont Herz und Nieren" zu werben[289]. Nicht zulässig ist es aber, sich selbst Bezeichnungen zuzulegen, die irreführen, etwa die Phantasie-Bezeichnung „Bundeszauberer"[290].

bb) Täuschung bei Internetsachverhalten

Das Internet ist voller irreführender Bezeichnungen, die zum Teil deshalb nicht verfolgt werden, weil sich einerseits das Wettbewerbsverständnis gewandelt hat und die Schwelle der Irreführung erst mit Erreichen einer Erheblichkeit angenommen wird, andererseits deshalb, weil zustellungsfähige Anschriften der Werbungtreibenden nicht zu ermitteln sind oder im Ausland liegen, so daß sich die bereits oben unter § 2 I. dargestellten Probleme ergeben.

Unter die Fallgruppe der Täuschung gehört auch das sog. Hereinlegen oder „Neppen"[291]. Ein solches Hereinlegen liegt bereits dann vor, wenn man eine gewöhnliche Werbeschrift mit „Extrablatt" überschreibt oder unter Angabe billiger Preise wirbt, dann aber beim Vertragsabschluß einen höheren Preis verlangt. Auch in der Art der Zustellung kann ein sog. Hereinlegen liegen, beispielsweise wenn ein Werbeschreiben als amtliche Zustellung getarnt wird, so daß dem Umworbenen die Werbemaßnahme als solche nicht erkennbar ist[292].

Das Internet ist voll von Versuchen, den Kunden zu neppen. So werden beispielsweise Leistungen „for free" in Aussicht gestellt, die aber dann nur abgerufen werden können, wenn zuvor eine Kreditkartennummer angegeben wird oder sich der Kunde ein spezielles Programm herunterlädt, das dafür sorgt, daß die spätere Einwahl in das Internet über eine

---

[288] Vgl. *Baumbach/Hefermehl*, Wettbewerbsrecht, § 1 UWG Rdnr. 10.
[289] So schon RG, MuW 1931, 451.
[290] Vgl. OLG Frankfurt am Main, GRUR 1962, 323.
[291] Vgl. *Baumbach/Hefermehl*, Wettbewerbsrecht, § 1 UWG Rdnr. 12.
[292] So (Österreichischer) OGH, ÖBl. 1998, 11 ff.

0190-Rufnummer erfolgt, über die dann Minutenpreise von bislang bis zum € 1,86 abgerechnet werden. Inzwischen ist die Abbuchung beliebiger Beträge möglich. Auch hier ist die Verfolgung von Wettbewerbsverstößen schwierig, da die Anbieter von 0190-Sonderrufnummern oftmals ihren Sitz im Ausland haben, diese Nummern über eine deutsche GmbH geschaltet werden, die dann aber unwiderleglich behauptet, die Rufnummern nur zeitweise zur Verfügung gestellt zu haben. Diese mehr als unseriösen Praktiken sind praktisch kaum zu bekämpfen, aber inzwischen Gegenstand einer Gesetzesänderung[293].

Vorstehende Praktiken werden regelmäßig auch Lockvogelwerbung darstellen und damit zugleich gegen § 3 UWG verstoßen[294]. Dies gilt insbesondere für die Fälle, in denen Leistungen „for free" angeboten werden, dann aber tatsächlich ein Entgelt zu zahlen ist.

Unter Täuschung werden auch die Fälle subsumiert, in dem eine gesetzlich vorgeschriebene Belehrung, etwa nach dem Verbraucherkreditgesetz, dem Haustürwiderrufsgesetz oder anderen verbraucherschützenden Regelungen unterlassen wird[295]. Im Hinblick darauf, daß beinahe sämtliche verbraucherschützenden Sonderregelungen inzwischen in das BGB eingefügt worden sind, wird dieser Punkt und § 4 IV. noch einmal aufgegriffen.

Ein weiterer Fall der Täuschung ist die Tarnung von Werbemaßnahmen, auch als „Schleichwerbung" bezeichnet. Solange der Umworbene erkennen kann, daß es sich um eine Werbemaßnahme handelt und er infolge dessen aufgrund dieser Kenntnis eine eigene Entscheidung treffen kann, wird seine Persönlichkeitssphäre nicht in unzulässiger Weise angetastet[296]. Wettbewerbswidrig ist es aber, eine Werbemaßnahme so zu tarnen, daß sie als solche den Umworbenen nicht erkennbar ist, insbesondere eine Werbemaßnahme als eine objektive Unterrichtung durch eine unabhängige Person oder Stelle erscheinen zu lassen[297].

Das Verbot redaktioneller Werbung oder – positiv formuliert – das Gebot der Trennung von Werbung und Programm ist in sämtlichen Pressegesetzen der Länder geregelt[298]. Danach sind entgeltliche Veröffentli-

---

[293] S. Zweite VO zur Änderung der TKV vom 20. August 2002, BGBl. 2002 I, S. 3365; vgl. dazu: *Rösler/Zagouras*, Neue verbraucherschützende Grundlagen bei Mehrwertdiensten, NJW 2002, 2930 ff.; *Hoffmann*, Minimalschutz gegen Mißbrauch von Mehrwertdienst-Rufnummern, MMR 2002, Heft 9, S. XXV.
[294] Vgl. *Baumbach/Hefermehl*, Wettbewerbsrecht, § 1 UWG Rdnr. 13.
[295] Vgl. *Baumbach/Hefermehl*, Wettbewerbsrecht, § 1 UWG Rdnr. 21a.
[296] So BGH, GRUR 1995, 744 – Feuer, Eis & Dynamit I.
[297] So *Köhler/Piper*, § 1 Rdnr. 67; *Baumbach/Hefermehl*, Wettbewerbsrecht, § 1 UWG Rdnr. 27; BGHZ 110, 278, 286 = GRUR 1990, 611, 614 – Werbung im Programm; (Österreichischer) OGH, GRUR Int. 1993, 503 – Römerquelle II; (Österreichischer) OGH, ÖBl. 1993, 265 (267) – Product Placement.
[298] Vgl. Hoeren/Sieber-*Körner/Lehment*, Handbuch Multimedia-Recht, Kap. 11.1. Rdnr. 162; *Mann*, NJW 1996, 1241 ff.; *Gummig*, ZUM 1996, 573, 577; *Leupold*, ZUM 1998, 99, 104.

chungen deutlich mit dem Wort „Anzeige" zu kennzeichnen, sofern sich nicht aus Gestaltung, Anordnung und Inhalt der Veröffentlichung eindeutig der werbende Charakter ergibt. Gleiches folgt aus den Richtlinien des Zentralausschusses der Werbewirtschaft (ZAW), die die gefestigte Standesauffassung der Presse wiedergeben[299]. Allerdings sind die presserechtlichen Regelungen auf Internetangebote schon deshalb nicht anwendbar, weil es hierzu an der stofflichen Verkörperung eines „Druckwerks" fehlt, an die die Geltung der Pressegesetze anknüpft[300].

Für den Rundfunk ist das Trennungsgebot in § 7 Abs. 3 Rundfunkstaatsvertrag (RStV) geregelt. Danach muß Werbung als solche klar erkennbar, durch optische bzw. akustische Mittel vom übrigen Programm klar getrennt sein und darf nicht mit unterschwelligen Techniken („subliminals") arbeiten. Diese Regelung wäre für das Internet aber nur dann anwendbar, wenn es sich begrifflich um Rundfunk handelt. So liegt es aber gerade nicht, so daß lediglich das IuKDG[301] Anwendung findet. Dort findet sich aber keine Regelung über die Trennung von Werbung und Programm. Das Teledienstegesetz (TDG), das die elektronischen Informations- und Kommunikationsdienste definiert, bestimmt ausdrücklich, daß individuelle Abrufdienste wie das Internet nicht als Rundfunk anzusehen sind.

Anders liegt es bei redaktionellen Mediendiensten, die im Mediendienste-Staatsvertrag (MDStV) geregelt sind. Gem. § 2 Abs. 1 MDStV gilt der Mediendienste-Staatsvertrag für das Angebot und die Nutzung von an die Allgemeinheit gerichteten elektronischen Informations- und Kommunikationsdiensten in Text, Ton oder Bild. Unter die hierdurch erfaßten Abruf- und Verteildienste fallen redaktionell aufgemachte Angebote, wenn und weil sie nur „in geringem Maße der öffentlichen Meinungsbildung dienen oder ihnen die Suggestivkraft der bewegten Bilder fehlt" und deshalb nicht als Darbietung i.S. des Rundfunkstaatsvertrages angesehen werden können.

Die Regelungen des § 9 Abs. 2 MDStV bestimmen, daß Werbung als solche klar erkennbar und vom übrigen Inhalt der Angebote eindeutig getrennt werden muß. Ein Hinweis auf die Trennung der Werbung durch ein Bild- bzw. Tonsignal, wie es § 7 Abs. 2 RStV vorschreibt, fehlt, da Kennzeichen der Angebote im Internet die parallele Informationsvermittlung auf den einzelnen Bildseiten ist, die sich dadurch von den linearen Programmen des Rundfunks unterscheidet.

Die Werbung hat im Internet eine wesentliche Finanzierungsfunktion, die sich insbesondere dort zeigt, wo Bannerwerbung zur Finanzierung ei-

---

[299] So *Löffler*, Presserecht, 4. Auflage, München, 1997, Besonderer Teil; Standesrecht Rdnr. 6.
[300] So *Gummig*, ZUM 1996, 573, 578.
[301] Gesetz vom 22. Juli 1997, BGBl. I S. 1870.

nes Auftritts verwendet wird. Bannerwerbung ist als solche zu erkennen, da der Internetnutzer weiß, daß solche Banner gegen Entgelt oder doch zumindest im Tausch gegen andere Banner geschaltet werden[302]. Grenzbereiche zwischen Werbung und Unternehmensdarstellung sind systemimmanent. So erwartet niemand auf der Homepage eines Unternehmens eine objektive Darstellung[303]. Der Betrachter darf aber annehmen, daß die dort gemachten Angaben wahr sind. Problematisch werden solche Darstellungen, wenn ein Unternehmen beispielsweise einerseits redaktionelle Inhalte verbreitet, beispielsweise Nachrichten, die nicht nur das Unternehmen, sondern auch andere Bereiche betreffen, und gleichzeitig eine werbende Darstellung des Unternehmens. Ist für den Betrachter erkennbar, daß es sich um eine Unternehmenshomepage handelt und der redaktionelle Teil faktisch Beiwerk ist, so dürften wettbewerbsrechtliche Bedenken nicht bestehen. Anders liegt es jedoch, wenn der Anschein erweckt wird, es handelt sich um eine redaktionelle Darstellung, die nur „zufällig" auf der Domain des Unternehmens abgelegt sei. Hier wäre in jedem Fall strikt auf die werbenden Teile hinzuweisen[304].

Eine spezielle Form der getarnten Werbung ist das sog. „Product Placement"[305], wobei insbesondere Markenwaren zur Verbesserung ihres Images in Fernsehwerbungen oder Filmen als Requisiten zielgerecht eingebaut werden[306]. Dadurch wird der Wettbewerb des Herstellers gefördert. Geschieht es auch in der Absicht, eigenen oder fremden Wettbewerb zu fördern, wofür es zum Beispiel spricht, daß das „Product Placement" gegen Bezahlung erfolgt, so können solche Praktiken nach Lage des Falles unter mehreren Gesichtspunkten unzulässig sein[307].

Wird das Verbot der Vorführung und des Verleihs eines Spielfilms wegen Product Placement schlechthin verlangt, weil dieser bezahlte Werbung zeige, so ist die Klage aufgrund Art. 5 Abs. 3 GG abzuweisen, wenn der Film die Voraussetzungen des verfassungsrechtlichen Kunstbegriffs erfüllt[308]. Enthält ein Film bezahlte Werbung im Übermaß, so verstoßen Produzent und Verleiher des Films gegen §§ 1, 3 UWG, wenn sie nicht das Publikum und den Filmtheaterbesitzer vorher auf diesen Umstand hinweisen[309].

---

[302] Vgl. *Schmittmann*, MMR 2001, 792 (796).

[303] Vgl. *Schmittmann*, NWB Fach 28, S. 949 (956).

[304] Ausführlich mit dem Trennungsgebot für Internetpublikationen haben sich *Leupold/Bräutigam/Pfeiffer*, WRP 2000, 575 (588), befaßt.

[305] Vgl. umfassend: *Schultze*, Product Placement im Spielfilm, München, 2001; *Jaeger-Lenz*, Werberecht, S. 81 ff. sowie oben sub § 1 IV. 2. (d).

[306] S. *Köhler/Piper*, § 1 Rdnr. 68.

[307] Vgl. im einzelnen BGH, GRUR 1990, 611, 614; BGH, GRUR 1995, 744, 747 – Feuer, Eis & Dynamit I.

[308] Vgl. BGH, GRUR 1995, 750 – Feuer, Eis & Dynamit II.

[309] So OLG München, WRP 1993, 420 (424).

b) Nötigung

Wettbewerbswidrig ist es, den Kunden durch Einsatz physischer oder psychischer Mittel zum Abschluß eines Geschäfts zu nötigen. Der Kunde erwirbt dann die Ware nicht aufgrund freier Entschließung, sondern wegen des auf ihn ausgeübten Drucks. Dies widerspricht dem Grundsatz des Leistungswettbewerbs[310]. Sowohl die Ausübung physischen Zwanges (Gewalt) als auch des psychischen Zwanges ist unlauter[311]. Die verwendeten Druckmittel können vielfältiger Natur sein:

- Bedrohung (Androhen von Nachteilen)
- autoritärer Druck durch öffentliche Amtsträger, Vorgesetzte, Betriebsräte etc.[312]
- moralischer Druck durch Erzeugen einer Zwangslage, etwa ein Kindergartenmalwettbewerb durch einen Spielzeughersteller[313]
- psychischer Druck in Form der Belästigung oder Überrumpelung[314] sowie der automatischen Verkopplung.

Die Anwendung physischer Gewalt scheidet bei Fernabsatzgeschäften und damit auch im Internet aus. Auch die Ausübung psychischen Drucks ist eher selten, da der Betrachter von Internetwerbung eine weitgehende Distanz zu der Darstellung hat und diese gewöhnlicher Weise in Abwesenheit des Händlers betrachtet. Er kann sich daher weitaus distanzierter mit dem Angebot befassen, als mit einem Angebot im Ladengeschäft. Die Fälle der Nötigung haben daher im Internet faktisch keine Bedeutung. Dort wo es um psychischen Druck gehen könnte, etwa durch die Form und die Aufdringlichkeit einer Werbung, dürfte vielmehr richtigerweise Täuschung anzunehmen sein.

c) Allgemeine Fälle der Belästigung

Unter der Fallgruppe der Belästigung werden verschiedene Formen der unlauteren Werbung zusammengefaßt.

Die Fallgruppe der Belästigung wird üblicherweise in die Untergruppen Anreißen, Straßenwerbung, weitere Werbeformen, Zusendung unbe-

---

[310] So *Köhler/Piper*, § 1 Rdnr. 99. Kritisch zur Fallgruppe: *Weiler*, Psychischer Kaufzwang – Ein Abschiedsplädoyer, WRP 2002, 871 ff.
[311] Vgl. *Baumbach/Hefermehl*, Wettbewerbsrecht, § 1 UWG Rdnr. 46.
[312] S. OLG Frankfurt am Main, WRP 1971, 379, 380; OLG Frankfurt am Main, DB 1978, 535.
[313] Vgl. BGH, GRUR 1979, 157 (158); *Brändel*, Jugendschutz im Wettbewerbsrecht, in: FS von Gamm, Köln u.a., 1990, S. 9, 22.
[314] S. RGZ 145, 396, 402 – Bestattungsfirma; BGH, GRUR 1967, 430, 431 – Grabsteinaufträge I; BGHZ 56, 18, 19 – Grabsteinaufträge II; BVerfGE 32, 311, 316 = GRUR 1972, 358, 359 – Grabsteinwerbung. Liberaler hingegen: *Emmerich*, Wettbewerbsrecht, § 12 Abschn. 3 c).

stellter Waren, Hausbesuche, Werbung im Todesfall, Haustürgeschäfte und geschmackloses Werben untergliedert[315].

Anreißen heißt das Belästigen von Kunden durch aufdringliche Werbung. Zwar ist jede Werbung darauf gerichtet, auf den Kunden einzuwirken, ihn anzulocken und zugunsten des Werbenden zu beeinflussen. Dies führt auch grundsätzlich zu einem gewissen, unvermeidbaren Maß an Belästigung. Dies muß aber zunächst hingenommen werden, da eine intensive Werbung immanenter Bestandteil der Marktwirtschaft ist, die an ordnungspolitischen Kriterien orientiert ist. Niemand hat aber das Recht, seine Aufdringlichkeit über das mit jeder Werbung mehr oder weniger verbundene, noch tragbare Maß der Belästigung hinaus so weit zu treiben, daß er den Umworbenen in unzumutbarer Weise belästigt oder seinen Willen durch plumpe Machenschaften zu überrumpeln versucht[316].

Die Untergruppen Straßenwerbung, Hausbesuche, Werbung im Todesfall sowie Haustürgeschäfte scheiden ersichtlich für Internet-Sachverhalte aus. Von erheblicher Bedeutung sind aber die vielfältigen Formen der Direktwerbung, die ihren Anfang in der Telefon-, Telex-, Telefax- und BTX-Werbung genommen haben und nunmehr in der E-Mail-Werbung und der SMS-Werbung ihren Höhepunkt gefunden haben.

Grundsätzlich geht es bei der Fallgruppe der Belästigung um einen angemessenen Schutz der Individualsphäre gegenüber dem wirtschaftlichen Gewinnstreben Dritter[317].

Unter Belästigung fallen auch sog. Interstitials, die sich ohne Mitwirkung des Users öffnen und die er nicht sofort durch Anklicken beenden kann[318]. Auch sog. Pop-ups, die wichtige Informationen verdecken, sind als wettbewerbswidrige Belästigung anzusehen[319].

d) Belästigung durch E-Mail-Werbung

Zur wahren Geißel des Internet hat sich die E-Mail-Werbung entwickelt, da sie eine weltweit einsetzbare und daneben auch äußerst kostengünstige Variante der Werbung ist[320].

Umgangssprachlich ist häufig von „spam" oder „spamming" die Rede. Dabei gehen schon die Meinungen auseinander, ob es sich hier um eine Anspielung auf ein in Amerika und Großbritannien populäres Nahrungsmittel handelt, das in Deutschland im wesentlichen durch einen Sketch

---

[315] Vgl. *Baumbach/Hefermehl*, Wettbewerbsrecht, § 1 UWG Rdnrn. 57 ff.
[316] So *Köhler/Piper*, § 1 Rdnr. 107; *Baumbach/Hefermehl*, Wettbewerbsrecht, § 1 UWG Rdnr. 57:
[317] So BGH, GRUR 1965, 315 (316) – Werbewagen; BGH, GRUR 1970, 523 (524) – Telefonwerbung I; BGH, GRUR 1971, 317 (318) – Grabsteinwerbung II.
[318] Vgl. *Köhler/Piper*, § 1 Rdnr. 95.
[319] S. Kaminski/Henßler/Kolaschnik/Papathoma-Baetge-*Oelschlägel*, Rechtshandbuch E-Business, S. 778f.
[320] Vgl. *Ploss*, Handbuch E-Mail-Marketing, S. 53 ff.

I. Generalklausel, § 1 UWG

der britischen Komikertruppe „Monty Python" bekannt geworden ist oder ob es sich nicht vielmehr um die Abkürzung aus der Bezeichnung „Send Phenomenal Amounts of Mail" handelt[321]. Gebräuchlich sind insbesondere im angelsächsischen Raum die Bezeichnungen UCE („Unsolicited Commercial Electronic mail") oder UBE („Unsolicited Bulk E-Mail"). In den Vereinigten Staaten führte Anfang 1993 die massenhafte Versendung von Werbe-E-Mails durch die Rechtsanwälte Laurence A. Canter & Martha Siegel zu massivem Widerstand der Internet-Gemeinde („Community")[322]. Die Kosten unerwünschter E-Mail-Werbung sind immens. Nach einer Untersuchung der EU-Kommission kostet die Verbraucher der Empfang unerwünschter E-Mails mehr als 10 Milliarden Euro jährlich. Dies teilte unlängst der zuständige Kommissar *Bolkestein* mit[323].

Im folgenden wird die in Deutschland weit verbreitete Bezeichnung E-Mail-Werbung verwendet[324], wobei darunter elektronische Post zu verstehen ist, die werbenden Inhalt hat[325]. Die Darstellung differenziert nach

---

[321] Vgl. *Vehslage*, E-Mail-Werbung, DuD 1999, 22; *Kelm*, Technische Maßnahmen gegen Spam, DuD 1999, 27; *Kelm*, Was tun gegen spamming?, in: Horster/Fox, Datenschutz und Datensicherheit, Wiesbaden, 1999, S. 23 ff.; *Ziem*, Spamming, MMR 2000, 129 (130); *Wendtland*, Cybersquatting, Metatags und Spam, S. 39.

[322] S. *Leupold/Bräutigam/Pfeiffer*, Von der Werbung zur kommerziellen Kommunikation: Die Vermarktung von Waren und Dienstleistungen im Internet, WRP 2000, 575 (581); *Strömer*, Online-Recht, S. 140; *Schmittmann*, Rechtlicher Schutz vor unerwünschter E-Mail-Werbung, in: Horster/Fox, Datenschutz und Datensicherheit, Wiesbaden, 1999, S. 1 (6).

[323] S. F.A.Z. vom 3. Februar 2001; *Spindler/Schmittmann*, MMR Beilage 8/2001, 10.

[324] Vgl. *Palandt/Bassenge*, BGB, § 1004 Rdnr. 10; *Gounalakis/Rhode*, Persönlichkeitsschutz im Internet, S. 143; *Baumbach/Hefermehl*, Wettbewerbsrecht, § 1 UWG Rdnr. 70a; *Kloepfer*, Informationsrecht, S. 236 ff.; *Schad*, Das Internet ist kein rechtsfreier Raum, WRP 1999, 243 f.; *Strömer*, Online-Recht, S. 140 f.; *Loock-Wagner*, Das Internet und sein Recht, S. 34 f.; *Jaeger-Lenz*, Werberecht, S. 104 f.; *Köhler/Arndt*, Recht im Internet, Rdnrn. 371 ff.; *Schmittmann*, RDV 2001, 172 ff., *ders.* DuD 1997, 636 (639); *ders.*, RDV 1995, 234 (237); *Fikentscher/Möllers*, NJW 1998, 1337 (1343); *Wolff*, RDV 1999, 9 (11); Loewenheim/Koch-*Hoeren/Pichler*, Praxis des Online-Rechts, 1998, Tz. 9.5.2.3.1.; *Hoeren*, Cybermanners und Wettbewerbsrecht – Einige Überlegungen zum Lauterkeitsrecht im Internet, WRP 1997, 993 (994); *ders.*, Vorschlag für eine EU-Richtlinie über E-Commerce, MMR 1999, 192 (197); *Hoeren/Oberscheidt*, VuR 1999, 371 (380f.); Hoeren/Sieber-*Körner/Lehment*, Handbuch Multimedia-Recht, Kap. 11.1 Rdnr. 29 ff.; Hoeren/Sieber-*Waldenberger*, Handbuch Multimedia-Recht, Kap. 13.4 Rdnr. 79 ff.; *Hoeren/Sieber-Spindler*, Handbuch Multimedia-Recht, Kap. 29 Rdnr. 381 ff.; *Gora/Mann-Eickemeier*, Handbuch Electronic Commerce, Tz. 3.13.4.1 [S. 164f.]; *Lorenz*, Im BGB viel Neues: Die Umsetzung der Fernabsatzrichtlinie, JuS 2000, 837 (842); *Engels/Eimterbäumer*, K & R 1998, 196 (199); *Ultsch*, Zivilrechtliche Probleme elektronischer Erklärungen – dargestellt am Beispiel der Electronic Mail, DZWir 1997, 466 (472); *Ernst*, BB 1997, 1057 (1060); *ders.*, Verbraucherschutzrechtliche Aspekte des EU-Richtlinienvorschlags zum Electronic Commerce, VuR 1999, 397 (402f.); *Gaertner/Gierschmann*, Das neue Fernabsatzgesetz, DB 2000, 1601 (1606); *Schrick*, Direktmarketing mittels E-Mail und seiner Entwicklung, MMR 2000, 399 ff.; *Spindler/Fuchs*, Vertragsrecht der Internet-Provider, Teil II, Rdnr. 367 ff.; *Spindler/Spindler*, a.a.O., Teil IV, Rdnr. 158 ff.; *Härting*, Fernabsatzgesetz, § 2 FernAbsG Rdnr. 42 ff.; *ders.*, Internetrecht, Rdnr. 266 ff.; *Heussen*, Das Internet, AnwBl 1999, 461 (468f.).

[325] Vgl. zur Begriffsbestimmung oben § 1 IV.

§ 3. Werbebeschränkungen aus dem allgemeinen Wettbewerbsrecht

Werbung gegenüber Privaten (sub aa) und gegenüber Gewerbetreibenden (sub bb), wobei der Private dem Verbraucher i.S. des § 13 BGB entspricht. Der Unternehmer i.S. des § 14 BGB kann mit dem Gewerbetreibenden identisch sein, muß es aber – insbesondere im Bereich der klassischen freien Berufe – aber nicht.

aa) Werbung gegenüber Privaten

E-Mail-Werbung gegenüber Privaten ist zunächst nach Auffassung der Literatur gemäß dem nationalen Wettbewerbsrecht wie Telefon- oder Telefaxwerbung zu behandeln[326]. Dies entspricht der Rechtsprechung, insbesondere deshalb, weil eingehende E-Mail-Werbung beim Empfänger Speicherplatz und Onlinezeit verbraucht[327].

Der Unterlassungsanspruch aus § 1 UWG kann jedoch nur von einem klagebefugten Verband i.S. von § 13 UWG oder einem Mitbewerber geltend gemacht werden. Der Betroffene selbst hat aus § 1 UWG keinen klagbaren Unterlassungsanspruch. Es stellt sich daher die Frage, ob und gegebenenfalls unter welchen Voraussetzungen der Betroffene einen Unterlassungsanspruch aus anderen Anspruchsgrundlagen geltend machen kann.

Ein Unterlassungsanspruch kann sich insbesondere aus §§ 823, 1004 BGB ergeben. Dazu bedarf es der Verletzung eines in § 823 BGB genannten Rechtsguts. Zunächst war zum Teil angenommen worden, daß ein Schutzgut i.S. von § 823 BGB nicht verletzt sei[328], weil beim Empfänger lediglich imponderable Wirtschaftsgüter wie Zeit, Arbeitsaufwand und Speicherplatz beeinträchtigt werden[329]. Dieses Argument greift aber nicht mehr, da inzwischen in Rechtsprechung[330] und Litera-

---

[326] So *Wendtland*, Cybersquatting, Metatags und Spam, S. 60; *Waltl*, Online-Netzwerke und Multimedia, in: Lehmann, Internet- und Multimediarecht (Cyberlaw), Stuttgart, 1997, S. 185 (193f.); a.A., da es angeblich nicht zu einer Blockierung der Empfangsanlage kommt: Ekey/Klippel/Kotthoff/Meckel/Plaß-*Plaß*, Wettbewerbsrecht, § 1 UWG Rdnr. 106.

[327] So LG Karlsruhe, Urteil vom 25. Oktober 2001 – 5 O 186/01, JurPC Web-Dokument 96/2002 = ITRB 2002, 180 [*Hentschel*]; LG Ellwangen, Urteil vom 27. August 1999 – 2 KfH O 5/99, ZAP EN-Nr. 732/99 = K&R 2000, 41 = JurPC Web-Dokument 198/1999 = DuD 2000, 743 = RTkom 1999, 189 = MMR 1999, 675 m. Anm. *Schmittmann*.

[328] Vgl. zum Schaden durch unverlangte Telefaxwerbung AG Frankfurt am Main, Urteil vom 1. Februar 2002 – 32 C 2106/01, MMR 2002, 490, einerseits und GenStA Frankfurt am Main, Verfügung vom 7. Dezember 2001 – Zs 31754/01, MMR 2002, 263 m. abl. Anm. *Schmittmann* andererseits.

[329] Vgl. *Schmittmann*, MMR 1998, 53 (55); *Spindler/Schmittmann*, MMR Beilage 8/2001, 10 (11).

[330] Vgl. LG Kiel, Urteil vom 20. Juni 2000 – 8 S 263/99, ZAP EN-Nr. 499/2000 = K&R 2000, 514 = MMR 2000, 704 = RDV 2000, 226 = DuD 2000, 737 = CR 2000, 848 m. Anm. *Schmittmann* = MDR 2000, 1331 m. Anm. *Härting*; LG Berlin, Urteil vom 16. Mai 2002 – 16 O 4/02, CR 2002, 606; AG Bonn, Beschluß vom 21. Mai 2002 – 14 C 233/01, CR 2003, 67 (Ls.).

tur[331] anerkannt ist, daß dem Empfänger einer E-Mail tatsächlich ein meßbarer Schaden in Geld besteht, da er sich zum Abruf der Nachrichten in das Netz einwählen muß und die Übertragung der Daten sich verhältnismäßig verlängert, wenn werbende oder sonst unerwünschte E-Mails eingegangen sind[332].

Aber selbst wenn man dieser Auffassung nicht folgen wollte, so beeinträchtigt unerwünschte E-Mail-Werbung den Empfänger auch in seinen Grundrechten[333]. Hier kommen insbesondere das Persönlichkeitsrecht aus Art. 2 Abs. 1 GG und die negative Informationsfreiheit aus Art. 5 Abs. 1 GG in Betracht.

Die Bestimmung des Art. 2 Abs. 1 GG hat vor allem die Funktion, die sonst zwischen den einzelnen Grundrechten, die spezielle Formen der Handlungsfreiheit sichern (z.B. Meinungsfreiheit, Freizügigkeit und Berufsfreiheit), auftretenden Lücken zu schließen. Soweit ein besonderer Fall der Handlungsfreiheit durch ein spezielleres Grundrecht gewährleistet wird, kommt deshalb nicht Art. 2 Abs. 1 GG, sondern ausschließlich das spezielle Grundrecht zum Zuge.

Das AG Brakel[334] sieht mit dem LG München I[335] – im Gegensatz zum AG Kiel[336] – in der Zusendung unverlangter Werbung mittels E-Mail einen Eingriff in das allgemeine Persönlichkeitsrecht aus Art. 2 Abs. 1 GG. Der Wille des Empfängers, seinen persönlichen Lebensbereich von jedem Zwang zur Auseinandersetzung mit Werbung nach Möglichkeit freizuhalten, ist als Ausfluß seines personalen Selbstbestimmungsrechts schutzwürdig[337]. Dieser Auffassung folgen das Kammergericht[338], das LG Berlin[339] und das LG Karlsruhe[340].

---

[331] S. *Schrick*, MMR 2000, 399 (405); *Gounalakis/Rhode*, Persönlichkeitsschutz im Internet, S. 142f.; *Härting*, Internetrecht, Rdnr. 269 m.w.N.; *Loock-Wagner*, Das Internet und sein Recht, S. 35; *Lotze*, in: Hasselblatt, MHB Gewerblicher Rechtsschutz, § 28 Rdnrn. 144ff.; a.A. *Jankowski*, K&R 2000, 499ff.; dagegen ausdrücklich: *Schmittmann*, K&R 2002, 135ff.

[332] So zuletzt LG Berlin, Beschluß vom 30. Dezember 1999 – 15 O 396/99, MMR 2000, 571 = ZAP EN-Nr. 621/2000.

[333] So *Spindler/Schmittmann*, MMR Beilage 8/2001, 10 (11f.)

[334] S. AG Brakel, Urteil vom 11. Februar 1998 – 7 C 747/97, MMR 1998, 492 = NJW 1998, 3209 = NJW-CoR 1998, 431 = AfP 1999, 663 = DuD 2000, 744.

[335] S. LG München I, Urteil vom 11. Mai 2000 – 7 O 5412/00, ITRB 2002, 131 [*Elteste*].

[336] S. AG Kiel, Urteil vom 30. September 1999 – 110 C 243/99, ZAP EN-Nr. 817/99 = MMR 2000, 51 = AfP 2000, 214 = DuD 2000, 739 = K&R 2000, 201 m. Anm. *Vehslage*.

[337] Vgl. BGHZ 106, 229 (233).

[338] S. KG, Beschluß vom 8. Januar 2002 – 5 U 6727/00, K&R 2002, 547 m. Anm. *Schmittmann* = MMR 2002, 685.

[339] S. LG Berlin, Beschluß vom 30. Dezember 1999 – 15 O 396/00, MMR 2000, 571. MMR 2000, 571.

[340] S. LG Karlsruhe, Urteil vom 25. Oktober 2001 – 5 O 186/01, MMR 2002, 402.

Als spezielleres Grundrecht kommt hier – von der Rechtsprechung, soweit ersichtlich, in dieser Ausprägung noch nicht wahrgenommen – die Meinungsfreiheit aus Art. 5 Abs. 1 GG in der Ausprägung der negativen Informationsfreiheit in Betracht[341]. Der Gedanke entstammt dem amerikanischen Recht, nach dem der Supreme Court im Jahre 1948 das Recht, nicht zuhören zu müssen („right not to listen") anerkannt hat und in diesem Zusammenhang von einer gefangen genommenen Zuhörerschaft („captive audience") sprach. Nach Auffassung von *Fikentscher/Möllers* stellt unerwünschte E-Mail-Werbung einen schweren Eingriff in die negative Informationsfreiheit dar, die auch durch die Meinungsäußerungs- und Verbreitungsfreiheit des Werbenden nicht gedeckt ist[342]. *Kloepfer* sieht insoweit einen Eingriff in die geschützte Privatsphäre als gegeben an[343].

Nach alledem ist E-Mail-Werbung gegenüber Privaten unzulässig, sofern keine ausdrückliche Einwilligung des Empfängers vorliegt. Im Zusammenhang mit Telefonwerbung[344] hat der BGH festgestellt, daß eine vorformulierte Klausel, in der Kunde sich mit der persönlichen und telefonischen Beratung einverstanden erklärt, kein wirksames Einverständnis mit Telefonwerbung darstellt[345]. Nichts anderes kann auch für E-Mail Werbung gelten, so daß eine in AGB enthaltene Zustimmung des

---

[341] Vgl. *Fenchel*, Negative Informationsfreiheit – zugleich ein Beitrag zur negativen Grundrechtsfreiheit, Diss. iur., Freiburg (Breisgau), 1995, veröffentlicht Berlin, 1997, S. 186 ff. – zu BTX-Werbung.

[342] S. *Fikentscher/Möllers*, NJW 1998, 1337 (1343).

[343] S. *Kloepfer*, Informationsrecht, S. 236.

[344] Nach Auffassung des OLG Frankfurt am Main (Urteil vom 29. November 2001 – 12 U 38/01, K&R 2002, 252 ff.) ist im Hinblick auf die Fernabsatz-Richtlinie Telefonwerbung gegenüber Gewerbetreibenden regelmäßig zulässig. Demgegenüber ist Telefonwerbung gegenüber Privaten nach wie vor grundsätzlich unzulässig (so OLG Köln, Urteil vom 23. November 2001 – 6 U 133/01, K&R 2002, 254 ff.). Kritisch steht auch das OLG Köln (Urteil vom 8. März 2002 – 6 U 165/01, GRUR-RR 2002, 237) gegenüber, da ein Einverständnis des gewerblichen Beworbenen keineswegs als „sozialtypisches Verhalten" angesehen werden könne. Den aktuellen Streitstand zur Zulässigkeit von Telefonwerbung zeichnet *Schmittmann*, Anm. zu OLG Hamburg, Urteil vom 25. November 1999 – 3 U 62/99, RDV 2000, 168 ff., nach. Hinsichtlich der sog. „Unterbrecher-Telefonwerbung" hat der BGH (Urteil vom 20. Dezember 2001 – I ZR 227/99, MMR 2002, 546 = NJW 2002, 2038 = JurPC Web-Dok. 146/2002 = WRP 2002, 676 = EWiR 2002, 593f. [*Dittmer*] = CR 2002, 573 mit krit. Anm. *Hartwig* – „Werbefinanzierte Telefongespräche") entschieden, daß diese Form der Werbung nicht gegen § 1 UWG verstößt, selbst wenn der Angerufene nicht zuvor sein Einverständnis erklärt habe. Es reiche vielmehr aus, daß der Anrufer den Gesprächspartner zu Beginn des Gesprächs auf die Werbeunterbrechung hinweise. Der BGH sah weder eine Belästigung des Angerufenen noch eine unzulässige Laienwerbung. Vgl. auch: *Nordemann*, NJW 2001, 3592 (3601); *Lange*, Werbefinanzierte Kommunikationsdienstleistungen, WRP 2002, 786 ff; *Paschke*, Zur Liberalisierung des Rechts des Telefonmarketing, WRP 2002, 1219 ff.

[345] S. BGH, Urteil vom 27. Januar 2000 – I ZR 241/97, MMR 2000, 607 m. Anm. *Hoffmann* = BB 2000, 1540 m. Anm. *Schmittmann*.

Kunden unwirksam ist und die Werbung somit als unzulässig betrachtet werden muß.

bb) Werbung gegenüber Gewerbetreibenden und Freiberuflern

Etwas anders stellt sich die Frage der wettbewerbsrechtlichen Zulässigkeit von E-Mail-Werbung gegenüber Gewerbetreibenden und Freiberuflern dar. In der Rechtsprechung zur Telefonwerbung hatte der BGH bereits herausgearbeitet, daß es wettbewerbswidrig i.s. von § 1 UWG ist, einen Gewerbetreibenden zu Werbezwecken anzurufen, wenn dieser damit nicht einverstanden ist oder sein Einverständnis nicht vermutet werden kann. Der Gewerbetreibende unterhalte seinen Telefonanschluß nämlich im eigenen Interesse, nicht im Interesse eines Werbungtreibenden[346].

E-Mail-Werbung kann daher zulässig sein, wenn ein Einverständnis des Empfängers vorliegt[347]. Ein ausdrücklich erklärtes Einverständnis dürfte in der Praxis kaum vorliegen und ist daher auch nicht Gegenstand gerichtlicher Auseinandersetzungen.

Zu fragen ist vielmehr, wann ein Einverständnis vermutet werden darf. Das mutmaßliche Einverständnis taucht im Zivilrecht in mannigfaltiger Gestalt auf. Als Grobmaßstab kann das vermutete Einverständnis i.S. von § 683 Abs. 1 BGB dienen[348]. Manche wollen bereits in dem Bestehen eines Dauerschuldverhältnisses oder in der zur Verfügungstellung der Telefonnummer einen Ansatz für ein mutmaßliches Einverständnis sehen[349]. Dieser Auffassung ist indes nicht zu folgen, da das Bestehen einer Geschäftsbeziehung an sich nicht als Einverständnis betrachtet werden kann, eine bestimmte Form der Werbung zu akzeptieren[350].

---

[346] So BGH, Urteil vom 24. Januar 1991 – I ZR 133/89, BGHZ 113, 282 ff. = BB 1991, 1140 f. = DB 1991, 1979 f. = EWiR 1991, 615 (*Raeschke-Kessler*) = GRUR 1991, 764 m. Anm. *Klawitter* = MDR 1991, 957 f. = WM 1991, 1056 ff. = WuB V B. § 1 UWG 6.91 m. Anm. *Salger* = ZIP 1991, 751 = MA 1991, 339 = WRP 1991, 470 ff. = NJW 1991, 2087 ff. = CR 1991, 465 ff. = NJ 1991, 425 = AfP 1991, 780 (Telefonwerbung IV). Vgl. dazu die Vorinstanzen: LG Hamburg, Urteil vom 16. Juni 1988 – 12 O 143/88, MD 1988, 1152; OLG Hamburg, Urteil vom 20. April 1989 – 3 U 152/88, DB 1989, 1407 = GRUR 1990, 224 = EWiR 1989, 923 (*Gilles*).
[347] Vgl. Ekey/Klippel/Kotthoff/Meckel/Plaß-*Plaß*, Wettbewerbsrecht, § 1 UWG Rdnr. 107.
[348] S. *Raeschke-Keßler*, EWiR 1991, 615 (616).
[349] S. *Kewenig*, Telefonische Nachbearbeitung von Abonnementverträgen und Verfassungsrecht, in: Badura/Scholz, Festschrift für Peter Lerche, München, 1993, S. 625 (633 f.).
[350] So OLG Stuttgart, Urteil vom 7. März 1997 – 2 U 216/96, NJWE-WettbR 1997, 270; *Steckler*, Die wettbewerbsrechtlichen Unlauterkeitskriterien bei Verwendung teletechnischer Kommunikationsmedien im Direktmarketing, GRUR 1993, 865 (868).

Auch der Eintrag in eine Datenbank kann noch nicht als Einverständnis gesehen werden, daß sich Werbungtreibende unter den dort genannten Telekommunikationsmitteln mit dem Inserenten in Verbindung setzen[351]. Schließlich reicht der Bezug zum beworbenen Gegenstand allein nicht aus, ein mutmaßliches Einverständnis anzunehmen[352]. Ähnlich wie bei der Telefax-Werbung könnte man nun darauf abstellen, ob der Bezug zum beworbenen Gegenstand in Verbindung mit einer besonderen Eilbedürftigkeit als mutmaßliches Einverständnis angesehen werden kann[353]. In dieser Konstellation ist dann die Frage zu stellen, ob das Interesse des Empfängers an der schnellen Übermittlung so groß ist, daß die übermittelte Werbung ihren Zweck durch postalische oder anderweitige Versendung eingebüßt hätte. Dies dürfte nur in den wenigsten Fällen eingreifen, da solche kurzfristigen Geschäfts allenfalls im Bereich der Börse oder im Bereich von Internetauktionen[354] von Bedeutung sein könnten.

Aus der Rechtsprechung sind zwei Fälle bekannt, in denen ein mutmaßliches Einverständnis angenommen worden ist. Besucht der spätere Empfänger der werbenden E-Mail die Homepage des Absenders, so soll nach Auffassung des LG Braunschweig einiges dafür sprechen, daß er damit einverstanden ist, später Werbung zu erhalten. Dies gilt insbesondere dann, wenn der Empfänger die Möglichkeit hat, sich durch die Übermittlung einer einfachen E-Mail aus der Versandliste wieder auszutragen[355].

Auch nach Auffassung des LG Augsburg ist eine E-Mail dann nicht unaufgefordert übermittelt, wenn der Adressat der Werbung zuvor mit der über einen Internetzugang erreichbaren Datenbank des Werbenden für eine nicht unbedeutende Zeit – in casu: 201 Sekunden – Kontakt aufgenommen hatte und hierfür ein besonderes Entgelt gezahlt hat. Der Werbende darf dann auf ein fortbestehendes Interesse des Empfängers vertrauen und mit dessen Einverständnis rechnen[356].

Problematisch sind die Sachverhalte, in denen der Werbende vorträgt, der Empfänger habe sich in eine Mailing-Liste eintragen lassen. In diesem Fall trägt der Absender die Beweislast dafür, daß die Eintragung in die

---

[351] Vgl. dazu OLG Hamm, Beschluß vom 23. April 1991 – 4 U 261/90, n.v.
[352] Vgl. LG Berlin, Urteil vom 16. Mai 2002 – 16 O 4/02, CR 2002, 606; *Steckler*, GRUR 1993, 865 (869).
[353] Vgl. *Schmittmann*, Telefaxübermittlungen, S. 196f.
[354] Vgl. zu Internetauktionen: OLG Hamm, Urteil vom 14. Dezember 2000 – 2 U 58/00, MMR 2001, 105ff. m. Anm. *Wiebe* = CR 2001, 117ff. m. Anm. *Ernst*; *Wiebe*, MMR 2000, 323ff.; *Huppertz*, MMR 2000, 65ff.; *Ernst*, CR 2000, 239ff.; *Husmann*, VR 2000, 230ff.
[355] S. LG Braunschweig, Urteil vom 11. August 1999 – 22 O 1683/99, MMR 2000, 50 = ZAP EN-Nr. 93/2000 = AfP 2000, 213 = CR 2000, 854 = NJW-CoR 2000, 235 m. Anm. *Rein*.
[356] S. LG Augsburg, Urteil vom 4. Mai 1999 – 2 O 4416/98, NJW 2000, 593 = ZAP EN-Nr. 171/2000 = NWB EN-Nr. 434/2000 = ZUM-RD 2000, 198 = DuD 2000, 742 = AfP 2000, 599. Die Berufung der Klägerin – OLG München 30 U 567/99 – wurde nach Hinweis des Senats zurückgenommen, vgl. K&R 2000, 519.

I. Generalklausel, § 1 UWG 77

Mailing-Liste des Absenders vom Empfänger der unaufgeforderten E-Mail ausging. Der E-Mail-Versender muß es sich weiter hinzurechnen lassen, wenn ein Dritter die E-Mail Adresse des Empfängers in die Mailing-Liste des Absenders eingetragen hat[357].

In der telefonischen Bekanntgabe der E-Mail-Anschrift durch eine Mitarbeiterin einer Rechtsanwaltskanzlei mit dem Bemerken, man habe wenig Interesse an Angeboten per E-Mail, soll nach – m.E. zweifelhafter – Auffassung des AG Rostock eine konkludente Einwilligung zu sehen sein[358].

Auch beim Gewerbetreibenden stellt sich hier wieder die Frage, wie er vom Absender Unterlassung verlangen kann, wenn ein Wettbewerbsverhältnis nicht besteht und daher der Unterlassungsanspruch aus § 1 UWG scheitert. Ob der Gewerbetreibende sich insoweit auf Art. 5 Abs. 1 GG oder Art. 2 Abs. 1 GG berufen kann, ist streitig und soll an dieser Stelle zunächst gelassen werden.

Es ist also nach einem anderen Rechtsgut i.S. von § 823 Abs. 1 BGB zu suchen, das durch die E-Mail-Werbung verletzt wird. Nach der Rechtsprechung liegt insoweit ein Eingriff in den eingerichteten und ausgeübten Gewerbebetrieb vor[359]. Dies wird von der Literatur bestätigt[360].

cc) Europarechtliche Implikationen bei E-Mail-Werbung

Im Hinblick darauf, daß insbesondere vom LG Kiel[361] und einem Teil der Literatur[362] eine anderweitige Auffassung vertreten wird, stellt sich die Frage, ob sich eine speziellere oder vorrangigere Vorschrift – etwa aus

---

[357] S. LG Berlin, Urteil vom 23. Juni 2000 – 16 O 115/00, MMR 2001, 60 = K&R 2000, 517 = NWB EN-Nr. 1433/00 = CR 2000, 854 = AfP 2000, 600.

[358] So AG Rostock, Urteil vom 1. Februar 2002 – 42 C 410/01, CR 2002, 613 m. Anm. *Eckhardt* = ITRB 2002, 130 [*Elteste*].

[359] S. KG, Beschluß vom 8. Januar 2002 – 5 U 6727/00, K&R 2002, 547 m. Anm. *Schmittmann* = MMR 2002, 685; LG Berlin, Urteil vom 16. Mai 2002 – 16 O 4/02; LG Berlin, Urteil vom 7. Januar 2000 – 15 O 495/99, ZAP EN-Nr. 530/2000 = MMR 2000, 441 ff. = CR 2000, 622 = NJW-RR 2000, 1229 = NWB EN-Nr. 1180/2000; LG Karlsruhe, Urteil vom 25. Oktober 2001 – 5 O 186/01, MMR 2002, 402; AG Charlottenburg, Urteil vom 21. März 2000 – 4 C 382/99, MMR 2000, 775.

[360] Statt aller: *Engels/Eimterbäumer*, K&R 1998, 196 (199); *Ultsch*, DZWir 1997, 466 (472); *Ernst*, BB 1997, 1057 (1060); *Ernst*, VuR 1999, 397 (402f.); *Gaertner/Gierschmann*, DB 2000, 1601 (1606); *Schrick*, MMR 2000, 399 ff.

[361] S. LG Kiel, Urteil vom 20. Juni 2000 – 8 S 263/99, MMR 2000, 704 = ZAP EN-Nr. 499/2000 = K&R 2000, 514 = RDV 2000, 226 = DuD 2000, 737 = CR 2000, 848 m. Anm. *Schmittmann* = MDR 2000, 1331 m. Anm. *Härting*.

[362] S. *Reichelsdorfer*, „E-Mails" zu Werbezwecken – ein Wettbewerbsverstoß?, GRUR 1997, 191; *Vehslage*, Das neue Fernabsatzgesetz im Überblick, DuD 2000, 546 (548); *Vehslage*, Das neue Fernabsatzgesetz, ZAP Fach 3, S. 169 (175f.); *Busche/Kraft*, Werbung per electronic mail: Eine neue Herausforderung für das Wettbewerbsrecht?, WRP 1998, 1142 (1150f.). Eine differenzierende Auffassung vertreten: *Leupold*, Die massenweise Versendung in Werbe-E-Mails: Innovatives Direktmarketing oder unzumutbare Belästigung des Empfängers?, WRP 1998, 270; *Lettl*, Rechtsfragen des Direktmarketings per Telefon und E-Mail, GRUR 2000, 977 (984).

78 § 3. Werbebeschränkungen aus dem allgemeinen Wettbewerbsrecht

dem Gemeinschaftsrecht[363] – findet, die die Anwendung von § 1 UWG bzw. §§ 823, 1004 BGB entbehrlich erscheinen läßt.

α) **Fernabsatz-Richtlinie.** Im deutschen Fernabsatzrecht findet sich keine ausdrückliche Regelung zur Zulässigkeit von E-Mail-Werbung. Das Fernabsatzgesetz, das inzwischen in das BGB eingearbeitet worden ist, stellte sich als Umsetzung der Richtlinie 97/7/EG des Europäischen Parlaments und des Rats vom 20. Mai 1997 über den Verbraucherschutz bei Vertragsabschlüssen im Fernabsatz[364] dar. Die Bestimmung des Art. 10 FARL enthält Beschränkungen der Verwendung bestimmter Fernkommunikationstechniken für Marketing und Vertragsanbahnung. Die Kommunikation mit Automaten als Gesprächspartner (sog. „Voice-Mail-System") sowie der Einsatz von Fernkopien (Telefax) durch einen Anbieter bedarf der vorherigen Zustimmung des Verbrauchers (Art. 10 Abs. 1 FARL). Im übrigen sollen die Mitgliedstaaten dafür Sorge tragen, daß Fernkommunikationstechniken, die eine individuelle Kommunikation erlauben, nur dann verwendet werden dürfen, wenn der Verbraucher ihre Verwendung nicht offenkundig abgelehnt hat (Art. 10 Abs. 2 FARL)[365].

Nach Auffassung des Bundesjustizministeriums bedurfte es einer Umsetzung von Art. 10 FARL in deutsches Recht nicht, da die ständige Rechtsprechung zu § 1 UWG und §§ 823, 1004 BGB den Vorgaben der Fernabsatzrichtlinie entspricht und darüber teilweise sogar hinausgeht, so daß Art. 10 FARL damit schon ausreichend umgesetzt ist[366]. Soweit behauptet worden ist[367], daß ein grundsätzliches Verbot von E-Mail-Werbung nach nationalem Recht mit der Fernabsatzrichtlinie nicht vereinbar ist, so übersieht diese Auffassung, daß Art. 14 FARL den Mitgliedstaaten ausdrücklich die Möglichkeit gibt, unter Verbraucherschutzgesichtspunkten eine strengere Regelung vorzusehen[368]. Da im Verbraucherschutz eine vernünftige Erwägung des Allgemeinwohls liegt, bestehen auch im Hinblick auf die Dienstleistungsfreiheit aus Art. 59 EGV keine Bedenken.

---

[363] Vgl. dazu *Krimphove*, Europäisches Werberecht, S. 256 f.
[364] S. ABl. EG Nr. L 144, S. 19 ff. Vgl. *Krimphove*, Europäisches Werberecht, S. 243; *Kippenberg*, IStR 2000, 63 ff.; *Härting*, CR 2000, 691 ff.; *Marx*, WRP 2000, 1227 ff.; *Meents*, CR 2000, 610 ff.
[365] Vgl. im einzelnen: *Schmittmann*, RDV 2000, 168 (170).
[366] S. *Günther*, Erwünschte Regelung unerwünschter Werbung?, CR 1999, 172 (174); *Schrick*, MMR 2000, 399 (401):
[367] So LG Berlin, Urteil vom 13. Oktober 1998 – 16 O 320/98, MMR 1999, 43 ff. m. Anm. *Westerwelle* = NWB EN-Nr. 1651/98 = NJW-CoR 1999, 52 = CR 1999, 187 = RDV 1999, 79 (LS) = K&R 1999, 524 (LS) = ZAP 1998, 1253 (Fach 16, 171) m. Anm. *Schmittmann*.
[368] Nach Auffassung des AG Dachau, Urteil vom 10. Juli 2001 – 3 C 167/01, MMR 2002, 179 = CR 2002, 455 m. abl. Anm. *Winter*, lassen sich aus der Fernabsatz-Richtlinie keine Schlüsse zur Zulässigkeit von E-Mail-Werbung ziehen.

Zwar kann das grundsätzliche Verbot von Telefonwerbung nach der Rechtsprechung des EuGH eine Beschränkung des freien Dienstleistungsverkehrs i.S. des Art. 59 EWG darstellen. Zwingende Gründe des Gemeinwohls können jedoch ein Verbot des „cold calling" rechtfertigen, wenn ein solches Verbot als objektiv erforderlich und dem verfolgten Ziel angemessen ist. Das Allgemeininteresse muß für jedes Verbot im einzelnen dargelegt werden. Allein wegen der Aggressivität der Telefonwerbung ist ein Verbot nicht möglich. Es besteht allerdings die Möglichkeit, aus Gründen des Verbraucherschutzes diese Art der Werbung zu untersagen[369]. Da aus Art. 14 Satz 1 FARL folgt, daß die Mitgliedstaaten in bezug auf Telefonwerbung strengere Regeln mit dem Ziel des Verbraucherschutzes erlassen oder aufrecht erhalten können[370], und aus der – nachstehend erläuterten – E-Commerce-Richtlinie nicht ersichtlich ist, daß hinter das Schutzniveau aus der Fernabsatz-Richtlinie zurückgefallen werden soll, bleiben die deutschen Vorschriften hinsichtlich der Wettbewerbswidrigkeit von Telefonwerbung unberührt[371].

β) **E-Commerce-Richtlinie.** Eine weitere europarechtliche Vorgabe ergibt sich aus der Richtlinie über den elektronischen Geschäftsverkehr vom 8. Juni 2000[372]. Die Regelung des Art. 7 Abs. 1 der Richtlinie sieht vor, daß die Mitgliedstaaten, die nicht angeforderte kommerzielle Kommunikation mittels elektronischer Post zulassen, sicherstellen, daß solche kommerziellen Kommunikationen eines in ihrem Hoheitsgebiet niedergelassenen Diensteanbieters bei Eingang beim Nutzer klar und unzweideutig als solche erkennbar sind.

Die Bestimmung des Art. 7 Abs. 2 der Richtlinie sieht vor, daß die Mitgliedstaaten unbeschadet der Richtlinien 97/7/EG („Fernabsatz-Richtlinie") und 97/66/EG („ISDN-Datenschutz-Richtlinie") Maßnahmen ergreifen, um sicherzustellen, daß Diensteanbieter, die nicht angeforderte kommerzielle Kommunikation durch elektronische Post übermitteln, regelmäßig sog. „Robinson-Listen" konsultieren, in die sich natürliche Personen eintragen können, die keine derartigen kommerziellen Kommunikationen zu erhalten wünschen, und daß die Diensteanbieter diese Listen beachten. Kommerzielle Kommunikationen sind alle For-

---

[369] S. EuGH, Urteil vom 10. Mai 1995 – Rs. C-384/93, ABl. EG 1995 Nr. C 159, S. 3 f. = IStR 1995, 296 = EuZW 1995, 404 ff., m. Anm. *Reich*, EuZW 1995, 407 f. = RIW 1995, 600 f. = WRP 1995, 801 ff., m. Anm. *Grosskopf*, WRP 1995, 805 ff. = EWS 1995, 230 f. = DuD 1995, 615 f. (LS) = NJB-kartern 1995, 325 Nr. 8 = JZ 1996, 144 ff.; vgl. dazu: *Kort*, JZ 1996, 132 ff.

[370] Vgl. *Schrick*, MMR 2000, 399 (402).

[371] Ebenso *Schmittmann*, Anm. zu BGH, Urteil vom 16. März 1999 – XI ZR 76/98, MMR 1999, 477 (480); *Spindler/Schmittmann*, MMR Beilage 8/2001, 10 (15).

[372] Richtlinie 2000/31/EG des Europäischen Parlaments und des Rates, ABl. EG vom 17. Juni 2000, Nr. L 178, S. 1 ff.; vgl. dazu *Krimphove*, Europäisches Werberecht, S. 242 ff.; *Härting*, DB 2001, 80 ff.; *Horst*, MDR 2000, 1293 ff.; *Gierschmann*, DB 2000, 1315 ff.

§ 3. Werbebeschränkungen aus dem allgemeinen Wettbewerbsrecht

men der Kommunikation, die der unmittelbaren oder mittelbaren Förderung des Absatzes von Waren und Dienstleistungen oder des Erscheinungsbilds eines Unternehmens, einer Organisation oder einer natürlichen Person dienen, die eine Tätigkeit in Handel, Gewerbe oder Handwerk oder einen reglementierten Beruf ausübt, Art. 2 lit. f) E-Commerce-Richtlinie.

Inzwischen ist das Elektronischer Geschäftsverkehr-Gesetz (EGG) am 21. Dezember 2001 in Kraft getreten und damit die Richtlinie 2000/31/ EG umgesetzt[373]. Auch dort findet sich keine Umsetzung von Art. 7 ECRL, da nach einhelliger Gerichtspraxis in Deutschland das Zusenden nicht angeforderter Werbung unter Bezug auf die Vorschriften nach dem UWG unzulässig ist, so daß es keiner Umsetzung der Richtlinie in nationales Recht bedarf[374].

Beachtlich ist aber, daß in der durch das EGG bedingten Neufassung von § 7 Abs. 4 TDG ausdrücklich vorgesehen ist, die Zulässigkeit „nicht angeforderter kommerzieller Kommunikationen durch elektronische Post" nicht dem Herkunftslandprinzip zu unterwerfen[375]. Damit will der deutsche Gesetzgeber sicherstellen, daß der deutsche Markt nicht von fremder E-Mail-Werbung überschwemmt wird. Ob dies allerdings durch die Anwendbarkeit des Herkunftslandprinzips allein sichergestellt werden kann, muß bezweifelt werden, da Unterlassungsansprüche faktisch in einer Vielzahl von Fällen nicht durchsetzbar sind[376].

γ) **ISDN-Datenschutz-Richtlinie bzw. Datenschutzrichtlinie für elektronische Kommunikation.** Eine weitere europarechtliche Vorgabe ist zu berücksichtigen. Die Richtlinie 97/66/EG des Europäischen Parlamentes und des Rates vom 15. Dezember 1997 über die Verarbeitung personenbezogener Daten und den Schutz der Privatsphäre im Bereich der Telekommunikation[377] („ISDN-Datenschutz-Richtlinie") wollte zunächst einen weitgehenden Schutz des Anschlußinhabers sicherstellen. Sodann wurde ein Vorschlag der Kommission der Europäischen Gemeinschaft vom 12. Juli 2000 vorgelegt[378], mit dem die Richtlinie geändert werden sollte. Art. 12 n.F. sah nunmehr vor, daß die Übermittlung elektronischer Post die vorherige Einwilligung erforderte. Demnach reicht ein mutmaßliches Einverständnis nicht aus. Der inzwischen von Justizmi-

---

[373] Elektronischer Geschäftsverkehr-Gesetz (EGG) vom 14. Dezember 2001, BGBl. I 2001, S. 3721.

[374] Vgl. Erläuternde Hinweise zum Arbeitspapier „Entwurf eines Gesetzes über rechtliche Rahmenbedingungen für den elektronischen Geschäftsverkehr – EGG", Bundesministerium der Justiz, III B 1, S. 4.

[375] So *Bröhl*, MMR 2001, 67 (70).

[376] Vgl. im einzelnen: *Schmittmann*, NWB Fach 28, S. 949 (953f.).

[377] S. ABl. EG vom 30. Januar 1998, Nr. L 24, S. 1 ff.

[378] S. KOM (2000) 385. Vgl. dazu *Krader*, Neuer europäischer Datenschutz im Internet?, RDV 2000, 251 ff.

nisterium vorgelegte Entwurf einer Neufassung der Telekommunikations-Datenschutzverordnung (TDSV[379]) nimmt wiederum keine Transformation ins deutsche Recht vor, da insoweit die bisher ergangene Rechtsprechung als ausreichend angesehen wird.
Die nunmehr geltende Fassung der Richtlinie 2002/58/EG des Europäischen Parlaments und des Rates vom 12. Juli 2002 über die Verarbeitung personenbezogener Daten und den Schutz der Privatsphäre in der elektronischen Kommunikation[380] sieht in Art. 13 Abs. 1 vor, daß die Verwendung von automatischen Anrufsystemen ohne menschlichen Eingriff (automatische Anrufmaschine), Faxgeräten oder elektronischer Post für die Zwecke der Direktwerbung gegenüber natürlichen Personen nur bei vorheriger Einwilligung der Teilnehmer gestattet werden darf.
Es bleibt also dabei, daß trotz mehrerer Richtlinien der Europäischen Union bislang in Deutschland – im Ergebnis zurecht – keine gesetzliche Regelung getroffen ist.

dd) Rechtsschutz gegen E-Mail-Werbung

Es stellt sich nun die Frage, wie die Unterlassungsansprüche außergerichtlich und gegebenenfalls gerichtlich durchzusetzen sind.

α) **Außergerichtliche Durchsetzung (Abmahnung).** Im außergerichtlichen Bereich kommt zunächst die Abmahnung in Betracht. Die Abmahnung ist die von einem Wettbewerber oder Verband an einen Störer bzw. Verletzer gerichtete vorprozessuale Aufforderung, sich zu verpflichten, einen Wettbewerbsverstoß zu unterlassen. Sie wird in der Regel mit der Androhung gerichtlicher Maßnahmen für den Fall verbunden, daß die verlangte Erklärung nicht fristgemäß abgegeben wird[381].
Die Kosten einer erfolgreichen Abmahnung hat nach der Rechtsprechung des BGH der Abgemahnte nach den Grundsätzen der Geschäftsführung ohne Auftrag zu zahlen. Dies ist inzwischen auch explizit für die Abmahnung wegen E-Mail-Werbung entschieden. Im Fall von E-Mail-Werbung stellt sich eine sofortige anwaltliche Abmahnung nämlich nicht als unverhältnismäßig dar, sondern als adäquate Reaktion[382]. In ähnlicher Weise hatte bereits das AG Hamburg bei Kosten wegen einer Telexwerbung entschieden[383].

---

[379] Vgl. *Schuster*, Vertragshandbuch Telemedia, S. 136 ff.
[380] Datenschutzrichtlinie für elektronische Kommunikation, ABl. EG Nr. L 201 vom 31. Juli 2002, S. 37 ff. = RDV 2002, 252 ff.
[381] S. *Schmittmann*, Telefaxübermittlungen, S. 130.
[382] S. AG Charlottenburg, Urteil vom 21. März 2000 – 4 C 382/99, MMR 2000, 775.
[383] S. AG Hamburg, Urteil vom 22. Juni 1984 – 14 C 155/84, BB 1984, 2083. Vgl. zu den Kosten bei Abmahnung von Telefaxwerbung: AG Reinbek, Urteil vom 30. August 2001 – 9 C 196/01, RDV 2002, 29; AG Altona, Urteil vom 31. Oktober 2001 – 319 C 446/01, MDR 2002, 167.

β) **Gerichtliche Durchsetzung.** Führt die Abmahnung nicht zum gewünschten Erfolg, so stellt sich die Frage nach der gerichtlichen Durchsetzung des Unterlassungsanspruchs. Dabei können insbesondere folgende Fragen von Bedeutung sein:

αα) **Unterlassungsantrag.** Im Bereich des § 1 UWG dürfte regelmäßig der Antrag auf Erlaß einer Einstweiligen Verfügung in Betracht kommen, da im Wettbewerbsrecht stets die Eilbedürftigkeit zu vermuten ist (§ 25 UWG)[384].

Ein solcher Antrag könnte wie folgt formuliert werden:

Es wird beantragt, dem Beklagten zu gebieten, es bei Meidung eines vom Gericht für jeden Fall des Verstoßes festzusetzendes Ordnungsgeldes bis zu € 250.000,– oder Ordnungshaft zu unterlassen, künftig durch E-Mail zu werben, es sei denn, der Empfänger hat der jeweiligen Sendung zuvor zugestimmt oder das Einverständnis kann vermutet werden.

Es ist darauf zu achten, daß die Höhe des Ordnungsgeldes entsprechend der Marktstärke und wirtschaftlichen Potenz des Werbenden angepaßt wird.

Bei individuellen Unterlassungsansprüchen aus §§ 823, 1004 BGB dürfte die Unterlassungsklage der sicherere Weg sein, da die Eilbedürftigkeit besonders dargetan werden müßte. Der Klageantrag könnte folgende Fassung haben:

Es wird beantragt, den Beklagten zu verurteilen, es bei Meidung eines vom Gericht für jeden Fall des Verstoßes festzusetzendes Ordnungsgeldes bis zu € 50.000,– oder Ordnungshaft zu unterlassen, den Kläger unter der E-Mail-Adresse „jms@schmittmann.de" unaufgefordert durch E-Mail-Nachrichten zu bewerben.

Bei der Formulierung des Klageantrags ist zu berücksichtigen, daß im Fall der Individualklage erforderlich ist, daß der Anschluß des Empfängers genau durch Angabe einer konkreten E-Mail-Adresse zu bezeichnen ist, da ansonsten – z.b. bei einer Änderung dieser Anschrift – die Einhaltung des Verbots unmöglich wäre. Nach Rechtsprechung des LG Berlin ist dies erforderlich, weil die Anschrift die Person des Adressaten in der Regel nicht eindeutig erkennen lasse[385].

ββ) **Wiederholungsgefahr.** Die Begründetheit der Unterlassungsklage hängt davon ab, ob die Wiederholungsgefahr als ungeschriebenes Tatbestandsmerkmal und damit materielle Anspruchsvoraussetzung anzuneh-

---

[384] Nach Auffassung des LG Karlsruhe (Urteil vom 25. Oktober 2001 – 5 O 186/01, MMR 2002, 402) rechtfertigt die vereinzelte Zusendung werbender E-Mails keinen Eilrechtsschutz.

[385] So LG Berlin, Urteil vom 30. Juni 2000 – 16 O 421/00, MMR 2000, 704 = AfP 2000, 600.

men ist[386]. Die Wiederholungsgefahr wird jedenfalls durch die Abgabe einer strafbewehrten Unterlassungserklärung ausgeschlossen. Daß diese nicht abgegeben wurde, begründet aber nicht zwingend die Wiederholungsgefahr. Nach Auffassung des OLG Hamburg begründet die einmalige unverlangte Übersendung geschäftlicher E-Mail-Werbung keine Wiederholungsgefahr, wenn es sich um das Angebot einer einmalig auszuführenden Dienstleistung handelt[387]. Diese Entscheidung mag im Einzelfall richtig gewesen sein, führt aber m.E. nicht zu einem generell anwendbaren Rechtssatz.

Es ist vielmehr so, daß bereits die Verletzung des Rechtsguts, sei es das Recht am eingerichteten und ausgeübten Gewerbebetrieb, sei es das Persönlichkeitsrecht aus Art. 2 Abs. 1 GG oder die negative Informationsfreiheit aus Art. 5 Abs. 1 GG, die Wiederholungsgefahr und damit den Unterlassungsanspruch indiziert. Es ist nicht einzusehen, warum der Verletzte weitere Rechtsverletzungen oder zumindest deren Drohen hinnehmen muß, um nicht Gefahr zu laufen, daß das Gericht seinen Klageanspruch an der fehlenden Wiederholungsgefahr scheitern läßt. Weiter kann eine Klage daran scheitern, daß der Beklagte vorträgt, die Werbe-E-Mail sei nicht unaufgefordert übersandt worden. Es ist daher sinnvoll, vor Klageeinreichung zu überprüfen, ob der Kläger möglicherweise einmal bei einer Datenerhebung ein konkludentes Einverständnis erklärt hat oder ob sich ein solches aus den Umständen, etwa dem Besuch einer Datenbank oder Internetpräsentation des Beklagten, ergibt. In diesem Fall ist Sachverhaltsaufklärung vor Klageeinreichung dringend geboten, da ansonsten mit Klageabweisung gerechnet werden muß.

γγ) **Einwendungen des Beklagten aus Verfassungsrecht.** Schließlich ist noch mit der Einwendung des Beklagten zu rechnen, sein Verhalten sei durch das Grundrecht der Meinungsäußerungsfreiheit aus Art. 5 Abs. 1 GG gedeckt[388]. Art. 5 Abs. 1 GG garantiert die Meinungs-, Informations-, Presse-, Berichterstattungs- und Zensurfreiheit. Die Pressefreiheit bezieht sich vor allem auf periodisch erscheinende Druckerzeugnisse und dient in erster Linie dazu, die Freiheit der Berichterstattung in der Presse sicherzustellen. Die Pressefreiheit umfaßt dabei das Recht, die Öffentlichkeit grundsätzlich über alle Tatsachen, die bekannt werden, zu unterrichten. Daß der Absender seine Tätigkeit unmittelbar unter die Pressefreiheit subsumiert sehen will, ist selten[389].

---

[386] So BGH, GRUR 1983, 186 – Wiederholte Unterwerfung; BGH, GRUR 1992, 318 (319) – Jubiläumsverkauf; *Gounalakis/Rhode*, Persönlichkeitsschutz im Internet, S. 213.
[387] S. OLG Hamburg, Beschluß vom 2. August 1999 – 12 W 17/99, CR 2000, 183.
[388] Vgl. *Kießling/Kling*, WRP 2002, 615 ff.
[389] Vgl. dazu AG Borbeck, Urteil vom 16. Januar 2001 – 6 C 658/00, MMR 2001, 261 (LS) = NWB EN-Nr. 220/2001.

§ 3. Werbebeschränkungen aus dem allgemeinen Wettbewerbsrecht

Man kann nun trefflich darüber streiten, ob die Übermittlung von werbenden E-Mails durch Art. 5 Abs. 1 GG in Form der Meinungsfreiheit gedeckt sein kann. Dabei ist schon streitig, ob Werbung überhaupt in den Schutzbereich von Art. 5 Abs. 1 GG fällt[390]. Eine nicht unerhebliche Auffassung nimmt an, daß bei Werbung das Eigeninteresse des Werbenden dominierend sei und es sich daher nicht um Dinge von öffentlichem Interesse handele, so daß eine Einbeziehung in den Schutzbereich des Art. 5 Abs. 1 GG ausscheide[391]. Unstreitig ist jedoch, daß die Meinungsäußerungsfreiheit des Werbenden aus Art. 5 Abs. 1 GG ihn jedenfalls nicht von seiner Pflicht entbindet, die Gesetze zum Schutz des lauteren Wettbewerbs zu beachten[392]. Die Rechte aus Art. 5 Abs. 1 GG finden ihre Schranken nämlich in den Vorschriften der allgemeinen Gesetze, den gesetzlichen Bestimmungen zum Schutze der Jugend und in dem Recht der persönlichen Ehre, Art. 5 Abs. 2 GG.

Wie oben bereits herausgearbeitet, verletzt der Versender von unerwünschter E-Mail-Werbung das allgemeine Persönlichkeitsrecht des Empfängers aus Art. 2 Abs. 1 GG. Somit kann er sich nicht auf sein Grundrecht aus Art. 5 Abs. 1 GG berufen, sondern muß die Grundrechtspositionen des Empfängers respektieren. Im übrigen ist der Schutzbereich des Art. 5 Abs. 1 GG in Form der Meinungsäußerungsfreiheit auch durch die negative Informationsfreiheit aus Art. 5 Abs. 1 GG limitiert, aus der dem Empfänger das Recht zusteht, sich unerwünschte Werbung zu verbitten[393]. Nach alledem ist regelmäßig die Berufung des Beklagten auf Art. 5 Abs. 1 GG nicht in der Lage, sein Verhalten zu rechtfertigen.

δδ) **Rechtsfolgen der Unterlassungsverpflichtung.** Wer rechtskräftig zur Unterlassung der Zusendung von E-Mail-Werbung verpflichtet ist, muß nicht nur in seiner Datei die Adresse des betroffenen Empfängers löschen, sondern auch dafür Sorge tragen, daß Werbemails, die er vor Erlaß des Urteils an verschiedene Verteilerstellen weitergeleitet hat, dem Empfänger nicht mehr übermittelt werden. Hat der Werbende ein Multiplikatorensystem verwendet, so muß er das System – ggf. in umgekehrter Richtung – nutzen, um den Verletzten vor unverlangten Mails zu schützen[394].

---

[390] Nach der Rechtsprechung des BVerfG (Urteil vom 12. Dezember 2000 – 1 BvR 1762/95 und 1787/95, NJW 2001, 591 ff. – Benetton) wird das werbende Unternehmen ebenso wie der Verleger der Zeitschrift, in der die Anzeige abgedruckt war, durch Art. 5 Abs. 1 GG geschützt.

[391] So *Göpelt*, Das Spannungsfeld zwischen der Meinungsfreiheit und den Vorschriften zum Schutz vor unlauterem Wettbewerb, S. 33; *Eicke*, WRP 1988, 645 (649).

[392] So BGH, Urteil vom 6. Juli 1995 – I ZR 293/93, ZIP 1995, 1286 (1288), m. zust. Anm. *Bülow*, ZIP 1995, 1289 ff.

[393] Vgl. *Fikentscher/Möllers*, NJW 1998, 1337 (1343).

[394] So LG Paderborn, Beschluß vom 3. Mai 2001 – 3 T 42/01, MMR 2002, 710 = CR 2002, 301.

ee) Gegenstandswert bei E-Mail-Werbung

Nicht unbedeutend – sowohl aus Sicht der Parteien als auch der Prozeßbevollmächtigten – ist die Frage des anzunehmenden Gegenstandswertes. Bei Unterlassungsklagen nach § 1 UWG von Wettbewerbern oder Verbänden ist regelmäßig im Hauptsacheverfahren ein Gegenstandswert von DM 100.000,00 anzunehmen[395]. Das LG Augsburg ließ für eine einstweilige Verfügung einen Streitwert von DM 30.000,00 genügen[396]. Bei Unterlassungsklagen nach §§ 823, 1004 BGB ist der Streitwert wegen der Individualbetroffenheit niedriger anzusetzen. Es erscheint daher sinnvoll, sich insoweit an der Streitwertbestimmung bei Telefaxwerbung zu orientieren[397], wobei das LG Koblenz unlängst hier einen Gegenstandswert von € 2.000,00 angenommen hat[398]. Das Amtsgericht Kiel[399] und das LG Kiel[400] haben einen Streitwert von DM 3.000,00 angenommen. In einem vergleichbaren Fall hat das AG Borbeck einen vom Kläger angegebenen Streitwert von DM 5.000,00 unbeanstandet gelassen[401], in einer neueren Entscheidung indes – nach Erörterung mit den Parteien – nur noch DM 2.000,00 angenommen[402].

Das LG Berlin ging in der Vergangenheit bei einem betroffenen Rechtsanwalt als Empfänger zutreffend von DM 10.000,00 als Gegenstandswert für die einstweilige Verfügung aus, was insbesondere vor dem Hintergrund, daß ein Eingriff in einen eingerichteten und ausgeübten Gewerbebetrieb vorliegt, nicht zu beanstanden ist[403]. In einer neueren Entscheidung wird indes nur ein Wert von € 2.500,00 in Ansatz gebracht[404].

---

[395] So LG Traunstein, Beschluß vom 18. Dezember 1997 – 2 HKO 3755/97, ZAP EN-Nr. 208/98 = MMR 1998, 109f. = NJW 1998, 1648f. = RDV 1998, 115 = AfP 1998, 341 = DB 1998, 469 = ArchPT 1998, 284f. = K&R 1998, 222ff., m. Anm. *Schrey* = CR 1998, 171ff., m. Anm. *Reichelsdorfer.*

[396] S. LG Augsburg, Beschluß vom 19. Oktober 1998 – 2 O 4416/98, NJW-CoR 1999, 52.

[397] S. *Schmittmann,* Streitwertbestimmung bei unaufgeforderter Telefaxwerbung, JurBüro 1999, 572.

[398] So LG Koblenz, Beschluß vom 4. April 2002 – 9 O 137/02, n.v.

[399] S. AG Kiel, Urteil vom 30. September 1999 – 110 C 243/99, MMR 2000, 51 = AfP 2000, 214 = DuD 2000, 739 = K&R 2000, 201 m. Anm. *Vehslage.*

[400] S. LG Kiel, Urteil vom 20. Juni 2000 – 8 S 263/99 MMR 2000, 704.

[401] S. AG Borbeck, Beschluß vom 8. Dezember 1998 – 5 C 365/98, n.v.

[402] S. AG Borbeck, Urteil vom 16. Januar 2001 – 6 C 658/00, MMR 2001, 261 (LS) = NWB EN-Nr. 220/2001. Ebenso: OLG Celle, Beschluß vom 27. Dezember 2001 – 13 W 112/01, CR 2002, 458 = ITRB 2002, 234 [*Elteste*].

[403] S. LG Berlin, Urteil vom 14. Mai 1998 – 16 O 301/98, MMR 1998, 491; a.A. OLG Hamburg, Beschluß vom 2. August 1999 – 12 W 17/99, CR 2000, 183.

[404] S. LG Berlin, Beschluß vom 19. September 2002 – 16 O 515/02, K&R 2002, 669 m. Anm. *Schmittmann.*

ff) Perspektiven der E-Mail-Werbung

Die Unterlassung von E-Mail-Werbung kann in Deutschland sowohl von Privaten als auch von Gewerbetreibenden oder Freiberufler verlangt und durchgesetzt werden, sofern nicht ein – vom Versender zu beweisender – rechtfertigender Grund vorliegt. Der Unterlassungsanspruch des Privaten folgt aus §§ 823, 1004 BGB i.V. mit der negativen Informationsfreiheit aus Art. 5 Abs. 1 GG oder i.V. mit dem allgemeinen Persönlichkeitsrecht aus Art. 2 Abs. 1 GG. Der Unterlassungsanspruch des Mitbewerbers ergibt sich regelmäßig aus § 1 UWG. Handelt es sich nicht um einen Mitbewerber, so kann der belästigte Gewerbetreibende bzw. Freiberufler unter Berufung auf §§ 823, 1004 BGB i.V. mit dem Recht am eingerichteten und ausgeübten Gewerbebetrieb Unterlassung verlangen[405].

Mit Spannung bleibt abzuwarten, wie sich die Einführung des Herkunftslandprinzips aus der E-Commerce-Richtlinie in der Praxis auswirken wird. Dabei wird insbesondere sorgfältig das nationale Recht der Mitgliedstaaten zu prüfen sein[406], aus denen die unerwünschte Werbung stammt.

Eine Weiterentwicklung der E-Mail-Werbung ist die sog. SMS-Werbung. Gerade im M-Commerce wird der Werbung über das Mobiltelefon besondere Bedeutung zukommen, da es naheliegt, das Medium zur Werbung zu verwenden, über das auch die Leistung an sich erfolgt. Die Grundzüge der rechtlichen Beurteilung von E-Mail-Werbung sind auch auf die SMS-Werbung anwendbar. Erschwerend kommt aber hinzu, daß der Empfänger von SMS-Werbung dadurch noch stärker belästigt wird als durch E-Mail-Werbung, da sie ihm unmittelbar aufgedrängt wird, ohne daß er die unerwünschten Nachrichten durch Nichtabruf ignorieren kann und im übrigen auch jegliche Filterfunktionen, sei es durch sachliche, sei es durch personelle Vorkehrungen, ausscheiden[407].

SMS-Werbung verstößt somit gegen § 1 UWG und kann auch von Privatpersonen gemäß §§ 1004, 823 BGB i.V. mit Art. 2 Abs. 1 GG abgewehrt werden[408].

e) Belästigung durch sachfremde Keywords

Nach Auffassung des LG Düsseldorf liegt ein Verstoß gegen § 1 UWG in der Fallgruppe der Belästigung vor, wenn der Seitenbetreiber Keywords verwendet, die in keinem Zusammenhang mit dem Inhalt des Angebots[409] stehen. Die Belästigung des Users liegt dann darin, daß er sich

---

[405] Umfassend: *Spindler/Schmittmann*, MMR Beilage 8/2001, 10 (16f.).

[406] Vgl. dazu: *Spindler/Schmittmann*, MMR Beilage 8/2001, 10 (17ff.).

[407] Vgl. umfassend *Schmittmann*, MMR 1998, 346ff.; LG Berlin, Urteil vom 14. Januar 2003 – 15 O 420/02, n.v.

[408] So *Baumbach/Hefermehl*, § 1 UWG Rdnr. 70c; *Kloepfer*, Informationsrecht, S. 238; *Gola/Klug*, NJW 2001, 3747 (3753).

[409] So LG Düsseldorf, Urteil vom 27. März 2002 – 12 O 48/02, MMR 2002, 557 = K&R 2002, 380= ITRB 2002, 153 [*Rössel*].

bei der Nutzung der Sachmaschine durch die Ergebnisse hindurcharbeiten muß, auch wenn diese für ihn ohne Belang sind, weil ein sachfremdes Keyword eingestellt worden ist. Dadurch entstehen dem User Kosten in Form der laufenden Telekommunikationsgebühren und im übrigen auch ein erheblicher Zeitverlust.

Das Gericht stellt die Belästigung durch sachfremde Keywords in einen unmittelbaren Zusammenhang mit Telefax- und E-Mail-Werbung und folgert daraus eine sittenwidrige Belästigung[410].

f) Belästigung durch Zusendung unbestellter Ware

Eine weitere Form der Belästigung stellt die Zusendung unbestellter Waren dar[411]. Insoweit besteht gerade bei im Internet tätigen Unternehmen die Möglichkeit, Daten von dem Kunden zu erheben und diese dazu zu nutzen, diesen unbestellte Waren zu übersenden[412]. Wegen der für den Unternehmer hohen Kosten und Risiken kommt die Zusendung unbestellter Ware vergleichsweise selten vor, spektakuläre Fällen sind aber Gegenstand der Rechtsprechung geworden[413].

Das belästigende Element bei der Zusendung unbestellter Waren liegt darin, daß der Empfänger die Sendung zunächst annimmt, um sich zu vergewissern, was sie enthält. Dem Empfänger wird somit der Besitz einer nicht verlangten Ware aufgedrängt und er wird auf diese Weise genötigt, sich zu entschließen, ob er die Ware behalten will oder nicht. Vielfach wird der Empfänger aus einer gewissen Trägheit heraus das Behalten der Ware der Umständlichkeit der Rücksendung vorziehen, sich also in seinem Entschluß durch unsachliche Erwägungen bestimmen lassen. Rechtsunkundige könnten darüber hinaus auch auf den Gedanken verfallen, es bestehe eine Abnahmepflicht, oder durch die Nichtzurücksendung komme ein Vertrag zustande[414].

Die Rechtsprechung sieht daher die Zusendung unbestellter Ware als grundsätzlich unlauter i.S. von § 1 UWG an[415]. Dies gilt insbesondere dann, wenn die unaufgeforderte Zusendung eines entgeltlichen Sonderheftes an Kunden erfolgt, die ein periodisches Druckwerk des Verlags be-

---

[410] So LG Düsseldorf, Urteil vom 27. März 2002 – 12 O 48/02, MMR 2002, 557 = K&R 2002, 380 = ITRB 2002, 153 [*Rössel*].
[411] Vgl. *Emmerich*, Wettbewerbsrecht, § 12 Abschn. 5; *Krimphove*, Europäisches Werberecht, S.260; Ekey/Klippel/Kotthoff/Meckel/Plaß-*Plaß*, Wettbewerbsrecht, § 1 UWG Rdnr. 88.
[412] Vgl. zum Ganzen: *Wessel*, BB 1966, 432f.; *Schwung*, JuS 1985, 449ff.; *Bunte*, Zusendung unbestellter Waren – Gedanken zu einem alten, neuen Thema, in: FS Gaedertz, 1992, 87ff.
[413] Vgl. *Köhler/Piper*, § 1 UWG Rdnr. 180.
[414] Vgl. *Baumbach/Hefermehl*, Wettbewerbsrecht, § 1 UWG Rdnr. 72.
[415] Vgl. BGH, GRUR 1959, 277 – Künstlerpostkarten; BGH, GRUR 1960, 382 – Verbandsstoffe; BGH, GRUR 1966, 47 – Indicator; *Greifelt*, WRP 1955, 120; *Bettermann*, DB 1955, 890.

ziehen und die Rechnung mit dem Vermerk „Ihre Anforderung vom ..." versehen ist[416].

Die Fernabsatzrichtlinie der Europäischen Union sieht in Art. 9 FARL Regelungen zu unbestellten Waren und Dienstleistungen vor. Demnach haben die Mitgliedstaaten die erforderlichen Maßnahmen zu treffen, um zu untersagen, daß einem Verbraucher ohne vorherige Bestellung Waren geliefert oder Dienstleistungen erbracht werden, wenn mit der Warenlieferung oder Dienstleistungserbringung eine Zahlungsaufforderung verbunden ist, und um den Verbraucher von jedweder Gegenleistung für den Fall zu befreien, daß unbestellte Waren geliefert oder unbestellte Dienstleistungen erbracht wurden, wobei das Ausbleiben einer Reaktion nicht als Zustimmung gilt.

Der Gesetzgeber hat in Deutschland die Vorgabe aus Art. 9 FARL mit § 241a BGB in der Fassung des Schuldrechts-Modernisierungsgesetzes (SMG) vom 26. November 2001 umgesetzt[417]. Das Schuldrechts-Modernisierungsgesetz ist ohne Zweifel ein juristisches Jahrhundertwerk. Es ist daher nicht verwunderlich, daß es im Schrifttum teils auf breite Zustimmung, teils aber auch auf heftige Ablehnung gestoßen ist[418].

---

[416] So OLG Köln, Urteil vom 26. Januar 2001 – 6 U 160/00, EWiR 2001, 1163f. (*Schöne/Vowinckel*).

[417] Vgl. *Tonner*, BB 2000, 1413 (1418); *Riehm*, Jura 2000, 505 (511).

[418] Vgl. dazu *Artz*, Die Schuldrechtsreform vor dem Hintergrund des Gemeinschaftsrechts, NJW 2001, 1703 f.; *Ayad*, Schuldrechtsreform: Das Gesetz zur Modernisierung des Schuldrechts in der Vertragspraxis, DB 2001, 2697 ff.; *Dauner-Lieb*, Die geplante Schuldrechtsmodernisierung – Durchbruch oder Schnellschuß?, JZ 2001, 8 ff.; *Dauner-Lieb*, Die Schuldrechtsreform – Das große juristische Abenteuer, DStR 2001, 1572 ff.; *Dilger*, Schuldnerverzug im Wandel – vom Gesetz zur Beschleunigung fälliger Zahlungen zum Schuldrechtsmodernisierungsgesetz, ZBB 2000, 322 ff.; *Dörner*, Die Integration des Verbraucherrechts in das BGB, in: Schulze/Schulte-Nölke (Hrsg.), Die Schuldrechtsreform vor dem Hintergrund des Gemeinschaftsrechts, Münster u.a., 2001, 177 ff.; *Gaier*, Das Rücktritts(folgen)recht nach dem Schuldrechtsmodernisierungsgesetz, WM 2002, 1 ff.; *Grigoleit*, Rechtsfolgenspezifische Analyse „besonderer" Informationspflichten am Beispiel der Reformpläne für den E-Commerce, WM 2001, 597 ff.; *Grigoleit*, Reformperspektiven der vorvertraglichen Informationshaftung, in: Schulze/Schulte-Nölke (Hrsg.), a.a.O., S. 269 ff.; *Grundmann*, Darlehens- und Kreditrecht nach dem Schuldrechtsmodernisierungsgesetz, BKR 2001, 66 ff.; *Grunewald*, Vorschläge für eine Neuregelung der anfänglichen Unmöglichkeit und des anfänglichen Unvermögens, JZ 2001, 433 ff.; *Hänlein*, Die Schuldrechtsreform kommt!, DB 2001, 852 ff.; *Hammen*, Zerschlagt die Gesetzestafeln nicht!, WM 2001, 1357 ff.; *Heinrichs*, Die EG-Richtlinie zur Bekämpfung von Zahlungsverzug im Geschäftsverkehr und die Reform des Verzugsrechts, in: Schulze/Schulte-Nölke (Hrsg.), a.a.O., S. 81 ff.; *Kessler*, Der Kauf gebrauchter Waren nach dem Diskussionsentwurf eines Schuldrechtsmodernisierungsgesetzes, ZRP 2001, 70 ff.; *Kaiser*, Die Rechtsfolgen des Rücktritts in der Schuldrechtsreform, JZ 2001, 1057 ff.; *Knütel*, Zur Schuldrechtsreform, NJW 2001, 2519 ff.; *Micklitz*, Fernabsatz und E-Commerce im Schuldrechtsmodernisierungsgesetz, EuZW 2001, 133 ff.; *Reifner*, Schuldrechtsmodernisierungsgesetz und Verbraucherschutz bei Finanzdienstleistungen, ZBB 2001, 193 ff.; *Schwab*, Das neue Schuldrecht im Überblick, JuS 2002, 1 ff.; *Siehr*, Verjährung der Vindikationsklage, ZRP 2001, 346 f.; *Staudenmayer*, Perspektiven des Europäischen Vertragsrechts, in: Schulze/Schulte-Nölke (Hrsg.),

I. Generalklausel, § 1 UWG

Durch die Lieferung unbestellter Sachen oder durch die Erbringung unbestellter sonstiger Leistungen durch einen Unternehmer an einen Verbraucher wird gem. §241a Abs. 1 BGB[419] ein Anspruch gegen den Verbraucher nicht begründet. Gemäß §241a Abs. 2 BGB sind gesetzliche Ansprüche nicht ausgeschlossen, wenn die Leistung nicht für den Empfänger bestimmt war oder in der irrigen Vorstellung einer Bestellung erfolgte und der Empfänger dies erkannt hat oder bei Anwendung der im Verkehr erforderlichen Sorgfalt hätte erkennen können.
Eine unbestellte Leistung liegt gem. §241a Abs. 2 BGB nicht vor, wenn dem Verbraucher statt der bestellten eine nach Qualität und Preis gleichwertige Leistung angeboten und er darauf hingewiesen wird, daß er zur Abnahme nicht verpflichtet ist und die Kosten der Rücksendung nicht zu tragen hat.

Beispiel:
V bestellt über das Internet bei dem Weinhändler W 18 Flaschen Cru Bourgeois einer bestimmten Anbaulage des Jahrgangs 1997. Der Händler, der – unüblicherweise – einen Vorbehalt bezüglich des Jahrgangs in den Lieferbedingungen nicht vorgesehen hat, liefert seinerseits Cru Bourgeois 1998.

Eine unbestellte Leistung liegt gem. §241a Abs. 3 BGB nicht vor, sofern die Jahrgänge 1997 und 1998 nach Qualität und Preis gleichwertig sind und dem Kunden die Möglichkeit gegeben wird, die Ware zurückzugeben, er darauf hingewiesen wird, zur Annahme nicht verpflichtet zu sein sowie die Kosten der Rücksendung vom Unternehmer getragen werden[420].

---

a.a.O., S. 419ff.; *Staudinger,* Form und Sprache, in: Schulze/Schulte-Nölke (Hrsg.), a.a.O., S. 295ff.; *Stoffels,* Schranken der Inhaltskontrolle, JZ 2001, 842ff.; *Stoll,* Notizen zur Neuordnung des Rechts der Leistungsstörungen, JZ 2001, 589ff.; *Teichmann,* Strukturveränderungen im Recht der Leistungsstörungen nach dem Regierungsentwurf eines Schuldrechtsmodernisierungsgesetzes, BB 2001, 1485ff.; *Tiedtke/Wälzholz,* Die Schuldrechtsreform in der notariellen Praxis – Mit ersten Formulierungsvorschlägen –, NotBZ 2001, Beilage Schuldrechtsreform, 13ff.; *Tonner/Crellwitz/Echtermeyer,* Kauf- und Werkvertragsrecht im Regierungsentwurf eines Schuldrechtsmodernisierungsgesetzes, in: Micklitz/Pfeiffer/Tonner/Willingmann (Hrsg.), Schuldrechtsreform und Verbraucherschutz, Baden-Baden 2001, 293ff.; *Ulmer,* Das AGB-Gesetz: Ein eigenständiges Kodifikationswerk, JZ 2001, 491ff.; *Ulmer,* Integration des AGB-Gesetzes in das BGB?, in: Schulze/Schulte-Nölke (Hrsg.), a.a.O., S. 215ff.; *Westermann,* Das neue Kaufrecht einschließlich des Verbrauchsgüterkaufs, JZ 2001, 530ff.; *von Westphalen,* Die Neuregelungen des Entwurfs eines Schuldrechtsmodernisierungsgesetzes für das Kauf- und Werkvertragsrecht, DB 2001, 799ff.; *von Westphalen,* Forfaitierungsverträge unter dem Gesichtswinkel des Schuldrechtsmodernisierungsgesetzes, WM 2001, 1837ff.; *Wetzel,* Das Schuldrechtsmodernisierungsgesetz – der große Wurf zum 01. Januar 2002?, ZRP 2001, 117ff.; *Wieser,* Eine Revolution des Schuldrechts, NJW 2001, 121ff.; *Wilhelm,* Schuldrechtsreform 2001, JZ 2001, 861ff. *Zimmermann,* Schuldrechtsmodernisierung?, JZ 2001, 171ff.

[419] Kritisch zur systematischen Stellung von §241a BGB: *Pützhoven,* Europäischer Verbraucherschutz im Fernabsatz, S. 153f.

[420] Vgl. *Palandt/Heinrichs,* BGB, §241a Rdnr. 2.

§ 3. Werbebeschränkungen aus dem allgemeinen Wettbewerbsrecht

Unabhängig davon steht dem Verbraucher ohnehin das Widerrufsrecht gem. §§ 312b Abs. 1, 355 Abs. 1 BGB zu.

Abwandlung des Beispiels:
W liefert dem V zwar den gewünschten Jahrgang 1997, nicht aber die Sorte Cru Bourgeois, sondern die Sorte Cru Prolét. Beide Sorten haben zwar denselben Preis, keineswegs aber dieselbe Qualität.

Es handelt sich somit um eine Lieferung unbestellter Sachen i.S. von § 241a Abs. 1 BGB, so daß ein Anspruch des W gegen den V nicht begründet worden ist.

Erkennt V den Unterschied nicht, trinkt er die Flaschen aus oder läßt er diese aus leichter Fahrlässigkeit beim Einsortieren in sein Weinregal auf den harten Kachelboden fallen, sind sämtliche Ansprüche des W gegen den V ausgeschlossen.

Diese, für den Unternehmer harte Regelung soll zu einer Disziplinierung der Versandhändler führen, damit diese gar nicht erst in Versuchung geraten, unbestellte Ware zu liefern, da sie in diesem Fall damit rechnen müssen, daß ihnen bei Verlust, Verbrauch oder Untergang der Ware weder ein Kaufpreisanspruch noch ein gesetzlicher Anspruch, etwa aus Eigentümer-Besitzer-Verhältnis[421] zusteht. Die Praxis wird es zeigen, ob diese Form der Disziplinierung gelingt.

g) Belästigung durch geschmacklose Werbung

Eine weitere Untergruppe der Belästigung i.S. von § 1 UWG stellt die geschmacklose Werbung dar[422]. Nicht jede geschmack- oder taktlose Werbung ist unter dem Aspekt des Anreißens wettbewerbswidrig. Die Regelung des § 1 UWG soll keine Geschmackszensur ermöglichen[423].

Wäre tatsächlich jede geschmack- und taktlose Werbung zugleich ein Verstoß gegen § 1 UWG, so müßten wesentliche Teile des Internet durch die Zivilgerichte verboten werden. Insbesondere das Bild der Frau, das im Internet gezeichnet wird, überschreitet die Grenzen des geschmacklosen Werbens nicht selten[424].

---

[421] Vgl. *Schulz/Schmittmann*, Eigentümer-Besitzer-Verhältnis, JA 1996, 179 ff.

[422] Vgl. zur geschmacklosen Werbung auch: *Ruess/Voigt*, Wettbewerbsrechtliche Regelung von diskriminierenden Werbeaussagen – Notwendigkeit oder abzulehnende Geschmackszensur?, WRP 2002, 171 ff.; *Kur*, „Die geschlechtsdiskriminierende Werbung" im Recht der nordischen Länder, WRP 1995, 790 ff.; *Gaedertz/Steinbeck*, Diskriminierende und obszöne Werbung, WRP 1996, 978 ff.; *Henning-Bodewig*, Neue Aufgaben für die Generalklausel – von „Benetton" zu „Busengrapscher", GRUR 1997, 180 ff.; *Baumbach/Hefermehl*, Wettbewerbsrecht, § 1 UWG Rdnr. 84.

[423] So BGH, Urteil vom 29. Mai 1970 – I ZR 72/68, BGHZ 54, 188 = GRUR 1970, 557 – Erotik in der Ehe.

[424] Vgl. allgemein: *Steinbeck*, ZRP 2002, 435 ff.; *Kissler*, Das Bild der Frau in der Werbung, in: FS Gaedertz, 1992, 283 ff.

I. Generalklausel, § 1 UWG

Selbst eine Werbung mit sexuellen Anspielungen ist nicht per se wettbewerbswidrig. Nach Auffassung des BGH verstößt aber der Vertrieb von Likörfläschchen mit Etiketten, auf denen die Bezeichnungen „Busengrapscher" bzw. „Schlüpferstürmer" mit sexuell anzüglichen Bilddarstellungen von Frauen verbunden sind, gegen § 1 UWG, weil dadurch der diskriminierende und die Menschenwürde verletzende Eindruck sexueller Verfügbarkeit der Frau als mögliche Folge des Genusses des angepriesenen alkoholischen Getränks vermittelt wird[425].

Die Auffassung des BGH kann im Hinblick auf die im Fernsehen z.b. verbreitete Werbung für 0190-Sonderrufnummern („verbal-erotische Dienstleistungen") sowie die im Internet angebotenen Bild-, Film- und Tondateien keinen Bestand haben.

Der BGH hat zwar die Chance vertan, die seit längerem umstrittene Frage zu entscheiden, ob Telefonsex-Verträge sittenwidrig i.s. des § 138 BGB sind, hat aber in seiner Entscheidung vom 22. November 2001 die Tendenz erkennen lassen, daß Telefonsexgespräche im Hinblick auf die heutigen Wertvorstellungen und eine geänderte Rechts- und Sozialmoral nicht sittenwidrig seien. Dabei stellt der BGH auch darauf ab, daß der Wandel der Moralvorstellungen sich inzwischen auch in dem Gesetz zur Regelung der Rechtsverhältnisse der Prostituierten[426] niedergeschlagen habe[427].

Man wird also abzuwarten haben, wie die Rechtsprechung auf die neue Leitvorstellung des BGH hinsichtlich der Sittenwidrigkeit von Prostitution und prostitutionsähnlichen Rechtsverhältnissen reagiert. Unabhängig davon stehen die Chancen, frauendiskriminierende Werbung im Internet durch das Wettbewerbsrecht zu unterbinden, nicht gut. Oftmals dürfte es schwierig sein, die ladungsfähige Anschrift des Betreibers zu ermitteln und einen möglicherweise erstrittenen Unterlassungstitel tatsächlich durchzusetzen. Weiterhin dürften die Internet-Angebote mit sexuellem oder frauendiskriminierendem Inhalt ohnehin nicht lediglich für den deutschen Markt bestimmt sein, so daß sich die Frage stellt, ob überhaupt deutsches Wettbewerbsrecht zur Anwendung kommen kann. Auch wenn dies im Ergebnis unbefriedigend ist, so ist dies jedoch die Konsequenz aus dem weltweiten und von staatlichen und wettbewerbsrechtlichen Aufsichtsbehörden nicht steuerbarem Datenaustausch im Internet. Im Hinblick auf die technischen Möglichkeiten des Internet scheidet insoweit ein wirksames Einschreiten der Ordnungsbehörden aus.

---

[425] So BGH, Urteil vom 18. Mai 1995 – I ZR 91/93, BGHZ 130, 5 ff. = GRUR 1995, 592 (594).
[426] S. Prostitutionsgesetz (ProstG) vom 20. Dezember 2001, BGBl. I 2001, 3983.
[427] Vgl. BGH, Urteil vom 22. November 2001 – III ZR 5/01, K & R 2002, 142 ff. m. Anm. *Schmittmann*.

h) Verlockung und Kundenbestechung

Die freie Entschließung des Kunden kann nicht nur durch Irreführung, Nötigung oder Anreißen verfälscht werden. Es gibt noch andere Praktiken des Kundenfangs, die darauf zielen, das Urteil des Kunden zu trüben und ihn zum Abschluß eines Vertrages, zum Betreten eines Geschäftes oder zum Besuch einer Werbeveranstaltung zu veranlassen. Dies ist das weite Feld der Wertreklame, das gemeinsam mit den unentgeltlichen Zuwendungen, Zugaben, Koppelungsgeschäften und Vorspannangeboten die Fallgruppe der Verlockung und Kundenbestechung bildet[428].

Internetspezifische Besonderheiten bei der Verlockung und Kundenbestechung ergeben sich kaum. Insbesondere die Unter-Fallgruppen des „Psychologischen Kaufzwangs" und des „Übertriebenen Anlockens" dürften im Internet selten einschlägig sein, da es nicht zu einem unmittelbaren Kontakt zwischen den Marktteilnehmern kommt. Andererseits haben sich aus der Internetpräsenz der Unternehmen neue Möglichkeiten ergeben, die zum Teil zu bislang unbekannten Werbeformen führen. Dabei spielt auch eine Rolle, daß über das Internet mit vergleichsweise geringem Aufwand eine große Anzahl von potentiellen Kunden angesprochen werden kann.

Die Versendung von Einkaufsgutscheinen über DM 30 an rund 1,5 Mio Gewerbetreibende durch einen Internet-Versender für Büroartikel verstößt auch nach der Aufhebung der ZugabeVO und des RabattG gegen § 1 UWG unter dem Gesichtspunkt des übertriebenen Anlockens[429].

Nach Auffassung des LG Düsseldorf liegt ein Verstoß gegen § 1 UWG in der Fallgruppe des übertriebenen Anlockens vor, wenn der Seitenbetreiber Keywords verwendet, die in keinem Zusammenhang mit dem Inhalt des Angebotes stehen[430]. Zwar sei Sinn der Werbung, Kunden anzulocken, der Anbieter dürfe aber nicht den unzutreffenden Eindruck erwecken, bestimmte Leistungen bereitzustellen. Der Internetnutzer müsse sich darauf verlassen können, daß die Internet-Suchmaschine[431] „richtige" Ergebnisse liefere. Dadurch, daß der Anbieter die Suchworte („Keywords") vorgebe, oktroyiere er dem Nutzer die Auswahl[432].

---

[428] Vgl. *Baumbach/Hefermehl*, § 1 UWG Rdnr. 85.

[429] So HansOLG, Urteil vom 28. November 2001 – 5 U 111/01, GRUR-RR 2002, 203 = CR 2002, 370.

[430] So LG Düsseldorf, Urteil vom 27. März 2002 – 12 O 48/02, MMR 2002, 557 = K&R 2002, 380 = ITRB 2002, 153 [*Rössel*].

[431] Vgl. zur Funktionsweise von Suchmaschinen: *Kröger/Kellersmann*, Internet für Steuerberater und Wirtschaftsprüfer, S. 297 ff.

[432] So LG Düsseldorf, Urteil vom 27. März 2002 – 12 O 48/02, MMR 2002, 557 = K&R 2002, 380 = ITRB 2002, 153 [*Rössel*].

i) Psychologischer Kaufzwang durch Rabatte und Zugaben?

Der „psychologische Kaufzwang" ist insbesondere dann von der Rechtsprechung angenommen worden, wenn die Aktion zur Werbung neuer oder Erhaltung alter Kunden so aufgezogen ist, daß die Umworbenen durch die Vergünstigung in eine psychologische Zwangslage geraten, in der sie es als unanständig oder jedenfalls peinlich empfinden, nichts zu kaufen[433].

Der psychologische Kaufzwang tritt regelmäßig nur dann auf, wenn es zu einer persönlichen Begegnung zwischen Unternehmer und Verbraucher kommt. Als wettbewerbswidrig wurde beispielsweise das blickfangmäßige Anbieten kostenloser Blutdruckmessung in den Geschäftsräumen einer Apotheke angesehen[434]. Auch das Verteilen kostenloser Gutscheine für die Entwicklung von Kleinbildfilmen wurde als wettbewerbswidrig angesehen[435].

aa) Verlockungen durch Zugaben und Rabatte

Verlockungen, die auch im Internet auftreten, liegen aber beispielsweise in Kopplungsgeschäften. Ein Kopplungsangebot liegt vor, wenn der Verkäufer mehrere Waren oder Leistungen zu einem Gesamtpreis anbietet. Man unterscheidet offene und verdeckte Kopplungen, ohne daß über die Abgrenzung im einzelnen Einigkeit besteht. Die rechtliche Beurteilung der Kopplungsgeschäfte erfolgt, wenn sie zur Verschleierung einer Zugabe geschieht, nach Zugaberecht, im übrigen nach Wettbewerbsrecht, insbesondere § 1 UWG[436].

Der Kaufmann darf selbst entscheiden, ob er seine Waren einzeln oder nur zusammen abgeben will. Auch ist eine Werbemethode nicht schon deshalb wettbewerbswidrig, weil sie bisher nicht üblich war[437], oder mit anderen Mitteln als der Güte und Preiswürdigkeit den Kunden zum Kauf zu bewegen sucht[438].

Die Zugabeverordnung[439] ist durch Art. 1 des Gesetzes zur Aufhebung der Zugabeverordnung und zur Anpassung anderer Rechtsvorschriften vom 23. Juli 2001 aufgehoben worden[440]. Nach der Reform ist

---

[433] Vgl. BGH, WRP 2000, 724 (725f.) – Space Fidelity Peep-Show; *Baumbach/Hefermehl*, Wettbewerbsrecht, § 1 UWG Rdnr. 89.
[434] Vgl. OLG Düsseldorf, WRP 1979, 794; ähnlich OLG Köln, NJW-RR 1989, 750 – Gewinnspiel.
[435] Vgl. OLG München, WRP 1996, 598 (599).
[436] Vgl. *Baumbach/Hefermehl*, Wettbewerbsrecht, § 1 UWG Rdnr. 127.
[437] Vgl. BGHZ 23, 365 (375) = NJW 1957, 747 – Suwa.
[438] Vgl. BGH, GRUR 1959, 138 = NJW 1959, 195 – Italienische Note; BGH, GRUR 1959, 285 – Bienenhonig; BGH, GRUR 1962, 415 (417) – Glockenpackung I; BGH, GRUR 1996, 363 = NJW 1996, 616 – „Saustarke Angebote".
[439] Verordnung des Reichspräsidenten zum Schutze der Wirtschaft vom 9. März 1932, RGBl. 1932 I, S. 121.
[440] S. BGBl. 2001 I, S. 1663. Vgl. dazu: *Nordemann*, NJW 2001, 2505 ff.; *Vogt*, NJW 2001, 3592 (3594).

die Zugabe grundsätzlich erlaubt und nur verboten, wenn sie im Widerspruch steht zu den allgemeinen Rechtsvorschriften, die für alle unternehmerischen Aktivitäten gelten, also beispielsweise das UWG und das GWB[441].

Nach Abschaffung der Zugabeverordnung stellt sich die Situation stark differenziert dar, da die Rechtsprechung die allgemeinen Regeln des Wettbewerbsrechts, insbesondere die Generalklauseln aus §§ 1, 3 UWG auf Zugabe- und Kopplungssachverhalte zur Anwendung gebracht hat. Unabhängig von der Frage der Zulässigkeit der Zugabe kann eine Zugabe sich als Verstoß gegen § 1 UWG in der Fallgruppe des Kundenfangs darstellen. Auch unter dem Gesichtspunkt des übertriebenen Anlockens kommt ein Verstoß gegen § 1 UWG in Betracht.

Das Rabattgesetz vom 25. November 1933 ist durch das „Gesetz zur Aufhebung des Rabattgesetzes und zur Anpassung anderer Rechtsvorschriften vom 23. Juli 2001"[442] ersatzlos gestrichen worden[443]. Im Vordergrund der Diskussion um die ersatzlose Streichung des Rabattgesetzes und der Zugabeverordnung stehen im wesentlichen drei Aspekte:

- Änderung der Bewertungsmaßstäbe und Leitbilder des Lauterkeitsrechts,
- gesetzessystematische Betrachtung der Generalklauseln aus §§ 1, 3 UWG nach Abschaffung der Spezialtatbestände aus Rabattgesetz und ZugabeVO,
- europarechtliche Vorgaben des nationalen Lauterkeitsrechts.

Wird eine pauschale Preisreduzierung mit der Werbung „Der Knüller, Rabattgesetz gefallen!, Sie erhalten bei uns auf alle Teppiche auf den jeweils niedrigsten ausgezeichneten Preis nochmals 20% Rabatt" angekündigt, so kann dies aber als Ankündigung einer unzulässigen Sonderveranstaltung bewertet werden[444]. Demgegenüber sehen es das OLG Frankfurt am Main und das LG Chemnitz weder als Sonderveranstaltung noch als

---

[441] Vgl. *Lange/Spätgens*, Rabatte und Zugaben, Rdnr. 242.

[442] S.BGBl. I 2001, 1663.

[443] Vgl. allgemein: *Lange/Spätgens*, Rabatte und Zugaben im Wettbewerb – Das neue Recht nach Wegfall von Rabattgesetz und Zugabeverordnung, München, 2001; *Vogt*, Die Entwicklung des Wettbewerbsrechts in den Jahren 1999 bis 2001, NJW 2001, 3592 ff.; *Nordemann*, Wegfall von Zugabeverordnung und Rabattgesetz, NJW 2001, 2505 ff.; *Kordes*, Die Gewährung von Zugaben und Rabatten und deren wettbewerbsrechtliche Grenzen nach Aufhebung von Zugabeverordnung und Rabattgesetz, WRP 2001, 867; *Köhler*, Rabattgesetz und Zugabeverordnung: Ersatzlose Streichung oder Gewährleistung eines Mindestschutzes für Verbraucher und Wettbewerber? BB 2001, 265; *Köhler*, Zum Anwendungsbereich der §§ 1 und 3 UWG nach Aufhebung von RabattG und ZugabeVO, GRUR 2001, 1067ff.; *Köhler*, Zum Anwendungsbereich der §§ 1 und 3 UWG nach Aufhebung von RabattG und ZugabeVO, GRUR 2001, 1067 ff.

[444] S.LG Dortmund, Urteil vom 11. Oktober 2001 – 13 O 163/01, WRP 2002, 263ff.

übertriebenes Anlocken an, wenn eine zeitlich nicht beschränkte Werbeankündigung einen Barzahlungsrabatt von 10 % enthält[445].

Eine Zugabe liegt vor, wenn eine Ware oder Leistung neben einer entgeltlich präsentierten Ware oder Leistung ohne besondere Berechnung angeboten wird, der Erwerb der Nebenware oder Nebenleistung vom Abschluß des Geschäfts über die Hauptsache abhängig ist und dabei ein innerer Zusammenhang dahin besteht, daß die Nebenware oder Nebenleistung mit Rücksicht auf den Erwerb der Hauptsache angeboten wird und wegen dieser Abhängigkeit („Akzessorietät") geeignet ist, den Kunden in seiner Entschließung zum Erwerb der Hauptsache bzw. Hauptleistung zu beeinflussen[446].

Die Zugabe im Geschäftsverkehr ist eine spezifische Form der Wertreklame und unterscheidet sich substantiell vom Rabatt, einem Mittel vor allem des Preiswettbewerbs. Anlaß zum Erlaß der Zugabeverordnung im Jahr 1932[447] war eine gewisse Hilflosigkeit der damaligen Rechtsprechung. Die damals verfügbaren wettbewerbsrechtlichen Instrumente des allgemeinen Lauterkeitsrechts reichten nicht aus, die Mißstände des Zugabewesens effizient zu bekämpfen. Die Zugabeverordnung zählte zu den Normsystemen, mit denen abstrakte Gefahren bekämpft werden sollten. Die von der Zugabeverordnung erfaßten geschäftlichen Verhaltensweisen waren verboten, weil man sie generell für gefährlich hielt, ohne daß es im konkreten Fall darauf ankam, ob tatsächlich eine der zu bekämpfenden Gefahren wie Preisverschleierung, unsachliche Beeinflussung, Brancheneinbruch, Übersteigerung und Nachahmung bestanden[448].

bb) Fallbeispiel: Verlockung durch kostenloses Mobiltelefon mit Kartenvertrag

Das UWG knüpft im Gegensatz zu der RabattVO insbesondere in seinen Generalklauseln aus §§ 1, 3 UWG an konkrete Gefahren an. Liefern die Umstände des Einzelfalls keine hinreichenden Anhaltspunkte für die konkrete Gefahr der für die Feststellung der Unlauterkeit maßgeblichen Auswirkungen, können die Generalklauseln nicht angewandt werden.

Beispiel (in Anlehnung an BGHZ 139, 368):
Der Anbieter A wirbt auf der Homepage seines Unternehmens im Internet für ein D-Netz-Mobilfunktelefon zum Preis von 0,00 €. Dieser Preis soll nur in Verbindung mit der Freischaltung eines 12monatigen Debitel-D1-Netzkartenvertrages gelten, der durch A vermittelt mit dem Serviceprovider D abgeschlossen werden sollte.

---

[445] So OLG Frankfurt am Main, Beschluß vom 13. Februar 2002 – 6 W 5/02, NJW 2002, 1506; LG Chemnitz, Beschluß vom 2. Januar 2002 – 4 HK T 4693/01, WRP 2002, 589.
[446] S. *Lange/Spätgens*, Rabatte und Zugaben, Rdnr. 220.
[447] S. RGBl. I 1932, 121.
[448] Vgl. *Baumbach/Hefermehl*, Wettbewerbsrecht, Einführung zur ZugabeVO, Rdnr. 12; *Lange/Spätgens*, Rabatte und Zugaben, Rdnr. 223; *Schricker*, AfP 2001, 101 (104); *Schricker*, WRP 1993, 617 ff.

§ 3. Werbebeschränkungen aus dem allgemeinen Wettbewerbsrecht

Die Notwendigkeit des Abschlusses des Kartenvertrags konnte einem Kästchen entnommen werden, das sich in der Anzeige neben dem abgebildeten Mobiltelefon befindet und auf das ein Stern bei der Preisangabe verweist. Der Wettbewerber W nimmt A unter dem Gesichtspunkt der irreführenden Werbung sowie eines Verstoßes gegen die Zugabeverordnung und gegen das Verbot eines übertriebenen Anlockens in Anspruch.

Das Berufungsgericht (OLG Düsseldorf) hat in der angegriffenen Werbung einen Verstoß gegen den seinerzeit noch gültigen § 1 Abs. 1 ZugabeVO gesehen. A bietet neben der kostenpflichtigen Leistung des Netzkartenvertrages mit D die kostenlose Zugabe eines Mobiltelefons an. Dem informierten Interessenten sei bekannt, daß beim Erwerb eines Mobiltelefons zum Zweck des Gebrauchs wirtschaftlich nicht der Kauf des Telefons, sondern der Abschluß des zum Gebrauch des Telefons unverzichtbaren Netzkartenvertrages im Vordergrund stehe. Für diesen informierten Teil des Publikums stelle sich die Werbung folglich so dar, daß A neben der Hauptleistung Kartenvertrag die kostenlose Nebenware Mobiltelefon anbietet. Das konkrete Angebot des A werde aber auch vom weniger gut informierten Leser nicht als Leistungspaket verstanden. Diesem Verständnis stehe nämlich entgegen, daß kein Gesamtpreis für Mobiltelefon und Kartenvertrag gebildet worden sei, die Anzeige vielmehr durch die markante Trennung der Preise für Telefon und Kartenverträge geprägt sei.

Der BGH hält einen Verstoß gegen das Zugabeverbot gem. § 1 Abs. 1 ZugabeVO nicht für gegeben[449]. Eine Zugabe liegt demnach vor, wenn eine Leistung ohne besondere Berechnung neben einer entgeltlich angebotenen Hauptware gewährt wird, der Erwerb der Nebenleistung vom Abschluß des Geschäfts über die Hauptware abhängig ist und dabei in der Weise ein innerer Zusammenhang besteht, daß die Nebenleistung mit Rücksicht auf den Erwerb der Hauptware gewährt wird und das Angebot wegen dieser Abhängigkeit objektiv geeignet ist, den Kunden in seiner Entschließung zum Erwerb der Hauptware zu beeinflussen[450].

Eine Zugabe kann danach immer nur eine von der Hauptware verschiedene, zusätzlich in Aussicht gestellte oder gewährte Nebenleistung sein. Im Gegensatz zum OLG Düsseldorf legt der BGH den Schwerpunkt darauf, daß die Funktionseinheit von Mobiltelefon und Netzzugang dagegen spreche, das eine als Hauptleistung und das andere als Nebenware anzusehen. Auch wenn es möglich sei, Mobiltelefone ohne Kartenvertrag zu erwerben und Kartenverträge ohne gleichzeitigen Erwerb eines Mobiltelefons abzuschließen, müssen doch die meisten Erwer-

---

[449] S.BGH, Urteil vom 8. Oktober 1998 – I ZR 187/97, BGHZ 139, 368 (371) = NJW 1999, 214.
[450] So schon BGH, Urteil vom 10. März 1994 – I ZR 166/92, GRUR 1994, 656 (657) – Stofftragetasche; BGH, Urteil vom 25. September 1997 – I ZR 84/95, GRUR 1998, 500 (501) = WRP 1998, 388 – Skibindungsmontage.

ber eines Mobiltelefons einen Netzkartenvertrag abschließen, um das Telefon überhaupt in der beabsichtigten Weise einsetzen zu können. Dies habe in der Praxis dazu geführt, daß in der Regel das eine nicht ohne das andere angeboten wird. Unter diesen Umständen liegt die Annahme einer Gesamtleistung bestehend aus dem Mobiltelefon und dem für den Betrieb notwendigen Netzzugang nahe. Allerdings sei insofern die Verkehrsauffassung maßgeblich, die wiederum durch das Geschäftsgebaren des Werbenden beeinflußt und bestimmt werden kann[451].

Die Aufspaltung in zwei Rechtsgeschäfte ist wettbewerbsrechtlich ohne Bedeutung, da sich der Verkehr auf derartige juristische Erwägungen nicht einläßt. Dem Verkehr sei im übrigen bekannt, daß Mobiltelefone einen nicht unerheblichen Wert haben und ein Kaufmann ein solches Gerät nicht ohne weiteres verschenkt. Daher wisse das Publikum, das im übrigen solche Werbung seit Jahren kenne, daß für den Abschluß eines Netzkartenvertrages bei gleichzeitigem Erwerb eines Mobiltelefons zu einem besonders günstig erscheinenden Preis geworben werde. Die Fülle derartiger Angebote mache dem Publikum deutlich, daß es nicht um das Verteilen von Geschenken, sondern nur um einen Anreiz zum Abschluß eines langfristigen Kartenvertrages gehe[452]. Demgemäß liegt nach Auffassung des BGH ein Verstoß gegen § 1 Abs. 1 ZugabeVO nicht vor.

Der BGH hat auch in den übrigen Entscheidungen zu Mobilfunkverträgen und Mobiltelefonen unter Hinweis auf geänderte Handelsformen und ein verändertes Verbraucherverständnis bei der Bewertung von zwei oder mehreren zusammen angebotenen Produkten die Argumentation der „Funktionseinheit" in den Vordergrund gestellt und damit der Zuwendung von vornherein richterrechtlich den Charakter einer Zugabe abgesprochen[453]. So ist bei dem Angebot einer Gefriertruhe und einer Schweinehälfte zu einem Gesamtpreis nach Ansicht des BGH nicht etwa die Schweinehälfte eine Zugabe zu der Gefriertruhe, sondern beide sollen ein Gesamtangebot von zwei in Funktionseinheit stehenden Waren sein[454].

In der vorbezeichneten Entscheidung des BGH vom 8. Oktober 1998 hat das Gericht aber einen Verstoß gegen die Fallgruppe der übertriebenen Werbung im Sinne von § 1 UWG abgelehnt.

---

[451] Vgl. BGH, Urteil vom 23. Mai 1991 – I ZR 172/89, GRUR 1991, 933, 934 = WRP 1991, 648 – One for Two; BGH, Urteil vom 29. April 1993 – I ZR 92/91, GRUR 1993, 774 (775) = WRP 1993, 758 – Hotelgutschein.
[452] So BGH, Urteil vom 8. Oktober 1998 – I ZR 187/97, BGHZ 139, 368 (374).
[453] Vgl. BGH, Urteil vom 13. Januar 2000 – I ZR 271/97, GRUR 2918 – Nulltarif; BGH, Urteil vom 8. Oktober 1998 – I ZR 94/97, WRP 1999, 507; BGH, Urteil vom 8. Oktober 1998 – I ZR 187/97, BGHZ 139, 368 = WRP 1999, 90.
[454] Vgl. BGH, Urteil vom 30. November 1995 – I ZR 233/93, WRP 1996, 286; kritisch dazu *Kisseler*, Die Verantwortung der Rechtsprechung für den lauteren Wettbewerb, WRP 1999, 274 ff.; *Kisseler*, HANDY für 0,00 DM – Was bleibt von der Zugabeverordnung?, WRP 1999, 580 ff.; *Lange/Spätgens*, Rabatte und Zugaben, Rdnr. 223.

98 § 3. Werbebeschränkungen aus dem allgemeinen Wettbewerbsrecht

Nach Auffassung des BGH kann in der Ankündigung der Kostenlosigkeit oder eines besonders günstigen Preises für einen Teil der zu erbringenden Gesamtleistung kein unsachliches Mittel erblickt werden, wenn es sich bei dem mit dem Abschluß eines Netzkartenvertrages gekoppelten Erwerb eines Mobiltelefons aus Sicht des Verkehrs ungeachtet der Gestaltung der beanstandeten Werbeanzeige um ein Gesamtangebot handeln. Denn die Werbung mit der kostenlosen oder besonders günstigen Abgabe des Mobiltelefons stellt sich als legitimer Hinweis auf den günstigen, durch verschiedene Bestandteile geprägten Preis der angebotenen Gesamtleistung dar und damit als ein Hinweis auf die eigene Leistungsfähigkeit[455]. Die Anlockwirkung, die von einem attraktiven Angebot ausgeht, ist nicht wettbewerbswidrig, sondern gewollte Folge des Leistungswettbewerbs[456].

Auch ein Verstoß gegen die Preisangabenverordnung (PAngV) ist nicht gegeben. Der BGH ist der Auffassung, daß nicht zu beanstanden ist, daß A die verschiedenen Preisbestandteile des Angebots nicht zu einem Endpreis zusammengefaßt hat, § 1 Abs. 1 Satz 1 PAngV. Grundsätzlich ist A als Anbieter von Waren und Leistungen gegenüber Letztverbrauchern zur Angabe von Endpreisen verpflichtet. Dabei ist zunächst ohne Belang, daß A hinsichtlich des Netzkartenvertrages lediglich als Vermittler für D tätig wird. Die Preisangabenverordnung richtet sich auch an den als Anbieter auftretenden Vermittler oder Vertreter[457].

Im vorliegenden Fall können aber die in Rede stehenden Preisbestandteile nach Auffassung des BGH nicht zu einem Endpreis zusammengerechnet werden, weil sie teilweise – wie die monatliche Grundgebühr und die Gesprächsgebühren – laufzeit- oder verbrauchsabhängig sind. Eine Verpflichtung, die für eine Addition geeigneten Preisbestandteile sowie die während der Mindestdauer des Vertrages in jedem Fall entstandenen Gebühren zu einem Teilgesamtpreis zusammenzurechnen, kann der PAngV nicht entnommen werden[458]. Eine solche Verpflichtung wäre auch nicht sinnvoll, denn ein auf diese Weise gebildeter Teilgesamtpreis wäre wenig aussagekräftig und diente nicht der Vergleichbarkeit der Preise, weil hohe Grundgebühren mit niedrigen verbrauchsabhängigen Gebühren einhergehen können und umgekehrt.

Um den Verpflichtungen aus § 1 Abs. 2 und Abs. 6 PAngV zu genügen, muß A aber die mit dem Abschluß eines Netzkartenvertrages verbundenen Kosten hinreichend deutlich kenntlich machen. Eine solche Angabe ist jedoch unvollständig, wenn nicht gleichzeitig die Preisbestandteile, die

---
[455] So BGH, Urteil vom 8. Oktober 1998 – I ZR 187/97, 368 (374).
[456] So auch BGH, GRUR 1998, 500 (501) – Skibindungsmontage.
[457] Vgl. Köhler/Piper, UWG, § 1 PAngV Rdnr. 7; BGH, Urteil vom 6. Juni 1991 – I ZR 291/89, GRUR 1991, 845, 846 = WRP 1991, 652 – Nebenkosten.
[458] Vgl. BGH, Urteil vom 8. Oktober 1998 – I ZR 187/97, BGHZ 139, 368 ff. = ZIP 1998, 2109 (2111).

auf den Netzkartenvertrag entfallen und mit denen das besonders günstige Angebot für das Mobiltelefon – unmittelbar oder unmittelbar über die von D gezahlten Provisionen – finanziert wird, in der Werbung so dargestellt werden, daß sie dem blickfangmäßig herausgestellten Preis für das Mobiltelefon eindeutig zugeordnet werden können sowie leicht erkennbar und deutlich lesbar sind.

Diese Verpflichtung ergibt sich aus dem allgemeinen Irreführungsverbot aus § 3 UWG. Zwar treffe den Werbenden keine allgemeine Aufklärungspflicht, werde aber bei einer Koppelung zweier Angebote mit der besonderen Preiswürdigkeit des einen Angebots geworben, dürfe der Preis des anderen Angebots nicht verschwiegen werden oder in der Darstellung untergehen, weil damit ein unzutreffender Eindruck über die Preiswürdigkeit des gekoppelten Angebots vermittelt würde („Grundsätze der Preiswahrheit und Preisklarheit"). Die Verpflichtung zur Angabe der anderen Preisbestandteile ergibt sich daher auch aus § 1 Abs. 2 PAngV, und zwar – soweit es um die Angabe der Mindestlaufzeit geht – in Verbindung mit § 1 Abs. 6 Satz 1 PAngV. Die Regelung des § 1 Abs. 2 PAngV bezieht sich auf die Angabe von Verrechnungssätzen bei Leistungen und damit auf die Angabe von Preisbestandteilen, die sich zur Bildung eines Endpreises nach § 1 Abs. 1 Satz 1 PAngV nicht eignen, weil der Leistungsumfang im einzelnen noch nicht feststeht[459].

Es reicht zur Kennzeichnung aus, daß ein klarer und unmißverständlicher Sternchen-Hinweis gegeben wird, wenn durch die Zuordnung der Angaben zu dem herausgestellten Preis für das Mobiltelefon die Verständlichkeit gewahrt bleibt. Die Angaben müssen gut lesbar und grundsätzlich vollständig sein. Insbesondere der Hinweis auf die nicht verbrauchsabhängigen festen Entgelte sowie die Mindestlaufzeit darf in der Fülle anderer Informationen nicht untergehen. Für Werbung im Internet bedeutet diese Rechtsprechung, daß bei gekoppelten Angeboten mittels eines leicht lesbaren und eindeutigen Hinweises auf der gleichen Seite die übrigen Angaben gemacht werden müssen. Es reicht insbesondere nicht aus, diese Angaben irgendwo auf der Homepages des Anbieters zu hinterlegen, so daß der User diese Seiten erst suchen muß.

cc) Übertriebenes Anlocken nach Wegfall des Rabattgesetzes und der Zugabeverordnung

Mit übertriebenem Anlocken nach Wegfall des Rabattgesetzes und der Zugabeverordnung haben sich bereits verschiedene Gerichte beschäftigt. Nach Aufhebung des Rabattgesetzes und der Zugabeverordnung zum 25. Juli 2001 sind Treueprämien im Rahmen sog. Abonnements nicht uneingeschränkt zulässig. Sie können nach der Rechtsprechung des OLG Jena gegen § 1 UWG verstoßen, wenn von ihnen eine übertriebene Anlockwir-

---

[459] S. BGHZ 139, 368 (377).

§ 3. Werbebeschränkungen aus dem allgemeinen Wettbewerbsrecht

kung ausgeht. Es verstößt gegen § 1 UWG, wenn im Rahmen eines Abonnements die Gewährung einer wirtschaftlich nicht umschriebenen Treueprämie mit einer zeitlichen Befristung versehen wird, die den Durchschnittskunden zu einer überdurchschnittlich häufigen Inanspruchnahme einer entsprechenden Leistung zwingt, wenn er die Treueprämie erlangen will[460].

Beispiel:
Ein Verstoß gegen § 1 UWG liegt vor, wenn im Rahmen eines auf ein Jahr befristeten Abonnements bei der Abnahme von sieben Colorationen (Haarfärbungen) eine achte Gratiscoloration als Prämie versprochen wird. Dies gilt entsprechend, wenn nach Abnahme von drei Dauerwellen für die vierte Dauerwelle ein Preisnachlaß von 50 % gewährt wird und die vierte Dauerwelle innerhalb eines Jahres abgenommen werden muß (so OLG Jena, GRUR-RR 2002, 32).

Das OLG Jena führt im einzelnen aus, daß auch nach der Aufhebung des Rabattgesetzes bzw. der Zugabeverordnung Rabatte und Zugaben nicht uneingeschränkt versprochen bzw. gewährt werden dürfen. Vielmehr kann sich die Gewährung einer Gratisleistung bzw. eines Rabattes als ein Verhalten darstellen, das gegen die Vorgaben des § 1 UWG verstößt. Das kommt insbesondere dann in Betracht, wenn ein Wettbewerber durch Gratisleistungen oder Rabatte in übertriebener Weise Kunden anlockt. Der Anlockeffekt muß allerdings eine so starke Anziehungskraft ausüben, daß der Kunde seine Entscheidung nicht mehr nach dem Angebot der Mitbewerber trifft.

Das Gericht stellt u.a. darauf ab, daß sich der erzielbare Preisvorteil umgerechnet auf 12,5 % für jede in Anspruch genommene Leistung beläuft, wenn der Kunde die Treueprämie in Anspruch nimmt. Damit übersteige der Wert der Prämie das Vierfache des früher nach § 2 RabattG zulässigen Preisnachlasses. Zwar lasse sich bei der Prüfung anhand von § 1 UWG kein fester Maßstab bilden, der sich an § 2 RabattG orientiert, andererseits darf die Höhe des Vorteils nicht außer Betracht bleiben. Zwar habe der BGH bei einer Geldprämie von 10 % einen solchen Vorteil verneint[461], allerdings habe die Geldprämie seinerzeit lediglich 2,50 DM betragen und entsprach somit einem Betrag, der die wirtschaftliche Haushaltsführung eines durchschnittlichen Haushalts nicht nennenswert beeinflusse. Vorliegend war aber der Wert der Prämie mit etwa 80,00 DM anzunehmen, so daß dadurch die wirtschaftliche Haushaltsführung beeinflußt werden könne[462].

Dieser Effekt kann durch Umstände verstärkt werden, die erfüllt sein müssen, um in den Genuß der Prämie zu gelangen. Dies kann etwa der

---

[460] So OLG Jena, Urteil vom 26. September 2001 – 2 U 362/01, GRUR-RR 2002, 32.
[461] S. BGH, GRUR 1981, 202 (204) – RAMA-Mädchen.
[462] Bei Kindern kann dazu bereits ein Betrag von 6,00 DM ausreichen; so OLG Stuttgart, NJW-RR 1995, 429 = WRP 1995, 258 – Eisschlotzwochen.

Fall sein, wenn der Kunde aufgrund der bereits abgeschlossenen Verträge kurz vor Erhalt der Treueprämie steht, sich dann aber die Preise für die angebotenen Leistungen innerhalb des maßgeblichen Zeitraums erhöhen. Der drohende Verlust der Treueprämie kann den Kunden veranlassen, die noch notwendigen Leistungen in Anspruch zu nehmen, obwohl er ohne die Treueprämie zu einem Mitbewerber gewechselt hätte. Die Treueprämie kann in dieser Konstellation die zusätzliche Qualität einer wettbewerbsmäßigen Behinderung des Mitbewerbers erlangen. Dies gilt zumindest dann, wenn der eingetretene Verlust der Treueprämie so hoch ist, daß er geeignet ist, den Kunden vom Wechsel zu einem Mitbewerber abzuhalten[463].

Auch zur Wettbewerbswidrigkeit von Wertreklame liegt Rechtsprechung für die Zeit nach Aufhebung der Zugabeverordnung vor.

Ein Kopplungsangebot, bei dem der tatsächliche Wert einer wertvoll erscheinenden unentgeltlichen Nebenleistung für den Interessenten nicht bestimmbar ist, ist auch nach Aufhebung der Zugabeverordnung unlauter. Für die Bestimmbarkeit des Wertes einer Nebenleistung reicht die Angabe der wesentlichen wertbildenden Faktoren. Es reicht allerdings nicht aus, wenn der Kunde die Möglichkeit hat, sich beim Anbieter selbst nach weiteren Einzelheiten der Nebenleistung zu erkundigen. Indes besteht nach Aufhebung der Zugabeverordnung kein Raum für ein – unabhängig von der betriebenen Werbung – ausgesprochenes Verbot des Gewährens der beworbenen Nebenleistung[464].

Das Gericht stellt klar, daß aus der Aufhebung der Zugabeverordnung durch den Gesetzgeber nicht folge, daß Zugaben i.S. des bisherigen Rechts, also ohne weitere Berechnung gewährte Nebenleistungen, die an die Abnahme einer entgeltlichen Hauptleistung gekoppelt sind, unbeschränkt zulässig sind. Solche der Absatzförderung dienenden Maßnahmen, die das beworbene Gesamtangebot als besonders günstig erscheinen lassen, unterliegen vielmehr – wie sonstige Formen der sogenannten Wertreklame auch – den allgemeinen Beschränkungen des Wettbewerbsrechts, insbesondere des § 1 UWG. Der Zugabeverordnung lag gewissermaßen die unwiderlegliche Vermutung zugrunde, daß Nebenleistungen, die die formale Voraussetzung des Zugabebegriffs erfüllten, stets, d.h. ohne Rücksicht auf die weiteren Begleitumstände, den Verbraucher in unsachlicher Weise beeinflussen[465].

---

[463] So OLG Jena, Urteil vom 26. September 2001 – 2 U 262/01, GRUR-RR 2002, 32 (34).

[464] So OLG Frankfurt am Main, Beschluß vom 31. Oktober 2001 – 6 W 181/01, GRUR-RR 2002, 30.

[465] So OLG Frankfurt am Main, OLG-Report 2001, 211 – Koppelungsangebot bei Stromlieferung; OLG Frankfurt am Main, GRUR-RR 2002, 30 (31) – Traumreise gratis.

§ 3. Werbebeschränkungen aus dem allgemeinen Wettbewerbsrecht

Beispiel:
Ein Möbel-Einzelhändler wirbt für den Verkauf von Möbeln damit, daß „eine Woche Traumurlaub gratis" beim Kauf einer Küche, Wohnzimmer oder Schlafzimmer bei einem Mindest-Auftragsvolumen von 3.500,00 DM gewährt wird und Sonderangebote ausgenommen sind".

Nach Auffassung des OLG Frankfurt am Main verstößt die Ankündigung der beanstandeten Nebenleistung, einer einwöchigen „Gratis-Traumreise" in die Türkei mit Aufenthalt in einem Viersterne-Hotel, gegen § 1 UWG, weil diese Nebenleistung – selbst im Hinblick auf den verhältnismäßig hohen Preis der Hauptleistung, nämlich Möbel zum Preis von mindestens 3.500,00 DM, für den Verkehr einen jedenfalls erheblichen Wert darstellt, die Nebenleistung mit der Hauptleistung in keinem Gebrauchszusammenhang steht und der konkrete Wert der Nebenleistung für den Verbraucher nicht hinreichend bestimmbar ist[466]. Von einer zusätzlich zur entgeltlichen Hauptleistung angekündigten unentgeltlichen Nebenleistung mit erheblichem Wert geht regelmäßig ein höher Kaufanreiz aus, weil hiermit in besonderer Weise der Eindruck eines außergewöhnlich günstigen Angebots erweckt werde. Dies gelte insbesondere dann, wenn ein Gebrauchszusammenhang zwischen Haupt- und Nebenleistung nicht bestehe. Denn dadurch werde die Erwartung hervorgerufen, daß dem günstig erscheinenden Gesamtangebot nicht nur eine knappe Kalkulation des Verkäufers zugrunde liegt, sondern die Gewährung eines nach Art und Höhe außergewöhnlichen Vorteils.

j) Aleatorische Anreize

Unter der Fallgruppe der aleatorischen Anreize werden die Ausnutzung der Spiellust, Preisausschreiben, Gratisverlosungen, Gewinnspiele sowie die progressive Kundenwerbung zusammengefaßt. Das wettbewerbsrechtliche Verdikt ergibt sich daraus, daß Wettbewerber vor allem mit der Güte und Preiswürdigkeit ihrer Waren und Leistungen sowie mit dem Ruf ihres Unternehmens werben sollen[467]. Daraus ergibt sich jedoch nicht, daß der Einsatz sachfremder Lockmittel *per se* sittenwidrig ist. Dies gilt auch für die Ausnutzung der Spiellust, d.h. den Wunsch, durch Zufall und ohne Mühe einen Gewinn zu erzielen. Die Ausnutzung der Spiellust hat nicht nur eine wettbewerbsrechtliche Komponente, sondern auch eine straf- und zivilrechtliche[468].

aa) Straf- und zivilrechtlicher Hintergrund

Gemäß § 286 Abs. 1 StGB wird bestraft, wer ohne behördliche Erlaubnis öffentliche Lotterien veranstaltet. Den Lotterien sind gem. § 286 Abs.

---
[466] So OLG Frankfurt am Main, GRUR-RR 2002, 30.
[467] Vgl. *Baumbach/Hefermehl*, Wettbewerbsrecht, § 1 UWG Rdnr. 142.
[468] Vgl. umfassend: *Klengel/Heckler*, CR 2001, 243 ff.

I. Generalklausel, § 1 UWG

2 StGB öffentlich veranstaltete Ausspielungen beweglicher oder unbeweglicher Sachen gleichzuachten. Lotterien und Ausspielungen sind Glücksspiele, die die Besonderheit haben, daß nach einem vom Unternehmer einseitig festgelegten Spielplan gespielt wird. Der Spielplan regelt den Spielbetrieb im allgemeinen und die Bedingungen, unter welchen einer Mehrzahl von Personen die Beteiligungsmöglichkeit eröffnet wird[469]. Der Spielplan regelt weiter einen festen Einsatz für die Beteiligung am Spiel[470]. Die Höhe des Einsatzes, der einen Vermögenswert haben muß, darf nicht im Belieben des Spielers stehen. Sonst handelt es sich um einen Fall des § 284 Abs. 1 StGB, also um ein Glücksspiel[471]. Es genügt aber, wenn der Spieler nur im Verlustfall zu zahlen braucht[472] oder der Einsatz in einer Gesamtleistung, etwa im Eintrittsgeld oder im Kaufpreis einer Ware versteckt ist[473]. Teilweise ungeklärt ist, ob ein Einsatz vorliegt, wenn der Teilnehmer ein sog. 0190-Nummer anrufen muß, um an einem Gewinnspiel teilzunehmen[474].

Der Gesetzgeber erachtet Glückspiele als „sozialschädliches Verhalten", das unter staatliche Kontrolle gestellt werden muß[475] und daher der staatlichen Genehmigung bedarf[476]. Dies gilt auch für Sportwetten im Internet[477], nicht aber für die Weiterleitung von in Deutschland abgegebenen Tipps über Datenleitungen an die Isle of Man[478].

Zivilrechtlich ist zu berücksichtigen, daß durch Spiel oder Wette eine Verbindlichkeit nicht begründet wird, § 762 BGB. Der Spieler soll auch damit vor den Spielgefahren geschützt werden[479]. Dieser Schutz entfällt,

---

[469] So RGSt 67, 397.
[470] So BGHSt 3, 99.
[471] Vgl. zu Sportwetten online: VG Saarland, Urteil vom 17. Januar 2000 – 1 K 78/99, JurPC Web-Dok. 112/2001, sowie zur Zulassung von Sportwetten nun: BVerwG, Urteil vom 28. März 2001 – 6 C 2/01, DÖV 2001, 960 ff.
[472] S. RGSt 1, 414.
[473] So OLG Düsseldorf, NJW 1958, 760.
[474] Vgl. umfassend: *Bahr*, WRP 501 ff.
[475] So BVerwG, Urteil vom 28. März 2001 – 6 C 2/01, DÖV 2001, 960 (961).
[476] Die rechtswidrige Versagung der beantragten Erlaubnis hindert die Sittenwidrigkeit i.S. von § 1 UWG der gleichwohl durchgeführten Veranstaltung nicht, so BGH, Urteil vom 14. März 2002 – I ZR 279/99, NJW 2002, 2175 ff.
[477] So HansOLG, Hamburg, Urteil vom 10. Januar 2002 – 3 U 218/01, JurPC Web-Dok. 122/2002 = MMR 2002, 471 m. Anm. *Bahr*; OLG Hamm, Urteil vom 19. Februar 2002 – 4 U 155/01, MMR 2002, 551, m. Anm. *Mankowski*. Vgl. umfassend: *Klam*, Die rechtliche Problematik von Glücksspielen im Internet, 2002.
[478] S. LG Bochum – Strafkammer Recklinghausen, Urteil vom 26. Februar 2002 – 01 I 49/01. Der BGH (Urteil vom 28. November 2002 – 4 StR 260/02) hat auf die Revision der Staatsanwaltschaft das freisprechende Urteil aufgehoben und die Sache zu neuer Verhandlung und Entscheidung an das Landgericht zurückverwiesen, weil die nur unzureichenden Feststellungen in dem angefochtenen Urteil keine abschließende Beurteilung zulassen, ob das Verhalten der Angeklagten strafrechtlich als unerlaubte Veranstaltung eines Glücksspiels anzusehen ist.
[479] S. *Klam*, Die rechtliche Problematik von Glücksspielen im Internet, S. 49 ff.

§ 3. *Werbebeschränkungen aus dem allgemeinen Wettbewerbsrecht*

sobald aufgrund des Spiels geleistet worden ist. Auch der zivilrechtliche Spielbegriff setzt einen Einsatz voraus. Ein Lotterie- oder Ausspielvertrag ist nach § 763 BGB nur wirksam, wenn Lotterie oder Ausspielung staatlich genehmigt sind.

bb) Wettbewerbsrechtliche Beurteilung

Von der vorstehenden straf- und zivilrechtlichen Beurteilung ist die wettbewerbsrechtliche Beurteilung von Lotterien und Ausspielungen abzugrenzen. Ein Verstoß gegen § 284 StGB ist grundsätzlich auch ein Verstoß gegen § 1 UWG und damit sittenwidrig[480]. Ein Gewerbetreibender muß sich Kenntnis der für ihn geltenden einschlägigen gesetzlichen Bestimmungen verschaffen und im Zweifelsfall Rechtsrat einholen. Er handelt allerdings im Hinblick auf § 284 StGB, § 1 UWG nicht unlauter, wenn die zuständigen Behörden sein Verhalten ausdrücklich als rechtlich zulässig bewerten[481].

Im Internet wird teilweise auf Gewinnspiele hingewiesen, die nur über 0190-Nummern zu erreichen sind, teilweise wird es den Teilnehmern über das Internet ermöglicht, unmittelbar Wetten abzuschließen. Wer keine deutsche Lizenz besitzt und von einem anderen Mitgliedstaat der EU aus Sportwetten im Internet auch in Deutschland anbietet, verstößt damit nicht nur gegen deutsches Strafrecht, sondern auch gegen § 1 UWG[482]. Auch die Veranstaltung von Gewinnspielen, bei denen nur über eine 0190-Nummer teilgenommen werden kann, nicht aber über den Postweg, ist wettbewerbswidrig i.S. des § 1 UWG[483], so daß der derjenige, der für diese Spiele im Internet wirbt, als Mitstörer verantwortlich ist, wenn er nicht schon selbst als Störer in Betracht kommt, etwa weil er selbst Betreiber des Spiels ist.

Ein Gewerbetreibender handelt wettbewerbswidrig, wenn er zu Zwecken des Wettbewerbs die Spiellust des Kunden dadurch für sich oder andere ausnutzt, daß er sie in irgendeiner Form mit dem Absatz einer Ware oder der marktlichen Verwendung sonstiger Leistungen verkoppelt. Die Spielsucht kann den Kunden in der Freiheit des Kaufentschlusses spürbar beeinflussen, so daß er die Ware weniger wegen ihrer Güte und Preiswürdigkeit kauft, als um die Gewinnchance zu erlangen[484].

Es spricht für sich, daß die Rechtsprechung zur Frage der wettbewerbswidrigen Ausnutzung der Spiellust im wesentlichen aus vergangenen Jahrzehnten herrührt[485]. Als wettbewerbswidrig wurde angesehen

---

[480] Vgl. *Eichmann/Sörup*, MMR 2002, 142 (145 f.).
[481] So BGH, Urteil vom 11. Oktober 2001 – I ZR 172/99, EWiR 2002, 83 f. (*Ulrich*) – zu § 3 DDR-GewG.
[482] So BGH, Urteil vom 14. März 2002 – I ZR 279/99, NJW 2002, 2175 ff.; Hans-OLG Hamburg, Urteil vom 10. Januar 2002 – 3 U 218/01, JurPC Web-Dok. 122/2002.
[483] So zutreffend: *Bahr*, WRP 2002, 501 (506).
[484] So *Baumbach/Hefermehl*, Wettbewerbsrecht, § 1 UWG Rdnr. 147.
[485] Vgl. *Eichmann/Sörup*, MMR 2002, 142 (144).

I. Generalklausel, § 1 UWG 105

anzukündigen, daß einzelnen Waren Geldgutscheine beigepackt seien[486]. Ebenso wettbewerbswidrig soll es gewesen sein, daß der Kaufpreis aus an bestimmten, jedoch nicht bekannten Tagen getätigten Käufen dem Kunden zurückgezahlt werde[487]. Das OLG Hamburg hat es sogar nach Kriegsende noch als wettbewerbswidrig angesehen anzukündigen, jedem fünften Anmelder zu einem Lehrkursus kostenlosen Unterricht zu erteilen[488]. Selbst im Jahr 1985 war das OLG Stuttgart noch der Auffassung, daß es wettbewerbswidrig sei, jedem 500. Kinobesucher ein wertvolles Geschenk zu machen oder gewerbliche Leistungen (Pauschalreisen) durch Ausspielungen abzusetzen[489].

cc) *Powershopping und CoShopping*

Im Internet haben sich Vertriebsformen wie „Powershopping" und „CoShopping" (auch: „Community-Shopping" genannt[490]) herausgebildet, wobei gleichgesinnte Kaufinteressenten innerhalb einer bestimmten Frist zusammengebracht werden, um von einem Händler Mengenrabatte zu erhalten[491]. Plastischerweise spricht man auch von „virtuellen Kaufgemeinschaften"[492].

α) **Begriffsbestimmungen.** Powershopping ist eine Form des Einkaufs, die ursprünglich aus den Vereinigten Staaten stammt und sich als Geschäftsidee auch in Deutschland zunehmender Beliebtheit erfreut[493]. Beim Powershopping handelt es sich um ein Vertriebssystem, bei dem Kundeninteressen gebündelt werden und der Preis für die zu erwerbende Ware von der Anzahl der gesammelten Nachfragenden abhängig ist: Je größer die Zahl der Kaufinteressenten ist, um so niedriger liegt der von diesen für die Ware zu zahlende Preis. Die einzelnen Kaufinteressenten beteiligen sich über das Internet an dem System und kennen sich untereinander nicht notwendig. Das Powershopping wird in verschiedenen Ausgestaltungen betrieben. Dies gilt insbesondere deshalb, weil es mehrere Anbieter gibt, die eigene Varianten erarbeitet haben.

Vom Powershopping ist das sog. „Customer-driven Pricing" (CDP) zu unterscheiden[494]. Das CDP ist ein Geschäftsprozeß der umgekehrten Preisbildung. Das CDP stellt gerade im drohenden Preisverfall durch die

---

[486] So RG, JW 1928, 1210 – Nähseideröllchen.
[487] So RGSt 65, 194; OLG Posen, MuW XIII, 452 – Glückseinkaufstage.
[488] S. OLG Hamburg, GRUR 1954, 588.
[489] So OLG Stuttgart, WRP 1985, 365.
[490] S. *Steinbeck*, WRP 2002, 604 ff.; *Stoffmehl*, MMR Beilage 8/2001, 35 ff.
[491] S. *Schuster/Müller/Drewes*, MMR Beilage 3/2002, 1 (10f.); *Lange*, WRP 2001, 888 ff.; *Hucke*, ZUM 2001, 770 ff.; *Steinbeck*, WRP 2002, 604 ff.
[492] So *Ernst*, CR 2000, 239; *Huppertz*, MMR 2000, 329; *Schafft*, CR 2001, 401; *Stoffmehl*, MMR-Beilage 8/2001, 35 ff.
[493] S. *Stoffmehl*, MMR Beilage 8/2001, 35.
[494] S. *Stoffmehl*, MMR Beilage 8/2001, 35 (36).

§ 3. Werbebeschränkungen aus dem allgemeinen Wettbewerbsrecht

Transparentmachung von Angebot und Nachfrage einen Marktplatz her, auf dem Anbieter Restposten und entsprechende Restkapazitäten günstig vermarkten können, ohne die eigene Preispositionierung zu zerstören. Im Gegensatz zum üblicherweise erfolgenden Verkauf legt nicht der Verkäufer den ersten Preis vor, sondern der Kunde. Damit legt der Kunde seine Preisbereitschaft offen und der Unternehmer kann entscheiden, ob er überhaupt bereit ist, auf dieser Basis ein rechtlich verbindliches Angebot zu machen.

β) **Wertreklame.** Nach der Rechtsprechung des OLG Köln ist die Version eines sog. „Powershopping", bei der neben der Bündelung der Kaufkraft der Interessenten eine zeitliche Befristung und eine zahlenmäßige Begrenzung der Teilnehmer in den einzelnen Preisstufen vorgesehen ist, unter dem Aspekt des Ausnutzens der Spiellust als wettbewerbswidrig i.S. von § 1 UWG anzusehen[495].

Das Gericht arbeitet im einzelnen heraus, daß das Powershopping einerseits stark aleatorische Elemente und andererseits Elemente einer besonderen Form der Wertreklame aufweise, so daß im Zusammenhang ein Verstoß gegen § 1 UWG angenommen werden könne. Das Gericht bricht aber nicht den Stab über das Powershopping-System insgesamt, sondern nur über die angegriffene konkrete Ausgestaltung. Dabei handelte es sich um eine besondere Version, bei der nicht nur die Kaufkraft der Interessenten gebündelt wurde, sondern darüber hinaus durch die zeitliche Befristung einerseits und die zahlenmäßige Begrenzung der Teilnehmer in den einzelnen Preisstufen andererseits ein besonderes System geschaffen worden ist, das ein eigenes Gepräge mit eigenen wettbewerbsrechtlichen Aspekten aufweist. Dieses System sei unlauter, weil es die Teilnehmer durch das an bestimmte Kundenzahlen gebundene Versprechen, ganz erheblicher Preisnachlässe von bis zu 50 % und die Eröffnung der Möglichkeit, auf die Höhe des Preises unter spekulativen Gesichtspunkten Einfluß zu nehmen, in nicht unerheblichem Maße davon abhalte, ihre Kaufentscheidung allein nach der Preiswürdigkeit der Ware zu treffen. Dabei knüpft das Gericht an den Gesichtspunkt des übertriebenen Anlockens an, weil der Umworbene „gleichsam magnetisch" angezogen werde und so davon abgehalten wird, sich mit den Angeboten der Mitbewerber des Anbieters zu befassen. Bei dem übertriebenen Anlocken handele es sich um eine Ausprägung der Wertreklame. Dies allein rechtfertige aber eine Untersagung nicht. Selbst die Höhe der Preisreduzierung, die *in casu* auf 50 % gesteigert werden konnte, kann für sich genommen den Unlauterkeitsvorwurf nicht rechtfertigen.

---

[495] So OLG Köln, Urteil vom 1. Juni 2001 – 6 U 204/00, MMR 2001, 523 = ZUM 2001, 598 m. Anm. *Hucke*, ZUM 2001, 770 = CR 2001, 545 m. Anm. *Leible/Sosnitza* = EWiR 2001, 831 [*Lindacher*] = WRP 2001, 1095 = BB 2001, 1973 = ZIP 2001, 1214 = NWB EN-Nr. 801/2001 = GRUR-RR 2002, 40.

Das Gericht stützte seine Entscheidung daher auf das unzulässige Ausnutzen der Spiellust. Die Kunden laufen Gefahr, ein verbindliches Kaufangebot nicht deswegen abzugeben, weil sie die betreffende Ware gerade zu dem betreffenden Preis erwerben wollen, sondern weil sie sich von dem spekulativen Aspekt in Bann ziehen lassen, ob ein besonders günstiger Preis noch erreicht werden kann. Unter Berücksichtigung des Umstandes, daß die Preisreduzierung bis zum 50 % betragen kann, bestehe die Gefahr, daß Kunden in nicht unerheblicher Zahl nicht wegen der Preiswürdigkeit der Ware, sondern aus Lust an der Teilnahme an dem System Kaufangebote abgeben.

Nach der Rechtsprechung des BGH ist die bloße Ausnutzung der Spiellust für sich genommen noch nicht unlauter. Sie kann aber zu einer Untersagung führen, wenn besondere zusätzliche Umstände den Vorwurf der Sittenwidrigkeit rechtfertigen[496].

Bei dem inkriminierten Powershopping kann der Interessent sich in der von ihm favorisierten Preisstufe nur beteiligen, wenn die von dem Anbieter festgelegte „notwendige Einkaufsgruppengröße" nicht erreicht ist. Ist das der Fall, bleibt dem Interessenten nur die Möglichkeit, eine andere Preisstufe zu wählen, in der zwar der Kaufpreis noch niedriger, aber die notwendige Teilnehmerzahl höher ist. Diese auf den ersten Blick vorteilhafte Möglichkeit, sich an der Option des Erwerbs zu einem noch günstigeren Preis zu beteiligen, enthält als Risiko, die Ware tatsächlich gar nicht zu erhalten, weil die notwendige Einkaufsgruppengröße dieser Preisstufe bis zum Ende der Auktion nicht mehr erreicht wird. Der Interessent sieht sich daher in die Lage versetzt zu entscheiden, ob er das Risiko des Nichterwerbs eingehen oder lieber den höheren Preis innerhalb der Gruppenstufe akzeptieren soll, deren notwendige Einkaufsgruppengröße voraussichtlich erreicht wird. Das in dieser Systemgestaltung liegende spielerische Element wird dadurch noch nachhaltig verstärkt, daß der Teilnehmer einerseits die aufgrund der Angebote anderer Interessenten eintretenden Veränderungen der Situation ständig aktuell im Internet abfragen und andererseits seine Beteiligung bis zum Ende der Aktion noch durch einen Wechsel der Preisstufe, in der er sich beteiligt, ändern kann. Nicht wenige Teilnehmer werden sich angesichts dieser Möglichkeiten dem aleatorischen Reiz des Systems hingeben und den Verlauf der Aktion beobachten, dabei spekulieren, ob die erforderliche Teilnehmerzahl einer bestimmten Preisstufe noch erreicht wird oder nicht, und davon ihr eigenes Verhalten abhängig machen.

Es besteht dabei die Gefahr, daß die Interessenten ihr eigentliches Ziel des Erwerbs der Ware zu einem günstigen Preis aus den Augen verlieren und sich allein von diesem spielerischen Element, das auch Züge eines

---

[496] Vgl. BGH, GRUR 2000, 820 = NJW-RR 2000, 1136 = WRP 2000, 724; BGH, WRP 1998, 424 – Rubbelaktion.

Wettlaufs bzw. Wettkampfs mit den anderen Interessenten trägt, zu verbindlichen Geboten verleiten lassen, die sie bei einer sachlichen Prüfung der Preiswürdigkeit der Ware nicht abgegeben hätten. Das gilt insbesondere gegen Ende der Auktionszeit, wenn dann ein Hinzutreten anderer ebenso spekulierender Teilnehmer in größerer Zahl zu erwarten ist und in dieser Situation sehr schnell auf deren im Internet sichtbare Beteiligungen in den einzelnen Preisgruppen reagiert und die Situation immer neu eingeschätzt werden muß. Alle diese Indizien nahm das Gericht zum Anlaß, das „Powershopping" zu untersagen, wenn neben der Bündelung der Kaufkraft der Interessenten eine zeitliche Befristung und eine zahlenmäßige Begrenzung der Teilnehmer in den einzelnen Preisstufen vorgesehen ist[497].

γ) **Auswirkungen des Fernabsatzrechts.** Bislang ist – soweit ersichtlich – von keiner Seite untersucht, welche Auswirkungen sich auf das Geschäftsmodell ergeben, wenn der Interessent sich mehrfach, etwa unter verschiedenen E-Mail-Adressen oder durch die Einschaltung von Vertretern, an einer niedrigeren Preisgruppe beteiligt, um so zu erreichen, daß die Anzahl der erforderlichen Teilnehmer erreicht wird, dann aber er selbst oder die von ihm eingeschalteten Vertreter eine Vielzahl der Bestellungen zurücknehmen. Diese Variante ist zwar regelmäßig in den Teilnahmebedingungen der Veranstalter ausgeschlossen, dies bedeutet aber nicht, daß praktisch eine solche Möglichkeit nicht besteht.

Ein Widerruf der Bestellung ist regelmäßig möglich. Es dürfte sich bei den in Rede stehenden Verträgen regelmäßig um Fernabsatzverträge i.S. von § 312 b BGB handeln, so daß dem Kunden, sofern er Verbraucher ist, ein Widerrufsrecht nach § 312 d in Verbindung mit § 355 Abs. 1 BGB zusteht. Eine Widerrufsbelehrung erfolgt regelmäßig nicht, so daß der Widerruf gemäß § 355 Abs. 3 BGB innerhalb von 6 Monaten nach Vertragsschluß widerrufen werden kann, wobei die Frist bei der Lieferung von Waren nicht vor dem Tag ihres Eingangs beim Empfänger zu laufen beginnt. Das Widerrufsrecht ist auch nicht gemäß § 312 d Abs. 4 Nr. 5 BGB ausgeschlossen, da es sich bei dem Powershopping nicht um eine Versteigerung i.S. von § 156 BGB handelt. Der Anbieter des Powershopping läuft daher Gefahr, daß die Preise manipuliert werden, indem Gebote mit dem festen Vorsatz abgegeben werden, diese später zu widerrufen. Auch wenn dies möglicherweise dazu führt, daß das Angebot zivilrechtlich unwirksam ist, so besteht die Möglichkeit des Nachweises durch den Internet-Unternehmer nicht, da es sich um eine reine innere Tatsache handelt. Ein Ausschluß des Widerrufsrechts ist im übrigen unzulässig, da gem. § 312 f BGB von den Vorschriften über die besonderen Vertriebsformen gem. §§ 312 ff. BGB nicht zum Nachteil des Verbrauchers oder Kunden

---

[497] So OLG Köln, Urteil vom 1. Juni 2001 – 6 U 204/00, NWB EN-Nr. 801/2001 = GRUR-RR 2002, 40 (42).

abgewichen werden darf. Auch wenn die Rechtsfolgen dieser Gestaltung zivilrechtlich sind, so sollte der Anbieter einer solchen Vertriebsform neben den vorstehenden wettbewerbsrechtlichen Vorgaben auch die möglichen zivilrechtlichen Konsequenzen bedenken.

δ) **Übertriebenes Anlocken.** Ein übertriebenes Anlocken von Kunden liegt bei einer umgekehrten Versteigerung von Gebrauchtwagen im Internet nicht vor, wenn der „virtuelle Zuschlag" durch den Teilnehmer nicht verpflichtend ist, sondern der Kaufvertrag vielmehr erst im Nachhinein abgeschlossen wird[498].

In dem entschiedenen Sachverhalt hatte ein Unternehmen, das sich mit der Vermietung und Verwertung von Fahrzeugen in Deutschland befaßt, in einer Tageszeitung ein halbseitiges Inserat veröffentlicht und dabei folgende Verkaufsmethode angeboten:

An einem bestimmten Wochentag wird ab 19.00 Uhr eine „Internet-Gebrauchtwagen-Auktion" durchgeführt, an der aus technischen Gründen nur maximal 1.500 Internetbenutzer teilnehmen können, die sich vorher haben registrieren lassen. Der Preis des Gebrauchtwagens sinkt während der Auktion alle 15 Sekunden um 300,00 DM. Zunächst wird der Startpreis eingeblendet. Dieser soll dem verkehrsüblichen Ladenpreis entsprechen. Die Fahrzeuge waren zuvor in einem realen Autohaus ausgestellt und zu diesem Kaufpreis angeboten worden. Der Preis fällt so lange, bis ein Auktionsteilnehmer einen markierten „Zuschlagbutton" drückt und diesen, um Versehen auszuschließen, ein zweites Mal betätigt.

Die Besonderheit dieser Aktion liegt darin, daß nicht durch das zweimalige Anklicken des Zuschlagbuttons bereits ein Vertrag zustandekommt, sondern der „Auktionsgewinner" das Fahrzeug in München oder an einer beliebigen anderen Station der Firma in Deutschland besichtigen kann. Für die Überführung zu einer vom Kunden benannten Station wurde eine Gebühr von 300,00 DM berechnet. Alternativ konnte der „Auktionsgewinner" auch für einen Preis von 66,00 DM ein Fahrzeug mieten und damit zur Besichtigung des Auktionsfahrzeuges nach München reisen. Der Kaufvertrag wurde erst an Ort und Stelle, also entweder in der Zentrale in München oder in der jeweiligen vom Kunden benannten Station geschlossen.

Das Gericht sah in der vorstehenden Gestaltung weder die Absatzform der normalen Versteigerung noch die Form der umgekehrten Versteigerung. Da der Kauf nicht mit dem Drücken des Buttons zustande komme, sondern erst hinterher ein normalen Kaufvertrag abgeschlossen werde, handle es sich bei der Internetveranstaltung lediglich um eine Preisfindungsmaßnahme, die für einen eventuellen Kauf als Werbemaß-

---

[498] So OLG München, Urteil vom 14. Dezember 2000 – 6 U 2690/00, MMR 2001, 233 = ZUM 2001, 337 = CR 2001, 338 = GRUR-RR 2001, 112; a.A. OLG Hamburg, Urteil vom 25. April 2002 – 3 U 190/00, GRUR-RR 2002, 232.

nahme eingesetzt werde. Sie mache aber nicht den Eindruck eines übernormalen Umfangs der Absatztätigkeit, sie ist lediglich eine nicht gewöhnliche Form der Absatztätigkeit. Ein üblicher Absatz, wenn auch mit unüblichen Mitteln, ist aber beim Fehlen sonstiger Unlauterkeitsmerkmale wettbewerbskonform. Insbesondere ist die Preisfindung im neuartigen Medium des Internet mit der Möglichkeit des anschließenden Erwerbs als solche nicht zu beanstanden[499].

Es liegt auch keine Unlauterkeit aufgrund des Einsatzes aleatorischer Mittel vor. Zwar werde der Anreiz zur näheren Befassung mit dem Angebot mit jedem ablaufenden kurzen Zeitintervall stärker, dies führe aber nicht zu einem suggestiven Charakter, der schließlich zur Außerachtlassung von Vergleichsangeboten führt. Der Kaufvertrag wird erst später geschlossen. Mit dem Anklicken des Zuschlagbuttons weiß der Beteiligte noch nicht einmal sicher, ob er es ist, der wirksam „zugeschlagen" hat. Da er auch noch nicht ohne weiteres weiß, an wen er sich wenden kann, muß er ohnehin abwarten, bis der Anbieter mit ihm Kontakt aufnimmt. Der „Auktionsgewinner" gewinnt daher nur die Chance eines günstigen Vertragsabschlusses. Den Vertrag selbst hat er noch nicht abgeschlossen. Er hat vielmehr genügend Gelegenheit, noch Vergleichsangebote einzuholen. Zu berücksichtigen ist auch, daß der aleatorische Reizauf- und Reizabbau sich vor dem Computer in den eigenen vier Wänden oder im Büro abspielt, der Auktionsgewinner also nicht genötigt ist, unmittelbar mit dem Vertragspartner zu sprechen.

ε) **Übersteigerung von Werbemethoden.** Lenkt der Wettbewerber durch aleatorische Werbemittel[500] nun die Aufmerksamkeit des Publikums auf die Ware oder Leistung hin, so ist die an Spiel- und Gewinnsucht appellierende Werbung zwar nicht wettbewerbseigen, aber auch nicht wettbewerbsfremd. Zwar soll sich der Werbende auf die Anpreisung der Güte und Preiswürdigkeit der Ware möglichst beschränken, aber im Einsatz der dafür geeigneten Mittel ist er grundsätzlich frei.

Allein die Übersteigerung von Werbemethoden führt nicht zu ihrer sittlichen Anstößigkeit. Es ist deshalb auch nicht schlechthin verwerflich, wenn der Werbende sich die Spielfreude des Publikums zunutze macht, vorausgesetzt, er verlangt keinen offenen oder verdeckten Einsatz. Man bedenke zudem – so das OLG München –, daß die Spielfreude bei allen staatlich genehmigten Lotterien und Ausspielungen erregt wird. Aleatorische Veranstaltungen, wie Preisausschreiben, Preisrätsel, Gratisverlosungen etc. verstoßen daher, auch wenn sie im geschäftlichen Verkehr zu

---

[499] So OLG München, Urteil vom 14. Dezember 2000 – 6 U 2690/00, GRUR-RR 2001, 112 (113); a.A. OLG Hamburg, Urteil vom 25. April 2002 – 3 U 190/00, GRUR-RR 2002, 232 = CR 2002, 753 m. Anm. *Leible/Sosnitza*.

[500] Vgl. *Steinbeck*, WRP 2002, 604 (605).

Zwecken des Wettbewerbs vorgenommen werden, nicht von vornherein gegen die Grundsätze lauteren Wettbewerbs.

Die vorstehende Betrachtung darf aber nicht den Blick dafür verstellen, daß gleichwohl bei einer umgekehrten Versteigerung im Internet Wettbewerbswidrigkeit i. S. von § 1 UWG gegeben sein kann. So darf die Spiellust nicht mit dem Absatz der Ware verkoppelt werden, so daß der Kunde durch einen unmittelbaren oder mittelbaren Kaufzwang zum Kauf verführt wird. Zudem darf der Anbieter einer solchen Rückwärts-Auktion („Reverse Auction") nicht aufgrund von unseriös kalkulierten Ausgangspreisen („Mondpreise"[501]) oder Abbruch des Spiels bei Unterschreiten der Gewinnschwelle die Grenzen des lauteren Wettbewerbs überschreiten.

Die Durchführung von sog. „Reversed Auctions" im Internet ist ebenfalls Gegenstand mehrerer gerichtlicher Entscheidungen geworden[502].

Grundsätzlich sind folgende Überlegungen bei der wettbewerbsrechtlichen Überprüfung von Rückwärts-Auktionen zu bedenken:

- Wie ist der Ausgangspreis festgelegt?
- Wann wird der Vertrag geschlossen?
- Was erwirbt der Kunde durch den „Klick" im Internet?
- Hat der Veranstalter einseitig die Möglichkeit, das Spiel abzubrechen?

Zu einem anderen Ergebnis kam das OLG Hamburg[503] bei einer Versteigerung in umgekehrter Richtung für Waren des täglichen Bedarfs[504]. Dem lag folgender Sachverhalt zugrunde:

Auf der Homepage des Anbieters werden die angebotenen Artikel in Wort und Bild beschrieben, wobei der Kunde seine Bestellung sogleich online aufgeben kann. Im Rahmen dieses Internetsauftritts wird eine sog. „Schnäppchen-Börse" betrieben, bei der eine begrenzte Anzahl von Artikeln zu reduzierten Preisen angeboten wird. Die Verkaufsaktion ist auf eine Woche begrenzt, die Artikel werden täglich weiter, und zwar zu einem höheren Prozentsatz als am Vortag, reduziert. Das tägliche Angebot nennt die einzelnen Artikel und jeweils den ursprünglichen Preis, den Preis „von gestern", den „Tagespreis" sowie die Ersparnis in Prozent. Der Kaufvertrag wird online abgeschlossen.

Nach Auffassung des OLG Hamburg nutzt diese Absatzform die Spiellust der Verbraucher nach Art einer umgekehrten Versteigerung in sachfremder und demnach unlauterer Weise aus[505].

---

[501] Vgl. dazu *Köhler/Piper*, § 3 UWG Rdnr. 379.
[502] S. *Schuster/Müller/Drewes*, MMR-Beilage 3/2002, 1 (11).
[503] S. OLG Hamburg, Urteil vom 7. Dezember 2000 – 3 U 116/00, MMR 2001, 539 = GRUR 2001, 113 = ZUM 2001, 335 = CR 2001, 340.
[504] S. *Schuster/Müller/Drewes*, MMR-Beilage 3/2002, 1 (11); *Steinbeck*, WRP 2002, 604 (607).
[505] So OLG Hamburg, Urteil vom 7. Dezember 2000 – 3 U 116/00, GRUR-RR 2001, 113.

Der Kunde habe ein täglich zunehmendes Risiko, bei den angekündigten Artikeln leer auszugehen. Daher sehe sich der Verbraucher bei der „Schnäppchen-Börse" in eine spekulative Situation gestellt, die durchaus an die bei der tatsächlichen Börse erinnert, wobei durch bloßes Zuwarten der Anreiz einer noch größeren Preisermäßigung zunimmt und so die Spiellust noch verstärkt wird. Der suggestive Anreiz des spielerischen Elements werde durch den Umstand, daß die „Schnäppchen-Börse" im Internet stattfinde, noch erhöht. Der Interessent könne auf diesem Wege online mitsteigern und mit der Schnellebigkeit eines Knopfdrucks den Kauf tätigen, um so einem Mitbewerber zuvorzukommen. Die Ankündigung und Durchführung einer solchen Verkaufsaktion begründe die ernstliche Gefahr, daß der durchschnittlich erfahrene, aufmerksame und kritische Verbraucher seine Kaufentscheidung nicht mehr sachlich begründet, sondern sich vom Spielcharakter des Angebots verleiten lasse, statt dieses Angebot und andere der Konkurrenz kritisch zu prüfen und zu vergleichen. Daß von einer solchen wegen des aleatorischen Elements zugkräftigen Aktion ein hoher werblicher Aufmerksamkeitswert ausgehe, liege auf der Hand. Dieser Umstand begründe darüber hinaus eine beträchtliche Nachahmungsgefahr. Das Gericht stellt u.a. darauf ab, daß die Möglichkeit, den Vertrag durch Knopfdruck zustande zubringen, die Suggestivkraft der Aktion verstärke und demgemäß die sachfremden Einflüsse auf den Kunden erhöhe[506].

Der vom Gericht gezogene Schluß ist m.E. nicht zwingend. Vielmehr ist es so, daß die Suggestivkraft einer realen Auktion nicht mit der spezifischen Internet-Situation vergleichbar ist. Eine reale Auktion, die sich als Interaktion mit anderen Marktteilnehmern darstellt, also durch die persönliche Anwesenheit des Auktionators und die Gegenwart der anderen Nachfrager bestimmt ist, kann in der Tat zu unüberlegten Entscheidungen und damit zu sachfremden Erwägungen führen. Alle diese Elemente sind aber bei einer Internet-Veranstaltung ausgeblendet. Der potentielle Käufer sitzt im Büro oder zuhause vor dem Computer und kann sich jederzeit, ohne sich rechtfertigen zu müssen oder überhaupt eine Erklärung abzugeben, aus der Veranstaltung entfernen. Er kann zudem – im Gegensatz zur klassischen Versteigerung – gleichzeitig andere Angebote einholen oder sich mit anderen Personen beraten.

Die bisherige Rechtsprechung leidet darunter, daß die erkennenden Gerichte offenbar zu sehr an der klassischen Auktion orientiert sind, ohne die spezifischen wettbewerbsrechtlichen Aspekte der Versteigerung im Internet hinreichend zu berücksichtigen. Gerade die Auktion über das Internet führt zu einer erheblichen Distanz, die dafür spricht, daß der

---

[506] So OLG Hamburg, Urteil vom 7. Dezember 2000 – 3 U 116/00, GRUR-RR 2001, 113 (115).

I. Generalklausel, § 1 UWG 113

Kunde weder einer besonderen Suggestion noch einem sachfremden Einfluß ausgesetzt ist.

Das OLG Hamburg hat im übrigen auch eine weitere Form der Online-Versteigerung untersagt. Der Internet-Unternehmer hatte im Wege des Powershopping auch Elektrogeräte, die von einer bekannten Firma produziert und vertrieben werden, angeboten. Dabei wurden einerseits das Mindestgebot von einer DM und die unverbindliche Preisempfehlung des Herstellers, andererseits aber auch Auktionsergebnisse aus der Vergangenheit und die unverbindliche Preisempfehlung des Herstellers gegenübergestellt.

Das Gericht hat die Fallgruppe des übertriebenen Anlockens angenommen, da der Verkehr erkenne, daß es sich bei den zur Auktion gestellten Geräten um hochpreisige Spitzenprodukte handele. Dies folge im übrigen auch aus den Angaben zur unverbindlichen Preisempfehlung. Mit der beanstandeten Werbung setze das Internet-Unternehmen das spielerisch-spekulative Element einer Auktion auf Kosten des Spitzenprodukts des Herstellers ein, um mit dem kaum noch zu unterbietenden und im Blickfang herausgestellten Mindestgebot („bei uns ab 1 DM") eine besonders gesteigerte Aufmerksamkeit zu erwecken. Der Verkehr entnimmt der Anzeige zwar, daß es sich nicht etwa um den Kaufpreis handelt, sondern um das Mindestgebot der dieses Gerät betreffenden Internetauktion. Gleichwohl sieht das OLG Hamburg dieses Angebot aber als besonders reißerisch an. Das Mindestgebot von 1 DM ist wegen seines absolut geringfügigen Betrags, aber mehr noch im Verhältnis zur ebenfalls angegebenen unverbindlichen Preisempfehlung (in casu: Fernsehgerät nebst Rack: 4.598,00 DM) sensationell niedrig. Bei einem Verkauf zu diesem Preis wäre dies als Verschenken der Ware anzusehen. Der besonders spektakuläre Anreiz ergibt sich aus dem absolut niedrigen Betrag und aus dem Verhältnis zwischen dem Mindestgebot und der unverbindlichen Preisempfehlung. Auch wenn der Verkehr nicht ernsthaft damit rechnen wird, daß das Fernsehgerät für 1 DM abgegeben wird, so handelt es sich gleichwohl um ein sensationelles Angebot, das das Interesse an der Versteigerung ganz erheblich verstärkt.

Das OLG Hamburg meint, daß nach der Lebenserfahrung davon auszugehen ist, daß die unpassende extreme preisliche Schieflage zwischen Mindestgebot und unverbindlicher Preisempfehlung der „Design Line" im übrigen der Herstellerin abträglich ist und sie daher behindert. Der Internet-Unternehmer könne sich auch nicht mit Erfolg darauf berufen, daß das in Rede stehende Gerät schließlich zu einem Höchstgebot von 3.000,00 DM abgegeben wurde. Das Ergebnis können Leser der Werbeanzeige nicht vorhersehen, so daß dieses bei der rechtlichen Betrachtung nicht berücksichtigt werden darf[507].

---

[507] So OLG Hamburg, Urteil vom 5. Juli 2001 – 3 U 35/01, GRUR-RR 2002, 39 (40) = CR 2002, 291 ff.

dd) Preisausschreiben, Gratisverlosungen und Gewinnspiele

Weitere Fallgruppen der aleatorischen Anreize sind Preisausschreiben, Gratisverlosungen und Gewinnspiele. Für Preisausschreiben enthält das bürgerliche Recht eine Begriffsbestimmung. Gemäß § 661 Abs. 1 BGB sind Preisausschreiben Auslobungen, die eine Preisbewerbung zum Gegenstand haben.

Preisausschreiben, Gratisverlosungen und Gewinnspiele sind im Internet an der Tagesordnung. Sie stellen keine Besonderheit mehr dar, zumal sich der Interessent im Regelfall durch E-Mail oder in anderer Weise elektronisch an dem Spiel beteiligen kann. Das früher übliche mühsame Ausfüllen von Teilnahmekarten und die Einsendung dieser Karten mit der Post und der Frankierpflicht des Absenders ist obsolet.

Gemäß § 661a BGB hat ein Unternehmer, der Gewinnzusagen oder vergleichbare Mitteilungen an Verbraucher sendet und durch die Gestaltung dieser Zusendungen den Eindruck erweckt, daß der Verbraucher einen Preis gewonnen hat, dem Verbraucher diesen Preis zu leisten. Mit dieser Vorschrift, die in das BGB im Rahmen der Schuldrechts-Modernisierung eingeführt worden ist, soll den in der Vergangenheit häufigen irreführenden Gewinnmitteilungen Einhalt geboten werden[508].

Preisausschreiben und Gratisverlosungen, die die Aufmerksamkeit des Publikums auf ein Angebot oder ein Unternehmen richten sollen, sind grundsätzlich erlaubt[509].

Die blickfangartige Ankündigung „Sie haben schon gewonnen" mit herausgestellten Hauptgewinnen über 2.000 bis 10.000 DM und dem nur kleingedruckten Hinweis auf die „Auf-jeden Fall-Gewinne" ist wettbewerbswidrig, wenn die vielversprechende Ankündigung im Blickfang zu den tatsächlich gebotenen Gewinnchancen in krassem Mißverhältnis steht[510]. Wettbewerbswidrig ist darüber hinaus eine Täuschung über die Attraktivität der Hauptpreise eines von einem Versandhandels-Unternehmen veranstalteten Gewinnspiels[511].

Es steht zu erwarten, daß die Täuschung des Publikums durch die blickfangartige Ankündigung von Gewinnzusagen durch die Einführung von § 661a BGB zurückgedrängt werden wird. Es stellt sich aber die Frage, ob dem umworbenen Verbraucher durch den Erfüllungsanspruch aus § 661a BGB tatsächlich geholfen ist, wenn der Anbieter nicht über eine ladungsfähige Anschrift im Inland verfügt oder überhaupt nicht auf-

---

[508] Vgl. im einzelnen: *Palandt/Sprau*, BGB, § 661 Rdnr. 1.
[509] S. BGH, GRUR 1959, 138 – Italienische Note; BGH, GRUR 1959, 544 – Modenschau; BGH, GRUR 1962, 461 – Filmvorführung; BGH, GRUR 1977, 727 – Kaffee-Verlosung I; BGH, GRUR 1987, 243 (244) – Alles frisch; BGH, GRUR 1989, 434 – Gewinnspiel I.
[510] So BGH, GRUR 1974, 729 (731) = WRP 74, 200 – Sweepstake.
[511] So BGH, WRP 1995, 591 – Gewinnspiel II; OLG Koblenz, NJW-RR 1996, 1261.

findbar ist. Andererseits kann durch die restriktive Anwendung von § 661a BGB zumindest bei inländischen Unternehmen sichergestellt werden, daß diese auf die unseriöse Verbreitung von Gewinnzusagen verzichten.

Schließlich werden unter die aleatorischen Anreize auch verschiedene Varianten des psychologischen Kaufzwangs subsummiert, nämlich dann, wenn die Teilnahme an einem Preiswettbewerb oder an einer Gratisverlosung jedem auch ohne den Kauf einer Ware möglich ist, dazu aber das Geschäftslokal des Anbieters aufgesucht werden muß[512]. Diese Konstellationen werden im Internet nicht auftreten, da es gerade darum geht, daß sich der Kunde online an einem Vertragsschluß beteiligt. Viele Internet-Unternehmen verfügen darüber hinaus überhaupt nicht über Ladengeschäfte, so daß der psychologische Kaufzwang, der beim Betreten des Ladengeschäfts unweigerlich entsteht, bei Internet-Transaktionen nicht gegeben ist.

k) Gefühls- und Vertrauensausnutzung

Die Untergruppe der unzulässigen Gefühls- und Vertrauensausnutzung ist dadurch gekennzeichnet, daß der Kunde durch den Appell an das Gefühl von den für den Kauf einer Ware wesentlichen Umständen wie Preis und Güte abgelenkt und unter Ausnutzung seiner Emotionen bestimmt werden soll, sich aus sachfremden Gesichtspunkten zum Kauf zu entschließen[513]. Außer dem direkten Appell an bestimmte Gefühle, wie Angst oder Mitleid, sucht man durch Manipulation des Unbewußten den Kauf bestimmter Waren dem Publikum zu suggerieren[514].

Grundsätzlich gelten im Internet für diese Fallgruppe die gleichen Grundsätze wie in der realen Welt. Gerade im Bereich der Heilmittelwerbung ist das Werben mit der Angst unzulässig. Gemäß § 11 Nr. 7 HWG sind Werbeaussagen, die geeignet sind, Angstgefühle hervorzurufen oder auszunutzen, verboten. Gemäß § 17 Nr. 1 HWG ist eine Anwendung des UWG neben dem HWG nicht ausgeschlossen. Eine unzulässige Angstwerbung liegt vor, wenn für ein Reinigungs- und Pflegemittel mit dem Slogan „Damit Mensch und Natur eine Chance haben" geworben wird[515]. Demgegenüber liegt noch keine unzulässige Werbung mit Angstgefühlen vor, wenn für eine sichere Variante einer gewerblichen Leistung geworben und auf vermeidbare Risiken hingewiesen wird[516].

---

[512] So *Baumbach/Hefermehl*, Wettbewerbsrecht, § 1 UWG Rdnr. 157.
[513] Vgl. dazu: Ekey/Klippel/Kotthoff/Meckel/Plaß-*Plaß*, Wettbewerbsrecht, § 1 UWG Rdnr. 200; *Emmerich*, Wettbewerbsrecht, § 12 Abschn. 9.
[514] So *Baumbach/Hefermehl*, Wettbewerbsrecht, § 1 UWG Rdnr. 175.
[515] So OLG Saarbrücken, WRP 1992, 510.
[516] So OLG Hamburg, WRP 1999, 349 (353) – Fototaschen.

aa) Angstwerbung

Wettbewerbswidrig ist es allerdings unter dem Gesichtspunkt der Angstwerbung bei der Werbung für ein „Handbuch für selbständige Unternehmer" Briefumschläge zu verwenden, die einen hervorgehobenen Warnhinweis und im Kontext mit namentlich aufgeführten, angeblich bereits wirtschaftlich gescheiterten Unternehmen die deutlich erkennbare Frage an den Adressaten richten: „Sind Sie der Nächste?"[517]. Im gleichen Zuge wie die Werbung mit der Angst ist die verunsichernde Werbung zu sehen.

Auch gesundheitsbezogene Werbung kann unzulässig sein. Werden Waren als für die Gesundheit förderlich oder unentbehrlich angepriesen, so ist ein großer Teil des Publikums geneigt, solchen Angaben wegen seines hochgradigen Interesses an der Erhaltung der Gesundheit blindlings zu vertrauen, sei es aus Angst oder übertriebener Vorsicht, sei es aus Gläubigkeit oder verzweifelter Hoffnung. Für die Zulässigkeit einer solchen, die Kaufentscheidung beeinflussenden Werbung gelten wegen der besonderen Schutzwürdigkeit der menschlichen Gesundheit strenge Maßstäbe[518].

bb) Gefühlsbetonte Werbung

Gefühlsbetonte Werbung ist anzunehmen, wenn an die Gefühle des Umworbenen, wie Mitleid, Hilfsbereitschaft, Mildtätigkeit, Spendenfreudigkeit, Eitelkeit, soziale Verantwortung, Vaterlandsliebe, Frömmigkeit oder Trauer appelliert wird[519]. Macht sich ein Unternehmen das Mitgefühl oder die soziale Hilfsbereitschaft des Umworbenen für eigennützige Zwecke planmäßig zunutze, ohne daß irgendein sachlicher Zusammenhang mit der Leistung, wie den Eigenschaften einer Ware, ihrer Herstellungsart oder Preiswürdigkeit besteht, so handelt es in der Regel wettbewerbswidrig[520].

Zur gefühlsbetonten Werbung hat das Bundesverfassungsgericht nach seiner Entscheidung zur Schockwerbung umfassend Stellung bezogen. Dabei weist das Gericht zunächst darauf hin, daß nicht von der tatbestandsmäßigen Prüfung der Fallgruppe der gefühlsbetonten Werbung auszugehen ist, sondern vielmehr das angegriffene Unterlassungsgebot eigenständig am Maßstab des Art. 5 Abs. 1 GG bewertet werden muß[521].

---

[517] So OLG Köln, WRP 1997, 869.

[518] So BGH, BGHZ 47, 259 – Gesunder Genuß; BGH, GRUR 1973, 429 (431) – Idee-Kaffee I; BGH, GRUR 1975, 664 – Idee-Kaffee III; BGH, GRUR 1993, 756 (757) – Mild-Abkommen.

[519] Vgl. *Baumbach/Hefermehl*, Wettbewerbsrecht, §1 UWG Rdnr. 185; *Kießling/Kling*, WRP 2002, 615 ff.

[520] So BGH, GRUR 1976, 308 (311) – UNICEF-Grußkarten; BGH, GRUR 1965, 485 (487); BGH, GRUR 1987, 534 (535); BGH, GRUR 1991, 545.

[521] S. BVerfG, Beschluß vom 6. Februar 2002 – 1 BvR 952/90 und 1 BvR 2151/96, NJW 2002, 1187 (1188) = WRP 2002, 430 ff.; vgl. *Kießling/Kling*, WRP 2002, 615 ff.

I. Generalklausel, § 1 UWG 117

Von den Tatbestandsmerkmalen der von der Rechtsprechung zu § 1 UWG entwickelten Fallgruppen könne aber eine aus praktischer Erfahrung gewonnene Indizwirkung für die Sittenwidrigkeit und die Gefährdung des Leistungswettbewerbs ausgehen[522]. Es obliege den Fachgerichten zu prüfen, ob die Indizwirkung im konkreten Fall auch angesichts der sich daran anschließenden Rechtsfolge, der Einschränkung der Meinungsfreiheit, gegeben ist. Die angegriffene Werbeäußerung muß nach den Umständen des Einzelfalls so schwer sein, daß eine Gefährdung des Leistungswettbewerbs besteht[523].

cc) Schockwerbung

Über die Frage der gefühlsbetonten Werbung hinaus geht die Schockwerbung[524]. Die Schockwerbung ist in Deutschland insbesondere durch die Imagewerbung der Textilfirma „Benetton" in die Diskussion gekommen. Nach Auffassung der Zivilgerichte war es gem. § 1 UWG wettbewerbswidrig, für Textilien mit einer Fotografie zu werben, auf der ein durch einen Ölteppich schwimmender, vollkommen mit Öl bedeckter Wasservogel abgebildet war, um beim Verbraucher, ohne daß ein sachlicher Zusammenhang zwischen Werbung und umworbenem Produkt bestand, über dessen Gefühle des Mitleids und der Ohnmacht eine Solidarisierung mit dem werbenden Unternehmen als gleichermaßen betroffen zu bewirken und dadurch dessen Bekanntheit, Ansehen und Geschäftstätigkeit zu steigern[525].

Ähnlich wurde es bewertet, als die Firma Benetton in einer bezahlten Werbeanzeige schwer arbeitende Kleinkinder der Dritten Welt bei harter körperlicher Arbeit zeigte und dadurch Gefühle des Mitleids ohne sachliche Veranlassung zur Steigerung des eigenen Ansehens für sich selbst kommerziell ausnutzten[526]. Wettbewerbswidrig handelt auch nach der Literatur, wer in der Wirtschaftswerbung die Menschenwürde verletzt und Minderheiten diskriminiert oder herabsetzt[527] sowie des Werbeeffekts wegen ein Spiel mit dem treibt, was vielen heilig ist[528].

Wettbewerbswidrig war darüber hinaus eine Werbung für Textilien mit der Abbildung eines menschlichen Gesäßes, dem der stigmatisierende Stempel „H.I.V. positiv" auf die Haut gedrückt war. Dadurch wurde nicht

---

[522] So BVerfG, Beschluß vom 6. Februar 2002 – 1 BvR 952/90 und 1 BvR 2151/96, NJW 2002, 1187 (1189).
[523] So BVerfG, Beschluß vom 6. Februar 2002 – 1 BvR 952/90 und 1 BvR 2151/96, NJW 2002, 1187.
[524] Vgl. *Henning-Bodewig*, GRUR 1997, 180 (190); *Wünnenberg*, Schockierende Werbung – Verstoß gegen § 1 UWG?, 1996, S. 121 ff.; Ekey/Klippel/Kotthoff/Meckel/Plaß-*Plaß*, Wettbewerbsrecht, § 1 UWG Rdnrn. 113 ff.
[525] So BGH, GRUR 1995, 598 – Ölverschmutzte Ente.
[526] So BGH, GRUR 1995, 595 (597).
[527] S.*Fezer*, JZ 1998, 265 ff.; *ders.*, WRP 2001, 989 (1017).
[528] Vgl. *Henning-Bodewig*, GRUR 1997, 180 (190).

§ 3. Werbebeschränkungen aus dem allgemeinen Wettbewerbsrecht

nur in grober Weise das Gefühl des Mitleids und des Schreckens in starkem Maße zu kommerziellen Zwecken ausgenutzt, sondern zugleich gegen die Grundsätze der Wahrung der Menschenwürde verstoßen[529].

Wettbewerbswidrig war es darüber hinaus auch, als Vorspann für eine Werbung für Textilien eine Fotografie über die existentielle und bedrückende Not der Menschen in unserer Zeit zu benutzen[530].

Inzwischen hat das Bundesverfassungsgericht die „H.I.V. positiv I" - Entscheidung des BGH wegen eines Verstoßes gegen Art. 5 Abs. 1 GG aufgehoben und die Sache an den BGH zurückverwiesen[531]. Der BGH hat dann in der Entscheidung „H.I.V. positiv II" an seiner Einschätzung festgehalten, daß die Anzeigen der Firma Benetton gegen die guten Sitten verstoßen[532]. Der Schutz des lauteren Wettbewerbs durch § 1 UWG als allgemeines Gesetz i.S. des Art. 5 Abs. 2 GG kann Einschränkungen der Freiheit, im Wettbewerb die eigene Meinung zu äußern, notwendig machen, die außerhalb des Wettbewerbs nicht oder nicht in diesem Maße gelten. Eine unlautere Behinderung von Mitbewerbern oder andere unmittelbare Beeinträchtigungen des Leistungswettbewerbs sind dazu keine Voraussetzung. Eine Anzeige, die schweres Leid von Menschen als Werbethema benutzt, um - auch durch die Thematisierung gerade in der Wirtschaftswerbung eines Unternehmens - Emotionen aufzurühren, um auf diese Weise das Unternehmen zum Gegenstand öffentlicher Aufmerksamkeit zu machen und so den Verkauf eigener Waren zu fördern, verstößt danach gegen § 1 UWG[533].

dd) Einsatz fremder Autorität („Testimonial"-Werbung)

Unter die Fallgruppe der Vertrauensausnutzung gehört auch der Einsatz fremder Autorität, beispielsweise die Veranstaltung wissenschaftlicher Vorträge, um die Zuhörer, die mit einer sachlichen Aufklärung durch eine wissenschaftliche Autorität rechnen, für den Verkauf einer Ware reif zu machen und einzufangen[534].

Unter die Form der Werbung mit Autoritäten fällt auch die sog. „Testimonial"-Werbung, bei der insbesondere Angehörige herausgehobener freier Berufe, etwa Ärzte, Apotheker oder Rechtsanwälte für den Absatz bestimmter Produkte nutzbar gemacht werden sollen. Dies ist den Be-

---

[529] So BGH, GRUR 1995, 600.
[530] So OLG Frankfurt am Main, GRUR 1993, 950; vgl. *Henning-Bodewig*, WRP 1992, 533 ff.; GRUR 1993, 1950.
[531] S. BVerfG, Urteil vom 12. Dezember 2000 - 1 BvR 1762/95 und 1787/95, BVerfGE 102, 347 = NJW 2001, 591 = GRUR 2001, 170.
[532] S. BGH, Urteil vom 6. Dezember 2001 - I ZR 284/00, NJW 2002, 1200 ff. = WRP 2002, 434 ff. Vgl. dazu: *Kießling/Kling*, WRP 2002, 615 ff.
[533] So BGH, Urteil vom 6. Dezember 2001 - I ZR 284/00, NJW 2002, 1200 (1205).
[534] Vgl. *Baumbach/Hefermehl*, Wettbewerbsrecht, § 1 UWG Rdnr. 190.

I. Generalklausel, § 1 UWG

rufsträgern nicht nur im Hinblick auf ihre Pflichten aus den Berufs- und Standesordnungen untersagt, sondern auch unter Berücksichtigung von § 1 UWG[535].

ee) Subliminal-Werbung

Unter die Gefühlsausnutzung im weiteren Sinne fällt schließlich die unterschwellige Werbung („Subliminals"). Bekanntes Beispiel für sog. „Subliminals" ist die kurzzeitige Einblendung einer Anzeige für Eiskrem in einen Kinofilm über eine Dauer von lediglich einer 3/1000stel Sekunde, so daß die Besucher zwar optisch, nicht aber gedanklich die Werbung bemerkt haben. In der Pause sollen angeblich fast 60 % mehr Eiskrem als üblich verkauft worden sein[536]. Die Subliminal-Werbung[537], die nicht mehr bewußt wahrnehmbar und daher dazu bestimmt ist, auf das Unterbewußtsein des Umworbenen einzuwirken, ist wegen Mißachtung seiner Persönlichkeit sittenwidrig[538]. Ausdrücklich verboten sind subliminale Techniken in der Fernsehwerbung[539].

Im Internet sind diese Grundsätze uneingeschränkt anzuwenden, zumal die technischen Möglichkeiten im Vergleich zur Kino- und Fernsehwerbung ungleich umfassender sind. So kann beispielsweise in subliminaler Weise ein Bild eingeblendet werden, um den User zu animieren, eine bestimmte Ware zu kaufen oder eine bestimmte Dienstleistung in Anspruch zu nehmen. Diese Technik ist im Internet für den Werbenden noch attraktiver als etwa im Kino oder im Fernsehen, da bei diesen Medien allen Zuschauern zeitgleich die gleiche Einblendung gemacht wird. Beim Internet ist es ohne weiteres möglich, eine auf den jeweiligen Nutzer ausgerichtete Einblendung zu schalten, etwa wenn über ihn aus Cookies ein bestimmtes Daten- und/oder Interessenprofil bekannt ist[540].

---

[535] Vgl. *Simon/Schmittmann*, MedR 2001, 228 (233).
[536] Vgl. *Baumbach/Hefermehl*, Wettbewerbsrecht, § 1 UWG Rdnr. 193.
[537] Vgl. zur Tiefenpsychologie in der Werbung: *Bülow*, WRP 1971, 299 ff.
[538] Vgl. *Henning-Bodewig*, GRUR Int. 1991, 858 (859); *Sack*, ZUM 1987, 103 (124).
[539] So Art. 10 Abs. 3 der Richtlinie 89/522/EWG des Rates vom 3. Oktober 1989 zur Koordinierung bestimmter Rechts- und Verwaltungsvorschriften der Mitgliedstaaten über die Ausübung der Fernsehtätigkeit, ABl. EG 1989, Nr. L 298, S. 23; in der Fassung der Richtlinie 97/36 zur Änderung der Fernsehrichtlinie, ABl. EG 1997, Nr. L 202, S. 60; vgl. die konsolidierte Fassung in GRUR Int. 1998, 120.
[540] Vgl. zu Cookies: § 4 VI. 2. c); *Boehme-Neßler*, Datenschutz in der Informationsgesellschaft, K&R 2002, 217 ff.; *Wessely*, Privatsphäre im Internet, Medien und Recht 2001, 135 ff.; *Hillenbrand-Beck/Greß*, Datengewinnung im Internet – Cookies und ihre Bewertung unter Berücksichtigung der Novellierung des TDDSG, DuD 2001, 389 ff.

g) Ausnutzen der Unerfahrenheit

Hinsichtlich der Fallgruppe des Ausnutzens der Unerfahrenheit[541], insbesondere im Zusammenhang mit der Werbung mit und vor Kindern und Jugendlichen sowie dem Unterdrucksetzen der Eltern gelten im Internet keine anderen Regeln als in der klassischen Werbung. Die in Betracht kommenden konkreten Fälle dürften aber im Internet eher die Ausnahme sein, da es nicht zu einem persönlichen Kontakt zwischen Kunden einerseits und Verkäufer bzw. Werbungtreibendem andererseits kommt.

h) Laienwerbung

Weitere Untergruppe der Täuschung ist die Laienwerbung. Viele Unternehmen, insbesondere Zeitungs- und Zeitschriftenverlage, Versicherungsgesellschaften, Buchgemeinschaften, Versandhandelsgeschäfte etc. spannen Laien für die Werbung ein, in der für die Gewinnung eines neuen Abonnenten eine Prämie gewährt oder ein Geldbetrag gezahlt wird. Diese Werbung ist an sich nicht anstößig.

Zum Warenvertrieb eingesetzte Laien werden sich vorwiegend an Verwandte, Freunde und Bekannte wenden, da jeder im Geschäftsleben Unerfahrene Hemmungen hat, Fremde anzusprechen. Auf diese Weise werden die persönlichen Beziehungen des Werbers zu Zwecken des Warenvertriebs ausgenutzt. Die Privatsphäre wird dadurch kommerzialisiert[542].

Das spezifisch Unlautere liegt hier darin, daß nicht die Güte und Preiswürdigkeit der angebotenen Ware in den Vordergrund treten, sondern daß der Umworbene sich möglicherweise scheut, dem Werber aus persönlicher Bekanntschaft oder Freundschaft eine Absage zu erteilen. Die Ausnutzung nachbarschaftlicher und persönlicher Beziehung führt somit zu einer noch stärkeren Belastung der Intimsphäre als der Hausbesuch ambulanter Händler[543].

Gerade im Internet tritt Laienwerbung in verschiedenen Konstellationen auf. Einerseits gibt es auf vielen Websites die Möglichkeit, diese Seite „Freunden und Bekannten zu empfehlen". Dazu muß der Nutzer einen entsprechenden Button anklicken und dann seine und die E-Mail-Anschrift des Bekannten eingeben. Dieser erhält dann eine elektronische Nachricht, die entweder unmittelbar Werbung enthält oder die URL des Unternehmens, damit der Empfänger diese Seite abruft.

---

[541] Vgl. *Baumbach/Hefermehl*, Wettbewerbsrecht, § 1 UWG Rdrn. 194 ff.
[542] So *Baumbach/Hefermehl*, Wettbewerbsrecht, § 1 UWG Rdnr. 202.
[543] So BGH, GRUR 1974, 341 (343); BGH, GRUR 1981, 655 (656); OLG Saarland, WRP 1994, 840; OLG München, WRP 1996, 42 (44).

In dieser Konstellation ist eine differenzierende Betrachtung geboten, da einerseits lediglich ein Hinweis gegeben wird und aufgrund des fehlenden persönlichen Kontaktes eine unsachgemäße Beeinflussung oder gar gefühlsbetonte Ansprache des Empfängers ausscheidet. Diese Form der Laienwerbung kann jedenfalls so lange als zulässig angesehen werden, wie es sich lediglich um einen schlichten Hinweis handelt.

Bedenklich wird diese Form der Laienwerbung allerdings, wenn der Besucher der Website, also der Laienwerber, ein Entgelt für die Eingabe erhält. Dadurch wird der Besucher der Website veranlaßt, eine Vielzahl von E-Mail-Anschriften von Freunden und Bekannten bekanntzugeben, die als mögliche Interessenten für das Produkt in Frage kommen. Dies bedeutet, daß der Unternehmer faktisch Adressen von einem Laien kauft, die der Unternehmer später zu eigenen Marketing-Maßnahmen nutzen kann. Ähnlich liegt es, wenn der Website-Besucher eine Ware oder Dienstleistung kostenlos oder verbilligt erhält, wenn er im Gegenzug eine oder mehrere Adressen von Bekannten preisgibt. Insoweit kann der Unternehmer nämlich Adressen sammeln, die sich einerseits dadurch auszeichnen, daß zumindest ansatzweise die Hoffnung besteht, daß der Empfänger sich für das Produkt interessiert und andererseits so auch Adressen bekannt werden, die in öffentlichen Verzeichnissen möglicherweise nicht enthalten sind und daher nur auf diese Weise vom Unternehmen ermittelt werden können.

Schließlich ist auch zu berücksichtigen, daß E-Mail-Werbung mittelbar in der Form erfolgen kann, daß der User die Möglichkeit hat, kostenfrei E-Mails zu versenden, diese aber mit einem Anhang versehen werden, der Werbung für ein Unternehmen enthält. Auch dies dürfte unter dem Gesichtspunkt der Laienwerbung zumindest eine fragwürdige Praxis sein.

2. Behinderung

Die Fallgruppe der Behinderung umfaßt eine Vielzahl von Konstellationen, angefangen bei der Absatz- und Bezugsbehinderung und endend mit der Lizenz- und Werbebehinderung[544].

Die Fälle der Absatz- und Bezugsbehinderung sind dadurch gekennzeichnet, daß die Werbung vor dem Geschäft des Mitbewerbers oder in dessen unmittelbarer Nähe Kunden gezielt abfangen soll bzw. der Mitbewerber vom Bezug von Rohstoffen oder Vorleistungen ausgeschlossen wird[545].

Auch die sog. „Gegenwerbung" fällt in diese Fallgruppe. Wettbewerbswidrig ist es nach der Rechtsprechung, mit einem Inserat im Fernsprechbuch auf der Seite eines Mitbewerbers zu werben, obwohl die Firma des Werbenden mit einem anderen Buchstaben anfängt[546]. Diese

---
[544] Vgl. *Emmerich*, Wettbewerbsrecht, § 6.
[545] So *Baumbach/Hefermehl*, Wettbewerbsrecht, § 1 UWG Rdnrn. 214 ff.
[546] So OLG Düsseldorf, NJW 1956, 64; OLG Bamberg, NJW-RR 1993, 50.

§ 3. Werbebeschränkungen aus dem allgemeinen Wettbewerbsrecht

Konstellation tritt auch im Internet gern auf, und zwar in Form des Buchens von Werbung im Zusammenhang mit Suchmaschinen, was nachstehend unter (bb) „Indexspamming" im einzelnen untersucht werden wird.

a) Werbebehinderung

Die Werbebehinderung taucht oftmals in Form der Vereitelung fremder Werbung auf, etwa durch die „Fernsehfee," durch einen „Webwasher" oder „Indexspamming".

aa) Fernsehfee und Webwasher

Ähnlich der „Fernsehfee"[547] gibt es inzwischen im Internet sog. „Ad-Killer", die Werbebanner erkennen und herausfiltern[548]. Anstelle des Banners wird ein vom Nutzer gewähltes Motiv eingeblendet[549].

Die Verwendung von Werbeblockern wirft erhebliche urheberrechtliche Probleme auf, soweit man der in der Literatur vertretenen Auffassung, die Internet-Site sei urheberrechtlich als Werk i.S. von § 2 Abs. 1 UrhG geschützt[550] und eine Veränderung der Site im Bereich des Users sei nicht konkludent gestattet[551], folgt. Dabei ist zwischen dem Einsatz solcher Programme im privaten Bereich und im unternehmerischen Bereich zu trennen.

α) **Einsatz im privaten Bereich.** Im privaten Bereich kommt ein Verstoß gegen urheberrechtliche Vorschriften nicht in Betracht, da § 23 UrhG die Umgestaltung von Werken ohne Einwilligung des Urhebers für den eigenen Gebrauch gestattet. Demnach ist die Verwendung des Web-Washers im privaten Bereich nicht zu beanstanden[552].

---

[547] Das OLG Frankfurt am Main (Urteil vom 23. September 1999 – 6 U 74/99, MMR 1999, 720 ff. = K & R 2000, 33 ff.) hält den Vertrieb eines Zusatzgerätes für Fernsehapparate, die bei Beginn eines Werbeblocks auf ein anderes Programm umschalten und am Ende der Werbung zurückschalten, für wettbewerbsrechtlich unbedenklich (ebenso die Vorinstanz: LG Frankfurt am Main, Urteil vom 8. April 1999 – 2/3 O 97/99, MMR 1999, 613 ff.). Das LG Berlin (Urteil vom 28. Mai 1999 – 15 O 123/99, MMR 1999, 610 ff.) hat hingegen einen wettbewerbswidrigen Eingriff in die Rundfunkfreiheit des Senders aus Art. 5 Abs. 1 GG angenommen. Das KG (Urteil vom 24. Juli 2001 – 5 U 1112/00, MMR 2002, 483) hat die Entscheidung aufgehoben und herausgearbeitet, daß Geräte zur automatischen Ausblendung von Werbung zulässig seien. Der Grundsatz, daß dem Zuschauer freistehen muß, welche Inhalte er ansieht, müsse ungetastet bleiben.

[548] Vgl. dazu umfassend: *Apel/Steden*, Urheberrechtsverletzungen durch Werbeblocker im Internet?, WRP 2001, 112 ff.

[549] S. *Hey*, BuW 2001, 119 (121).

[550] Soweit es sich nicht um eine ganz banal gestaltete Website handelt, wird dies überwiegend angenommen: *Schack*, Urheberrechtliche Gestaltung von Webseiten unter Einsatz von Links und Frames, MMR 2001, 9 (10 ff.); *Völker/Lührig*, Abwehr unerwünschter Inline-Links, K & R 2000, 20 (23 ff.); vgl. aber auch *Cichon*, Urheberrechte an Webseiten, ZUM 1998, 897 (901).

[551] So *Apel/Steden*, WRP 2001, 112 (115 f.).

[552] So auch *Apel/Steden*, WRP 2001, 112 (115).

β) **Einsatz im unternehmerischen Bereich.** Im unternehmerischen Bereich wird in dem Einsatz von Werbeblockern eine Verletzungshandlung gesehen, da die Website durch den Webwasher verändert werde. Damit sei das Vervielfältigungsrecht (§§ 15 Abs. 1 Nr. 1, 16 UrhG) bzw. das Recht zur Bearbeitung oder Umgestaltung (§ 23 UrhG) tangiert[553].

Schließlich kämen auch Verstöße gegen das Urheberpersönlichkeitsrecht in Betracht, wenn durch den Einsatz des Web-Washers das Werk entstellt oder beeinträchtigt wird (§ 14 UrhG)[554]. Eine Entstellung kann etwa darin gesehen werden, daß die Wiedergabe des Werkes, etwa im Fernsehen oder Radio, durch Werbung unterbrochen wird[555]. Hier liegt der gegenteilige Fall vor, da keine Werbung eingeblendet, sondern ausgeblendet wird. Dadurch kommt es gerade nicht zu einer Entstellung, vielmehr wird der Betrachter auf das wesentliche der Website gelenkt, nämlich die Zusammenstellung der verschiedenen gestaltenden, nicht werbenden Komponenten der Site. Die Werbebanner sind nicht Bestandteil der „Komposition" und nehmen daher auch am urheberrechtlichen Schutz aus § 14 UrhG nicht teil[556].

Die Auffassung, nach der die Verwendung von Web-Washern eine Verletzungshandlung darstellt, steht und fällt jedoch mit der Prämisse, daß es sich bei dem Ergebnis der Verwendung des Programms im Unternehmen um eine Veröffentlichung oder Verwertung handelt, § 23 Satz 1 UrhG. Dies wird damit begründet, daß von dem Unternehmen eine Vielzahl von Computern betrieben wird und der Gesetzgeber durch § 23 Satz 1 UrhG nur den privaten Gebrauch privilegieren wollte[557]. Dem steht aber entgegen, daß der Begriff der „Veröffentlichung" in § 23 Satz 1 UrhG im Lichte von § 6 Abs. 1 UrhG zu verstehen ist. Im Bereich des § 6 Abs. 1 UrhG ist auf den Begriff der „öffentlichen Wiedergabe" i.S. des § 15 Abs. 3 UrhG zu rekurrieren[558]. Danach ist die Wiedergabe öffentlich, wenn sie für eine Mehrzahl von Personen bestimmt ist, es sei denn, daß der Kreis dieser Personen bestimmbar abgegrenzt ist und sie durch gegenseitige Beziehungen untereinander verbunden sind. M.E. sind die Mitarbeiter eines Unternehmens, in dem Web-Washer Verwendung finden, ein abgegrenzter Personenkreis, der gerade durch das Arbeitsverhältnis untereinander verbunden ist. Im Hinblick darauf, daß die Rechtsprechung zum Teil schon Feste von größeren Unternehmen, an denen hunderte von Personen teilnahmen, mangels persönlicher Verbundenheit als öffentlich angesehen hat[559], ist dieser Schluß jedoch nicht zwingend[560].

---

[553] So *Apel/Steden*, WRP 2001, 112 (114f.).
[554] So *Apel/Steden*, WRP 2001, 112 (117).
[555] S. *Möhring/Nicolini-Kroitzsch*, Urheberrechtsgesetz, § 14 Rdnr. 9.
[556] So *Schmittmann*, MMR 2001, 792 (795).
[557] So *Apel/Steden*, WRP 2001, 112 (116).
[558] S. *Möhring/Nicolini-Ahlberg*, § 6 Rdnr. 7.
[559] S. BGH, Urteil vom 24. Juni 1955 – I ZR 178/53, BGHZ 17, 376 (379).
[560] So *Schmittmann*, MMR 2001, 792 (795).

§ 3. Werbebeschränkungen aus dem allgemeinen Wettbewerbsrecht

Im übrigen ist zweifelhaft, ob ein Eingriff gegen das Vervielfältigungsrecht (§§ 15 Abs. 1 Nr. 1, 16 UrhG) tatsächlich vorliegt oder nicht das Einstellen der Website in das Internet konkludent allen anderen Usern die Freiheit eröffnet, das Werk zu vervielfältigen[561], und zwar nicht nur in der ursprünglichen Fassung, sondern auch in einer durch den Web-Washer veränderten Fassung. Dagegen spricht, daß viele Internetsites nur dadurch betrieben werden können, daß Bannerwerbung plaziert wird und durch den massenhaften Einsatz von Web-Washern eine Abrechnung der Bannerwerbung, die auf „Ad-Klicks" beruht, manipuliert wird und damit die Attraktivität der Website abnimmt und den Betreiber in ernsthafte wirtschaftliche Schwierigkeiten bringen kann.

Gleichwohl läßt sich mit guten Gründen vertreten, daß die Einwilligung sich auch auf die Vervielfältigung ohne Werbebanner beziehen muß. Die Vervielfältigung ohne Werbebanner ist kein *aliud* zur vollständigen Vervielfältigung, sondern ein *minus*. Daher kann der Urheber sich nicht darauf berufen, seine konkludente Einwilligung beziehe sich nur auf die vollständige Vervielfältigung, nicht aber auf eine durch Web-Washer verkürzte[562].

Unter Berücksichtigung des Umstands, daß das Internet zwar kein rechtsfreier Raum ist, aber seinen Teilnehmern größtmögliche Freiheit gewährleisten soll, und das Interesse seiner User, die Informationen so breit und ungehindert wie möglich zu streuen, spricht einiges dafür, in der Verwendung von Web-Washern keinen Verstoß gegen das Urheberrecht zu sehen. Dafür spricht auch, daß der Adressat im Hinblick auf die negative Informationsfreiheit aus Art. 5 Abs. 1 GG auch das Recht haben muß, der Werbung auszuweichen[563], und es auch keine Garantie dafür geben kann, daß in der Zukunft die Finanzierungsfunktion der Bannerwerbung unverändert aufrechterhalten wird.

bb) Index-Spamming

Ein Verstoß gegen § 1 UWG in Form der unlauteren Behinderung kann durch sog. „Index-Spamming" erfolgen. Index-Spamming liegt vor, wenn Suchmaschinen planmäßig mit Links auf eine bestimmte Website überschwemmt werden, so daß beispielsweise bei der Eingabe eines bestimmten Suchwortes hunderte oder jedenfalls 60 Prozent der von der Suchmaschine ermittelten Einträge auf eine Website verweisen, die ihrerseits wieder auf eine bestimmte andere Website verlinkt sei[564].

---

[561] So *Jaeger-Lenz*, Werberecht, S. 106 f.; *Ernst*, Rechtliche Fragen bei der Verwendung von Hyperlinks im Internet, NJW-CoR 1997, 224 ff.; *Schack*, MMR 2001, 9 (14).
[562] So *Schmittmann*, MMR 2001, 792 (795).
[563] So OLG Frankfurt am Main, MMR 1999, 720 ff., zur Fernsehfee.
[564] So LG Frankfurt am Main, Urteil vom 10. August 2001 – 3/12 O 96/01, GRUR-RR 2002, 81 ff. = CR 2002, 222 ff. m. Anm. *Dieselhorst*.

I. Generalklausel, § 1 UWG

Das planmäßige Index-Spamming führt dazu und zielt auch bewußt darauf ab, Wettbewerber von potentiellen Kunden abzuschneiden. Selbst wenn der Interessent sich mit den ausgewiesenen Ergebnissen befasse, so lande er immer wieder auf der gleichen Website. Indiz für ein unlauteres Index-Spamming ist auch der Umstand, daß eine Vielzahl von Informationen wiederholt wird oder die Informationen keinen vernünftigen Inhalt haben (sog. „Vermüllung")[565]. Durch ein solches Vorgehen, nämlich die Überflutung von Suchmaschinen mit Links, welche massiv an der Spitze der Trefferlisten positioniert werden, werden potentielle Kunden anderer Anbieter abgefangen. Der Internetnutzer droht bei dieser Form der Suche zu frustrieren und wird sich deshalb an den Anbieter wenden, der sich im durch das Index-Spamming aufgedrängt hat. Dies beeinträchtigt in unlauterer Weise den Absatz anderer Anbieter[566].

Der Anbieter einer Suchmaschine haftet nicht als Mitstörer für gefundene Inhalte wettbewerbswidrige Inhalte in Form des Index-Spamming[567]. Der Anbieter einer Suchmaschine betreibe schon begrifflich keine Werbung, sondern stelle nur eine „Navigationshilfe" zur Verfügung ohne willentlich fremde Inhalte zu übernehmen[568]. Somit scheitert ein Anspruch aus § 1 UWG gegen den Anbieter der Suchmaschine ebenso wie ein Anspruch aus § 5 Abs. 4 TDG a.F.

Demgegenüber kann die Online-Agentur, die für das Unternehmen die Gestaltung der Werbung übernommen und die die „Optimierung"der Werbung in Form des „Index-Spamming" ermöglicht hat, als Mitstörer neben dem Unternehmen auf Unterlassung in Anspruch genommen werden[569]. Insbesondere kann die Agentur sich nicht auf die Rechtsprechung zur Haftung der Presse bei Werbeanzeigen berufen[570], wenn sie selbst einen kreativen Gestaltungsspielraum bei der Erstellung der Werbung hat und eine „Optimierung der Werbung" als eigene Dienstleistung anbietet[571].

---

[565] So LG Frankfurt am Main, Urteil vom 10. August 2001 – 3/12 O 96/01, GRUR-RR 2002, 81 (82).
[566] So LG Frankfurt am Main, Urteil vom 10. August 2001 – 3/12 O 96/01, GRUR-RR 2002, 81 (82).
[567] Vgl. LG Frankfurt am Main, Urteil vom 5. September 2001 – 3/12 O 107/01, GRUR-RR 2002, 83 ff. = CR 2002, 220 ff.
[568] So LG Frankfurt am Main, Urteil vom 5. September 2001 – 3/12 O 107/01, GRUR-RR 2002, 83 (84).
[569] So *Dieselhorst*, CR 2002, 224 (225).
[570] Vgl. umfassend: *Pankoke*, Von der Presse- zur Providerhaftung, München, 2000.
[571] So LG Frankfurt am Main, Urteil vom 10. August 2001 – 3/12 O 96/01, GRUR-RR 2002, 81 ff. = CR 2002, 222 ff. m. Anm. *Dieselhorst*.

§ 3. Werbebeschränkungen aus dem allgemeinen Wettbewerbsrecht

cc) Bündel- oder Clusterregistrierung

Es ist die Frage aufgeworfen worden, ob eine Bündel- oder Clusterregistrierung von Domain-Namen[572] sich als Behinderung darstellen kann. Diese Frage geht auf ein *obiter dictum* des BGH in der „www.mitwohnzentrale.de"-Entscheidung zurück, in der es heißt, daß sich die Registrierung eines Gattungsbegriffs als Domain-Name dann als mißbräuchlich erweisen kann, wenn der Anmelder die Verwendung des fraglichen Begriffs durch Dritte dadurch blockiert, daß er gleichzeitig andere Schreibweisen des registrierten Begriffs unter derselben TLD oder dieselbe Bezeichnung unter anderen TLD registrieren läßt[573].

Diese Arrondierung von Domains[574] ist insbesondere im Zusammenhang mit Bindestrichen[575] anzutreffen und/oder mit verschiedenen Schreibweisen. Auch ist zu beobachten, daß ein und derselbe Begriff unter verschiedenen TDL angemeldet wird. Unter dem Gesichtspunkt der Werbebehinderung ist dies nicht zu beanstanden, da einerseits kein Anspruch der Mitbewerber zu erkennen ist, an der Domain teilzuhaben, um „digitale Laufkundschaft" zu akquirieren, und andererseits das rechtlich nicht zu mißbilligende Interesse des Domaininhabers zu berücksichtigen ist, über eine Vielzahl von Domains möglichst viele zusätzliche Nutzer auf seine Seite zu leiten[576].

Soweit man den Mandanten bei der Vorbereitung eines Internet-Auftritts berät, kann es sinnvoll sein, ihn darauf hinzuweisen, daß die von ihm gewünschte Bezeichnung nicht nur als „.de"und „.com"-Domain registriert wird, sondern auch als generische TLD, sofern die Voraussetzungen dafür gegeben sind. Je nach beabsichtigter Einsatzmöglichkeit der Domain sollte auch erwogen werden, eine Registrierung unter Turkmenistan („.tm„), Antigua („.ag") oder Tuvalu („.tv") zu empfehlen[577], einerseits, weil dies die Verbreitung des Contents stärkt, andererseits weil es Mitbewerbern die Möglichkeit nimmt, diese Domains für sich zu registrieren.

Aus den gleichen Gründen sollte auch stets erwogen werden, bei Domain-Namen, die aus zwei oder mehr Begriffen bestehen, jeweils die Variante mit und ohne Bindestrich eintragen zu lassen. Die damit verbundenen Mehrkosten treten im Vergleich zu den möglichen Rechtsverfol-

---

[572] Vgl. *Abel*, WRP 2001, 1426 (1429); *Mankowski*, CR 2002, 450 (451).
[573] S. BGH, Urteil vom 17. Mai 2001 – I ZR 216/99, MMR 2001, 666 m. Anm. *Hoeren*.
[574] S. *Mankowski*, CR 2002, 450 (451); *Schafft*, CR 2002, 434 ff.
[575] Vgl. LG Koblenz, Beschluß vom 27. Oktober 1999 – 1 HO 125/99, MMR 2000, 571 – www.alles-ueber-wein.de / www.allesueberwein.de
[576] So auch *Schafft*, CR 2002, 434 (436 ff.).
[577] Vgl. *Schmittmann*, Rechtsfragen bei der Bilanzierung und Bewertung einer Domain nach HGB, IAS und US-GAAP, StuB 2002, 105 (110).

gungskosten, die entstehen, wenn ein Mitbewerber die jeweils andere Variante für sich eintragen läßt, deutlich in den Hintergrund.

b) Absatzbehinderung

Eine weitere Form der Behinderung ist die Absatzbehinderung, bei der die Beeinträchtigung dem Absatz oder Vertrieb der Ware des Mitbewerbers gilt. Je mehr sie sich destruktiv gegen den Mitbewerber richtet, um so eher ist eine Sittenwidrigkeit gem. § 1 UWG gegeben[578].
Eine Absatzbehinderung liegt jedenfalls auch nicht in der sog. „Arrondierung" von Domains[579], also der Registrierung mit und ohne Bindestrichen[580] bzw. mit verschiedenen Schreibweisen. Ferner ist eine Absatzbehinderung nicht dadurch gegeben, daß ein und derselbe Begriff unter verschiedenen TLD angemeldet wird[581].

3. Ausbeutung

Die eigene Leistung ist die sachliche Grundlage jedes lauteren Wettbewerbs. Dies bedeutet jedoch nicht, daß derjenige, der seinen Wettbewerb auf fremden Leistungen aufbaut, deshalb schon wettbewerbswidrig handelt. Die Benutzung fremder Arbeitsergebnisse ist grundsätzlich erlaubt, auch wenn der Mitbewerber dieses Ergebnis nur mit Mühen und Kosten erzielt hat. Wettbewerbsfremd kann das Verhalten aber durch die Art und Weise werden, wie der Mitbewerber sich die Ergebnisse fremder Tätigkeit und fremder Aufwendungen aneignet. Zur Fallgruppe der Ausbeutung gehören daher beispielsweise die Ausbeutung eines Vertragsbruchs sowie das Schmarotzen an fremder Leistung, fremdem Ruf und fremder Werbung[582].
Bei Waren kommt als Ausbeutung insbesondere die Fallgruppe der sog. „sklavischen Nachahmung" in Betracht, die von der Rechtsprechung inzwischen umfänglich abgegrenzt worden ist[583]. Auch das Nachahmen von Kennzeichnungen kann unter die wettbewerbswidrige Ausbeutung fallen. Für Waren- und Unternehmensbezeichnungen besteht ein Sonderschutz, der sich im einzelnen aus §§ 14, 15 MarkenG sowie aus § 12 BGB ergibt und grundsätzlich einen ergänzenden Leistungsschutz nach § 1

---

[578] Vgl. Ekey/Klippel/Kotthoff/Meckel/Plaß-*Plaß*, Wettbewerbsrecht, § 1 UWG Rdnr. 272.
[579] S. *Mankowski*, CR 2002, 450 (451); *Schafft*, CR 2002, 434 ff.
[580] Vgl. LG Koblenz, MMR 2000, 571 – www.alles-ueber-wein.de / www.allesueberwein.de.
[581] So auch *Schafft*, CR 2002, 434 (436 ff.).
[582] S. *Baumbach/Hefermehl*, Wettbewerbsrecht, UWG Einleitung Rdnr. 163.
[583] So BGHZ 5, 1 (10) – Hummel-Figuren I; BGHZ 44, 288 (297) – Apfel-Madonna; BGHZ 70, 244 (245) – Spritzgußengel; BGHZ 95, 57 – Markenverunglimpfung.

UWG ausschließt. Ein wettbewerbsrechtlicher Schutz kann bei Kennzeichen daher nur bedeutsam sein, wenn der Sonderschutz nicht greift. Dies ist einmal möglich, wenn mangels Eintragung oder Verkehrsgeltung ein ausschließliches Zeichenrecht noch nicht entstanden ist, das Zeichen vielmehr nur im Verkehr benutzt wurde, zum andern dann, wenn dem Zeicheninhaber bereits ein ausschließliches Recht zusteht, dieses Recht mangels Verwechslungsgefahr oder Warengleichartigkeit nicht verletzt ist, jedoch ein darüber hinausreichender sittenwidriger Tatbestand vorliegt[584]. Gerade im Internet werden oftmals fremde Kennzeichnungen nachgeahmt. Dies geschieht u. a. dadurch, daß Waren oder Dienstleistungen unter fremder Bezeichnung vertrieben werden sollen, was häufig bei nachgemachten Kleidungsstücken oder Schmuckstücken vorkommt. Diese Gegenstände werden häufig über Internetauktionen unter privater Absenderkennung vertrieben. Hierbei dürfte regelmäßig bereits ein Tatbestand aus dem Markenrecht erfüllt sein. Daher scheidet eine Anwendung von § 1 UWG in der Fallgruppe der Ausbeutung aus. Anders liegt es indes, wenn der Berechtigte noch nicht über ein Zeichenrecht verfügt, sondern dieses vielmehr erst im Entstehen begriffen ist.

Ebenfalls in die Fallgruppe der Ausbeutung fällt die „unmittelbare Übernahme fremder Leistung"[585]. Die Nachahmung eines nicht unter Sonderrechtsschutz stehenden Arbeitsergebnisses stellt grundsätzlich eine, wenn auch nach fremdem Vorbild geschaffene, eigene Leistung dar und ist erlaubt, soweit nicht besondere Unlauterkeitskriterien hinzutreten[586].

Nach der Rechtsprechung ist Wettbewerbswidrigkeit etwa dann gegeben, wenn fortlaufend und systematisch alle Meldungen eines Informationsdienstes über größere Bauvorhaben im öffentlichen und gewerblichen Hochbau sowie im Wohnungsbau zur Herausgabe eines Konkurrenzprodukts unter dem Titel „B-Objektkartei" übernommen wird[587]. Auch das Verwenden von Werbe-Inseraten, die man aus den Berufs- und Branchenverzeichnissen aus den amtlichen Telefonbüchern ausgeschnitten und in eigene Verzeichnisse gleicher Art eingeklebt hat, ist unzulässige Ausbeutung[588]. Auch die glatte Übernahme fremder Geschäftsbedingungen durch einen Mitbewerber, auch wenn sie abgeschrieben und nicht fotokopiert werden, ist ebenso unzulässige Übernahme fremder Leistung[589]. Ebenfalls als glatte Übernahme fremder Arbeitsergebnisse sieht es die österreichische Rechtsprechung an, wenn Agenturmeldungen, die urhe-

---

[584] Vgl. BGH, GRUR 1961, 413 (416) – Dolex; BGH, GRUR 1967, 490 (492) – Pudelzeichen.
[585] S. *Baumbach/Hefermehl*, Wettbewerbsrecht, § 1 UWG Rdnr. 495.
[586] Vgl. auch *Hoeren*, MMR Beilage 8/2001, 2 (6 ff.).
[587] So BGH, GRUR 1988, 308 – Informationsdienst.
[588] So ÖOGH, ÖBl 1973, 13 – Telefonbuchwerbung V.
[589] So ÖOGH, ÖBl 1993, 156 (158) – Loctite.

I. Generalklausel, § 1 UWG

berrechtlich nicht geschützt sind, aus den Websites anderer Presseagenturen in eine Datenbank einer Nachrichtenagentur eingespeist werden[590]. Nicht anders liegt es, wenn in einem kostenpflichtigen Offertenblatt veröffentlichte Anzeigen übernommen und ins Internet gestellt werden. Damit werden fremde Kundenbeziehungen in unlauterer Weise ausgenutzt[591]. Im Internet ist die Übernahme von Daten und Gestaltungen an der Tagesordnung. Dies wird insbesondere noch dadurch erleichtert, daß ohne weiteres der Quellcode einer Seite aufgerufen und fotokopiert werden kann. Es wäre also, um bei dem Beispiel des ÖOGH zu bleiben, gar nicht mehr erforderlich, die fremden Geschäftsbedingungen abzuschreiben. Es wäre vielmehr technisch ohne weiteres möglich, die entsprechende Datei zu fotokopieren und für das eigene Unternehmen nutzbar zu machen.

Sofern komplette Dateien aus öffentlich zugänglichen Verzeichnissen übernommen werden, kann eine wettbewerbswidrige Leistungsübernahme gegeben sein[592]. Das Inverkehrbringen von elektronischen Telefonteilnehmerverzeichnissen auf CD-ROM, mit denen der Verkehr eine besondere Gütevorstellung verbindet, stellt eine wettbewerbswidrige Leistungsübernahme dar, wenn die dort gespeicherten Daten unmittelbar aus den „amtlichen" Telefonbüchern übernommen worden sind[593]. Das Verbreiten einer Telefonbuch-CD-ROM, die durch Übernahme sämtlicher Einträge der Telefonbücher der Deutschen Telekom AG erstellt wurde, stellt eine unlautere Rufausbeutung dar[594]. Eine besondere Bedeutung hat die Fallgruppe der Ausbeutung bei Computerprogrammen und sonstigen Datensammlungen. Hierbei ist regelmäßig zunächst zu differenzieren, ob ein wettbewerbsrechtlicher Anspruch aus § 1 UWG geltend gemacht werden soll, oder aber ein urheberrechtlicher Schutzanspruch für Datenbanken aus §§ 69h bis 69l UrhG bzw. §§ 87a bis 87d UrhG. Ob Datenbanken Werkqualität zukommt, wird von Rechtsprechung gerne offengelassen[595].

Die Bestimmungen der §§ 87a ff. UrhG schützen den Datenbankhersteller[596]. Als Hersteller gilt nicht nur die natürliche Person, die die Elemente der Datenbank beschafft oder überprüft hat, sondern derjenige, der die Investition in die Datenbank vorgenommen hat. Aus diesem Grund fällt nach der Legaldefinition des § 87a Abs. 1 Satz 1 UrhG unter diesen

---

[590] So ÖOGH, GRUR Int. 2002, 353 ff. – pressetext.austria II
[591] S. OLG München, Urteil vom 9. November 2000 – 6 U 2812/00 = AfP 2001, 301 ff. = GRUR-RR 2001, 228 f. = OLGReport München 2001, 68; LG München I, Urteil vom 29. November 2001 – 4 HK O 19285/01, ITRB 2002, 132 [*Rössel*].
[592] S. *Hartmann/Koch*, CR 2002, 441 ff.
[593] So BGH, WRP 1999, 831 (836).
[594] So BGH, NJWE-WettbR 1999, 249.
[595] So LG München I, Urteil vom 18. September 2001 – 7 O 6910/01, K&R 2002, 261 (265).
[596] Vgl. umfassend: *Westkamp*, Der Schutz von Datenbanken und Informationssammlungen im britischen und deutschen Recht, München, 2002; *Hoeren*, MMR Beilage 8/2001, 2 (3).

§ 3. Werbebeschränkungen aus dem allgemeinen Wettbewerbsrecht

Schutz jede Sammlung von Werken, Daten oder anderen unabhängigen Elementen, die systematisch oder methodisch angeordnet und einzeln mit Hilfe elektronischer Mittel oder auf andere Weise zugänglich sind, sofern deren Beschaffung, Überprüfung oder Darstellung eine nach Art oder Umfang wesentliche Investition erfordert[597]. Unter diesen Datenbankbegriff kann eine umfangreiche Sammlung von Hyperlinks fallen[598]. Unter den Begriff der Datenbank werden darüber hinaus auch online abrufbare Sammlungen von Kleinanzeigen[599] und von einem Internet-Nachrichtendienst angebotene Mitteilungen[600] subsummiert. Auch die meisten Zusammenstellungen von Informationen auf einer Website sind als Datensammlung anzusehen[601]. Nach der Rechtsprechung des OLG Düsseldorf sind Websites an sich nicht als Datenbank i.S. von § 87 Abs. 1 UrhG anzusehen, sondern vielmehr ihr Schutz nach dem allgemeinen Urheberrecht zu bestimmen[602]. Kommt ein urheberrechtlicher Schutz aufgrund der Vorschriften über Datenbanken nicht in Betracht, so kann gleichwohl ein Fall der Ausbeutung i.S. von § 1 UWG vorliegen. Dies wird etwa dann der Fall sein, wenn zwar eine systematisch oder methodisch angeordnete Sammlung von Daten vorliegt, aber eine wesentliche Investition nicht zugrunde liegt. Dabei ist etwa daran zu denken, daß die Linksammlung nicht sonderlich umfassend ist, aber bei der Zusammenstellung erhebliches Know-how erforderlich war. Dies ist insbesondere denkbar bei einer fachlich sehr spezifischen Linksammlung, die darüber hinaus eventuell auch nur für eine kleine Anzahl von Interessenten von Bedeutung ist.

Eine unzulässige Übernahme fremder Leistung liegt nicht vor bei einem Internet-Suchdienst, der den Online-Dienst einer Tageszeitung dahin auswertet, daß er seinen Kunden Kurzinformationen in Form eines Pressespiegels[603] übermittelt und es den Kunden ermöglicht, den Volltext mittels eines Deep-Links abzurufen. Ein Unterlassungsanspruch gegen die Verlinkung („Deep-Link") mit einzelnen Artikeln durch den Internet-Suchdienst bestand nicht, da das Gericht der Auffassung ist, daß der

---

[597] So *Hoeren*, Internetrecht, Oktober 2002, S. 92.
[598] So LG Köln, CR 1999, 400 = NJW-CoR 1999, 248; AG Rostock, Urteil vom 20. Februar 2001 – 49 C 429/99, MMR 2001, 631.
[599] Vgl. LG Berlin, MMR 2000, 120; LG Köln, AfP 1999, 95.
[600] So LG München I, Urteil vom 18. September 2001 – 7 O 6910/01, K&R 2002, 261 ff.
[601] Vgl. *Hoeren*, Internetrecht, Oktober 2002, S. 93; *Köhler*, ZUM 1999, 548 ff.
[602] Vgl. OLG Düsseldorf, Urteil vom 29. Juni 1999 – 20 U 85/98, MMR 1999, 729 m. Anm. *Gaster* = CR 2000, 184 m. Anm. *Leistner*.
[603] Vgl. zu elektronischen Pressespiegeln jüngst: BGH, Urteil vom 11. Juli 2002 – I ZR 255/00, MMR 2002, 739 ff. m. Anm. *Hoeren* und *Waldenberger*; *Hoeren*, Internetrecht, Oktober 2002, S. 110 f.; *Wallraf*, Elektronischer Pressespiegel aus der Sicht der Verlage, AfP 2000, 23 ff.

Suchdienst eine eigene Leistung erbringt und nicht die Leistung der Tageszeitung als seine eigene ausgibt[604].

4. Zulässigkeit von Metatags

Metatags[605] sind in die Internetseite eingebundene Stichwörter, die lediglich im Quelltext, aber nicht in der angezeigten Seite lesbar sind. Metatags dienen den Suchmaschinen zur Indexierung der Internetseiten[606]. Suchmaschinen durchsuchen in regelmäßigen Abständen das Internet und indizieren die Webseiten. Dabei entscheiden die Programme regelmäßig anhand der Metatags, welche Seite zu einem bestimmten Thema aufgenommen wird. Die Metatags geben den Inhalt der betreffenden Website an, das heißt: sie enthalten Information über die Information[607].

Die Metatags bleiben für den Benutzer so lange unsichtbar, bis sich dieser – was in der Praxis unüblich ist – den Quellcode anzeigen läßt. Je häufiger ein Wort im Text einer Website oder in ihren Metatags erscheint, desto größer ist die Wahrscheinlichkeit, daß eine Suchmaschine die Seite unter diesem Wort indiziert. Metatags werden vom Seitenbetreiber festgelegt. Dabei müssen die Metatags nicht tatsächlich dem Inhalt der Seite entsprechen, sondern können willkürlich gewählt werden. Metatags provozieren also Links, indem sie unmittelbar die Datenbanken der Suchmaschinen manipulieren[608]. Es ist auch ohne weiteres möglich, auf der Seite selbst Begriffe zu streuen, die für den Benutzer nicht sichtbar sind. So kann beispielsweise mit dem „weißen Adler" gearbeitet werden. Dies bedeutet, daß das betreffende Wort in der gleichen Farbe angezeigt wird wie der Hintergrund und damit nicht lesbar ist. Für eine Suchmaschine ist dies jedoch ohne Belang, da diese sich lediglich an den Zeichen im Quelltext, nicht aber an der sichtbaren Grafik orientiert. Diese Art der Manipulation wird auch als „Word Stuffing" bezeichnet[609].

Plastisch wird diese Vorgehensweise an einem Beispiel von *Wendlandt* erläutert: Die Website des Vatikans könnte das Wort „Sex" hundertfach in himmelblau auf einem himmelblauen Hintergrund enthalten. Die Besucher würden dies nicht wahrnehmen, wohl aber die Suchprogramme, und die betreffende Seite würde bei Eingabe dieses Suchbegriffs als höchst re-

---

[604] So LG München I, Urteil vom 1. März 2002 – 21 O 9997/01, MMR 2002, 760 m. Anm. *Beckmann* = K&R 2002, 258 (260); vgl. dazu: *Hartmann/Koch*, CR 2002, 441 ff.
[605] Vgl. dazu: LG Hamburg, Urteil vom 22. Mai 2001 – 312 O 145/01, WPK-Mitteilungen 2002, 83 ff.; LG Hamburg, Urteil vom 6. Juni 2001 – 406 O 16/01, ITRB 2002, 77 [*Rössel*].
[606] S.*Lotze*, in: Hasselblatt, MHB Gewerblicher Rechtsschutz, §28 Rdnr. 88.
[607] Vgl. *Menke*, WRP 1999, 982 (987).
[608] Vgl. *Kotthoff*, Fremde Kennzeichen in Metatags: Marken- und Wettbewerbsrecht, K&R 1999, 157 ff.
[609] S.*Viefhues*, MMR 1999, 336 (341).

levant angezeigt. Dies gäbe die Möglichkeit, möglichst viele Sünder, die im Internet nach dem Begriff „Sex" suchen, auf den rechten Weg zu führen[610].

Nach Auffassung von Rechtsprechung[611] und Literatur[612] kann die Verwendung fremder Kennzeichen in Metatags eine Kennzeichenverletzung gem. §§ 14 Abs. 2, 15 Abs. 2 und 15 Abs. 3 MarkenG darstellen. Lediglich nach Auffassung von *Kotthoff* und *Viefhues* ist eine Verletzung von Kennzeichenrechten nicht anzunehmen[613]. Probleme ergeben sich insoweit, als die Ansprüche aus dem Markengesetz eine Benutzung im geschäftlichen Verkehr voraussetzen, was insbesondere dann problematisch ist, wenn Privatpersonen falsche Metatags benutzen[614]. Wenn es ihnen darum geht, die Anzahl der Besucher auf ihrer Website zu erhöhen und damit Werbeeinnahmen zu erzielen, kann ein Handeln im geschäftlichen Verkehr ohne weiteres angenommen werden[615]. Weiterhin ist aber fraglich, ob das Kennzeichen in Metatags in markenrechtlich relevanter Weise benutzt wird. Dagegen spricht, daß das Metatag nicht unmittelbar für den Betrachter lesbar ist, sondern lediglich für die Suchmaschine bzw. für den Besucher, der unüblicherweise den Quelltext öffnet. Diese Ansicht greift aber zu kurz. Es reicht für die Annahme der Verwendung aus, daß der Verkehr das Ergebnis der Metatag-Verwendung wahrnimmt, was bei der Zusammenführung von Suchwort und URL der Fall ist[616]. Eine ausreichende Benutzungshandlung ist damit anzunehmen.

Darüber hinaus ist streitig, ob das Markenrecht eine markenmäßige Benutzung des Kennzeichens überhaupt voraussetzt. Gerade im Hinblick auf das BMW-Urteil des Europäischen Gerichtshofs kann angenommen werden, daß die Zeichenmäßigkeit weit zu verstehen ist[617]. Das Meta-Tagging kann aber kennzeichenrechtlich zulässig sein, wenn es etwa Bestandteil der Werbung eines Wiederverkäufers ist. Auch in den Fällen des

---

[610] So *Wendlandt*, Cybersquatting, Metatags und Spam, S. 532 f.

[611] S. OLG München, CR 2000, 461 (462); LG Hamburg, CR 2000, 121; LG Frankfurt am Main, CR 2000, 462 (463); LG Mannheim, CR 1998, 306 (307).

[612] S. *Leupold/Bräutigam/Pfeiffer*, WRP 2000, 575 (590); *Kur*, CR 2000, 448 ff.; *Ernst*, NJW-CoR 1997, 493; *Ernst*, CR 2000, 122 f.; *Kloepfer*, Informationsrecht, S. 234 f.

[613] S. *Kotthoff*, K & R 1999, 157 (159); *Viefhues*, MMR 1999, 336 (338).

[614] Vgl. *Ernst*, CR 2000, 122 (123).

[615] So *Ernst*, NJW-CoR 1997, 493.

[616] So LG Hamburg, CR 2000, 121 (122); OLG München, CR 2000, 461 (462); *Strittmatter*, CR 2000, 701.

[617] So EuGH, Urteil vom 23. Februar 1999 – Rs. C-63/97, Slg. 1999 I, 905 = WRP 1999, 407 = JZ 1999, 835 – BMW/Deenik; vgl. dazu *Ingerl*, Rechtsverletzende und rechtserhaltende Benutzung im Markenrecht, WRP 2002, 861 (862f.); Cour d'appel de Versailles, Urteil vom 14. September 2000 – Alifax ./. Sony Corporation et Sony France („www.espace-sony.com"), Expertises 2001, 148 ff. = GRUR Int. 2002, 346 ff. m. Anm. *Szönyi*.

§ 23 Nr. 3 MarkenG, also im Ersatzteilgeschäft, dürfte die Nutzung einer fremden Marke als Metatag nicht zu beanstanden sein[618].

Eine markenmäßige Benutzung liegt zumindest dann vor, wenn die Möglichkeit besteht, daß ein nicht unerheblicher Teil der beteiligten Verkehrskreise in der Bezeichnung ein Unterscheidungsmerkmal gegenüber anderen Waren erblickt[619], wobei die objektive, nicht völlig fernliegende Möglichkeit eines solchen Verkehrsverständnisses genügt[620]. In der Rechtsprechung wurde bisher ohne größere Problematisierung eine Kennzeichenverletzung angenommen, wenn in den Metatags eine fremde Marke enthalten ist[621].

Unabhängig von markenrechtlichen Überlegungen wird im Setzen von unzutreffenden Metatags ein unzulässiges Abfangen von Kunden gesehen, wie es beispielsweise früher durch das Verteilen von Flugblättern und Werbezetteln vor den Geschäften des Wettbewerbers erfolgte[622]. Solches Vorgehen dürfte auch im Internet wettbewerbswidrig sein[623].

5. Zulässigkeit von Linking und Framing

Links sind unbestritten ein Charakteristikum des Internet. Sie geben dem Nutzer die Möglichkeit, durch schlichtes Betätigen des Links zwischen unterschiedlichen Websites hin- und her zu springen. Durch das Linking (auch „cross referencing" genannt[624]) werden Inhalte assoziativ und vielfältig miteinander verknüpft[625]. Dadurch erhält das Internet die typische Netzstruktur, die es gegenüber allen anderen Medien auszeichnet. Während beispielsweise der Nutzer einer Bibliothek für jeden in einem Buch enthaltenen Verweis ein anderes Buch oder eine andere Zeitschrift aufschlagen muß, eröffnet das Betätigen des Links unmittelbar den Inhalt der verlinkten Seite. Grundsätzlich ist im Internet davon auszugehen, daß es system-immanent ist, daß die Betreiber von Internetseiten die Verlinkung zulassen („Freedom to Link"). Gleichwohl bedeutet die Bereitstellung von Informationen im Internet keineswegs eine „Dereliktion" dieser Informationen[626].

---

[618] So auch *Fezer*, MarkenG, § 3 Rdnr. 340.
[619] So OLG Hamburg, WRP 1996, 572 (576); LG Düsseldorf, CR 1998, 165 (167) – www.epson.de
[620] BGH, GRUR 1995, 57 (60) – Nivea.
[621] So *Wendtland*, Cybersquatting, Metatags und Spam, S. 541.
[622] Vgl. OLG Hamburg, Urteil vom 2. Juni 1954 – 5 U 1/54, GRUR 1954, 409; OLG Hamm, Urteil vom 13. Juni 1972 – 4 U 56/72, GRUR 1973, 424.
[623] S. *Kotthoff*, K&R 1999, 157 (161); *Viefhues*, MMR 1999, 336; *Varadinek*, GRUR 2000, 279; a.A. *Menke*, WRP 1999, 982 (990).
[624] S. *Fezer*, MarkenG, § 3 Rdnr. 338.
[625] Die vertragsrechtlichen Konsequenzen erörtert: *Ernst*, ITRB 2002, 68 ff.
[626] So *Hartmann/Koch*, CR 2002, 441 (444).

134 § 3. Werbebeschränkungen aus dem allgemeinen Wettbewerbsrecht

Das schlichte Verlinken („Surface Link") führt auch unter urheberrechtlichen Gesichtspunkten nicht zu Schwierigkeiten, da es sich lediglich um den schlichten Verweis auf ein fremdes Werk handelt und damit noch keine Vervielfältigung gegeben ist[627]. Wer einen Link setzt, kopiert keine Inhalte von fremden Rechnern. Er hilft lediglich dem Besucher seiner Website, über den Link zu der fremden Website zu gelangen[628]. Es ist aber zu differenzieren, welche Art von Link gestaltet wird. Handelt es sich um einen „einfachen Link", der lediglich auf die fremde Homepage verweist, so ergeben sich keine weiteren Schwierigkeiten.

Rechtlich bedenklich sind aber sog. „Inline-Links"und „Deep-Links"[629], über die fremde Dateien aufgerufen und unmittelbar in eigene Webseiten integriert werden, ohne daß der Nutzer bemerkt, daß die Datei von einem anderen als dem ursprünglich angewählten Server stammt[630]. Nach überwiegender Auffassung verstoßen Deep-Links gegen § 13 UrhG. Sie sind nicht eine schlichte Verweisung auf eine fremde Website, sondern erwecken den Eindruck, daß der Linksetzende, aber nicht der wahre Urheber den übernommenen Inhalt geschaffen hat. Darüber hinaus kommen auch Ansprüche nach § 14 UrhG in Betracht, insbesondere dann, wenn die Verlinkung eine Entstellung des eigenen Werkes darstellt oder die Verlinkung in einem unangemessenen Zusammenhang erfolgt. Schließlich dürfte das Deep-Linking unter dem Gesichtspunkt der unmittelbaren Leistungsübernahme wettbewerbswidrig sein[631]. Demgegenüber vertritt *Ernst* die Auffassung, auch das „Deep-Linking" sei konkludent durch den Seitenbetreiber gestattet[632]. Folgt man dieser Argumentation, so wäre auch ein Verstoß gegen Lauterkeitsrecht nicht gegeben.

Ebenso stellt es – zumindest nach Auffassung des OLG München – keinen Verstoß gegen urheberrechtliche Vorschriften dar, wenn ein Internet-Suchdienst per E-Mail an seine Kunden nach bestimmten Suchbegriffen ausgewählte Kurzinformationen in Form eines Internet-Pressespiegels übermittelt und den Kunden ermöglicht, mittels Deep-Links den Volltext des entsprechenden Presseartikels einer Tageszeitung abzurufen. Dabei stellt das Gericht heraus, daß die Verknüpfung mit Deep-Links keine unfreie Bearbeitung i.S. des § 23 UrhG darstellt und auch eine

---

[627] S. *Ernst*, in: Ernst/Vassilaki/Wiebe, Hyperlinks, Rdnr. 172; *Ernst/Wiebe*, MMR Beilage 8/2001, 20.
[628] Vgl. *Strömer*, Online-Recht, S. 198 f.
[629] S. *Ernst*, in: Ernst/Vassilaki/Wiebe, Hyperlinks, Rdrn. 173 ff.; *Ernst/Wiebe*, MMR Beilage 8/2001, 20 ff.; *Sosnitza*, CR 2001, 693 ff.; *Fezer*, MarkenG, § 3 Rdnr. 340; *Naumann*, Präsentationen im Internet als Verstoß gegen §§ 1, 3 UWG, S. 149; Spindler/*Schuppert*, Vertragsrecht der Internet-Provider, Teil X, Rdnrn. 8 ff.; Gora/Mann-*Eickemeier*, Handbuch Electronic Commerce, Tz. 3.13.5 (S. 166 f.).
[630] S.*Ernst*, K&R 1998, 536 (540).
[631] S. OLG Celle, Urteil vom 12. Mai 1999 – 13 U 38/99, CR 1999, 523; *Lotze*, in: Hasselblatt, MHB Gewerblicher Rechtsschutz, § 28 Rdnr. 124.
[632] So *Ernst*, in: Ernst/Vassilaki/Wiebe, Hyperlinks, Rdnr. 176

rechtswidrige Vervielfältigung vorliegt. Das Abrufen einer Internetseite ist keine rechtswidrige Vervielfältigung, da dieser Abruf systemimmanent ist und das Internet ansonsten unsinnig wäre[633].

Die Eröffnung eines unmittelbaren Zugriffs auf konkret gesuchte Informationen (sog. „deep link") im Internet durch eine Suchmaschine ist rechtlich aus dem Blickwinkel des Nutzers zu beurteilen und stellt deshalb weder eine Urheberrechtsverletzung noch eine Verletzung des Datenbankschutzes dar. Eine solche Suchmöglichkeit begegnet auch keinen wettbewerbsrechtlichen Bedenken[634].

M.E. sind wettbewerbsrechtliche Bedenken aber dann begründet, wenn durch das Deep-Linking Werbung auf den vorhergehenden Seiten umgangen wird[635]. Dies kann in der Fallgruppe der Unterdrückung fremder Werbung bedenklich sein[636], aber auch unter dem Gesichtspunkt, daß eine fremde Leistung ausgebeutet wird. Zudem entsteht auf der verlinkten Website erhöhter Traffic, der von dem Betreiber zu tragen ist, ohne daß damit erhöhte Einnahmen aus der Bannerwerbung einhergehen[637].

Eine Vervielfältigung i.S. von § 16 UrhG liegt in dem Deep-Linking allerdings nicht. Die Vervielfältigung findet nämlich nicht auf dem Rechner des Linkenden, sondern auf dem Rechner des Betrachters statt, der aber den Link nicht gesetzt hat und daher auch als Täter nicht in Betracht kommt.

Im Zusammenhang mit dem Linking nimmt das OLG München eine „Internet-Verkehrssicherungspflicht" an, die darauf basiert, daß der, der einen Link setzt, bewußt das Risiko eingeht, daß die Verweisungsseite später geändert wird[638]. Ob sich diese Rechtsprechung durchsetzen wird, ist fraglich.

Ebenfalls problematisch ist aus urheberrechtlicher Sicht das Framing. Dabei wird eine Internetseite in verschiedene, unabhängig voneinander bedienbare Rahmen („Frames") unterteilt, denen jeweils unterschiedliche Dokumente zugeordnet werden[639]. Dadurch ergibt sich die Möglichkeit, fremde Seiten in einem Frame auf der eigenen Website darzustellen. Entscheidend ist dabei, daß der gesamte Rahmen weiterhin die URL (Netzadresse) des Linkenden trägt. Der User, der die Website besucht, merkt

---

[633] So LG München I, Urteil vom 1. März 2002 – 21 O 9997/01, K&R 2002, 258 (259); vgl. dazu: *Hartmann/Koch*, CR 2002, 441 ff.

[634] S. OLG Köln, Urteil vom 27. Oktober 2001 – 6 U 71/00, NJW-RR 2001, 904 ff. = GRUR-RR 2001, 97 ff. = MMR 2001, 387 ff.

[635] Vgl. umfassend: *Sosnitza*, CR 2001, 693 (702); *Dittrich*, Zur Frage der urheber- und wettbewerbsrechtlichen Zulässigkeit von Hyperlinks, JurPC Web-Dok. 72/2002.

[636] S. *Lotze*, in: Hasselblatt, MHB Gewerblicher Rechtsschutz, § 28 Rdnr. 125; Ernst, NJW-CoR 1997, 224 (226).

[637] So auch *Hartmann/Koch*, CR 2002, 441 (444); *Fezer*, MarkenG, § 3 Rdnr. 340.

[638] So OLG München, Urteil vom 15. März 2002 – 21 U 1914/02, MMR 2002, 625 = ZUM – RD 2002, 360.

[639] Vgl. *Ernst*, in: Ernst/Vassilaki/Wiebe, Hyperlinks, Rdnr. 177; *Lotze*, in: Hasselblatt, MHB Gewerblicher Rechtsschutz, § 28 Rdnrn. 127 ff.; *Ernst*, K&R 1998, 536 (539); *Strömer*, Online-Recht, S. 200.

136 § 3. Werbebeschränkungen aus dem allgemeinen Wettbewerbsrecht

daher in der Regel nicht, daß ihm Inhalte präsentiert werden, die von einer anderen Internetseite stammen. Es entsteht bei ihm der Eindruck, der Framende habe die Datei selbst entwickelt, auf die er mit seinem Link verwiesen hat[640]. Auch in dieser Konstellation wird es für den Framenden möglich, unerwünschte Elemente der fremden Website – etwa fremde Werbung – auszusparen. Streitig ist, ob das Framing bereits eine Vervielfältigung i.S. von § 16 UrhG darstellt[641]. Die Vervielfältigung kann allenfalls in der Speicherung der fremden Seite im RAM-Speicher des Framenden gesehen werden. Dies ist technisch immer dann der Fall, wenn der Nutzer nicht auf die geframte Seite weiterverwiesen wird, sondern diese im Bereich des Framenden gespeichert ist.

Ob Framing eine Bearbeitung sein und daher zu einer unerlaubten Bearbeitung i.S. von § 23 UrhG führen kann, ist ebenfalls umstritten[642]. Richtigerweise ist auf den konkreten Einzelfall abzustellen[643].

II. Irreführende Angaben, § 3 UWG

Wer im geschäftlichen Verkehr zu Zwecken des Wettbewerbs über geschäftliche Verhältnisse, insbesondere über die Beschaffenheit, den Ursprung, die Herstellungsart oder die Preisbemessung einzelner Waren oder gewerblicher Leistungen oder des gesamten Angebots, über Preislisten, über die Art des Bezugs oder die Bezugsquelle von Waren, über den Besitz von Auszeichnungen, über den Anlaß oder den Zweck des Verkaufs oder über die Menge der Vorräte irreführende Angaben macht, kann gem. § 3 Satz 1 UWG auf Unterlassung der Angaben in Anspruch genommen werden. Angaben über geschäftliche Verhältnisse sind auch Angaben im Rahmen vergleichender Werbung, § 3 Satz 2 UWG.

Die Regelung des § 3 UWG will im Interesse aller Marktbeteiligten und im öffentlichen Interesse die Kundenbeeinflussung durch zur Täuschung geeignete unwahre Angaben unterbinden. Er schützt zwar auch die Individualinteressen bestimmter Mitbewerber gegen unlautere Wettbewerbsmethoden, im Vordergrund steht aber das Interesse der Verbraucher, der Gesamtheit der Mitbewerber und der sonst betroffenen Öffentlichkeit am Schutz vor Irreführung[644]. Um der Vielzahl möglicher Erscheinungsformen irreführender Werbung begegnen zu können, enthält § 3 UWG – ähnlich wie § 1 UWG, aber enger gefaßt als dieser – an-

---

[640] Vgl. *Ernst*, K&R 1998, 536 (539).
[641] Bejahend: *Boehme-Neßler*, CyberLaw, S. 256; verneinend: *Strömer*, Online-Recht, S. 201; *Ernst*, K&R 1998, 536 (540).
[642] Vgl. *Wiebe*, in: Ernst/Vassilaki/Wiebe, Hyperlinks, Rdnrn. 57 ff.; *Strömer*, Online-Recht, S. 201.
[643] So auch *Boehme-Neßler*, Cyberlaw, S. 256.
[644] So *Köhler/Piper*, § 3 UWG Rdnr. 4.

II. Irreführende Angaben, § 3 UWG

stelle eines abschließenden Kataloges von Einzeltatbeständen eine Generalklausel, die über die beispielhaft angeführten Irreführungstatbestände hinaus ganz allgemein jede Irreführung über geschäftliche Verhältnisse erfaßt[645]. Besonderheiten bei der Anwendung von § 3 UWG auf Internetsachverhalte ergeben sich grundsätzlich nicht. Es ist aber stets abzugrenzen zu den übrigen Verbotstatbeständen aus § 1 UWG, § 14 UWG, §§ 14, 15 MarkenG, § 12 BGB und § 826 BGB. Darüber hinaus gibt es noch Irreführungstatbestände außerhalb des UWG, die sich in den entsprechenden Einzelgesetzen, etwa dem AMG (§ 8 AMG), dem Eichgesetz (§ 7 Abs. 2 EichG) und dem Markengesetz (§ 8 Abs. 2 Nr. 4 MarkenG) finden. Die Anwendbarkeit von § 3 UWG wird durch Spezialvorschriften im allgemeinen nicht ausgeschlossen.

Auch das europäische Recht kennt das Irreführungsverbot. Die Irreführungsrichtlinie von 1984[646] ist durch die Richtlinie von 1997 zwecks Einbeziehung der vergleichenden Werbung[647] ergänzt und geändert worden. Ihr Ziel ist der Schutz der Verbraucher, der Handel- und Gewerbetreibenden der freien Berufe und der Allgemeinheit gegen Irreführung.

Nach Auffassung des LG Düsseldorf liegt ein Verstoß gegen § 3 UWG (Irreführende Werbung) vor, wenn der Seitenbetreiber Keywords verwendet, die in keinem Zusammenhang mit dem Inhalt des Angebots stehen[648]. Dabei kommt es insbesondere nicht darauf an, daß die Keywords im versteckten Teil der Website (Metatag) enthalten sind. Es reiche aus, daß die Suchmaschine sich an ihnen orientiere und zur Grundlage der Ergebnisliste mache[649].

Nach Auffassung des LG Frankfurt am Main liegt in der Aussage eines Netzbetreibers „die xyz-Organisation – einfach schneller" eine nichtssagende und objektiv nicht nachprüfbare allgemeine Werbeanpreisung, die tatbestandlich nicht von § 3 UWG erfaßt sein kann[650]. Auch der Slogan „You can't beat the FIRST" eines Telekommunikationsanbieters wurde als nicht nachprüfbar angesehen[651].

---

[645] So *Köhler/Piper*, § 3 UWG Rdnr. 8.
[646] S. Richtlinie 84/450/EWG des Rates zur Angleichung der Rechts- und Verwaltungsvorschriften der Mitgliedstaaten über irreführende Werbung vom 10. September 1984, ABl. EG Nr. L 250 vom 19. September 1984, S. 17 = GRUR Int. 1984, 688.
[647] S. Richtlinie 97/55/EG des Europäischen Parlaments und des Rates vom 06. Oktober 1997 zur Änderung der Richtlinie 84/450 EWG über irreführende Werbung zwecks Einbeziehung der vergleichenden Werbung, ABl. EG Nr. L 290 vom 23. Oktober 1997, S. 18 = WRP 1998, 798.
[648] So LG Düsseldorf, Urteil vom 27. März 2002 – 12 O 48/02, MMR 2002, 557 = K&R 2002, 380 = ITRB 2002, 153 [*Rössel*].
[649] So LG Düsseldorf, Urteil vom 27. März 2002 – 12 O 48/02, MMR 2002, 557 = K&R 2002, 380 = ITRB 2002, 153 [*Rössel*].
[650] So LG Frankfurt am Main, Urteil vom 2. Dezember 1998 – 2/6 O 471/98, n.v.
[651] S. OLG Düsseldorf, K&R 1999, 566 ff. m. Anm. *Jäger*.

138 *§ 3. Werbebeschränkungen aus dem allgemeinen Wettbewerbsrecht*

Demgegenüber liegt eine nachprüfbare Tatsachenbehauptung vor, wenn ein Slogan um die Formulierung „Herzlich willkommen bei Deutschlands zweitgrößtem Telekommunikationsanbieter" ergänzt wird[652].

Die Angabe „Europas unbegrenzter Karrieremarkt aus dem Internet" für eine Zeitschrift betreffend Stellenanzeigen ist nach Auffassung des OLG Hamburg irreführend. Man erwartet eine erhebliche Anzahl auch von Stellenanzeigen von europäischen Unternehmen außerhalb Deutschlands. Die Werbeangabe erschöpft sich nicht in der Anspielung auf das „grenzenlose Internet", denn sie bezieht sich gerade auf das Leistungsangebot der Zeitung. Dem steht nicht entgegen, daß der Titel der beworbenen Zeitschrift einer Internet-Domain nachgebildet ist[653].

Irreführung kann auch angenommen werden, wenn – wie etwa beim „Deep-Linking" – ein fremdes Angebot als eigenes dargestellt wird[654]. Die Eröffnung eines „Deep Link" auf fremde Publikationsangebote im Internet als die Möglichkeit, die persönliche Tageszeitung zu bezeichnen, ist irreführend und daher unzulässig[655].

III. Vergleichende Werbung, § 2 UWG n.F.

Die Richtlinie 97/55/EG vom 06. Oktober 1997 zur Änderung der Richtlinie 84/450/EWG über irreführende Werbung zwecks Einbeziehung der vergleichenden Werbung[656] nahm die unterschiedlichen Regelungen der vergleichenden Werbung in den einzelnen Mitgliedstaaten und die daraus resultierende Gefahr von Wettbewerbsverzerrungen zum Anlaß, eine Harmonisierung herbeizuführen. Vergleichende Werbung sollte danach zulässig sein, wenn bestimmte Bedingungen erfüllt sind. Davon versprach man sich eine Förderung des Wettbewerbs im Interesse der Verbraucher[657].

Gemäß § 2 Abs. 1 UWG ist vergleichende Werbung jede Werbung, die unmittelbar oder mittelbar einen Mitbewerber oder die von einem Mitbewerber angebotenen Waren oder Dienstleistungen erkennbar macht. Während in Deutschland die vergleichende Werbung bis zum Erlaß der

---

[652] So LG Frankfurt am Main, Urteil vom 9. Juli 1997 – 2/6 O 332/97, n.v.; zweifelnd: *Schuster*, Vertragshandbuch Telemedia, S. 51.

[653] So OLG Hamburg, Beschluß vom 25. Oktober 2001 – 3 U 8/01, MMR 2002, 480 f. = AfP 2002, 326 ff. = K&R 2002, 378 ff.

[654] S. *Dittrich*, Zur Frage der urheber- und wettbewerbsrechtlichen Zulässigkeit von Hyperlinks, JurPC Web-Dok. 72/2002.

[655] S. OLG Köln, Urteil vom 27. Oktober 2001 – 6 U 71/00, NJW-RR 2001, 904 ff. = GRUR-RR 2001, 97 ff. = MMR 2001, 387 ff.

[656] S. ABl. EG Nr. L 290 vom 23. Oktober 1997, S. 18 = WRP 1998, 798; vgl. *Berlit*, Vergleichende Werbung, München, 2002.

[657] So *Nordmann*, GRUR Int. 2002, 297 ff.; *Köhler/Piper*, § 2 UWG Rdnr. 3.

III. Vergleichende Werbung, § 2 UWG n.F.

Richtlinie 97/55/EG als grundsätzlich unzulässig und nur in Ausnahmefällen als erlaubt angesehen wurde[658], ist nunmehr davon auszugehen, daß vergleichende Werbung jedenfalls so lange nicht zu beanstanden ist, wie kein Fall des § 2 Abs. 2 UWG vorliegt. Nach § 2 Abs. 2 Nr. 1 UWG dürfen nur Waren oder Dienstleistungen verglichen werden, die den gleichen Bedarf oder dieselbe Zweckbestimmung befriedigen. Außer den Eigenschaften von Waren und Dienstleistungen kann sich der Vergleich nach § 2 Abs. 2 Nr. 2 UWG auf den Preis dieser Waren und Dienstleistungen beziehen[659]. Der Vergleich darf nach § 3 Abs. 2 Nr. 3 UWG nicht im geschäftlichen Verkehr zu Verwechslungen zwischen dem Werbenden und einem Mitbewerber oder zwischen den von ihnen angebotenen Waren oder Dienstleistungen oder den von ihnen verwendeten Kennzeichen führen. Nach § 2 Abs. 2 Nr. 4 UWG darf die Wertschätzung des von einem Mitbewerber verwendeten Kennzeichens in unlauterer Weise weder ausgenutzt noch beeinträchtigt werden[660]. Verboten ist nach § 2 Abs. 2 Nr. 5 UWG die Waren, Dienstleistungen, Tätigkeiten, persönlichen oder geschäftlichen Verhältnisse eines Mitbewerbers herabzusetzen oder zu verunglimpfen[661]. Soweit Marken und andere Kennzeichen betroffen sind, sind anders als nach dem Markengesetz nicht nur bekannte Marken gegen unlautere Benutzung von ähnlichen geschützt. Eine vergleichende Werbung darf schließlich nach § 2 Abs. 2 Nr. 6 UWG eine Ware oder Dienstleistung nicht als Imitation oder Nachahmung einer unter einem geschützten Kennzeichen vertriebenen Ware oder Dienstleistung darstellen. Damit wird nicht eine Darstellung des eigenen Produktes als einem Markenprodukt gleichwertig verboten. Eine solche vergleichende Anlehnung zu Lasten eines Mitbewerbers kann gerechtfertigt sein, wenn sich die Vorteile der eigenen Leistung nicht auf andere Weise darstellen lassen[662].

Im Internet gelten insoweit keine Besonderheiten. Es ist aber zu beobachten, daß offenbar bei der Werbung im Internet eine weitaus geringere Hemmschwelle besteht, den Mitbewerber herabzusetzen oder zu verunglimpfen als bei herkömmlichen Medien. Dies geschieht aber im Internet regelmäßig nicht offen auf der Homepage des Werbungtreibenden, sondern vielmehr in anderer Weise, etwa in Diskussionsforen, Chatrooms oder auch durch eigens eingerichtete Seiten, auf denen enttäuschte Kun-

---

[658] Vgl. BGH, GRUR 1998, 824 – Testpreis-Angebot; BGH, GRUR 1999, 69 (71) – Preisvergleichsliste II
[659] Vgl. dazu *Nordmann*, GRUR Int. 2002, 297 (301); BGH, Urteil vom 17. Januar 2002 – I ZR 161/99, WRP 2002, 828 im Zusammenhang mit der Werbung eines pharmazeutischen Unternehmens gegenüber Fachkreisen.
[660] Vgl. *Nordmann*, GRUR Int. 2002, 297 (302).
[661] Vgl. dazu BGH, Urteil vom 17. Januar 2002 – I ZR 161/99, WRP 2002, 828 im Zusammenhang mit der Werbung eines pharmazeutischen Unternehmens gegenüber Fachkreisen.
[662] Vgl. auch BGHZ 107, 136.

§ 3. Werbebeschränkungen aus dem allgemeinen Wettbewerbsrecht

den des Mitbewerbers Gelegenheit haben, sich über diesen (negativ) zu äußern.

Schwierig ist in diesen Fällen regelmäßig der Nachweis, daß der Mitbewerber Täter oder zumindest Störer ist. Richtet ein Mitbewerber selbst eine Website ein, auf der Kunden die Möglichkeit haben, einen anderen Mitbewerber herabzusetzen oder zu verunglimpfen, dürfte ohne weiteres der Tatbestand aus § 2 Abs. 2 Nr. 5 UWG erfüllt sein. Anders liegt es jedoch, wenn der Mitbewerber diese Seite lediglich fördert, was einerseits offen geschehen kann, etwa durch die Schaltung von Bannerwerbung, oder aber versteckt, etwa durch Zurverfügungstellung von Logistik oder eine gesellschaftsrechtliche Beteiligung. Gerade in letzteren Fällen dürfte der Nachweis der Täterschaft bzw. der Störereigenschaft kaum zu führen sein. Besonders unbefriedigend ist auch, daß in Internet-Foren oder Chatrooms Diskussionsbeiträge eingestellt werden können, ohne daß im Einzelfall nachvollzogen werden kann, wer für diese Mitteilung verantwortlich ist. In diesen Fällen ist regelmäßig zu prüfen, ob der Betreiber des Forums oder des Chatrooms als Verantwortlicher in Betracht kommt, was aber regelmäßig daran scheitert, daß dieser nicht Content-Provider ist, sondern lediglich Access-Provider.

Ein unzulässiger Werbevergleich kann durch das Setzen eines Hyperlinks[663] herbeigeführt werden, indem der Hyperlink auf die Website des Mitbewerbers verweist, um dadurch dem Nutzer Unterschiede aufzuzeigen zwischen den eigenen Waren oder Dienstleistungen und denen der Konkurrenz. Das Setzen eines Links reicht indes zur Annahme der Wettbewerbswidrigkeit nicht aus, vielmehr muß ein in § 2 Abs. 2 UWG geregelter Ausnahmetatbestand erfüllt sein[664].

IV. Räumungsverkäufe, § 8 UWG

Eine besondere Regelung sieht das UWG für Räumungsverkäufe vor, da diese in erheblichem Maße geeignet sind, die wettbewerbliche Situation der Mitbewerber, aber auch die Interessen der Verbraucher und der Allgemeinheit zu beeinträchtigen[665].

Während § 8 Abs. 1 UWG Räumungszwangslagen regelt und daher für das E-Business nicht von Bedeutung sein dürfte, schafft § 8 Abs. 2 UWG Bestimmungen für die „Aufgabe des gesamten Geschäftsbetriebs". Diese Konstellation dürfte auch im E-Business vorkommen. Räumungsverkäufe wegen Aufgabe des gesamten Geschäftsbetriebs können für die

---

[663] Vgl. umfassend zur Verantwortlichkeit für Links nach neuem Recht: *Spindler*, MMR 2002, 495 ff.; *Müglich*, CR 2002, 583 ff.
[664] S. *Dittrich*, Zur Frage der urheber- und wettbewerbsrechtlichen Zulässigkeit von Hyperlinks, JurPC Web-Dok. 72/2002.
[665] S. *Köhler/Piper*, § 8 UWG Rdnr. 1.

Dauer von höchstens 24 Werktagen durchgeführt werden, § 8 Abs. 2 Satz 1 UWG.

Nach einem Gutachten der Wettbewerbszentrale muß ein Internet-Versandhändler, der einen Räumungsverkauf wegen Geschäftsaufgabe durchführt, sich Sonn- und Feiertage, an denen er zulässigerweise Bestellungen entgegennimmt und abwickelt, nicht auf die Frist von 24 Werktagen anrechnen lassen. Die damit verbundene Privilegierung des Versandhandels sei nicht zu beanstanden, da sie nicht aus § 8 Abs. 2 UWG folge, sondern vielmehr aus dem Ladenschlußgesetz. Das UWG könne insoweit nicht als Korrektiv eingesetzt werden, vielmehr könne die Benachteiligung des stationären Einzelhandels nur durch eine Abschaffung des Ladenschlußgesetzes beseitigt werden[666].

V. Haftung für Dritte

Von besonderer Bedeutung im Internet ist die Frage der Verantwortlichkeit.

1. Allgemeiner Störerbegriff

Grundsätzlich kann jeder, der in eigener Person den wettbewerbsrechtlichen Verbotstatbestand erfüllt, gleich in welcher Begehungsform, passivlegitimiert, also Schuldner des Unterlassungsanspruchs sein. Jeder Gewerbetreibende ist dabei für sein wettbewerbliches Verhalten, welches er als Täter oder Mittäter, allein oder in bewußtem oder gewolltem Zusammenwirken mit anderen oder vorsätzlich durch ein schuldlos oder lediglich mit Gehilfenvorsatz handelnden Dritten als Werkzeug verwirklichen kann, verantwortlich[667].

Dem deutschen Lauterkeitsrecht liegt der Störerbegriff des allgemeinen Zivilrechts zugrunde. Störer im wettbewerbsrechtlichen Sinne ist jeder, auf dessen Willensbetätigung das wettbewerbswidrige Verhalten – ungeachtet Art und Umfang seines Tatbeitrags bzw. seines Interesses an der Verletzung – unmittelbar oder mittelbar zurückgeht[668].

Neben dieser Haftung aus allgemeinen Grundsätzen normiert § 13 Abs. 3 UWG die Verantwortlichkeit des Betriebsinhabers für Zuwiderhandlungen seiner Angestellten oder Beauftragten. In der Praxis kann

---

[666] So *Wettbewerbszentrale*, Gutachten 2/2001, Dauer von Internet-Räumungsverkäufen wegen Geschäftsaufgabe, WRP 2001, 1357.
[667] So BGH, WRP 1963, 306 – Verona-Geräte.
[668] So BGH, NJW 1990, 1529 (1530) – Schönheits-Chirurgie; BGH, GRUR 1977, 114 (115) – VUS; BGH, NJW 1974, 1244 – Reparaturversicherung; BGH, GRUR 1970, 510 (512) – Fußstützen; BGH, GRUR 1957, 352 (353) – Pertussin II; OLG Frankfurt, GRUR 1984, 371 (373) – Centipede.

§ 3. Werbebeschränkungen aus dem allgemeinen Wettbewerbsrecht

es daher zweckmäßig sein, im Klageantrag bzw. Urteilstenor die Haftung für Dritte zu verdeutlichen.

Beispiel:
„... wird untersagt, durch Zusendung von Werbung mit elektronischer Post ... zu werben und/oder werben zu lassen".

Der Unterlassungsanspruch gegen den Betriebsinhaber ist aber gleichwohl unmittelbar darauf gerichtet, den Wettbewerbsverstoß zukünftig zu unterlassen und nicht etwa darauf, lediglich Sorge dafür zu tragen, daß Angestellte und Beauftragte künftige Zuwiderhandlungen unterlassen.

Im Presserecht definieren zunächst die presserechtlichen Vorschriften, die die Strafbarkeit des verantwortlichen Redakteurs und des Verlegers bestimmen, wer der auch im Wettbewerbsrecht zur Verantwortung zu ziehende Störer ist[669].

Bei der Entgegennahme von Anzeigenaufträgen ist der Verleger oder zuständige Redakteur grundsätzlich zur Prüfung verpflichtet, ob die Veröffentlichung der Anzeige gegen gesetzliche Vorschriften verstößt. Diese Prüfungspflicht gilt aber nur für grobe und eindeutige Wettbewerbsverstöße[670].

2. Störerbegriff im Internet

Für Teledienste, also insbesondere auch Werbung im Internet, schafft das Teledienstegesetz (TDG) ein spezielles Haftungsregime, das zu einer Abmilderung der Haftung aus den allgemeinen Gesetzen führt[671]. Allerdings finden sich für Mediendienste, zu denen auch einige Bereiche der Online-Dienste gehören, besondere Regelungen im Mediendienste-Staatsvertrag. Im Hinblick auf unterschiedliche rechtliche Pflichten, besonders im Rahmen der Inhaltsverantwortlichkeit, wird nach den verschiedenen Tätigkeitsbereichen von Internet-Providern unterschieden[672]. Das Gesetz unterscheidet drei verschiedene Provider („Diensteanbieter")[673]:

- Content-Provider (§ 8 Abs. 1 TDG n.F.; § 5 Abs. 1 TDG a.F.),
- Host-Provider (§ 11 TDG n.F.; § 5 Abs. 2 TDG a.F.),
- Access-Provider (§§ 9, 10 TDG n.F.; § 5 Abs. 3 TDG a.F.).

---

[669] So BGH, NJW 1974, 1762 – Deutschland-Stiftung
[670] So BGH, NJW-RR 1994, 874 – Schlankheitswerbung; BGH, NJW 1992, 3093; BGH, NJW 1972, 2302 – Badische Rundschau
[671] Vgl. *Gounalakis/Rhode*, Persönlichkeitsschutz im Internet, S. 172 ff.; *Spindler*, MMR 2002, 495 ff.; *Spindler*, MMR 2002, 495 ff.; *Schmittmann*, NWB Fach 28, S. 949 ff.
[672] Vgl. schon *Koch*, BB 1996, 2049; *Pichler*, MMR 1998, 79 (80).
[673] Eine synoptische Darstellung von TDG a.F., TDG n.F. und ECRL geben *Gounalakis/Rhode*, Persönlichkeitsschutz im Internet, S. 178 ff.

a) Content-Provider

Der Content-Provider ist ein Informationslieferant; er bietet eigene Inhalte bzw. Informationen an[674] und haftet dafür nach allgemeinen Regeln[675]. Bietet er eine Homepage im Internet an, so muß er für deren Inhalt einstehen, § 8 Abs. 1 TDG n.F. (§ 5 Abs. 1 TDG a.F.). Für die Rechtmäßigkeit des Inhalts gelten die spezialgesetzlichen Haftungsbestimmungen. Dies sind z.B. für Urheberrechtsverletzungen § 97 UrhG, für Domain-Vergaben §§ 14, 15 MarkenG, für Datenschutzverstöße § 7 BDSG sowie für alle übrigen wettbewerbsrechtlichen Maßnahmen §§ 1, 3 UWG.

Für falsche Inhalte bei Content-Providern kommt eine Haftung nach Maßgabe des Produkthaftungsgesetzes oder im Rahmen des allgemeinen Deliktrechts aus § 823 Abs. 1 BGB in Betracht. Die Ähnlichkeit zwischen Content-Provider und Presseunternehmen läßt es angezeigt erscheinen, die Rechtsprechung zur Haftung des Verlegers bei Content-Providern auch anzuwenden. Der BGH hat eine Haftung des Herausgebers von Informationsdiensten bejaht, soweit dieser infolge grober Außerachtlassung der Sorgfaltspflicht falsche Anlageempfehlungen verbreitet und dem Kunden dadurch Schaden entsteht[676].

Eine Haftung des Domaininhabers als Content-Provider i.S. des § 5 Abs. 1 TDG a.F. kommt etwa schon dann in Betracht, wenn er Dritten die Möglichkeit gewährt, unter dieser Website eine Community einzurichten und unter dieser Bilddateien verbreitet, die Persönlichkeitsrechte verletzen. Durch dieses Verhalten hält der Domaininhaber die Site zur Nutzung bereit, so daß ein Fall des § 5 Abs. 1 TDG a.F. vorliegt. Da Diensteanbieter und Fremdinhalt zu einer Einheit verquickt werden, macht sich der Diensteanbieter den Fremdinhalt zu eigen und ist damit auch Schuldner des Unterlassungsanspruchs[677].

Es kann also einem Content-Provider nur eindringlich geraten werden, seine Haftung zu beschränken. Allgemeine Haftungsausschlüsse sind gleichwohl unzulässig[678]:

Beispiel:
Wir schließen jegliche Haftung, soweit gesetzlich zulässig, aus.

---

[674] S. Hoffmann, MMR 2002, 284 (285); *Gounalakis/Rhode*, Persönlichkeitsschutz im Internet, S. 179.
[675] S. *Göhler*, Vor § 1 OWiG Rdnr. 31e; *Spindler*, CR 2001, 332.
[676] So BGH, NJW 1978, 997 – Börsendienst.
[677] So LG Köln, Urteil vom 5. Oktober 2001 – 28 O 346/01, MMR 2002, 254f. (n. rkr.) – „Steffi-Graf-Bilder".
[678] Vgl. BGH, NJW 1987, 1815; BGH, NJW 1985, 623 (627).

144 § *3. Werbebeschränkungen aus dem allgemeinen Wettbewerbsrecht*

Denkbar ist aber folgende Formulierung:

Beispiel:
Wir schließen unsere Haftung für leicht fahrlässige Pflichtverletzungen aus, sofern diese keine vertragswesentlichen Pflichten oder zugesicherten Eigenschaften betreffen oder Ansprüche nach dem Produkthaftungsgesetz berührt sind. Gleiches gilt für Pflichtverletzungen unserer Erfüllungsgehilfen[679].

Etwas kürzer könnte eine haftungsausschließende Klausel folgenden Wortlaut haben:

Beispiel:
Wir übernehmen keine Gewähr für die Richtigkeit und Vollständigkeit der auf der Homepage befindlichen Information.

Wie Eigeninhalte werden auch solche Inhalte behandelt, die der Provider zwar nicht inhaltlich gestaltet, sich aber auf andere Weise „zu eigen" macht. Die Bedingungen, unter denen dies der Fall ist, werden kontrovers diskutiert. Dies gilt insbesondere in den Fällen, in denen ein Link gesetzt wird. Grundsätzlich ist ein „Sichzueigenmachen" anzunehmen, wenn der Provider ein bestimmendes Interesse wirtschaftlicher oder sonstiger Art an der Verbreitung des eigentlich fremden Inhalts gerade in der vorgefundenen Form hat[680]. Wann dies der Fall ist, kann nur anhand der konkreten Umstände des Einzelfalles ermittelt werden.

Das LG Hamburg hat entschieden, daß ein Anbieter sich einen fremden Inhalt dadurch zu eigen macht, daß er einen Link auf eine Seite mit ehrverletzenden Behauptungen legte und sich von jenen Behauptungen nicht ausreichend distanzierte[681]. Ein „Sichzueigenmachen" liegt auch vor, wenn der Anbieter fremde Inhalte verändert oder wenn das Bereithalten mit der Rolle des Initiators zusammenfällt[682].

Zur Abgrenzung eigener und fremder Inhalte kann ein entsprechender Hinweis auf der Homepage zweckmäßig sein. Er könnte folgenden Wortlaut haben:

Beispiel:
Sie verlassen jetzt unser Internet-Angebot. Für den Inhalt der folgenden Seiten ist der jeweilige Anbieter verantwortlich. Wir übernehmen insoweit keine Haftung.

b) Host-Provider

Ein Diensteanbieter, der fremde Inhalte/Informationen gem. § 11 TDG n.F. (§ 5 Abs. 2 TDG a.F.) bereithält, wird als Host- oder auch Service-Provider bezeichnet. Der Host-Provider haftet gem. § 11 Abs. 2 TDG n.F. nur, wenn ihm die Inhalte bekannt sind und es ihm technisch möglich

---

[679] So *Hoeren*, Internetrecht, Oktober 2002, S. 346.
[680] So *Freytag*, ZUM 1999, 185 (191); *Bettinger/Freytag*, CR 1998, 545 (550).
[681] S. LG Hamburg, Urteil vom 12. Mai 1998 – 312 O 85/98, CR 1998, 565.
[682] So *Göhler*, Vor § 1 OWiG Rdnr. 31e.

V. Haftung für Dritte

und zumutbar ist, ihre Verbreitung zu verhindern[683]. Ausweislich der amtlichen Begründung des Gesetzgebers zu §5 Abs. 2 TDG a.f. soll eine Haftung des Dienstanbieters nur gegeben sein, wenn er die fremden rechtswidrigen Inhalte bewußt zum Abruf bereithält. Die Regelung ist zunächst, was die Abgrenzung von Access- und Service-Provider angeht, sehr extensiv formuliert. Der Provider würde damit auch die Verantwortung für alle Newsgroups übernehmen, die automatisch auf seinem Server gespeichert werden. Zwischen eigenen und fremden Angeboten kann letztlich nur schwer unterschieden werden.

Das LG München hat sich mit der Frage befaßt, was die Kenntnis der Inhalte im Einzelfall voraussetzt, um eine Haftung nach §5 Abs. 2 TDG a.f. zu begründen. Bei dem Unterhalten eines Forums oder einer Newsgroup werden nach Auffassung des Gerichts eindeutig nicht eigene, sondern fremde Inhalte verbreitet. Die Inhalte sind nämlich die von den jeweiligen Nutzern upgeloadeten Dateien, nicht die Menuführung des Forums. Inhalte sind nach Ansicht des Gerichts die jeweiligen einzelnen eingestellten Beiträge oder Dateien[684].

Das AG München war in einem Strafverfahren davon ausgegangen, daß die arbeitsteilige Bereitstellung der fremden Inhalte durch eine in den USA ansässige Muttergesellschaft und deren deutsche Tochtergesellschaft zu einer Verantwortlichkeit gem. §5 Abs. 2 TDG a.f. führt, da der deutsche Geschäftsführer die Inhalte unschwer hätte erkennen können, zumal die Inhalte in Foren wie „alt.sex.pedophilia" oder „alt.sex.incest" geführt wurden[685].

Bislang von Rechtsprechung ungeklärt ist, welche Haftung sich für den Host-Provider ergibt, wenn er Sub-Domains vergibt und über diese wettbewerbswidrige Handlungen erfolgen, sei es die Versendung von werbenden E-Mails, sei es die Bildung unzulässiger Domains[686]. Bei der Vergabe von Subdomains (Third-Level-Domains) hat der Inhaber der SLD ein Monopol wie es die DENIC e.G. bei der Vergabe von SLD unter der TLD „.de" hat. Daher ist der Host-Provider der SLD nicht anders zu behandeln[687]. In deliktischer Hinsicht kommt der Host-Provider als Mittäter i.S. des §830 BGB in Betracht[688].

---

[683] Vgl. dazu *Flechsig*, MMR 2002, 347 (348).
[684] S LG München, Urteil vom 30. März 2000 – 7 O 3625/98, MMR 2000, 431 (434).
[685] S. AG München, Urteil vom 28. Mai 1998 – 8340 Ds 465 Js 173158/95, NJW 1998, 2836ff.
[686] Vgl. dazu *Flechsig*, MMR 2002, 347 (349), der anschauliche Beispiele anhand der SLD „duschgirl.de" bildet.
[687] Vgl. dazu *Flechsig*, MMR 2002, 347 (349).
[688] Vgl. dazu *Flechsig*, MMR 2002, 347 (350).

c) Access-Provider

Access-Provider sind Diensteanbieter, die lediglich den Zugang zur Nutzung fremder Inhalte vermitteln. Sie waren nach § 5 Abs. 3 TDG a.F. in ihrer Haftung privilegiert und für den Inhalt der Informationen, zu denen sie den Zugang vermitteln, grundsätzlich nicht verantwortlich. Was unter Zugangsvermittlung i.S. von § 5 Abs. 3 TDG n.F. zu verstehen ist, ist Gegenstand verschiedener Gerichtsentscheidungen.

Nach der Gesetzesbegründung zu § 5 Abs. 3 TDG ist unter der Zugangsvermittlung zu verstehen, daß lediglich der Weg zu den fremden Inhalten geöffnet und der Inhalt durchgeleitet wird, ohne daß der Diensteanbieter auf den Inhalt Einfluß nimmt. Dieser bloße Zugangsvermittler solle wie ein Anbieter von Telekommunikations-Dienstleistungen behandelt werden[689].

Der BGH hat klargestellt, daß der zwischen einem Netzbetreiber und seinem Kunden geschlossene Telefondienstvertrag ebenso wertneutral ist wie die vertraglich geschuldete Leistung, nämlich das Herstellen und Aufrechterhalten einer Telefonverbindung. Nichts anderes tut auch der Access-Provider, indem er lediglich technische Signale überträgt, auf deren Inhalt er keinen Einfluß hat. Unabhängig von der Haftungsprivilegierung nach § 5 Abs. 3 TDG muß ein Access-Provider jedoch mit einer Anspruchnahme als Nichtstörer im ordnungsrechtlichen Sinn nach § 5 Abs. 4 TDG rechnen. Danach kann sich auch für einen Access-Provider eine Verpflichtung zur Sperrung der Nutzung ergeben, wenn er von den Inhalten Kenntnis erlangt hat und eine Sperrung technisch möglich und zumutbar ist.

In einer aufsehenerregenden Entscheidung hat das AG München den früheren CompuServe-Geschäftsführer wegen Verbreitung pornographischer Schriften zu einer Freiheitsstrafe verurteilt, da auf den News-Servern von CompuServe in den USA pornographische Darstellungen zugänglich gemacht worden sind[690].

Das LG München hat den Angeklagten jedoch aus Rechtsgründen freigesprochen, da er lediglich Geschäftsführer einer Tochtergesellschaft war und daher keine Tatherrschaft hinsichtlich der Verbreitung von Inhalten, die auf dem Rechner der Muttergesellschaft bereitgehalten werden, hatte. Dabei hat das Gericht im übrigen herausgearbeitet, daß § 5 TDG a.F. zwar keine Filterwirkung habe, sondern die Anforderungen an das schuldhafte Handeln des Täters modifiziere. Im Gesetz sei nirgendwo niedergelegt, daß § 5 Abs. 3 TDG a.F. nur anzuwenden sei, wenn

---

[689] Vgl. dazu: BGH, Urteil vom 22. November 2001 – III ZR 5/01 – NJW 2002, 361 = MMR 2002, 91 = AfP 2002, 179 = K&R 2002, 142 ff. m. Anm. *Schmittmann* = EWiR 2002, 935 f. [*Hoeren*].
[690] S. AG München, Urteil vom 28. Mai 1998 – 8340 Ds 465 Js 173158/95, NJW 1998, 2836 ff. = MMR 1998, 429 ff.

V. Haftung für Dritte

der Zugangsprovider eigene Kunden habe. Es könne keinen Unterschied ausmachen, ob der Zugangsprovider eigene Kunden hat oder nicht[691].
An die Stelle des umstrittenen § 5 Abs. 3 TDG a.F. sind nun §§ 9, 10 TDG n.F. getreten, die die Haftung insgesamt verschärft haben[692].
Nach § 10 TDG n.F.[693] sind Diensteanbieter für eine automatische, zeitlich begrenzte Zwischenspeicherung, die allein dem Zweck dient, die Übermittlung der fremden Information an andere Nutzer auf deren Anfrage effizienter zu gestalten, nicht verantwortlich, sofern sie

1. die Information nicht verändern,
2. die Bedingungen für den Zugang zu den Informationen beachten,
3. die Regeln für die Aktualisierung der Information, die in weithin anerkannten und verwendeten Industriestandards festgelegt sind, beachten,
4. die erlaubte Anwendung von standardmäßigen Technologien zur Sammlung von Daten über die Nutzung der Information nicht beeinträchtigen und
5. unverzüglich handeln, um im Sinne dieser Vorschrift gespeicherte Informationen zu entfernen oder den Zugang zu ihnen zu sperren, sobald sie tatsächlich Kenntnis davon erhalten haben, daß die Informationen am ursprünglichen Ausgangsort der Übertragung aus dem Netz entfernt wurden oder der Zugang zu ihnen gesperrt wurde oder ein Gericht oder eine Verwaltungsbehörde die Entfernung oder Sperrung angeordnet hat.

Gemäß § 11 TDG n.F.[694] sind Diensteanbieter für fremde Informationen, die sie für einen Nutzer speichern, nicht verantwortlich, sofern

1. sie keine Kenntnis von der rechtswidrigen Handlung oder der Information haben und ihnen im Fall der Geltendmachung von Schadensersatzansprüchen auch keine Tatsachen oder Umstände bekannt sind, aus denen die rechtswidrige Handlung oder die Information ersichtlich wird, oder
2. sie unverzüglich tätig geworden sind, um die Information zu entfernen oder den Zugang zu ihr zu sperren, sobald sie diese Kenntnis erlangt haben.

---

[691] S. LG München, Urteil vom 17. November 1999 – 20 Ns 465 Js 173158/95, MMR 2000, 171.
[692] S. *Göhler*, Vor § 1 OWiG Rdnr. 31n; *Hoffmann*, MMR 2002, 284 (286 ff.); *Schmittmann*, NWB Fach 28, S. 949 ff.
[693] Vgl. dazu: *Hoffmann*, MMR 2002, 284 (287).
[694] Vgl. dazu: *Hoffmann*, MMR 2002, 284 (288); *Gounalakis/Rhode*, Persönlichkeitsschutz im Internet, S. 191 ff.

Die Bestimmung des § 11 Satz 1 TDG n.F. findet keine Anwendung, wenn der Nutzer dem Diensteanbieter untersteht oder von ihm beaufsichtigt wird.

Gemäß § 8 Abs. 2 Satz 1 TDG n.F. sind Diensteanbieter i.S. der §§ 9 bis 11 TDG n.F. nicht verpflichtet, die von ihnen übermittelten oder gespeicherten Informationen zu überwachen oder aktiv nach Umständen zu forschen, die auf eine rechtswidrige Tätigkeit hinweisen[695].

Problematisch sind die Konstellationen, in denen automatisierte Verfahren zur Anwendung kommen. Die in § 5 Abs. 2 TDG a.F. geforderte Kenntnis unterscheidet sich nach ihrem Schutzzweck der Haftungseinschränkung von rechtsgeschäftlicher Zurechnung. Ist der Einsatz automatisierter Prüfungsverfahren bei der Haftungsbegründung im Rahmen der Prüfungspflicht zu berücksichtigen, so will der Gesetzgeber für die Haftungseinschränkung nur aktuelles Wissen des menschlichen Betreibers berücksichtigen, auf das dieser reagieren kann[696]. So liegt es insbesondere bei Online-Auktionen, in denen der Auktionator Fremdnutzern ein Forum zur Versteigerung von Waren eröffnet. Er haftet daher nicht für Markenrechtsverletzungen, die Teilnehmer begehen[697]. Der Auktionator nutzt die von dem Angebot betroffenen Marken nicht selbst. Allein der Umstand, daß die Angebote der Nutzer in ein von dem Betreiber der Auktionsplattform erarbeitetes Programm eingestellt sind, macht diese nicht zu dessen eigenen bzw. selbstgeschaffenen Inhalten. Auch eine Störerhaftung des Anbieters scheidet aus, da angesichts des Umfangs des zu verarbeitenden Materials sowohl die Veröffentlichung der Angebote als auch die vorgeschaltete Zulassung und Registrierung im automatisierten Verfahren durchgeführt werden und sich daraus eine zur Annahme der haftungsbegründenden Mitwirkung erforderlichen Kenntnisse der Inhalte nicht herleiten läßt[698].

Nach Auffassung des OLG Köln ist § 5 TDG a.F. auf Ansprüche, die sich aus der Verletzung von Markenrechten im Rahmen von Online-Auktionen ergeben, nicht anwendbar, da die Vorschrift ihre Wirkung zunächst als Vorfrage vor den allgemeinen Haftungsregelungen entfaltet, ohne dabei höherrangige Rechtsgrundlagen zu berühren. Als höherrangige Rechtsgrundlage sieht das OLG Köln das Markengesetz an, da dieses auf Europarecht basiert[699]. Diese Einschätzung ist keineswegs unumstritten[700], da der nationale Gesetzgeber trotz der Marken-Richtlinie der

---

[695] Vgl. umfassend: *Spindler*, NJW 2002, 921 (922).
[696] So *Spindler*, MMR 2001, 737 (740); *Wiebe*, MMR 2002, 53 (54).
[697] Vgl. *Wüstenberg*, WRP 2002, 497 (500).
[698] So OLG Köln, Urteil vom 02. November 2001 – 6 U 12/01, MMR 2002, 50 m. Anm. *Wiebe*.
[699] S. OLG Köln, MMR 2002, 50.
[700] S. insb. *Hoffmann*, MMR 2002, 284 (286).

EU[701] nicht gehindert sein kann, Vorschriften zu erlassen, die sich irgendwie auch auf die Haftung für Markenrechtsverletzungen auswirken können. Es handelt sich nach zutreffender Auffassung beim Markenrecht und bei der Haftungseinschränkung für Diensteanbieter im Internet vielmehr um unterschiedliche Regelungsbereiche[702].

Nach der Rechtsprechung des LG Potsdam handelt es sich bei den Angeboten in einer Internetauktionsplattform um fremde und nicht um eigene Inhalte i. S. des TDG, wenn die Vermittlung des Kontakts zwischen den Beteiligten im Vordergrund des Angebots steht. Zum Ausschluß der Haftungsprivilegierung des Diensteanbieters genügt die allgemeine Kenntnis der Rechtswidrigkeit von Angeboten nicht. Es ist die positive Kenntnis von dem konkreten Einzelangebot erforderlich[703].

3. Haftung der Vergabestellen

Da jede Domain weltweit nur einmal vergeben werden kann, kommt den Vergabestellen besondere Bedeutung zu. Es ist technisch unmöglich, daß eine Domain mehrfach konnektiert wird[704]. Praktisch kann es aber vorkommen, daß mehrere Provider zeitgleich eine Domain vergeben. In diesen Fällen stellen sich Kollisionsprobleme, die technisch dazu führen, daß es auf die eingestellte Priorität des jeweiligen Host-Servers ankommt.

Grundsätzlich gilt bei der Domain-Vergabe nichts anderes als im preußischen Landrecht: „Wer zuerst kommt, der mahlt zuerst"[705]. In der Welt des Internet heißt diese Rechtsregel: „First come, first served" und ist in allen Rechtskreisen anerkannt[706].

a) DENIC e.G.

Zuständig für die Vergabe der SLD unterhalb der TLD „.de" ist die DENIC e.G[707].

aa) Grundlage der DENIC e.G.

---

[701] S. Richtlinie 89/104/EWG vom 21. Dezember 1988 zur Angleichung der Rechtsvorschriften der Mitgliedstaaten über die Marken, ABl. EG Nr. L 1988, Nr. 40, S. 1 ff.
[702] So *Wiebe*, MMR 2002, 53.
[703] So LG Potsdam, Urteil vom 10. Oktober 2002 – 51 O 12/02, MMR 2002, 829. Gegen die Entscheidung ist Berufung beim OLG Brandenburg eingelegt worden, die zum Aktenzeichen 6 U 161/02 geführt wird.
[704] So LG Berlin, Beschluß vom 29. Juli 1999 – 16 O 317/99, K&R 2000, 91 – www.fewo-online-direct.de.
[705] Erster Teil, 23. Titel, §35 ALR: „Die Mahlgäste müssen nach der Ordnung, wie sie sich melden, jedoch die Zwangspflichtigen, und unter diesen die Bäcker zuerst, vor den bloß freywilligen Mahlgästen, abgefertigt werden."
[706] Vgl. statt aller: *Brinson et al.*, Analyzing E-Commerce & Internet Law, S. 325; *Torrani/Parise*, Internet e diritto, S. 71; kritisch: *Strömer*, K&R 2002, 306 ff.
[707] Vgl. *Bücking*, GRUR 2002, 27 ff.

§ 3. Werbebeschränkungen aus dem allgemeinen Wettbewerbsrecht

Die DENIC wurde im Dezember 1996 als Genossenschaft von Internet-Service-Providern gegründet und übernahm vom Rechenzentrum der Universität Karlsruhe das ausschließliche Recht, Domains unter der Top-Level-Domain „.de" zu vergeben[708]. Dieses Recht war der Universität Karlsruhe seinerzeit von der Vorgängerin der ICANN, der IANA[709], eingeräumt worden. Eine Rechtsgrundlage, warum die IANA Top-Level-Domains vergeben durfte, ist nicht ersichtlich. Hier hat sich der faktische Zwang des Praktischen durchgesetzt. In Deutschland ist eine gesetzliche Grundlage für die Vergabe von Domains unterhalb der TLD „.de" nicht ersichtlich.

Die DENIC e.G. vergibt täglich rund 10.000 Domains[710]. Am 7. November 2001 wurde mit „www.sonja-und-shawn.de" in Deutschland die fünfmillionste „.de"-Domain registriert[711]. Ende 2002 ist die Schwelle von 6 Millionen Domains überschritten worden. Ein beachtlicher Wert, wenn man sich vor Augen führt, daß Ende 1997 gerade einmal 105.344 Domains unter „.de" registriert waren.

Im Oktober 1997 gehörten der DENIC e.G. gerade einmal 27 Mitglieder an. Ende des Jahres 2000 waren es genau 100 Genossen. Im Juli 2002 war die Anzahl der Mitglieder auf 157 gestiegen. Die DENIC e.G. versteht sich als Non-profit-Organisation ohne Gewinnerzielungsabsicht. Diese Stellung der DENIC e.G. war im Jahr 2001 streitig geworden, nachdem das LG Frankfurt am Main der DENIC e.G. untersagt hat zu behaupten, die Domain-Registrierung ohne Gewinnerzielungsabsicht durchzuführen oder zu behaupten, daß die DENIC e.G. eine „Non-profit-Organisation" sei[712]. Diese Einstweilige Verfügung hat das LG Frankfurt/Main aufgehoben und insbesondere darauf verwiesen, daß die DENIC e.G. glaubhaft gemacht habe, nach dem Kostendeckungsprinzip zu arbeiten, so daß der Passus „ohne Gewinnerzielungsabsicht" nicht zu beanstanden sei[713]. Denn wirtschaftliches Handeln lediglich nach dem Prinzip der Kostendeckung schließe eine Gewinnerzielungsabsicht aus. Dies gelte auch für die Äußerung „Non-profit-Organisation". Hierbei sei schon streitig, welcher Bedeutungsgehalt dem Begriff beizulegen sei, so daß zu vermuten sei, daß eine Organisation, die nicht auf Gewinnerzielung angelegt ist, auch eine „Non-profit-Organisation" ist.

---

[708] S. *Kort*, DB 2001, 249.
[709] S. *Buri*, Die Verwechselbarkeit von Internet Domain Names, S. 22 ff.
[710] S. *Kort*, DB 2001, 249.
[711] So Pressemitteilung der DENIC e.G. vom 8. November 2001, vgl. „www.denic.de"
[712] So LG Frankfurt am Main, Beschluß vom 23. August 2001 – 2/6 O 280/01, n.v.
[713] So LG Frankfurt am Main, Urteil vom 24. Oktober 2001 – 2/6 O 280/01, CR 2002, 616 [Ls.]

V. Haftung für Dritte

Dies entspricht im übrigen auch der Rechtsprechung des BGH[714]. In dieser Entscheidung „www.ambiente.de" hat der BGH explizit darauf verwiesen, daß die DENIC e.g. „keine eigenen Zwecke verfolgt und ohne Gewinnerzielungsabsicht" handelt.

bb) Vergabebestimmungen der DENIC e.G.

Die Vergabebestimmungen der DENIC e.g. sind in der „Richtlinie zur Vergabe von deutschen Internet-Domains (DE-NIC) vom 11. November 1997" niedergelegt[715]. In den Vergabebestimmungen schließt die DENIC explizit jede Haftung, gleich aus welchem Rechtsgrund, die auf leichter Fahrlässigkeit beruht, aus[716]. Im übrigen beschränkt sich die Haftung nach den Vergabebestimmungen auf denjenigen Schaden, den die DENIC als mögliche Folge der Vertragsverletzung vorausgesehen hat oder hätte voraussehen müssen.

Zugleich verpflichtet die DENIC e.g. den Antragsteller, die als Domain zu registrierende Zeichenfolge auf ihre Vereinbarkeit mit den Rechten Dritter, z.B. mit Namens-, Marken-, Urheber- oder sonstigen Schutzrechten sowie mit den allgemeinen Gesetzen zu prüfen. Der Antragsteller versichert mit der Antragstellung, daß er dieser Prüfungspflicht nachgekommen ist und sich bei der Prüfung keine Anhaltspunkte für die Verletzung von Rechten Dritter ergeben haben.

α) **Antragstellende Organisationen und Kontaktpersonen.** Bei der Beantragung und Vergabe von Internet-Domains sind verschiedene Organisationen bzw. Personen zu benennen.

Zunächst ist als Antragsteller der zukünftige Domain-Inhaber (z.B. eine Firma, ein Verein oder eine Behörde) anzugeben. Domain-Inhaber kann nur eine rechtsfähige natürliche oder juristische Person sein. Bei Antragstellung muß die vollständige postalische Anschrift, eventuell separat für Adresse mit Straßenangabe und Adresse mit Postfachangabe, angegeben werden. Antragsteller und Inhaber von Domains können nur natürliche und juristische Personen sein, die ihren allgemeinen Gerichtsstand (§§ 13, 17 ZPO) in Deutschland haben.

Weiterhin ist ein administrativer Kontakt („admin-c") anzugeben. Der admin-c ist allgemeiner Ansprechpartner für Rückfragen im Zusammenhang mit der Domain. Er ist „Besitzer" der Domain und für die Einrichtung von Subdomains und die Einhaltung des Namensrechts verantwortlich. Der admin-c muß zwingend in der Organisation angesiedelt sein, für die die Domain eingetragen wird. Der admin-c übernimmt die rechtliche Verantwortung, wenn die antragstellende Organisation nicht oder nicht

---

[714] S. BGH, Urteil vom 17. Mai 2001 – I ZR 251/99, MMR 2001, 671 ff. = WRP 2001, 1305 ff. = GRUR 2001, 1061 ff., vgl. dazu *Nägele*, WRP 2002, 138 (142 ff.).
[715] Vgl. *Hoeren/Holznagel/Geppert*, ITM, Tz. 175 vgl. in den Vertragsbezeichnungen: *Ernst*, MMR 2002, 714 ff.
[716] So *Wendlandt*, Cybersquatting, Metatags und Spam, S. 260 f.

mehr existiert oder keinen allgemeinen Gerichtsstand in Deutschland hat oder sonst nicht oder nicht mehr erreichbar ist. Auch der admin-c muß eine natürliche Person sein, die ihren allgemeinen Gerichtsstand in Deutschland hat.

In engem Zusammenhang mit dem administrativen Kontakt steht der technische Kontakt („tech-c"). Unter tech-c sind die Personen anzugeben, die die technische Abwicklung in der Organisation bzw. für die Organisation vornehmen. Tech-c können mehrere Personen sein und auch mit dem administrativen Kontakt übereinstimmen.

Unter Zonenkontakt ist schließlich die Person einzutragen, die den Name-Server betreut („zone-c"). Die Angabe des zone-c ist nur notwendig, sofern ein eigener Name-Server für die Domain delegiert ist/werden soll.

Unter „www.denic.de" können in einer „Who-is"-Datenbank die vorstehend näher genannten Einträge abgerufen werden. Dies ist insbesondere dann von Bedeutung, wenn eine Abmahnung oder ein Rechtsstreit vorbereitet werden soll und es darauf ankommt, die Passivlegitimation zu prüfen.

β) **Dispute-Eintrag.** Der Dispute-Eintrag bewirkt, daß der Domain-Inhaber die Domain nicht auf einen Dritten übertragen kann und verhindert somit, daß er sich mit der Auseinandersetzung mit dem Gegner entzieht. Ohne Dispute-Eintrag, der früher Wait-Eintrag genannt wurde, kam es oftmals vor, daß sich im Zuge einer außergerichtlichen Auseinandersetzung abzeichnete, daß der Domain-Inhaber in einem Rechtsstreit unterliegen könne. Er übertrug die Domain auf eine andere Person, um seine eigene Passivlegitimation zu vernichten. Hatte sich der Gegner auf diese neue Situation eingestellt, so wurde die Domain erneut übertragen, so daß derjenige, der die Domain für sich erstreiten wollte, ständig wechselnden Personen hinterher klagen mußte.

Nach Vermerk des Dispute-Eintrags kann die Domain lediglich noch auf den Inhaber des Dispute-Eintrags übertragen werden. Der Dispute-Eintrag gewährleistet zudem, daß der Inhaber des Dispute-Eintrags automatisch neuer Domain-Inhaber wird, wenn der bisherige Domain-Inhaber die Domain freigibt. Durch die Einrichtung eines Dispute-Eintrags trägt die DENIC e.G. insbesondere der Rechtsprechung Rechnung, nach der der Domain-Inhaber nicht zur Übertragung der streitgegenständlichen Domain verpflichtet ist, sondern lediglich zur Freigabe[717].

Ein Dispute-Eintrag ist bei der DENIC e.G. mit dem entsprechenden Formular (erhältlich unter „www.denic.de") zu beantragen. Der Antrag muß im Original bei der DENIC e.G. eingereicht werden. Dem Antrag müssen Unterlagen beigefügt werden, aus denen sich Anhaltspunkte da-

---

[717] Vgl. BGH, MMR 2002, 382 m. Anm. *Hoeren* = WRP 2002, 694 = BB 2002, 1137 – www.shell.de; *Rauschhofer*, JurPC Web-Dok. 23/2002.

für ergeben, daß dem Antragsteller ein Recht an der Domain zusteht. Der Dispute-Eintrag stellt einen erheblichen Eingriff in die Verfügungsgewalt des Domain-Inhabers dar, so daß die DENIC e.G. darauf besteht, daß Markenurkunden, Handelsregisterauszüge oder sonstige geeignete Unterlagen beigebracht werden, aus denen sich das Recht an der Domain ergibt.

Bei Gemeinden, die um ihren Gemeindenamen streiten, ist der Briefkopf der Behörde vorzulegen. Bei namensrechtlichen Streitigkeiten, bei denen es um bürgerlich-rechtliche Namen geht, ist eine Fotokopie des Personalausweises oder Reisepasses des Antragstellers beizubringen.

Die DENIC e.G. prüft bei Vorliegen des Dispute-Antrags, ob bereits für einen anderen Dritten ein solcher eingetragen ist. Es erfolgt dann eine entsprechende Information an den Antragsteller, da für jede Domain lediglich ein Dispute-Eintrag angelegt werden kann.

Der Dispute-Eintrag ist auf ein Jahr befristet und wird ohne besondere Vorankündigung automatisch aufgehoben. Im übrigen verpflichtet sich der Antragsteller, mit Beantragung des Dispute-Eintrags der DENIC e.G. mitzuteilen, wenn die Auseinandersetzung mit dem Domain-Inhaber beendet ist. Auch in diesem Fall wird der Dispute-Eintrag aufgehoben. Entfällt der Dispute-Eintrag nach Ablauf der Jahresfrist, so kann die Domain wieder frei auf Dritte übertragen werden.

Hier lauert für den anwaltlichen Berater ein erhebliches Haftungsrisiko. Die Jahresfrist ist daher als materiell-rechtliche Frist zu notieren. Der Dispute-Eintrag kann auf Antrag verlängert werden, wenn die Auseinandersetzung mit dem Domain-Inhaber noch andauert und dies der DENIC e.G. nachvollziehbar dargelegt wird.

Ein zu eigenen Gunsten eingetragener Dispute-Eintrag kann jederzeit wieder aufgehoben werden, etwa wenn eine Einigung mit dem Domain-Inhaber stattgefunden hat oder die Auseinandersetzung aus anderen Gründen beendet ist.

Der Dispute-Eintrag ist ebenso wie seine Aufhebung nicht mit Kosten bei der DENIC e.G. verbunden. Der Dispute-Antrag ist zu richten an: DENIC e.G., Rechtsabteilung, Wiesenhüttenplatz 26, 60329 Frankfurt am Main.

Mit dem Dispute-Antrag ist zu versichern, daß der Antragsteller mit dem gegenwärtigen Domain-Inhaber eine Auseinandersetzung führt bzw. dies unverzüglich tun wird, um die Freigabe der Domain zu erreichen. Darüber hinaus verpflichtet sich der Antragsteller unbeschadet aller darüber hinausgehender Ansprüche die DENIC e.G. und das die Domain verwaltende DENIC-Mitglied von allen im Zusammenhang mit dem Dispute-Eintrag erhobenen Ansprüchen Dritter einschließlich der Kosten einer etwaigen angemessenen Rechtsverteidigung vollständig und unbedingt freizustellen.

cc) Verantwortlichkeit der DENIC e.G.

Heftig umstritten ist die Störereigenschaft der DENIC e.G[718]. Verschiedentlich war versucht worden, neben oder anstelle des Domain-Inhabers die DENIC e.G. in Anspruch zu nehmen.

α) **Verantwortlichkeit für die Domain-Wahl.** Schon in einer der ersten Entscheidungen zum Domain-Recht in Deutschland wurde die Frage angerissen, ob die DENIC e.G. als Vergabestelle Störer sein kann. Das LG Mannheim konnte diese Frage offenlassen, da die Beklagte, eine Gesellschaft bürgerlichen Rechts, die sich mit Informationstechnologie, Software-Entwicklung und Beratung befaßte, allein beklagt war und auch ihre Passivlegitimation feststand. Das LG Mannheim neigte aber der Auffassung zu, daß aufgrund der fehlenden inhaltlichen Prüfung durch die DENIC e.G. wesentliche Gesichtspunkte gegen eine Verantwortlichkeit der Vergabestelle sprechen[719]. Ähnlich argumentiert das LG Kiel, das aber im Hinblick darauf, daß die Berühmtheit der Marke bzw. Domain nicht gegeben war, die Klage aus anderen Gründen abweisen konnte[720].

Das LG Magdeburg hat sich bei der Prüfung der Verantwortlichkeit der DENIC e.G. an den Maßstäben orientiert, die für Zeitungsverlage bei der Annahme von Inseraten entwickelt worden sind[721]. Zeitungsverlage haben bei der Annahme von Inseraten nur auf grobe und unschwer zu erkennende Markenrechts- und Wettbewerbsverstöße zu achten[722]. Das Gericht erkannte der DENIC e.G. im Hinblick auf die große Zahl der zu bearbeitenden Registrierungsanträge zu, daß eine Überprüfung der Registrierungsanträge auf namensrechtliche Unbedenklichkeit unzumutbar sei. Dieses „Privileg" sei aber im Zeitpunkt der letzten mündlichen Verhandlung nicht mehr zugunsten der Vergabestelle anzuwenden. Bei dem Unterlassungsanspruch komme es darauf an, ob eine künftige namenswidrige Handlung zu befürchten sei. Die Rechtswidrigkeit sei nach den Umständen zur Zeit der letzten mündlichen Verhandlung in der Tatsacheninstanz zu prüfen. Auch die Aufrechterhaltung eines Zustandes, den ein Dritter rechtswidrig geschaffen habe, könne eine Störerhaftung begründen. Die Beseitigung des Zustandes hänge nämlich dann vom Willen des in Anspruch genommenen Störers ab. Durch die mündliche Verhandlung habe die Vergabestelle positive Kenntnis davon, daß die übrigen Beklagten mit der Inanspruchnahme des Domain-Namens

---

[718] Vgl. *Schuster/Müller/Drewes*, MMR-Beilage 3/2002, 1 (23); *Kort*, WRP 2001, 1260 ff.

[719] So LG Mannheim, Urteil vom 8. März 1996 – 7 O 60/06, NJW 1996, 2736 (2737).

[720] S. LG Kiel, Urteil vom 15. März 2001 – 15 O 194/00, ITRB 2002, 111 f. (*Wülfing*).

[721] So LG Magdeburg, Urteil vom 18. März 1999 – 36 O 11/99, K&R 1999, 426 – www.foris.de

[722] Vgl. BGH, GRUR 1994, 454 – Schlankheitswerbung.

V. Haftung für Dritte

"www.foris.de" Namens- und Markenrechte der Klägerin verletzten. Indem die Vergabestelle die Domain weiterhin an eine der übrigen Beklagten überlasse, obwohl sie die Möglichkeit hat, diese Überlassung zu beenden, sei sie als Mitverantwortliche an der zeichenrechtswidrigen Handlung anzusehen und daher zur Unterlassung zu verurteilen. Die Entscheidung des LG Magdeburg ist nicht ohne Kritik geblieben. Die Entscheidung wurde vom OLG Naumburg aufgehoben[723]. Über das Ergebnis der Neuverhandlung ist noch nichts bekannt[724].

Unter Berufung auf die Entscheidung des LG Magdeburg ("www.foris.de") hat der seinerzeitige Ministerpräsident des Freistaates Sachsen den Domain-Inhaber sowie die DENIC e.G. auf Freigabe der Domain "www.kurt-biedenkopf.de" in Anspruch nehmen wollen. Das LG Dresden hat die Klage gegen die Vergabestelle abgewiesen[725]. Die Berufung wurde vom OLG Dresden als unbegründet zurückgewiesen[726]. Die Registrierung und Verwaltung der Internet-Domain durch die Vergabestelle sei keine Benutzung durch die Vergabestelle, so daß sie weder als Mittäter oder Gehilfe das Namensrecht des Klägers beeinträchtige. Da der Vergabestelle keine besondere Prüfung der Berechtigung des Anmelders obliege, sei sie auch nicht Störer i.S. von § 1004 BGB. Wettbewerbs- und markenrechtliche Ansprüche scheiterten daran, daß ein Handeln zu Zwecken des Wettbewerbs fehle.

Das OLG Dresden stellt insbesondere darauf ab, daß die DENIC e.G. weder Namen vergebe noch zur Verfügung stelle oder erfinde. Sie trage die von den Antragstellern angegebenen Namen lediglich im Nameserver ein, damit sie erreichbar sind. Darin kann keine „Benutzung im Internet" gesehen werden. Selbst wenn man die Eintragung in den Name-Server als Benutzung so sehen wolle[727], so sei eine Namensverletzung nicht gegeben, weil es für die Vergabestelle nicht geboten und zumutbar sei, derartige Verletzungen von Dritten zu verhindern, indem sie vor Vergabe die Berechtigung des Anmelders zur Benutzung des Zeichens überprüfe. Mittäterschaft und Beihilfe der Vergabestelle komme nur in Betracht, wenn sie vorsätzlich gehandelt habe. Da der Anmelder bei der Anmeldung versichern muß, keine Rechte Dritter zu verletzen, fehlt es bei der Vergabestelle am Wissenselement. Die Vergabestelle wolle ausweislich ihrer Vergaberichtlinien ausdrücklich keine Rechtsverletzungen Dritter. Ihr Verhalten sei vielmehr darauf gerichtet, mögliche Rechtsverletzungen

---

[723] S. OLG Naumburg – 7 U (Hs) 78/99.
[724] Vgl. *Hoeren*, Internetrecht, Oktober 2002, S. 59.
[725] S. LG Dresden, Urteil vom 25. August 2000 – 3 O 824/00, n.v.
[726] So OLG Dresden, Urteil vom 28. November 2000 – 14 U 2486/00, MMR 2001, 459 m. Anm. *Welzel* = GRUR-RR 2001, 130 = ZUM-RD 2001, 347 = WRP 2001, 206 = CR 2000, 408 m. Anm. *Röhrborn*; vgl. dazu: *Kort*, WRP 2001, 1260 ff.
[727] Vgl. *Bettinger/Freytag*, Verantwortlichkeit der DENIC e.G. für rechtswidrige Domains?, CR 1999, 28 (32).

zu vermeiden, indem der Anmelder die Berechtigung zur Nutzung des Domain-Namens versichern muß und für etwaige Schäden haftbar gemacht werden soll.

Der Vergabestelle komme auch keine generelle Prüfungspflicht zu, sie hafte nur bei groben, unschwer zu erkennenden Verstößen. Eine detaillierte Prüfung ist für die Vergabestelle faktisch ausgeschlossen, da sie den Internet-Anwendern kostengünstig, unbürokratisch, rasch und zuverlässig die Registrierung und Verwaltung des Domain-Systems anbiete. Eine Prüfungspflicht der DENIC e.G. bedeute, daß die Vergabestelle für jede Registrierung sämtliche Unternehmenskennzeichen und Namensrechte auf die Priorität und ihren rechtlichen Bestand überprüfen müsse. Schon der bloße Namensabgleich würde das Verfahren blockieren. Es sei zu befürchten, daß eine Domain-Registrierung bei einer umfassenden Prüfungspflicht nicht mehr in weniger als einer Minute zu erledigen sei, sondern eine Zeit benötige, wie sie derzeit bei Patent- und Markenanmeldungen mit 6 bis 12 Monaten anzunehmen sei. Es sei daher insgesamt nicht sachgerecht, die Entscheidung des Konflikts zwischen zwei Namensträgern auf die Vergabestelle zu verlagern und damit ihre Verantwortlichkeit zu erweitern. Die Vergabestelle sei daher zur Eintragung oder Löschung nur verpflichtet, wenn ein rechtskräftiges und vollstreckbares Urteil dem Eingetragenen die Benutzung der Second-Level-Domain untersage. Nur in diesen Fällen sei es für die Vergabestelle evident, daß eine andere Sachentscheidung nicht erfolgen kann.

Der seinerzeitige sächsische Ministerpräsident hat gegen das Urteil des OLG Dresden Revision zum BGH eingelegt. Über diese Revision ist noch nicht entschieden.

Das LG Frankfurt am Main hat einen Löschungsanspruch gegen die DENIC e.G. hinsichtlich der Domain „www.viagratip.de" und anderer ähnlicher Domains angenommen, unter denen einerseits pornographische Inhalte zu finden waren und andererseits verschiedene Medikamente angeboten wurden. Danach besteht ein Anspruch gegen die DENIC e.G. auf Löschung, wenn der Domaininhaber erkennbar in grober Weise das Kennzeichen- und Wettbewerbsrecht verletzt, dies vom Anspruchsteller schlüssig begründet wird und es an einer Stellungnahme des Domaininhabers fehlt[728].

β) **Verantwortlichkeit für Inhalte.** Mit einer etwas anderen Konstellation der Verantwortlichkeit der DENIC e.G. hatte sich das LG Wiesbaden zu befassen. In dieser Entscheidung ging es nicht um die Domain als solche, sondern um die Verantwortlichkeit der Vergabestelle für den Inhalt von Internetseiten. Das Gericht wies die Klage ab[729]. Die DENIC

---

[728] So LG Frankfurt am Main, Urteil vom 21. März 2001 – 2/6 O 687/00, CR 2001, 785 = ITRB 2002, 80 f. (*Wülfing*).

[729] So LG Wiesbaden, Urteil vom 13. Juni 2001 – 10 O 116/01, MMR 2001, 769 m. Anm. *Wenzel* = NJW 2001, 3715.

V. Haftung für Dritte

e.G. als Registrierungsstelle für Internet-Domains unterhalb der TLD „xxx.de" haftet danach weder als Störerin noch als Mitstörerin für rechtsverletzende Inhalte einer Website, die unter einer bei ihr registrierten Domain aufrufbar ist. Dies gilt unabhängig davon, ob die Verantwortlichen für diese Seite praktisch nicht oder nur mit großen Schwierigkeiten zu erreichen sind. Die Rechtsschutzverwirklichung gegenüber den tatsächlichen Verantwortlichen stelle kein rechtliches Kriterium dafür dar, einer anderen Person die zur Inanspruchnahme notwendige Störereigenschaft beizumessen. Darüber hinaus leiste die Vergabestelle keinen entscheidenden Tatbeitrag zur Verbreitung der auf der Homepage enthaltenen Inhalte. Die maßgebliche Rechtsgutverletzung bestehe darin, daß auf einem Computer eine Homepage hinterlegt sei, auf die weltweit zurückgegriffen werden kann. Auch der Computer, auf dem die Inhalte liegen, könne sich irgendwo auf der Welt befinden. Selbst wenn die Vergabestelle den Domain-Namen des Seitenbetreibers lösche, so könne dieser den Inhalt weltweit mit einer anderweitigen Domain oder aber über eine Verlinkung wieder zugänglich machen.

Der Entscheidung des LG Wiesbaden ist vollinhaltlich zuzustimmen, zumal wenn schon eine Überprüfung der TLD auf Rechtsgutverletzungen nicht zu erwarten ist, erst recht eine Überprüfung der Inhalte ausscheidet. Hätte das LG Wiesbaden dem Antrag stattgegeben, so müßte zukünftig auch ein Telefondienstleister sämtliche Gespräche, die über sein Netz geführt werden, auf unzulässige Inhalte überprüfen. Es liegt auf der Hand, daß eine solche Verantwortlichkeit nicht besteht und auch nicht bestehen kann.

γ) **Verpflichtung zur Führung von Negativlisten.** Im Zusammenhang mit der Domain „www.dresdnerhypovereinsbank.de" hat das LG Frankfurt am Main die Vergabestelle verurteilt, bestimmte Domains nicht an Dritte zu vergeben, wenn Kennzeichenrechte eines Berechtigten einer Vergabe erkennbar entgegenstehen[730]. Demnach wäre die DENIC e.G. zur Führung von Negativlisten verpflichtet und würde damit eine Erschwerung ihrer laufenden Geschäftstätigkeit hinnehmen müssen. Das Urteil ist zwar rechtskräftig geworden, gleichwohl aber gegenstandslos, weil die Verfügungsklägerin unter dem Eindruck der Berufungsverhandlung ihren Antrag auf Erlaß einer einstweiligen Verfügung zurückgenommen hat.

δ) **Rechtsprechung des BGH.** Leading case in Bezug auf die Verantwortlichkeit der DENIC e.G. ist der Rechtsstreit um die Domain „www.ambiente.de". In dieser Sache verlangte ein Messeveranstalter von der DENIC e.G. unmittelbar die Eintragung einer Domain unter Löschung des bisherigen Inhabers.

---

[730] So LG Frankfurt am Main, Urteil vom 24. Mai 2000 – 2/6 O 126/00, WM 2000, 1750 = CR 2001, 51 = WUB V F. § 14 MarkenG 2.00 m. Anm. *Hoeren*.

Die erste Instanz kam unter Berücksichtigung kartellrechtlicher Überlegungen zu dem Ergebnis, daß die Vergabestelle ein marktbeherrschendes Unternehmen i.S. von § 22 Abs. 1 Nr. 1 GWB und damit Normadressatin des Diskriminierungsverbotes aus § 26 Abs. 2 GWB ist. Es stelle eine unbillige Behinderung i.S. von § 26 Abs. 2 GWB dar, wenn sich die Vergabestelle weigere, die Registrierung eines tatsächlich nicht genutzten Domain-Namens zugunsten eines nutzungswilligen Interessenten aufzuheben und diesen als Domain-Inhaber zu registrieren[731].
Unter einer Behinderung i.S. des § 26 Abs. 2 GWB sei jedes Verhalten zu verstehen, das die wettbewerbliche Betätigungsfreiheit eines anderen Unternehmens nachteilig beeinflusse. Dadurch, daß die Vergabestelle die Klägerin, eine Messeveranstalterin, nicht mit der Domain „www.ambiente.de" registriere, behindere sie deren wirtschaftliche Auswertung des Namens der relativ bekannten Frühjahrsmesse „Ambiente". Eine Abwägung der beiderseitigen Interessen ergebe, daß diese Behinderung auch unbillig i.S. von § 26 Abs. 2 GWB sei. Die Klägerin habe ein erhebliches Interesse daran, unter der SLD „www.ambiente.de" registriert zu werden, da dies der „einprägsame Name" der von ihr veranstalteten Messe sei. Ausweichmöglichkeiten seien weit weniger einprägsam.

Das Berufungsgericht wies die Klage ab[732]. Das Berufungsgericht kam zu dem Ergebnis, daß weder kartellrechtliche Vorschriften noch zivilrechtliche Anspruchsgrundlagen dem Begehren der Messeveranstalterin zum Erfolg verhelfen können. Das OLG Frankfurt am Main vertritt insoweit die Auffassung, daß die Prüfung der kennzeichen- und wettbewerbsrechtlichen Zulässigkeit einer bestimmten SLD primär in den Verantwortungsbereich des Anmelders fällt, ebenso wie die Gestaltung des redaktionellen Teils in den Verantwortungsbereich des Presse-Unternehmens falle. Daher sei es sachgerecht, die Grundsätze zur Pressehaftung im Wettbewerbsrecht entsprechend anzuwenden und die Vergabestelle nur unter besonderen Umständen als verantwortlich oder jedenfalls mitverantwortlich anzusehen. Zwar könne als Mitwirkungshandlung durch die Vergabestelle auch die Unterstützung oder Ausnutzung der Vorgehensweise eines eigenverantwortlichen Dritten genügen, sofern der in Anspruch genommene die rechtliche und tatsächliche Möglichkeit zur Verhinderung dieser Handlung hatte. Demnach soll die Vergabestelle grundsätzlich nur dann als Mitverantwortliche in Anspruch genommen werden können, wenn ein Dritter dadurch, daß er bei der Vergabestelle eine bestimmte SLD für sich registrieren läßt und diese unberechtigterweise benutzt, Kennzeichenrechte eines Dritten verletzt bzw. diesen

---

[731] So LG Frankfurt am Main, Urteil vom 14. Oktober 1998 – 2/06 O 283/98, NJW 1999, 586 = WRP 1999, 366 = ZUM-RD 1999, 136.
[732] So OLG Frankfurt am Main, Urteil vom 14. September 1999 – 11 U Kart 59/98, NJW 2001, 376 = WRP 2000, 214 = MMR 2000, 36 m. Anm. *Wenzel* = CR 1999, 707.

wettbewerbsrechtlich nach § 1 UWG unzulässig behindert, wenn die Vergabestelle vorsätzlich den ebenfalls vorsätzlich begangenen Verstoß des Dritten fördern will bzw. diesen in Kenntnis der Rechtswidrigkeit billigend in Kauf nimmt, oder nach dem Hinweis auf die angebliche Rechtswidrigkeit eines SLD-Eintrags diesen nicht sperrt, obwohl er für sie erkennbar in grober Weise das Kennzeichen- oder Wettbewerbsrecht verletzt. Ein derartiger offensichtlicher Rechtsverstoß sei etwa dann anzunehmen, wenn auch für die Vergabestelle unschwer erkennbar ein Domain-Name mit einem berühmten Kennzeichen übereinstimmt und der Anmelder sich lediglich daran in unzulässiger Weise anhängen oder in ersichtlich rechtswidriger Weise den jeweiligen Domain-Namen für sich „sperren" will.

Der BGH hat nun im Hinblick auf § 20 Abs. 1 GWB und §§ 4 Nr. 2, 14 Abs. 2 Nr. 3 MarkenG entschieden, daß die für die Registrierung von Domain-Namen unter der TLD „.de" zuständige DENIC e.G. vor der Registrierung grundsätzlich weder unter dem Gesichtspunkt der Störerhaftung noch als Normadressatin des kartellrechtlichen Behinderungsverbots zur Prüfung verpflichtet ist, ob der angemeldete Domain-Name Rechte Dritter verletzt. Wenn die DENIC e.G. von einem Dritten darauf hingewiesen wird, daß ein registrierter Domain-Name seiner Ansicht nach ein ihm zustehendes Kennzeichenrecht verletzt, kommt eine Haftung als Störerin oder eine kartellrechtliche Haftung für die Zukunft nur in Betracht, wenn die Rechtsverletzung offenkundig und für die DENIC e.G. ohne weiteres feststellbar ist. Im Regelfall kann die DENIC e.G. den Dritten darauf verweisen, eine Klärung im Verhältnis zum Inhaber des umstrittenen Domain-Namens herbeizuführen[733].

Eine Störerhaftung setzt nach der Rechtsprechung des BGH voraus, daß der Störer Prüfungspflichten verletzt hat. Als Störer kann zwar grundsätzlich auf Unterlassung und Beseitigung in Anspruch genommen werden, wer auch ohne Wettbewerbsförderungsabsicht und ohne Verschulden willentlich und adäquat-kausal an der Herbeiführung oder Aufrechterhaltung einer rechtswidrigen Beeinträchtigung mitgewirkt hat. Dabei kann als Mitwirkung auch die Unterstützung oder Ausnutzung der Handlung eines eigenverantwortlich handelnden Dritten genügen, sofern der in Anspruch genommene die rechtliche Möglichkeit zur Verhinderung dieser Handlung hatte[734].

Das bewährte automatisierte Verfahren schließt eine individuelle Prüfung bei der Registrierung der SLD aus. Selbst wenn die Vergabestelle auf die Verletzung von Rechten hingewiesen wird, trifft sie nur eine einge-

---

[733] S. BGH, Urteil vom 17. Mai 2001 – I ZR 251/99, MMR 2001, 671 ff. = WRP 2001, 1305 ff. = GRUR 2001, 1061 ff., vgl. dazu *Nägele*, WRP 2002, 138 (142 ff.).
[734] So BGH, Urteil vom 17. Mai 2001 – I ZR 251/99, MMR 2001, 671 ff. = WRP 2001, 1305 ff. = GRUR 2001, 1061 ff., vgl. dazu *Nägele*, WRP 2002, 138 (142 ff.).

schränkte Prüfungspflicht. In dieser zweiten Phase ist die Vergabestelle nur dann gehalten, eine Registrierung zu löschen, wenn die Verletzung der Rechte Dritter offenkundig und für die Vergabestelle ohne weiteres feststellbar ist. Auch für diese zweite Phase gilt, daß weiterreichende Prüfungspflichten die DENIC e.G. überfordern und ihre Arbeit über Gebühr erschweren würden[735].

Die Entscheidung des BGH vom 17. Mai 2001 ist nicht ohne Widerspruch geblieben. Insbesondere wird registriert, daß die DENIC e.G. in nicht gebotener Weise privilegiert wird. Jeder Provider, der Domain-Name-Server (DNS) betreibe, nehme täglich Registrierungswünsche entgegen. Damit gebe es auch weitere Registrierungsstellen für Internet-Domains in Deutschland neben der DENIC e.G. *Strömer* führt an, daß für die Third-Level-Domain jeder Domain-Inhaber zuständig sei. Für ihn gelte aber keine Privilegierung. Dies sei unbillig[736].

dd) Domain-Recherche im Internet

Will eine natürliche oder juristische Person ihren Internet-Auftritt planen, so stellt sich zunächst die Frage, welche Domain ausgewählt wird und ob diese überhaupt noch verfügbar ist. Über die Datenbank „WHO IS" auf der Homepage der DENIC e.G. kann eine Suche nach vergebenen, reservierten und aktivierten Domain-Namen durchgeführt werden[737]. Ist der Name bereits vergeben, kann über die Datenbank die Adresse des Inhabers festgestellt werden. Möglicherweise ist dieser nach Kontaktaufnahme bereit, gegen entsprechendes Entgelt einer Übertragung der Domain zuzustimmen.

Im Hinblick darauf, daß in der WHO-IS-Datenbank eine Vielzahl von personenbezogenen Daten enthalten ist und diese von jedermann auch ohne rechtliches Interesse recherchiert werden können, stellen sich datenschutzrechtliche Fragen, die aber hier nicht vertieft werden können[738].

Nach dem Teledienste-Datenschutzgesetz (TDDG) ist eine Übermittlung solcher Daten nur mit Einwilligung oder aufgrund konkreter, vom Nutzer darzulegender Zwecke zulässig[739]. Die Verwendung der Daten dürfte daher vom Vorliegen eines berechtigten Interesses abhängig gemacht werden müssen.

Die Telefonnummern der Anmelder werden seit einiger Zeit nicht mehr bei der DENIC angezeigt. Darüber hinaus verzichtet die DENIC seit Juni 2000 darauf, die Daten an die Europäische Internet-Organisation

---

[735] BGH, Urteil vom 17. Mai 2001 – I ZR 251/99, MMR 2001, 671 ff. = WRP 2001, 1305 ff. = GRUR 2001, 1061 ff., vgl. dazu *Nägele*, WRP 2002, 138 (142 ff.).
[736] S. *Strömer*, www.netlaw.de/newsletter/news0106.htm.
[737] S. www.denic.de.
[738] Vgl. *Rasmussen*, Datenschutz im Internet, CR 2002, 36 ff.; *Hoeren*, Internetrecht, Juli 2002, S. 66; umfassend: *Schaar*, Datenschutz im Internet, 2002.
[739] Vgl. *Rasmussen*, Datenschutz im Internet, CR 2002, 36 (42).

V. Haftung für Dritte

RIPE in Amsterdam zu übermitteln. Auch die Reverse-Abfrage nach Domain-Inhabern sowie die alphabetische Auflistung aller registrierten Domain-Namen ist abgeschafft.

b) Sonstige Vergabestellen

Die Top-Level-Domains (TLD) sind in „gTLD" (sog. „generic" TLD) und „ccTLD" (sog. „country code" TLD) zu differenzieren[740]. Am 16. November 2000 wurde die Einführung weiterer sieben Top-Level-Domains beschlossen. Insbesondere sind nunmehr die Zusätze „.info," „.pro" und „.name" verfügbar[741]. Als nächstes steht die Einführung der TLD „.eu" an[742].

Ursprünglich wurden die Internet-Domains von der IANA (Internet Assigned Numbers Authority) vergeben. Die Internet Assigned Numbers Authority ist eine Abteilung des amerikanischen Department of Commerce (Handelsministerium), so daß faktisch die Internet-Domainvergabe durch die amerikanische Regierung erfolgte und auch heute die amerikanische Regierung Einfluß auf die ICANN ausübt[743].

Aufgrund eines starken internationalen politischen Drucks wurde die Monopolisierung der Internetverwaltung durch die Übertragung der Domainvergabe im Oktober 2000 auf die ICANN (Internet-Corporation for Assigned Names and Numbers) abgemildert[744]. Diese Zentralstelle für die Vergabe von Internetnamen und Internetadressen ist eine gemeinnützige private Gesellschaft nach kalifornischem Recht. Sie soll das globale öffentliche Interesse am Internet repräsentieren und bei der Internetverwaltung berücksichtigen. Die globale Ausrichtung der ICANN spiegelt sich in der Zusammensetzung ihres Vorstands („Board of Directors") wider[745]. Der Vorstand besteht aus 19 Direktoren aus verschiedenen geographischen Regionen. Die staatliche Aufsicht über ICANN wird vom amerikanischen Wirtschaftsministerium ausgeübt.

---

[740] Vgl. *Fezer*, MarkenG, § 3 Rdnr. 299; *Kloepfer*, Informationsrecht, S. 226; *Bange/Maas/Wasert*, Recht im E-Business, S. 118 ff.; *Buri*, Die Verwechselbarkeit von Internet Domain Names, S. 15 f.; *Reinhart*, WRP 2002, 628 ff.

[741] S. *Abel*, WRP 2001, 1426 (1430).

[742] S. Verordnung Nr. 733/2002 des Europäischen Parlaments und des Rates vom 22. April 2002 zur Einführung der Domain oberster Stufe „.eu"; http://europa.eu.int/eurlex/de/dat/2002/l_133/l_13320020430de000100005.pdf; *Koenig/Neumann*, Europas Identität im Internet – die Einführung der Top-Level-Domain „.eu", JurPC Web-Dok. 154/2002.

[743] S. *Kloepfer*, Informationsrecht, S. 55; vgl. auch *Hamm/Machill*, Wer regiert das Internet? – ICANN als Fallbeispiel für Global Internet Governance, 2001.

[744] Vgl. *Ahlert*, ICANN als Paradigma demokratischer, internationaler Politik?, in: Holznagel/Grünwald/Hanßmann (Hrsg.), Elektronische Demokratie, S. 44 ff.; *Boehme-Neßler*, CyberLaw, S. 92.

[745] S. *Kloepfer*, Informationsrecht, S. 228.

§ 3. Werbebeschränkungen aus dem allgemeinen Wettbewerbsrecht

Die generischen TLD wie „.com", „.net" oder „.org" wurden früher durch das Unternehmen Network Solutions Inc., auch INTERNIC genannt, vergeben. Die Monopolstellung der Internic wurde im Jahr 1999 durch die Errichtung der Dachorganisation ICANN beendet. Es gibt inzwischen mehrere Dutzend bei der ICANN akkreditierte Registrare, über die die Registrierung von Domains unter generischen TLD möglich ist, wobei auch einige dieser Registrare in Deutschland ansässig sind[746].

Ein Antragsteller hat nur dann Aussicht, von ICANN die begehrte Akkreditierung zu erhalten, wenn er bestimmte Zuverlässigkeitsbedingungen erfüllt und sich vor allem verpflichtet, Domains nach Maßgabe der für alle Provider vereinheitlichten Uniform Domain Name Dispute Resolution Policy (UDRP) von ICANN zu verwalten und ggf. zu übertragen.

Im Hinblick auf Dauer von gerichtlichen Verfahren, die Schwierigkeiten bei der Vollstreckung und die damit einhergehenden Kosten geht die Tendenz heute zur außergerichtlichen Streitbeilegung. Die zentrale Norm für die Ermutigung zu Mechanismen der außergerichtlichen Beilegung von Streitigkeiten (Alternative Dispute Resolution; ADR) ist Art. 17 ECRL. Etabliert ist international die UDRP[747].

Jeder Anmelder einer Domain unterwirft sich der UDRP von ICANN, um so zu gewährleisten, daß ein Schlichtungsverfahren möglich ist. Nach Ziffer 2 der Policy gewährleistet der Anmelder, daß er gegenüber dem Registrar korrekte Angaben zur Person gemacht hat, er seines Wissens nicht in Rechte Dritter eingreift, die Domain nicht zu gesetzwidrigen Zwecken anmeldet und diese nicht wissentlich zu gesetzwidrigen Zwecken nutzen wird.

Das Schlichtungsverfahren (Uniform Domain Name Dispute Resolution Policy – UDRP) sieht eine zügige Streitschlichtung und Übertragung von Domains kraft Schiedsspruch für Fälle bösgläubiger Domainanmeldungen vor. Diese Form der Streitschlichtung ist bislang von der DENIC e.G. noch nicht akzeptiert. Demgegenüber fallen die neuen generischen TLD wie „.info"oder „.biz" unter die UDRP[748].

Die Streitschlichtung erfolgt über vier verschiedene, vom ICANN organisierte Organisationen[749]:

– die Schiedsstelle der WIPO[750],
– das National Arbitration Forum,

---

[746] Vgl. *Jaeger-Lenz*, in: Hasselblatt, MHB Gewerblicher Rechtsschutz, § 28 Rdnr. 24.
[747] S. *Kloepfer*, Informationsrecht, S. 191.
[748] S. *Jaeger-Lenz*, in: Hasselblatt, MHB Gewerblicher Rechtsschutz, § 28 Rdnrn. 31 ff.; *Hoeren*, Internetrecht, Oktober 2002, S. 64.
[749] Vgl. *Strömer*, Das ICANN-Schiedsverfahren, S. 1 ff.; *Hamm/Machill*, Wer regiert das Internet? – ICANN als Fallbeispiel für Global Internet Governance, Gütersloh, 2001; *Hoeren*, Internetrecht, Oktober 2002, S. 63 ff.
[750] S. dazu: *Perrey*, CR 2002, 349 (357); *Reinholz*, ITRB 2002, 140 ff.

- das E-Resolution Consortium,
- das CPR – Institut for Dispute Resolution.

Es besteht die freie Wahl, entweder vor den ordentlichen Gerichten zu klagen oder die UDRP-Schlichtungsorganisation anzurufen. Eine UDRP-Berufungsinstanz besteht nicht. Auch nachträglich können staatliche Gerichte trotz einer Streitschlichtungsentscheidung noch tätig werden.

Die Verbindlichkeit der Streitschlichtung und ihrer Entscheidung beruht nicht auf staatlichem Recht. Es handelt sich bei den von der ICANN lizenzierten Organisationen auch nicht um Schiedsgerichte. Die Kompetenz der Schlichtungsorgane ist daher ausschließlich vertraglicher Natur. Daher muß jeder, der eine Domain registriert, sich im voraus verpflichten, Streitschlichtungsentscheidungen im Rahmen der UDRP zu akzeptieren[751].

Die Beschwerde kann über die Homepage des ausgewählten Schiedsgerichts eingereicht werden[752]. Die dort vorgehaltenen Formulare müssen aber zudem schriftlich ausgefüllt und auf dem Postweg eingereicht werden, wobei regelmäßig Original und vier Abschriften gefertigt werden müssen. Der Beschwerdeführer muß zugleich die Schlichtungskosten, die etwa zwischen 1.500 und 3.000 US$ betragen, einzahlen. Dem Beschwerdegegner wird eine Erwiderungsfrist von 20 Tagen gesetzt. Danach prüft ein „Case Administrator" die formellen Voraussetzungen der Beschwerde und Erwiderung und bestimmt dann einen Schlichter. Dieser hat nach seiner Ernennung 14 Tage Zeit, seine Entscheidung zu erstellen. Aufgrund dieses stark schematisierten Prozederes dauert das Verfahren selten länger als zwei Monate. Entscheidungen werden im Volltext und mit voller Namensangabe aller Beteiligten auf der Homepage der Schiedsstelle veröffentlicht[753].

VI. Wettbewerbswidrige Domainwahl

Aus den verschiedensten Gründen kann die Domain-Wahl angreifbar sein[754].

1. Namensrechtliche Tatbestände

Ähnlich wie im übrigen Wettbewerbsrecht bietet es sich an, die Tatbestände der wettbewerbswidrigen oder sonst unzulässigen Domain-Wahl zu systematisieren.

---

[751] Vgl. *Reinholz*, ITRB 2002, 140 ff.
[752] Eine umfangreiche Checkliste zu Einleitung und Ablauf der URDP findet sich bei *Jaeger-Lenz*, in: Hasselblatt, MHB Gewerblicher Rechtsschutz, § 28 Rdnr. 33.
[753] Vgl. zum ganzen: *Hoeren*, Internetrecht, Oktober 2002, S. 64 ff.
[754] Vgl. statt aller: *Hoeren*, Internetrecht, Oktober 2002, S. 67 ff.; *Viefhues*, MMR Beilage 8/2001, 25 ff.; *Bange/Maas/Wasert*, Recht im E-Business, S. 129 ff.

164 § 3. Werbebeschränkungen aus dem allgemeinen Wettbewerbsrecht

a) Namensrecht, § 12 BGB

Die Bestimmung der § 12 BGB schützt den Namen. Der Name ist die sprachliche Kennzeichnung einer Person zur Unterscheidung von anderen[755]. Der Name ist Ausdruck der Individualität[756] und dient der Identifikation des Namensträgers. Das Namensrecht ist ein absolutes Recht und, soweit es die Privatsphäre des Namensträgers schützt, ein Persönlichkeitsrecht[757]. Wird das Recht zum Gebrauch eines Namens dem Berechtigten von einem anderen bestritten oder wird das Interesse des Berechtigten dadurch verletzt, daß ein anderer unbefugt den gleichen Namen gebraucht, so kann der Berechtigte gem. § 12 Satz 1 BGB von dem anderen Beseitigung der Beeinträchtigung verlangen.

An dem Wortzeichen eines Domain-Namens kann aufgrund der Benutzung im Internet Namensschutz i.S. des § 12 BGB erworben werden, wobei nach genauer Betrachtung danach zu unterscheiden ist, ob dem Domain-Namen von Hause aus eine originäre Namensfunktion zukommt, oder ob eine solche Namensfunktion erst durch den Erwerb von Verkehrsgeltung des Domain-Namens als Name im Rechtssinne entsteht. Originäre Namensfunktion kann etwa angenommen werden, wenn es sich um den Namen einer Person[758], eines Unternehmens[759] oder einer Stadt[760] handelt[761].

Der Anspruch aus § 12 BGB tritt bei Registrierung und Innehaltung des markenschützenden Domain-Namens im geschäftlichen Verkehr hinter kennzeichenrechtliche Ansprüche aus dem MarkenG zurück[762].

aa) Bürgerliche Namen und Firmen

Die Bestimmung des § 12 BGB schützt zuvörderst den bürgerlichen Namen einer natürlichen Person. Darunter fallen auch Berufs- und Künstlernamen. Das Namensrecht erstreckt sich bei entsprechender Verkehrsgeltung auch auf den Vornamen, nicht aber auf ein Inkognito wie „iudex" oder „artifex"[763]. Auch juristische Personen und nicht rechtsfä-

---

[755] So RGZ 91, 352; BGH, NJW 1959, 525.
[756] S. BVerfG, JZ 1982, 798.
[757] So BGHZ 17, 209 (214); BGHZ 32, 103 (111); BGH, NJW 2000, 2195 (2197).
[758] Vgl. statt aller: LG Hamburg, Urteil vom 1. August 2000 – 312 O 328/00, MMR 2000, 620 – www.joop.de
[759] Vgl. OLG Hamm, Urteil vom 13. Januar 1998 – 4 U 135/97, MMR 1998, 214 m. Anm. *Berlit* = CR 1998, 241 – www.krupp.de; OLG München, Urteil vom 12. August 1999 – 6 U 4484/98, MMR 2000, 104 = GRUR 2000, 519 – www.rolls-royce.de
[760] Vgl. dazu zuletzt: OLG Koblenz, Urteil vom 25. Januar 2002 – 8 U 1842/00, VR 2002, 283 ff. m. Anm. *Hantke* = MMR 2002, 466 m. Anm. *Ernst* = K&R 2002, 201 ff. = CR 2002, 280 m. Anm. *Eckhardt* = NWB EN-Nr. 192/2002 – www.vallendar.de
[761] Vgl. umfassend: *Fezer*, MarkenG, § 3 Rdnr. 320.
[762] So OLG Hamm, Urteil vom 19. Juni 2001 – 4 U 32/01, CR 2002, 217 ff. – www.veltins.com.
[763] S. OLG Jena, Urteil vom 10. April 1924 – 3 U 159/24, JW 1925, 1659.

VI. Wettbewerbswidrige Domainwahl

hige Personenvereinigungen nehmen am Namensschutz aus § 12 BGB teil[764]. Name i.S. von § 12 BGB ist auch die Firma, selbst wenn sie den bürgerlichen Namen ihres Inhabers nicht enthält[765]. Gleichermaßen Schutz aus § 12 BGB genießen Pseudonyme[766] und Spitznamen[767]. Die Verwendung eines Pseudonyms als Domain kann zugunsten des Domain-Inhabers Namensrechte begründen[768], wenn die Domain aus einer unterscheidungskräftigen Bezeichnung besteht, die von den angesprochenen Verkehrskreisen als Name gewertet wird[769]. Die Registrierung einer Domain mit einem fremden Namen stellt eine Namensanmaßung, nicht jedoch eine Namensleugnung dar, da der Namensträger unter über 180 anderen TLD seinen Namen als Domain nutzen kann, selbst wenn die von ihm gewünschte Bezeichnung schon unter einer TLD vergeben ist[770].

Einen ähnlichen Schutz wie § 12 BGB gewähren § 37 Abs. 2 HGB, § 1004 BGB[771]. Der praktischen Anwendung steht indes entgegen, daß der Anspruch voraussetzt, daß beide Beteiligten an demselben Ort ansässig sein – ein Fall, der Internet kaum eine Rolle spielt[772].

Ein Gebrauchmachen i.s. von § 12 BGB liegt noch nicht vor, wenn auf der Homepage eines Providers ein Domain-Check durchgeführt wird und dabei die streitige Domain angezeigt wird[773].

Wer indes mit Nachnamen „Netz" heißt, kann vom Inhaber der Domain „www.netz.de" keine Freigabe verlangen, da nach Auffassung des OLG Stuttgart niemand (!) die Domain als Hinweis auf eine Person mit diesem Nachnamen verstehe und daher die Verwendung dieser Domain durch ein Unternehmen keinen unzulässigen Namensgebrauch darstellt[774]. M.E. ist diese Entscheidung im Ergebnis richtig, geht aber zu weit, wenn sie Zuordnungsverwirrung völlig ablehnt. Es hätte ausge-

---

[764] Vgl. BGH, NJW 1970, 1270; BGHZ 124, 173 (178); vgl. dazu auch *Perrey*, CR 2002, 349 (350 ff.).

[765] So BGHZ 14, 155.

[766] Vgl. dazu LG Köln, Urteil vom 23. Februar 2000 – 14 O 322/99, CI 2000, 106.

[767] S. LG Bremen, Urteil vom 12. November 1998 – 12 O 428/98, n.v. – www.henne.de; *Viefhues*, MMR Beilage 8/2001, 25; a.A. LG Memmingen, Urteil vom 27. Oktober 1999 – 3 O 1024/99, n.v. – www.paule.de.

[768] Vgl. *Linke*, CR 2002, 271 (278).

[769] So LG Düsseldorf, Urteil vom 4. Juli 2001 – 2a O 474/00, ITRB 2002, 4; OLG Köln, Urteil vom 6. Juli 2000 – 18 U 34/00, MMR 2001, 170 = CR 2000, 696 = CI 2000, 187.

[770] So *Strömer*, K&R 2002, 306 (307).

[771] S. *Fezer*, MarkenG, § 3 Rdnr. 324; OLG Koblenz, Urteil vom 25. Januar 2002 – 8 U 1842/00, MMR 2002, 466 m. Anm. *Ernst* = VR 2002, 283 (284).

[772] S. *Boehme-Neßler*, internetrecht.com, S. 63.

[773] So OLG Köln, Urteil vom 27. November 2001 – 15 U 108 und 109/01, MMR 2002, 476 (477) m. Anm. *Leible/Sosnitza*.

[774] OLG Stuttgart, Urteil vom 7. März 2002 – 2 U 184/01, GRUR-RR 2002, 192 = MMR 2002, 388 = K&R 2002, 377 = CR 2002, 529.

§ 3. Werbebeschränkungen aus dem allgemeinen Wettbewerbsrecht

reicht, die Klage unter Hinweis auf das Prioritätsprinzip bei der Vergabe abzuweisen.

Der Familienname „Duck" hat aufgrund des Namensrechts eine stärkere Position als die Reservierung einer Domain mit der Bezeichnung „www.duck.de" als Informationsportal über die Ente als Tier und Nahrungsmittel[775].

Ein Verein, der im Vereinsregister unter „Literaturhaus e.V." eingetragen ist, kann es einem Dritter untersagen lassen, die Internet-Domain „www.literaturhaus.de" konnektiert zu halten, da die Bezeichnung „Literaturhaus" über die für die Namensfunktion erforderliche individualisierende Unterscheidungskraft verfügt. Der unbefugte Gebrauch dieser Bezeichnung als Internet-Domain verletzt daher das Namensrecht des Vereins[776]. Das Gericht war insbesondere der Auffassung, daß es sich gerade nicht um einen Gattungsbegriff handelt, sondern es dem Verein gelungen sei, durch Ingebrauchnahme des Namens eine individuelle Unterscheidungskraft des Namens zu etablieren.

Gattungsbezeichnungen wie „Marine" hingegen sind nicht schutzfähig[777]. Demgegenüber ist aber der Name eines Staates geschützt. Dabei kommt es nicht allein auf die amtliche Bezeichnung an. Auch die Bezeichnung „Deutschland" identifiziert die Bundesrepublik Deutschland hinreichend genau. Die Bundesregierung hat daher das bessere Recht an der Domain „www.deutschland.de". Bei dieser Domain handelt es sich auch nicht um eine geographisch-beschreibende, sondern um eine namensmäßige Angabe[778].

Neben der Namensleugnung schützt § 12 BGB vor allem vor der Namensanmaßung. Zu letzterer zählt insbesondere die sog. „Zuordnungsverwirrung"[779]. Eine Zuordnungsverwirrung ist gegeben, wenn der unrichtige Eindruck hervorgerufen wird, der Namensträger habe dem Gebrauch seines Namens zugestimmt. Grundsätzlich ist jeder zur Verwendung seines Namens im Wirtschaftsleben berechtigt. Er kann daher auch unter diesem Namen eine Domain anmelden, aber auch andere Personen hindern, unter seinem Namen eine Domain zu konnektieren.

---

[775] So OLG München, Urteil vom 10. Januar 2002 – 6 U 3512/01, MMR 2002, 627, GRUR-RR 2002, 243.

[776] So OLG München, Urteil vom 15. November 2001 – 29 U 3769/01, MMR 2002, 166 ff. = GRUR-RR 2002, 109 f. = CR 2002, 449 ff. m. Anm. *Mankowski* = ITRB 2002, 82 (*Antoine*).

[777] So LG Hamburg, Urteil vom 13. Oktober 2000 – 416 O 129/00, MMR 2001, 196 = K & R 2000, 613.

[778] So LG Berlin, Urteil vom 10. August 2000 – 10 O 101/00, MMR 2001, 57 = CR 2000, 700.

[779] S. BGHZ 91, 117 (120); BGHZ 98, 95.

VI. Wettbewerbswidrige Domainwahl

Lediglich das LG Köln hat früher in den Entscheidungen „www.kerpen.de"[780], „www.huerth.de"[781] und „www.pulheim.de"[782] die Auffassung vertreten, daß § 12 BGB nicht anzuwenden sei, weil Domain-Namen ähnlich wie Telefonnummern, Bank- oder Postleitzahlen frei wählbar seien[783].

Im Hinblick auf die Namensrechte an ELF hat das LG Berlin der Organisation Greenpeace die Verwendung der Domain „www.oil-of-elf.de" wegen Verwechslungsfähigkeit untersagt[784]. Schon in der bloßen Reservierung einer Domain mit fremden Namensbestandteilen kann demnach eine Namensanmaßung liegen[785].

Die Verwendung einer generischen Domain[786] verletzt jedoch nicht die Namensrechte eines zufällig mit dem generischen Namen identischen Familiennamens[787].

Problematisch sind die Fälle, in denen die gewählte Domain nicht exakt mit dem Namen der Person oder des Unternehmens übereinstimmt, sondern lediglich eine Abkürzung oder einen Ausschnitt darstellt. Die Juris GmbH konnte einen Unterlassungsanspruch gegen ein Datenverarbeitungsunternehmen durchsetzen, das sich die Bezeichnung „www.juris.de" hatte reservieren lassen. Der Begriff „Juris" stelle zwar nur eine aus der Betreiberfirma abgeleitete Abkürzung dar, aber auch die Firma einer GmbH, selbst wenn sie nicht als Personenfirma gebildet sei. Er unterfalle wie alle anderen namensartigen Kennzeichen, insbesondere auch aus der Firma abgeleitete Abkürzungen und Schlagworte, dem Schutz des § 12 BGB[788].

Wenn beide Unternehmen einen gemeinsamen Bestandteil in ihrer Bezeichnung führen, so ist auf das Auftreten im Geschäftsverkehr abzustellen, so daß auch dann ein Anspruch auf Beseitigung der Beeinträchtigung und Unterlassung besteht, wenn der Anspruchsteller im Kern eine Be-

---

[780] S.LG Köln, Urteil vom 17. Dezember 1996 – 3 O 477/96, BB 1997, 1121 = JurPC Web-Dok. 9/1997.

[781] S.LG Köln, Urteil vom 17. Dezember 1996 – 3 O 478/96, GRUR 1997, 377 = JurPC Web-Dok. 8/1997.

[782] S.LG Köln, Urteil vom 17. Dezember 1996 – 3 O 507/96, CR 1997, 291 = WM 1997, 1452 = JurPC Web-Dok. 10/1997.

[783] Kritisch dazu: *Perrey*, CR 2002, 349 (350); *Schmittmann*, K&R 1999, 510 (511).

[784] So LG Berlin, Beschluß vom 18. Januar 2001 – 16 O 421/97, n.v.; bestätigt: LG Berlin, Urteil vom 6. März 2001 – 16 O 33/01, MMR 2001, 630f. Das KG (Urteil vom 23. Oktober 2001 – 5 U 101/01, MMR 2002, 686) hat die Klage indes abgewiesen.

[785] So LG Düsseldorf, Urteil vom 22. September 1998 – 4 O 473/97, MMR 1999, 369.

[786] Vgl. *Reinhart*, WRP 2002, 628 (631).

[787] So LG München I, Urteil vom 8. März 2001 – 4 HK O 200/01, CR 2001, 555 – www.saeugling.de.

[788] So LG München I, Urteil vom 15. Januar 1997 – 1 HK O 3146/96, NJW-RR 1998, 973.

§ 3. Werbebeschränkungen aus dem allgemeinen Wettbewerbsrecht

zeichnung führt, die auch in der Bezeichnung des Gegners an untergeordneter Stelle enthalten ist[789].

Wer einen fremden Namen als Domain-Namen gebraucht oder für sich registrieren läßt, nimmt damit den Namen zur Bezeichnung der eigenen Person in Anspruch[790]. Dies gilt insbesondere bei berühmten Unternehmens-Kennzeichen wie Krupp[791] oder Rolls-Royce[792]. Nach Auffassung des OLG Hamburg verbinden die meisten Internetnutzer in Deutschland mit der Domain „www.verona.tv" weder die italienische Stadt noch das Inselreich Tuvalu, sondern wegen der Kombination des Vornamens „Verona" mit der Abkürzung für Television („TV") Frau Verona Feldbusch, deren Namensrecht durch die Domain verletzt ist[793].

Das bessere Recht an einer Domain wird auch nicht dadurch verwirkt, daß der wahre Berechtigte erst nach mehrjähriger unbeanstandeter Nutzung der Domain Ansprüche geltend macht. Der unberechtigte Domaininhaber kann ein schutzwürdiges Vertrauen nicht entwickeln, so daß er sich weder auf entstandenen Bestandsschutz noch auf Verwirkung des Freigabeanspruchs berufen kann[794].

Auch zur Verwendung eines Namens als E-Mail-Adresse liegt Rechtsprechung vor. Nach der Rechtsprechung des LG Köln wird eine E-Mail in der Regel nicht ohne Kenntnis der entsprechenden Adresse verschickt. Ohne die Adresse zu kennen ist es nahezu unmöglich, daß die E-Mail den gewünschten Empfänger erreicht. Dies hat darin seinen Grund, daß eine E-Mail aus mehreren Bestandteilen besteht. Da die Benutzerkennung nicht unbedingt dem Namen entsprechen muß, darüber hinaus auch Namenszusätze möglich sind und es eine Vielzahl von Internetsurfern gibt, wäre es höchst unwahrscheinlich, mit einer lediglich vermuteten Adresse eine bestimmte Person zu erreichen. Ein Internetnutzer wird daher eine E-Mail nicht auf Verdacht verschicken, sondern er wird sich zunächst nach der entsprechenden Adresse erkundigen. Die Gefahr, daß eine E-Mail an eine andere als die gewünschte Adresse ankommt, bestehe daher nicht[795].

---

[789] So LG Bochum, Urteil vom 20. Dezember 2000 – 13 O 151/00, n.v.

[790] Vgl. Palandt/*Heinrichs*, BGB, § 12 Rdnrn. 21, 33.

[791] OLG Hamm, Urteil vom 13. Januar 1998 – 4 U 135/97, MMR 1998, 214 m. Anm. *Berlit* = CR 1998, 241 m. Anm. *Bettinger* = NJWE-WettbR 1998, 205 = K & R 1998, 216 = NJW-RR 1998, 909.

[792] OLG München, GRUR 2000, 519 = BB 1999, 2421; Revision vom BGH (Beschluß vom 9. November 2000 – I ZR 240/99, mitgeteilt bei *Nägele*, WRP 2002, 138 [149]) nicht angenommen.

[793] So OLG Hamburg, Beschluß vom 27. August 2002 – 3 W 78/02, CR 2002, 910.

[794] So LG Berlin, Urteil vom 10. August 2000 – 10 O 101/00, MMR 2001, 57 = CR 2000, 700.

[795] So LG Köln, Urteil vom 23. Februar 2000 – 14 O 322/99, MMR 2000, 437 (438).

VI. Wettbewerbswidrige Domainwahl

bb) Gemeinden

Als Namensanmaßung kann sich auch der Gebrauch eines Städte- oder Gemeindenamens als Domain darstellen[796]. Schon in der Entscheidung „www.heidelberg.de" hat das LG Mannheim entschieden, daß das Namensrecht der Stadt Heidelberg aus § 12 BGB verletzt sei, wenn ein Unternehmen die Internet-Adresse „www.heidelberg.de" für sich in Anspruch nehme[797]. An dem Schutz nehmen nicht nur die Namen der Gemeinde teil, sondern auch die Namen von Stadt- und Ortsteilen[798]. Insoweit kann ergänzend auf die Literatur zur Verwendung der Namen von kommunalen Verwaltungseinheiten im Titel von Medienangeboten zurückgegriffen werden[799]. Das Namensrecht der Gemeinde findet jedoch dort seine Grenze, wo die Domain aus dem Gemeindenamen und einem Zusatz besteht, z.B. „info". In diesem Fall ist keine Zuordnungsverwirrung mehr zu befürchten. Außerdem liegt darin auch keine Rufausbeutung, da dem Verkehr bewußt ist, daß Gebietskörperschaften üblicherweise ihren Namen ohne Zusatz als Bezeichnung verwenden[800].

Mit der Kollision zwischen bürgerlichen Namen von natürlichen Personen und den Bezeichnungen von Gebietskörperschaften hatte sich zunächst die 3. Zivilkammer des Landgerichts Köln zu befassen. In den Entscheidungen „www.kerpen.de"[801], „www.huerth.de"[802] und „www.pulheim.de"[803] hat das Gericht herausgearbeitet, daß Adressen im Internet keine Namensfunktion i.S. von § 12 BGB haben und eine Stadt daher nicht untersagen könne, daß ihr Stadtname als Internet-Adresse verwendet werde. An eine derartige Wirkung könne nur dann gedacht werden, wenn die an das Internet angeschlossenen Benutzer in der Verwendung der gewählten Buchstabenkombination einen Hinweis auf die Person des Namensträgers (hier: die betroffene Stadt) sehen müßten. Dies sei jedoch nicht der Fall, da die Internet-Adresse eine frei wählbare Zahlen- und Buchstabenkombination sei, die ohne erkennbaren Zusam-

---

[796] So Palandt/*Heinrichs*, BGB, § 12 Rdnr. 21; umfassend: *Linke*, CR 2002, 271 (274 ff.); *Schmittmann*, K&R 1999, 510 ff.; *Wendlandt*, Cybersquatting, Metatags und Spam, S. 467 ff.
[797] S. LG Mannheim, Urteil vom 8. März 1996 – 7 O 60/96, ZUM 1996, 705.
[798] So *Hantke*, VR 2002, 285 (286); LG Münster, Urteil vom 25. Februar 2002 – 12 O 417/01, JurPC Web-Dok. 175/2002; a.A. LG Flensburg, Urteil vom 8. Januar 2002 – 2 O 351/01, MMR 2002, 247 = CR 2002, 537 m. Anm. *Eckhardt*. Die Entscheidung ist aber auch aus anderen Gründen zweifelhaft.
[799] S. *Rath-Glawatz*, AfP 2002, 115 ff.
[800] So OLG Düsseldorf, Urteil vom 15. Januar 2002 – 20 U 76/01, CR 2002, 447.
[801] S. LG Köln, Urteil vom 17. Dezember 1996 – 3 O 477/96, BB 1997, 1121 = JurPC Web-Dok. 9/1997.
[802] S. LG Köln, Urteil vom 17. Dezember 1996 – 3 O 478/96, GRUR 1997, 377 = JurPC Web-Dok. 8/1997.
[803] S. LG Köln, Urteil vom 17. Dezember 1996 – 3 O 507/96, CR 1997, 291 = WM 1997, 1452 = JurPC Web-Dok. 10/1997.

§ 3. Werbebeschränkungen aus dem allgemeinen Wettbewerbsrecht

menhang mit dem Namen des Benutzers stehe und daher mit einer Telefonnummer, einer Bankleit- oder Postleitzahl vergleichbar sei. In den vorstehend genannten Fällen konnten daher die natürlichen Personen, die die Domains für sich konnektiert hatten, weiterhin bei der DENIC e.G. als Inhaber eingetragen bleiben.

Die Auffassung des LG Köln ist Mindermeinung geblieben. Das OLG Köln bestätigte in der Entscheidung „www.alsdorf.de"[804] seine in der Entscheidung „www.herzogenrath.de"[805] begründete Auffassung, daß Domains namensähnliche Kennzeichen seien. Es könne offenbleiben, ob bereits in der Registrierung einer Domain eine Namensanmaßung i.S. des § 12 BGB liege, da der Anmelder der Domain von dieser in zuordnungsverwirrender Weise Gebrauch mache, wenn er nicht den gleichen Namen trage.

Auch die bei der Registrierung gegebene freie Wählbarkeit des Domain-Namens, soweit er nicht bereits anderweitig belegt ist, besage nichts dahin, daß er keine Namensfunktion i.S. von § 12 BGB haben könne. Darüber hinaus liege unbefugter Namensgebrauch vor. Unbefugt sei der Gebrauch eines Namens, wenn ein eigenes Nutzungsrecht nicht gegeben sei. Denn in dem Recht auf dem Namen liege auch das Recht auf den ausschließlichen Gebrauch desselben gegenüber jedem, der nicht ebenfalls ein Recht auf diesen Namen hat. Das Namensrecht verbietet dem Dritten die Anmaßung eines fremden Namens, welche zu einer Identitäts- oder Zuordnungsverwirrung führt. Weiterhin umfasse der Namensschutz des § 12 BGB auch diese Zuordnungsverwirrung, d.h. Fälle, in denen durch die Namensnennung eine Verbindung zwischen dem Namensträger und Produkten oder Unternehmen suggeriert wird, die in Wahrheit nicht bestehen[806].

Das OLG Koblenz hat zuletzt entschieden, daß bei einer Streitigkeit zwischen einem gleichnamigen Unternehmen und einer gleichnamigen Gemeinde der Gemeinde keine grundsätzliche Priorität aufgrund ihrer erstmaligen urkundlichen Erwähnung zukommt. Es komme vielmehr auf den erstmaligen Gebrauch des Namens als Domain an, nicht auf die erstmalige Verwendung an sich. Nur bei überragender Bekanntheit einer Gemeinde könne ein Vorrang gegenüber einem Unternehmen in Betracht kommen[807].

---

[804] So OLG Köln, Beschluß vom 18. Januar 1999 – 13 W 1/99, K&R 1999, 235.
[805] So OLG Köln, Beschluß vom 18. Dezember 1998 – 13 W 48/98, K&R 1999, 234.
[806] Vgl. auch *Hantke*, VR 2002, 285.
[807] So OLG Koblenz, Urteil vom 25. Januar 2002 – 8 U 1842/00, VR 2002, 283 ff. m. Anm. *Hantke* = MMR 2002, 466 m. Anm. *Ernst* = K&R 2002, 201 ff. = CR 2002, 280 m. Anm. *Eckhardt* = NWB EN-Nr. 192/2002 – www.vallendar.de; ähnlich LG Erfurt, Urteil vom 31. Januar 2002 – 3 O 2554/01, MMR 2002, 396 = CR 2002, 302 – www.suhl.de.

VI. Wettbewerbswidrige Domainwahl

Das OLG München hatte unlängst die erstinstanzliche Entscheidung des LG Augsburg zu „www.boos.de" bestätigt. Die Gemeinde Boos im Unterallgäu war mit ihrer Auffassung unterlegen, einer Gemeinde käme aufgrund ihres längeren Bestehens bei Domain-Streitigkeiten immer Priorität zu[808]. Einer Gemeinde mit 1.100 Einwohnern steht gegenüber einer gleichnamigen Person jedenfalls kein Anspruch auf die Internet-Domain zu[809].

Eine ähnliche Auffassung vertritt das LG Leipzig. Danach hat die Gemeinde Waldheim keinen Anspruch auf Untersagung des Gebrauchs der Domain „www.waldheim.de" gegen ein privates Veranstaltungshaus gleichen Namens, das die Domain zuerst hat registrieren lassen, da es insoweit beim Grundsatz der Priorität der Registrierung bleibt und ein höher zu bewertendes Interesse der Gemeinde am Gebrauch der Domain nicht gegeben ist[810]. Dabei stellt das Gericht insbesondere darauf ab, daß eine Beeinträchtigung des Namensrechts der Gemeinde schon wegen des Grundsatzes der Priorität und dem *in casu* nicht gegebenen besonderen Interesses der Gemeinde an der Benutzung der Domain nicht vorliege. Ein umfassender Schutz von Domain-Namen könne schon deshalb nicht erfolgen, weil sonst die Entwicklung und Nutzung des wirtschaftlich attraktiven Mediums „Internet" aufgrund der Vielzahl von gleichen Namen behindert werde und die Besonderheiten der Domain als Bestandteil von Internet-Adressen nicht genügend berücksichtigt würden. Das Gericht hat insbesondere auch die Auffassung der Gemeinde nicht durchdringen lassen, die Internet-Domain sei für die Daseinsvorsorge und Daseinsfürsorge der Bewohner der Stadt Waldheim so notwendig, daß es erforderlich wäre, der Beklagten die Nutzung ihrer bereits seit mehreren Jahren bestehenden Domain zu untersagen. Eine Durchbrechung des Prioritätsgrundsatzes sei nicht geboten[811].

Diese Auffassung teilt das LG Erfurt hinsichtlich der Domain „www.suhl.de" und stellt zugleich klar, daß der Prioritätsgrundsatz bei der Gleichnamigkeit Privater keinen Maßstab für einen angemessenen Interessenausgleich darstelle[812].

Eine Gemeinde ist nicht darauf beschränkt, als Domain ihre landesrechtlich festgelegte amtliche Schreibweise zu verwenden. Sie kann vielmehr anstelle dieser („Markt Bad Bocklet") auch die Kurzbezeichnung

---

[808] Vgl. OLG München, Urteil vom 11. Juli 2001 – 27 U 922/00, NWB EN-Nr. 1451/2001; LG Augsburg, Urteil vom 15. November 2000 – 6 O 3536/00, NWB EN-Nr. 1588/2000.

[809] S. LG Flensburg, Urteil von 8. Oktober 2001 – 30 178/01, MMR 2002, 700.

[810] So LG Leipzig, Urteil vom 8. Februar 2001 – 11 O 8573/00, JurPC Web-Dok. 6/2002.

[811] Vgl. dazu *Rath-Glawatz*, AfP 2002, 115 (119).

[812] So LG Erfurt, Urteil vom 31. Januar 2002 – 3 O 2554/01, MMR 2002, 396 = CR 2002, 302.

(„Bocklet") als Domain wählen [813]. Sie ist daher einem Unternehmen gleichen Namens gegenüber nicht verpflichtet, die auf die Kurzbezeichnung lautende Domain herauszugeben.

Ein Anspruch wegen Namensleugnung aus § 12 BGB durch Reservierung einer Domain kommt auch bei Fehlen einer kennzeichenrechtlichen Verwechslungsgefahr in Betracht[814]. Der nachträgliche Erwerb eines Markenrechts vermag eine bereits begangene Namensrechtsverletzung nicht zu heilen und führt auch nicht zum Wegfall des aus der Namensrechtsverletzung resultierenden Unterlassungs- und Beseitigungsanspruchs. Die Erlaubnis eines prioritätsjüngeren Kennzeichen-Inhabers, sein mit dem Namen eines anderen identisches Firmenschlagwort als Domain zu benutzen, gibt dem Domain-Anmelder grundsätzlich kein dem älteren Namensrecht vorgehendes oder gleichrangiges Recht zur Führung des Internet-Namens[815].

Nicht anders ist auch eine Entscheidung des LG Coburg zu verstehen. Die redliche Verwendung des eigenen Namens als Domain-Name im geschäftlichen Verkehr ist auf der Seite gleichnamiger Namenskonkurrenten grundsätzlich hinzunehmen. Dies gilt auch im Verhältnis zwischen einer Gemeinde und einer Privatperson. Allenfalls bei überragender Verkehrsgeltung der Bezeichnung der Gemeinde, aber lediglich regionaler Bedeutung des Domain-Inhabers kommt eine Freigabe zugunsten der Gemeinde in Betracht[816].

Der durchschnittliche Internetnutzer bringt die Domainbezeichnung „www.gemeinde.de" mit der jeweiligen Stadt oder Gemeinde in Verbindung. Er erwartet unter dieser Adresse nicht nur Informationen über, sondern auch von der betreffenden Stadt und nicht eine kommerzielle Werbung in der Regie eines privaten Betreibers. Der unbefangene Internetnutzer geht nicht davon aus, daß sich hinter dieser Domain-Bezeichnung jemand verbirgt, der nichts mit der entsprechenden Stadt zu tun hat und auch nicht etwa einen bürgerlichen Namen führt, der mit der der Stadt identisch ist. Eine Stadt oder Gemeinde braucht sich in dieser Konstellation auch nicht auf andere Internet-Adressen verweisen zu lassen[817].

Auch das AG Ludwigsburg geht davon aus, daß die Nutzung der Domain „www.muenchingen.de" durch einen Privatmann das Namensrecht der Gemeinde Korntal-Münchingen verletzt. Ein eigenes namensrechtli-

---

[813] So LG Düsseldorf, Urteil vom 16. Januar 2002 – 2a O 172/01, MMR 2002, 398.
[814] Vgl. *Perrey*, CR 2002, 349 (353).
[815] So LG Düsseldorf, Urteil vom 20. Februar 2001 – 4 O 604/99, GRUR-RR 2002, 28.
[816] So LG Coburg, Urteil vom 13. Juni 2001 – 12 O 284/01, JurPC Web-Dok. 212/2001.
[817] So OLG Brandenburg, Urteil vom 12. April 2000 – 1 U 25/99, JurPC Web-Dok. 79/2000.

ches Interesse eines Privatmanns an der Nutzung des Domain-Namens besteht nicht, vielmehr bringen die Internetnutzer den Domain-Namen „www.muenchingen.de" mit der Gemeinde in Verbindung und erwarten dort nicht nur Informationen über die Gemeinde, sondern auch von der Gemeinde[818].

Stellt eine Second-Level-Domain zugleich den Namen einer Gemeinde und die Bezeichnung eines Berufes als Gattungsbegriff dar, ist im Hinblick auf eine Namensverletzung der Gemeinde darauf abzustellen, was der überwiegende Teil der Internetnutzer aus dem gesamten Sprachraum der TLD unter dem Begriff der SLD versteht[819].

In diesem Fall stritt der niederbayrische Markt Winzer mit etwa 3.800 Gemeindebürgern um die Domain „www.winzer.de". Das Gericht stellt insbesondere darauf ab, daß der Begriff „Winzer" in der deutschen Sprache doppeldeutig und der klägerischen Gemeinde zumutbar sei, die Domain „www.marktwinzer.de" zu nutzen. Dies gelte um so mehr, weil die Gemeinde auch bislang so auftrete. Hinzu kommt nach Auffassung des Gerichts, daß der Begriff „Winzer" vom lateinischen „vinitor" abgeleitet sei und daher der Begriff zunächst als Berufsbezeichnung bzw. Tätigkeitsangabe verwendet worden ist, nicht als Ortsname.

cc) *Behörden und Institutionen*

Der Namensschutz aus § 12 BGB gilt auch für die Bezeichnung von Bundesbehörden. Die Bundesregierung obsiegte vor dem LG Hannover über eine Privatperson, die für sich die Internet-Adresse „www.verteidigungsministerium.de" konnektiert hatte. Der Gebrauch dieses Domain-Namens durch einen Privaten begründet einen Verstoß gegen § 12 BGB, da durch die unbefugte Namensverwendung eine erhebliche Zuordnungsverwirrung entsteht. Die bereits durch den Aufruf der Seite entstandene Zuordnungsverwirrung wird durch einen angebrachten Hinweis, daß auf dieser Seite keine Informationen des Bundesministeriums der Verteidigung zu finden sind, nicht nachträglich beseitigt. Im übrigen liegt durch die Verwendung der Domain durch einen Privaten eine Behinderung der im öffentlichen Interesse liegenden Aufgaben des Bundesministeriums der Verteidigung[820]. Mit einer ähnlichen Begründung sprach das LG Stuttgart die Domain „www.finanzministerium.de" dem Bundesland Baden-Württemberg[821] zu, wobei sich die Frage stellt, ob nicht jedes an-

---

[818] So AG Ludwigsburg, Urteil vom 24. Mai 2000 - 9 C 612/00, JurPC Web-Dok. 15/2001.
[819] So LG Deggendorf, Urteil vom 14. Dezember 2001 - 1 O 480/00, CR 2001, 266.
[820] So LG Hannover, Urteil vom 12. September 2001 - 7 O 349/00, JurPC Web-Dok. 207/2001.
[821] S. LG Stuttgart, (Versäumnis-)Urteil vom 26. März 2002 - 17 O 69/02, n.v.

§ 3. Werbebeschränkungen aus dem allgemeinen Wettbewerbsrecht

dere Bundesland mit dem gleichen Recht diese Domain herausverlangen könnte.

dd) Sonstige Bezeichnungen

Auch namensartige Kennzeichnungen, die als schlagwortartige Kurzbezeichnung überregional bekannt sind, können am Namensschutz aus § 12 BGB teilnehmen. Die Bayerischen Staatsgemäldesammlungen in München, die als „Alte Pinakothek" und „Neue Pinakothek" bezeichnet werden, sind landläufig unter dem Begriff „Pinakothek" bekannt. Es besteht daher Verwechslungsgefahr, wenn sich ein anderer als die Bayerische Staatsgemäldesammlung die Internet-Domain „www.pinakothek.de" registrieren läßt. Die Interessenverletzung liegt darin, daß der durchschnittliche Besucher des Internet hinter der Bezeichnung „Pinakothek" entweder die Staatlichen Münchener Gemäldesammlungen vermutet oder zumindest doch annimmt, dem Inhaber der Domain sei die Namensnutzung gestattet[822].

Die Bezeichnung „www.castor.de" hat nach der Rechtsprechung des LG Essen keine so signifikante Berühmtheit erlangt wie z.b. „Esso", „Inter-City" oder „T-Aktie", so daß ihre Verwendung durch einen Nichtberechtigten nicht als Eingriff in den eingerichteten und ausgeübten Gewerbebetrieb, § 823 Abs. 1 BGB, angesehen werden kann. Daher verletzt eine Personenvereinigung, die sich gegen die friedliche Nutzung der Kernenergie wendet, keine Markenrechte eines Unternehmens, das unter dieser Bezeichnung Abschirm- und Lagerbehälter für radioaktive Gegenstände vertreibt. Hinzukommt, daß auch keine Nutzung im „geschäftlichen Verkehr" vorliegt[823].

b) Probleme der Gleichnamigkeit

Probleme der Gleichnamigkeit stellen sich nicht nur im Verhältnis zwischen Privaten und Gemeinden, sondern auch im Verhältnis zwischen Privaten untereinander[824]. Führen mehrere Personen identische Bezeichnungen, gilt der Grundsatz, daß niemand am redlichen Gebrauch seines eigenen Namens gehindert werden kann[825]. Im privaten (Rechts-)Verkehr wird man daher niemandem untersagen können, unter seinem bürgerlichen Namen aufzutreten, diesen zu nutzen und sich mit diesem ansprechen zu lassen[826]. Wer Michael Schumacher heißt, darf sich Michael Schu-

---

[822] So LG Nürnberg-Fürth, Urteil vom 24. Februar 2000 – 4 O 6913/99, n.v. – www.pinakothek.de
[823] So LG Essen, Urteil vom 23. Mai 2002 – 11 O 96/02, JurPC Web-Dok. 209/ 2002 = NJW-RR 2002, 1470 = RDV 2002, 247 [Ls.].
[824] Vgl. umfassend: *Linke*, CR 2002, 271 ff.; *Foerstl*, CR 2002, 518 (522 ff.).
[825] S. BGH, NJW-RR 1993, 935.
[826] S. *Buri*, Die Verwechselbarkeit von Internet Domain Names, S. 195.

macher nennen, auch wenn nicht im Rennsport tätig ist, sondern einen anderen Beruf ausübt.

Schwierigkeiten sind in den Fällen zu gegenwärtigen, in denen der Namensträger seinen Namen im geschäftlichen Verkehr nutzt. Schematische Regeln lassen sich hier kaum aufstellen, vielmehr sind die betroffenen Interessen der Namensträger sorgfältig gegeneinander abzuwägen und einer möglichst gerechten Lösung zuzuführen[827].

Ist ein Namensträger nach dem Recht der Gleichnamigen verpflichtet, seinen Namen im geschäftlichen Verkehr nur mit einem unterscheidenden Zusatz zu verwenden, folgt daraus nicht zwingend das Verbot, den Namen als Internet-Adresse zu verwenden. Vielmehr kann eine mögliche Verwechslungsgefahr auch auf andere Weise ausgeräumt werden. So kann der Internetnutzer auf der ersten sich öffnenden Seite darüber aufgeklärt werden, daß es sich nicht um die Homepage des anderen Namensträgers handelt, zweckmäßigerweise verbunden mit einem Querverweis auf diese Homepage[828].

aa) Gleichnamigkeit und Behinderung

Der ältere Namensträger kann dem jüngeren nicht ohne weiteres die Namensführung einfach verbieten; es muß vielmehr ein Interessenausgleich stattfinden[829]. Ein Interessenausgleich geht zugunsten des Zeicheninhabers aus, wenn der Träger des bürgerlichen Namens seinen Namen nutzt, um den Zeicheninhaber in seiner geschäftlichen Betätigung zu behindern.

Im – oben bereits erörterten – Fall „www.kerpen.de" war die Problematik noch etwas diffiziler, da nicht ein beliebiger Dritter sich unter „www.kerpen.de" im Internet präsentierte, sondern eine Familie mit bürgerlichen Namen „Kerpen". In einem solchen Fall kann man nur schwerlich ein „besseres Recht" der Gemeinde Kerpen an der SLD „www.kerpen.de" begründen. Vielmehr ist der Prioritätsgrundsatz heranzuziehen. Insbesondere *Ernst*[830] gibt der Gemeinde immer den Vorrang, da sie den Namen länger führt als jede natürliche Person. Dies ist zweifelhaft, da m.E. nicht allein auf die Priorität der Namensführung an sich, sondern auf die Namensführung im Medium Internet abzustellen ist.

bb) Gleichnamigkeit von Gebietskörperschaften

Noch schwieriger ist die Rechtslage, wenn es um gleichnamige Gebietskörperschaften geht. So verzeichnet das Ortsverzeichnis beispiels-

---

[827] S. *Buri*, Die Verwechselbarkeit von Internet Domain Names, S. 195.
[828] So BGH, Urteil vom 11. April 2002 – I ZR 317/99, MittPA 2002, 297 = NJW 2002, 2096 = MMR 2002, 456 m. Anm. *Hoeller* – www.vossius.de; vgl. dazu umfassend: *Weidert/Lührig*, WRP 2002, 880 ff.
[829] So BGHZ 14, 159; BGH, NJW 1986, 58; BGH, NJW-RR 1990, 620; Palandt/ *Heinrichs*, BGB, § 12 Rdnr. 27.
[830] S. *Ernst*, NJW-CoR 1997, 426 (428).

weise siebenmal die Stadt „Mühlhausen"oder zwanzigmal die Gemeinde „Neustadt". Auch hier dürfte lediglich der Prioritätsgrundsatz zu billigen Ergebnissen führen.

Ernst[831] will bei kollidierenden Gemeindenamen der nach Einwohnern größeren Gemeinde den Vorzug geben. Das Alter der Gemeinde solle außer Betracht bleiben. M.E. sollte bei gleichnamigen Städten allein die Anmeldung zum Internet ausschlaggebend sein[832]. Dies ergibt sich insbesondere daraus, daß jede andere Vergabepraxis die kleineren Städte unangemessen benachteiligt, die sich bereits frühzeitig um ihre Domain bemüht haben.

cc) Gleichnamigkeit und Verwässerung

Mit der Frage der Gleichnamigkeit und der Verwässerungsgefahr hatte sich das OLG Hamm in der sog. „www.krupp.de" – Entscheidung zu befassen[833]. Nach dieser Auffassung kann ein Unternehmen mit überragender Verkehrsgeltung die Nutzung seiner Firma bzw. seines Firmenschlagworts durch einen Dritten als Domain-Adresse untersagen. Dies soll auch dann gelten, wenn der Familienname des Dritten mit dem Firmenschlagwort identisch ist, und der Dritte unter seinem Namen eine Einzelfirma führt. Unbeachtlich sei auch, daß der Dritte sich die Domain-Adresse zuerst hat registrieren lassen. Der Grundsatz der Priorität entscheide nur bei der grundsätzlichen Namenswahl; die Priorität im Erwerb des Namensrechts als solchem gibt den besseren Rang. Wann und wo und in welchem Medium später mit dem gewählten Namen aufgetreten wird, sei für die Rangstellung des Namensrechts bedeutungslos. Soweit die Rechtsprechung auf das Kriterium der „überragenden Bekanntheit" abstellt, so ergeben sich eine Reihe von schwierigen Abgrenzungsfragen[834].

Die Entscheidung des OLG Hamm kann nicht ohne Widerspruch bleiben. Einerseits ist fraglich, ob die Verwendung eines bürgerlichen Namens als Internet-Domain eine Nutzung eigener Art ist, so daß der prioritätsältere Namensschutz des Unternehmens ins Leere geht. Dafür spricht beispielsweise diese Überlegung, daß das klagende Unternehmen – wie im vorliegenden Fall – schon im vergangenen Jahrhundert gegründet sein kann und daher über eine lange Firmenhistorie verfügt. Eine natürliche Person kann schon aus biologischen Gründen nicht Inhaber eines älteren Rechts sein. Daher ist m.E. nicht auf die anmeldende Person abzustellen, sondern auf die Familie, deren Namen der Domain-Anmelder trägt. Andererseits bestand im entschiedenen Fall auch keine konkrete

---

[831] So *Ernst*, NJW-CoR 1997, 426 (428).

[832] S. *Schmittmann*, K&R 1999, 510 (513).

[833] S. OLG Hamm, Urteil vom 13. Januar 1998 – 4 U 135/97, NJW-CoR 1998, 175, m. Anm. *Ernst* = MMR 1998, 214 m. Anm. *Berlit* = CR 1998, 241 m. Anm. *Bettinger* = NJWE-WettbR 1998, 205 = K&R 1998, 216.

[834] S. *Strömer*, K&R 2002, 306 (309).

VI. Wettbewerbswidrige Domainwahl

Verwechslungs- und Verwirrungsgefahr, da der ursprüngliche Domain-Inhaber ein Kommunikationsbüro unterhielt, während die klagende KRUPP AG in der Stahlindustrie tätig ist. Daraus ergibt sich, daß der Prioritätsgrundsatz nicht uneingeschränkt Geltung für sich beanspruchen kann. Es ist vielmehr auf den konkreten Einzelfall abzustellen[835]. Wer sich mit seinem bürgerlichen Namen eine Domain registrieren läßt, soll nicht von einer Gemeinde auf Unterlassung in Anspruch genommen werden, nur weil es die Gemeinde verabsäumt hat, sich rechtzeitig um die Domain zu bemühen. Anderes kann nur gelten, wenn die Domain-Registrierung in ersichtlich unlauterer Weise erfolgt, etwa nur, um die Gemeinde zum Kauf der Domain zu bewegen. Ein Indiz ist für solch unlauteres Verhalten kann es etwa sein, wenn auf der Website keine Informationen dargestellt werden, sondern lediglich ein Hinweis auf den Inhaber oder ein allgemeiner Text placiert wird.

2. Markenrechtliche Tatbestände

Das Markenrecht schützt gem. §1 MarkenG Marken, geschäftliche Bezeichnungen und geographische Herkunftsangaben. Der Schutz von Marken, geschäftlichen Bezeichnungen und geographischen Herkunftsangaben nach diesem Gesetz schließt die Anwendung anderer Vorschriften zum Schutz dieser Kennzeichen nicht aus, §2 MarkenG. Gleichwohl tritt der Anspruch aus §12 BGB bei Registrierung und Innehaltung des markenschützenden Domain-Namens im geschäftlichen Verkehr hinter kennzeichenrechtliche Ansprüche aus dem MarkenG zurück[836]. Dessen ungeachtet neigen manche Gerichte dazu, sich mit dem vermeintlich leichter zu subsummierenden §12 BGB zu befassen und markenrechtliche Ansprüche außer acht zu lassen[837].

Ein Domain-Name ist nicht *per se* Marke[838]. Er unterliegt dem markenrechtlichen Schutz daher nur, wenn ein solcher i.s. des §4 MarkenG entstanden ist:

- Registermarke, §4 Nr. 1 MarkenG,
- Benutzungsmarke, §4 Nr. 2 MarkenG,
- Notorische Marke, §4 Nr. 3 MarkenG.

Bei Domain-Namen kommt in erster Linie die Entstehung einer Benutzungsmarke i.s. des §4 Nr. 2 MarkenG in Betracht[839]. Allein die Be-

---

[835] S. *Buri*, Die Verwechselbarkeit von Internet Domain Names, S. 198.
[836] So BGH, Urteil vom 22. November 2001 – I ZR 138/99, MMR 2002, 382 m. Anm. *Hoeren* = JurPC Web-Dok. 139/2002 = BB 2002, 1137 = NJW 2002, 2031 – www.shell.de; OLG Hamm, Urteil vom 19. Juni 2001 – 4 U 32/01, CR 2002, 217ff. – www.veltins.com; *Nordemann*, NJW 1997, 1891 (1895).
[837] Vgl. *Wendlandt*, Cybersquatting, Metatags und Spam, S.335.
[838] Vgl. umfassend: *Fezer*, MarkenG, §3 Rdnrn. 307ff.
[839] S. *Kort*, DB 2001, 249 (251).

nutzung einer alphanumerischen Kombination als Domain-Name stellt keine kennzeichenbegründende Nutzung einer Marke dar, da es sich an sich nur um eine technische Adresse handelt, der ein konkreter Bezug zu einer Ware oder Dienstleistung fehlt[840].
Wenn eine Domain nicht die Markenqualität erreicht, so kann sie doch als geschäftliche Bezeichnung i.S. des §5 MarkenG geschützt sein[841]. Schließlich ist es auch möglich, daß eine Domain Werktitelschutz gem. §5 Abs. 3 i.V. mit §1 Abs. 1 MarkenG genießt[842].
Sind markenrechtliche Ansprüche gegeben, so ist §1 UWG nicht mehr anwendbar, was aber im einzelnen streitig ist[843]. Einigkeit besteht aber hinsichtlich des Verhältnisses zwischen §3 UWG und dem MarkenG[844]. Die Bestimmung des §3 UWG ist neben §§14, 15 MarkenG anwendbar, wenn durch die Benutzung des fremden Kennzeichens eine Gefahr der Irreführung besteht. Wenn kennzeichenrechtliche Ansprüche mangels Verwechslungsgefahr ausgeschlossen sind, scheidet auch §3 UWG aus[845].
Eine Verletzungshandlung im Inland liegt bei einer Verwendung einer fremden Marke auf einer Homepage nur dann vor, wenn diese Homepage im Inland bestimmungsgemäß abrufbar ist und darüber hinaus auch ein territorialer Inlandsbezug gegeben ist[846].

a) §5 Abs. 1 MarkenG

Als geschäftliche Bezeichnungen werden Unternehmenskennzeichen und Werktitel geschützt. Der Markenschutz entsteht gem. §4 MarkenG durch Eintragung, Benutzung im geschäftlichen Verkehr oder durch notorische Bekanntheit einer Marke. Fraglich ist, ob Unternehmenskennzeichen den Schutz des Markenrechts auch im Internet genießen. Zum Teil wurde im Hinblick darauf, daß Domain-Namen in erster Linie eine technische Funktion haben und die ursprüngliche IP-Adresse eine mehrstellige, nicht merkbare Nummernkombination ist[847], die unmittelbare Anwendung kennzeichen- und namensrechtlicher Grundsätze abgelehnt[848].

---

[840] S. *Fezer*, MarkenG, §3 Rdnr. 309.
[841] So *Plaß*, WRP 2000, 1077 (1080); *Kort*, DB 2001, 249 (252).
[842] S. *Köhler/Arndt*, Recht des Internet, Rdnr. 64; *Kort*, DB 2001, 249 (252).
[843] Vgl. *Wendlandt*, Cybersquatting, Metatags und Spam, S. 335.
[844] So BGH, GRUR 1997, 754 (755) – grau/magenta.
[845] So *Wendlandt*, Cybersquatting, Metatags und Spam, S. 343.
[846] S. LG Hamburg, Urteil vom 5. Mai 1999 – 315 O 271/98, MMR 1999, 612 – www.animalplanet.de.
[847] So *Wendlandt*, Cybersquatting, Metatags und Spam, S. 254; *Buri*, Die Verwechselbarkeit von Internet Domain Names, S. 7.
[848] So *Kur*, CR 1996, 325, 327; *Gabel*, Internet: Die Domain-Namen, NJW-CoR 1996, 322.

VI. Wettbewerbswidrige Domainwahl

Inzwischen ist jedoch überwiegende Auffassung, daß ein Domain-Name Unternehmenskennzeichen sein kann, wenn das verwendete Zeichen originäre Kennzeichnungskraft oder Verkehrsgeltung besitze. Dies sei gegeben, wenn der Domain-Name das Dienstleistungsunternehmen bezeichne und in dieser Form im geschäftlichen Verkehr genutzt werde[849]. Die Domain hat somit eine Doppelfunktion als technische Adresse und Kennzeichen[850]. Der Kennzeichenschutz umfaßt jedoch nur die SLD, der TLD kommt keine unterscheidende Wirkung zu[851].

In der Bezeichnung „Herstellerkatalog" kann bereits eine Kennzeichnung gem. §§ 5, 15 MarkenG liegen, da diese eigentümlich ist und nicht unmittelbar den Geschäftszweck beschreibt. Daher ist die Verwendung der Domain „www.herstellerkatalog.com" durch einen anderen, branchenidentischen Nutzer geeignet, eine Zuordnungsverwirrung hervorzurufen und damit zugleich eine Verletzung von Namens- und Kennzeichenrechten[852].

Der Schutz durch § 5 Abs. 1 MarkenG setzt eine „Benutzung des Unternehmenskennzeichens im geschäftlichen Verkehr" voraus. Eine Verwendung von Kennzeichen durch private Anwender fällt damit grundsätzlich nicht darunter. Dies kann beispielsweise bei einem Forum von Besitzern einer bestimmten Automobilmarke, Fans einer bestimmten Musikgruppe oder Geschädigten eines Arzneimittels zur Geltendmachung von Schadensersatzansprüchen der Fall sein[853].

Fraglich ist allerdings, ob die Zuweisung von Domains an Private zum Zweck des Weiterverkaufs an Unternehmen unter das MarkenG fällt. Dies ist m.E. zwanglos schon deshalb anzunehmen, weil eine Privatperson, die keine Berechtigung zur Führung der entsprechenden geschäftlichen Bezeichnung hat, diese Seite nach der Lebenswahrscheinlichkeit nur deshalb konnektiert hat, um sie an ein Unternehmen weiter zu veräußern. Diese Verkaufsabsicht reicht als Indiz für eine geschäftliche Nutzung aus. Eine Nutzung ist auch anzunehmen, wenn der Domain-Name als Überleitungs-Domain verwendet wird und bei Aufruf auf eine andere Seite lei-

---

[849] So OLG München, Urteil vom 16. September 1999 – 6 U 6228/98, DB 1999, 2353 = ZUM 2000, 71 – www.vossius.de; vgl. dazu *Schmittmann*, Namensrecht – Sozietät, ZAP 2000, 184f.; BGH, Urteil vom 11. April 2002 – I ZR 317/99, MittPA 2002, 297 = NJW 2002, 2096 = MMR 2002, 456 m. Anm. *Hoeller* – www.vossius.de; vgl. dazu: *Weidert/Lührig*, WRP 2002, 880 (881).
[850] S. *Wendlandt*, Cybersquatting, Metatags und Spam, S. 265.
[851] So BPatG, CR 1999, 321 – www.patent.de; OLG Karlsruhe, VR 2000, 320 m. Anm. *Schmittmann* – www.badwildbach.com; LG Braunschweig, VR 2000, 98 – www.stadtinfo.com; LG Düsseldorf, CR 1998, 165 (166) – www.epson.de; LG Mannheim, MMR 2000, 47 (48) – www.nautilus.de; LG Köln, MMR 2000, 625 (626); *Fezer*, MarkenR, § 3 Rdnr. 305; *Wendlandt*, Cybersquatting, Metatags und Spam, S. 267.
[852] S. LG Stuttgart, Urteil vom 2. Juli 2001 – 11 KfH O 48/01, CR 2002, 379 (Ls.).
[853] S. *Fezer*, MarkenR, § 3 Rdnr. 328.

tet[854]. Ebenfalls reicht es als geschäftliche Nutzung aus, auf dieser Seite Werbung zu plazieren[855].

Darüber hinaus ist zweifelhaft, ob ein Handeln im geschäftlichen Verkehr vorliegt, wenn eine Privatpersonen über ein Internetauktionshaus Privateigentum veräußert. Nach der Rechtsprechung des LG Berlin ist dies anzunehmen, wenn diese Verkäufe einen gewissen Umfang annehmen, vergleichbar z.B. mit dem Anbieten von Waren auf einem Trödelmarkt. Im entschiedenen Fall ging es – wie häufig – um Markenpiraterie-Ware in Form von T-Shirts. Der Beklagte hatte innerhalb von fünf Monaten 39 An- und Verkaufsgeschäfte getätigt, woraus das Gericht Handeln im geschäftlichen Verkehr schloß[856]. Richtigerweise ist nicht allein auf die Anzahl der Transaktionen an sich abzustellen, sondern auf die Transaktionen in dem markenrechtlich geschützten Bereich. Weiterhin ist zu differenzieren, ob es sich um Neu- oder Gebrauchtware handelt[857]. M.E. ist ein Handeln im geschäftlichen Verkehr anzunehmen, wenn mehr als drei Transaktionen innerhalb eines Monats stattfinden, die markenrechtlichen Bezug haben.

b) § 14 Abs. 2 MarkenG

Gegen § 14 Abs. 2 Nr. 3 MarkenG[858] verstößt, wer eine Internet-Domain verwendet, die mit einer bekannten Marke identisch ist, wenn dadurch die Marke als solche verwertet wird, um deren Unterscheidungs- und Anziehungskraft gleichsam als Aufmerksamkeitswerbung zu nutzen. Das Recht der Gleichnamigen rechtfertigt nicht die Verwendung eines mit einer bekannten Marke identischen Vornamens des Nutzers als Internet-Domain[859].

Daneben ist es Dritten gem. § 14 Abs. 2 Nr. 2 MarkenG untersagt, ein Zeichen zu benutzen, wenn wegen der Identität oder Ähnlichkeit des Zeichens mit der Marke und der Identität oder Ähnlichkeit der durch die Marke und das Zeichen erfaßten Waren oder Dienstleistungen für das Publikum die Gefahr von Verwechslungen besteht, einschließlich der Gefahr, daß das Zeichen mit der Marke gedanklich in Verbindung gebracht wird[860].

---

[854] So *Bücking*, MMR 2000, 656 (657); *Wendlandt*, Cybersquatting, Metatags und Spam, S. 405.

[855] So *Fezer*, MarkenG, § 3 Rdnr. 328; LG Hamburg, Beschluß vom 1. März 2000 – 315 O 219/99, MMR 2000, 436 – www.luckystrike.de.

[856] S. LG Berlin, Urteil vom 9. November 2001 – 103 O 149/01, CR 2002, 371 ff. m. Anm. *Leible/Sosnitza*.

[857] So *Leible/Sosnitza*, CR 2002, 372 (374).

[858] Die Bestimmung des § 14 Abs. 2 MarkenG übernimmt nahezu wortgleich die Vorgabe aus der Richtlinie 89/104/EWG des Rates vom 21. Dezember 1988 zur Angleichung der Rechtsvorschriften der Mitgliedstaaten über die Marken (ABl. EG 1989, Nr. L 40, S. 1 ff.) und ist daher auch vom EuGH auszulegen, vgl. EuGH, Urteil vom 14. Mai 2002 – Rs. C-2/00, EWS 2002, 339 ff.

[859] So OLG Hamburg, Urteil vom 21. September 2000 – 3 U 89/00, GRUR-RR 2002, 100 ff. = MMR 2001, 196 (Ls.) – www. derrick.de.

[860] Vgl. dazu *Wendtland*, Cybersquatting, Metatags und Spam, S. 169 ff.

VI. Wettbewerbswidrige Domainwahl

Eine verbotene Nutzungshandlung liegt vor, wenn gegenüber einer sowohl als Marke als auch als Firmenschlagwort vorrangigen Schutz genießenden Bezeichnung ein gleichlautender Domain-Name registriert wird, der die spätere Nutzung indiziert[861]. Der BGH läßt bereits die schlichte Registrierung ausreichen[862]. Dies gilt nicht nur für eine Domain mit der Endung „.de" als auch mit der Endung „.com"[863].

Mit der Registrierung ist noch nicht geklärt, ob ein „Handeln im geschäftlichen Verkehr" vorliegt. Wird die Domain nur konnektiert, um dort später eine Website zu hinterlegen, so ist ein „Handeln im geschäftlichen Verkehr" nicht anzunehmen, was zur Folge hat, daß markenrechtliche Ansprüche nicht in Betracht kommen[864]. Namensrechtliche Ansprüche können gleichwohl verfolgt werden.

Die Verwendung der SDL „www.freelotto.de," um im Internet unter Verweis auf die Gesellschaften des Deutschen Lotto- und Totoblocks bzw. auf den „Deutschen Lottoblock" die Bildung und Zusammenstellung von Spielergemeinschaften nach einem bestimmten System anzubieten, begründet in diesem Bereich die Verwechslungsgefahr mit der prioritätsälteren Marke „LOTTO" und ist somit zu unterlassen[865]. Demgegenüber ist eine Zuordnungsverwirrung nicht anzunehmen, wenn die Domain „www.lotto-privat.de" verwendet wird. Nach Auffassung des Gerichts, das über eine Klage der WestLotto zu entscheiden hatte, werde deren Gesamteindruck gleichermaßen von den Begriffen „West" und „Lotto" geprägt, so daß die Bezeichnungen „www.lotto-privat.de" und „WestLotto" hinreichend abgegrenzt seien[866].

Mangels Branchennähe besteht auch keine Verwechslungsgefahr, wenn ein Juwelier namens „Wilm" gegenüber einer Internetagentur anderen Namens, diese Domain mit Priorität hat registrieren lassen, einen Unterlassungsanspruch geltend macht[867]. Dabei muß die Agentur aber ein plausibles eigenes Interesse an der Domain darlegen und beweisen[868].

---

[861] So OLG Hamm, Urteil vom 19. Juni 2001 – 4 U 32/01, CR 2002, 217 ff. – www.veltins.com.
[862] So BGH, Urteil vom 22. November 2001 – I ZR 138/99, MMR 2002, 382 m. Anm. *Hoeren* = JurPC Web-Dok. 139/2002 = BB 2002, 1137 – www.shell.de.
[863] So OLG Hamm, Urteil vom 19. Juni 2001 – 4 U 32/01, CR 2002, 217 ff. – www.veltins.com.
[864] So OLG Köln, Urteil vom 26. Oktober 2001 – 6 U 76/01, WRP 2002, 244 ff. – www.lotto-privat.de.
[865] So OLG Köln, Urteil vom 2. November 2001 – 6 U 48/01, WRP 2002, 249 ff. – www.freelotto.de; Vorinstanz: LG Köln, Urteil vom 18. Januar 2001 – 84 O 66/00, MMR 2001, 546 ff.
[866] So OLG Köln, Urteil vom 26. Oktober 2001 – 6 U 76/01, WRP 2002, 244 (248).
[867] S. LG Hamburg, Urteil vom 21. März 2002 – 315 O 380/01, JurPC Web-Dok. 185/2002.
[868] S. LG Hamburg, Urteil vom 21. März 2002 – 315 O 380/01, JurPC Web-Dok. 185/2002.

§ 3. Werbebeschränkungen aus dem allgemeinen Wettbewerbsrecht

Bei branchenidentischen Unternehmen ist die Verwechselbarkeit oftmals schon eher anzunehmen. So hat das OLG Köln die Internet-Domain „www.gus.de" mit der Marke „GUS" eines branchenidentischen Unternehmens für verwechselbar gehalten[869].

Auch die Bezeichnung „www.playmatemoni96.de" einerseits und die Marke „Playmate" andererseits sind verwechslungsfähig, da der in der Domain verwendete Wortbestandteil „playmate" auf das oder ein „Playmate" aus dem Magazin „Playboy" verweist und ihm deshalb innerhalb des Domainamens gewollt prägende Bedeutung zukommt[870].

Zwischen den Bezeichnungen „24translate" und „www.24-translation.de" und „www.translation-24.de" besteht ebenfalls Verwechslungsgefahr[871].

Bei der Domain „www.siehan.de" nimmt die Rechtsprechung eine Verwechslungsfähigkeit mit dem Firmenschlagwort „Sieh an!"[872] an. Demgegenüber sind die Marke BIOLAND und die Domain „www.biolandwirt.de" nicht verwechslungsfähig. Eine mögliche klangliche, schriftbildliche oder begriffliche Verwechslung scheidet auch für den Durchschnittsverbraucher aus[873].

Die Meßlatte für die Annahme eines beschreibenden Charakters liegt bisweilen sehr niedrig. Das LG Düsseldorf hat die Bezeichnung „Alte" als beschreibend angesehen und festgestellt, daß bei bestehender Branchenferne keine Verwechslungsgefahr zu einer Wort-Bild-Marke, die in farbiger Gestaltung aus dem Vornamen und dem Nachnamen „Alte" des Markeninhabers besteht[874]. Die Inhaberin der Wort-Bild-Marke „Alte," eine GmbH, begehrte von einem Unternehmen, das die Domain „www.alte.de" konnektiert hatte und dort ein Senioreninformationssystem einrichten wollte, die Löschung. Ohne Erfolg, denn das Gericht verneinte nicht nur eine Verwechslungsgefahr, sondern auch ein besseres Recht aus § 12 BGB, da die GmbH in ihrer Firmierung neben dem Begriff „Alte" noch einen Zusatz führte.

Wer sich die Domain „www.technomed.de" konnektieren läßt, verletzt damit die für einen Vertreiber elektromedizinischer Apparate eingetragene gleichnamige Marke[875].

---

[869] So OLG Köln, Urteil vom 21. Dezember 2001 – 6 U 104/01, MMR 2002, 475.

[870] So LG Stuttgart, Urteil vom 3. Dezember 2001 – 41 KfH O 131/01, MMR 2002, 486.

[871] S. OLG Hamburg, Urteil vom 20. Dezember 2001 – 3 U 260/01, GRUR-RR 2002, 256.

[872] So OLG Hamburg, Urteil vom 2. Mai 2002 – 3 U 216/01, MMR 2002, 682.

[873] So LG München, Urteil vom 13. August 2002 – 9 HKO 8263/02, MMR 2002, 832.

[874] S. LG Düsseldorf, Urteil vom 9. November 2001 – 38 O 81/01, MMR 2002, 324f.

[875] S. LG Berlin, Urteil vom 7. Juli 1998 – 16 O 656/97, K&R 1998, 557 – „Technomed".

VI. Wettbewerbswidrige Domainwahl

Eine Bezeichnung wird auch dann zeichenmäßig gebraucht, wenn sie nicht sichtbar genutzt wird, sondern als Metatag, der vom Rechner des Benutzers gelesen und verarbeitet werden kann[876].

c) § 15 Abs. 2 MarkenG

Gemäß § 15 Abs. 2 MarkenG ist es Dritten untersagt, die geschäftliche Bezeichnung oder ein ähnliches Zeichen im geschäftlichen Verkehr unbefugt in einer Weise zu benutzen, die geeignet ist, Verwechslungen mit der geschützten Bezeichnung hervorzurufen. Handelt es sich bei der geschäftlichen Bezeichnung um eine im Inland bekannte, so ist es Dritten gem. § 15 Abs. 3 MarkenG ferner untersagt, die geschäftliche Bezeichnung oder ein ähnliches Zeichen im geschäftlichen Verkehr zu benutzen, wenn keine Gefahr von Verwechslungen i.S. von § 15 Abs. 2 MarkenG besteht, soweit die Benutzung des Zeichens die Unterscheidungskraft oder die Wertschätzung der geschäftlichen Bezeichnung ohne rechtfertigenden Grund in unlauterer Weise ausnutzt oder beeinträchtigt.

Unter Berücksichtigung der Spezifika des Internet gilt, daß jedes Unternehmen die Verwendung seines Kennzeichens in einer Internet-Adresse durch einen Konkurrenten verbieten kann. Das Konkurrenzverhältnis kann bereits dadurch zustande kommen, daß der Eindruck entsteht, Markenrechts-Inhaber und Domain-Inhaber arbeiteten zusammen. Deshalb sind Verweise („Links") gefährlich. Eine Zurechnung liegt bereits darin, daß der User die Homepage – etwa aufgrund von Links oder Frames zu branchennahen Unternehmen – mit dem Rechteinhaber verbindet[877]. Selbst wenn keine Links vorhanden sind, soll ein Verweis auf eine fremde Website zur Zurechnung ausreichen[878].

Bei Branchenverschiedenheit der Unternehmen bzw. der durch die Marken angesprochenen Verkehrskreise scheidet eine Verwechslungsgefahr in der Regel aus[879]. Dies gilt insbesondere für lediglich registrierte Domains, bei denen ein Bezug zu einer Branche fehlt, da ihnen überhaupt noch kein Inhalt zugeordnet ist[880]. Allerdings ist nach §§ 14 Abs. 2 Nr. 1, Nr. 2, 15 Abs. 3 MarkenG die Benutzung fremder Kennzeichen unzulässig, soweit dies zu einer Ausnutzung der Wertschätzung („Rufausbeutung") bzw. zu einer Behinderung führt.

---

[876] So LG Hamburg, Beschluß vom 13. September 1999 – 315 O 258/99, CR 2000, 121 ff. m. Anm. *Ernst*.
[877] Vgl. LG Mannheim, Urteil vom 10. September 1999 – 7 O 74/99, MMR 2000, 47 f. – www.nautilus.de.
[878] So LG Berlin, Urteil vom 30. Oktober 1997 – 16 O 236/97, n.v.; *Hoeren*, Internetrecht, Oktober 2002, S. 41.
[879] So OLG Frankfurt, Urteil vom 4. Mai 2000 – 6 U 81/99, MMR 2000, 486 = WRP 2000, 772.
[880] So *Hoeren*, Internetrecht, Oktober 2002, S. 41; a.A. LG Düsseldorf, CR 1996, 325.

184 § 3. Werbebeschränkungen aus dem allgemeinen Wettbewerbsrecht

Hinsichtlich der Rufausbeutung soll es ausreichen, daß Internet-User zum Aufrufen einer Homepage verleitet werden, die sie sich sonst – ohne die beanstandete Kennzeichenverwendung – nicht angesehen hätten. Dies gilt nach der Rechtsprechung jedenfalls bei bekannten Kennzeichen[881].

Kritisch wird von *Hoeren* dazu angemerkt, daß die bloße Ausnutzung einer erhöhten Aufmerksamkeit noch keine Rufausbeutung darstelle. Dazu müsse vielmehr auch die Wertschätzung der eigenen Produkte des Domain-Inhabers gesteigert worden sein, was voraussetze, daß auf der Homepage die Produkte des Domain-Inhabers angeboten werden.

Eine Behinderung der unternehmerischen Ausdehnung wird bejaht, wenn der Domain-Name für den Inhaber des Zeichens blockiert wird[882]. Eine Registrierung ohne sachlichen Grund ist jedenfalls als vorwerfbar anzusehen[883]. Ähnliches gilt für die unmittelbare Umleitung einer Website auf eine andere zentrale Homepage des Domain-Inhabers[884]. Auch die Massenregistrierung von Domains mit Bezug auf bekannte Kennzeichen reicht zur Annahme einer Rufausbeutung aus[885].

Schwierigkeiten bei der rechtlichen Beurteilung ergeben sich, wenn die Domain nicht exakt mit dem Kennzeichen übereinstimmt, sondern eine ähnliche Bezeichnung konnektiert wurde. Ähnliche Fragen stellen sich auch bei der Konnektierung von Domains, die aus mehreren Begriffen bestehen und die einerseits mit Bindestrich und andererseits ohne Bindestrich angemeldet sind. Auch die rechtlichen Fragen der sog. Schreibfehler-Domain gehören in diesen Bereich. Das LG Düsseldorf untersagte die Benutzung der Domain „www.klugsuchen.de", da ein anderer Anbieter unter der Domain „www.klug-suchen.de" bereits eine Suchmaschine anbot[886].

Das OLG Frankfurt ist indes der Auffassung, daß lediglich die identische Verwendung unzulässig sei. Die Sperrwirkung der Domain-Registrierung sei durch eine geringfügige Abwandlung oder einen Zusatz überwunden[887].

Ähnlich hat das LG Koblenz die Nutzung des Domain-Namens „www.allesueberwein.de" trotz eines Verbotes der Domain „www. alles-ueber-wein.de" nicht verboten[888]. Ähnlich großzügig argumentierte

---

[881] So OLG München, MMR 1998, 668; OLG Karlsruhe, MMR 1999, 171; OLG Düsseldorf, NJWE-WettbR 1999, 626; OLG Hamburg, MD 2001, 315.

[882] So OLG Dresden, K&R 1999, 133, 136; LG Hamburg, MD 2001, 376; LG Köln, Urteil vom 10. Juni 1999 – 31 O 55/99, n.v.

[883] So OLG München, MMR 1998, 668 (669); OLG Karlsruhe, MMR 1999, 171 (172).

[884] So OLG München, MMR 2000, 100 (101).

[885] So OLG München, MMR 2000, 100 (101); LG Hamburg, Urteil vom 13. Januar 1999 – 315 O 417/98, n.v.

[886] So LG Düsseldorf, Beschluß vom 5. Januar 1999 – 34 O 2/99, n.v.

[887] So OLG Frankfurt, Beschluß vom 13. Februar 1997 – 6 W 5/97, WRP 1997, 341 – www.wirtschaft-online.de.

[888] So LG Koblenz, Beschluß vom 27. Oktober 1999 – 1 HO 125/99, MMR 2000, 571.

VI. Wettbewerbswidrige Domainwahl   185

das LG Düsseldorf, das zwischen „T-Online" und der Domain „Donline.de" eine Verwechslungsgefahr aufgrund der geringen Kennzeichenkraft der Bezeichnung T-Online verneint hat[889].
Das OLG Hamm hat die Verwechslungsgefahr zwischen einer Domain „www.pizza-direkt.de" und der Marke „www.pizza-direct.dc" verneint[890]. Nach der Rechtsprechung des OLG Hamburg besteht zwischen dem Titel „Pizza Connection" für ein Computerspiel und der Internet-Domain „www.pizzaconnection.de" für einen Pizza-Lieferdienst keine Verwechslungsgefahr[891].
Das OLG München hat eine Verwechslungsgefahr zwischen „Intershop" und „Intershopping" bejaht[892]. Auch das OLG Rostock sah in der Entscheidung „www.mueritz-online.de" einen Markenverstoß auch dann, wenn Domain-Name und Marke sich in Umlauten und Groß-/Kleinschreibung unterscheiden[893].

d) § 23 Abs. 1 MarkenG

Der Inhaber einer Marke oder einer geschäftlichen Bezeichnung hat gem. § 23 MarkenG[894] nicht das Recht, einem Dritten zu untersagen, im geschäftlichen Verkehr

1. dessen Namen oder Anschrift zu benutzen,
2. ein mit der Marke oder geschäftlichen Bezeichnung identisches Zeichen oder ein ähnliches Zeichen als Angabe über Merkmale oder Eigenschaften von Waren oder Dienstleistungen, wie insbesondere ihre Art, ihre Beschaffenheit, ihre Bestimmung, ihren Wert, ihre geographische Herkunft oder die Zeit ihrer Herstellung oder ihrer Erbringung, zu benutzen oder
3. die Marke oder die geschäftliche Bezeichnung als Hinweis auf die Bestimmung einer Ware, insbesondere als Zubehör oder Ersatzteil, oder einer Dienstleistung zu benutzen, soweit die Benutzung dafür notwendig ist,

sofern die Benutzung nicht gegen die guten Sitten verstößt.

Das LG Bochum und das OLG Hamm haben in der Entscheidung „www.krupp.de" entschieden, daß der Inhaber eines bekannten Firmen-

---

[889] So LG Düsseldorf, Urteil vom 21. Juli 1999 – 34 O 56/99, n.v.; anders: LG Hamburg, Beschluß vom 14. Mai 1997 – 315 O 263/97, n.v. – www.d-online.de
[890] So OLG Hamm, Urteil vom 28. Mai 1998 – 4 U 243/97, NJW-RR 1999, 631 = NJWE-WettbR 1999, 185 – www.pizza-direkt.de.
[891] S. OLG Hamburg, Urteil vom 29. März 2001 – 3 U 256/00, AfP 2002, 226.
[892] So OLG München, Urteil vom 20. Januar 2000 – 29 U 5819/99, MMR 2000, 277.
[893] So OLG Rostock, Urteil vom 16. Februar 2000 – 2 U 5/99, MMR 2001, 128 = K & R 2000, 303.
[894] S. *Lotze*, in: Hasselblatt, MHB Gewerblicher Rechtsschutz, § 28 Rdnrn. 96ff.

schlagwortes aufgrund der Anwendung des gleichnamigen Rechts aus dem Kennzeichenrecht gegenüber dem prioritätsjüngeren Anwender bei Gleichnamigkeit einen Unterlassungsanspruch hat. Der Kaufmann Krupp, dessen Familienname mit dem Firmenschlagwort eines internationalen Konzerns identisch war, hatte daher keine Chance, die Domain zu behalten, die schlichtweg seinen Familiennamen wiedergab. Das Gericht hielt es für zumutbar, daß er seine Internet-Adresse durch Hinzufügen geringfügiger Zusätze, die die ursprüngliche Kennzeichnungskraft nicht aufheben, ändern müsse. Er müsse auf die Internet-Domain verzichten, um eine Verwechslungs- bzw. Verwässerungsgefahr zu vermeiden[895].

Diese Rechtsprechung ist vom LG Hamburg im Hinblick auf den Firmennamen Wolfgang Joop fortentwickelt und bestätigt worden[896]. Die Grundsätze des OLG Hamm sollen jedoch lediglich auf bekannte Marken- oder Unternehmenskennzeichen anwendbar sein, nicht jedoch auf kleine Unternehmen und deren Namen[897]. Nach Auffassung des OLG Hamburg kann sogar das Recht der Gleichnamigen keine Rechtfertigung dafür sein, daß jemand seinen Vornamen als Internet-Domain nutzt, wenn dieser mit einer bekannten Marke identisch ist und die Marke in der Weise verwertet wird, daß deren Unterscheidungs- und Anziehungskraft gleichsam zur Aufmerksamkeitswerbung genutzt wird[898].

Der BGH hat in der Entscheidung „www.shell.de" herausgearbeitet, daß bei mehreren berechtigten Namensträgern für einen Domain-Namen die gebotene Abwägung im allgemeinen dazu führt, daß es mit der Priorität sein Bewenden hat. Nur wenn einer der beiden Namensträger eine überragende Bekanntheit genießt und der Verkehr seinen Internet-Auftritt unter diesem Namen erwartet, der Inhaber der Domain dagegen kein besonderes Interesse gerade an dieser Internet-Adresse dartun kann, kann der Inhaber des Domain-Namens verpflichtet sein, seinem Namen in der Internet-Adresse einen unterscheidende Zusatz hinzuzufügen[899].

Offen bleibt allerdings die Frage, wo die Grenze zwischen kleinen, unbekannten Unternehmen und Unternehmen mit überragender Verkehrsgeltung gezogen werden kann.

---

[895] So OLG Hamm, Urteil vom 13. Januar 1998 – 4 U 135/97, MMR 1998, 214 m. Anm. *Berlit* = CR 1998, 241 m. Anm. *Bettinger* = NJWE-WettbR 1998, 205 = K&R 1998, 216.

[896] So LG Hamburg, Urteil vom 1. August 2000 – 312 O 328/00, MMR 2000, 620ff. m. Anm. *Bottenschein*.

[897] So LG Paderborn, Urteil vom 1. September 1999 – 4 O 228/99, MMR 2000, 49.

[898] So OLG Hamburg, Urteil vom 21. September 2000 – 3 U 89/00, GRUR-RR 2002, 100ff. = MMR 2001, 196 (Ls.) – www.derrick.de.

[899] So BGH, Urteil vom 22. November 2001 – I ZR 138/99, MMR 2002, 382 m. Anm. *Hoeren* = JurPC Web-Dok. 139/2002 = BB 2002, 1137 = CR 2002, 525 – www.shell.de; vgl. dazu: *Foerstl*, CR 2002, 518ff.

3. Wettbewerbsrechtliche Tatbestände

Unter verschiedenen Gesichtspunkten kann die Wahl der Domain sich als wettbewerbwidrig herausstellen. Es kommen insbesondere Ansprüche aus der kleinen und großen Generalklausel, §§ 3, 1 UWG in Betracht.

a) Wettbewerbwidrige Behinderung i.S. des § 1 UWG

Das OLG Hamburg hatte in der Verwendung der Gattungsdomain „www.mitwohnzentrale.de" eine wettbewerbswidrige Behinderung i.S. von § 1 UWG[900] gesehen[901]. In ähnlichen Konstellationen ist von den Tatsachengerichten ebenfalls Unlauterkeit durch Behinderung der unternehmerischen Ausdehnung gesehen worden[902].

Dieser Auffassung ist der BGH nicht gefolgt[903] und hat insbesondere herausgearbeitet, daß die Verwendung eines beschreibenden Begriffs als Domainname aus zwei Gründen zu einer Kanalisierung führen kann: Einerseits ist es denkbar, daß sich ein Teil der Nutzer aus Bequemlichkeit mit dem gefundenen Angebot zufrieden gibt und daher die Suche nicht fortsetzt. Andererseits stellen manche Nutzer die weitere Suche ein, weil sie meinen, die gefundene Website verschaffe ihnen Zugang zum gesamten Angebot. Der Verkehr könne aber bei vielen Domains ohne weiteres erkennen, daß die gefundene Homepage eines Anbieters nicht das gesamte Angebot repräsentiert[904].

Der BGH geht unter Berücksichtigung des Leitbildes eines durchschnittlich informierten und verständigen Verbrauchers[905] davon aus, daß dieser sich bewußt ist, daß seine Suchmethode, unmittelbar ohne Zuhilfenahme einer Suchmaschine eine Domain einzugeben, zu Zufallsergebnissen führt. Verzichtet er dennoch aus Bequemlichkeit auf eine weitere Suche, so liegt darin keine unsachliche Beeinflussung[906].

Es liegt auch kein unlauteres Abfangen von (potentiellen) Kunden vor. Es kann dem Mitbewerber nicht zum Vorwurf gemacht werden, sich um die Kunden der Konkurrenz zu bemühen. Zudem werde nicht auf bereits

---

[900] Vgl. *Viefhues*, MMR Beilage 8/2001, 25 (26); *Jaeger-Lenz*, in: Hasselblatt, MHB Gewerblicher Rechtsschutz, § 28 Rdnr. 68.
[901] So OLG Hamburg, Urteil vom 13. Juli 1999 – 3 U 58/98, CR 1999, 779 = MMR 2000, 40.
[902] S. *Viefhues*, MMR Beilage 8/2001, 25 (27); OLG Dresden, K&R 1999, 133 (136) – www.cyberspace.de; LG Hamburg, MD 2001, 376 – www.dpa-online.de; LG Köln, ZUM-RD 2000, 195 – www.ts-computer.de.
[903] S. BGH, Urteil vom 17. Mai 2001 – I ZR 216/99, BGHZ 148, 1 ff. = MMR 2001, 666 m. Anm. *Hoeren*.
[904] S. BGH, Urteil vom 17. Mai 2001 – I ZR 216/99, BGHZ 148, 1 ff. = MMR 2001, 666 (667).
[905] S. BGH, Urteil vom 20. Oktober 1999 – I ZR 167/97, WRP 2000, 517; BGH, Urteil vom 17. Februar 2000 – I ZR 239/97, WRP 2000, 724.
[906] S. BGH, Urteil vom 17. Mai 2001 – I ZR 216/99, BGHZ 148, 1 ff. = MMR 2001, 666 (668).

§ 3. Werbebeschränkungen aus dem allgemeinen Wettbewerbsrecht

dem Wettbewerber zuzurechnende Kunden in unlauterer Weise eingewirkt. Vielmehr liege – wie bereits das LG Hamburg in einer anderen Sache entschieden hat[907] – ein zulässiges Hinlenken von Kunden vor und nicht etwa ein unzulässiges Ablenken.

Letztlich läßt der BGH auch einen Anspruch aus der Fallgruppe des Vorsprungs durch Rechtsbruch scheitern, da die Vergabe von Domains gerade nicht nach einer bestimmten gesetzlichen Regelung erfolgt, sondern nach dem Prioritätsprinzip und im übrigen auch die Registrierung von Gattungsdomains nicht unter analoger Anwendung von § 8 Abs. 2 Nr. 2 MarkenG nicht wegen eines Freihaltebedürfnisses unzulässig ist[908].

In verschiedenen anderen Verfahren sind Klagen gegen die Inhaber von Gattungsdomains ohne Erfolg geblieben[909]. Dies gilt insbesondere für die Domains:

- www.kulturwerbung.de[910],
- www.stahlguss.de[911],
- www.autovermietung.com[912],
- www.sauna.de[913].

In den folgenden Fällen kam es zu einer Freigabe-Verurteilung:

- www.katholisch.de[914],
- www.hauptbahnhof.de[915],
- www.zivildienst.de[916].

b) Irreführung i.S. des § 3 UWG

Der BGH hat aufgezeigt, daß die Wahl einer Gattungsbezeichnung gegen § 3 UWG unter dem Gesichtspunkt der unzutreffenden Alleinstellungsbehauptung wettbewerbswidrig sein kann. Beim Internetnutzer kann der Eindruck entstehen, der unter der Gattungsdomain gefundenen

---

[907] S. LG Hamburg, Urteil vom 30. Juni 2000 – 416 O 91/00, MMR 2000, 763.
[908] So BGH, Urteil vom 17. Mai 2001 – I ZR 216/99, BGHZ 148, 1 ff. = MMR 2001, 666 (669).
[909] S. *Jaeger-Lenz*, in: Hasselblatt, MHB Gewerblicher Rechtsschutz, § 28 Rdnr. 70.
[910] S. OLG Hamburg, Urteil vom 4. Mai 2000 – 3 U 197/99, K & R 2000, 512 ff. = MMR 2000, 544 ff.
[911] S. OLG Braunschweig, Urteil vom 20. Juli 2000 – 2 U 26/00, CR 2000, 614.
[912] S. LG München I, Urteil vom 24. September 2000 – 4 HK O 13251/00, MMR 2001, 615 m. Anm. *Jung*.
[913] S. OLG Hamm, Urteil vom 2. November 2000 – 4 U 95/00, MMR 2001, m. Anm. *Schröder*.
[914] S. LG Bonn, Urteil vom 12. November 1999 – 7 O 154/99, n.v.
[915] S. LG Köln, Urteil vom 23. September 1999 – 31 O 522/99, MMR 2000, 45 = AfP 2000, 213.
[916] S. LG Köln, Urteil vom 28. Mai 1998 – 15 O 15/98, n.v.

VI. Wettbewerbswidrige Domainwahl 189

Anbieter sei der einzige oder doch der größte Anbieter für die beworbenen Leistung[917]. Die Wahl der Gattungsdomain kann etwa auch dadurch irreführend i.s. des § 3 UWG sein, wenn der dahinter liegende Inhalt der Website durch seine spezifische Gestaltung einen allgemeinen Marktüberblick i.s. eines Portals vorgaukelt und sich dahinter tatsächlich nur ein Anbieter verbirgt[918].

4. Rechtsfolgen

Hat sich herausgestellt, daß die Domain vom Inhaber zu Unrecht konnektiert worden ist, so stellt sich die Frage, ob der Berechtigte lediglich einen Anspruch auf Löschung hat oder ob er von dem Inhaber verlangen kann, daß dieser ihm die Domain überträgt, d.h. gegenüber der DENIC e.G. eine entsprechende Übertragungserklärung abgibt[919].

a) Löschung

Regelmäßig folgt aus den einschlägigen wettbewerbs- und markenrechtlichen Anspruchsgrundlagen die Verpflichtung des Verletzers, sein rechtswidriges Tun für die Zukunft zu unterlassen. Ist der Verletzer zur Unterlassung verurteilt, kann er notfalls über § 890 ZPO zur Unterlassung gezwungen werden. Wer die Unterlassung der Nutzung der Domain schuldet und ggf. dazu verurteilt worden ist, muß umfassend dafür Sorge tragen, daß die Domain bei der DENIC e.G. gelöscht und aus Suchmaschinen[920] ausgetragen wird[921].

Der Schuldner eines gerichtlichen Verbots seiner Website kann sich nach vollständiger Löschung seiner Site grundsätzlich auf eine regelmäßige Aktualisierung der Datenbanken der Suchmaschinen verlassen und muß nicht damit rechnen, daß eine von ihm bereits gelöschte Site sich für längere Zeit weiterhin im Speicher eines dritten Servers befindet und von dort abgerufen werden kann[922]. Die Realität sieht indes oftmals anders aus. Unter „www.google.de" sind bisweilen noch Websites im Archiv abrufbar, die seit Jahren nicht mehr im Netz sind.

Es entspricht der allgemeinen Auffassung, daß der Verletzer den Unterlassungsanspruch jedenfalls dadurch zu erfüllen hat, daß er gegenüber-

---

[917] S. BGH, Urteil vom 17. Mai 2001 – I ZR 216/99, BGHZ 148, 1 ff. = MMR 2001, 666 (669).
[918] S. *Jaeger-Lenz*, in: Hasselblatt, MHB Gewerblicher Rechtsschutz, § 28 Rdnr. 69.
[919] Vgl. *Koch/Leonti*, ITRB 2002, 187 ff.; siehe aus Sicht des schweizerischen Rechts: *Buri*, Die Verwechselbarkeit von Internet Domain Names, S. 236 ff.
[920] Vgl. zur Haftung von Suchmaschinen-Betreibern: LG Frankfurt am Main, Urteil vom 5. September 2001 – 3/12 O 107/01, GRUR-RR 2002, 83 (84).
[921] So LG Berlin, Urteil vom 4. Oktober 1999 – 16 O 84/98, MMR 2000, 495.
[922] S. OLG Hamburg, Beschluß vom 9. September 2002 – 3 W 60/02, CR 2002, 909.

§ 3. Werbebeschränkungen aus dem allgemeinen Wettbewerbsrecht

der Vergabestelle den Verzicht auf die Domain erklärt (Löschungserklärung)[923].

Ist der Schuldner zur Unterlassung verurteilt, so muß er die streitgegenständliche Website sofort vollständig entfernen oder umbenennen. Es reicht nicht aus, lediglich einen Hinweis anzubringen, daß die Seite „vorübergehend" und/oder „wegen Server-Umstellung" nicht erreichbar sei. Durch einen solchen unzutreffenden Hinweis verlasse der Schuldner den Verbotstatbestand nicht und erwecke vielmehr bei den angesprochenen Nutzern den Eindruck und die Erwartung, die vorgefundene Website sei bald wieder aufrufbar. Es ist jedoch im Sinne des Unterlassungsverbotes erforderlich, die Internetseiten vollständig und endgültig aus dem Programm zu nehmen, ohne daß damit jeglicher Hinweis des Schuldners selbst verbunden sein darf. Lediglich der neutrale Hinweis darauf, daß die Seite nicht gefunden wurde, darf bei Eingabe der entsprechenden Domain noch erscheinen[924].

Fraglich und umstritten ist allerdings, wie weit die Verpflichtung des Unterlassungsschuldners geht, die Domain bzw. die inkriminierten Inhalte aus Suchmaschinen auszutragen. Soweit die Aufnahme der Website in eine Suchmaschine nicht vom Unterlassungsschuldner veranlaßt worden ist, trifft ihn auch keine Verpflichtung, eine entsprechende Löschung zu veranlassen[925]. Diese Auffassung ist richtig. Aufgrund der ständig steigenden Anzahl von Suchmaschinen im Internet und deren Leistungskapazität beim Aufspüren von neuen Seiten ist es schlichtweg unmöglich, überhaupt alle Suchmaschinen zu ermitteln. Um so weniger ist es möglich, bei allen Suchmaschinen zu veranlassen, daß die Website dort ausgetragen wird.

Nach Auffassung des OLG Frankfurt am Main ist der titulierte Anspruch, es zu unterlassen, unter einer bestimmten Domain im Internet aufzutreten, sowie gegenüber der DENIC e.G. den Verzicht auf die Domain zu erklären, nach § 888 ZPO vollstreckbar. Daher sei anders als bei § 894 ZPO die Vollstreckung auch vor Rechtskraft des Urteils möglich[926].

Unternimmt der durch Urteil zur Unterlassung der Domainnutzung Verpflichtete keine ausreichenden Bemühungen, umgehend nach Eintritt

---

[923] So BGH, Urteil vom 22. November 2001 – I ZR 138/99, MMR 2002, 382 m. Anm. *Hoeren* = JurPC Web-Dok. 139/2002 = BB 2002, 1137 – www.shell.de; OLG München, Urteil vom 15. November 2001 – 29 U 3769/01, GRUR-RR 2002, 109 (110); OLG Hamburg, Urteil vom 21. September 2000 – 3 U 89/00, GRUR-RR 2002, 100 (104) = MMR 2001, 196 (Ls.) – www.derrick.de. Der BGH (Beschluß vom 5. Juli 2001 – I ZR 242/00, mitgeteilt bei *Nägele*, WRP 2002, 138 [151]) hat die Revision nicht zur Entscheidung angenommen.

[924] So LG Berlin, Beschluß vom 29. Juli 1999 – 16 O 317/99, K&R 2000, 91 – www.fewo-online-direct.de.

[925] So LG Berlin, Beschluß vom 29. Juli 1999 – 16 O 317/99, K&R 2000, 91 – www.fewo-online-direct.de.

[926] So OLG Frankfurt am Main, Teilurteil vom 17. Januar 2002 – 6 U 128/01, MMR 2002, 471 – www.drogerie.de; vgl. auch das Endurteil vom 12. September 2002 – 6 U 128/01, GRUR-RR 2003, 18.

VI. Wettbewerbswidrige Domainwahl

der Rechtskraft die Registrierung der fraglichen Domain und deren Konnektierung mit seiner Homepage zu beenden, so ist auf Antrag gegen ihn ein Ordnungsgeld festzusetzen[927].

b) Übertragung

Der Verletzte ist oftmals nicht nur an einer Löschung interessiert, sondern will sogleich die Domain übertragen bekommen. Dies gilt insbesondere in den Fällen, in denen der Verletzte keinen Dispute-Eintrag veranlaßt hat oder ein Dispute-Eintrag zu Gunsten einer dritten Person eingetragen ist. Bisweilen wird auch die Übertragung im einstweiligen Rechtsschutzverfahren begehrt[928] und auch zugesprochen[929].

Nach Auffassung des OLG München steht dem Berechtigten gegen den Domain-Inhaber ein Anspruch auf Übertragung der Domain Zug um Zug gegen Erstattung der Registrierungskosten zu. Dieser Umschreibungsanspruch ist rechtstechnisch eine Erklärung des Inhabers gegenüber der DENIC e.G., die als Willenserklärung gem. § 890 ZPO auch vollstreckbar ist. Mangels einer gesetzlichen Grundlage für den Übertragungsanspruch argumentiert das OLG München mit patent- und grundbuchrechtlichen Erwägungen[930].

Aus § 8 Abs. 1 Satz 2 PatG folge für den Vindikationsanspruch, daß dann, wenn die Anmeldung bereits zum Patent geführt hat, der Vindikationsberechtigte vom Patentinhaber die Übertragung des Patents verlangen könne. Lediglich ein Verzicht des zu Unrecht Eingetragenen könne für den Erfinder den Verlust der ihm zustehenden Priorität zur Folge haben. Dieser Argumentation des OLG München hält der BGH entgegen, daß es zwar ein absolutes Recht an einer Erfindung, nicht aber ein absolutes Recht an der Registrierung eines bestimmten Domain-Namens gibt[931].

Auch der Grundbuchberichtigungsanspruch aus § 894 BGB geht dahin, daß derjenige, dessen Recht nicht oder nicht richtig eingetragen oder durch die Eintragung einer nicht bestehenden Belastung oder Beschränkung beeinträchtigt ist, die Zustimmung zu der Berichtigung des Grundbuchs von demjenigen verlangen kann, dessen Recht durch die Berichtigung betroffen wird.

---

[927] So OLG Hamm, Beschluß vom 26. März – 4 W 151/01, CR 2002, 752 f.
[928] S. *Rauschhofer*, JurPC Web-Dok. 23/2002; vgl. *Koch/Leonti*, ITRB 2002, 187 (189).
[929] So LG Saarbrücken, Urteil vom 30. Januar 2001 – 7 IV O 97/00, JurPC Web-Dok. 175/2001.
[930] So OLG München, Urteil vom 25. März 1999 – 6 U 4557/98, MMR 1999, 427 = CR 1999, 382 m. Anm. *Hackbarth* = WRP 1999, 955 = BB 1999, 1287 = ZIP 1999, 895 = K&R 1999, 326 – www.shell.de; dagegen: *Fezer*, MarkenG, § 3 Rdnr. 351.
[931] So BGH, Urteil vom 22. November 2001 – I ZR 138/99, MMR 2002, 382 m. Anm. *Hoeren* = JurPC Web-Dok. 139/2002 = BB 2002, 1137 – www.shell.de, im Anschluß an *Ernst*, MMR 1999, 487 (488); *Hackbarth*, CR 1999, 384.

§ 3. Werbebeschränkungen aus dem allgemeinen Wettbewerbsrecht

Das OLG München sieht in der Fallgestaltung der zu Unrecht bei der DENIC e.G. registrierten Domain eine entsprechende Parallele, da die DENIC e.G. das Verzeichnis der vergebenen Domains pflegt und zugleich einzige Vergabestelle für Domains unterhalb der TLD „.de" ist. Im übrigen – so das OLG München – sei die Weigerung des Domain-Inhabers rechtsmißbräuchlich, wenn er trotz Unterlassungsausspruch nicht in die Übertragung der Domain einwilligt. Die Entscheidung des OLG München ist sowohl aufgrund der Begründung als auch aufgrund des Ergebnisses nicht ohne Kritik geblieben. So ist einerseits angeführt worden, daß die Registrierung des Domain-Namens durch die DENIC e.G. keinen öffentlichen Glauben genieße und § 8 PatG einen anderen Schutzzweck habe[932].

Der Übertragungsanspruch könnte sich aber nach den Rechtsgrundsätzen der Geschäftsführung ohne Auftrag (§§ 667, 681, 687 Abs. 2 BGB) ergeben[933]. Wer bewußt eine fremde Kennzeichnung als eigenen Domain-Namen anmelde, führe jedenfalls ein auch fremdes Geschäft. Nach der Rechtsprechung ist derjenige, der eine fremde Marke verletze, zur Herausgabe des Erlangten verpflichtet[934]. Dies müsse entsprechend auch für die Domain gelten, wobei sich der Aufwendungsersatzanspruch des Verletzers für die von ihm verauslagten Registrierungskosten aus §§ 687 Abs. 2, 684 Satz 1 BGB ergeben[935]. Dem hält der BGH entgegen, daß der Eintragung eines Domain-Namens nicht wie ein absolutes Recht einer bestimmten Person zugewiesen ist. Auch wenn einem Zeicheninhaber Ansprüche gegenüber dem Inhaber einer sein Kennzeichenrecht verletzenden Internet-Adresse zustehen, handelt es sich bei der Registrierung nicht unbedingt um sein Geschäft; denn der Domain-Name kann auch die Rechte Dritter verletzen, denen gleichlautende Zeichen zustehen[936].

Nach Auffassung des OLG Hamm geht der Unterlassungsanspruch aber nur so weit, daß der Verletzer seine Sperrfunktion als Inhaber der Domain-Adresse aufgebe. Er sei nicht verpflichtet, dem Verletzten die Domain-Adresse zu verschaffen[937]. Das OLG Hamm stellt darauf ab, daß der unberechtigte Domain-Inhaber lediglich die Beseitigung und Unterlassung schulde. Dies bedeute, daß der Verletzer nur den Störungszustand nicht aufrechterhalten dürfe. Er sei aber nicht verpflichtet, an einer

---

[932] So *Hackbarth*, CR 1999, 384.
[933] So *Kieser*, K&R 2002, 537 (539); *Hackbarth*, CR 1999, 384; LG München I, CR 1997, 479, 481.
[934] Vgl. BGHZ 34, 320 ff.
[935] So *Hackbarth*, CR 1999, 384.
[936] So BGH, Urteil vom 22. November 2001 – I ZR 138/99, MMR 2002, 382 m. Anm. *Hoeren* = JurPC Web-Dok. 139/2002 = BB 2002, 1137 – www.shell.de; a. A. *Kieser*, K&R 2002, 537 ff.
[937] So OLG Hamm, Urteil vom 13. Januar 1998 – 4 U 135/97, MMR 1998, 214 m. Anm. *Berlit* = CR 1998, 241 m. Anm. *Bettinger* = NJWE-WettbR 1998, 205 = K&R 1998, 216.

VI. Wettbewerbswidrige Domainwahl

Verbesserung der Rechtsstellung des Verletzten in namensmäßiger Hinsicht mitzuwirken.

Die Argumentation des OLG Hamm ist angreifbar, da das Gericht zwar einerseits anerkennt, daß dem Berechtigten ein Schadensersatzanspruch zusteht, andererseits daraus aber nicht die Konsequenz zieht, nach § 249 BGB den Verletzer zu verurteilen, den Zustand herzustellen, der ohne das schädigende Ereignis bestünde. Hätte der Verletzer die Domain nicht auf sich angemeldet, so hätte der Verletzte diese bereits vor dem Rechtsstreit für sich anmelden können[938]. Durch die Umschreibung der Domain wird der Berechtigte so gestellt, als hätte der Verletzer die Rechtsverletzung nicht begangen.

Auch nach der Rechtsprechung des LG Hamburg kann über den reinen Löschungsantrag hinaus die Übertragung einer Domain unter den Voraussetzungen des Folgenbeseitigungsanspruchs verlangt werden, wenn allein hierdurch die entstandene Rechtsbeeinträchtigung wieder aufgehoben wird[939]. Da es im vorliegenden Fall um offenkundiges „Domain-Grabbing" ging, argumentierte das Gericht, daß der Folgenbeseitigungsanspruch aus §§ 823 Abs. 2, 1004 BGB mit Erfolg geltend gemacht werden könne. Die Wiederaufhebung der entstandenen Rechtsbeeinträchtigung sei nur durch die Übertragung der Domain auf den Berechtigten möglich, da andernfalls die Gefahr bestehe, daß entweder durch schnelle Veräußerung ein reiner Löschungsanspruch ins Leere gehe oder aber nach Löschung alsbald ein Dritter unbefugt die Domain für sich reserviere oder sich bereits durch eine Zwischenregistrierung gesichert habe[940].

Das OLG Hamburg lehnt ebenfalls einen Übertragungsanspruch ab. Weder ein Rückgriff auf § 8 Abs. 1 Satz 2 PatG noch auf § 894 BGB sei geboten. Es bestehe keine Notwendigkeit, dem Verletzten über einen Beseitigungsanspruch (Löschungsanspruch) hinaus auch einen Anspruch auf Übertragung der streitgegenständlichen Domain zu gewähren. Damit würde ihm mehr zugesprochen als zur Störungsbeseitigung erforderlich ist. Die Regelung des § 8 Abs. 1 Satz 2 PatG sei nicht analogiefähig, da sie die positive Kenntnis von der Person des zur Anmeldung Berechtigten voraussetzt. Gleiches gelte für § 894 BGB, der die Feststellung der Abweichung der Grundbucheintragung von der wirklichen Rechtslage erfordert. Das Markenrecht kenne aber selbst bei Bösgläubigkeit lediglich den Löschungsanspruch aus § 50 Abs. 1 Nr. 4 MarkenG[941].

---

[938] Vgl. zu diesem Gedanken auch: BGH, Urteil vom 22. November 2001 – I ZR 138/99, MMR 2002, 382 m. Anm. *Hoeren* = JurPC Web-Dok. 139/2002 = BB 2002, 1137 – www.shell.de.
[939] So LG Hamburg, Urteil vom 12. Juli 2000 – 315 O 148/00, K & R 2000, 613.
[940] Ähnlich LG Saarbrücken, Urteil vom 30. Januar 2001 – 7 IV O 97/00, JurPC Web-Dok. 175/2001.
[941] So OLG Hamburg, Urteil vom 21. September 2000 – 3 U 89/00, GRUR-RR 2002, 100 (104) = MMR 2001, 196 (Ls.) – www.derrick.de.

194 § *3. Werbebeschränkungen aus dem allgemeinen Wettbewerbsrecht*

Nach alledem ist also mit dem BGH davon auszugehen, daß der Anspruch des Verletzten auf Übertragung der Domain generell abzulehnen ist[942].

Die vorstehenden Gesichtspunkte spielen im übrigen lediglich dann eine Rolle, wenn für die streitgegenständliche Domain kein Dispute-Eintrag veranlaßt worden ist. Ist der Dispute-Eintrag für den Berechtigten verzeichnet, so fällt ihm im Fall der Löschung die Domain zu, ohne daß der Verletzer darauf Einfluß hat[943]. Gleichwohl ist die vorstehende Streitfrage noch von Bedeutung, etwa für die Fälle, in denen ein Dritter einen Dispute-Eintrag veranlaßt hat.

---

[942] So BGH, Urteil vom 22. November 2001 – I ZR 138/99, MMR 2002, 382 m. Anm. *Hoeren* = JurPC Web-Dok. 139/2002 = BB 2002, 1137 – www.shell.de; ebenso: OLG Hamburg, Urteil vom 2. Mai 2002 – 3 U 269/01, MMR 2002, 825 = GRUR-RR 2002, 393; *Naumann*, Präsentationen im Internet als Verstoß gegen §§ 1, 3 UWG, S. 149; *Viefhues*, MMR Beilage 8/2001, 25 (29).

[943] So auch BGH, Urteil vom 22. November 2001 – I ZR 138/99, MMR 2002, 382 m. Anm. *Hoeren* = JurPC Web-Dok. 139/2002 = BB 2002, 1137 – www.shell.de.

§ 4. Werbebeschränkungen aus anderen Bestimmungen

Neben den vorstehend erörterten Bestimmungen aus dem allgemeinen Lauterkeitsrecht können sich Werbebeschränkungen auch aus anderen Bestimmungen ergeben. Im Vordergrund stehen hierbei Ansprüche aus Marken- und Urheberrecht. Es sind aber ebenso Sondervorschriften über das Werberecht bestimmter Produkte zu beachten. Auch öffentlich-rechtliche Normen können Werbebeschränkungen beinhalten. Soweit Werbebeschränkungen sich nicht auf eine bestimmte Art der Werbung oder ein bestimmtes zu bewerbendes Produkt beziehen, sondern auf die Person des Werbenden, etwa Angehörige freier Berufe, wird dies im einzelnen unter § 6 – Sonderwerberecht bestimmter Berufe – erörtert.

I. Urheberrecht

Die Frage des Urheberrechts stellt sich im Internet weniger bei den Fragen des Domain-Rechts, sondern vielmehr bei den Inhalten[944]. Das Verhältnis zwischen Urheber und Verwerter wird durch die Neufassung des Urhebervertragsrechts ab 1. Juli 2002 neu geregelt[945]. Weitere Änderungen ergeben sich durch die „Richtlinie zur Harmonisierung bestimmter Aspekte des Urheberrechts und der verwandten Schutzrechte in der Informationsgesellschaft 2001/29/EG", deren Umsetzung in Deutschland noch aussteht. Das Bundesjustizministerium hatte einen Referentenentwurf vorgelegt, der bis Ende 2002 hätte umgesetzt sein müssen. Wann das Gesetz verabschiedet wird und in Kraft tritt, ist noch nicht abzusehen. Der Entwurf enthält Regelungen zu ephemeren Vervielfältigungen, § 44a UrhG-E, zu Informationsträgern, § 53 UrhG-E, sowie zur Zukunft der Privatkopie[946].

1. Begriff der Schutzfähigkeit

Das deutsche Urheberrecht geht von der Frage aus, welche Werke urheberrechtlich schutzfähig sind. Nach § 1 Urheberrechtsgesetz (UrhG)

---

[944] Vgl. umfassend: *Kröger*, Informationsfreiheit und Urheberrecht, 2002.
[945] S. BGBl. I 2002, S. 1155; vgl. dazu: *Nordemann*, Das neue Urhebervertragsrecht, München, 2002; *Ory*, Neue Rechte für Urheber und Künstler, JurPC Web-Dok, 10/2002; *Ory*, Urheberrecht in der Informationsgesellschaft, JurPC Web-Dok. 126/2002; *Jacobs*, NJW 2002, 1905 ff.
[946] S. *Schulz*, ITRB 2002, 101.

§ 4. Werbebeschränkungen aus anderen Bestimmungen

erstreckt sich der Schutz auf Werke der Literatur, Wissenschaft und Kunst. Der Katalog ist abgeschlossen, so daß Werke, die nicht unter diese Kategorien subsumiert werden können, nicht unter das Urheberrechtsgesetz fallen. Ob neue Werkarten, wie Multimedia-Produkte, eine Änderung des Urheberrechts erfordern, ist eine nicht unberechtigte Frage. Gleichwohl sind entsprechende Diskussionen nicht mehr erforderlich, da Software heute als Werk der Literatur angesehen wird und als Sprachwerk in § 2 Abs. 1 Nr. 1 UrhG aufgenommen worden ist. Probleme stellen sich jedoch bei der Abgrenzung von Einzelfällen, etwa bei der Frage, ob ein Multimedia-Produkt ein filmähnliches Werk, ein Werk der bildenden Kunst oder aber ein Sprachwerk ist[947]. Software ist nicht nur Sprachwerk i.S. von § 2 Abs. 1 Nr. 1 UrhG, sondern umfaßt auch zugleich den Schutz von Schriftfonts[948]. Im übrigen fallen im Internet insbesondere Fotos, Texte, Grafiken und Musik als Werkarten an. Computer-Animationen sind als Werke der bildenden Kunst anzusehen und demnach über § 2 Abs. 1 Nr. 4 UrhG geschützt. Dieser Schutz erstreckt sich auch auf das elektronische Bewegungsgitter der Figur[949].

Das Urheberrecht schützt lediglich die Form eines Werks, d.h. die Art und Weise seiner Zusammenstellung, Strukturierung und Präsentation. Die Idee, die einem Werk zugrunde liegt, ist nicht geschützt und auch nicht schützbar. Je konkreter einzelne Gestaltungselemente aber übernommen worden sind, desto näher ist man einer Urheberrechtsverletzung. Die Grenzziehung zwischen Idee und Form ist fließend und daher in vielen Fällen nicht möglich. Die Entscheidung des Gerichts erfolgt dann vielfach nicht auf der Basis einer präzisen Subsumtion, sondern vielmehr aufgrund einer wertungsmäßigen Entscheidung, ob ein Freihaltebedürfnis besteht, damit die Idee/Form frei genutzt werden kann.

Zu freien Ideen gehören Werbemethoden, wissenschaftliche Lehren sowie sonstige Informationen, die als Allgemeingut anzusehen sind. Show-Formate im Fernsehbereich gelten als Idee und sind damit nicht schutzfähig[950]. Im Softwarebereich bestimmt § 69a Abs. 2 Satz 2 UrhG ausdrücklich, daß Ideen und Grundsätze, auf denen ein Element des Computerprogramms basiert, sowie die den Schnittstellen zugrundeliegenden Grundsätze nicht geschützt sind. Das bedeutet, daß die Verfahren zur Lösung eines Problems und die mathematischen Prinzipien in einem Computerprogramm grundsätzlich nicht vom urheberrechtlichen Schutzumfaßt werden, wobei wiederum die Abgrenzung zu einer geschützten konkreten Ausformulierung dieser Grundsätze äußerst schwierig ist[951].

---

[947] S. *Boehme-Neßler*, CyberLaw, S. 250f.
[948] So LG Köln, Urteil vom 12. Januar 2000 – 28 O 133/97, MMR 2000, 492.
[949] So *Hoeren*, Internetrecht, Oktober 2002, S. 81.
[950] Vgl. OLG München, ZUM 1999, 244; *Litten*, MMR 1998, 412 ff.
[951] So *Hoeren*, Internetrecht, Oktober 2002, S. 81.

Die freie Nutzbarkeit von Ideen führt in gewissen Branchen, die auf Kreativität und Erfolg aufbauen, zu beinahe unlösbaren Problemen. Die Entwicklung einer Werbestrategie bringt oftmals hohe Kosten und hohen Zeitaufwand mit sich. Auch in der schnellebigen Fernsehbranche haben bestimmte Show-Formate lediglich eine kurze Lebenszeit, so daß der Ideen-Lieferant ohne Schutz dasteht, wenn nicht aus anderen Rechtsvorschriften, etwa § 1 UWG in Form der sklavischen Nachahmung, Unterlassungsansprüche bestehen.

Der Schutz nach dem Urheberrecht setzt weiterhin voraus, daß eine gewisse Gestaltungshöhe erreicht ist. Nach § 2 Abs. 2 UrhG sind Werke i.s. des Gesetzes solche, die als persönliche geistige Schöpfung angesehen werden können. Das Gesetz verweist mit dem Erfordernis der „Schöpfung" auf die Gestaltungshöhe, die für jedes Werk im Einzelfall nachgewiesen sein muß. Nicht jedes Werk ist geschützt, sondern nur solche Werke, deren Formgestaltung ein hinreichendes Maß an Kreativität beinhaltet. Schwierigkeiten bereiten Online-Auftritte auch deshalb, weil sie regelmäßig nicht als ganzes Sprach-, Lichtbild- oder Filmwerk eingespielt werden, sondern lediglich kleine Teile davon. So wird bei Musik manchmal lediglich der Sound kopiert, die Melodie hingegen wird nicht übernommen. Allerdings sind Schlagzeugfiguren, Baßläufe oder Keyboard-Einstellungen urheberrechtlich nicht geschützt, da sie nicht melodietragend, sondern lediglich abstrakte Idee ohne konkrete Form seien[952].

Eine Homepage im Internet ist nicht zwingend als urheberrechtlich geschütztes Werk anzusehen[953]. Vielmehr ist darauf abzustellen, ob es sich um eine individuelle Gestaltung handelt[954] und ob eine gewisse Gestaltungshöhe erreicht ist[955]. Dafür soll die Schwelle nach Auffassung der Literatur nicht allzu hoch liegen[956].

2. Rechtsschutz nach dem UrhG

Liegt ein Werk vor, das dem Urheberrecht unterliegt, so stehen dem Urheber eine Reihe von Rechten zu[957]:

---

[952] Vgl. *Wolpert*, UFITA 50 (1967), 769 (770); *Hoeren*, Internetrecht, Oktober 2002, S. 85.
[953] Vgl. umfassend: *Sosnitza*, CR 2001, 693 (695 ff.).
[954] So ÖOGH, Beschluß vom 24. April 2001 – 4 Ob 94/01, GRUR Int. 2002, 349 ff.
[955] Vgl. umfassend: *Sosnitza*, CR 2001, 693 (698).
[956] Soweit es sich nicht um eine ganz banal gestaltete Website handelt, wird dies überwiegend angenommen: *Jaeger-Lenz*, Werberecht, S. 102; *Schack*, Urheberrechtliche Gestaltung von Webseiten unter Einsatz von Links und Frames, MMR 2001, 9 (10 ff.); *Völker/Lührig*, Abwehr unerwünschter Inline-Links, K & R 2000, 20 (23 ff.); vgl. aber auch *Cichon*, Urheberrechte an Webseiten, ZUM 1998, 897 (901).
[957] S. *Gounalakis/Rhode*, Persönlichkeitsschutz im Internet, S. 52 ff.; *Boehme-Neßler*, internetrecht.com, S. 174 ff.

§ 4. Werbebeschränkungen aus anderen Bestimmungen

- das Urheberpersönlichkeitsrecht, §§ 12 ff. UrhG;
- die Verwertungsrechte, §§ 15 ff. UrhG;
- die sonstigen Rechte, §§ 25 ff. UrhG.

Aus dem Urheberpersönlichkeitsrecht, §§ 12 ff. UrhG, folgen[958]:

- das Selbstbestimmungsrecht des Urhebers, § 12 UrhG;
- der Identitätsschutz des Urhebers, § 13 UrhG;
- der Integritätsschutz des Werkes, § 14 UrhG.

a) Identitätsschutz des Urhebers

Das Recht auf Anerkennung der Urheberschaft aus § 13 UrhG führt dazu, daß der Urheber bestimmen kann, ob sein Werk mit einer Urheberbezeichnung zu versehen ist und welche Bezeichnung zu wählen ist. Relevant wird dies etwa dann, wenn ein Designer eine Website gestaltet hat. Grundsätzlich kann er verlangen, daß auf der Website auf seine Urheberschaft hingewiesen wird[959]. Zu einer anderen Wertung käme man nur, wenn man die Auffassung vertritt, die Urheberbezeichnung sei nur bei verkörperten Werken zu fordern[960]. Es gibt im Internet auch keine „Verkehrssitte" oder „Branchenübung", nach der die Autorennennung nicht üblich ist und daher sanktionslos unterbleiben kann. Daher ist es beispielsweise als Verletzung des Urheberpersönlichkeitsrechts anzusehen, wenn Contents kopiert werden („copy and paste") oder fremde Websites in eigene eingebettet werden, ohne dies kenntlich zu machen („Framing")[961].

Das Rechts auf Anerkennung der Urheberschaft ist weiterhin von der elektronischen Presse zu beachten, wobei allerdings die Branchenübung zu beachten ist, daß Nachrichtenmeldungen traditionell ohne Autorenangabe abgedruckt werden[962].

b) Integritätsschutz des Werkes

Der Urheber hat das Recht, Beeinträchtigungen seines Werkes, insbesondere die Entstellung, zu untersagen, § 14 UrhG. Dies gilt uneingeschränkt auch im Internet, wobei hier insbesondere in Betracht kommt

---

[958] S. *Gounalakis/Rhode*, Persönlichkeitsschutz im Internet, S. 52 ff.
[959] Vgl. *Boehme-Neßler*, CyberLaw, S. 236; *Köhler/Arndt*, Recht des Internet, Rdnr. 340; *Gounalakis/Rhode*, Persönlichkeitsschutz im Internet, S. 57.
[960] S. *Gounalakis/Rhode*, Persönlichkeitsschutz im Internet, S. 57.
[961] Vgl. OLG Hamburg, MMR 2001, 533; LG Hamburg, MMR 2000, 761 (762); *Sosnitza*, CR 2001, 693 (701); *Hoffmann*, Beilage zu NJW 14/2001, 5 (31); *Gounalakis/Rhode*, Persönlichkeitsschutz im Internet, S. 58; *Dittrich*, Zur Frage der urheber- und wettbewerbsrechtlichen Zulässigkeit von Hyperlinks, JurPC Web-Dok. 72/2002.
[962] So *Gounalakis/Rhode*, Persönlichkeitsschutz im Internet, S. 57.

die absprachewidrige Verunzierung einer gelieferten Online-Graphik mit grellen Farben oder durch politische Parolen[963]. Umstritten ist, ob ein Eingriff in den Integritätsschutz des Urhebers vorliegt, wenn mit Hilfe eines sog. „Webwashers" Werbung auf einer Homepage vom User unterdrückt und durch eine andere Darstellung ersetzt wird[964]. Weiterhin ist nicht abschließend geklärt, ob die Zurschaustellung an einer dem Künstler nicht genehmen Stelle oder in einem ihm unpassend erscheinenden Kontext ausreicht, den Integritätsschutz zu verletzten. Nur in extremen Konstellationen wird man dies annehmen können, etwa bei der Plazierung von künstlerischen Aktbildern auf einer Pornoseite oder von historischen Gemälden auf der Website von politischen Extremisten[965].

Für den Bereich des Internet keine Rolle spielt indes die Fallgruppe der Werkvernichtung, in der regelmäßig eine persönliche Herabsetzung des Urhebers gesehen wird[966]. Der Designer einer Website oder eines sonstigen in digitaler Form vorliegenden Werkes übergibt regelmäßig an den Verwertungsberechtigten lediglich eine Datei, von der er sich eine Kopie zurückbehält. Vernichtet der Verwertungsberechtigte den ihm überlassenen Datenträger, so liegt darin keine Vernichtung des Werkes, da dieses nach wie vor vorhanden ist.

3. Datenbank i.S. des § 87a UrhG

Besonderen Schutz genießen gem. § 87a UrhG Datenbanken[967]. Dabei will der Gesetzgeber die Investitionen berücksichtigen, die mit dem Aufbau einer solchen Datenbank verbunden sind. Zunächst ist zu prüfen, ob eine Datenbank i.S. des § 87a UrhG vorliegt. Die nach Größe und weiteren Sachgebieten geordneten Inserate eines umfangreichen „Stellenmarktes" in einer Tageszeitung stellen keine Datenbank i.S. des § 87a UrhG dar[968]. Das OLG München hat den Online-Dienst einer Tageszeitung als Datenbank angesehen, wenn dort sämtliche redaktionellen Beiträge abgerufen werden können. Ein Unterlassungsanspruch gegen die Verlinkung („Deep-Link") mit einzelnen Artikeln durch ein Internet-Suchdienst be-

---

[963] S. *Sosnitza*, CR 2001, 693 (701); *Gounalakis/Rhode*, Persönlichkeitsschutz im Internet, S. 61.

[964] Vgl. dazu *Schmittmann*, Bannerwerbung – Rechtsprobleme insbesondere bei kammergebundenen Berufen, MMR 2001, 792 (794f.); *Apel/Steden*, Urheberrechtsverletzungen durch Werbeblocker im Internet?, WRP 2001, 112 ff.

[965] S. *Köhler/Arndt*, Recht des Internet, Rdnr. 340; *Gounalakis/Rhode*, Persönlichkeitsschutz im Internet, S. 63.

[966] S. *Beater*, JuS 2000, 874 (878); *Gounalakis/Rhode*, Persönlichkeitsschutz im Internet, S. 65.

[967] Vgl. *Boehme-Neßler*, CyberLaw, S. 256 ff.

[968] S. OLG München, Urteil vom 9. November 2000 – 6 U 2812/00 = AfP 2001, 301 ff. = GRUR-RR 2001, 228 f. = OLGReport München 2001, 68.

§ 4. Werbebeschränkungen aus anderen Bestimmungen

stand gleichwohl nicht, da nur die Titelzeile sowie ein kurzer Textabschnitt übernommen wurde und damit nur unwesentliche Entnahmen aus der Datenbank getätigt wurden, so daß ein Verstoß gegen §§ 87a, 87b UrhG nicht anzunehmen war[969].

Nach der Rechtsprechung des LG Köln stellt indes die Online-Fahrplanauskunft der Deutschen Bahn AG eine Datenbank i.S. des § 87a UrhG dar. Das Aufrufen der Suchmaske dieser Online-Auskunft, das Starten der Suchabfrage und das anschließende (fern-) mündliche Mitteilen des Suchergebnisses auf Anfrage eines Kunden durch ein anderes Unternehmen stellt eine wiederholte und systematische Verbreitung bzw. öffentliche Wiedergabe von Teilen der Datenbank i.s. des § 87b UrhG dar und ist daher zu untersagen[970].

Liegt keine Datenbank i.s. des § 87a UrhG vor, so ist der Datenbank-Betreiber gleichwohl nicht schutzlos. Wettbewerbswidrig ist es, wenn in einem kostenpflichtigen Offertenblatt veröffentlichte Anzeigen übernommen und ins Internet gestellt werden. Damit werden – unabhängig von dem Schutz durch §§ 87a ff. UrhG – fremde Kundenbeziehungen in unlauterer Weise ausgenutzt[971].

4. Reichweite der Rechteeinräumung

Werden in einer Tageszeitung Fotos von freiberuflich tätigen Pressefotografen zum Abdruck im Printmedium übergeben, so erfaßt diese Rechtseinräumung grundsätzlich nicht auch das Recht zur Nutzung der Fotos auf der Internet-Homepage oder in einem Internet-Archiv der Tageszeitung[972]. Im Verhältnis von Printmedien und deren Darstellung auf einer Internet-Homepage liegt eine deutlich unterscheidbare Art von Datenträgern vor.

Die elektronische Nutzung ist schneller und kostengünstiger, erfordert aber auf Seiten des Nutzers eine erhebliche Sachinvestition, jedenfalls für ein Datenempfangs- und Datenlesegerät. Die gerade von jüngeren Nutzern bevorzugte Form der elektronischen Nutzung erschließt – über die verbesserten Nutzungsmöglichkeiten hinaus – auch neue Nutzerkreise. Dem steht nach Auffassung des Kammergerichts auch nicht entgegen, daß sich die Nutzungsmöglichkeit einer Zeitung auf einer Internet-Homepage möglicherweise erst im Verlauf der Geschäftsbeziehung zwischen Verlag und Fotografen herausgebildet hat. Die Nutzung des Inter-

---

[969] So LG München I, Urteil vom 1. März 2002 – 21 O 9997/01, K&R 2002, 258 (260).
[970] So LG Köln, Urteil vom 8. Mai 2002 – 28 O 180/02, MMR 2002, 689 = JurPC Web-Dok. 166/2002.
[971] S. LG München I, Urteil vom 29. November 2001 – 4 HK O 19285/01, ITRB 2002, 132 (*Rössel*).
[972] So KG, Urteil vom 24. Juli 2001 – 5 U 9427/99, JurPC Web-Dokument 218/2001.

net ist nach Auffassung des OLG Hamburg erst ab 1995 bekannt[973]. Soweit sich nach Abschluß der Nutzungsrechtvereinbarung neue Nutzungsmöglichkeiten zeigen, kann eher von einer miterfaßten bloßen Nutzungsform ausgegangen werden, während im Hinblick auf bekannte Nutzungsmöglichkeiten leichter eine selbständige Nutzungsart anzunehmen sein wird. Dies gelte um so mehr, weil der auf dem Zeitungsmarkt scharfe Konkurrenzkampf den Druck verstärke, schon aus Image-Gründen den Internet-Angeboten der Konkurrenz zu folgen. Im Rahmen des Vertriebs der Printmedien könne die Nutzung der Fotos als bloße Werbemaßnahme für das Printmedium vom Printnutzungsrecht mit umfaßt sein[974].

Wenn allerdings die Internet-Nutzung die Printmedien-Nutzung abzulösen droht, so liegt darin die Vorbereitung eines neuen Geschäftsfeldes und damit das Eröffnen neuer Nutzerkreise oder die Eröffnung weitergehender Nutzungsmöglichkeiten durch die Endverbraucher. Dies alles spricht dafür, daß das Online-Angebot kein digitales Pendant zur Druckausgabe ist, sondern ein eigenständiger Dienst. Demnach liegt auch unter Gesamtabwägung aller maßgeblichen Umstände eine zusätzliche Nutzungsart vor, die zu einer zusätzlichen Vergütung verpflichtet.

Hat ein Fotograf einer Zeitschrift das Recht eingeräumt, eine seiner Fotografien abzudrucken, erstreckt sich diese Nutzungsrechtseinräumung nach der Rechtsprechung des BGH nicht auf eine später erschienene CD-ROM-Ausgabe der Jahrgangsbände der Zeitschrift. Ist die erforderliche Zustimmung zu einer solchen CD-ROM-Ausgabe nicht eingeholt worden, kann der Fotograf mit Hilfe des Unterlassungsanspruchs gegen die ungenehmigte Verwertung seiner Werke oder Leistungen vorgehen. Dem steht nicht der Einwand der unzulässigen Rechtsausübung entgegen, auch wenn der Fotograf aufgrund vertraglicher Treuepflicht bei rechtzeitiger Anfrage verpflichtet gewesen wäre, einer Nutzung seiner Fotografien im Rahmen der CD-ROM-Ausgabe zuzustimmen[975]. Die Bedeutung dieser Entscheidung dürfte jedenfalls für die Zukunft gering sein, da der Wortlaut des § 31 Abs. 5 UrhG inzwischen geändert ist und nunmehr nicht allein auf die Interessen des Urhebers abzustellen ist, sondern auf die Motivation beider Vertragsparteien.

Die Rechtsprechung des BGH dürfte ebenso für den Fall einer Verwertung der Leistungen von Fotografen und Journalisten gelten, die ursprünglich für eine Print-Fassung eingekauft wurden, später aber ins Internet gestellt werden sollen. Hier ist bei Altverträgen die Zustimmung des Autors erforderlich, bei Neuverträgen dürfte es darauf nicht mehr an-

---

[973] So OLG Hamburg, Urteil vom 11. Mai 2000 – 3 U 269/98, n.v.
[974] Vgl. OLG Hamburg, AfP 1987, 691 (692).
[975] So BGH, Urteil vom 5. Juli 2001 – I ZR 311/98, MMR 2002, 231 m. Anm. *Hoeren* und Anm. *Ory* = CR 2002, 365.

§ 4. Werbebeschränkungen aus anderen Bestimmungen

kommen. Die Rechtsfolgen ergeben sich vielmehr auf der Ebene der Vergütung. Der Verlag bzw. Internet-Dienstleister schuldet dem Urheber für die Verbreitung im Internet ein „übliches" Honorar.

II. Heilmittelwerberecht und Heilmittelhandelsrecht

Weitere Werbebeschränkungen ergeben sich aus dem Heilmittelwerberecht und dem Arzneimittelhandelsrecht.

1. Heilmittelwerbegesetz (HWG)

Das HWG vom 11. Juli 1965[976] ist aus der Heilmittelwerbeverordnung vom 29. September 1941[977] hervorgegangen[978]. Das Gesetz entstand aus der Überlegung heraus[979], daß der Laie Güte und Wirkungen eines Arzneimittels kaum beurteilen kann, außerdem als kranker Mensch oftmals in einer psychischen Notlage ist und daher besonders leicht Opfer irreführender oder übertriebener Arzneimittelwerbung wird[980]. Das HWG steht sowohl mit seinem Adressatenkreis[981] als auch in seinem Regelungsgehalt neben den berufsrechtlichen Bestimmungen, da Verstöße gegen das HWG von jedermann, also auch Versandhändler, Krankenhäusern und Klinken, begangen werden können[982].

Dabei zeigen sich in der letzten Zeit gewisse Liberalisierungstendenzen: Nach der Rechtsprechung des OLG München kann Kliniken im Hinblick auf das HWG nicht untersagt werden, eine Broschüre zu verbreiten, in der u.a. die technischen und medizinischen Möglichkeiten der Klinik vorgestellt wurden. Die streitgegenständliche Broschüre wurde anläßlich des 10jährigen Bestehens der Klinik aufgelegt und enthielt neben Grußworten von Politikern auch eine Darstellung des Therapieangebotes der Klinik. Darin sah das Gericht aber keine Absatzwerbung, sondern allein Unternehmenswerbung, die nicht am Maßstab des HWG zu messen sei[983].

Die Abgrenzung zwischen Absatzwerbung, also Werbung im klassischen Sinne, und Image- bzw. Unternehmenswerbung ist fließend, so daß

---

[976] S. BGBl. I, S. 604 ff.
[977] S. RGBl. I, S. 587 ff.
[978] Vgl. *Simon/Schmittmann*, MedR 2001, 228 (229) *Mand*, MMR 2003, 77 (78 f.).
[979] Vgl. Ekey/Klippel/Kotthoff/Meckel/Plaß-*Kotthoff*, Wettbewerbsrecht, § 1 UWG Rdnr. 624.
[980] So Bundesfachverband der Heilmittelindustrie e.V., HWG – Kommentar, 1966, S. 22 f.
[981] S. *Bülow/Ring*, § 1 Rdnr. 10.
[982] S. *Bülow/Ring*, § 1 Rdnr. 11.
[983] S. OLG München, Urteil vom 15. Juli 1999 – 29 U 2265/99, ArztRecht 2000, 248 (249).

auch das Krankenhaus, das Imagewerbung einsetzen will, sich mit dem Vorwurf konfrontiert sieht, es handele sich um Absatzwerbung. Die Schwelle zur Absatzwerbung dürfte jedenfalls dann überschritten sein, wenn bestimmte Therapien oder bestimmte Formen der Diagnose genannt werden. Das HWG findet Anwendung auf die Werbung für Arzneimittel, andere Mittel, Verfahren, Behandlungen und Gegenstände, soweit sich die Werbeaussage auf die Erkennung, Beseitigung oder Linderung von Krankheiten, Leiden, Körperschäden oder krankhaften Beschwerden bei Mensch oder Tier bezieht, § 1 Abs. 1 HWG. Das HWG differenziert zwischen Publikumswerbung und Fachwerbung[984].

a) Publikumswerbung

Im Rahmen der Publikumswerbung, auf die die Präsentation im Internet häufig in erster Linie abzielt, erhalten §§ 11, 12 HWG eine besondere Bedeutung. § 11 HWG regelt das Verbot der Öffentlichkeitswerbung außerhalb der Fachkreise. Ein Verstoß gegen diese Vorschrift stellt gem. § 15 Abs. 1 Nr. 7 HWG einen Ordnungswidrigkeitstatbestand dar, der in Einzelfällen mit einer Geldbuße von bis zu 25.000,00 € geahndet werden kann. Es ist auch verboten, sich mit den – im Katalog des § 11 HWG aufgeführten – Werbemethoden zu präsentieren. Die nachfolgenden Ausführungen sollen nur die offenkundigsten Verstöße aufzeigen, da sich zu § 11 HWG eine umfangreiche Kasuistik herausgebildet hat.

Bei der Präsentation auf der Homepage ist zum Beispiel darauf zu achten, daß nach § 11 Nr. 4 HWG nicht mit der bildlichen Darstellung von Personen in Berufskleidung oder bei der Ausübung ihrer Tätigkeit geworben werden darf[985]. Unschädlich ist jedoch die Abbildung typischer Räumlichkeiten des Arztes oder von Arbeitsmitteln der Heilberufe, etwa Reagenzglas oder Stethoskop, da darin keine Bezugnahme auf eine konkrete Person des Heilberufs liegt[986].

Beispiel:
Der standesgemäß im weißen Kittel auf der Homepage des Krankenhauses abgebildete Arzt[987], unter dessen Foto sich noch eine plakative Aussage wiederfindet, etwa „Unser erfahrenes Team hilft täglich von 08.00 Uhr – 18.00 Uhr" dürfte ohne weiteres einen Verstoß gegen § 11 Nr. 4 HWG darstellen.

Eine Werbung mit „vorher/nachher"-Vergleichen von kranken und gesunden Körperteilen oder –zuständen wird ebenfalls nach § 11 Nr. 5 lit. b) HWG für den Bereich der Publikumswerbung untersagt, da eine unsach-

---

[984] S. Kaminski/Henßler/Kolaschnik/Papathoma-Baetge-*Henßler*, Rechtshandbuch E-Business, S. 1069f.
[985] So zuletzt: BGH, Urteil vom 26. Oktober 2000 – I ZR 180/98, n.v.; vgl. auch *Ratzel/Lippert*, § 28 MBO Rdnr. 9.
[986] So *Bülow/Ring*, § 11 Nr. 4 Rdnr. 7.
[987] S. OLG Karlsruhe, Urteil vom 16. April 1981 = ES-HWG § 11 Nr. 4 (Nr. 4).

§ 4. Werbebeschränkungen aus anderen Bestimmungen

liche Beeinflussung und die Gefahr der Irreführung nicht auszuschließen ist[988]. Dies ergibt sich daraus, daß gerade bildliche Darstellungen besonders intensive Eindrücke beim Betrachter hinterlassen und generell dazu geeignet sind, diesen dazu zu verleiten, dargestellte Krankheitsbilder auf die eigenen Beschwerden zu beziehen – auch wenn die Selbstdiagnose gar nicht zutreffend ist. Daher ist es einem Krankenhaus untersagt, auf seiner Homepage vergleichende bildliche Darstellungen des Körperzustands von Patienten vor und nach der Anwendung zu zeigen.

Nach § 11 Nr. 7 HWG ist es unzulässig, eine Werbeaussage zu verbreiten, die geeignet ist, Angstgefühle hervorzurufen oder auszunutzen. Eine solche Angst erzeugt beispielsweise, wer mit dem Slogan „Ist auch Ihr Herz gefährdet?" für ein Herzmittel wirbt[989]. Der Mensch ist ohnehin anfällig für Gesundheits- und Lebensgefährdungssorgen, so daß eine Werbung mit Angst zu einem irrationalen Arzneimittelkonsum führen kann.

Beispiel:
Auf der Website eines Krankenhauses wird vor bestimmten gesundheitlichen Gefahren in einer Weise gewarnt, die den Eindruck erweckt, eine unterlassene – durch das informierende Krankenhaus vorzunehmende – Behandlung verschlechtere den Gesundheitszustand des Betrachters.

Auch die offene Einrichtung von Gästebüchern[990], die der Präsentation von Dankes-, Anerkennungs- und Empfehlungsschreiben dienen, ist nach § 11 Nr. 11 HWG verboten[991]. Aufgrund der fehlenden Unbefangenheit und Neutralität dieser Einträge besteht die Gefahr der Irreführung[992]. Es wird in diesem Zusammenhang weiter vermutet, daß positive Äußerungen und Erfahrungsberichte – scheinbar unabhängiger Dritter – suggestiv wirken könnten. Somit ist von einer Einrichtung eines Gästebuchs etc. auf der Homepage in jedem Fall Abstand zu nehmen. Art. 5 der Richtlinie 92/28/EWG steht dem Verbot, außerhalb der Fachkreise für Arzneimittel mit Äußerungen Dritter zu werben, nicht entgegen, da dort nur Mindestanforderungen für die Werbung festgelegt werden[993].

---

[988] S. *Bülow/Ring*, § 11 Nr. 5b) Rdnr. 1.

[989] S. OLG Karlsruhe, Urteil vom 20. Dezember 1990 – 4 U 201/89, WRP 1991, 331 ff.

[990] Vgl. zu Gästebüchern und anderen unzulässigen Gestaltungen auf Websites von Zahnärzten: OLG Koblenz, Urteil vom 13. Februar 1997 – 6 U 1500/96, ZIP 1997, 377 ff. = Stbg 1997, 175 ff. = WRP 1997, 478 ff. = ZUM 1997, 483 ff. = CR 1997, 343 ff. = NJW 1997, 1932 ff. = MedR 1998, 29 ff. = OLGR Koblenz 1997, 2 ff. = WiB 1997, 326 = NJWE-WettbR 1997, 200 = GI 1997, 228 f. = AfP 1997, 757 = MedR 1997, 219, m. Anm. *Heinrich*, MedR 1998, 32 ff. = ZIP 1997, 381 f. m. Anm. *Ring* = WiB 1997, 297 ff. m. Anm. *Westerwelle*.

[991] Allein nach Auffassung von Hoeren/Sieber-*Marwitz*, Handbuch Multimedia-Recht, Kap. 11.2 Rdnr. 290, soll die Einrichtung eines Gästebuchs zulässig sein. Offenkundig ist aber dort kein von Dritten einsehbares Gästebuch gemeint, sondern die Möglichkeit, eine Nachricht zuzusenden.

[992] S. *Bülow/Ring*, § 11 Nr. 11 Rdnr. 1.

[993] So OLG Hamburg, Urteil vom 21. Februar 2002 – 3 U 331/01, GRUR-RR 2002, 363.

II. Heilmittelwerberecht und Heilmittelhandelsrecht

Die Regelung des § 11 Nr. 12 HWG verbietet sämtliche Werbemaßnahmen, die sich an Kinder unter 14 Jahren richten. Diese Zielgruppe sollte in keiner Weise in die Internetwerbung eingebunden werden.

Vor der Einrichtung von Preisausschreiben, Verlosungen oder Gewinnspielen kann im Hinblick auf § 11 Nr. 13 HWG ebenfalls nur gewarnt werden. Der Gesetzgeber wollte jede Form der aleatorischen Werbung einen Riegel vorschieben, da sie einer kritiklosen Verwendung von Arzneimitteln Vorschuß leistet, was im Interesse der Volksgesundheit abzulehnen ist[994].

Nach der aus sich selbst heraus verständlichen Regelung des § 12 Abs. 2 HWG ist eine Werbung für die Erkennung, Beseitigung oder Linderung von Krankheiten nicht zulässig. Zweifellos darf ein Arzt an einer solchen Werbung nicht mitwirken[995].

b) Fachwerbung

Die vorstehenden Bestimmungen gelten nicht für Fachwerbung gegenüber Ärzten. Diese Fachwerbung ist nur dem Fachpublikum vorbehalten. Im Internet kann eine derartige Einschränkung dadurch gelöst werden, daß vor Abruf einer Fachinformation eine spezielle Registration der Interessenten erfolgt[996]. Ähnliches gilt für medizinische News-Groups[997].

In derart geschlossenen Netzen, die nur dem Fachpublikum offenstehen, darf umfassend über das Leistungsangebot informiert werden.

Wie auch in den übrigen Bereichen des Wettbewerbsrechts stellt sich zunächst die Frage, ob Werbung i.S. von § 1 Abs. 1 HWG vorliegt, also Werbung für ein Arzneimittel oder ein bestimmtes Verfahren, oder ob es sich lediglich um Imagewerbung handelt. In der Nennung eines Arzneimittels in der Imagewerbung für ein pharmazeutisches Unternehmen kann von dem Werbeadressaten regelmäßig ein zu der Absatzförderung geeignetes und dienendes Mittel verstanden werden[998]. Dagegen ist eine bloße Imagewerbung gegeben, wenn in einem Werbespot der Firmenname, auch wenn er Bestandteil der Bezeichnung der beworbenen Mittel ist, genannt wird, ohne daß es ein Arzneimittel allein mit dieser Bezeichnung gibt[999].

Erinnerungswerbung liegt vor, soweit sie sich darauf beschränkt, die Erinnerung an den Namen des Herstellers oder dessen Erzeugnisses ohne

---

[994] Vgl. Bundestagsdrucksache IV/1867, S. 8; ebenso *Bülow/Ring*, § 11 Nr. 13 Rdnr. 2.
[995] So *Ratzel/Lippert*, § 28 MBO Rdnr. 9.
[996] Dies erfordert die Einrichtung eines Paßworts oder eines vergleichbaren Hindernisses, vgl. OLG Zweibrücken, Urteil vom 13. Dezember 2001 – 4 U 68/01, MMR 2002, 700 (Ls.).
[997] S. Hoeren/Sieber-*Marwitz*, Handbuch Multimedia-Recht, Kap. 11.2 Rdnr. 299.
[998] So BGH, NJW 1983, 2634.
[999] So BGH, PharmaR 1995, 121; vgl. auch BGH, GRUR 1992, 873 m. Anm. *Doepner*, WRP 1993, 445.

Sachangaben bei den Interessenten wachzuhalten. Die Erinnerungswerbung ist ebenso wie die Imagewerbung vom Geltungsbereich des § 1 Abs. 1 HWG nicht umfaßt[1000].

Einen Fall der Imagewerbung sah das OLG München in einer Broschüre einer Klinik, in der u.a. die technischen und medizinischen Möglichkeiten der Klinik vorgestellt werden. Die streitgegenständliche Broschüre wurde anläßlich des zehnjährigen Bestehens der Klinik aufgelegt und enthielt neben Grußworten von Politikern auch eine Darstellung des Therapieangebots der Klinik[1001].

Die Abgrenzung zwischen Absatzwerbung, also Werbung im klassischen Sinne, und Image- oder Unternehmenswerbung ist auch im Bereich des Arzneimittel-Werberechts fließend, so daß hier stets eine saubere Abgrenzung erforderlich ist.

Unzulässig ist in jedem Fall eine irreführende Werbung, § 3 Satz 1 HWG. Eine Irreführung liegt insbesondere dann vor,

1. wenn Arzneimittel, Verfahren, Behandlungen, Gegenständen oder anderen Mitteln eine therapeutische Wirksamkeit oder Wirkungen beigelegt werden, die sie nicht haben,
2. wenn fälschlich der Eindruck erweckt wird, daß ein Erfolg mit Sicherheit erwartet werden kann, bei bestimmungsgemäßem oder längerem Gebrauch keine schädlichen Wirkungen eintreten, die Werbung nicht zu Zwecken des Wettbewerbs veranstaltet wird,
3. wenn unwahre oder zur Täuschung geeignete Angaben über die Zusammensetzung oder Beschaffenheit von Arzneimitteln, Gegenständen oder anderen Mitteln oder über die Art und Weise der Verfahren oder Behandlungen oder über die Person, Vorbildung, Befähigung oder Erfolge des Herstellers, Erfinders oder der für sie tätigen oder tätig gewesenen Personen gemacht werden.

Das Verbot der irreführenden Werbung auf dem Gebiet des Heilwesens bezweckt in erster Linie die Abwehr gesundheitlicher Gefahren von der Allgemeinheit und dem Einzelnen. Infolge ihrer Breitenwirkung und da die angesprochenen Bevölkerungskreise die Richtigkeit der Werbeangaben meist nicht nachprüfen können, bringt die irreführende Werbung erfahrungsgemäß solche Gefahren mit sich. Dabei ist nicht so sehr an die Gefahren zu denken, die der Gesundheit durch die falsche und unkontrollierte Anwendung schädlicher Mittel drohen, als an die Gefahr, daß wirklich Kranke sich von der Anwendung wirkungsloser Mittel Heilung

---

[1000] S. Kaminski/Henßler/Kolaschnik/Papathoma-Baetge-*Henßler*, Rechtshandbuch E-Business, S. 1068f.
[1001] S. OLG München, Urteil vom 15. Juli 1999 – 29 U 2265/99, ArztRecht 2000, 248 (249).

oder Linderung versprechen und es versäumen, sich rechtzeitig sachkundiger Behandlung zu unterziehen[1002].

Irreführend ist beispielsweise eine Werbeaussage, die den Eindruck erweckt, das Mittel heile die angesprochene Erkrankung, wenn es nur zur Bekämpfung ihrer Symptome, nicht auch ihrer Ursachen geeignet ist[1003]. Auch die Werbung „Hypergripp gegen Erkältungsviren" ist irreführend, wenn das Mittel nur die körpereigenen Abwehrkräfte stützt[1004].

Abzugrenzen ist irreführende Werbung i.S. von §3 HWG mit offensichtlich marktschreierischer Reklame, die nur ungewöhnlich leichtgläubige oder einfältige Leute irrezuführen geeignet ist. Offensichtlich marktschreierische Reklame, die dann anzunehmen ist, wenn der Sinn der Mitteilung im Hinblick auf die „knallige Überschrift" nicht mehr erkennbar ist, wird erst dann die Schwelle zu §3 UWG überschreiten, wenn der Slogan im Widerspruch zu kaum gelesenen, kleingedruckten Erläuterungen steht[1005].

Der Maßstab der Irreführung kann nach Auffassung des OLG Düsseldorf nach Land- und Stadtbevölkerung verschieden sein[1006]. Dies ist im Hinblick darauf, daß die Massenmedien und insbesondere das Internet zwischen Stadt- und Landbevölkerung keine Unterscheidung treffen, mehr als zweifelhaft. Gerade im Internet dürfte anzunehmen sein, daß hier die Bevölkerung unabhängig von ihrem Wohnsitz den gleichen Informationsstand hat. Bei der Werbung für Heilmittel im Internet dürfte daher nach dem allgemeinen Verbraucherleitbild zu entscheiden sein, so daß der Anbieter alle nicht völlig entfernt liegenden Möglichkeiten einer Irreführung vermeiden sollte.

Unzulässig ist gem. §3a HWG[1007] eine Werbung für Arzneimittel, die der Pflicht zur Zulassung unterliegen und die nicht nach den arzneimittelrechtlichen Vorschriften zugelassen sind oder als zugelassen gelten. Die Vorschrift aus §3a HWG beruht auf der Richtlinie 92/28/EWG und betrifft im wesentlichen Fertig-Arzneimittel i.S. von §21 AMG, die der Zulassung unterliegen. Als zugelassen gelten auch in anderen Staaten zugelassene Arzneimittel unter der Voraussetzung von §37 AMG.

Von grundlegender Bedeutung für die Werbung für Arzneimittel und Verfahren ist der Katalog der Pflichtangaben aus §4 Abs. 1 HWG. Jede Werbung für Arzneimittel muß folgende Angaben enthalten:

[1002] So BGHSt 5, 12 = NJW 1953, 1802; BVerwG, NJW 1954, 1133.
[1003] So BGHZ 86, 277 = NJW 1983, 2087 – Grippewerbung.
[1004] So OLG Hamburg, PharmaR 1999, 20.
[1005] So *Pelchen*, §3 HWG Rdnr. 6.
[1006] So OLG Düsseldorf, PharmaR 1992, 146 (148).
[1007] Vgl. umfassend: *Sander*, Der Vertrieb von Arzneimitteln über das Internet, Eschborn, 2002; *Meyer*, E-Commerce mit Arzneimitteln, S. 39 ff.

§ 4. Werbebeschränkungen aus anderen Bestimmungen

1. den Namen oder die Firma und den Sitz des pharmazeutischen Unternehmers,
2. die Bezeichnung des Arzneimittels,
3. die Zusammensetzung des Arzneimittels gem. § 11 Abs. 1 Satz 1 Nr. 2 AMG,
4. die Anwendungsgebiete,
5. die Gegenanzeigen,
6. die Nebenwirkungen,
7. Warnhinweise, soweit sie für die Kennzeichnung der Behältnisse und äußeren Umhüllungen vorgeschrieben sind,
7a. bei Arzneimitteln, die nur auf ärztliche, zahnärztliche oder tierärztliche Verschreibung abgegeben werden dürfen, den Hinweis „verschreibungspflichtig",
8. die Wartezeit bei Arzneimitteln, die zur Anwendung bei Tieren bestimmt sind, die der Gewinnung von Lebensmitteln dienen.

Die in § 4 Abs. 1 HWG genannten Pflichtangaben treten bei der Werbung für Arzneimittel neben ggf. aus anderen Gesetzen bestehende Informationspflichten, etwa nach dem TDG, dem TDDG und der BGB-InfoV. Sie gelten also für jede Werbung, die in Rundfunk, Fernsehen oder Internet verbreitet wird. Gemäß § 4 Abs. 3 HWG ist bei einer Werbung außerhalb der Fachkreise der Text „Zu Risiken und Nebenwirkungen lesen Sie die Packungsbeilage und fragen Sie Ihren Arzt oder Apotheker" gut lesbar und von den übrigen Werbeaussagen deutlich abgesetzt und abgegrenzt anzugeben. Dies gilt uneingeschränkt auch für das Angebot von Arzneimitteln im Internet. Die Erreichbarkeit der Pflichtangaben ist bei Werbung im Internet nicht gegeben, wenn für den Werbeadressaten mehrere Schritte erforderlich sind, um zu den Pflichtangaben zu gelangen[1008]. Ebenso reicht es nicht aus, wenn die Informationen nur über einen Link „Kontakt" zu erreichen und dort unter der Überschrift „Impressum" angeführt sind[1009].

Aus § 6 HWG erfolgt das Verbot mit Werbung oder Zeugnissen. Unzulässig ist danach eine Werbung, wenn

1. Gutachten oder Zeugnisse veröffentlicht oder erwähnt werden, die nicht von wissenschaftlich oder fachlich hierzu berufenen Personen erstattet worden sind und nicht die Angaben des Namens, Berufes und Wohnortes des Gutachters oder Ausstellers des Zeugnisses sowie den Zeitpunkt der Ausstellung des Gutachtens oder Zeugnisses enthalten,
2. auf wissenschaftliche, fachliche oder sonstige Veröffentlichungen Bezug genommen wird, ohne daß aus der Werbung hervorgeht, ob die

---

[1008] So OLG München, Urteil vom 7. März 2002 – 29 U 5688/01, MMR 2002, 463 = GRUR-RR 2002, 206 = CR 2002, 445 = ITRB 2002, 157 (*Schmiedel*).
[1009] So OLG Karlsruhe, Urteil vom 27. März 2002 – 6 U 200/01, WRP 2002, 849ff. = ITRB 2002, 200 (*Günther*).

II. Heilmittelwerberecht und Heilmittelhandelsrecht

Veröffentlichung das Arzneimittel, das Verfahren, die Behandlung, den Gegenstand oder ein anderes Mittel selbst betrifft, für die geworben wird, und ohne daß der Name des Verfassers, der Zeitpunkt der Veröffentlichung und die Fundstelle genannt werden,
3. aus der Fachliteratur entnommene Zitate, Tabellen oder sonstige Darstellungen nicht wortgetreu übernommen werden.

Die Vorschrift von § 6 HWG hat außerhalb der Fachwerbung keine Bedeutung, da außerhalb der Fachkreise die Werbung mit Gutachten, Zeugnissen und Veröffentlichungen gem. § 11 Abs. 1 HWG überhaupt verboten ist. Die Werbewirkung von Gutachten und sonstigen fachlichen Äußerungen ist erfahrungsgemäß groß. Daher will die Vorschrift vor unseriöser Werbung schützen. Um den Schutz sicherzustellen, ist den Anforderungen von § 6 HWG nicht allein damit Genüge getan, wenn etwaige Studienergebnisse bei den Zulassungsbehörden oder dem pharmazeutischen Unternehmen abgerufen werden können. Verlangt wird vielmehr die unmittelbare Angabe der in § 6 HWG aufgeführten Daten[1010].

Darüber hinaus ist es gem. § 7 Abs. 1 HWG unzulässig, Zuwendungen und sonstige Werbegaben (Waren oder Leistungen) anzubieten, anzukündigen oder zu gewähren, es sei denn, daß es sich um Gegenstände von geringem Wert, die durch eine dauerhafte und deutlich sichtbare Bezeichnung des Werbenden oder des Arzneimittels oder beider gekennzeichnet sind, um geringwertige Kleinigkeiten oder um Werbegaben handelt, die als Zugaben zulässig wären. Werbegaben für Angehörige der Heilberufe sind nur dann zulässig, wenn sie zur Verwendung in der ärztlichen, tierärztlichen oder pharmazeutischen Praxis bestimmt sind.

Gemäß § 8 Abs. 1 HWG ist eine Werbung unzulässig, die darauf hinwirkt, Arzneimittel, deren Abgabe den Apotheken vorbehalten ist, im Wege des Versandes zu beziehen[1011]. Dieses Verbot gilt nicht für eine Werbung, die sich auf die Abgabe von Arzneimitteln in den Fällen von § 47 AMG bezieht. Die Vorschrift des § 47 AMG betrifft das sog. „Großhandelsprivileg". Es enthält eine Durchbrechung des grundsätzlich den Apotheken vorbehaltenen Rechts zur unmittelbaren Arzneimittelabgabe (§ 43 AMG), die den neuzeitlichen Vertriebswegen der Arzneimittel-Industrie Rechnung trägt, ihnen aber zugleich auch Grenzen setzt. So bietet § 47 Abs. 1 AMG pharmazeutischen Unternehmern und Großhändlern die Möglichkeit, Arzneimittel, deren Abgabe den Apotheken vorbehalten ist, außer von Apotheken an andere pharmazeutische Unternehmer und Großhändler, Krankenhäuser, Gesundheitsämter und Ärzte sowie son-

---

[1010] So OLG Hamburg, Urteil vom 27. Juni 2002 – 3 U 136/00, GRUR-RR 2002, 365.
[1011] S. umfassend: *Meyer*, E-Commerce mit Arzneimitteln; *Ernst*, WRP 2001, 893 ff.; *Schuster/Müller/Drewes*, MMR Beilage 3/2002, 1 (12); LG Frankfurt am Main, Urteil vom 10. August 2001 – 3/12 O 96/01, GRUR-RR 2002, 81 (82).

stige Institutionen unter den Voraussetzungen des § 47 AMG abzugeben. Unzulässig ist gem. § 8 Abs. 2 HWG ferner die Werbung, Arzneimittel im Wege des Teleshopping oder bestimmte Arzneimittel im Wege der Einzeleinfuhr nach § 73 Abs. 2 Nr. 6a oder 73 Abs. 3 AMG zu beziehen.

Das Verbot der Arzneimittel-Einfuhr im Wege des Teleshopping folgt in Umsetzung der EG-Richtlinie 97/37/EG[1012] und betrifft alle Arzneimittel, nicht nur diejenigen, die nach der Richtlinie einer Genehmigung bedürfen. Nach der Richtlinie sind unter Sendungen direkte Angebote an die Öffentlichkeit für den Absatz von Waren oder die Erbringung von Dienstleistungen, einschließlich unbeweglicher Sachen, Rechte und Verpflichtungen gegen Entgelt zu verstehen. Das Verbot aus § 8 Abs. 2 HWG betrifft daher sämtliche Rundfunk- und Fernsehsendungen sowie jegliche Form der Internetpräsentation[1013].

c) Heilmittelwerbung und Internet

Ob eine ausländische Apotheke mit ihrem über Internet verbreiteten Angebot, in Deutschland nicht zugelassene Arzneimittel nach Deutschland zu liefern, gegen § 8 Abs. 2 HWG verstößt, ist streitig[1014]. Nach der Rechtsprechung des OLG Frankfurt verstößt eine niederländische Apotheke mit ihrem über Internet verbreiteten Angebot, in Deutschland nicht zugelassene Arzneimittel nach Deutschland zu liefern, gegen das Verbot aus § 8 Abs. 2 HWG[1015]. Handelt es sich demgegenüber um zugelassene Arzneimittel, so verstößt die niederländische Apotheke mit Angebot und Verkauf im Wege des Versandes gegen § 43 Abs. 1 AMG und § 8 Abs. 1 HWG[1016].

Nach der Rechtsprechung des OLG Frankfurt am Main sind die Werbeverbote aus § 8 HWG und das Versandhandelsverbot aus § 43 AMG mit europäischem Recht vereinbar, auch sofern hiervon die Einfuhr aus einem anderen Mitgliedstaat betroffen ist[1017]. Dieser Auffassung folgt auch das Kammergericht und ergänzt insoweit, daß der Versandhandel auch nicht ausnahmsweise gem. § 73 Abs. 2 Nr. 6a AMG erlaubt ist. Ein „Beziehen" von Arzneimitteln i. S. dieser Vorschrift erfordert einen Kauf der Arzneimittel unter persönlicher Anwesenheit in der Apotheke in dem anderen

---

[1012] S. ABl. EG Nr. L 202, 60.
[1013] So auch: *Meyer*, E-Commerce mit Arzneimitteln, S. 55.
[1014] Vgl. grundlegend: *Meyer*, E-Commerce mit Arzneimitteln, S. 13 ff.
[1015] Ebenso LG Frankfurt am Main, Urteil vom 10. August 2001 – 3/12 O 96/01, GRUR-RR 2002, 81 (82).
[1016] S. OLG Frankfurt am Main, Urteil vom 31. Mai 2001 – 6 U 240/00, MMR 2001, 751 m. Anm. *Mankowski* = K & R 2001, 646 = GRUR-RR 2001, 250 = NJW-RR 2001, 1408 = WRP 2001, 951 = ZIP 2001, 1164 = MDR 2001, 1006 = GRUR Int. 2001, 771.
[1017] S. OLG Frankfurt am Main, Urteil vom 31. Mai 2001 – 6 U 240/00, MMR 2001, 751 m. Anm. *Mankowski* = K & R 2001, 646 = GRUR-RR 2001, 250 = NJW-RR 2001, 1408 = WRP 2001, 951 = ZIP 2001, 1164 = MDR 2001, 1006 = GRUR Int. 2001, 771; ebenso: *Meyer*, E-Commerce mit Arzneimitteln, S. 17 ff.

II. Heilmittelwerberecht und Heilmittelhandelsrecht

Mitgliedstaat, auch wenn die Ware dann im Versandwege importiert wird[1018]. Die Bestimmung des §73 Abs. 2 Nr. 6a AMG hebt das Verbringungsverbot aus §73 Abs. 1 AMG für Arzneimittel auf, die im Herkunftsland in Verkehr gebracht werden dürfen und ohne gewerbs- oder berufsmäßige Vermittlung in einer dem üblichen persönlichen Bedarf entsprechenden Menge aus einem Mitgliedstaat der Europäischen Union oder einem anderen Vertragsstaat bezogen werden.

Unabhängig von den Fragen der arzneimittelrechtlichen Zulässigkeit und der wettbewerbswidrigen Lauterkeit von Werbung für den Versand von Arzneimitteln stellt sich die Frage, ob Krankenversicherungen verpflichtet sind, dem Versicherten die Kosten für Arzneimittel zu erstatten, die er von einer ausländischen Internetapotheke bezogen hat. Nach Auffassung des LG Hamburg ist eine private Krankenversicherung verpflichtet, dem Versicherten die Kosten für den Arzneimittelbezug bei einer Internetapotheke zu erstatten[1019]. Die Frage, ob ein Krankenversicherer durch Hinweise an die Versicherten über die Möglichkeit des Bezugs von Arzneimitteln über eine Internetapotheke an dem rechtswidrigen Vertrieb von Arzneimitteln im Versandwege mitwirkt, konnte das LG Hamburg offenlassen, da im entschiedenen Fall lediglich eine Zeitungsmeldung, nicht aber eine offizielle Mitteilung der Krankenversicherung vorlag[1020].

Die Werbeverbote aus dem deutschen HWG sind nach Auffassung des OLG Frankfurt nicht unter dem Gesichtspunkt der Grundfreiheiten aus europäischem Recht zu beanstanden, da die Richtlinie 92/28/EWG lediglich einen Mindeststandard festlege und es daher den Mitgliedstaaten unbenommen bleibe, weitergehende Werbeverbote, insbesondere auch bei dem Vertrieb über das Internet, beizubehalten und/oder einzuführen[1021]. Das LG Frankfurt am Main hat inzwischen dem Europäischen Gerichtshof die Frage vorgelegt, ob die deutsche Regelung den Vorgaben des Europäischen Vertrages entspricht[1022].

In dem Verstoß gegen §43 AMG und §§3 a, 8 und 10 HWG liegt zugleich ein Verstoß gegen §1 UWG vor, der einen Unterlassungsanspruch eines Spitzenverbandes des Apothekenwesens gegen einen ausländischen Internetapothekenbetreiber begründen kann[1023].

[1018] So KG, Urteil vom 29. Mai 2001 – 5 U 10150/00, MMR 2001, 759 = K&R 2001, 640 = GRUR-RR 2001, 244 = CR 2001, 556 = ZUM-RD 2001, 431.

[1019] So LG Hamburg, Urteil vom 27. Februar 2001 – 312 O 775/00, NJW-RR 2001, 1486.

[1020] So LG Hamburg, NJW-RR 2001, 1486.

[1021] S. OLG Frankfurt am Main, Urteil vom 7. März 2002 – 6 U 43/01, PharmaR 2002, 222.

[1022] S. LG Frankfurt am Main, Beschluß vom 10. August 2001 – 3/11 O 64/01, MMR 2001, 758 = K&R 2001, 656 = EWS 2002, 152 = NJW 2001, 2824 = GRUR-RR 2001, 254. Die Sache wird beim EuGH unter dem Geschäftszeichen Rs. C-322/01 geführt.

[1023] So LG Frankfurt am Main, Urteil vom 9. November 2000 – 2/3 O 366/00.

Das LG Berlin vertritt die Auffassung, daß der Versand von per Internet in den Niederlanden bestellten apothekenpflichtigen Arzneimitteln auf dem Postweg oder per Boten zwar grundsätzlich gegen § 43 Abs. 1 AMG verstößt, der Ausnahmetatbestand des § 73 Abs. 2 Nr. 6a AMG aber erfüllt sein kann, wenn lediglich eine dem üblichen persönlichen Bedarf entsprechende Menge versandt wird. Eine gewerbs- oder berufsmäßige Vermittlung i.S. von § 73 Abs. 2 Nr. 6 a AMG liege beim Bezug über das Internet nicht vor, da der Begriff der gewerbs- oder berufsmäßigen Vermittlung nach gemeinschaftsrechtskonformer Auslegung eng zu verstehen sei. Wenn auf einer Internetseite der Apotheke im Rahmen des Bestellformulars Angaben zu Preisen und Produkten gemacht würden, so verstoße dies nicht gegen § 8 Abs. 2 HWG, da dies die für eine Online-Bestellung notwendige Präsentationsform sei[1024].

Für verschreibungspflichtige Arzneimittel darf gem. § 10 Abs. 1 HWG nur bei Ärzten, Zahnärzten, Tierärzten, Apothekern und Personen, die mit diesen Arzneimitteln in erlaubter Weise Handel treiben, geworben werden. Der Hinweis eines Arztes auf seiner Homepage „Unterspritzung mit ... Botulinustoxin (Botox)" stellt eine verbotene Werbung für verschreibungspflichtige Arzneimittel dar[1025].

Für Arzneimittel, die dazu bestimmt sind, bei Menschen die Schlaflosigkeit oder psychische Störungen zu beseitigen oder die Stimmungslage zu beeinflussen, darf gem. § 10 Abs. 2 HWG außerhalb der Fachkreise nicht geworben werden.

d) Abgrenzung zwischen Publikums- und Fachwerbung im Internet

Problematisch ist im Internet die Abgrenzung zwischen Publikumswerbung und Werbung innerhalb der Fachkreise. Während bei der individuell versandten Werbung durch Brief oder Druckschrift anhand der Anschriftenlisten nach Fachkreisen und Publikum differenziert werden kann, ist dies im Internet nicht möglich, da die Kontaktaufnahme vom Umworbenen und nicht vom Werbenden ausgeht. Der Werbende weiß daher regelmäßig nicht, ob seine Internetpräsentation ausschließlich von Fachkreisen oder auch vom Publikum aufgerufen wird. Um sicherzustellen, daß die Abgrenzung zwischen Publikums- und Fachwerbung auch im Internet konsequent durchgehalten wird, bietet es sich an, die Fachkreisen vorbehaltene Werbung auch nur diesen zugänglich zu machen. Dies kann etwa dadurch geschehen, daß das Unternehmen eine allgemeine Internetpräsentation vorhält, die sich sowohl an das Publikum als auch an die Fachkreise richtet. Innerhalb dieser Internetpräsentation wer-

---

[1024] So LG Berlin, Urteil vom 7. November 2000 – 103 O 19/00, MMR 2001, 249 m. Anm. *Mankowski*.

[1025] S. LG Berlin, Beschluß vom 26. April 2002 – 16 O 264/02, WRP 2002, 860 (Ls.).

II. Heilmittelwerberecht und Heilmittelhandelsrecht

den weitere Seiten hinterlegt, die nur für Fachkreise zugänglich sind. Diesbezüglich muß sichergestellt sein, daß auch nur Fachkreise diese Seiten einsehen können, etwa durch die Vergabe eines Kennworts. Dieses Kennwort muß dem Angehörigen der Fachkreise im Einzelfall zugeleitet werden, wobei zu prüfen ist, ob tatsächlich eine entsprechende Zugehörigkeit zu Fachkreisen vorliegt. Ist der Berufsträger nicht in allgemein zugänglichen Verzeichnissen enthalten, so ist ggf. seine Approbation unter Vorlage der Urkunde zu überprüfen.

Der Werbende darf sich nicht allein darauf verlassen, daß der Besucher der Internetpräsentation beispielsweise einen Button anklickt, mit dem der Nutzer bestätigt, Arzt oder Apotheker zu sein. Ähnlich wie bei pornographischen Darstellungen im Internet, die lediglich für Nutzer zugänglich gemacht werden dürfen, die über 18 Jahre alt sind, kann hier das bloße Betätigen eines entsprechenden Schaltfeldes aufgrund der Mißbrauchsgefahr nicht ausreichen. Bei pornographischen Angeboten im Internet ist praktisch eine Zugangskontrolle nicht vorgesehen, da die Unternehmen sich im wesentlichen auf die wahrheitsgemäße Betätigung des Schaltfeldes verlassen, ohne dies auch nur ansatzweise zu überprüfen. Da aber die Anbieter solcher Seiten entweder überhaupt nicht über eine ladungsfähige Anschrift verfügen oder diese Anschrift für die deutsche Gerichtsbarkeit kaum erreichbar ist, werden Verstöße nicht sanktioniert. Bei Internetapotheken liegen die Sachverhalte aber regelmäßig so, daß die Versender über eine Anschrift im Bereich der Europäischen Union verfügen, da sie nach dem jeweils dort geltenden Recht eine Zulassung benötigen. Sie dürften also in der Praxis auch örtlich zu ermitteln sein.

Die Grenzen der unzulässigen Publikumswerbung sind insbesondere aus § 11 HWG zu entnehmen. Außerhalb der Fachkreise darf für Arzneimittel, Verfahren, Behandlungen, Gegenstände oder andere Mittel nicht geworben werden

1. mit Gutachten, Zeugnissen, wissenschaftlichen oder fachlichen Veröffentlichungen sowie mit Hinweisen darauf,
2. mit Angaben, daß das Arzneimittel, das Verfahren, die Behandlung, der Gegenstand oder das andere Mittel ärztlich, zahnärztlich, tierärztlich oder anderweitig fachlich empfohlen oder geprüft ist oder angewendet wird,
3. mit der Wiedergabe von Krankengeschichten sowie mit Hinweisen darauf,
4. mit der bildlichen Darstellung von Personen in der Berufskleidung oder bei der Ausübung der Tätigkeit von Angehörigen der Heilberufe, des Heilgewerbes oder des Arzneimittelhandels,
5. mit der bildlichen Darstellung von Veränderungen des menschlichen Körpers oder seiner Teile durch Krankheiten, Leiden oder Körperschäden, der Wirkung eines Arzneimittels, eines Verfahrens, einer Be-

§ 4. Werbebeschränkungen aus anderen Bestimmungen

handlung, eines Gegenstandes oder eines anderen Mittels durch vergleichende Darstellung des Körperzustandes oder des Aussehens vor und nach der Anwendung, des Wirkungsvorgangs eines Arzneimittels, eines Verfahrens, einer Behandlung, eines Gegenstandes oder eines anderen Mittels am menschlichen Körper oder an seinen Teilen,
6. mit fremd- oder fachsprachlichen Bezeichnungen, soweit sie nicht in den allgemeinen deutschen Sprachgebrauch eingegangen sind,
7. mit einer Werbeaussage, die geeignet ist, Angstgefühle hervorzurufen oder auszunutzen,
8. durch Werbevorträge, mit denen ein Feilbieten oder eine Entgegennahme von Anschriften verbunden ist,
9. mit Veröffentlichungen, deren Werbezweck mißverständlich oder nicht deutlich erkennbar ist,
10. mit Veröffentlichungen, die dazu anleiten, bestimmte Krankheiten, Leiden, Körperschäden oder krankhafte Beschwerden selbst beim Menschen zu erkennen und mit den in der Werbung bezeichneten Arzneimitteln, Gegenständen, Verfahren, Behandlungen oder anderen Mitteln zu behandeln sowie mit entsprechenden Anleitungen in audio-visuellen Medien,
11. mit Äußerungen Dritter, insbesondere mit Dank-, Anerkennungs- oder Empfehlungsschreiben oder mit Hinweisen auf solche Äußerungen,
12. mit Werbemaßnahmen, die sich ausschließlich oder überwiegend an Kinder unter 14 Jahren richten,
13. mit Preisausschreiben, Verlosungen oder anderen Verfahren, deren Ergebnis vom Zufall abhängig ist,
14. durch Abgabe von Mustern oder Proben von Arzneimitteln oder durch Gutscheine dafür,
15. durch die nicht verlangte Abgabe von Mustern oder Proben von anderen Mitteln oder Gegenständen oder durch Gutscheine hiervon.

Die Regelungen aus § 11 HWG sind das Kernstück des Gesetzes. Sie beruhen auf der Erwägung, daß der nicht sachkundige Verbraucher Güte und Wert der angebotenen Arzneimittel in der Regel nicht hinreichend beurteilen und sich insbesondere über die Folgen der Anwendung keine klaren Vorstellungen machen kann. Deshalb besteht die Gefahr, daß er durch unseriöse Werbeaussagen zu einem Fehlgebrauch oder Mißbrauch von Arzneimitteln verleitet wird. Darüber hinaus darf sich die Werbung für Arzneimittel außerhalb der Fachkreise nicht auf die Erkennung, Verhütung, Beseitigung oder Linderung bestimmter, in der Anlage zum HWG besonders aufgeführter, Krankheiten oder Leiden beziehen. Schwere Krankheiten oder Leiden bei Menschen und auch bei Tieren sollen zum Schutz des Patienten und im Interesse der Volksgesundheit – bei grundsätzlicher Freiheit zur Selbstmedikation – der Behandlung des Arztes zugeführt werden. Das Gesetz will auch den Kranken von einer nutzlosen Selbstbehandlung abhalten und verhindern, daß er im Vertrauen auf die Wirksamkeit eines harmlosen Präparates das gebotene unverzügliche Aufsuchen eines Arztes unterläßt[1026].

Insbesondere im Bereich der Internetwerbung für Arzneimittel dürfte Werbung ausländischer Unternehmen auftreten. Um zu verhindern, daß Werbematerial aus dem Ausland in den Geltungsbereich des Gesetzes gelangt, ohne daß jemand für die darin enthaltenen Verstöße gegen das HWG hier verantwortlich gemacht werden kann, sieht § 13 HWG vor, daß die Werbung eines Unternehmens mit Sitz außerhalb des Geltungsbereiches des HWG unzulässig ist, wenn nicht ein Unternehmen mit Sitz oder eine natürliche Person mit gewöhnlichem Aufenthalt im Geltungsbereich des HWG oder in einem anderen Mitgliedstaat der Europäischen Union oder in einem anderen Vertragsstaat des Abkommens über den Europäischen Wirtschaftsraum, die nach dem HWG unbeschränkt strafrechtlich verfolgt werden kann, ausdrücklich damit betraut ist, die sich aus dem HWG ergebenden Pflichten zu übernehmen. Wenn das ausländische Unternehmen keinen Verantwortlichen bestellt hat, so ist seine Werbung im Inhalt *ipso iure* unzulässig unbeschadet dessen, ob die Werbemaßnahme eine sonstige Vorschrift des HWG oder eines anderen Gesetzes verletzt[1027]. Die „Ausländerwerbung ohne Inländer-Betrauung" verstößt als solche gegen das Gesetz und ist im übrigen ordnungswidrig gem. § 15 Abs. 1 Nr. 9 HWG. Zwar ist eine danach verwirkte Geldbuße in der Regel nicht vollstreckbar, jedoch ist gem. § 16 HWG die Einziehung des Werbematerials möglich. Auch kann polizeilich gegen die Werbemaßnahmen eingeschritten werden.

Dieses Verbot ist so weit nachvollziehbar und auch sinnvoll, als es sich um Werbematerial handelt, das in körperlicher Form vorgehalten und verbreitet wird. Hier macht die polizeiliche Einziehung und ggf. Vernichtung des Materials Sinn. Gänzlich anders ist aber die Interessenlage bei Internetwerbung. Auch wenn die Internetwerbung eines ausländischen Unternehmens gem. § 13 HWG *per se* unzulässig sein kann, so liegt in der Einziehungsmöglichkeit gem. § 16 HWG ein stumpfes Schwert. Was soll bei einer Internetwerbung eingezogen werden? Befindet sich der Server, auf dem die Werbung hinterlegt ist, im Ausland, so ist ohnehin die deutsche Vollziehungsbehörde nicht imstande, die Einziehung auch tatsächlich umzusetzen.

Befindet sich der Server im Inland, so dürfte darauf eine Datei gespeichert sein, die die inkriminierte Werbung enthält. Werbematerial sind alle Gegenstände, die die Werbebotschaft enthalten, unabhängig davon, ob sie

---

[1026] So BGH, GRUR 1996, 806 (807).
[1027] S. *Grundmann*, in: Hasselblatt, MHB Gewerblicher Rechtsschutz, § 29 Rdnr. 27.

§ 4. Werbebeschränkungen aus anderen Bestimmungen

unmittelbar als solche zur Werbung benutzt werden oder ob sie zur Verbreitung eines Mediums bedürfen, etwa Zeitungen, Zeitschriften, Film, Fernsehen oder Rundfunk[1028]. Die Dateien dürften daher als Werbematerial gelten, da sie in elektronischer Form die Werbebotschaft enthalten. Die Dateien unterliegen daher als *instrumenta sceleris* der Einziehung. Wurde der Betreiber des Servers vor der Maßnahme angehört oder hat er in anderer Weise Kenntnis der gegen ihn geplanten Maßnahmen erhalten, so ist es für ihn ein Leichtes, den Inhalt auf einen ausländischen Server zu überspielen und den inländischen Server von den entsprechenden Dateien zu befreien. Damit scheidet eine Einziehung aus. Die Abrufbarkeit der unzulässigen Werbung ist damit aber nicht beseitigt, da unabhängig vom Standort des Servers weltweit ein Abruf der Dateien erfolgen kann. Eine Inländer-Betrauung i.S. von § 13 HWG liegt vor, wenn der Betrauungsakt eindeutig und nachprüfbar ist. Das Einverständnis des Betrauten ist stets erforderlich, so daß beispielsweise der Provider, unabhängig von den Haftungsvorschriften aus §§ 8 ff. TDG, nur dann als Betrauter anzusehen ist, wenn es eine ausdrückliche Übernahme der Pflichten aus dem HWG durch den Provider gibt. Dies dürfte in der Praxis regelmäßig nicht gegeben sein.

2. Gesetz über den Verkehr mit Arzneimitteln

Das Gesetz über den Verkehr mit Arzneimitteln[1029] hat das Ziel, eine optimale Arzneimittelsicherheit zu verwirklichen. Es dient damit weniger der Regelung der Werbung von Arzneimitteln, sondern vielmehr der Regelung über die Anforderungen an die Arzneimittel, die Herstellung von Arzneimitteln, die Zulassung und Registrierung von Arzneimitteln sowie der Qualitätskontrolle und Überwachung.

Gleichsam reflexartig ergeben sich aber aus dem Arzneimittelgesetz (AMG) Konsequenzen für die Werbung mit Arzneimitteln. Verstöße gegen das AMG sind regelmäßig als Verstöße gegen § 1 UWG in der Fallgruppe des Vorsprungs durch Rechtsbruch anzusehen.

Aus § 43 Abs. 1 AMG folgt das sog. Apothekenmonopol. Die Bedeutung und die geschichtliche Entwicklung des Apothekenmonopols kann hier ebensowenig Gegenstand sein wie die Frage, ob das Apothekenmonopol mit dem Grundrecht der Berufsfreiheit vereinbar ist[1030]. Arzneimittel, die nicht durch Rechtsvorschrift für den Verkehr außerhalb der Apotheken freigegeben sind, dürfen außer in den Fällen von § 47 AMG berufs- oder gewerbsmäßig für den Endverbrauch gem. § 43 Abs. 1 AMG nur in Apotheken und nicht im Wege des Versandes in den Verkehr ge-

---

[1028] So *Pelchen*, § 16 Rdnr. 2.
[1029] AMG, BGBl III 2121-51-1-2.
[1030] Vgl. RGZ 128, 298 (301); BGHZ 22, 167; BGHSt 11, 304 (309); BVerwGE 7, 172; BVerfGE 9, 73.

bracht werden. Außerhalb der Apotheken darf außer in bestimmten Bereichen der Tiermedikation mit den den Apotheken vorbehaltenen Arzneimitteln kein Handel getrieben werden. Der Begriff der Apotheke ergibt sich im einzelnen aus dem Gesetz über das Apothekenwesen in der Fassung vom 15. Oktober 1980.

Eine Durchbrechung des grundsätzlich den Apotheken vorbehaltenen Rechts zur unmittelbaren Arzneimittelabgabe aus § 43 AMG liegt im Großhandelsprivileg des § 47 AMG. Dabei ist zu berücksichtigen, daß die Abgabe von apothekenpflichtigen Arzneimitteln durch pharmazeutische Unternehmer und Großhändler nur im Rahmen der Arzneimittelversorgung zulässig ist, also nicht zum persönlichen Gebrauch der Bezieher[1031]. Auch verschreibungspflichtige Arzneimittel können auf dem Vertriebsweg des § 47 AMG abgegeben werden, jedoch an Verbraucher nur auf Verschreibung, da § 48 AMG für die privilegierten Bezieher des § 47 AMG keine Ausnahme macht.

Neben dem Versandhandelsverbot[1032] ist auch das Verbringungsverbot aus § 73 Abs. 1 AMG zu beachten. Arzneimittel, die der Pflicht zur Zulassung oder zur Registrierung unterliegen, dürfen in dem Geltungsbereich des Gesetzes, ausgenommen in andere Zollfreigebiete als die Insel Helgoland, nur verbracht werden, wenn sie zum Verkehr zugelassen oder registriert oder von der Zulassung oder Registrierung freigestellt worden sind und

1. der Empfänger in dem Fall des Verbringens aus einem Mitgliedstaat der Europäischen Union oder einem anderen Vertragstaat des EWR pharmazeutischer Unternehmer, Großhändler oder Tierarzt ist oder eine Apotheke betreibt oder
2. der Empfänger im Fall des Verbringens aus einem Land, das nicht Mitgliedstaat der Europäischen Gemeinschaft oder ein anderer Vertragstaat des EWR ist, eine Erlaubnis nach § 72 AMG besitzt.

Ausnahmen vom Verbringungsverbot aus § 73 Abs. 1 AMG ergeben sich aus § 73 Abs. 2 AMG beispielsweise für Arzneimittel, die in einer dem üblichen persönlichen Bedarf entsprechenden Menge bezogen oder bei der Einreise eingeführt werden. So betreffen § 73 Abs. 2 Nr. 6 und Nr. 6a AMG in erster Linie den Reiseverkehr, schließen aber zugleich die gewerbs- oder berufsmäßige Vermittlung aus.

[1031] So *Pelchen*, § 47 AMG Rdnr. 3.
[1032] In dem pauschalen Angebot eines Apothekers an Ärzte, verschreibungspflichtige Arzneimittel per Boten zu liefern, liegt im übrigen auch ein Verstoß gegen § 17 ApBetrO, so OLG Zweibrücken, Urteil vom 7. Februar 2002 – 4 U 117/01, WRP 2002, 860 (Ls.).

III. Gewerbeordnung und sonstiges Wirtschaftsaufsichtsrecht

Die Gewerbeordnung, die im Jahr 1869 erlassen und seither weit über zweihundertmal geändert wurde[1033], dokumentiert die Wandlung vom reinen Gewerbepolizeirecht hin zu einem Wirtschaftsverwaltungsrecht. Der in § 1 Abs. 1 GewO festgelegte Grundsatz der Gewerbefreiheit wird in seinem Bedeutungsgehalt maßgeblich beeinflußt durch das in Art. 12 GG normierte Grundrecht der Berufsfreiheit. Es gibt zwar kein eigentliches Grundrecht auf Gewerbefreiheit. Jedes Gewerbe ist jedoch gleichzeitig ein Beruf, weshalb die Grenze der Einschränkbarkeit des Grundrechts auf Berufsfreiheit auch die Grenze für die Beschränkung der Gewerbefreiheit darstellt. Ungeachtet dieser verfassungsrechtlichen Grundlegung sind für die Frage der Werbung im Internet insbesondere stehende Gewerbe relevant, die einer besonderen Genehmigung bedürfen. Für den Bereich des Internet sind besonders zwei Bereiche von erheblicher Bedeutung, nämlich die Veranstaltung von Lotterien und die Veranstaltung von Versteigerungen.

1. Zurschaustellung von Personen

Nicht von Bedeutung sind im Internet die Vorschriften über die Schaustellungen von Personen i.S. von § 33a Abs. 1 GewO, da diese lediglich Schaustellungen von Personen in den Geschäftsräumen betreffen. Im Internet werden zwar auch oftmals Personen zur Schau gestellt, insbesondere was den pornographischen oder erotischen Bereich angeht, insoweit liegt aber keine Veranstaltung in den Geschäftsräumen des Gewerbetreibenden vor, sondern lediglich eine dem Fernsehen vergleichbare Übertragung von Bildern. Schaustellungen von Personen sind erlaubnisbedürftig, wobei Vorführungen gemeint sind, bei denen Menschen in ihrer körperlichen Erscheinung Gegenstand der Beschauung sind. Fernsehübertragungen und Filmvorführungen sind keine Schaustellungen von Personen. Es handelt sich bei § 33a Abs. 1 GewO vielmehr um eine Vorschrift, die Striptease-Veranstaltungen[1034] und Peep-Shows[1035] meint. Diese Darstellungen unterscheiden sich wesentlich vom Betrachten eines Films, eines Videobandes oder einer Internetübertragung.

2. Veranstaltung von Lotterien und Versteigerungen

Häufig findet man im Internet Lotterien und Versteigerungen.

[1033] Vgl. *Ambs*, Vorbemerkungen zur Gewerbeordnung, Rdnr. 1.
[1034] S.VGH Baden-Württemberg, GewArch 1972, 236; OVG Nordrhein-Westfalen, GewArch 1983, 58, BayVGH, GewArch 1984, 17.
[1035] Vgl. VG Düsseldorf, GewArch 1984, 19.

III. Gewerbeordnung und sonstiges Wirtschaftsaufsichtsrecht 219

a) **Lotterien**

Die Zulassung und der Betrieb von Spielbanken sowie die Veranstaltung von Lotterien und Ausspielungen und die Veranstaltung anderer Spiele mit Gewinnmöglichkeiten sowie von Glücksspielen i.S. von § 284 StGB richtet sich nach den Regelungen in den einzelnen Ländern, wobei insbesondere die Lotteriegesetze der Länder Anwendung finden. Eine Lotterie oder Ausspielung liegt vor, wenn eine Mehrzahl von Personen vertragsgemäß die Möglichkeit hat, nach einem bestimmten Spielplan gegen einen bestimmten Einsatz einen bestimmten Gewinn zu erhalten, der vom Zufall abhängt.

b) **Versteigerungen**

Auch das Versteigerergewerbe unterliegt dem Erlaubnisvorbehalt der zuständigen Behörde. Wer gewerbsmäßig fremde bewegliche Sachen, fremde Grundstücke oder fremde Rechte versteigern will, bedarf dazu gemäß § 34b Abs. 1 GewO der Erlaubnis. Versteigern ist die zeitlich und örtlich begrenzte Aufforderung an eine Mehrheit von Personen, einen Gegenstand oder ein Recht zu erwerben und hierfür Preisangebote zu machen, die im gegenseitigen Wettbewerb stehen. Es ist nicht notwendig, daß die Gebote öffentlich bekanntgegeben werden, sofern nur die Möglichkeit der Steigerung im gegenseitigen Wettbewerb offen bleibt. So reicht es aus, wenn ein nicht öffentlicher Kreis geladener Interessenten die Gebote anonym und verdeckt auf Zetteln abgibt, die Mitbieter jedoch sofort die Gelegenheit zum Mitbieten erhalten[1036].

Fraglich ist, ob Auktionen im Internet Versteigerungen i.S. von § 34b GewO und der Versteigererverordnung (Verordnung über gewerbsmäßige Versteigerungen, VerstV[1037]) darstellen[1038]. Die Frage der rechtlichen Zulässigkeit von Internetversteigerungen sowie die damit zusammenhängenden gewerbe- und lauterkeitsrechtlichen Fragen sind noch nicht abschließend geklärt[1039].

Wenn ein Unternehmen im Internet ungebrauchte Handelsware veräußert, indem jeweils ein Mindestgebot festgelegt und der Zuschlag demjenigen erteilt wird, der während der Bietungsdauer das höchste Gebot abgibt, so liegt eine Versteigerung i.S. von § 34b GewO und der Versteigerungsverordnung vor. Durch einen solchen Vertrieb von Waren, die üblicherweise in offenen Verkaufsstellen angeboten werden, verstößt das Unternehmen gegen § 34b Abs. 6 Nr. 5b GewO. Das Verhalten des Unternehmens ist aber nicht grundsätzlich als sittenwidrig i.S. von § 1 UWG anzusehen, da es sich bei der Vorschrift des § 34b Abs. 6 Nr. 5b GewO

[1036] So OLG Oldenburg, GewArch 1990, 171.
[1037] Versteigererverordnung i.d.F. der Bekanntmachung vom 1. Juni 1976 (BGBl. I, S. 1345), zuletzt geändert durch Gesetz vom 16. Juni 1998 (BGBl. I, S. 1291).
[1038] Vgl. *Husmann*, VR 2000, 230 (231); *Boehme-Neßler*, internetrecht.com, S. 117.
[1039] Vgl. *Bange/Maas/Wasert*, Recht im E-Business, S. 303 ff.

§ 4. *Werbebeschränkungen aus anderen Bestimmungen*

um eine wertneutrale Ordnungsvorschrift handelt, deren Verletzung erst dann zugleich einen Wettbewerbsverstoß darstellt, wenn der Wettbewerber sich bewußt und planmäßig über die Vorschrift hinwegsetzt, um einen ungerechtfertigten Wettbewerbsvorteil zu erlangen.

Bei der Beurteilung der Wettbewerbswidrigkeit kommt es auch darauf an, ob der Unternehmer eine Stellungnahme der zuständigen Wirtschaftsbehörde eingeholt hat und sein ordnungsgemäß angemeldetes Gewerbe von den zuständigen Überwachungsbehörden nicht beanstandet worden ist[1040].

Problematisch ist auch, welche Veranstaltungen im Internet überhaupt als Auktion oder Versteigerung bezeichnet werden dürfen. Ein Anbieter von „Auktionen" im Internet täuscht die angesprochenen Interessenten durch diese Anpreisung nicht. Zwar handelt es sich bei einer solchen Verkaufsveranstaltung nicht um eine Auktion im klassischen Sinne, weil die zeitliche Begrenzung der Angebotsabgabe besteht und die vorhandenen Bieter nicht solange auf die Ware Gebote abgeben, bis der Meistbietende ermittelt ist. Darin liegt aber keine Täuschung der angesprochenen Verkehrskreise, weil Internetbenutzer regelmäßig die Unterschiede zu einer klassischen Versteigerung und die damit verbundenen Risiken kennen[1041].

Eine zeitlich befristete Verkaufsaktion im Internet für Gegenstände des täglichen Bedarfs, bei der der Warenvorrat begrenzt ist und der Warenpreis jeden Tag um einen fortschreitenden Prozentsatz billiger wird (sog. „umgekehrte Versteigerung" oder „holländische Versteigerung"), stellt einen Verstoß gegen § 1 UWG dar, weil die Spiellust der Verbraucher in sachfremder und unlauterer Weise ausgenutzt wird[1042].

Eine als „Internetauktion" bezeichnete Verkaufsaktion stellt nach Auffassung des Kammergerichts keine Versteigerung gemäß § 34b GewO dar. Der Veranstalter der Verkaufsaktion ist daher nicht gehalten, die Vorschriften der Versteigerungsverordnung einzuhalten. Es ist auch nicht irreführend i.S. von § 3 UWG, eine derartige Aktion als „Auktion"bzw. „Versteigerung" zu bezeichnen[1043].

Soweit die Internetauktion unter § 34b GewO subsummiert wird, wird dabei im wesentlichen darauf abgestellt, daß das Internet als virtueller Raum ein hinreichend begrenzter Ort im Sinne von § 34 GewO ist, weil bei Live-Auktionen im Internet ein Gebot für die Mitbieter auf dem Bildschirm unmittelbar sichtbar wird[1044].

[1040] So LG Hamburg, Urteil vom 14. April 1999 – 315 O 144/99, CR 1999, 526 = MMR 1999, 678 = DB 1999, 1951.
[1041] So LG Wiesbaden, Urteil vom 13. Januar 2000 – 13 O 132/99, NJW-CoR 2000, 171 = K & R 2000, 152; vgl. *Husmann*, VR 2000, 230 (233).
[1042] So OLG Hamburg, Urteil vom 7. Dezember 2000 – 3 U 116/00, MMR 2001, 539.
[1043] So KG, Urteil vom 11. Mai 2001 – 5 U 9586/00, MMR 2001, 764; OLG Frankfurt am Main, Urteil vom 1. März 2001 – 6 U 64/00, MMR 2001, 451.
[1044] Vgl. *Husmann*, VR 2000, 230 (231); *Huppertz*, MMR 2000, 66.

IV. *Besondere Vertriebsformen und Internet, §§ 312 ff. BGB* 221

Auch das Erfordernis der Begrenztheit in zeitlicher Hinsicht wird bisweilen mit dem Argument bejaht, daß eine bestimmte zeitliche Vorgabe gegeben ist und damit aufgrund der gegebenen Voraussetzungen eine Genehmigungspflicht zu folgern ist. Diese Auffassung ist nicht unzweifelhaft, insbesondere deshalb nicht, weil zwar die zeitliche Begrenztheit insoweit gegeben ist, daß ein Schlußtermin gesetzt ist; die Internetauktion sich aber von der klassischen Auktion dadurch unterscheidet, daß gerade nicht abgewartet wird, bis keine weiteren Höchstgebote mehr abgegeben werden, sondern vielmehr der Zuschlag rein zeitgebunden am Ende der vorgegebenen Zeit erfolgt.

Die zivilrechtlichen Folgen können hier nicht im einzelnen erörtert werden, insbesondere der Maßstab an den Nachweis des Vertragsschlusses ist noch nicht abschließend ausdiskutiert[1045]. Es sei jedoch darauf hingewiesen, daß der BGH jüngst umfassend zur Frage der Internetauktionen Stellung genommen hat[1046]. Im Internet sind darüber hinaus auch Einkaufsauktionen[1047] sowie absteigende (sog. „holländische") Auktionen anzutreffen[1048].

Zur Dogmatik arbeitet der BGH heraus, daß es sich bei Internetauktionen nicht um ein Spiel i.s. von § 762 BGB handelt, sondern von den Auktionsteilnehmern „ein ernsthafter wirtschaftlicher Geschäftszweck verfolgt wird, der auf den Austausch gegenseitiger Leistungen mit einer Preisbildung durch zeitlich beschränkte Bieterkonkurrenz gerichtet" ist. Gerade bei der lauterkeitsrechtlichen Beurteilung von Internetauktionen in der nahestehenden Vertriebsform des Power-Shopping wurde regelmäßig auf die aleatorischen Anreize abgestellt und daraus der Sittenwidrigkeitsvorwurf konstruiert[1049].

IV. Besondere Vertriebsformen und Internet, §§ 312 ff. BGB

Mit der Schuldrechtsreform 2002 hat der Gesetzgeber eine Reihe von Sonderregelungen, etwa das Fernabsatzgesetz, das Verbraucherkreditge-

---

[1045] Nach Auffassung des LG Bonn, Urteil vom 7. August 2001 – 2 O 450/00, MMR 2002, 255 ff. m. Anm. *Wiebe*, reicht die Identifikation der E-Mail-Anschrift noch nicht zum Nachweis aus, daß der Inhaber dieser Adresse auch das fragliche Gebot abgegeben hat; vgl. auch AG Erfurt, Urteil vom 14. September 2001 – 28 C 2354/01, MMR 2002, 127 m. Anm. *Wiebe* = CR 2002, 767 m. Anm. *Winter*. Demgegenüber läßt das AG Hannover, Urteil vom 7. September 2001 – 501 C 1510/01, MMR 2002, 262, die Wirksamkeit der Willenserklärung des Käufers nicht einmal daran scheitern, daß dieser einen sog. „Agenten" (automatischer Bieter) verwendet hat.
[1046] Vgl. BGH, Urteil vom 7. November 2001 – VIII ZR 13/01, K&R 2002, 85 m. Anm. *Leible/Sosnitza* = NJW 2002, 363 = DB 2002, 2712 = MDR 2002, 208 = StuB 2001, 1197 (*von Schubert*).
[1047] S. *Schacht*, CR 2001, 393 ff.
[1048] Vgl. BGH, GRUR 1986, 622; LG Karlsruhe, MMR 2002, 133; *Schmittmann/ Chall*, Steuer- und Zollrecht im E-Business, in: Schiffer/von Schubert, Wirtschaft, Recht und Steuern im E-Business, Tz. 157.
[1049] Vgl. OLG Köln, CR 2001, 545 (546) m. Anm. *Leible/Sosnitza*.

§ 4. Werbebeschränkungen aus anderen Bestimmungen

setz, das Gesetz über den Widerruf von Haustür- und ähnlichen Geschäften sowie das Teilzeit-Wohnrechtegesetz in das bürgerliche Gesetzbuch integriert. Im zweiten Buch (Recht der Schuldverhältnisse) sind nunmehr unter Abschnitt 3 (Schuldverhältnisse aus Verträgen) im Untertitel 2 die besonderen Vertriebsformen geregelt.

1. Haustürgeschäfte

Haustürgeschäfte scheiden bei Internetgestaltungen aus. Ein Haustürgeschäft liegt gem. § 312 Abs. 1 BGB bei einem Vertrag zwischen einem Unternehmer und einem Verbraucher nur dann vor, wenn der Vertrag eine entgeltliche Leistung zum Gegenstand hat und zu dessen Abschluß der Verbraucher

1. durch mündliche Verhandlungen an seinem Arbeitsplatz oder im Bereich einer Privatwohnung,
2. anläßlich einer vom Unternehmen oder von einem Dritten zumindest auch im Interesse des Unternehmens durchgeführten Freizeitveranstaltung oder
3. im Anschluß an ein überraschendes Ansprechen in Verkehrsmitteln oder im Bereich öffentlich zugänglicher Verkehrsflächen

bestimmt worden ist. Das Haustürgeschäft setzt zwingend die gleichzeitige Anwesenheit des Unternehmers oder seines Beauftragten und des Verbrauchers voraus, was bei Internet-Geschäften ausscheidet.

2. Fernabsatzverträge

Internetsachverhalte betreffen indes häufig das Recht der Fernabsatzverträge[1050]. Fernabsatzverträge sind gem. § 312 b Abs. 1 BGB Verträge über die Lieferung von Waren oder über die Erbringung von Dienstleistungen, die zwischen einem Unternehmer und einem Verbraucher unter ausschließlicher Verwendung von Fernkommunikationsmitteln abgeschlossen werden, es sei denn, daß der Vertragsschluß nicht im Rahmen eines für den Fernabsatz organisierten Vertriebs- oder Dienstleistungssystems erfolgt. Das deutsche Fernabsatzrecht wird im einzelnen unter § 5 I. 6 ff. erörtert.

Aus den Begrifflichkeiten ergibt sich, daß zwar jedes im Internet abgeschlossene Geschäft einen Fernabsatzvertrag i.S. von § 312b BGB darstellt, aber auch darüber hinaus Fernabsatzverträge vorliegen können, die keine Berührungspunkte zum Internet haben, etwa der klassische Versandhandel oder die Lieferung von Waren aufgrund fernmündlicher Anforderung.

[1050] Vgl. *Härting*, FernAbsG, 2000; *Hoenicke/Hülsdunk*, MMR 2002, 415 ff.; *Aigner/Hofmann*, MMR Beilage 8/2001, 30 ff.

Problematisch ist in diesem Zusammenhang, ob Versteigerungen im Internet als Versteigerungen i.S. des § 156 BGB anzusehen sind, so daß das Widerrufs- und Rückgaberecht wegen § 312d Abs. 4 Nr. 5 BGB ausgeschlossen ist. Dies hat der BGH bislang dahinstehen lassen. Nach Auffassung der Literatur hängt diese Frage davon ab, ob „Zuschlag" durch den Versteigerer erfolgt[1051].
Die wettbewerbsrechtlichen Konsequenzen aus einem Verstoß gegen das Fernabsatzrecht werden unter § 5 I. 9. im einzelnen dargestellt[1052].

V. Vorsätzliche sittenwidrige Schädigung, § 826 BGB

1. Allgemeines zur sittenwidrigen Schädigung

Die Vorschrift des § 826 BGB betrifft einen Schadensersatzanspruch. Wer in einer gegen die guten Sitten verstoßenden Weise einem anderen vorsätzlich Schaden zufügt, ist dem anderen zum Ersatz des Schadens verpflichtet. Die Anwendung von § 826 BGB im Bereich des Wettbewerbs ist ein zweischneidiges Schwert, da die Schädigung anderer Wettbewerber in der Natur des Wirtschaftskampfes liegt, andererseits aber die marktwirtschaftlich gewünschte Konkurrenzsituation nicht dazu führen darf, den Mitbewerber grenzenlos zu schädigen. Nach der Rechtsprechung des BGH wird der Wirtschaftskampf sittlich verwerflich, wenn die Kampfmittel nach der gesunden Anschauung der beteiligten Verkehrskreise nicht mehr als sachlich und wirtschaftlich vernünftige Werbung betrachtet werden können[1053]. Allein die Existenzgefährdung des anderen Marktteilnehmers hindert die Anwendung erlaubter Mittel unter dem Gesichtspunkt des § 826 BGB nicht[1054].
Zuvörderst ergibt sich im Wettbewerbsrecht der Schadensersatzanspruch aus § 1 UWG, bei dem nicht einmal hinsichtlich der Schadenszufügung Vorsatz gegeben sein muß, sondern vielmehr die sittenwidrige Wettbewerbshandlung allein ausreicht. Regelmäßig sind die Voraussetzungen des § 1 UWG daher leichter darzustellen als diejenigen des § 826 BGB. Problematisch ist aber, daß § 1 UWG nur dann Anwendung finden kann, wenn tatsächlich ein Wettbewerbsverhältnis besteht. Fehlt es am Wettbewerbsverhältnis, so ist auf andere Anspruchsgrundlagen wie etwa § 826 BGB zurückzugreifen. Dies ist insbesondere auch bei unbe-

---

[1051] S. *Günther*, ITRB 2002, 93 (95).
[1052] Vgl. auch *Schmittmann/Gorris*, Steuerliche Aspekte des Fernabsatzrechts, S. 56 ff.
[1053] So BGH, NJW 1960, 1853.
[1054] So BGH, LM § 1 UWG Nr. 7.

§ 4. Werbebeschränkungen aus anderen Bestimmungen

rechtigter Domainnutzung der Fall. Bei gutgläubiger Domainnutzung scheidet indes § 826 BGB schon dem Wortlaut nach aus[1055].

2. Sittenwidrige Schädigung durch Domain-Grabbing, Cybersquatting und Domain-Trafficking

Die Rechtsprechung wendet die Regelung des § 826 BGB regelmäßig in den Fallgestaltungen des Cybersquatting[1056] oder Domain-Grabbing[1057] sowie das sog. „Domain-Trafficking"[1058] an, wobei in mancher Entscheidung anklingt, daß es sich um eine Notlösung handelt, weil andere Anspruchsgrundlagen nicht durchgreifen, andererseits aber vom Ergebnis her klar ist, daß ein Übertragungsanspruch hinsichtlich der Domain besteht[1059].

Ein Unternehmen, das eine Vielzahl von Domains, die aus den Namen oder Titeln fremder Unternehmen gebildet sind, in spekulativer Absicht registrieren läßt, um die Namensträger zur Erteilung eines Auftrags oder zum Abkaufen der Domains zu bewegen, handelt rechtsmißbräuchlich i.S. von §§ 823, 826, 242 BGB[1060]. Das Domain-Grabbing zeichnet sich dadurch aus, daß es sich um eine Geschäftspraxis handelt, bei der der Grabber, also die Person, die die Domain für sich konnektiert hält, darauf spekuliert, daß der berechtigte Inhaber dieser Bezeichnung in seinem Geschäftsbereich eine entsprechende Domain nutzen möchte[1061]. Bisweilen lassen die in Anspruch genommenen Domain-Grabber vortragen, sie würden die aus sonstigen fremden Kennzeichen gebildeten Domains lediglich deshalb vorhalten, um im Fall einer Auftragserteilung auf die Domain zurückgreifen zu können. Solchen Annahmen steht aber regelmäßig entgegen, daß die Domain-Grabber die Freigabe der Domain lediglich gegen Geldleistung vornehmen. Es handelt sich somit faktisch um ein Lösegeld[1062]. Im entschiedenen Fall hatte sich die Beklagte mit Internet-Broadcasting befaßt und für sich zahlreiche Domains registrieren lassen,

---

[1055] So OLG Frankfurt am Main, Urteil vom 4. Mai 2000 – 6 U 81/99, MMR 2000, 486 (488) – www.alcon.de.

[1056] Vgl. umfassend: *Wendlandt*, Cybersquatting, Metatags und Spam, S. 401 ff.

[1057] Vgl. *Kloepfer*, Informationsrecht, S. 230 ff.; *Viefhues*, MMR Beilage 8/2001, 25 (27).

[1058] Bei dem Domain-Trafficking werden aus Kennzeichen abgeleitete Domain-Namen verwendet, vgl. *Viefhues*, MMR Beilage 8/2001, 25 (27).

[1059] So LG Frankfurt am Main, Urteil vom 10. November 2000 – 3/12 O 112/00, GRUR-RR 2002, 68 (69).

[1060] So OLG Frankfurt am Main, Urteil vom 8. März 2001 – 6 U 31/00, K&R 2001, 420 = MMR 2001, 532 – www.praline-tv.de; LG Saarbrücken, Urteil vom 30. Januar 2001 – 7 IV O 97/00, JurPC Web-Dok. 175/2001; LG Hamburg, Urteil vom 21. März 2002 – 315 O 380/01, JurPC Web-Dok. 185/2002.

[1061] Vgl. *Bange/Maas/Wasert*, Recht im E-Business, S. 118 ff.; *Kort*, WRP 2001, 1260 (1261).

[1062] So auch *Rauschhofer*, JurPC Web-Dok. 23/2002.

V. Vorsätzliche sittenwidrige Schädigung, § 826 BGB

die insbesondere die Buchstabenkombination TV enthielten und an Markennamen sowie Zeitschriftentitel angelehnt waren.

Einen ähnlichen Weg hatte das OLG Frankfurt am Main bereits in der Domain-Streitigkeit „www.weideglueck.de" eingeschlagen, als es zu dem Ergebnis kam, daß wegen schikanöser, sittenwidriger Behinderung aus §§ 826, 226 BGB auf Unterlassung in Anspruch genommen werden kann, wer sich ohne nachvollziehbares eigenes Interesse einen Internet-Domain-Namen registrieren läßt, der mit dem eigenen Namen und der eigenen Tätigkeit in keinem Zusammenhang steht, der aber gleichlautend mit der Marke eines Unternehmens ist[1063]. Problematisch in der vorliegenden Konstellation war, daß der Anspruch aus Markenrecht nicht mehr weiterverfolgt wurde, da das Gericht den Anspruch auf § 826 BGB stützte. Die Einlassung des Domain-Inhabers, die im übrigen in den Instanzen wechselte und im wesentlichen dahin ging, er habe die Domain „www.weideglueck.de" aus lauteren Motiven für private Zwecke für sich registrieren lassen, weil er in einer feucht-fröhlichen Runde im Freundeskreis zu dem Spitznamen „Weideglück" gekommen sei, als er zum wiederholten Male von seinem Österreich-Urlaub und seinen ausgedehnten Wanderungen durch Wiesen und Weiden erzählt habe, überzeugte das Gericht nicht. Insbesondere, wenn der Domain-Inhaber Dienste zur Erstellung von Internet-Publikationen anbietet oder sich anderweitige Anhaltspunkte dafür ergeben, daß gewerbsmäßig mit Domains gehandelt wird, liegt auch die Annahme eines sittenwidrigen Domain-Grabbing nahe.

Die bloße Registrierung einer Domain zur Prioritätssicherung und die Absicht, diese Domain durch weitere Registrierungen „abzusichern", stellt keine den Vorwurf der Sittenwidrigkeit i.S. von § 1 UWG oder § 826 BGB begründende Behinderung des Inhabers einer ähnlichen Marke dar[1064]. Es muß nach der Rechtsprechung des OLG München darüber hinaus die Absicht bestehen, die Domain für einen anderen zu sperren, um ihn an der Nutzung zu hindern. Dazu kann insbesondere die Absicht zählen, finanzielle Vorteile aus einem späteren Verzicht auf die Domain zu ziehen[1065]. Die bloße Registrierung einer Domain ohne Bezug zu einem Produkt oder Gewerbe zum alleinigen Zweck der Freihaltung der Domain für einen Internet-Auftritt eines Kunden stellt noch keine kennzeichenrechtliche Benutzung dar. Da die Internet-Domain als solche nicht als das verwechslungsfähige Produkt angesehen werden kann, fehlt es an einer markenrechtlich relevanten Produktkollision. Eine sittenwidrige Behinderung ist in einem solchen Fall nur dann gegeben,

---

[1063] So OLG Frankfurt am Main, Beschluß vom 12. April 2000 – 6 W 33/00, NJWE-WettbR 2000, 160 = MMR 2000, 424.

[1064] So LG Hamburg, Urteil vom 21. März 2002 – 315 O 380/01, JurPC Web-Dok. 185/2002.

[1065] So OLG München, Urteil vom 12. Oktober 2000 – 29 U 3947/00, MittPA 2000, 512 m. Anm. *Leibrand* = MarkenR 2000, 428.

§ 4. Werbebeschränkungen aus anderen Bestimmungen

wenn die Reservierung des Domain-Namens ausschließlich in der Absicht erfolgt, die Domain für einen Konkurrenten zu sperren[1066]. Der Domain-Grabber stellt sich somit als Spekulant dar, der ohne eigenes Nutzungsinteresse durch die Registrierung den Zeicheninhaber behindern und/oder ihn dazu bringen will, die Domain anzukaufen oder Nutzungsentgelte zu zahlen[1067]. Er setzt die Gefahr von Verwechslungen bewußt ein, um daraus Kapital zu schlagen[1068]. Das stellt – unabhängig vom Eingreifen marken-, namens- oder wettbewerbsrechtlicher Normen – eine vorsätzliche sittenwidrige Schädigung i.S. von §§ 226, 826 BGB dar. Wer das naheliegende Interesse des Inhabers eines Kennzeichenrechts an der Nutzung einer dem Kennzeichen entsprechenden Domain bewußt in Gewinnerzielungsabsicht auszubeuten versucht, verstößt grob gegen die guten Sitten. Dies war im vorliegenden Sachverhalt insbesondere daran deutlich geworden, daß der in Anspruch genommene Inhaber der Domain über viertausend Domains für sich konnektiert hielt und sich unter diesen neben den generischen Begriffen eine Reihe von Domains befand, die allein oder als Bestandteil berühmte Namen und Kennzeichen darstellten. Selbst Einwendungen, der Inhaber der Domain beabsichtige ein Portal oder eine sonstige Dienstleistungsfunktion einzurichten, verfingen nicht. Zutreffend hat das OLG Frankfurt am Main herausgearbeitet, daß die Umsetzung einer solchen Geschäftsidee lediglich die spezifische Flaschenhals-Situation bei Internetadressen ausbeute und damit zwar innovativ sei, aber zugleich auch sittenwidrig, weil sie vorsätzlich die Behinderung berechtigter Kennzeicheninhaber zum Geschäftszweck einsetze[1069].

VI. Persönlichkeitsrecht

Unabhängig von den einfach-rechtlichen Normen des UWG und der sonstigen Bestimmungen mit Ausstrahlungswirkung auf das Wettbewerbsrecht sind auch die Grundrechte der Beteiligten zu berücksichtigen. Auf Seiten des Umworbenen streitet regelmäßig für ihn das allgemeine Persönlichkeitsrecht aus Art. 2 Abs. 1 GG. Das allgemeine Persönlichkeitsrecht sichert dem Einzelnen einen autonomen Bereich privater Lebensgestaltung[1070].

[1066] So OLG Karlsruhe, Urteil vom 12. September 2001 – 6 U 13/01, GRUR-RR 2002, 138 ff. – www.dino.de.

[1067] So OLG Frankfurt am Main, Urteil vom 10. Mai 2001 – 6 U 72/00, GRUR-RR 2001, 264 (265).

[1068] Vgl. zur Spekulationsmarke: BGH, GRUR 2001, 242 = NJW-RR 2001, 975 = WRP 2001, 160 – Classe E.

[1069] So OLG Frankfurt am Main, GRUR-RR 2001, 264 (266) – www.welt.online.de.

[1070] So *Jarass/Pieroth*, GG, Art. 2 Rdnr. 27; BVerfGE 79, 256 (268).

VI. Persönlichkeitsrecht

Auch wenn die Grundrechte zunächst einmal im Verhältnis zwischen Bürger und Staat gelten, sind sie auch bei den Rechtsbeziehungen zwischen Werbenden und Umworbenen nicht außer Acht zu lassen. Der BGH hat im Wege der Rechtsfortbildung für den privaten Rechtsverkehr ein auf der Würde des Menschen beruhendes allgemeines Persönlichkeitsrecht zum Schutz des gesamten Ausstrahlungs- und Wirkungskreises der Person anerkannt, das von jedermann zu achten ist und ein „sonstiges Recht" i.S. des § 823 Abs. 1 BGB darstellt[1071]. Das Bundesverfassungsgericht hat die Rechtsprechung des BGH zum allgemeinen Persönlichkeitsrecht bestätigt[1072].

Das Persönlichkeitsrecht ist kein Herrschaftsrecht wie das Eigentum, es läßt sich nur denken als ein Recht auf freies Verhalten in bezug auf die eigene Persönlichkeit; das Verhalten besteht in der Nichtbeeinträchtigung der Persönlichkeit und ihres Ausstrahlungskreises. Als allgemeines Persönlichkeitsrecht erstreckt es sich zugleich auf den wirtschaftlichen Bereich und schützt die Person in ihrer wirtschaftlichen Betätigung[1073]. Besondere Erscheinungsformen des allgemeinen Persönlichkeitsrechts sind das Recht am eigenen Bild und das Namensrecht.

1. Recht am eigenen Bild

Das Recht am eigenen Bild ist durch das Gesetz betreffend das Urheberrecht an Werken der bildenden Künste und der Fotografie vom 9. Januar 1907[1074] geregelt. Gemäß § 22 Satz 1 Kunst-Urhebergesetz (KunstUrhG) dürfen Bildnisse nur mit Einwilligung des Abgebildeten verbreitet oder öffentlich zur Schau gestellt werden. Die Einwilligung gilt gem. § 22 Abs. 2 KunstUrhG im Zweifel als erteilt, wenn der Abgebildete dafür, daß er sich abbilden ließ, eine Entlohnung erhielt. Dies gilt für alle Formen der Abbildung, selbstverständlich auch für Abbildungen in der klassischen Werbung und im Internet.

Ausnahmen ergeben sich aus § 23 KunstUrhG, wonach die nach § 22 KunstUrhG erforderliche Einwilligung nicht einzuholen ist bei Bildnissen aus dem Bereich der Zeitgeschichte, bei Bildern, auf denen die Personen nur als Beiwerk neben einer Landschaft oder sonstigen Örtlichkeit erscheinen, auf Bildern von Versammlungen, Aufzügen und ähnlichen Vorgängen, an denen die dargestellten Personen teilgenommen haben so-

---

[1071] Vgl. BGHZ 13, 334 – Leserbriefe; BGHZ 15, 249 – Cosima Wagner; BGHZ 20, 345 – Dahlke; BGHZ 24, 72 – Krankenpapiere; BGHZ 26, 349 – Herrenreiter; BGHZ 27, 284 – Tonbandaufnahme; BGHZ 30, 7 – Katharina Valente; BGHZ 35, 363 – Ginseng-Wurzel; BGHZ 36, 77 – Waffenhändler; BGHZ 39, 124 – Fernsehansagerin; BGHZ 50, 133 (143) – Mephisto.
[1072] S. BVerfG, NJW 1973, 1221 – Soraya.
[1073] So BGHZ 36, 77 (80) – Waffenhändler; *Baumbach/Hefermehl*, Wettbewerbsrecht, Allg Rdnr. 142.
[1074] S. RGBl. 1907, S. 7.

§ 4. Werbebeschränkungen aus anderen Bestimmungen

wie bei Bildnissen, die nicht auf Bestellung angefertigt sind, sofern die Verbreitung oder Schaustellung einem höheren Interesse der Kunst dient. Nach der Rechtsprechung des OLG München kann ein rechtswidriger Eingriff in das allgemeine Persönlichkeitsrecht dadurch erfolgen, daß Persönlichkeitsmerkmale eines bekannten Tennisspielers für Werbung eingesetzt werden. Es ist das uneingeschränkte Recht jedes Einzelnen, sich nicht gegen den eigenen Willen von Dritten für deren Werbezwecke einspannen zu lassen. Das gilt auch für Persönlichkeiten des öffentlichen Lebens, soweit sie die Veröffentlichung ihres Lichtbildes und die Nennung ihres Namens im Zusammenhang mit der Berichterstattung in analoger Anwendung von § 23 KunstUrhG zu dulden haben. Davon ist aber nicht umfaßt die Einspannung eines bekannten Sportlers durch Nutzung seines Vornamens und anderer Persönlichkeitsmerkmale[1075].

Nach § 33 Abs. 1 KunstUrhG wird ein Verstoß gegen §§ 22, 23 KunstUrhG mit Freiheitsstrafe bis zu einem Jahr oder mit Geldstrafe geahndet.

Eine Verletzung des Persönlichkeitsrechts liegt vor, wenn ohne Einwilligung mit dem Bild eines Menschen geworben wird[1076]. Dies gilt auch dann, wenn der Abbildete zwar weiß, daß er fotografiert wird, ihm aber nicht gesagt wird, daß diese Bilder später in der Werbung verwendet werden sollen[1077].

Will ein Unternehmen seine Mitarbeiter im Internet abbilden, so bedarf es dazu der ausdrücklichen Genehmigung des Arbeitnehmers. Hat der Arbeitnehmer bei seinem Arbeitgeber bereits ein Foto für Zwecke der Personalabteilung eingereicht, so hat er damit keine Einwilligung erklärt, daß dieses Foto auch im Internet verbreitet werden darf[1078].

Im übrigen ist bei Veröffentlichung von Bildern im Internet zu beachten, daß Einwilligungen, die vor 1995 erteilt worden sind, sich in Anlehnung an § 31 Abs. 4 UrhG nicht auf das Internet erstrecken. Zum anderen gilt auch hier entsprechend der urheberrechtliche Zweck-Übertragungsgrundsatz aus § 31 Abs. 5 UrhG. Eine Einwilligung zu Personalzwecken legitimiert die Internetnutzung nicht[1079].

2. Sonstige Erscheinungen des Persönlichkeitsrechts

Das allgemeine Persönlichkeitsrecht aus § 823 Abs. 1 BGB, Art. 2 Abs. 1 GG, ist im Internet ebenso zu achten wie bei sonstigen Veröffentlichungen.

[1075] So OLG München, Urteil vom 26. Januar 2001 – 21 U 4612/00, GRUR – RR 2002, 271 = K&R 2001, 371.
[1076] So *Scholtissek*, WRP 1992, 612 (620).
[1077] So OLG Frankfurt am Main, Urteil vom 28. Februar 1986 – 6 U 30/85, NJW-RR 1986, 1118 ff.
[1078] So *Hoeren*, Internetrecht, Oktober 2002, S. 290.
[1079] So KG, Urteil vom 24. Juli 2001 – 5 U 9427/99, AfP 2001, 406.

a) Schuldnerspiegel

In der Entscheidung „Schuldnerspiegel" hat das OLG Rostock herausgearbeitet, daß die namentliche Nennung eines Unternehmers in einer privaten, per Internet abrufbaren Liste, in der dieses Unternehmen auf die Anzeige eines angeblichen Gläubigers als Schuldner dieses Gläubigers ausgewiesen wird, einen unzulässigen Eingriff in den eingerichteten und ausgeübten Gewerbebetrieb darstelle. Die Unzulässigkeit des Eingriffs sei nicht deshalb zu verneinen, weil der angegebene Schuldner vor der Veröffentlichung den schriftlichen Hinweis erhalte, daß er sich zu dem Vorgang äußern könne, wobei der Internet-Provider sich die Entscheidung über die Veröffentlichung letztlich selbst vorbehält[1080].

Das Gericht nutzt die Entscheidung, um die Zulässigkeit des privaten „Schuldnerspiegels" auch an Art. 5 Abs. 1 GG zu messen. Der Schuldnerspiegel im Internet ist nicht durch Art. 5 Abs. 1 GG geschützt. Das Grundrecht der Meinungsäußerungsfreiheit erfaßt zwar in weitem Umfang auch wirtschaftliche Meinungsäußerungen, z. B. Werbung. Auch ein Gewerbetreibender muß kritische, anprangernde Berichte über seine Leistungen grundsätzlich hinnehmen[1081]. Jedoch wolle Art. 5 Abs. 1 GG vor allem den geistigen Meinungskampf gewährleisten, so daß die Grenzen des Grundrechts gerade bei namentlicher Herausstellung eines einzelnen Unternehmens in anprangernden Veröffentlichungen, mit denen wirtschaftlicher Druck ausgeübt werden soll, enger zu ziehen sind als im Falle politisch, kulturell oder wissenschaftlich begründeter Aufrufe. Die danach erforderliche Abwägung zwischen Meinungsfreiheit und Gewerbekritik kann gerade bei Boykottaufrufen und Prangerwirkung einer Veröffentlichung dazu führen, daß sie unabhängig vom Wahrheitsgehalt der Tatsachen-Information nicht verbreitet werden darf[1082].

Da die Betreiberin des „Schuldnerspiegel" die Verbesserung der allgemeinen Zahlungsmoral zu ihrem Ziel erklärt hat, lag für das Gericht auf der Hand, daß in erster Linie präventive Effekte für die Zukunft erreicht werden sollen und daher die Eintragung eines Unternehmens in den Schuldnerspiegel eine schädigende wirtschaftliche Wirkung entfalten kann. Mit solchen ausschließlich durch Privatinitiative ausgelösten, generalpräventiven Zwecken der Veröffentlichung im „Schuldnerspiegel" wird der einzelne Schuldner für Funktionen in Anspruch genommen, die außerhalb seiner Verantwortung liegen, ohne daß dies gesetzlich legitimiert wäre. Der Betreiber des Schuldnerspiegels übernehme keinerlei Verantwortung für die Veröffentlichung. Im übrigen ist zunächst einmal das

---

[1080] So OLG Rostock, Urteil vom 21. März 2001 – 2 U 55/00, CR 2001, 618 = ZIP 2001, 793 = EWiR 2001, 863 (*Paulus*).
[1081] So BGH, ZIP 1987, 397 = NJW 1987, 2746; BGH, GRUR 1969, 604.
[1082] So BGH, NJW 1994, 1281 = ZIP 1994, 648; die Verfassungsbeschwerde wurde zurückgewiesen: BVerfG, NJW 1994, 1784 = ZIP 1994, 972.

vom Staat zur Durchsetzung von Forderungen zur Verfügung gestellte verfahrens- und vollstreckungsrechtliche Instrumentarium grundsätzlich ausreichend, um Forderungen durchzusetzen. Bei der Einzelfallabwägung stellt das Gericht heraus, daß der „Schuldnerspiegel" ganz überwiegend wirtschaftliche und journalistische Interessen verfolge.

Es konnte dahinstehen, ob für die Eintragungen in den „Schuldnerspiegel" ein Entgelt erhoben wird oder die Internetpräsentation durch Werbemaßnahmen finanziert wird. In beiden Finanzierungsformen liegt das Interesse des Betreibers überwiegend im wirtschaftlichen Bereich. Die Art der vom Betreiber angekündigten Werbekontakte, etwa zu Kreditversicherern, Rechtsschutzversicherern oder ähnlichen Institutionen zeigt, daß es dem Betreiber um die Erzielung von Einnahmen geht. Damit hat er gerade kein berechtigtes Interesse an der Veröffentlichung von Schuldnerdaten dargelegt, das den Schutz vor schädigender Gewerbekritik überwiegen könnte.

Schließlich weist das Gericht noch darauf hin, daß sich bereits aus den gesetzlichen Regeln des Schuldnerverzeichnisses im Vollstreckungsrecht ergibt, daß private Veröffentlichungen von bloßen Angaben über Schuldner nicht zulässig sind. Nach §§ 915 ff. ZPO i.V. mit der SchuldnerverzeichnisVO von 1994 wird beim Vollstreckungsgericht ein Verzeichnis der Schuldner geführt, die bereits die Offenbarungsversicherung abgegeben haben, das zudem nicht allgemein zugänglich ist, sondern über das aus Gründen des Datenschutzes nur unter eingeschränkten Voraussetzungen Auskunft erteilt werden darf (§ 915b ZPO). Wenn der Gesetzgeber also bei gerichtlichen Schuldnerverzeichnissen bereits solche Einschränkungen des Inhalts und enger Grenzen für die öffentliche Zugänglichkeit setzt, so spricht dies dafür, daß private Schuldnerlisten, die lediglich aufgrund von Angaben der Gläubiger geführt werden und die der allgemeinen Öffentlichkeit im Internet zugänglich gemacht werden sollen, nicht zulässig sein können[1083].

Das Bundesverfassungsgericht hat die gegen die Entscheidung des OLG Rostock erhobene Verfassungsbeschwerde als unzulässig zurückgewiesen[1084]. Dabei hat sich das Gericht darauf gestützt, daß einer Sachprüfung der auf einer Verletzung der Grundrechte aus Art. 5 Abs. 1 Satz 1 und 2, Art. 17 GG gestützten Rüge der Grundsatz der Subsidiarität entgegenstehe. Das BVerfG weist darauf hin, daß die zum Gegenstand der Verfassungsbeschwerde gemachte Entscheidung des OLG Rostock ein Beschluß ist, der im Verfahren über den einstweiligen Rechtsschutz ergangen ist und damit noch keine Hauptsache-Entscheidung darstelle. Der In-

---

[1083] So OLG Rostock, Urteil vom 21. März 2001 – 2 U 55/00, CR 2001, 618 = ZIP 2001, 793 = EWiR 2001, 863 (*Paulus*).
[1084] S. BVerfG, Beschluß vom 9. Oktober 2001 – 1 BvR 622/01, MMR 2002, 89 = CR 2002, 363.

stanzenzug sei mit dem Beschluß des OLG Rostock beendet. Vor einer zulässigen Verfassungsbeschwerde stehe aber die Durchführung des Hauptsache-Verfahrens, weil diesem Hauptsache-Verfahren grundsätzliche Bedeutung zukomme. Die Zivilgerichte müßten bei der rechtlichen Bewertung von Internetkommunikation inhaltlich Neuland betreten. Das Internet sei ein weltumspannender, in schnellem Wachstum begriffener Zusammenschluß zahlreicher öffentlicher und privater Computernetze. Es sei für den Informationsaustausch zwischen bestimmten Teilnehmern verfügbar, etwa für die Versendung von E-Mails, aber auch für die mit dem Schuldnerspiegel beabsichtigte Kommunikation an eine unbestimmte und grundsätzlich unbegrenzte Öffentlichkeit. Die Nutzbarkeit werde durch eine Vielzahl von Suchdiensten erleichtert, die ein systematisches Auffinden einzelner Informationen aus großen Datenmassen erleichtere und es etwa erlaube, das Internet nach bestimmten Informationstypen oder konkreten Informationen durchzusehen und in kurzer Zeit jeweils interessierende Informationen zu identifizieren. Es ermögliche ferner spezifische Formen der Informationsverknüpfung unter Einbeziehung anderer im Netz verfügbarer Inhalte. Diese Information könne für einen langen oder gar unbegrenzten Zeitraum bereitgehalten werden.

Derartige Besonderheiten des Internet können nach Auffassung des Bundesverfassungsgerichts dazu führen, daß eine Information schnell für alle verfügbar ist, die an ihr interessiert sind, und daß sie mit anderen relevanten Informationen leicht kombiniert werden kann. Es wird daher von den Zivilgerichten zu prüfen sein, ob die mit der im Internet erfolgenden öffentlichen Anprangerung einer Person als Schuldner verbundenen nachteiligen Wirkungen Besonderheiten bei der rechtlichen Würdigung, insbesondere bei der Abwägung mit den ebenfalls grundrechtlich geschützten Kommunikationsinteressen der Betreiber, bewirken. Die Gerichte werden aufklären müssen, wie weit die von dem Betreiber verfolgten Zwecke und die beabsichtigte redaktionelle Bearbeitung der zunächst von Gläubigern bereitgestellten Informationen rechtserheblich sind[1085].

b) Werbung wider Willen

Darüber hinaus sind die Auswirkungen des Persönlichkeitsrechts auch bei anderen Werbeformen zu berücksichtigen. Dies gilt insbesondere bei den verschiedenen Formen der – meist unerwünschten – telekommunikativen Werbung.

Der Schutz der Privatsphäre kommt regelmäßig nur bei beworbenen Privatleuten zum Tragen, bei Gewerbetreibenden spielt er keine oder le-

---

[1085] So BVerfG, Beschluß vom 9. Oktober 2001 – 1 BvR 622/01, MMR 2002, 89 (90).

§ 4. *Werbebeschränkungen aus anderen Bestimmungen*

diglich eine untergeordnete Rolle[1086]. Das Interesse des Empfängers von Werbesendungen, nicht belästigt zu werden, ist in Art. 2 Abs. 1 GG grundrechtlich verbrieft[1087]. Die Grenze zulässiger Werbung ist erreicht, wo der Wettbewerbsvorsprung durch die Verletzung der Menschenwürde anderer erreicht werden soll[1088]. Eine Mißachtung des Persönlichkeitsrechts liegt vor, wenn der Adressat und Betroffene einer Werbung widersprochen hat. Dabei sind auch der Aufwand und die erforderliche Zeit für die Beseitigung der Werbung zu berücksichtigen[1089]. Die Belästigungs- und Zumutbarkeitsgrenze kann überschritten sein, wenn zuvor eindeutig signalisiert wurde, daß diese Form der Werbung nicht gewünscht werde[1090].

Während es in der Vergangenheit hauptsächlich um die Frage ging, ob unaufgeforderte Telefonwerbung eine Persönlichkeitsrechtsverletzung darstelle[1091], steht heute die Frage im Vordergrund, ob eine Persönlichkeitsrechtsverletzung vorliegt, wenn unaufgefordert mit elektronischer Post (E-Mail oder Short Message Service [„SMS"]) geworben wird. Wenn der Adressat und Betroffene einer Werbemethode widerspricht, liegt in der Mißachtung des erklärten Willens des Adressaten eine Persönlichkeitsrechtsverletzung[1092]. Der Umworbene wird mangels Abwehrmöglichkeit zum Opfer degradiert[1093], wenn er nicht die Möglichkeit hat, Werbung durch ein bestimmtes Medium abzuwehren, ohne auf dieses Medium ganz zu verzichten[1094].

Weiß der Werbende, daß der Empfänger Werbung mittels Telefax nicht wünscht, so setzt er sich über dessen Willen massiv hinweg und verletzt dessen Persönlichkeitsrecht[1095]. Nicht anders liegt es auch in den Fällen der E-Mail-Werbung und der SMS-Werbung. Hierbei tritt noch die Besonderheit hinzu, daß die vorgenannten Werbeformen den Rezipienten unmittelbar treffen, während Telefaxwerbung beispielsweise durch Personal aussortiert werden kann, damit nicht der Empfänger übermäßig belästigt wird.

[1086] So *Ulrich*, EWiR 1990, 187 (188).

[1087] So *Fikentscher/Möllers*, NJW 1998, 1337 (1343); *Fangmann*, Rechtliche Konsequenzen des Einsatzes von ISDN, Opladen, 1993, S. 141.

[1088] So *Bülow*, ZIP 1995, 1289 (1290); BGH, Urteil vom 18. Mai 1995 – I ZR 91/93, ZIP 1995, 1216.

[1089] So OLG Stuttgart, NJW-RR 1987, 1422.

[1090] So VG Hannover, NJW 1986, 1630.

[1091] Vgl. AG Borbeck, Urteil vom 16. Januar 2001 – 6 C 658/00, MMR 2001, 261 (LS) = NWB EN-Nr. 220/2001; *Schmittmann*, Telefaxübermittlungen, S. 221.

[1092] Vgl. OLG Stuttgart, WRP 1988, 199 (200).

[1093] So *Scherer*, Privatrechtliche Grenzen der Verbraucherwerbung, Berlin, 1996, S. 109.

[1094] Vgl. *Hey*, Direktmarketing und Persönlichkeitsschutz im Rahmen der Geschäftsverbindung von Bank und Kunden, Berlin, 1994, S. 36.

[1095] So *Schmittmann*, Telefaxübermittlungen, S. 222.

c) Informationelle Selbstbestimmung

Eine besondere Ausformung des Persönlichkeitsrechts stellt das Recht auf informationelle Selbstbestimmung dar. Das Recht auf informationelle Selbstbestimmung wird vom Bundesverfassungsgericht aus Art. 2 Abs. 1 i.V.m. Art. 1 Abs. 1 GG hergeleitet[1096], da die Möglichkeiten und Gefahren der automatischen Datenverarbeitung die Notwendigkeit des Schutzes persönlicher Daten besonders hervortreten läßt. Durch die modernen Verfahren der Auswertung von Datenbeständen ist es möglich, Kundensegmentierungen vorzunehmen[1097]. Insbesondere ist eine Rasterung von Telefon- und Telefaxnummern nach bestimmten Kriterien möglich[1098]. Diese Methoden unterliegen datenschutzrechtlichen Bedenken. Denn durch die Verknüpfung dieser Auswahlmechanismen mit telekommunikativer Werbung kann es zu Eingriffen in das informationelle Selbstbestimmungsrecht kommen[1099].

Das informationelle Selbstbestimmungsrecht[1100] kann insbesondere dann verletzt sein, wenn Internetanbieter mit sog. „cookies" arbeiten. Ein „cookie" ist ein von einem Web-Server erzeugter Datensatz, der an einen Web-Browser gesendet wird und bei diesem in einer „cookie"-Datei des lokalen Rechners abgelegt wird[1101].

Umgekehrt werden aber auch die lokalen cookie-Einträge an den Web-Server übermittelt. Beides geschieht in der Regel ohne daß der Nutzer dies bemerkt. Cookies dienen üblicherweise dazu, Informationen über den Benutzer des Web-Browsers zu sammeln und an einen Web-Server zu übermitteln. Davon profitieren z.b. Katalog- und Zeitungsanbieter, die Benutzerprofile anlegen und den Web-Benutzern ganz gezielt Angebote unterbreiten, die sie auf den bevorzugten Webseiten plazieren. Die cookies sind in diesem Zusammenhang besonders günstig für die Anbieter, da sie es ermöglichen, die gesammelten Daten lokal beim Benutzer abzulegen. Die Unterhaltung einer großen und teuren Datenbank ist damit nicht erforderlich. Cookies können aber auch beispielsweise für den Einkauf im Internet dienen, da der dabei entstehende virtuelle Einkaufskorb in Form eines cookies abgelegt werden kann. Persönliche Daten eines Nutzers werden über den Einsatz von cookies nicht ermittelt. Durch

---

[1096] S.BVerfGE 65, 1 (41).
[1097] S.*Paefgen*, ArchPT 1992, 12 (21).
[1098] S.*Holland*, CR 1995, 184 (186); *Gola*, NJW 1995, 3283 (3289).
[1099] S.*Gola*, NJW 1995, 3283 (3289). Außerdem unterliegt das aktive Telemarketing unter dem Gesichtspunkt der Dokumentation der geführten Gespräche (Anlage von Dateien) Bedenken, s. *Simon*, CR 1991, 457 (462). In jedem Fall sind die werbenden Unternehmen hinsichtlich der Verarbeitung von Kundendaten an die datenschutzrechtlichen Vorgaben gebunden, s. *Gola/Wronka*, RDV 1994, 157 (160).
[1100] Vgl. *Schaar*, Datenschutzrechtliche Einwilligung im Internet, MMR 2001, 644 ff.; *Schaar*, Neues Datenschutzrecht für das Internet, RDV 2002, 4 ff.; *Schaar*, Persönlichkeitsprofil im Internet, DuD 2001, 383 ff.
[1101] Vgl. *Eichler*, K&R 1999, 76; *Wichert*, DuD 1998, 273; *Hoeren*, Internetrecht, Oktober 2002, S.327 ff.; *Boehme-Neßler*, K&R 2002, 217 ff.

§ 4. Werbebeschränkungen aus anderen Bestimmungen

eine serverseitige Auswertung der cookies, die bei der Nutzung verschiedener Online-Dienste desselben Diensteanbieters erzeugt werden, ist es jedoch möglich, kundenspezifische Nutzungsprofile zu erstellen, die jedenfalls dann personenbezogen sind, wenn sich der Nutzer bei zumindest einem Online-Dienst innerhalb des Verbundangebots namentlich oder mit seiner E-Mail-Adresse angemeldet hat[1102]. Ein direkter Personenbezug ist ansonsten nur herstellbar, wenn die Internet-Adresse des Kundenrechners Rückschlüsse auf die Identität des Benutzers zuläßt[1103]. Dies kann bei statischen IP-Adressen, die mit einer „sprechenden" personenbezogenen Rechnerkennung verbunden sind, der Fall sein. Bei dynamischen IP-Adressen, die bei Einwahlverbindungen temporär dem Kundenrechner zugeordnet werden, besteht regelmäßig nur dann ein Personenbezug, wenn der Diensteanbieter und der Internet-Provider des Kunden zusammenwirken oder gar identisch sind[1104].

Enthalten cookies personenbezogene Daten, ist ihre Verwendung im Hinblick auf die Datenschutzregelungen aus TDDSG und Mediendienste-Staatsvertrag problematisch, denn nach § 3 TDDSG dürfen personenbezogene Daten zur Nutzung von Tele- und Mediendiensten nur erhoben, verarbeitet und genutzt werden, soweit der Nutzer wirksam eingewilligt hat oder ein gesetzlicher Erlaubnistatbestand vorliegt. Überdies stellen § 6 Abs. 3 Satz 1 TDDSG und § 13 Abs. 4 MDStV ausdrücklich klar, daß Nutzungsprofile nur bei der Verwendung von Pseudonymen zulässig sind. Eine Zusammenführung der pseudonymisierten Profildaten mit personenbezogenen Informationen über die Nutzer ist ebenfalls unzulässig (§ 6 Abs. 3 Satz 2 TDDSG). Ein Datenabgleich zwischen dem Internet-Provider des Nutzers und dem Diensteanbieter, der lediglich die dynamische IP-Adresse in cookie-basierten Nutzungsprofilen festhält, ist damit ausgeschlossen. Werden cookies lediglich gesetzt, um die jeweilige Nutzung des Online-Dienstes zu ermöglichen oder zu vereinfachen, ist wegen § 6 Abs. 2 TDDSG eine frühestmögliche Löschung der cookie-Daten vorgeschrieben. Diese muß spätestens unmittelbar nach Ende der jeweiligen Nutzung gelöscht werden.

Fehlt es am Personenbezug, ist das Datenschutzrecht für cookies nicht einschlägig. Zur juristischen Abwehr unerwünschter cookies ist an das Besitzrecht aus § 862 Abs. 1 BGB zu denken. Sieht man in der unaufgeforderten und damit eigenmächtigen Speicherung der cookie-Datei auf der Festplatte des Nutzers eine Besitzstörung, ergibt sich – abgesehen von der datenschutzrechtlichen Bewertung – ein verschuldensunabhängiger Beseitigungs- und Unterlassungsanspruch aus § 862 Abs. 1 BGB[1105].

[1102] Vgl. *Wichert*, DuD 1998, 273 (274).
[1103] So *Bizer*, DuD 1998, 277 (278).
[1104] So *Hoeren*, Internetrecht, Oktober 2002, S. 327ff.; *Bizer*, DuD 1998, 277 (278).
[1105] So *Hoeren*, Web-cookies und das römische Recht, DuD 1998, 455; *Hoeren*, Internetrecht, Oktober 2002, S. 329; *Schaar*, Datenschutz im Internet, S. 1 ff.

Streitig ist, ob der Internetnutzer in die Verwendung von cookies konkludent einwilligt. Dafür spricht beispielsweise, daß es sich hierbei um eine im Internet allgemein bekannte Erscheinungsform handelt. Auch die amerikanische Judikatur geht von einer konkludenten Einwilligung aus[1106]. Das AG Ulm ist indessen der Auffassung, daß die nicht genehmigte Verwendung von cookies im Rahmen einer Shopping-Mall dem Shopbetreiber Schadensersatzansprüche aus § 826 BGB gegen den Mall-Betreiber gibt[1107].

Die Fragen der Begrenzung des E-Commerce durch die Vorgaben des Datenschutzes werden sich beim M-Commerce fortsetzen und verschärfen[1108]. So bestehen beispielsweise Bedenken, die Standortdaten von Kunden im Mobilfunk zu nutzen, etwa um ihnen eine Leistung anzubieten, die genau auf ihren Standort abgestimmt ist. Auch die Erstellung weitergehender Profile ist nicht unproblematisch[1109].

VII. Werktitelschutz und Internetzeitschriften (E-Zines)

Gemäß § 5 Abs. 1 MarkenG werden Unternehmenskennzeichen und Werktitel als geschäftliche Bezeichnungen geschützt. Als Werktitel werden Namen und besondere Bezeichnungen von Druckschriften, Filmwerken, Tonwerken, Bühnenwerken oder sonstige vergleichbare Werke geschützt. Unter Marketing-Gesichtspunkten ist es attraktiv, die Wirkung bekannter Werktitel auch im Internet zu nutzen[1110]. Unternehmen gehen deshalb zunehmend dazu über, z.b. bekannte Zeitschriftentitel zu Bestandteilen ihrer Domain zu machen[1111]. Beispiele dafür sind etwa:

- www.eltern.de[1112],
- www.freundin.de[1113],
- www.uhren-magazin.de[1114],
- www.bike.de[1115],
- www.motorradmarkt.de[1116].

[1106] So *Hoeren*, Internetrecht, Oktober 2002, S. 329.
[1107] So AG Ulm, Urteil vom 29. Oktober 1999 – 2 C 1038/99, CR 2000, 469.
[1108] Vgl. umfassend zum M-Commerce: *Ranke*, MMR 2002, 509 ff.
[1109] Vgl. zum ganzen: *Schrey/Meister*, K&R 2002, 177 (179).
[1110] So *Boehme-Neßler*, CyberLaw, S. 105.
[1111] S. *Fezer*, MarkenG, § 3 Rdnrn. 362f.
[1112] Vgl. LG Hamburg, Urteil vom 25. März 1998 – 315 O 792/97, K&R 1998, 365.
[1113] Vgl. OLG München, Urteil vom 2. April 1998 – 6 U 4798/97, NJW-RR 1998, 984 = CR 1998, 556.
[1114] Vgl. LG Frankfurt am Main, Urteil vom 10. November 2001 – 3/12 O 112/00, GRUR-RR 2002, 68.
[1115] Vgl. LG Hamburg, Urteil vom 13. August 1997 – 315 O 120/97, MMR 1998, 46.
[1116] Vgl. OLG Hamburg, Urteil vom 2. Mai 2002 – 3 U 269/01, MMR 2002, 825.

§ 4. Werbebeschränkungen aus anderen Bestimmungen

Domains, die keinen Werktitel enthalten, sondern selbst einen Werktitel darstellen, sind etwa die Domains elektronischer Online-Magazine, die nicht in einer Printversion existieren, sondern nur per Internet abgerufen werden können. Die bloße Titelschutzanzeige begründet noch keine Ansprüche aus einem Titelrecht, sondern führt, falls die Benutzung in angemessener Zeit aufgenommen wird, nur zu einer Vorverlagerung der Priorität[1117].

Die Geschäftsbezeichnung eines Dienstleisters für Unternehmensberatung „StartUp Consulting" besitzt in der Gesamtkombination eine gewisse, wenn auch nur schwache Unterscheidungskraft und demgemäß eine kennzeichnende Funktion. Das gilt auch für den Werktitel „StartUp – Der Gründungswettbewerb" für einen u. a. von einer Zeitschrift veranstalteten Unternehmensgründungs-Wettbewerb. Die bloße Übereinstimmung in dem rein beschreibenden Wortbestandteil „StartUp" reicht nicht aus, um nach dem maßgeblichen Gesamteindruck beider Bezeichnungen eine Verwechslungsgefahr anzunehmen. Da beide Bezeichnungen nur eine schwache Unterscheidungskraft besitzen, reichen schon geringe Unterschiede aus, um eine Verwechslungsgefahr auszuschließen[1118].

Der Werktitelschutz einer Zeitschrift, die im Internet verbreitet werden soll, entsteht aus Gründen der Rechtssicherheit erst mit Erstellung des fertigen Produkts und nicht schon mit der Werbung auf der Grundlage z. B. von Werkteilen und Inhaltsverzeichnissen. Die von Dritten verfolgbare, fließende Erstellung einer „Erstausgabe" rechtfertigt keine Abweichung gegenüber der Erstellung von Print-Zeitschriften[1119]. Das OLG München lehnt bewußt einen vorverlagerten Werktitelschutz für die Vorbereitungsmaßnahmen ab. In der Phase der Vorbereitungsmaßnahmen werden lediglich potentielle Werbeinteressenten, Grafiker und Autoren kontaktiert. Der BGH hat bei Software ebenfalls angenommen, daß Werktitelschutz für die Verbreitung einer „Pilotversion" nicht gewährt werden kann[1120].

Eine Vorverlagerung des Titelschutzes in die Phase vor Fertigstellung des Werkes kommt mit der formellen Ankündigung in einem branchenüblichen Titelschutzanzeiger in Betracht, wenn das Werk in angemessener Frist unter dem öffentlich angekündigten Titel erscheint[1121].

[1117] S. BGH, AfP 2001, 389 = WRP 2001, 1193 – Tagesreport; OLG Hamburg, Beschluß vom 6. Dezember 2001 – 3 U 251/01, AfP 2002, 59f.
[1118] So OLG Hamburg, Urteil vom 15. Februar 2001 – 3 U 97/00, MMR 2001, 612 = ZUM-RD 2001, 335 = GRUR-RR 2001, 182 = K&R 2001, 324 = MMR 2001, 617 Anm. *Jung*.
[1119] So OLG München, Urteil vom 11. Januar 2001 – 6 U 5719/99, ITRB 2001, 289 (*Rössel*).
[1120] So BGH, Urteil vom 24. April 1997 – I ZR 233/94, CR 1998, 6.
[1121] So für eine Internet-Zeitung: OLG Dresden, Urteil vom 29. September 1998 – 14 U 433/98, CR 1999, 102 – www.dresden-online.de.

VII. Werktitelschutz und Internetzeitschriften (E-Zines)

Die zeitliche Vorverlagerung eines Werktitelschutzes auf den Zeitpunkt der Ankündigung im Titelschutzanzeiger greift nur dann ein, wenn das Werk in angemessener Frist unter dem öffentlich angekündigten Titel erscheint[1122]. Nach der Rechtsprechung des OLG Hamburg beträgt die angemessene Zeit bei einem Branchentelefonbuch, das im Internet erscheint, höchstens neun Monate. Für die Printversion sind höchstens zwölf Monate anzusetzen[1123].

Für die zeitliche Vorverlagerung eines Werktitelschutzes genügt es nicht, wenn der angekündigte Titel zeitnah im Internet unter einer anderslautenden Domain als einer von mehreren Gliederungsbegriffen erscheint, unter dem nach Eingabe einer Reihe von vorgeschalteten Befehlen Stadtinformationen abgerufen werden können. Überschriften, die wie in einem Inhaltsverzeichnis die darunter angebotenen Texte und Informationen ordnen und gliedern, versteht der Verkehr nur als Orientierungshilfen, nicht aber als das Werk kennzeichnende Untertitel[1124].

Das Gericht konnte zunächst dahinstehen lassen, ob die Wortkombination „www.dresden-online.de" als Werktitel für ein Informationsangebot über die Stadt Dresden im Internet von Natur hinreichend unterscheidungskräftig und damit schutzfähig ist. Das Gericht konnte vielmehr darauf abstellen, daß der im Titelschutzanzeiger angekündigte Titel nicht zeitnah zu dieser Veröffentlichung als Werktitel im geschäftlichen Verkehr benutzt worden ist. Erforderlich ist, daß die betreffenden Internetseiten unter einem Titel geführt werden, der vom Verkehr als eine die Gesamtheit kennzeichnende Bezeichnung verstanden wird. Daran fehlt es aber, wenn ein Gesamtangebot in das Internet eingestellt wird und der als Werktitel vorgesehene Begriff lediglich als Unterrubrik geführt wird. Aufgrund der mehrfachen Untergliederung orientiert sich der Verkehr zur Bezeichnung des Informationsprogramms nicht an der als Werktitel vorgesehenen Bezeichnung, die er nicht ohne die Eingabe einer Vielzahl von vorgeschalteten weiteren Befehlen isoliert aufrufen kann, sondern letztlich an der Domain. Kennzeichnend wirke daher allenfalls die SLD-Bezeichnung für das Gesamtangebot, nicht aber auch oder nur die Bezeichnung für einen Teilausschnitt dieses Angebots. Zwar sei auch der Untertitel grundsätzlich titelschutzfähig[1125], dieser Untertitel müsse aber, um im Verkehr für das Gesamtwerk oder ein Teilwerk kennzeichnend zu wirken, auch als Werktitel gebraucht werden. Für eine Benutzung genügt nicht die Absicht, das Programm unter der Titelbezeichnung als selbständige Domain im Internet anzubieten. Die

---

[1122] So BGH, Urteil vom 22. Juli 1989 – I ZR 39/87, BGHZ 108, 89 – Titelschutzanzeige.
[1123] S. OLG Hamburg, Beschluß vom 6. Dezember 2001 – 3 U 251/01, AfP 2002, 59f.
[1124] So OLG Dresden, Urteil vom 29. September 1998 – 14 U 433/98, CR 1999, 102 = MMR 1999, 51.
[1125] Vgl. BGH, Urteil vom 15. Juni 1988 – I ZR 211/86, GRUR 1990, 218 (219).

§ 4. Werbebeschränkungen aus anderen Bestimmungen

Internet-Konnektierung bewirkt zwar zugunsten des Anmeldenden eine weltweite Blockade für die identische Bezeichnung, nicht aber die Erlangung des Titelschutzes allein durch die Absicht der Konnektierung. Dies wäre allenfalls dann anzunehmen, wenn die Konnektierung versucht wird, aber aufgrund einer anderweitigen, rechtlich nicht schützenswerten Konnektierung unterbleibt[1126].

Besonderheiten sind im übrigen auch bei der Publikation von Internetzeitschriften zu beachten. Nach der Rechtsprechung des OLG Hamburg besteht zwischen einer Zeitschrift und einem Onlineangebot, die beide für den gleichen Interessentenkreis Annoncen anbieten, Branchenidentität. Es ist trotz des Medienwechsels zwischen Druckschrift und Internet bei Identität des Zeitschriftentitels mit dem Domainnamen auch Verwechslungsgefahr gegeben[1127].

Nach Auffassung des LG Düsseldorf kommt dem Zeitschriftentitel „Versicherungsrecht" bei nicht dargelegter Verkehrsgeltung allenfalls eine schwache Kennzeichnungskraft zu. Es besteht daher keine Verwechslungsgefahr mit einer gleichlautenden Domain, die sich an sämtliche Internetnutzer richtet und nur bestimmte Informationen anbietet. Das Reservieren einer Vielzahl anderer Rechtsgebiets-Domains und das Angebot zu einer gewinnbringenden Veräußerung machen das Verhalten des Domain-Inhabers nicht sittenwidrig[1128].

Der Rechtsstreit dreht sich um eine negative Feststellungsklage, nachdem der Inhaber der Domain „www.versicherungsrecht.de" von der Herausgeberin der juristischen Fachzeitschrift „Versicherungsrecht" auf Unterlassung und Übertragung[1129] außergerichtlich in Anspruch genommen war. Der Kläger beanspruchte die Feststellung, daß der Beklagten, der Herausgeberin der Zeitschrift, kein Anspruch auf Freigabe der Domain zustehe.

Das Gericht arbeitet zunächst heraus, daß der Beklagten nach §§ 5, 15 MarkenG ein Anspruch nicht zusteht. Es sei bereits zweifelhaft, ob die Bezeichnung „Versicherungsrecht" titelschutzrechtsfähig sei. Dies könne jedoch dahin stehen, da sich die Nutzung der Bezeichnung zur Adressierung eines Internetportals und die Nutzung als Zeitschriftentitel um erheblich von einander unterscheidende Werkkategorien handelt. Dies ändere sich auch nicht dadurch, daß der Inhalt der Zeitschrift über Datenbanken im Internet bzw. CD-ROMs abrufbar sei. Die Unter-

---

[1126] So OLG Dresden, Urteil vom 29. September 1998 – 14 U 433/98, CR 1999, 102 = MMR 1999, 51.
[1127] So OLG Hamburg, Urteil vom 2. Mai 2002 – 3 U 269/01, MMR 2002, 825.
[1128] So LG Düsseldorf, Urteil vom 12 Juni 2002 – 2a O 11/02, MMR 2002, 758 = GRUR-RR 2003, 11.
[1129] Nach überwiegender Auffassung dürfte ein Übertragungsanspruch ohnehin nicht gegeben sein, vgl. BGH, Urteil vom 22. November 2001 – I ZR 138/99, MMR 2002, 382 mit Anm. *Hoeren* = JurPC Web-Dok. 139/2002 = BB 2002, 1137 = NJW 2002, 2031 – www.shell.de

VII. Werktitelschutz und Internetzeitschriften (E-Zines)

schiede der jeweiligen unter identischen Bezeichnungen angebotenen Erzeugnisse schlössen das Vorliegen einer Verwechslungsgefahr aus. Die werbliche Verwendung der Begriffe „Die Zeitung im Netz" und/oder „Die erfrischend andere Tageszeitung" in der Internet-Homepage eines Anzeigenblattes zur Bezeichnung von Internet-Publikationen ist wettbewerbsrechtlich nicht zu beanstanden; insbesondere werden hierdurch die angesprochenen Verkehrskreise nicht über die Natur dieses Mediums und/oder die konkreten Informationsangebote in die Irre geführt, wenn die jeweiligen Beiträge vor der Veröffentlichung durch eine Redaktion, der eine Entscheidungsbefugnis über Auswahl und Gestaltung des zu publizierenden Stoffes zusteht, bearbeitet werden.

Schwierigkeiten ergeben sich immer dann, wenn erklärt werden muß, ob tatsächlich eine redaktionelle Bearbeitung stattgefunden hat. Eine redaktionelle Bearbeitung ist anzunehmen, wenn die Beiträge vor der Veröffentlichung bearbeitet werden, indem der Publikationsstoff gesammelt und im Wege einer ordnenden Sichtung, Kürzung und ggf. Umarbeitung veröffentlichungsreif gestaltet wird. Wird im Internet der Eindruck erweckt, daß jeder Autor durch eine einfache E-Mail einen Beitrag in der Internet-Zeitschrift plazieren kann, so fällt die Beweislast für eine redaktionelle Bearbeitung der Herausgeberin der Zeitschrift zu. Diesen Beweis kann sie beispielsweise durch einen Zeugen antreten[1130].

Unschädlich ist, daß die redaktionelle Arbeit nicht mehr in einer „klassischen Redaktionsstube" stattfinde, die von den jeweiligen Mitarbeitern aufgesucht werden müsse, sondern „online" erfolge. Dies beruhe darauf, daß das Internet ein „körperloses Medium" ist, das sich dadurch auszeichne, daß bislang unbekannte Kommunikations- und Informationsmöglichkeiten entwickelt werden. Mit der Kollision zwischen Werktitelschutz und Internet-Domain hatte sich auch das LG Düsseldorf zu befassen. Im entschiedenen Fall hatte die Klägerin am 14. Januar 2000 eine Titelschutzanzeige für den Titel „Literaturen" im Börsenblatt des Deutschen Buchhandels veröffentlicht. Die Beklagte hatte am 6. Mai 1999 bei der DENIC e.G. eine Domain „www.literaturen.de" konnektieren lassen. Etwa ein Jahr nach Veröffentlichung der Titelschutzanzeige bot die Beklagte der Klägerin durch Anwaltschreiben die Übertragung der Domain gegen Zahlung eines sechsstelligen Betrages an.

Das LG Düsseldorf gab der Klage auf unentgeltliche Übertragung der Domain statt[1131]. Da die Beklagte selbst eingeräumt hatte, eine Vielzahl von Namen reserviert zu haben, die im wesentlichen beschreibende Begriffe beinhalten, konnte das Gericht davon ausgehen, daß die Reservierung sitten-

---

[1130] Vgl. zum Ganzen OLG Köln, Urteil vom 19. Januar 2001 – 6 U 78/00, GRUR-RR 2001, 313 (314).
[1131] So LG Düsseldorf, Urteil vom 6. Juli 2001 – 38 O 18/01, CR 2002, 138 m. Anm. *Graf*. Kritisch insbesondere zur Figur der „Hinterhaltsdomain": *Mietzel/Hero*, MMR 2002, 84 (88).

widrig i.S. von § 826 BGB sei, weil allein die formalrechtliche Stellung dazu benutzt werden sollte, Gewinne zu erzielen, deren Höhe nicht mit irgendeiner Leistung des Rechtsinhabers im Zusammenhang steht, sondern allein von der Bedeutung abhängt, die der „Vertragspartner" der Sache beimißt. Die Aufrechterhaltung der Reservierung dient damit allein dem sittlich zu mißbilligenden Zweck der eigenen Bereicherung, indem der Klägerin unmöglich gemacht wird, die Bezeichnung „Literaturen" schlagwortmäßig als Domain im Internet und damit gleichlautend mit der von ihr herausgegebenen Zeitschrift zu nutzen.

Die Entscheidung des LG Düsseldorf ist nicht ohne Widerspruch geblieben. Nach Auffassung von *Beckmann* gelte im Namens- und Markenrecht der Prioritätsgrundsatz[1132], nach dem die Vergabe von Internet-Domains nach der Regel „first come – first serve" erfolgt[1133]. Eine Durchbrechung dieses Grundsatzes komme nur bei Vorliegen strenger Voraussetzungen in Betracht. Diese seien jedenfalls nicht gegeben, wenn die scheinbar Verletzte lediglich eine relativ junge Zeitschrift für ein sehr begrenztes Marktsegment sei. Dann mangele es jedenfalls an der überragenden Verkehrsgeltung.

Gibt ein Unternehmen, das eine Vielzahl von Domain-Begriffen bei der DENIC reserviert hält, einen Allgemeinbegriff nicht frei, der identisch ist mit einem prioritätsälteren Zeitschriftentitel, der über keine gesteigerte Bekanntheit verfügt, so verstößt das nicht gegen das Titelschutzrecht aus den §§ 5, 15 MarkenG. Ein derartiges Verhalten ist aber nach § 1 UWG als sittenwidriger Behinderungswettbewerb zu beurteilen, wenn der Domainhändler die Domain nicht besitzt, um ein Unternehmen unter der Domain zu betreiben, sondern nur, um sie an Dritte gegen Entgelt zu vergeben, und ihm ein Ausweichen ohne weiteres möglich ist[1134].

VIII. Kartellrecht

Der Vertrieb im Internet unterliegt auch den kartellrechtlichen Vorgaben aus dem GWB. Es verstößt gegen § 20 Abs. 1 Satz 1 GWB, wenn ein marktstarker Hersteller von Spitzenkosmetika, der diese in einem selektiven Einzelhandelsvertriebssystem vertreibt, die Zulässigkeit des Vertriebs über das Internet nur seinen vertraglich an ihn gebundenen und ein Ladengeschäft betreibenden „Depositären" gestattet. Der Internethändler kann seinen Belieferungsanspruch ggf. aufgrund von §§ 20 Abs. 1 Satz 1, 33 Satz 1 GWB, § 249 BGB gerichtlich geltend machen[1135].

[1132] S. *Beckmann*, K & R 2002, 99.
[1133] Statt aller: *Buri*, Die Verwechselbarkeit von Internet Domain Names, S. 191 ff.; *Wendlandt*, Cybersquatting, Metatags und Spam, S. 259.
[1134] So LG Hamburg, Urteil vom 22. März 2001 – 315 O 856/00, GRUR-RR 2002, 267 – www.schuhmarkt.de.
[1135] So OLG München, Urteil vom 6. Dezember 2001 – U (K) 3338/01, MMR 2002, 162 (163) = GRUR-RR 2002, 207 = CR 2002, 367.

IX. Preisangabenverordnung

Die Preisangabenverordnung (PAngV)[1136] verfolgt den Zweck, zum Schutze der Verbraucher bei der Werbung mit Preisangaben Preiswahrheit und Preisklarheit zu gewährleisten[1137]. Die Verordnung bestimmt, daß im Verkehr mit Letztverbrauchern bei dem Angebot von Waren oder Leistungen ebenso wie bei der Werbung unter Angabe von Preisen der Bruttopreis, d.h. der Endpreis einschließlich der Mehrwertsteuer, in eindeutiger und deutlich lesbarer Weise genannt werden muß. Der Endpreis ist besonders hervorzuheben, § 1 Abs. 5 PAngV. Die PAngV gilt auch für Angaben im Internet[1138].

Ein Verstoß gegen die PAngV indiziert zugleich einen Verstoß gegen § 1 UWG[1139]. Zudem kommt auch ein Verstoß gegen § 3 UWG in Betracht, der als speziellerer Tatbestand regelmäßig vorab zu prüfen ist.

In der im Internet verbreiteten Werbung mit Preisbestandteilen „Rund um die Uhr für null Pfennig surfen" liegt ein Verstoß gegen die PAngV, wenn der monatliche Grundpreis nicht genannt wird. Es reicht insbesondere nicht aus, die Angabe der monatlichen Grundgebühr auf einer Seite zu veröffentlichen, auf die Link führt, diesem aber nicht anzusehen, daß er auf eine solche Seite führt. In casu hatte der Link nur die Beschriftung „Details", so daß sich daran keineswegs erkennen ließ, daß bei seiner Aktivierung ein Hinweis über möglicherweise anfallende Grundgebühren und deren Höhe erfolgt. Selbst wenn dies der Fall gewesen wäre, so hätte anhand der Rechtsprechung zu sog. „Sternchen-Hinweisen" geprüft werden müssen, ob der Link den Anforderungen des § 1 Abs. 5 PAngV genügt[1140].

Ein Online-Anbieter, der für Flugtransport-Unternehmen Flugtickets anbietet, verstößt gegen § 1 Abs. 1 1. Alt. PAngV, wenn er auf seiner Homepage keine Preise für die angebotenen Flugtickets nennt, sondern den Interessenten auffordert, seinerseits ein Angebot abzugeben, über dessen Annahme er innerhalb von 24 Stunden entscheidet[1141].

[1136] Vgl. umfassend: *Völker*, Preisangabenrecht; *Emmerich*, Wettbewerbsrecht, § 16 Abschn. 1 a); *Boest*, NJW 1985, 1440; *Bülow*, GRUR 1985, 254 ff.; *Völker*, NJW 1997, 3405.

[1137] So BGHSt 31, 91 = NJW 1982, 2010; BGH, NJW 1983, 2703.

[1138] So *Boehme-Neßler*, CyberLaw, S. 167.

[1139] Vgl. zu den Schnittstellen zwischen UWG und Preisabgabenrecht beim Powershopping: § 3 I. 1. j) (cc).

[1140] So OLG Frankfurt am Main, Urteil vom 12. Juli 2001 – 6 U 38/01, GRUR-RR 2002, 113.

[1141] So OLG Düsseldorf, Urteil vom 9. November 2000 – 2 U 49/00, MMR 2001, 161 = GRUR-RR 2002, 77.

§ 5. Europarechtliche Implikationen

Ein wesentlicher Teil der in Deutschland geltenden verbraucherschützenden Bestimmungen aus dem Fernabsatzrecht und dem Telekommunikationsrecht basieren auf europarechtlichen Vorgaben. Dies gilt insbesondere für das Fernabsatzgesetz, das inhaltlich inzwischen in das BGB integriert wurde, und das auf die Fernabsatz-Richtlinie der Europäischen Union zurückgeht. Der Verbraucherschutz in der Europäischen Union ist im übrigen Gegenstand eines Grünbuches der Kommission der Europäischen Gemeinschaften vom 2. Oktober 2001[1142], das zwischenzeitlich auch vom *Max-Planck-Institut für ausländisches und internationales Patent-, Urheber- und Wettbewerbsrecht* kommentiert worden ist[1143]

I. Fernabsatz-Richtlinie

1. Allgemeines

Die Richtlinie 97/7/EG des Europäischen Parlaments und des Rates über den Verbraucherschutz bei Vertragsabschlüssen im Fernabsatz vom 20. Mai 1997[1144] hat den entscheidenden Anstoß für den Erlaß des Fernabsatzgesetzes in Deutschland gegeben. Der Fernabsatz-Richtlinie liegen folgende Erwägungen zugrunde:

- Im Rahmen der Verwirklichung der Ziele des Binnenmarkts sind geeignete Maßnahmen zu dessen schrittweiser Festigung zu ergreifen.
- Der freie Verkehr von Waren und Dienstleistungen betrifft nicht nur den gewerblichen Handel, sondern auch Privatpersonen. Er bedeutet für den Verbraucher, daß dieser zu den Gütern und Dienstleistungen eines anderen Mitgliedstaates zu den gleichen Bedingungen Zugang hat wie die Bevölkerung dieses Staates.
- Die Vollendung des Binnenmarktes kann für den Verbraucher besonders im grenzüberschreitenden Fernabsatz sichtbar zum Ausdruck kommen, wie dies u.a. in der Mitteilung der Kommission an den Rat „Auf dem Weg zu einem Binnenmarkt für den Handel" festgestellt

---

[1142] S. Grünbuch vom 2. Oktober 2001, KOM (2001) 531 endgültig.
[1143] S. Stellungnahme des *Max-Planck-Instituts für ausländisches und internationales Patent-, Urheber- und Wettbewerbsrecht* zum Grünbuch zum Verbraucherschutz in der EU KOM (2002) 531 endg., GRUR Int. 2002, 319 ff.
[1144] S. ABl. EG Nr. L 144, S. 19.

wurde. Es ist für das reibungslose Funktionieren des Binnenmarktes unabdingbar, daß der Verbraucher sich an ein Unternehmen außerhalb seines Landes wenden kann, auch wenn dieses Unternehmen über eine Filiale in dem Land verfügt, in dem der Verbraucher lebt.

– Mit der Einführung neuer Technologien erhalten die Verbraucher einen immer besseren Überblick über das Angebot in der ganzen Gemeinschaft und zahlreiche neue Möglichkeiten, Bestellungen zu tätigen.

2. Genese der Richtlinie

Die Überlegungen der Europäischen Union zum Erlaß einer Fernabsatzrichtlinie sind auch wesentlich älter als die rasante Entwicklung des Internet[1145]. Es ging dem Richtliniengeber vornehmlich um Regelung des klassischen Versandhandels, wobei sich bereits erste Entwicklungen des elektronischen Handels abzeichneten, wenn auch zunächst nur in Form des Bildschirmtextes (BTX), eines Mediums, das inzwischen nicht mehr existiert, jedoch einige Parallelen zum Internet aufwies[1146].

Die Fernabsatzrichtlinie sieht in Art. 9 Regelungen zu unbestellten Waren und Dienstleistungen vor. Die Mitgliedstaaten treffen danach die erforderlichen Maßnahmen, um zu untersagen, daß einem Verbraucher ohne vorherige Bestellung Waren geliefert oder Dienstleistungen erbracht werden, wenn mit der Warenlieferung oder Dienstleistungserbringung eine Zahlungsaufforderung verbunden ist, und um den Verbraucher von jedweder Gegenleistung für den Fall zu befreien, daß unbestellte Waren geliefert oder unbestellte Dienstleistungen erbracht wurden, wobei das Ausbleiben einer Reaktion nicht als Zustimmung gilt. Die Regelung des Art. 9 FARL wurde inzwischen mit § 241a BGB in das deutsche Recht umgesetzt[1147].

Gemäß Art. 8 Fernabsatzrichtlinie tragen die Mitgliedstaaten darüber hinaus dafür Sorge, daß geeignete Vorkehrungen bestehen, damit der Verbraucher im Fall einer betrügerischen Verwendung seiner Zahlungskarte im Rahmen eines unter diese Richtlinie fallenden Vertragsabschlusses im Fernabsatz die Stornierung einer Zahlung verlangen kann und dem Verbraucher im Fall einer solchen betrügerischen Verwendung die Zahlungen gutgeschrieben oder erstattet werden. Dies hat seinen Niederschlag inzwischen in § 676h BGB („Mißbrauch von Zahlungskarten") gefunden[1148].

3. Anwendungsbereich

Die Fernabsatzrichtlinie hat einen weiten Anwendungsbereich. Gemäß Art. 2 Nr. 1 Fernabsatzrichtlinie bezeichnet der Ausdruck „Vertragsab-

---

[1145] Vgl. *Pützhoven*, Europäischer Verbraucherschutz im Fernabsatz, S. 28 ff.
[1146] Vgl. *Schmittmann/Gorris*, Steuerliche Aspekte des Fernabsatzrechts, S. 31.
[1147] Vgl. *Tonner*, BB 2000, 1413 (1418); *Riehm*, Jura 2000, 505 (511);
[1148] Vgl. *Riehm*, Jura 2000, 505 (513).

I. Fernabsatz-Richtlinie

schluß im Fernabsatz" jeden zwischen einem Lieferer und Verbraucher geschlossenen, eine Ware oder Dienstleistung betreffenden Vertrag, der im Rahmen eines für den Fernabsatz organisierten Vertriebs bzw. Dienstleistungssystem des Lieferers geschlossen wird, wobei dieser für den Vertrag bis zu dessen Abschluß einschließlich des Vertragsabschlusses selbst ausschließlich eine oder mehrere Fernkommunikationstechniken verwendet.

Gemäß Anhang I zur Fernabsatzrichtlinie sind Kommunikationstechniken nach Art. 2 Fernabsatzrichtlinie:

- Drucksache ohne Anschrift;
- Drucksache mit Anschrift;
- vorgefertigter Standardbrief;
- Pressewerbung mit Bestellschein;
- Katalog;
- technische Kommunikation mit Person als Ansprechpartner;
- technische Kommunikation mit Automaten als Gesprächspartner (Voice-Mail-System, Audiotext);
- Hörfunk;
- Bildtelefon;
- Videotext (Microcomputer, Fernsehbildschirm mit Tastatur oder Kontaktbildschirm);
- elektronische Post;
- Fernkopie (Telefax);
- Fernsehen (Teleshopping).

Die vorstehende Aufzählung zeigt, daß der Richtliniengeber offenbar im Jahre 1992 die Vorstellung hatte, im wesentlichen das Versandhandelsgeschäft sowie das Teleshopping zu regeln. Gleichwohl ist unter die Kommunikationstechniken ohne weiteres auch das Internet zu subsumieren.

4. Umsetzungsfrist

Gemäß Art. 15 Abs. 1 Fernabsatzrichtlinie setzen die Mitgliedstaaten die erforderlichen Rechts- und Verwaltungsvorschriften in Kraft, um dieser Richtlinie spätestens drei Jahre nach ihrem Inkrafttreten nachzukommen. Die Richtlinie tritt gem. Art. 18 Fernabsatzrichtlinie am Tag ihrer Veröffentlichung im Amtsblatt der Europäischen Gemeinschaften in Kraft. Die Richtlinie wurde im Amtsblatt vom 4. Juni 1997 veröffentlicht, so daß sie bis zum 4. Juni 2000 umzusetzen war. Das Fernabsatzgesetz wahrte die von der EU vorgegebene Frist nicht, da es gem. § 6 FernAbsG lediglich auf Verträge Anwendung findet, die nach dem 30. Juni 2000 abgeschlossen wurden[1149].

[1149] S. Hoenicke/Hülsdunk, MMR 2002, 415.

5. Weitere verbraucherschützende Richtlinien

Die Fernabsatzrichtlinie steht im Kontext mit weiteren verbraucherschützenden Richtlinien der Europäischen Union, die in Deutschland zunächst in Einzelgesetzen umgesetzt waren, nunmehr aber sämtlich in das BGB integriert sind. Insoweit handelt es sich im wesentlichen um:

- Richtlinie 93/13/EWG des Rates vom 5. April 1993 über mißbräuchliche Klauseln in Verbraucherverträgen (ABl. EG Nr. L 95, S. 29);
- Richtlinie 94/47/EG des Europäischen Parlaments und des Rates vom 26. Oktober 1994 zum Schutz der Erwerber im Hinblick auf bestimmte Aspekte von Verträgen über den Erwerb von Teilzeitnutzungsrechten an Immobilien (ABl. EG Nr. L 280, S. 83);
- Richtlinie 99/44/EG des Europäischen Parlaments und des Rates vom 25. Mai 1999 zu bestimmten Aspekten des Verbrauchsgüterkaufs und der Garantien für Verbrauchsgüter (ABl. EG Nr. L 171, S. 12).

Die Fernabsatzrichtlinie ist aber lediglich ein Zwischenschritt in der Umsetzung verbindlicher Europäischer Vorgaben über Dienste in der Informationsgesellschaft.

Am 17. Juli 2000 ist die „Richtlinie über bestimmte rechtliche Aspekte der Dienste der Informationsgesellschaft, insbesondere des elektronischen Geschäftsverkehrs im Binnenmarkt" veröffentlicht worden[1150]. Die Umsetzung in Deutschland erfolgte im Gesetz über rechtliche Rahmenbedingungen für den elektronischen Geschäftsverkehr[1151]. Im übrigen sieht § 312e BGB besondere Pflichten des Unternehmers im Fernabsatz vor, u.a. eine Fehlerkorrektur-Funktion, die unverzügliche Bestätigung der Bestellung sowie die Möglichkeit der Speicherung der Vertragsbedingungen.

6. Deutsche Umsetzung

Die verbraucherschützenden Vorgaben der Europäischen Union in Form der Fernabsatzrichtlinie[1152] führten in Deutschland zu einem weiteren Gesetz, das die Bestimmungen des allgemeinen Zivilrechts modifiziert – ein Stück mehr „Flickenteppich" im Verbraucherschutzrecht[1153].

[1150] Richtlinie 2000/31/EG, ABl. EG Nr. L 178, S. 1 ff.

[1151] S. Elektronischer Geschäftsverkehr-Gesetz – EGG vom 14. Dezember 2001, BGBl. I 2001, S. 3721 ff.

[1152] Fernabsatzrichtlinie; abgedruckt: ABl. EG Nr. L 144 vom 4. Juni 1997, 19 ff. = EWS 1997, 235 ff. = CR 1997, 575 ff.; vgl. *Köhler*, NJW 1998, 185 ff.; *Martinek*, NJW 1998, 207 ff.; *Arnold*, CR 1997, 526 ff.; *Bodewig*, DZWir 1997, 447 ff.

[1153] S. *Tonner*, BB 2000, 1413.

I. Fernabsatz-Richtlinie 247

Das Fernabsatzgesetz vom 27. Juni 2000[1154] regelte die Anbahnung und den Abschluß von Distanzgeschäften zwischen Verbrauchern und Unternehmern. Wenn ein Unternehmen Waren oder Dienstleistungen systematisch im Wege des Fernabsatzes vertreibt, so fanden die Bestimmungen des FernAbsG Anwendung. Ein besonders bedeutsamer Anwendungsbereich des FernAbsG ist der Internethandel. Gleichwohl darf man nicht dem Irrtum unterliegen, lediglich Internetgeschäfte unterlägen dem FernAbsG. Das Gesetz galt vielmehr für jede Form des Abschlusses von Geschäften im Wege der Fernkommunikation, sei es per Telefon oder Telefax oder auch über Katalogeinkauf oder Teleshopping. Grundsätzlich regelte das FernAbsG verbraucherschützende Konsequenzen bei Vertragsabschlüssen zwischen Vertragsparteien, sofern keine gleichzeitige körperliche Anwesenheit der Vertragsparteien gegeben ist. Das FernAbsG fand Anwendung auf Verträge über die Lieferung von Waren oder die Erbringung von Dienstleistungen, sofern nicht der Ausnahmekatalog des § 1 Abs. 3 FernAbsG einschlägig ist. Insoweit ist auch unerheblich, ob ein entgeltlicher Vertrag vorliegt oder angestrebt wird.

Der Versuch, die Verfassungswidrigkeit des Fernabsatzgesetzes durch das Bundesverfassungsgericht feststellen zu lassen, scheiterte. Das Gericht entschied, daß die Verfassungsbeschwerde nicht zur Entscheidung anzunehmen ist. Vor Erhebung einer Verfassungsbeschwerde gegen das Gesetz über Fernabsatzverträge und andere Fragen des Verbraucherrechts sowie zur Umstellung von Vorschriften auf EURO vom 27. Juni 2000 durch Versandhandelsunternehmen sei dem Grundsatz der Subsidiarität folgend zunächst durch die Fachgerichte zu prüfen, wie die zentralen Informations- und Dokumentationspflichten zu verstehen sind und ob die Rücksendekostenlast, die grundsätzlich über die Preiskalkulation abgefangen werden kann, zu einer im Vergleich zum stationären Handel unbilligen Benachteiligung führt[1155].

7. Modifikation des Fernabsatzrechts durch die Schuldrechtsreform

Das Schuldrechtmodernisierungsgesetz vom 26. November 2001 (Gesetz zur Modernisierung des Schuldrechts, SMG) ist ohne Zweifel ein ju-

---

[1154] FernAbsG, BGBl. I 2000, S. 887; vgl. dazu: *Ullrich*, Das Fernabsatzgesetz und weitere Neuerungen im Verbraucherschutzrecht, StuB 2000, 1172; *Günther*, Fernabsatzgesetz verabschiedet, CI 2000, 94; *Härting*, Verbraucherwerbung nach dem Fernabsatzgesetz, CR 2000, 691 ff.; *ders.*, Erstkontakt mit dem Verbraucher nach dem Fernabsatzgesetz, DB 2000, 2312 ff.; *Frings*, Das Fernabsatzgesetz, NWB 2000, 3855 ff.; *Roth*, Das Fernabsatzgesetz, JZ 2000, 1013 ff.; *Schmidt-Räntsch*, Zum Fernabsatzgesetz, ZBB 2000, 344; *Vehslage*, Das neue Fernabsatzgesetz im Überblick, DuD 2000, 546 ff.

[1155] S. BVerfG, Beschluß vom 27. August 2001 – 1 BvR 1082/01, VR 2002, 142 ff. m. Anm. *Hantke* = NJW 2002, 428 f.

ristisches Jahrhundertwerk. Daher ist es nicht verwunderlich, daß es im Schrifttum teils auf breite Zustimmung, teils aber auch auf heftige Ablehnung gestoßen ist[1156].

In Streit steht vor allem, ob die Zeit für eine allgemeine Umgestaltung des Schuldrechts reif ist, ob die ablaufende Frist für die Umsetzung verschiedener Richtlinien der EU einen ausreichenden Anlaß für eine so nachhaltige Umgestaltung des deutschen Zivilrechts darstellt, ob nicht eine große Veränderung und Ergänzung der von der Umsetzung betroffenen Vorschriften ausgereicht hätte und ob die Umsetzung der Richtlinien der EU Inhalt des BGB oder Inhalt eines anderen Gesetzes hätte sein sollen. Die Auseinandersetzung mit diesen Fragen kann an dieser Stelle nicht erfolgen. Jedenfalls trifft das Bürgerliche Gesetzbuch (Art. 1 des Gesetzes zur Modernisierung des Schuldrechts[1157]) nunmehr folgende Regelungen:

8. Fernabsatzverträge

Gemäß § 312b Abs. 1 BGB sind Fernabsatzverträge Verträge über die Lieferung von Waren oder über die Erbringung von Dienstleistungen, die zwischen einem Unternehmer und einem Verbraucher unter ausschließlicher Verwendung von Fernkommunikationsmitteln abgeschlossen werden, es sei denn, daß der Vertragsschluß nicht im Rahmen eines für den Fernabsatz organisierten Vertriebs- oder Dienstleistungssystems erfolgt.

a) Fernkommunikationsmittel und Verbraucher

Fernkommunikationsmittel sind gem. § 312b Abs. 2 BGB Kommunikationsmittel, die zur Anbahnung oder zum Abschluß eines Vertrages zwischen einem Verbraucher und einem Unternehmer ohne gleichzeitige körperliche Anwesenheit der Vertragsparteien umgesetzt werden können, insbesondere Briefe, Kataloge, Telefonanrufe, Telekopien, E-Mails sowie Rundfunk, Tele- und Mediendienste[1158].

Verbraucher[1159] ist gem. § 13 BGB jede natürliche Person, die ein Rechtsgeschäft zu einem Zweck abschließt, der weder ihrer gewerblichen noch ihrer selbständigen beruflichen Tätigkeit zugerechnet werden kann[1160].

[1156] S. oben sub § 3 I. 1. (f).

[1157] Schuldrechtsmodernisierungsgesetz vom 26. November 2001, BGBl. I 2001, 3138 ff.

[1158] S. *Schmittmann/Gorris*, Steuerliche Aspekte des Fernabsatzrechts, S. 33 f.; *Tonner*, BB 2000, 1413 (1416).

[1159] Vgl. *Börner/Rath/Sengpiel*, Fernabsatzrecht, S. 21; *Reim*, DB 2002, 2434.

[1160] Nach der Rechtsprechung des EuGH (Urteil vom 22. November 2001 – verb. Rs. C-541/99 und C-542/99, EWS 2002, 35 ff. = DB 2002, 264 – Cape Snc gegen Idealservice Srl und Idealservice MN RE Sas gegen OMAI Srl) kann „Verbraucher" i.S. des Art. 2b der Klauselrichtlinie nur eine natürliche Person sein.

I. Fernabsatz-Richtlinie

Unternehmer ist gem. § 14 Abs. 1 BGB eine natürliche oder juristische Person oder eine rechtsfähige Personengesellschaft, die bei Abschluß eines Rechtsgeschäfts in Ausübung ihre gewerblichen oder selbständigen beruflichen Tätigkeit handelt.

Beispiel:
Rechtsanwalt R bestellt bei dem Online-Buchhändler OBU einen Roman von John Grisham. Es handelt sich auf den ersten Blick zunächst um einen Fernabsatzvertrag, da der Online-Buchhändler über ein für den Fernabsatz organisiertes Vertriebs- oder Dienstleistungssystem verfügt.

Fraglich ist jedoch, ob tatsächlich ein Fernabsatzvertrag vorliegt. Ein solcher liegt nämlich nur dann vor, wenn es sich um einen Vertrag zwischen einem Verbraucher und einem Unternehmer handelt[1161]. OBU ist zweifellos Unternehmer i.S. von § 14 Abs. 1 BGB. Die Frage, ob R Verbraucher ist, ist nicht eindeutig zu beantworten. Zwar geht R einer selbständigen beruflichen Tätigkeit als Rechtsanwalt nach, es stellt sich aber die Frage, ob er das Buch zu einem Zweck bestellt, der seiner selbständigen beruflichen Tätigkeit zugerechnet werden kann. Will R das Buch lesen, um sich Kenntnisse über das amerikanische Rechtswesen zu verschaffen, spricht einiges dafür, das Rechtsgeschäfts seiner beruflichen Sphäre zuzurechnen. Bestellt R das Buch allerdings, um es während seines Urlaubs am Strand zum Zeitvertreib zu lesen, spricht einiges dafür, den Erwerb der privaten Sphäre zuzuordnen. Demnach fällt der Vertrag unter die Regelungen über Fernabsatzverträge. Bestellt hingegen der Rechtsanwalt einen mehrbändigen Kommentar, so dürfte schwerlich nachzuweisen sein, daß dieser nicht seiner selbständigen beruflichen Tätigkeit dienen soll, sondern lediglich zum Zeitvertreib.

Sofern es sich um ein echtes „dual use"-Wirtschaftsgut handelt, also ein Wirtschaftsgut, das sowohl beruflich als auch privat genutzt werden soll, ist auf den Schwerpunkt der Nutzung abzustellen[1162].

Abwandlung des Beispiels:
Rechtsanwalt R bestellt das Buch nicht bei dem Online-Buchhändler OBU, sondern in der örtlichen Buchhandlung B. Auf seine Bitte hin wird das Buch von dem Lehrling des Buchhändlers in die Kanzlei gebracht. Üblicherweise bietet B einen solchen Lieferdienst nicht an.

In dieser Konstellation handelt es sich nicht um einen Fernabsatzvertrag, da der Vertragsschluß nicht im Rahmen eines für den Fernabsatz organisierten Vertriebs- oder Dienstleistungssystems erfolgt ist. Ob ein solches System vorliegt, ist anhand einer Gesamtbewertung verschiedener einzelner Merkmale zu überprüfen. Dabei kommt es zunächst auf die or-

---

[1161] Vgl. zur Abgrenzung: *Tonner*, BB 2000, 1413 (1414); *Czeguhn*, ITRB 2001, 295, 296; *Riehm*, Jura 2000, 505 (506); *Ende/Klein*, Grundzüge des Vertriebsrechts im Internet, S. 121f.; *Pützhoven*, Europäischer Verbraucherschutz im Fernabsatz, S. 135f.

[1162] So *Czeguhn*, ITRB 2001, 295 (297).

§ 5. Europarechtliche Implikationen

ganisatorischen Voraussetzungen wie Verwendung einer eigenen Homepage, Bearbeitungsweise der eingehenden Aufträge, die Geschwindigkeit der Orderabwicklung, die Anzahl der damit befaßten Mitarbeiter und die Werbung des Unternehmens an[1163]. Da der Buchhandel nur ausnahmsweise in die Kanzlei liefert und dafür auch bei spezielles Personal vorhält, spricht alles gegen ein Fernabsatzsystem.

Über die vorstehenden Kriterien hinaus kommt die Annahme eines für den Fernabsatz organisierten Vertriebs- und Dienstleistungssystems nur in Betracht, wenn es eine „gewisse Nachhaltigkeit" aufweist. Dies soll dann nicht der Fall sein, wenn etwa Fernkommunikationsmittel nur sporadisch oder zufällig eingesetzt werden[1164].

Weitere Abwandlung:
Rechtsanwalt R surft im Internet und schaut sich dort eine Auswahl von Roben an. Die Roben können sowohl online bestellt als auch in einem Ladengeschäft gekauft werden. R begibt sich in das nächstgelegene Ladengeschäft des Robenhändlers und kauft dort die Robe, die er sofort mitnehmen kann.

Es liegt in diesem Fall zwar ein für den Fernabsatz organisiertes Vertriebs- oder Dienstleistungssystem vor, gleichwohl handelt es sich aber aus zwei Gründen nicht um einen Fernabsatzvertrag. Einerseits weil der Vertrag nicht zwischen einem Unternehmer und einem Verbraucher geschlossen worden ist, da R die Robe für seine selbständige berufliche Tätigkeit benötigt, und andererseits auch der Vertrag nicht unter ausschließlicher Verwendung von Fernkommunikationsmitteln abgeschlossen worden ist. Vielmehr ist der Vertrag erst bei beiderseitiger Anwesenheit der Parteien im Ladengeschäft zustande gekommen. Demnach kann R sich nicht auf die Vorschriften zu Fernabsatzverträgen berufen.

Ein großer Teil der Fernabsatzgeschäfte unterfällt daher nicht §§ 312 b ff. BGB. Soweit nämlich Unternehmer für ihren gewerblichen Bedarf Waren oder Dienstleistungen beziehen, ist das Fernabsatzrecht nicht anwendbar. Somit fällt das internetgestützte Beschaffungswesen von Unternehmen völlig aus dem Anwendungsbereich heraus. Dieses Beschaffungswesen hat inzwischen erhebliche Größenordnungen erreicht[1165].

Beispiel:
Bei einer sog. „umgekehrten Auktion" auf dem Marktplatz Trimondo kaufte die Deutsche Post AG Computerzubehör für € 4,5 Mio. ein. Dabei ergab sich nach Angaben von Trimondo eine Einsparung gegenüber der herkömmlichen Beschaffung von etwa € 100.000,00. Bei der umgekehrten Auktion beschreibt der Nachfrager genau, welche Produkte er kaufen will. Die Anbieter unterbieten sich solange, bis niemand mehr ein weiteres Angebot vorlegt. Der günstigste Anbieter bekommt den Zuschlag. Ein weiterer Vorteil liegt in der Vereinfachung der Geschäftsprozesse, nicht allein in der Senkung der Einkaufskosten. Im Jahre 2001 lag das Transaktionsvolumen auf Trimondo im zwei-

---

[1163] Vgl. dazu *Ende/Klein*, Grundzüge des Vertriebsrechts im Internet, S. 136 ff.
[1164] So *Ende/Klein*, Grundzüge des Vertriebsrechts im Internet, S. 138.
[1165] Vgl. dazu: *Koenig/Kulenkampff/Kühling/Loetz/Smit*, Internetplattformen in der Unternehmenspraxis, Heidelberg, 2002; *Merz*, Electronic Commerce, S. 302 ff.

I. Fernabsatz-Richtlinie

stelligen Millionenbereich. Im Jahre 2002 solle ein dreistelliger Millionenbetrag über die Internet-Plattform abgewickelt werden. Trimondo ist ein Gemeinschaftsunternehmen der Lufthansa AG und der Deutschen Post AG.

Die Deutsche Post AG plant bis zum Jahre 2004 indirekte Güter wie Büroartikel oder Computer im Wert von € 200 Mio. über das Internet zu beschaffen. Dabei soll das Internet der Deutschen Post AG helfen, die Beschaffungskosten zu senken und die Geschäftsprozesse zu vereinbaren. Alle diese Rechtsgeschäfte fallen nicht unter das Fernabsatzrecht, da beide Beteiligten Unternehmer sind und daher gem. § 312b Abs. 1 BGB ein Fernabsatzvertrag nicht vorliegt.

b) Gesetzliche Ausschlüsse

Im übrigen finden die Vorschriften über Fernabsatzverträge gem. § 312b Abs. 3 BGB[1166] (früher: § 1 Abs. 3 FernAbsG[1167]) keine Anwendung auf Verträge

1. über Fernunterricht (§ 1 Fernunterrichtsschutzgesetz),
2. über die Teilzeitnutzung von Wohngebäuden (§ 481 BGB),
3. über Finanzgeschäfte, insbesondere Bankgeschäfte, Finanz- und Wertpapierdienstleistungen und Versicherungen sowie deren Vermittlung, ausgenommen Darlehnsvermittlungsverträge,
4. über die Veräußerung von Grundstücken und grundstücksgleichen Rechten, die Begründung, Veräußerung und Aufhebung von dinglichen Rechten an Grundstücken und grundstücksgleichen Rechten sowie über die Errichtung von Bauwerken,
5. über die Lieferung von Lebensmitteln, Getränken oder sonstigen Haushaltsgegenständen des täglichen Bedarfs, die am Wohnsitz, am Aufenthaltsort oder am Arbeitsplatz eines Verbrauchers von Unternehmern im Rahmen häufiger und regelmäßiger Fahrten geliefert werden,
6. über die Erbringung von Dienstleistungen in den Bereichen Unterbringung, Beförderung, Lieferung von Speisen und Getränken sowie Freizeitgestaltung, wenn sich der Unternehmer bei Vertragsschluß verpflichtet, die Dienstleistungen zu einem bestimmten Zeitpunkt oder innerhalb eines genau angegebenen Zeitraums zu erbringen,
7. die geschlossen werden
   a) unter Verwendung von Warenautomaten oder automatisierten Geschäftsräumen oder
   b) mit Betreibern von Telekommunikationsmitteln aufgrund der Benutzung von öffentlichen Fernsprechern, soweit sie deren Benutzung zum Gegenstand haben.

[1166] Vgl. *Börner/Rath/Sengpiel*, Fernabsatzrecht, S. 26 ff.
[1167] S. *Pützhoven*, Europäischer Verbraucherschutz im Fernabsatz, S. 150 ff.; *Schmittmann/Gorris*, Steuerliche Aspekte des Fernabsatzrechts, S. 41 ff.

§ 5. Europarechtliche Implikationen

c) Unterrichtung des Verbrauchers bei Fernabsatzverträgen

Gemäß § 312c Abs. 1 BGB[1168] hat der Unternehmer den Verbraucher rechtzeitig vor Abschluß eines Fernabsatzvertrags im einer dem eingesetzten Fernkommunikationsmittel entsprechenden Weise klar und verständlich zu informieren über

1. die Einzelheiten des Vertrags, für die dies in der Rechtsverordnung nach Art. 240 des EGBGB bestimmt ist, und
2. den geschäftlichen Zweck des Vertrags.

Bei Telefongesprächen muß der Unternehmer seine Identität und den geschäftlichen Zweck des Vertrags bereits zu Beginn des Gesprächs ausdrücklich offen legen, § 312e Abs. 1 Satz 2 BGB.

Der Unternehmer hat dem Verbraucher gem. § 312c Abs. 2 BGB die in der Rechtsverordnung nach Art. 240 EGBGB bestimmten Informationen in dem dort bestimmten Umfang und in der dort bestimmten Art und Weise alsbald, spätestens bis zur vollständigen Erfüllung des Vertrags, bei Waren spätestens bei Lieferung an den Verbraucher, in Textform mitzuteilen.

Der Bundesminister der Justiz hat aufgrund der Art. 239 und 242 EG BGB sowie der Art. 238 Abs. 1, 240 und 241 EG BGB die Verordnung über Informationspflichten nach bürgerlichem Recht (BGB-Informationspflichten-Verordnung[1169]) erlassen.

Die Bestimmung des § 1 BGB-InfoV regelt[1170], daß der Unternehmer den Verbraucher gem. § 312 c Abs. 1 Nr. 1 BGB vor Abschluß eines Fernabsatzvertrags mindestens informieren muß über[1171]:

1. seine Identität,
2. seine Anschrift,
3. wesentliche Merkmale der Ware oder Dienstleistung sowie darüber, wie der Vertrag zustande kommt,
4. die Mindestlaufzeit des Vertrags, wenn dieser eine dauernde oder regelmäßig wiederkehrende Leistung zum Inhalt hat,

---

[1168] Vgl. umfassend: *Hoenicke/Hülsdunk*, MMR 2002, 415 (416 ff.).

[1169] BGB-InfoV vom 2. Januar 2002, Bundesgesetzblatt vom 8. Januar 2002, BGBl 2002 I, S. 242; vgl. auch Erste VO zur Änderung der BGB-Informationspflichten-Verordnung vom 13. März 2002, BGBl. 2002 I, S. 1230; Zweite Verordnung zur Änderung der BGB-Informationspflichtenverordnung vom 1. August 2002, BGBl. 2002 I, S. 2958; Bekanntmachung der Verfassung der BGD-Informationspflichtenverordnung vom 5. August 2002, BGBl. 2002 I, S. 3002; vgl. kritisch: *Masuch*, Musterhafte Widerrufsbelehrung des Bundesjustizministeriums, NJW 2002, 2931 ff.

[1170] Die Zusendung eines Werbefaxes ohne die in § 1 BGB-InfoV enthaltenen Pflichtangaben stellt einen Verstoß gegen § 1 UWG dar, so LG Frankfurt am Main, Urteil vom 14. Februar 2002 – 2/3 O 422/01, MMR 2002, 395 = GRUR – RR 2002, 269.

[1171] Vgl. auch *Hoenicke/Hülsdunk*, MMR 2002, 516 ff.; *Horn*, MMR 2002, 209 (212); *Bürger*, NJW 2002, 465 (466).

5. einen Vorbehalt, eine in Qualität und Preis gleichwertige Leistung (Ware oder Dienstleistung) zu erbringen, und einen Vorbehalt, die versprochene Leistung im Fall ihrer Nichtverfügbarkeit nicht zu erbringen,
6. den Preis der Ware oder Dienstleistung einschließlich aller Steuern und sonstiger Preisbestandteile,[1172]
7. ggf. zusätzlich anfallende Liefer- und Versandkosten[1173],
8. Einzelheiten hinsichtlich der Zahlung und der Lieferung oder Erfüllung,
9. das Bestehen eines Widerrufs- oder Rückgaberechts,
10. Kosten, die dem Verbraucher durch die Nutzung der Fernkommunikationsmittel entstehen, sofern sie über die üblichen Grundtarife, mit denen der Verbraucher rechnen muß, hinausgehen und
11. die Gültigkeitsdauer befristeter Angebote, insbesondere hinsichtlich des Preises.

Nach § 1 Abs. 2 BGB-InfoV hat der Unternehmer dem Verbraucher gem. § 312 c Abs. 2 BGB die in Abs. 1 Nr. 1 bis 9 bestimmten Informationen in Textform mitzuteilen[1174]. Dazu reicht es nicht aus, wenn der Unternehmer im Internet auf der Homepage die Angaben zu seiner Identität und Anschrift nur über einen Link „Kontakt" und dort unter der Überschrift „Impressum" zugänglich macht[1175].

Weitere Informationspflichten ergeben sich aus § 1 Abs. 3 BGB-InfoV, insbesondere Information über die Bedingungen, Einzelheiten der Ausübung und Rechtsfolgen des Widerrufs- oder Rückgaberechts sowie über den Ausschluß des Widerrufs- oder Rückgaberechts sowie Information über Kundendienst und geltende Gewährleistungs- und Garantiebedingungen[1176].

[1172] Dies bedeutet, daß u. a. auch über ggfs. anfallende Zölle und ähnliche Angaben informiert werden muß, so *Schmittmann/Gorris*, Steuerliche Aspekte des Fernabsatzrechts, S. 173; nach Auffassung von *Micklitz*/Tonner, Hk-Vertriebsrecht, § 312c Rdnr. 87, die indes keine Begründung geben, ist nur die Mehrwertsteuer gemeint.
[1173] Nach Auffassung des LG Frankfurt am Main, Urteil vom 13. Februar 2002 – 2/6 O 5/02, WRP 2002, 1309f., reicht es zur Bekanntmachung von Liefer- und Versandkosten nicht aus, lediglich abstrakt auf diese Kosten hinzuweisen („zzgl. Versandkosten"); diese Kosten sind vielmehr zu beziffern.
[1174] Die Zusendung eines Werbefaxes ohne die in § 1 BGB-InfoV enthaltenen Pflichtangaben stellt einen Verstoß gegen § 1 UWG dar, so LG Frankfurt am Main, Urteil vom 14. Februar 2002 – 2/3 O 422/01, MMR 2002, 395.
[1175] So OLG Karlsruhe, Urteil vom 27. März 2002 – 6 U 200/01, JurPC Web-Dokument 245/2002 = ITRB 2002, 200 [*Günther*].
[1176] Der Bereich Reisevertragsrecht wurde inzwischen durch die Erste VO zur Änderung der BGB-Informationspflichten-Verordnung vom 13. März 2002, BGBl. 2002 I, S. 1230, modifiziert, insbesondere, was den Sicherungsschein angeht, der inzwischen elektronisch erstellt werden kann.

Die Regelung des § 2 BGB-InfoV betrifft lediglich Teilzeit-Wohnrechteverträge (vgl. §§ 481 ff. BGB).

Detaillierte Informationspflichten ergeben sich für den Unternehmer im elektronischen Geschäftsverkehr gem. § 3 BGB-InfoV. Danach muß der Unternehmer den Kunden im elektronischen Geschäftsverkehr informieren:

– über die einzelnen technischen Schritte, die zu einem Vertragsschluß führen,
– darüber, ob der Vertragstext nach dem Vertragsschluß von dem Unternehmer gespeichert wird und ob er dem Kunden zugänglich ist,
– darüber, wie er mit dem gemäß § 312e Abs. 1 Satz 1 BGB zur Verfügung gestellten technischen Mitteln Eingabefehler vor Abgabe der Bestellung erkennen und berichtigen kann,
– über die für den Vertragsschluß zur Verfügung stehenden Sprachen und
– über sämtliche einschlägigen Verhaltenskodices, denen sich der Unternehmer unterwirft, sowie die Möglichkeit eines elektronischen Zugangs zu diesen Regelwerken.

Die Regelungen aus §§ 4 ff. BGB-InfoV betreffen Informationspflichten von Reiseveranstaltern.

Die besonderen Informationspflichten von Kreditinstituten ergeben sich aus §§ 10 ff. BGB-InfoV.

Da der Unternehmer gem. § 1 Abs. 1 Nr. 6 BGB-InfoV den Preis der Ware oder Dienstleistung einschließlich aller Steuern und sonstiger Preisbestandteile angeben muß, wird er nicht umhin kommen, auch steuerrechtliche Hinweise zu geben.

Die Regelung des § 312c Abs. 2 BGB gilt gem. § 312c Abs. 3 BGB nicht für Dienstleistungen, die unmittelbar durch Einsatz von Fernkommunikationsmitteln erbracht werden, sofern diese Leistungen in einem Mal erfolgen und über den Betreiber der Fernkommunikationsmittel abgerechnet werden. Der Verbraucher muß sich in diesem Fall aber über die Anschrift der Niederlassung des Unternehmers informieren können, bei der er Beanstandungen vorbringen kann.

Weitergehende Einschränkungen bei der Verwendung von Fernkommunikationsmitteln und weitergehende Informationspflichten aufgrund anderer Vorschriften bleiben gem. § 312c Abs. 4 BGB unberührt, was insbesondere für im Interesse des Schutzes des Verbrauchers bestehende anderweitige Beschränkungen der Unternehmer – etwa nach § 1 UWG i.V. mit §§ 2, 21, 73 AMG sowie § 3a HWG – gilt[1177].

[1177] So BGH, Urteil vom 11. Juli 2002 – I ZR 34/01, NJW 2002, 3469 = WRP 2002, 1141 (1147 f.) – Muskelaufbaupräparate.

d) Widerrufs- und Rückgaberecht bei Fernabsatzverträgen

Ein Kernstück der Fernabsatzrichtlinie ist das Widerrufs- und Rückgaberecht des Verbrauchers bei Fernabsatzverträgen[1178], das darauf beruht, daß zwischen Käufer und Verkäufer strukturell bedingt eine Informationslücke eintritt. Im Gegensatz zum üblichen Handel kann der Erwerber im Fernabsatz die Ware zuvor nicht einer Prüfung unterziehen. Zwar ist es im Internet möglich, Bilder und sogar Filmsequenzen einzustellen, dies kann aber die persönliche Unterrichtung des Verbrauchers – etwa durch Tasten und Riechen – im Ladengeschäft nicht ersetzen.

Die Regelungen zu den Widerrufsrechten nach § 3 Abs. 1 Satz 1 FernAbsG, § 361a BGB (seit dem SMG: §§ 312d, 355 BGB) und nach §§ 2 Ziff. 2, 7 VerbrKrG stehen nicht in einem Alternativverhältnis, sondern sind nebeneinander anwendbar. Belehrt der Unternehmer, etwa bei der Lieferung eines Sammelwerks, nicht über beide Widerrufsrechte, für die unterschiedliche Fristen gelten, verstößt er gegen § 1 UWG[1179].

aa) Widerrufsrecht, § 312d Abs. 1 Satz 1 BGB

Dem Grundsatz nach steht dem Verbraucher gem. § 312d Abs. 1 Satz 1 BGB bei einem Fernabsatzvertrag ein Widerrufsrecht gem. § 355 BGB zu[1180]. Die Ausübung des Widerrufsrechts führt dazu, daß sich der ursprünglich wirksame Vertrag mit Wirkung ex nunc in ein Rückabwicklungsschuldverhältnis umwandelt[1181].

Gemäß § 355 Abs. 1 BGB ist der Verbraucher an seine auf den Abschluß des Vertrags gerichtete Willenserklärung nicht mehr gebunden, wenn er sie fristgerecht widerrufen hat. Der Widerruf muß keine Begründung enthalten und ist in Textform oder durch Rücksendung der Sache innerhalb von zwei Wochen gegenüber dem Unternehmer zu erklären; zur Fristwahrung genügt die rechtzeitige Absendung[1182].

Die Frist beginnt abweichend von § 355 Abs. 2 Satz 1 BGB nicht vor Erfüllung der Informationspflichten gem. § 312c Abs. 2 BGB, bei Liefe-

---

[1178] Vgl. umfassend: *Pützhoven*, Europäischer Verbraucherschutz im Fernabsatz, S. 164 ff.

[1179] S. OLG München, Urteil vom 23. August 2001 – 6 U 1982/01, MMR 2002, 47 ff. = CR 2002, 287 ff. m. Anm. *Günther*.

[1180] Vgl. im einzelnen: *Mankowski*, CR 2001, 767 (768); vgl. zur alten Rechtslage: *Börner/Rath/Sengpiel*, Fernabsatzrecht, S. 63 ff.; *Aigner/Hofmann*, MMR Beilage 8/2001, 30 ff.

[1181] So Palandt/*Heinrichs*, § 361a Rdnr. 28; *Horn*, MMR 2002, 209 (211 ff.).

[1182] Für die Anschrift i.S. des § 355 Abs. 2 Satz 1 BGB reicht es aus, wenn nicht die Hausanschrift, sondern die Postanschrift und damit die Postfachanschrift angegeben wird: BGH, Urteil vom 11. April 2002 – I ZR 306/99, NJW 2002, 2391 = DB 2002, 1317 = WRP 2002, 832 (835); nach Auffassung von *Ernst*, ITRB 2002, 265 (267), und *Micklitz*/Tonner, Hk-VertriebsR, § 335 BGB Rdnr. 49, ist eine ladungsfähige Anschrift erforderlich. Offen: *Aigner/Hofmann*, MMR Beilage zu Heft 8/2001, 30 (33).

rung von Waren nicht vor dem Tag ihres Eingangs beim Empfänger, § 312d Abs. 2 BGB[1183].

Die Regelung des § 355 Abs. 2 Satz 2 BGB findet gem. § 312d Abs. 2 a.E. keine Anwendung. Nach § 355 Abs. 2 Satz 2 BGB ist die Belehrung vom Verbraucher bei anderen als notariell beurkundeten Verträgen gesondert zu unterschreiben oder mit einer qualifizierten elektronischen Signatur zu versehen. Ist der Vertrag schriftlich abzuschließen, so beginnt die Frist nicht zu laufen, bevor dem Verbraucher auch eine Vertragsurkunde, der schriftliche Antrag des Verbrauchers oder eine Abschrift der Vertragsurkunde oder des Antrags zur Verfügung gestellt werden. Ist der Fristbeginn streitig, so trifft die Beweislast den Unternehmer. Diese komplizierte Regelung wollte der Gesetzgeber für den Fernabsatz gerade nicht einführen, sondern nur für die übrigen Verbraucherverträge, also beispielsweise Haustürgeschäfte und Teilzeitwohnrechte.

Das Widerrufsrecht erlischt gem. § 355 Abs. 3 BGB spätestens sechs Monate nach Vertragsschluß. Bei der Lieferung von Waren beginnt die Frist nicht vor dem Tag ihres Eingangs beim Empfänger.

Das Widerrufsrecht ist gem. § 312d Abs. 4 BGB ausgeschlossen bei Fernabsatzverträgen:

1. zur Lieferung von Waren, die nach Kundenspezifikationen angefertigt werden[1184] oder eindeutig auf die persönliche Bedürfnisse zugeschnitten sind oder die aufgrund ihrer Beschaffenheit nicht für eine Rücksendung geeignet sind[1185] oder schnell verderben können oder deren Verfalldatum überschritten würde,
2. zur Lieferung von Audio- oder Videoaufzeichnungen oder von Software, sofern die gelieferten Datenträger vom Verbraucher entsiegelt worden sind,
3. zur Lieferung von Zeitungen, Zeitschriften und Illustrierten,
4. zur Erbringung von Wett- und Lotteriedienstleistungen[1186] oder
5. die in der Form von Versteigerungen (§ 156 BGB) geschlossen werden[1187].

[1183] Die Widerrufsbelehrung ist grundsätzlich in deutscher Sprache zu erteilen; haben die Vertragsverhandlungen jedoch in einer anderen Sprache stattgefunden und ist der Verbraucher dieser nicht mächtig, so ist er in der Sprache der Vertragsverhandlungen zu belehren, so LG Köln, Urteil vom 8. März 2002 – 32 S 66/01, VuR 2002, 250 = EWiR 2002, 801 [*Mankowski*].

[1184] Vgl. dazu: OLG Frankfurt am Main, Urteil vom 28. November 2001 – 9 U 148/01, CR 2002, 638ff. m. Anm. *Schirmbacher*; *Schmitt*, CR 2001, 838 (843).

[1185] Dazu gehören nicht Computerbauteile, so OLG Dresden, Urteil vom 23. August 2001 – 8 U 1535/01, CR 2001, 819 = WRP 2001, 1363f. = JurPC Web-Dok. 237/2001.

[1186] Die Geschäftsbesorgung durch Weiterleitung eines Lottotipps an eine Lottogesellschaft ist kein Vertrag zur Erbringung von Wett- oder Lotteriedienstleistungen, so daß ein Ausschluß von den Fernabsatzgeschäften nicht gegeben ist, so OLG Karlsruhe, Urteil vom 27. März 2002 – 6 U 200/01, WRP 2002, 849ff. = JurPC Web-Dokument 245/2002 = ITRB 2002, 200 [*Günther*].

[1187] Vgl. *Pützhoven*, Europäischer Verbraucherschutz im Fernabsatz, S. 56f.

I. Fernabsatz-Richtlinie

Der Hinweis auf § 156 BGB ist bedeutsam, da nicht alles, was im Internet als Versteigerung oder Auktion bezeichnet wird, auch zivilrechtlich als solche anzusehen ist[1188]. Auch liegt in der Regel keine Versteigerung i.S. des § 34b GewO vor[1189]. Jedenfalls dann, wenn mit dem „virtuellen Zuschlag" kein wirksames Rechtsgeschäft zwischen Höchstbietendem und Veräußerer zustande kommt, fehlt es an der Versteigerungsqualität[1190]. Im übrigen fehlt es an der „örtlichen Begrenzung", die für eine Versteigerung im zivil- und gewerberechtlichen Sinne erforderlich ist[1191].

Beispiel:
S ist Eigentümer eines fabrikneuen Fahrzeugs der Marke X (Wert: € 30.000,00). Dieses bietet er im Internet im Wege der Versteigerung an, wobei sich aus den Auktionsbedingungen ergibt, daß er das Fahrzeug an denjenigen abgibt, der nach Ende einer bestimmten Frist das höchste Gebot abgegeben hat. E bietet € 10.000,00. Höhere Angebote liegen bei Fristende nicht vor. S weigert sich, das Fahrzeug zu diesem Preis abzugeben. Nach der Rechtsprechung des BGH liegt in der Inseration im Internet nicht lediglich eine „invitatio ad offerendum", sondern bereits ein Vertragsangebot. Dieses kann der letzte Bieter annehmen und damit dem Vertrag zur Wirksamkeit verhelfen, ohne daß es der weiteren Mitwirkung des Anbieters bedarf[1192].

bb) Rückgaberecht, § 312d Abs. 1 Satz 2 BGB

Alternativ zum Widerrufsrecht kann dem Verbraucher bei Verträgen über die Lieferung von Waren ein Rückgaberecht nach § 356 BGB eingeräumt werden, § 312 d Abs. 1 Satz 2 BGB[1193]. Voraussetzung für die Ersetzung des Widerrufsrechts durch ein uneingeschränktes Rückgaberecht ist gem. § 356 Abs. 1 Satz 2 BGB, daß im Verkaufsprospekt eine deutlich gestaltete Belehrung über das Rückgaberecht enthalten ist, der Verbraucher den Verkaufsprospekt in Abwesenheit des Unternehmers eingehend zur Kenntnis nehmen konnte, und dem Verbraucher das Rückgaberecht in Textform eingeräumt wird. Die Erklärung des Verkäufers muß also in einer Urkunde oder auf andere zur dauerhaften Wiedergabe in Schriftzeichen geeigneten Weise abgegeben, die Person des Erklärenden genannt

---

[1188] Vgl. auch *Bullinger*, WRP 2000, 253 ff.; *Rüßmann/Reich*, K&R 2000, 116 ff.; *Wiebe*, MMR 2000, 323 ff.; *Huppertz*, MMR 2000, 65 ff.; *Czeguhn*, ITRB 2001, 295 ff.; *Boehme-Neßler*, CyberLaw, S. 169 ff.
[1189] Vgl. *Husmann*, VR 2000, 230 ff.; *Boehme-Neßler*, CyberLaw, S. 171.
[1190] So auch KG, Urteil vom 11. Mai 2001 – 5 U 9586/00, K&R 2001, 519 (521).
[1191] So auch OLG Frankfurt am Main, Urteil vom 1. März 2001 – 6 U 64/00, K&R 2001, 522 ff.
[1192] So BGH, Urteil vom 7. November 2001 – VIII ZR 13/01, JurPC Web-Dok. 255/2001 = DB 2001, 2712 = NJW 2002, 363 = MMR 2002, 95 m. Anm. *Spindler*. Vorinstanzen: OLG Hamm, Urteil vom 14. Dezember 2000 – 2 U 58/00, MMR 2001, 105 m. Anm. *Wiebe* = DB 2001, 88 m. Anm. *Wenzel/Bröckers*; LG Münster, Urteil vom 21. Januar 2000 – 4 O 4024/99, JZ 2000, 730 = MMR 2000, 323 m. Anm. *Wiebe* = K&R 2000, 197 ff. m. Anm. *Klewitz/Mayer* = DB 2000, 663 m. Anm. *Wilkens*; vgl. auch: *Hollerbach*, DB 2000, 2001; *Wenzel*, DB 2001, 2233.
[1193] Vgl. zur alten Rechtslage: *Börner/Rath/Sengpiel*, Fernabsatzrecht, S. 75 ff.

§ 5. Europarechtliche Implikationen

und der Abschluß der Erklärung durch Nachbildung der Namensunterschrift oder anders erkennbar gemacht werden, § 126b BGB.

Das Rückgaberecht kann gem. § 356 Abs. 2 BGB innerhalb der Widerrufsfrist, die jedoch nicht vor Erhalt der Sache beginnt, und nur durch Rücksendung der Sache oder, wenn die Sache nicht als Paket versandt werden kann, durch Rücknahmeverlangen ausgeübt werden. Die Regelung des § 355 Abs. 1 Satz 2 BGB (Begründung der Rückgabe nicht erforderlich und in Textform zu erklären) findet entsprechende Anwendung.

Besonderheit des Rückgaberechts ist es, daß es lediglich für die Lieferung von Waren, nicht aber für Dienstleistungen einschlägig ist.

Waren sind alle beweglichen körperlichen Sachen des Handelsverkehrs. Dies sind auch Strom, Gas, Wasser und Fernwärme[1194]. Der Begriff der Dienstleistung ist aufgrund seines europarechtlichen Ursprungs weit auszulegen und umfaßt – soweit nicht § 312b Abs. 3 BGB entgegensteht – Werk- und Werklieferungsverträge, Geschäftsbesorgungsverträge, Partnerschaftsverträge, Maklerverträge[1195] und ähnliche Rechtsgeschäfte. Auch virenanfällige Computerbauteile und Speichermedien unterfallen dem Fernabsatzrecht. Sie sind nicht aufgrund ihrer Beschaffenheit für eine Rücksendung nicht geeignet. Das Wertverlustrisiko hat beim Fernabsatz allein der Verkäufer zu tragen[1196].

Über das Fernabsatzrecht des BGB hinausgehende Informationspflichten können sich aus der PAngV, dem Gesetz über Einheiten im Meßwesen, dem TDG oder dem TDDG ergeben[1197].

Die ersten Erfahrungen mit dem Fernabsatzrecht zeigen, daß Verbraucher häufig von den ihnen nun eingeräumten Möglichkeiten des Widerrufs oder der Rückgabe Gebrauch machen. Dies führt nicht nur zu erheblichen Konsequenzen für die Preiskalkulation der Internet-Unternehmen, sondern auch zu ertrags- und umsatzsteuerlichen Problemstellungen, die bislang in dieser Form nicht bekannt waren.

Auf das Widerrufs- und Rückgaberecht finden die Vorschriften über den gesetzlichen Rücktritt entsprechende Anwendung, § 357 Abs. 1 BGB.

Gemäß § 346 Abs. 1 BGB, der Grundnorm des Rücktrittsrechts, sind im Fall des Rücktritts die empfangenen Leistungen zurückzugewähren und die gezogenen Nutzungen herauszugeben.

Statt der Rückgewähr hat der Schuldner (des Rückgewähr- oder Herausgabeanspruchs) gem. § 346 Abs. 2 Satz 1 BGB Wertersatz zu leisten, soweit

---

[1194] So Palandt/*Heinrichs*, BGB, § 1 FernAbsG Rdnr. 6
[1195] S. Palandt/*Heinrichs*, BGB, § 1 FernAbsG Rdnr. 6; *Schmittmann/Gorris*, Steuerliche Aspekte des Fernabsatzrechts, S. 42f.
[1196] So OLG Dresden, Urteil vom 23. August 2001 – 8 U 1535/01, CR 2001, 819 = WRP 2001, 1363f. = JurPC Web-Dok. 237/2001.
[1197] So Palandt/*Heinrichs*, BGB, § 1 FernAbsG Rdnr. 18.

1. die Rückgewähr oder die Herausgabe nach der Natur des Erlangten ausgeschlossen ist,
2. er den empfangenen Gegenstand verbraucht, veräußert, belastet, verarbeitet oder umgestaltet hat,
3. der empfangene Gegenstand sich verschlechtert hat oder untergegangen ist; jedoch bleibt die durch die bestimmungsgemäße Ingebrauchnahme entstandene Verschlechterung außer Betracht.

Beispiele:
Der Verbraucher erwirbt im Wege des Fernabsatzes eine Flasche Wein, die er vor Ablauf der Widerrufsfrist austrinkt.

Der Verbraucher besucht im Internet eine virtuelle Filmvorführung, nach deren Ende er von seinem Widerrufsrecht Gebrauch macht.

Der Verbraucher bestellt im Wege des Fernabsatzes ein Buch, das er auspackt und liest. Dabei entstehen deutlich sichtbare Gebrauchsspuren.

Ist im Vertrag eine Gegenleistung bestimmt, so ist sie gem. § 346 Abs. 2 Satz 2 BGB bei der Berechnung des Wertersatzes zugrunde zu legen. Die Pflicht zum Wertersatz entfällt jedoch gem. § 346 Abs. 3 Satz 1 Nr. 3 BGB, wenn im Fall eines gesetzlichen Rücktrittsrechts die Verschlechterung oder der Untergang beim Berechtigten eingetreten ist, obwohl dieser diejenige Sorgfalt beobachtet hat, die er in eigenen Angelegenheiten anzuwenden pflegt („*diligentia quam in suis*").

Beispiel:
V bestellt beim Internetbuchhändler B ein Buch, das er – innerhalb der Widerrufsfrist – gemeinsam mit anderen eigenen Büchern auf seiner Terrasse liest. Während er sich in der Küche einen Drink mixt, kommt unerwartet es zu einem heftigen Gewitter. Dabei werden sämtliche Bücher durchnäßt und völlig unbrauchbar.

Die Neuregelung des § 357 Abs. 3 BGB 2002[1198] hat die bisherigen Bestimmungen aus § 361a Abs. 2 Satz 4 und 5 BGB abgelöst, nachdem sich die Auffassung durchgesetzt hatte, daß die Altregelung, die dem Verbraucher lediglich die Haftung für Gebrauchsvorteile, nicht aber für Abnutzung durch bestimmungsgemäße Ingebrauchnahme, auferlegte, den Unternehmer unbillig belaste[1199].

Gerade bei Bekleidung und Fahrzeugen war der Unternehmer belastet, da gerade hier die erste bestimmungsgemäße Ingebrauchnahme zu einem massiven Wertverlust führt, der vom Verbraucher nicht zu ersetzen war. Aus den Gesetzesmaterialien ergibt sich, daß der Gesetzgeber „zwischen den widerstreitenden Interessen" von Unternehmer und Verbraucher einen „angemessenen Ausgleich schaffen wollte[1200].

[1198] Gegen diese Regelung sind europarechtliche Bedenken vorgebracht worden, da dem Verbraucher keine Kosten über die Kosten der Rücksendung hinaus auferlegt werden dürfen, Art. 6 Abs. 2, Art. 12 Abs. 1 FARL, vgl. dazu *Rott*, VuR 2001, 78 (85); *Ring*, zfs 2002, 7 (8).
[1199] S. umfassend: *Ring*, zfs 2002, 7 ff.
[1200] Umfassend: BT-Drs. 14/6040, S. 199.

Abweichend von § 346 Abs. 2 Satz 1 Nr. 3 BGB hat der Verbraucher Wertersatz für eine durch die bestimmungsgemäße Ingebrauchnahme der Sache entstandene Verschlechterung zu leisten, wenn er spätestens bei Vertragsschluß in Textform, § 126b BGB, auf diese Rechtsfolge und eine Möglichkeit hingewiesen worden ist, sie zu vermeiden, § 357 Abs. 3 Satz 1 BGB.

Beispiel:
B weist jeden Kunden in Textform daraufhin, daß Bücher so sorgfältig umzublättern und zu behandeln sind, daß keine Gebrauchsspuren sichtbar werden. Im übrigen werde Wertersatz geschuldet.

Der Hinweis auf die Rechtsfolge und die Möglichkeit sie zu vermeiden, sind kumulativ zu verstehen, d.h. fehlt ein Teil der Belehrung, bleibt es bei der Grundregel des §§ 346 Abs.1 i.V. mit 357 Abs. 3 BGB. Ein Hinweis in Allgemeinen Geschäftsbedingungen reicht nicht aus[1201]. Die Hinweise müssen schon bei Vertragsschluß erfolgen, damit der Verbraucher die Möglichkeit habe, vom Abschluß des Vertrags Abstand zu nehmen[1202].

Die Regelung des § 357 Abs. 3 Satz 1 BGB gilt nicht, wenn die Verschlechterung ausschließlich auf die Prüfung der Sache zurückzuführen ist, § 357 Abs. 3 Satz 2 BGB.

Beispiel:
V bestellt im Wege des Fernabsatzes einen Chemiebaukasten. Er prüft die Qualität der gelieferten Chemikalien, indem er kleine Mengen entnimmt und untersucht. Der Kasten ist danach nicht mehr veräußerbar.

Gemäß § 357 Abs. 2 Satz 1 BGB ist der Verbraucher bei Ausübung des Widerrufsrechts zur Rücksendung verpflichtet, wenn die Sache durch Paket versandt werden kann. Kosten und Gefahr trägt gem. § 357 Abs. 2 Satz 2 BGB der Unternehmer. Wenn ein Widerrufsrecht besteht, dürfen dem Verbraucher bei einer Bestellung bis zu einem Betrag von € 40,00 die regelmäßigen Kosten der Rücksendung vertraglich auferlegt werden, es sei denn, daß die gelieferte Ware nicht der bestellten entspricht, § 357 Abs. 2 Satz 3 BGB. Der Betrag von € 40,00 versteht sich als Bruttopreis[1203]. Die Rückabwicklung des Fernabsatzvertrages umfaßt auch die vom Kunden bezahlten Versandkosten für die Lieferung der Kaufsache[1204].

Bei der Bemessung des Wertes bzw. der Wertminderung, die der Verbraucher gem. § 346 Abs. 2 BGB zu ersetzen hat, kommt es auf den objektiven Verkehrswert der Sache, nicht jedoch auf deren Kaufpreis an. Der vom Unternehmer beim Abschluß des Vertrags erwartete Gewinn

---

[1201] S. *Ring*, zfs 2002, 7 (8).
[1202] S. *Rott*, VuR 2001, 78 (85).
[1203] So Palandt/*Heinrichs*, § 361a Rdnr. 33.
[1204] So OLG Frankfurt am Main, Urteil vom 28. November 2001 – 9 U 148/01, CR 2002, 638 ff. m. Anm. *Schirmbacher*.

bleibt außer Betracht[1205]. Gemäß § 346 Abs. 2 Satz 2 BGB ist die vertragliche Gegenleistung bei der Berechnung des Wertansatzes zugrunde zu legen. Für die Überlassung des Gebrauchs oder die Benutzung einer Sache sowie für sonstige Leistungen bis zu dem Zeitpunkt der Ausübung des Widerrufsrechts hat der Verbraucher gem. § 346 Abs. 1 BGB den Gebrauchs- bzw. Nutzungswert zu vergüten, wobei gem. § 346 Abs. 2 Nr. 3 BGB die durch die bestimmungsgemäße Ingebrauchnahme einer Sache oder die Inanspruchnahme einer sonstigen Leistung eingetretene Wertminderung außer Betracht bleibt[1206].

9. Wettbewerbsrechtliche Implikationen des Fernabsatzrechts

Die Bestimmungen der §§ 312b ff. BGB stellen hohe Anforderungen an Unternehmer, die ihre Produkte oder Dienstleistungen im Wege des Fernabsatzes vertreiben. Gerade in Branchen mit hoher Marktdichte und extremen Wettbewerbssituationen verwundert es daher nicht, daß sich die Anbieter gegenseitig mit Argusaugen beobachten und geradezu darauf warten, daß die Mitbewerber Wettbewerbsverstöße begehen.

Nach der Generalklausel des deutschen Wettbewerbsrechts, § 1 UWG[1207], kann auf Unterlassung und Schadensersatz in Anspruch genommen werden, wer im geschäftlichen Verkehr zu Zwecken des Wettbewerbs Handlungen vornimmt, die gegen die guten Sitten verstoßen.

a) Klagebefugnisse und andere formale Voraussetzungen

Die Klagebefugnis für Wettbewerbsverstöße liegt gem. § 13 Abs. 2 UWG bei:

1. Gewerbetreibenden, die Waren oder gewerbliche Leistungen gleicher oder verwandter Art auf dem selben Markt vertreiben, soweit der Anspruch eine Handlung betrifft, die geeignet ist, den Wettbewerb auf diesem Markt wesentlich zu beeinträchtigen;
2. rechtsfähigen Verbänden zur Förderung gewerblicher Interessen;
3. bei qualifizierten Einrichtungen, die nachweisen, daß sie in die Liste qualifizierter Einrichtungen nach § 22a AGBG eingetragen sind;
4. Industrie- und Handelskammern und den Handwerkskammern.

Insbesondere Abmahnungen und Unterlassungsklagen von Mitbewerbern und Verbraucherschutzverbänden[1208] führen aufgrund der Kosten und der negativen Publicity zur Befolgung der gesetzlichen Regeln[1209].

[1205] So *Härting*, Fernabsatzgesetz, § 3 FernAbsG Anh. Rdnr. 61.
[1206] S. Erman-*Saenger*, BGB, § 7 VerbrKrG Rdnrn. 78 ff.
[1207] Gesetz gegen den unlauteren Wettbewerb vom 7. Juni 1909, RGBl. 1909, S. 499.
[1208] Vgl. *Micklitz*/Tonner, Hk-VertriebsR, § 312c BGB Rdnr. 112.
[1209] So auch *Mankowski*, CR 2001, 767.

§ 5. Europarechtliche Implikationen

Der einzelne Verbraucher, der auf sein Recht pocht, spielt für die meisten Unternehmen nur eine randständige Rolle. Für ihn greifen aber vertragsrechtliche Sanktionen[1210].

Eine weitere Änderung ergibt sich durch das Unterlassungsklagengesetz (Gesetz über Unterlassungsklagen bei Verbraucherrechts- und anderen Verstößen[1211]), das seinerseits auf die Richtlinie 98/27/EG vom 19. Mai 1998 über Unterlassungsklagen zum Schutz der Verbraucherinteressen[1212] zurückgeht.

b) Materielle Wettbewerbsverstöße

Verstößt ein Handeln zu Zwecken des Wettbewerbs gegen gesetzliche Vorschriften außerhalb des UWG, folgt daraus nicht zwangsläufig auch ein Verstoß gegen § 1 UWG[1213]. Gesetzwidriges Handeln ist sittenwidrigem Handeln im Sinne des Wettbewerbsrechts nicht ohne weiteres gleich zu setzen[1214].

Die Regelungen des § 1 UWG sind anwendbar unter der sittlich-rechtlichen Wertung des komplexen Lebensvorgangs unter Einbeziehung des in Rede stehenden Gesetzesverstoßes. Diesem kann bei der wettbewerbsrechtlichen Beurteilung eine ausschlaggebende, unter Umständen auch allein entscheidende Rolle zukommen. Maßgebend dafür sind Bedeutung und Gewicht der jeweiligen Norm. Der Verstoß gegen Vorschriften, die sittlich fundiert sind, weil ihnen eine dem Schutzzweck des UWG entsprechende sittlich-rechtliche Wertung zugrunde liegt, oder die Verletzung von Regelungen, die eine unmittelbare Wettbewerbsbezogenheit aufweisen oder besonders wichtige Gemeinschaftsgüter schützen, ist regelmäßig auch ein Wettbewerbsverstoß. In diesen Fällen ist ein Handeln zu Zwecken des Wettbewerbs schon als solches unlauter. Des Hinzutretens weiterer Umstände oder einer zusätzlichen wettbewerblichen Relevanz bedarf es dann in aller Regel nicht[1215].

[1210] S. Micklitz/Tonner, Hk-VertriebsR, § 312c BGB Rdnrn. 115 ff.

[1211] S. Neufassung des Gesetzes über Unterlassungsklagen bei Verbraucherrechts- und anderen Verstößen – UKlaG vom 27. August 2002, BGBl. 2002, 342 ff.; siehe auch Unterlassungsklagenverordnung (UKlaV) vom 3. Juli 2002, BGBl. 2002 I, S. 2565; Schmittmann/Gorris, Steuerliche Aspekte des Fernabsatzrechts, S. 57.

[1212] S. ABl. EG Nr. L 166, S. 51; vgl. Schaumburg, DB 2002, 723 ff.; Ulrici, WRP 2002, 399 ff.; Ulmer, ITRB 2002, 135 ff.

[1213] So Köhler/Piper, UWG, § 1 UWG Rd. 611.

[1214] S. BGH, Urteil vom 9. November 1973 – I ZR 126/72, BB 1974, 248 = GRUR 1974, 280 (282) = WRP 1974, 40 – Clipper; BGH, Urteil vom 23. Februar 1995 – I ZR 36/94, GRUR 1995, 427 – Zollangaben.

[1215] So BGH, Urteil vom 3. Juli 1980 – I ZR 127/79, BGHZ 81, 130 (132) = GRUR 1981, 831 – Grippewerbung; BGH, Urteil vom 9. Oktober 1986 – I ZR 138/84, BB 1987, 119 = GRUR 1987, 172 = WRP 1987, 446 = BGHZ 98, 330 (336) – Unternehmensberatungsgesellschaft I; BGH, Urteil vom 22. Februar 1990 – I ZR 78/88, BGHZ 110, 278 (290); BGH, Urteil vom 15. Juli 1999 – I ZR 14/97, BGHZ 142, 192 (197).

I. Fernabsatz-Richtlinie

Mit der Verletzung der Informationspflicht nach § 2 Abs. 2 FernAbsG (§ 312c BGB n.F.) verstößt der Unternehmer zugleich gegen § 1 UWG, da der Unternehmer sich auf diese Weise einen ungerechtfertigten Wettbewerbsvorsprung vor seinen gesetzestreuen Mitbewerbern verschafft und die Vorschriften des FernAbsG (§§ 312b ff. BGB) – neben ihrer verbraucherschützenden Aufgabe – sekundär auch die Funktion haben, die Gegebenheiten eines bestimmten Marktes festzulegen und die gleichen rechtlichen Voraussetzungen für die auf diesem Markt tätigen Wettbewerber zu schaffen[1216].

Unter dem Gesichtspunkt des Vorsprungs durch Rechtsbruch ist das Unterlassen der gesetzlich vorgeschriebenen Belehrung über das Bestehen eines Widerrufs- bzw. Rückgaberechts im Rahmen eines Internet-Shops sittenwidrig. Auch eine Änderung bzw. Einfügung der Belehrung nach einer Abmahnung beseitigt die Wiederholungsgefahr nicht[1217]. Diese Auffassung entspricht inzwischen der einhelligen Rechtsprechung, wobei aber darauf hinzuweisen ist, daß es sich im wesentlichen um Beschlüsse in einstweiligen Verfügungsverfahren handelt[1218].

Die Einhaltung der Belehrungspflichten nach dem Fernabsatzrecht (§§ 312b ff. BGB) ist für Unternehmen, die im Fernabsatz tätig sind, somit von existentieller Bedeutung, da einstweilige Verfügungen von Mitbewerbern oder abmahnungsbefugten Organisationen schwerwiegende Auswirkungen auf den Geschäftsbetrieb haben und darüber hinaus auch zum Kostenrisiko für gerichtliche Verfahren werden[1219].

Wettbewerbsrechtliche Auswirkungen ergeben sich hinsichtlich der Fernabsatz-Richtlinie einerseits bei der Beschränkung in der Verwendung bestimmter Fernkommunikations-Techniken, andererseits in der möglichen Verletzung von Hinweispflichten. Gemäß Art. 10 Abs. 1 bedarf die Verwendung folgender Techniken durch den Lieferer der vorherigen Zustimmung des Verbrauchers:

– Kommunikation mit Automaten als Gesprächspartner (Voice-Mail-System);
– Fernkopie (Telefax).

[1216] So OLG Frankfurt am Main, Beschluß vom 17. April 2001 – 6 W 37/01, MMR 2001, 529 m. Anm. *Steins* = RDV 2001, 238 = DB 2001, 1610 = CR 2001, 782 m. Anm. *Vehslage*.
[1217] So LG Duisburg, Urteil vom 1. Februar 2001 – 21/41 O 169/00, WRP 2001, 981.
[1218] Vgl. LG Hamburg, Beschluß vom 2. Mai 2001 –315 O 268/01, WRP 2001, 1254; LG Itzehoe, Beschluß vom 19. Januar 2001 – 7 O 25/01, CR 2001, 788; LG Darmstadt, Beschluß vom 25. Januar 2001 – 10 O 47/01, n.v.; LG München II, Beschluß vom 8. November 2000 – 2 HK O 6494/00, WRP 2001, 326 = CR 2001, 788; LG Berlin, Beschluß vom 29. August 2000 – 97 O 138/00, WRP 2001, 326; OLG Köln, Urteil vom 20. Oktober 2000 – 6 U 101/00, NJW 2001, 1288.
[1219] So auch *Ende/Klein*, Grundzüge des Vertriebsrechts im Internet, S. 119f.; *Riehm*, Jura 2000, 505, 513.

§ 5. Europarechtliche Implikationen

Gemäß Art. 10 Abs. 2 Fernabsatz-Richtlinie tragen die Mitgliedstaaten dafür Sorge, daß Fernkommunikations-Techniken, die eine individuelle Kommunikation erlauben, mit Ausnahme der in Abs. 1 genannten Techniken nur dann verwendet werden dürfen, wenn der Verbraucher ihre Verwendung nicht offenkundig abgelehnt hat.

Nach deutschem Recht war bislang schon die Verwendung von Telefon und Telefax ohne vorherige Zustimmung des Verbrauchers unzulässig. Hinsichtlich der Werbung mit Telefax hat dies nunmehr ausdrücklich Eingang in die Fernabsatz-Richtlinie gefunden.

Hinsichtlich der ebenso lästigen Telefon- und E-Mail-Werbung findet sich keine ausdrückliche Regelung in der Fernabsatz-Richtlinie. Demnach gilt für diese Werbeformen nach der Fernabsatz-Richtlinie das sog. „Opt-Out-Prinzip", was dazu führt, daß der Verbraucher Telefon- und E-Mail-Werbung hinnehmen muß, wenn er sie nicht offenkundig abgelehnt hat.

Gemäß Art. 14 Satz 1 Fernabsatz-Richtlinie können die Mitgliedstaaten in dem unter diese Richtlinie fallenden Bereich mit dem EG-Vertrag in Einklang stehenden strengere Bestimmungen erlassen oder aufrechterhalten, um ein höheres Schutzniveau für den Verbraucher sicherzustellen[1220]. Durch solche Bestimmungen können sie gem. Art. 14 Satz 2 Fernabsatz-Richtlinie im Interesse der Allgemeinheit den Vertrieb im Fernabsatz für bestimmte Waren und Dienstleistungen, insbesondere Arzneimittel, in ihrem Hoheitsgebiet unter Beachtung des EG-Vertrags verbieten. Die Ausnahmeregelung des Art. 14 Fernabsatz-Richtlinie hat in Deutschland insbesondere hinsichtlich der wettbewerbsrechtlichen Beurteilung von E-Mail-Werbung und der Zulässigkeit von Internetapotheken Anwendung gefunden.

Da § 1 UWG sowie §§ 823, 1004 BGB einen Unterlassungsanspruch gegen E-Mail-Werbung nach nationalem Recht gewährleisten, ist in diesen Vorschriften eine strengere Bestimmung als Art. 10 Abs. 2 Fernabsatz-Richtlinie zu sehen[1221]. Nach überwiegender Auffassung dienen sowohl § 1 UWG als auch §§ 823, 1004 BGB zumindest ebenfalls dazu, den Verbraucher zu schützen, so daß europarechtliche Bedenken der Anwendung der bisherigen deutschen Rechtsprechung zur E-Mail-Werbung nicht entgegenstehen. Lediglich das LG Braunschweig ist der Auffassung, daß die Zusendung von E-Mail-Werbung ohne vorhergehende Aufforderung entsprechend der Fernabsatz-Richtlinie nur dann sittenwidrig ist, wenn der Empfänger die Werbung offenkundig abgelehnt hat, nicht je-

---

[1220] So *Pützhoven*, Europäischer Verbraucherschutz im Fernabsatz, S. 24 f.; Gora/Mann-*Eickemeier*, Handbuch Electronic Commerce, Tz. 3.13.4.1 (S. 164f.); *Schmittmann*, RDV 2001, 172 (175f.).
[1221] Vgl. dazu oben im einzelnen: § 3 I. 1. d).

doch bereits wegen einer unzumutbaren Inanspruchnahme der Ressourcen des Empfängers[1222].

Das LG Berlin hat in einem älteren Urteil das deutsche Verbot der E-Mail-Werbung als mit der Fernabsatz-Richtlinie der EU nicht vereinbar eingestuft. Das Gericht verkennt zwar nicht, daß Art. 14 Satz 1 der Fernabsatz-Richtlinie den Mitgliedstaaten die Möglichkeit gäbe, strengere Bestimmungen zu erlassen oder aufrechtzuerhalten, um ein höheres Schutzniveau für den Verbraucher sicherzustellen. Diese Möglichkeit soll jedoch für E-Mail-Werbung ohne vorherige Zustimmung des Verbrauchers nicht gelten, da das Verbot einzelner Kommunikationsmittel – wie E-Mail beispielsweise – demnach durch die Mitgliedstaaten möglich wäre. Die Mitgliedstaaten könnten zwar gem. Art. 14 Satz 2 Fernabsatz-Richtlinie durch die in Art. 14 Satz 1 genannten Bestimmungen im Interesse der Allgemeinheit den Vertrieb bestimmter Waren und Dienstleistungen verbieten, dies sei jedoch als Konkretisierung und Beschränkung des Anwendungsbereichs von Art. 14 Fernabsatz-Richtlinie anzusehen, so daß ein Verbot bestimmter einzelner Kommunikationsmittel durch die Mitgliedsstaaten nicht möglich sein soll[1223].

Weitere wettbewerbsrechtliche Implikationen ergeben sich aus der Frage, ob ein Verstoß gegen die verbraucherschützenden Hinweis- und Belehrungspflichten, die aus der Fernabsatz-Richtlinie folgen und inzwischen in §§ 312 b ff. BGB umgesetzt sind, auch zu einem Verstoß gegen § 1 UWG führen[1224].

II. E-Commerce-Richtlinie

Die Richtlinie 2000/31/EG des Europäischen Parlaments und des Rates über bestimmte rechtliche Aspekte der Dienste der Informationsgesellschaft, insbesondere des elektronischen Geschäftsverkehrs im Binnenmarkt („Richtlinie über den elektronischen Geschäftsverkehr" – E-Commerce-Richtlinie) vom 8. Juni 2000[1225] (ECRL) beruht auf den nachstehenden Erwägungen:

Ziel der Europäischen Union ist es, einen immer engeren Zusammenschluß der europäischen Staaten und Völker zu schaffen, um den wirt-

---

[1222] So LG Braunschweig, Urteil vom 11. August 1999 – 22 O 1683/99, MMR 2000, 50 = CR 2000, 854 = ZAP EN-Nr. 93/2000 = NJW-CoR 2000, 235 m. Anm. *Rein*.
[1223] So LG Berlin, Urteil vom 13. Oktober 1998 – 16 O 320/98, MMR 1999, 43 m. Anm. *Westerwelle* = CR 1999, 187 m. Anm. *Kliem* = RDV 1999, 79 = ZAP Fach 16, S. 171f. (*Schmittmann*)
[1224] Siehe dazu oben unter: § 4 IV. 2.
[1225] S. ABl. EG Nr. L 178/1 vom 17. Juli 2000. Vgl. dazu: *Ruess*, Die E-Commerce-Richtlinie und das deutsche Wettbewerbsrecht, München, 2003; *Micklitz*/Tonner, Hk-VertriebsR, § 312e BGB Rdnrn. 1ff.

schaftlichen und sozialen Fortschritt zu sichern. Der Binnenmarkt umfaßt nach Art. 14 Abs. 2 des Vertrags einen Raum ohne Binnengrenzen, in dem der freie Verkehr von Waren und Dienstleistungen sowie die Niederlassungsfreiheit gewährleistet sind. Die Weiterentwicklung der Dienste der Informationsgesellschaft in dem Raum ohne Binnengrenzen ist ein wichtiges Mittel, um die Schranken, die die europäischen Völker trennen, zu beseitigen.

Die Entwicklung des elektronischen Geschäftsverkehrs in der Informationsgesellschaft bietet erhebliche Beschäftigungsmöglichkeiten in der Gemeinschaft, insbesondere in kleinen und mittleren Unternehmen, und wird das Wirtschaftswachstum sowie die Investitionen in Innovationen der europäischen Unternehmen anregen; diese Entwicklung kann auch die Wettbewerbsfähigkeit der europäischen Wirtschaft stärken, vorausgesetzt, daß das Internet allen zugänglich ist.

Das Gemeinschaftsrecht und die charakteristischen Merkmale der gemeinschaftlichen Rechtsordnung sind ein wichtiges Instrument, damit die europäischen Bürger und Unternehmen uneingeschränkt und ohne Behinderung durch Grenzen Nutzen aus den Möglichkeiten des elektronischen Geschäftsverkehrs ziehen können. Diese Richtlinie zielt daher darauf ab, ein hohes Niveau der rechtlichen Integration in der Gemeinschaft sicherzustellen, um einen realen Raum ohne Binnengrenzen für die Dienste der Informationsgesellschaft zu verwirklichen. Die Weiterentwicklung der Dienste der Informationsgesellschaft in der Gemeinschaft wird durch eine Reihe von rechtlichen Hemmnissen für das reibungslose Funktionieren des Binnenmarktes behindert, die die Ausübung der Niederlassungsfreiheit und des freien Dienstleistungsverkehrs weniger attraktiv machen. Die Hemmnisse bestehen in Unterschieden der innerstaatlichen Rechtsvorschriften sowie in der Rechtsunsicherheit hinsichtlich der auf Dienste der Informationsgesellschaft jeweils anzuwendenden nationalen Regelungen. Solange die innerstaatlichen Rechtsvorschriften in den betreffenden Bereichen nicht koordiniert und angepaßt sind, können diese Hemmnisse gemäß der Rechtsprechung des Gerichtshofs der Europäischen Gemeinschaften gerechtfertigt sein. Rechtsunsicherheit besteht im Hinblick darauf, in welchem Ausmaß die Mitgliedstaaten über Dienste aus einem anderen Mitgliedstaat Kontrolle ausüben dürfen.

Ziel der Richtlinie ist es, einen rechtlichen Rahmen zur Sicherstellung des freien Verkehrs von Diensten der Informationsgesellschaft zwischen den Mitgliedstaaten zu schaffen, nicht aber, den Bereich des Strafrechts als solchen zu harmonisieren.

Die Richtlinie läßt das durch Gemeinschaftsrechtsakte eingeführte Schutzniveau, insbesondere für öffentliche Gesundheit und Verbraucherschutz, unberührt. Unter anderem bilden die Richtlinie 93/13/EWG des Rates vom 5. April 1993 über mißbräuchliche Klauseln in Verbraucherverträgen und die Richtlinie 97/7/EG des Europäischen Parlaments und des

Rates vom 20. Mai 1997 über den Verbraucherschutz bei Vertragsabschlüssen im Fernabsatz wichtige Errungenschaften für den Verbraucherschutz im Bereich des Vertragsrechts. Jene Richtlinien gelten voll und ganz auch für Dienste der Informationsgesellschaft. Zum Rechtsstand auf Gemeinschaftsebene, der uneingeschränkt für die Dienste der Informationsgesellschaft gilt, gehören insbesondere auch die Richtlinien 84/450/EWG des Rates vom 10. September 1984 über irreführende und vergleichende Werbung, die Richtlinie 87/102/EWG des Rates vom 22. Dezember 1986 zur Angleichung der Rechts- und Verwaltungsvorschriften der Mitgliedstaaten über den Verbraucherkredit sowie die übrigen in Erwägungsgrund 11 der E-Commerce-Richtlinie genannten Bestimmungen.

Die E-Commerce-Richtlinie trifft Regelungen zu kommerziellen Kommunikationen. Gemäß Art. 2 lit. f ECRL sind kommerzielle Kommunikationen alle Formen der Kommunikation, die der unmittelbaren oder mittelbaren Förderung des Absatzes von Waren und Dienstleistungen oder des Erscheinungsbildes eines Unternehmens, einer Organisation oder einer natürlichen Person dienen, die eine Tätigkeit in Handel, Gewerbe oder Handwerk oder einen reglementierten Beruf ausüben. Keine Form der kommerziellen Kommunikation stellen folgende Angaben dar:

– Angaben, die direkten Zugang zur Tätigkeit des Unternehmens bzw. der Organisation oder Person ermöglichen, wie insbesondere ein Domain-Name oder eine Adresse der elektronischen Post;
– Angaben in bezug auf Waren und Dienstleistungen oder das Erscheinungsbild eines Unternehmens, einer Organisation oder Person, die unabhängig und insbesondere ohne finanzielle Gegenleistung gemacht werden.

Der zweite Abschnitt der E-Commerce-Richtlinie befaßt sich mit kommerziellen Kommunikationen. Zusätzlich zu den sonstigen Anforderungen des Gemeinschaftsrechts stellen die Mitgliedstaaten, die nicht angeforderte kommerzielle Kommunikation mittels elektronischer Post zulassen, gem. Art. 7 Abs. 1 ECRL sicher, daß solche kommerziellen Kommunikationen eines in ihrem Hoheitsgebiet niedergelassenen Diensteanbieters bei Eingang beim Nutzer klar und unzweideutig erkennbar sind. Mit dieser Vorschrift stellt die Europäische Union einerseits klar, daß es den Mitgliedstaaten – entgegen der Auffassung der Landgerichte Braunschweig[1226] und Berlin[1227] – möglich ist, nicht angeforderte kommerzielle Kommunikation grundsätzlich auszuschließen, andererseits folgt die Europäische Union damit dem Ansatz, daß zumindest eine

---

[1226] S. LG Braunschweig, Urteil vom 11. August 1999 – 22 O 1683/99, MMR 2000, 50 = ZAP EN-Nr. 93/2000 = AfP 2000, 213 = CR 2000, 854 = NJW-CoR 2000, 235 m. Anm. *Rein*.
[1227] S. LG Berlin, Urteil vom 23. Juni 2000 – 16 O 115/00, MMR 2001, 60 = K&R 2000, 517 = NWB EN-Nr. 1433/00 = CR 2000, 854 = AfP 2000, 600.

Kennzeichnungspflicht statuiert wird, die den Verbraucher in den Stand setzt, ohne Kenntnis des Inhalts der Nachricht ihren werbenden Charakter festzustellen. Damit setzt sich in Art. 7 Abs. 1 ECRL die Rechtsprechung des BGH zur BTX-Werbung fort, was bereits seitens der Literatur eingehend vorbereitet war[1228].

Unbeschadet der Richtlinien 97/7/EG (Fernabsatz-Richtlinie) und 97/66/EG (Richtlinie über die Verarbeitung personenbezogener Daten und den Schutz der Privatsphäre im Bereich der Telekommunikation) ergreifen die Mitgliedstaaten gem. Art. 7 Abs. 2 ECRL Maßnahmen, um sicherzustellen, daß Diensteanbieter, die nicht angeforderte kommerzielle Kommunikation durch elektronische Post übermitteln, regelmäßig sog. „Robinson-Listen" konsultieren, in die sich natürliche Personen eintragen können, die keine derartigen kommerziellen Kommunikationen zu erhalten wünschen, und daß die Diensteanbieter diese Listen beachten. Ein funktionierendes System von Robinson-Listen ist derzeit in Deutschland noch nicht installiert, insbesondere wohl auch deshalb, weil dieses Verfahren für weitestgehend wirkungslos erachtet wird und im übrigen lediglich rechtlich, aber nicht technisch von den Mitgliedstaaten sichergestellt werden kann, daß diese Robinson-Listen auch beachtet werden[1229]. Darüber hinaus ist zu berücksichtigen, daß der weit überwiegende Teil von werbenden E-Mails aus dem Gebiet außerhalb der Europäischen Union stammt und daher praktisch keine Sanktion möglich ist[1230].

Für alle kommerziellen Kommunikationen, also nicht lediglich für die elektronische Post, gelten die Vorgaben aus Art. 6 ECRL. Danach stellen die Mitgliedstaaten sicher, daß kommerzielle Kommunikationen, die Bestandteil eines Dienstes der Informationsgesellschaft sind oder einen solchen Dienst darstellen, zumindest folgende Bedingungen erfüllen:

a) Kommerzielle Kommunikationen müssen klar als solche zu erkennen sein.

b) Die natürliche oder juristische Person, in deren Auftrag kommerzielle Kommunikationen erfolgen, muß klar identifizierbar sein.

c) Soweit Angebote zur Verkaufsförderung wie Preisnachlässe, Zugaben und Geschenke im Mitgliedstaat der Niederlassung des Diensteanbieters zulässig sind, müssen sie klar als solche erkennbar sein und die Bedingungen für ihre Inanspruchnahme müssen leicht zugänglich sein sowie klar und unzweideutig angegeben werden.

d) Soweit Preisausschreiben oder Gewinnspiele im Mitgliedstaat der Niederlassung des Diensteanbieters zulässig sind, müssen sie klar als sol-

---

[1228] S. *Schmittmann*, MMR 1998, 53 ff.

[1229] Vgl. auch *Kelm*, Was tun gegen spamming?, in: Horster/Fox, Datenschutz und Datensicherheit, S. 23 ff.; *Schmittmann*, Rechtlicher Schutz vor unerwünschter E-Mail-Werbung, in: Horster/Fox, Datenschutz und Datensicherheit, S. 1 (6).

[1230] Ebenso *Schmittmann*, NWB Fach 28, S. 949 (957).

che erkennbar und die Teilnahmebedingungen müssen leicht zugänglich sein sowie klar und unzweideutig angegeben werden.

Unabhängig davon, daß Telefonwerbung in Deutschland, zumindest in der Form des sog. „cold calling"[1231], ohnehin unzulässig ist[1232], muß in Zukunft in Umsetzung von Art. 6 ECRL der Anrufer von vornherein erklären, daß es sich um einen Werbeanruf handelt. Oftmals wird Telefonwerbung so gestaltet, daß der Angerufene zunächst den Eindruck hat, daß es sich um eine Meinungsumfrage oder eine sachbezogene Anfrage, nicht aber um ein Verkaufsgespräch handelt. Aber auch hierbei gilt, daß die rechtlichen Vorgaben dann ein stumpfes Schwert bleiben, wenn die Anrufer nicht ermittelt werden können oder wenn es sich um Werbetreibende handelt, die ihren Sitz außerhalb der Europäischen Union haben.

1. Umsetzung der ECRL durch das EGG

Die Richtlinie 2000/31/EG des Europäischen Parlaments und des Rates vom 8. Juni 2000 über bestimmte rechtliche Aspekte der Dienste der Informationsgesellschaft, insbesondere des elektronischen Geschäftsverkehrs, im Binnenmarkt in nationales Recht umgesetzt werden. Die Umsetzung erfolgte in Deutschland durch das Gesetz über rechtliche Rahmenbedingungen für den elektronischen Geschäftsverkehr[1233]. Das Gesetz trat am 21. Dezember 2001, also noch rechtzeitig vor Ablauf der Umsetzungsfrist, in Kraft.

Das EGG als Artikel-Gesetz ändert eine Reihe von Gesetzen, wobei die Änderungen des Teledienstegesetzes im Vordergrund stehen.

2. Änderungen des Teledienstegesetzes

Das Teledienstegesetz[1234], ist in mehreren Bereichen geändert worden, die nachstehend vorgestellt werden.

a) Begriffsbestimmungen

Die Vorschrift des §3 TDG widmet sich der Definition der im Gesetz vorkommenden Begrifflichkeiten:

[1231] Vgl. umfassend: EuGH, Urteil vom 10. Mai 1995 – Rs. C-384/93, ABl. EG 1995 Nr. C 159, 3f. = IStR 1995, 296 = EuZW 1995, 404ff., m. Anm. *Reich*, EuZW 1995, 407f. = RIW 1995, 600f. = WRP 1995, 801ff., m. Anm. *Grosskopf*, WRP 1995, 805ff. = EWS 1995, 230f. = DuD 1995, 615f. (LS) = NJB-kartern 1995, 325 Nr. 8 = JZ 1996, 144ff. Vgl. dazu: *Kort*, Schranken der Dienstleistungsfreiheit im europäischen Recht, JZ 1996, 132ff.

[1232] S. *Schmittmann*, RDV 2000, 168ff.

[1233] Elektronischer Geschäftsverkehr-Gesetz; EGG vom 14. Dezember 2001, BGBl. I 2001, 3721.

[1234] TDG vom 22. Juli 1997 (BGBl. 1997 I, S. 1870), geändert durch Art. 6 Abs. 4 des Gesetzes vom 27. Juni 2000 (BGBl. 2000 I, S. 897).

§ 5. Europarechtliche Implikationen

- Diensteanbieter ist jede natürliche oder juristische Person, die eigene oder fremde Teledienste zur Nutzung bereithält oder den Zugang zur Nutzung vermittelt, § 3 Satz 1 Nr. 1 TDG n.F.
- Nutzer ist jede natürliche oder juristische Person, die zu beruflichen oder sonstigen Zwecken Teledienste in Anspruch nimmt, insbesondere um Informationen zu erlangen oder zugänglich zu machen, § 3 Satz 1 Nr. 2 TDG n.F.
- Verteildienste sind Teledienste, die im Wege einer Übertragung von Daten ohne individuelle Anforderung gleichzeitig für eine unbegrenzte Zeit von Nutzern erbracht werden, § 3 Satz 1 Nr. 3 TDG n.F.
- Abrufdienste sind Teledienste, die im Wege einer Übertragung von Daten auf Anforderung eines einzelnen Nutzers erbracht werden, § 3 Satz 1 Nr. 4 TDG n.F.
- Kommerzielle Kommunikation ist gem. § 3 Satz 1 Nr. 5 TDG n.F. jede Form der Kommunikation, die der unmittelbaren oder mittelbaren Förderung des Absatzes von Waren, Dienstleistungen oder des Erscheinungsbilds eines Unternehmens, einer sonstigen Organisation oder einer natürlichen Person dient, die eine Tätigkeit in Handel, Gewerbe oder Handwerk oder einen freien Beruf ausübt; wobei nicht unter kommerzielle Kommunikation die folgenden Begriffe fallen:
  - Angaben, die direkten Zugang zur Tätigkeit des Unternehmens oder der Organisation oder Person ermöglichen, wie insbesondere ein Domain-Name oder eine Adresse der elektronischen Post;
  - Angaben in Bezug auf Waren und Dienstleistungen oder das Erscheinungsbild eines Unternehmens, eine Organisation oder Person, die unabhängig und insbesondere ohne finanzielle Gegenleistung gemacht werden.
- Niedergelassene Diensteanbieter sind Anbieter, die mittels einer festen Einrichtung auf unbestimmte Zeit Teledienste geschäftsmäßig anbieten oder erbringen. Der Standort der technischen Einrichtung allein begründet keine Niederlassung des Anbieters. Einer juristischen Person steht eine Personengesellschaft gleich, die mit der Fähigkeit ausgestattet ist, Rechte zu erwerben und Verbindlichkeiten einzugehen; 3 § Satz 1 Nr. 6 TDG n.F.

Die Homepage eines Unternehmens wird regelmäßig als Teledienst angesehen, unabhängig davon, was im einzelnen Gegenstand der Darstellung ist[1235].

[1235] So Kaminski/Henßler/Kolaschnik/Papathoma-Baetge-*Oelschlägel*, Rechtshandbuch E-Business, S. 776.

b) Herkunftslandprinzip

Die sicherlich bedeutsamste Änderung durch das EGG stellt die Einführung des Herkunftslandsprinzip in § 4 Abs. 1 TDG n.F. dar. Das Herkunftslandprinzip, auch Ursprungslandprinzip genannt, hat sich in der Rechtsprechung des EuGH und in der Praxis der Kommission der EU zu einem konstituierenden Bestandteil des Binnenmarkts entwickelt. Bislang war dies lediglich für den Warenbereich zu beobachten. Der Dienstleistungssektor blieb von dem Prinzip weitgehend unberührt, wenn man einmal von der Fernsehrichtlinie 89/552/EG absieht[1236].

Nach dem Herkunftslandprinzip darf ein Dienst in der Informationsgesellschaft, der in einem Mitgliedstaat rechtmäßig erbracht wird, bei dem Zugang zum Binnenmarkt nicht behindert werden. Die Aufsicht über den Dienst obliegt dem Mitgliedstaat, in dem der Dienst niedergelassen ist. Durch die Einführung des Herkunftslandsprinzips kommt es zu einer Reihe von Erleichterungen für die Anbieter von Telediensten[1237]. Für einige Bereiche gilt das Herkunftslandprinzip nicht, § 4 Abs. 3 TDG n.F.:

– die Tätigkeit von Notaren sowie von Angehörigen anderer Berufe, soweit diese ebenfalls hoheitlich tätig sind,
– die Vertretung von Mandanten und die Wahrnehmung ihrer Interessen vor Gericht,
– die Zulässigkeit nicht angeforderter kommerzieller Kommunikationen durch elektronische Post,
– Gewinnspiele mit einem einen Geldwert darstellenden Einsatz bei Glücksspielen, einschließlich Lotterien und Wetten,
– die Anforderungen an Verteildienste,
– das Urheberrecht und verwandte Bereiche,
– die Ausgabe elektronischen Geldes,
– Vereinbarungen oder Verhaltensweisen, die dem Kartellrecht unterliegen,
– bestimmte Bereiche des Versicherungsaufsichtsrechts,
– das für den Schutz personenbezogener Daten geltende Recht.

Im übrigen unterliegen Teledienste dem innerstaatlichen Recht, soweit dieses dem Schutz der öffentlichen Ordnung, der öffentlichen Sicherheit, der öffentlichen Gesundheit und der Interessen der Verbraucher, einschließlich des Schutzes von Anlegern, vor Beeinträchtigungen oder ernsthaften und schwerwiegenden Gefahren dient.

[1236] Vgl. dazu EuGH, Urteil vom 28. Oktober 1999 – Rs. C-6/98, NJW 2000, 2657 = EuZW 2000, 81 m. Anm. *Dörr*.

[1237] Siehe im einzelnen oben § 2 II. 1.

§ 5. Europarechtliche Implikationen

c) Allgemeine Informationspflichten aus § 6 TDG

Aus der verbraucherschützenden Vorgabe der Europäischen Union aus Art. 5 ECRL, die zugleich auch der Gewährleistung des lauteren Geschäftsverkehrs dient, folgen Informationsverpflichtungen sowohl für Diensteanbieter als auch Transparenzverpflichtungen hinsichtlich der Preise der angebotenen Dienste[1238].

Gemäß § 6 Abs. 1 TDG n.F. haben Diensteanbieter für geschäftsmäßige Teledienste mindestens folgende Informationen leicht erkennbar, unmittelbar erreichbar und ständig verfügbar zu halten[1239]:

1. den Namen und die Anschrift, unter der sie niedergelassen sind, bei juristischen Personen zusätzlich den Vertretungsberechtigten,
2. Angaben, die eine schnelle elektronische Kontaktaufnahme und unmittelbare Kommunikation mit ihnen ermöglichen, einschließlich der Adresse der elektronischen Post,
3. soweit der Teledienst im Rahmen einer Tätigkeit angeboten oder erbracht wird, die der behördlichen Zulassung bedarf, Angaben zur zuständigen Aufsichtsbehörde,
4. das Handelsregister, Vereinsregister, Partnerschaftsregister oder Genossenschaftsregister, in das sie eingetragen sind und die entsprechende Registernummer,
5. soweit der Teledienst in Ausübung eines bestimmten Berufes angeboten oder erbracht wird, Angaben über
   a) die Kammer, welcher die Diensteanbieter angehören,
   b) die gesetzliche Berufsbezeichnung und den Mitgliedstaat der Europäischen Union, in dem die Berufsbezeichnung verliehen worden ist,
   c) die Bezeichnung der berufsspezifischen Regelungen und dazu, wie diese zugänglich sind,
6. sofern vorhanden, die Umsatzsteuer Identifikations-Nr. nach § 27 a UStG.

Verstößt ein Anbieter gegen die Vorgaben aus § 6 TDG, so muß er nicht nur mit Abmahnungen von Wettbewerbern[1240] rechnen, sondern auch mit Unterlassungsklagen von Verbraucherschutzverbänden. Unter den Begriff „Personenvereinigungen und -gruppen" in § 6 Nr. 2 TDG a.F. fallen auch juristische Personen, so daß die jeweiligen vertretungsberechtigten Personen anzugeben sind[1241].

[1238] Vgl. *Nickels*, CR 2002, 302 (305); *Lotze*, in: Hasselblatt, MHB Gewerblicher Rechtsschutz, § 28 Rdnrn. 208 ff.

[1239] Vgl. umfassend: *Hoenicke/Hülsdunk*, MMR 2002, 415 (418 ff.).

[1240] Nach von *Wüstenberg*, WRP 2002, 782 (785), vertretener Auffassung ist § 6 TDG indes eine reine Ordnungsvorschrift und rechtfertigt daher eine Abmahnung nicht.

[1241] So OLG München, Urteil vom 26. Juli 2001 – 29 U 3265/01, MMR 2002, 173 (174) = K&R 2002, 256.

II. E-Commerce-Richtlinie

Weitergehende Informationspflichten, insbesondere nach dem Fernabsatzgesetz, dem Fernunterrichtsgesetz, dem Teilzeit-Wohnrechtegesetz oder dem Preisangaben- und Preisklauselgesetz sowie der Preisangabeverordnung bleiben gem. § 6 Abs. 2 TDG unberührt. Zutreffenderweise müßte aufgrund des Schuldrechtsmodernisierungsgesetzes auf die entsprechenden Bestimmungen des BGB i.d.F. von Art. 1 des Gesetzes zur Modernisierung des Schuldrechts[1242] hingewiesen werden, also insbesondere §§ 312a ff. BGB.

Gemäß Art. 229 § 5 EGBGB i.d.F. des Schuldrechtsmodernisierungsgesetzes sind das BGB a.f., das AGBG, das HGB, das Verbraucherkreditgesetz, das Fernabsatzgesetz, das Fernunterrichtsgesetz, das Gesetz über den Widerruf von Haustürgeschäften u.ä. Geschäften, das Teilzeit-Wohnrechtegesetz, die Verordnung über Kundeninformationspflichten, die Verordnung über Informationspflichten von Reiseveranstaltern und die Verordnung betreffend die Hauptmängel und Gewährfristen beim Viehhandel nur auf Schuldverhältnisse anzuwenden, die vor dem 1. Januar 2002 entstanden sind. Das Fernabsatzgesetz findet demnach nur Anwendung auf Schuldverhältnisse, die zwischen dem 1. Juli 2000 und dem 31. Dezember 2001 entstanden sind.

Vorsicht ist hier auch für die Angehörigen der freien Berufe geboten. Sie müssen auf ihrer Homepage nicht nur angeben, welcher Kammer sie angehören, sondern auch Hinweise geben, wie die jeweilige berufsrechtliche Regelung (BRAO, StBerG, WPO einschließlich der dazugehörigen Berufsordnungen) zugänglich ist. M.E. muß zudem auf die einschlägigen Gebührenordnungen (BRAGO und StBGebV) und deren Zugänglichkeit hingewiesen werden.

Der Unternehmer hat dem Verbraucher gem. § 312c Abs. 2 BGB die in der Rechtsverordnung nach Art. 240 EGBGB bestimmten Informationen in dem dort bestimmten Umfang und in der dort bestimmten Art und Weise alsbald, spätestens bis zur vollständigen Erfüllung des Vertrags, bei Waren spätestens bei Lieferung an den Verbraucher, in Textform mitzuteilen.

Der Bundesminister der Justiz hat aufgrund der Art. 239 und 242 EGBGB sowie der Art. 238 Abs. 1, 240 und 241 EGBGB die Verordnung über Informationspflichten nach bürgerlichem Recht erlassen[1243].

[1242] S. Schuldrechtsmodernisierungsgesetz vom 26. November 2001, BGBl. I 2001, S. 3138 ff.
[1243] BGB-Informationspflicht-Verordnung, BGB-InfoV vom 2. Januar 2002, BGBl. vom 8. Januar 2002, BGBl. 2002 I, S. 242. Zuletzt geändert durch die Zweite Verordnung zur Änderung der BGB-InfoV vom 1. August 2002, BGBl. 2002 I, S. 2958 und die Bekanntmachung der Neufassung des BGB – Informationspflichten-Verordnung vom 5. August 2002, BGBl. 2002 I, S. 3002.

§ 5. Europarechtliche Implikationen

Die Bestimmung des § 1 BGB-InfoV regelt, daß der Unternehmer den Verbraucher gem. § 312c Abs. 1 Nr. 1 BGB vor Abschluß eines Fernabsatzvertrags mindestens informieren muß über[1244]:

1. seine Identität,
2. seine Anschrift,
3. wesentliche Merkmale der Ware oder Dienstleistung sowie darüber, wie der Vertrag zustande kommt,
4. die Mindestlaufzeit des Vertrags, wenn dieser eine dauernde oder regelmäßig wiederkehrende Leistung zum Inhalt hat,
5. einen Vorbehalt, eine in Qualität und Preis gleichwertige Leistung (Ware oder Dienstleistung) zu erbringen, und einen Vorbehalt, die versprochene Leistung im Fall ihrer Nichtverfügbarkeit nicht zu erbringen,
6. den Preis der Ware oder Dienstleistung einschließlich aller Steuern und sonstiger Preisbestandteile,
7. gegebenenfalls zusätzlich anfallende Liefer- und Versandkosten,
8. Einzelheiten hinsichtlich der Zahlung und der Lieferung oder Erfüllung,
9. das Bestehen eines Widerrufs- oder Rückgaberechts,
10. Kosten, die dem Verbraucher durch die Nutzung der Fernkommunikationsmittel entstehen, sofern sie über die üblichen Grundtarife, mit denen der Verbraucher rechnen muß, hinausgehen und
11. die Gültigkeitsdauer befristeter Angebote, insbesondere hinsichtlich des Preises.

Nach § 1 Abs. 2 BGB-InfoV hat der Unternehmer dem Verbraucher gem. § 312c Abs. 2 BGB die in Abs. 1 Nr. 1 bis 9 bestimmten Informationen in Textform mitzuteilen[1245]. Dabei reicht es nicht aus, wenn die Informationen für den Verbraucher nur über einen Link „Kontakt" zu erreichen und dort unter der Überschrift „Impressum" angeführt sind[1246].

Weitere Informationspflichten ergeben sich aus § 1 Abs. 3 BGB-InfoV, insbesondere ist erforderlich die Information über die Bedingungen, Einzelheiten der Ausübung und Rechtsfolgen des Widerrufs- oder Rückgaberechts sowie über den Ausschluß des Widerrufs- oder Rückgaberechts sowie Information über Kundendienst und geltende Gewährleistungs- und Garantiebedingungen.

Detaillierte Informationspflichten ergeben sich für den Unternehmer im elektronischen Geschäftsverkehr gem. § 3 BGB-InfoV. Danach muß

[1244] Die Zusendung eines Werbefaxes ohne die in § 1 BGB-InfoV enthaltenen Pflichtangaben stellt einen Verstoß gegen § 1 UWG dar, so LG Frankfurt am Main, Urteil vom 14. Februar 2002 – 2/3 O 422/01, MMR 2002, 395.
[1245] S. *Hoenicke/Hülsdunk*, MMR 2002, 516 (517).
[1246] So OLG Karlsruhe, Urteil vom 27. März 2002 – 6 U 200/01, WRP 2002, 849ff. = ITRB 2002, 200 [*Günther*].

II. E-Commerce-Richtlinie   275

der Unternehmer den Kunden im elektronischen Geschäftsverkehr informieren:
- über die einzelnen technischen Schritte, die zu einem Vertragsschluß führen,
- darüber, ob der Vertragstext nach dem Vertragsschluß von dem Unternehmer gespeichert wird und ob er dem Kunden zugänglich ist,
- darüber, wie er mit dem gem. § 312e Abs. 1 Satz 1 BGB zur Verfügung gestellten technischen Mitteln Eingabefehler vor Abgabe der Bestellung erkennen und berichtigen kann,
- über die für den Vertragsschluß zur Verfügung stehenden Sprachen und
- über sämtliche einschlägigen Verhaltenskodizes, denen sich der Unternehmer unterwirft, sowie die Möglichkeit eines elektronischen Zugangs zu diesen Regelwerken.

Der Unternehmer sollte auf jedem Fall darauf achten, daß er im Rahmen seiner Internetpräsentation die Informationspflichten erfüllt[1247]. Dies gilt insbesondere, weil § 12 Abs. 1 TDG n.F. festlegt, daß ordnungswidrig handelt, wer vorsätzlich oder fahrlässig entgegen § 6 Satz 1 TDG n.F. eine Information nicht, nicht richtig oder nicht vollständig verfügbar hält. Außerdem stellt ein Verstoß gegen § 6 Abs. 1 TDG[1248] zugleich einen Verstoß gegen § 1 UWG dar[1249], so daß diese Vorgaben präzise eingehalten werden sollten[1250].

d) Trennungsgebot aus § 7 Nr. 1 TDG

Aus § 7 TDG n.F. ergeben sich besondere Informationspflichten bei kommerziellen Kommunikationen. Insbesondere ist hier das allgemeine Trennungsgebot, nach dem Werbung klar und eindeutig von sonstigen Textteilen getrennt sein muß, festgeschrieben[1251].
In Anlehnung an die Vorschriften aus den Medien-Staatsverträgen wird ein Trennungsgebot eingeführt, damit der Nutzer erkennen kann, ob er sich gerade mit einer „Anzeige" befaßt oder mit einem redaktionellen Text. Abgrenzungsschwierigkeiten zeichnen sich ab, da jede Unternehmenshomepage *per se* Werbung für das Unternehmen enthält, andererseits aber auch

---
[1247] Vgl. *Schmittmann*, WPK-Mitteilungen 2002, 8 (17).
[1248] Nach von *Wüstenberg*, WRP 2002, 782 (785), vertretener Auffassung ist § 6 TDG indes eine reine Ordnungsvorschrift und rechtfertigt daher eine Abmahnung nicht.
[1249] So OLG München, Urteil vom 26. Juli 2001 – 29 U 3265/01, MMR 2002, 173 (174); LG Hamburg, Beschluß vom 28. November 2000 – 312 O 512/00, MMR 2001, 546 = NWB EN-Nr. 683/2001 = MD 2001, 629 = ITRB 2002, 56 (*Dieselhorst*).
[1250] Vgl. Bundesnotarkammer-Intern, Ausgabe 5/01, S. 4 ff.
[1251] S. *Lotze*, in: Hasselblatt, MHB Gewerblicher Rechtsschutz, § 28 Rdnrn. 112 ff.; Kaminski/Henßler/Kolaschnik/Papathoma-Baetge-*Oelschlägel*, Rechtshandbuch E-Business, S. 775.

§ 5. Europarechtliche Implikationen

neutrale Informationen enthalten kann. So wird man die Homepage einer Bank als Werbung ansehen müssen, auch wenn über diese Seite neutrale Informationen, etwa Börsenkurse und Zinssätze der EZB, abrufbar sind. Gleichwohl ist eine Kennzeichnungspflicht abzulehnen[1252], weil der Nutzer bei einer Unternehmenshomepage insgesamt annehmen muß, dort keine neutrale Information zu erhalten. Dafür spricht auch, daß der Schutzhinweis sonst auf beinahe jeder Internetseite angebracht werden müßte, was seine Funktion einschränkt, da der User sich an ihn gewöhnt und dann in den Fällen, in denen es tatsächlich darauf ankommt, möglicherweise übersieht[1253]. Auch Homepages von Gebietskörperschaften dürften i.d.R. neben sachlichen Informationen auch Werbung enthalten.

Diensteanbieter haben bei kommerziellen Kommunikationen, die Bestandteile eines Teledienstes sind oder die einen solchen Dienst darstellen, mindestens die nachfolgenden Voraussetzungen zu beachten:

- kommerzielle Kommunikation müssen klar als solche zu erkennen sein;
- die natürliche oder juristische Person, in deren Auftrag kommerzielle Kommunikation erfolgen, muß klar identifizierbar sein;
- Angebote zur Verkaufsförderung wie Preisnachlässe, Zugaben und Geschenke müssen klar als solche erkennbar sein, und die Bedingungen für ihre Inanspruchnahme müssen leicht zugänglich sein so wie klar und unzweideutig angegeben werden;
- Preisausschreiben oder Gewinnspiele mit Werbecharakter müssen klar als solche erkennbar und die Teilnahmebedingungen leicht zugänglich sein sowie klar und unzweideutig angegeben werden.

Darüber hinaus bleiben die Vorschriften des Gesetzes gegen den unlauteren Wettbewerb (UWG) unberührt.

Die Kennzeichnungspflicht für kommerzielle Kommunikationen betrifft vor allem den Versand von werbenden E-Mails[1254]. Für den Nutzer

---

[1252] So *Marwitz*, MMR 1998, 188 (190); Kaminski/Henßler/Kolaschnik/Papathoma-Baetge-*Oelschlägel*, Rechtshandbuch E-Business, S. 772.

[1253] Vgl. Kaminski/Henßler/Kolaschnik/Papathoma-Baetge-*Oelschlägel*, Rechtshandbuch E-Business, S. 777.

[1254] Vgl. *Loock-Wagner*, Das Internet und sein Recht, S. 34 f.; *Jaeger-Lenz*, Werberecht; S. 104 f.; *Köhler/Arndt*, Recht im Internet, Rdnrn. 371 ff., *Schmittmann*, Geschäfte und Werbung im Internet, DuD 1997, 636 (639); *ders.*, Die Überwachung und Aufzeichnung von Telefaxübermittlungen im Lichte des Art. 10 GG, RDV 1995, 234 (237); *ders.*, Die Zulässigkeit von E-Mail-Werbung nach deutschem Recht unter Berücksichtigung europarechtlicher Parameter, RDV 2001, 172 ff.; *Fikentscher/Möllers*, Die (negative) Informationsfreiheit als Grenze von Werbung und Kunstdarbietung, NJW 1998, 1337 (1343); *Wolff*, Direktwerbung und Datenschutz, RDV 1999, 9 (11); *Watel*, Le problème du Spamming ou comment guérir le cancer de l'internet, JurPC Web-Dok. 163/2001, www.jurpc.de/aufsatz/20010163.htm; *Memis*, Spamming im türkischen Recht – eine Bestandsaufnahme und Lösungsansätze, JurPC Web-Dok. 226/2001, www.jurpc.de/aufsatz/20010266.htm.

muß schon in der Betreffzeile der Mail zu erkennen sein, daß es sich um von ihm nicht angeforderte Werbung handelt. Grundsätzlich bleibt es jedoch in Deutschland aufgrund der Vorschriften des UWG bei der Unzulässigkeit unaufgeforderter Telefax- oder E-Mail-Werbung, solange der Empfänger nicht im Einzelfall seine Zustimmung erklärt hat[1255]. Weiterhin ist auch bei werbenden Telefongesprächen zunächst darauf hinzuweisen, daß es sich um eine kommerzielle Kommunikation handelt.

Gerade die vorstehenden Regelungen bergen erhebliches Abmahnungspotential, so daß den betroffenen Unternehmen nur dringend empfohlen werden kann, die Informations- und Hinweispflichten ernst zu nehmen und die Mitarbeiter, die im Telemarketing tätig sind, entsprechend zu unterrichten.

e) **Werbung reglementierter Berufe, Art. 8 ECRL**

Aus Art. 8 Abs. 1 ECRL folgt die Verpflichtung der Mitgliedstaaten, daß die Verwendung kommerzieller Kommunikationen, die Bestandteile eines von einem Angehörigen eines reglementierten Berufs angebotenen Dienstes der Informationsgesellschaft sind oder einen solchen Dienst darstellen, gestattet ist, soweit die berufsrechtlichen Regeln, insbesondere zur Wahrung von Unabhängigkeit, Würde und Ehre des Berufs, des Berufsgeheimnisses und eines lauteren Verhaltens gegenüber Kunden und Berufskollegen, eingehalten werden. Damit ermöglicht die ECRL sachliche Werbung von Berufsangehörigen im Internet[1256].

Eine Umsetzung des Art. 8 ECRL in Deutschland erfolgte nicht, da grundsätzlich übereinstimmende Auffassung ist, daß auch den Angehörigen der freien Berufe eine Präsentation im Internet gestattet ist[1257].

f) **Verantwortlichkeit von Providern, §§ 8 ff. TDG n.F.**

Die Verantwortlichkeit von Providern (Vermittlern) war bereit seit 1997 in § 5 TDG a.F. geregelt[1258]. Das abgestufte System aus § 5 TDG

[1255] Vgl. zu Einzelheiten: § 4 I. 1. d).
[1256] S. im einzelnen: § 6 – Sonderwerberecht bestimmter Berufe.
[1257] S. BVerfG, Beschluß vom 12. September 2001 – 1 BvR 2265/00, MMR 2002, 45 ff.; LG München II, Urteil vom 31. August 2000 – 4 HK O 3241/00, StB 2001, 185 = StuB 2001, 419 (*Ullrich*) = NWB EN-Nr. 1593/2000; LG Nürnberg-Fürth, Urteil vom 29. Januar 1997 – 3 O 33/97, StB 1998, 147 ff., m. Anm. *Rein*, 148 ff. und *Späth*, 150 f.; *Heil*, StuB 2001, 704 ff.; *Schmittmann*, NWB Fach 28, S. 929 ff.; *Hock*, DSWR 1998, 44 ff.; *Pestke*, DSWR 1998, 241 ff.; *Wittsiepe/Friemel*, NWB Fach 30, S. 1047 ff.; *Heidfeld*, NWB Fach 30, S. 1199 ff.; *Zeps*, StuB 2000, 433 ff.; *Zeps/Biermann*, DSWR 1999, 256 ff.; *Ossola-Haring*, Stbg 1998, 361 ff.; *Kröger/Kellersmann*, Internet für Steuerberater und Wirtschaftsprüfer; *Meisel/Scheuer*, INF 1998, 52 ff.; Bundesärztekammer, Darstellungsmöglichkeiten des Arztes im Internet, Deutsches Ärzteblatt 1999, A – 228; *Laufs*, NJW 2001, 1768 f.; *Simon/Schmittmann*, MedR 2001, 228 ff.; *Hanika*, MedR 2000, 205 ff.
[1258] Vgl. *Eichhorn*, Internet-Recht, S. 79 ff.

§ 5. Europarechtliche Implikationen

1997 hat eine Reihe von Abgrenzungsfragen aufgeworfen, die sowohl das Zivil- und Wettbewerbsrecht als auch das Strafrecht betreffen[1259]. Die Haftungsverfassung der ECRL unterscheidet zwischen reiner Durchleitung (Art. 12 ECRL), Caching (Art. 13 ECRL) und Hosting (Art. 14 ECRL).

Nach § 8 Abs. 1 TDG n.F. sind Diensteanbieter nun für eigene Informationen, die sie zur Nutzung bereithalten, nach den allgemeinen Gesetzen verantwortlich. Die Bestimmung des § 8 Abs. 2 TDG n.F. stellt klar, daß Diensteanbieter nicht verpflichtet sind, die von ihnen übermittelten oder gespeicherten Informationen zu überwachen oder nach Umständen zu forschen, die auf eine rechtswidrige Tätigkeit hinweisen. So begründet z.B. § 8 TDG keine Haftung für einen Internetauktionator, der eine Plattform bereitstellt, auf der unter Verstoß gegen markenrechtliche Vorschriften Gegenstände („Blender") gehandelt werden[1260]. Der Reseller von 0190-Rufnummern haftet für ein wettbewerbswidriges Verhalten der Endnutzer dieser Rufnummer nur dann wegen der Erfüllung einer technischen Hilfsfunktion als mittelbarer Störer, wenn ihm ein Einschreiten nicht nur technisch möglich, sondern auch zumutbar ist und dabei das Fernmeldegeheimnis gewahrt werden kann[1261].

Gemäß § 9 Abs. 1 TDG n.F. sind Diensteanbieter für fremde Informationen, die sie in einem Kommunikationsnetz übermitteln oder zu denen sie den Zugang zu Nutzung vermitteln, nicht verantwortlich, sofern sie

1. die Übermittlung nicht veranlaßt,
2. den Adressaten der übermittelten Informationen nicht ausgewählt und
3. die übermittelten Informationen nicht ausgewählt oder verändert haben („Durchleitung von Informationen").

Gemäß § 10 TDG n.F. sind Diensteanbieter für eine automatische, zeitlich begrenzte Zwischenspeicherung, die allein dem Zweck dient, die Übermittlung der fremden Information an andere Nutzer auf deren Anfrage effizienter zu gestalten, nicht verantwortlich, sofern sie

1. die Information nicht verändern,
2. die Bedingungen für den Zugang zu den Informationen beachten,
3. die Regeln für die Aktualisierung der Informationen, die in weiterhin anerkannten und verwendeten Industriestandards festgelegt sind, beachten,
4. die erlaubte Anwendung von Technologien zur Sammlung von Daten über die Nutzung der Informationen, die in weithin anerkannten und

---

[1259] Vgl. dazu *Spindler*, MMR-Beilage 7/2000, 4 (16); *Engels/Köster*, MMR 1999, 522ff.
[1260] So *Wüstenberg*, WRP 2002, 497ff.; OLG Köln, Urteil vom 2. November 2001 – 6 U 12/01, K&R 2002, 93ff. m. Anm. *Spindler*, K&R 2002, 83ff.
[1261] S. OLG Stuttgart, Urteil vom 1. August 2002 – 2 U 47/01, CR 2002, 991.

II. E-Commerce-Richtlinie 279

verwendeten Industriestandards festgelegt sind, nicht beeinträchtigen und

5. unverzüglich handeln, um im Sinne dieser Vorschrift gespeicherte Informationen zu entfernen oder den Zugang zu ihnen zu sperren, sobald sie Kenntnis davon erhalten haben, daß die Informationen am ursprünglichen Ausgangsort der Übertragung aus dem Netz entfernt wurden oder der Zugang zu ihnen gesperrt wurde oder ein Gericht oder eine Verwaltungsbehörde die Entfernung oder Sperrung angeordnet hat („Zwischenspeicherung zur beschleunigten Übermittlung von Informationen").

Gemäß § 11 TDG n.F. („Hosting"[1262]) sind Diensteanbieter für fremde Informationen, die sie für einen Nutzer speichern, nicht verantwortlich, sofern

1. sie keine Kenntnis von der rechtswidrigen Handlung oder der Information haben und ihnen im Falle von Schadensersatzansprüchen auch keine Tatsachen oder Umstände bekannt sind, aus denen die rechtswidrige Handlung oder die Information offensichtlich wird, oder
2. sie unverzüglich tätig geworden sind, um die Informationen zu entfernen oder den Zugang zu ihr zu sperren, sobald sie diese Kenntnis erlangt haben („Speicherung von Informationen").

Gerade aus § 10 Nr. 5 und § 11 Nr. 1 TDG n.F. ergibt sich dringender Handlungsbedarf für die Diensteanbieter, da sie nunmehr mit allen eingehenden Beanstandungen, auch wenn sie äußerlich nicht die Form einer Abmahnung haben, sorgfältig umgehen müssen. Jede Form der Beanstandung kann dazu führen, daß der Provider Kenntnis von der Rechtswidrigkeit der gespeicherten Information hat und sich daher weitergehenden Ansprüchen ausgesetzt sehen kann.

Die Neufassung des TDG läßt jedoch verschiedene Problemfelder offen, zu denen sich auch aus der ECRL keine Lösungsansätze finden. Dies sind u.a. Fragen der Verantwortlichkeit für Hyperlinks und Suchmaschinen sowie Unterlassungs- und Beseitigungsansprüche[1263].

3. Änderungen des Teledienstedatenschutzgesetzes

Das EGG ändert zugleich auch das Teledienstedatenschutzgesetz vom 22. Juli 1997[1264]. Die Begriffsbestimmungen in §2 Teledienstedatenschutzgesetz (TDDG) werden zunächst den Begriffsbestimmungen in §3 TDG n.F. angeglichen.

[1262] Vgl. umfassend: *Spindler*, NJW 2002, 921 (923); *Wüstenberg*, WRP 2002, 497 (498f.).
[1263] Vgl. umfassend: *Spindler*, NJW 2002, 921 (924).
[1264] S. BGBl. I 1997, 1871; vgl. *Rasmussen*, CR 2002, 36ff.; *Schaar*, RDV 2002, 4ff.; *Püttmann*, K&R 2000, 492 (497ff.).

Die Regelung des § 4 TDDG definiert die Pflichten des Diensteanbieters. Der Diensteanbieter hat den Nutzer gem. § 4 Abs. 1 TDDG zu Beginn des Nutzungsvorgangs über Art, Umfang und Zwecke der Erhebung, Verarbeitung und Nutzung personenbezogener Daten sowie über die Verarbeitung seiner Daten in Staaten außerhalb des Anwendungsbereichs der Richtlinie 95/46/EG des Europäischen Parlaments und das Rates vom 24. Oktober 1995 zum Schutz natürlicher Personen bei der Verarbeitung personenbezogener Daten und zum freien Datenverkehr[1265] zu unterrichten, sofern eine solche Unterrichtung nicht bereits erfolgt ist. Bei automatisierten Verfahren, die eine spätere Identifizierung des Nutzers ermöglichen und eine Erhebung, Verarbeitung oder Nutzung personenbezogener Daten vorbereiten, ist der Nutzer zu Beginn dieses Verfahrens zu unterrichten. Der Inhalt der Unterrichtung muß für den Nutzer jederzeit abrufbar sein.

Bietet der Diensteanbieter dem Nutzer die elektronische Einwilligung an, so hat er gem. § 4 Abs. 2 TDDG sicherzustellen, daß

1. sie nur durch eine eindeutige und bewußte Handlung des Nutzers erfolgen kann,
2. die Einwilligung protokolliert wird und
3. der Inhalt der Einwilligung jederzeit vom Nutzer abgerufen werden kann.

Der Diensteanbieter hat den Nutzer vor Erklärung seiner Einwilligung gem. § 4 Abs. 3 TDDG auf sein Recht auf jederzeitigen Widerruf mit Wirkung für die Zukunft hinzuweisen. Auch diese Unterrichtung muß für den Nutzer jederzeit abrufbar sein. Aus § 4 Abs. 4 TDDG folgen weitere Verpflichtungen des Diensteanbieters für technische und organisatorische Vorgänge.

Der Diensteanbieter hat dem Nutzer gem. § 4 Abs. 6 TDDG die Inanspruchnahme von Telediensten und ihre Bezahlung anonym oder unter Pseudonym zu ermöglichen, soweit dies technisch möglich und zumutbar ist. Der Nutzer ist über diese Möglichkeit zu informieren.

Der Diensteanbieter hat dem Nutzer gem. § 4 Abs. 7 TDDG auf Verlangen unentgeltlich und unverzüglich Auskunft über die zu seiner Person oder zu seinem Pseudonym gespeicherten Daten zu erteilen, wobei auf Verlangen des Nutzers die Auskunft auch elektronisch erteilt werden kann.

Die Bestimmungen der §§ 5, 6 TDDG befassen sich mit der Erhebung, Verarbeitung und Nutzung von Bestands- und Nutzungsdaten. Gemäß § 6 Abs. 3 TDDG darf der Diensteanbieter für Zwecke der Werbung, der Marktforschung oder zur bedarfsgerechten Gestaltung der Teledienste Nutzungsprofile bei Verwendung von Pseudonymen erstellen, sofern der

---

[1265] ABl. EG Nr. L 281 vom 23. November 1995, S. 31.

Nutzer dem nicht widerspricht. Der Diensteanbieter hat den Nutzer auf sein Widerspruchsrecht im Rahmen der Unterrichtung nach § 4 Abs. 1 TDDG hinzuweisen. Diese Nutzungsprofile dürfen nicht mit Daten über den Träger des Pseudonyms zusammengeführt werden. Darüber hinaus darf der Diensteanbieter gem. § 6 Abs. 5 Satz 4 TDDG zum Zwecke der Marktforschung anderer Diensteanbieter anonymisierte Nutzungsdaten übermittelt. Darüber hinaus darf der Diensteanbieter gem. § 6 Abs. 5 Satz 5 TDDG in Verbindung mit den hierfür geltenden Bestimmungen Auskunft an Strafverfolgungsbehörden und Gerichte für Zwecke der Strafverfolgung erteilen.

In § 9 Abs. 1 TDDG finden sich die einschlägigen Bußgeldvorschriften, wobei herauszustellen ist, daß insbesondere die Pflichten des Diensteanbieters aus § 4 TDDG bußgeldbewehrt werden und auch die mißbräuchliche Nutzung von Bestands- und Nutzungsdaten einen Ordnungswidrigkeitstatbestand erfüllt.

III. Telekommunikationsrichtlinie

Die Richtlinie 97/66/EG des Europäischen Parlaments und des Rates über die Verarbeitung personenbezogener Daten und den Schutz der Privatsphäre im Bereich der Telekommunikation vom 15. Dezember 1997[1266] wurde zur Zeit ihrer Entwicklung oft auch als ISDN-Richtlinie bezeichnet[1267], da die ISDN- und Mobilfunk-Technik als große Gefahr für die Interessen der Telekommunikationsteilnehmer angesehen wurde. Die Richtlinie 97/66/EG beruht auf folgenden Erwägungen:

Die Richtlinie 95/46/EG des Europäischen Parlaments und des Rates vom 24. Oktober 1995 zum Schutz natürlicher Personen bei der Verarbeitung personenbezogener Daten und zum freien Datenverkehr schreibt vor, daß die Mitgliedstaaten die Rechte und die Freiheit natürlicher Personen bei der Verarbeitung personenbezogener Daten und insbesondere ihr Recht auf Privatsphäre sicherstellen, um in der Gemeinschaft den freien Verkehr personenbezogener Daten zu gewährleisten[1268].

Die Vertraulichkeit der Kommunikation wird im Einklang mit den internationalen Menschenrechtsbestimmungen (insbesondere der Europäischen Konvention zum Schutz der Menschenrechte und Grundfreiheiten, EMRK[1269]) und den Verfassungen der Mitgliedstaaten garantiert.

[1266] ABl. EG 1998, Nr. L 24, S. 1.
[1267] Vgl. *Schmittmann*, Telefaxwerbung im Licht der Richtlinie des Europäischen Parlamentes zum Datenschutz in digitalen Kommunikationsnetzen, RDV 1995, 61 (62).
[1268] S. *Schuster/Müller/Drewes*, MMR-Beilage 3/2002, 1 (37).
[1269] Europäische Menschenrechtskonvention, BGBl. II 1953, S. 14; *Kloepfer*, Informationsrecht, S. 55 ff.

§ 5. Europarechtliche Implikationen

Gegenwärtig werden öffentliche Telekommunikationsnetze in der Europäischen Gemeinschaft mit fortschrittlichen neuen Digitaltechnologien ausgestattet, die besondere Anforderungen an den Schutz personenbezogener Daten und der Privatsphäre des Benutzers mit sich bringen. Die Entwicklung der Informationsgesellschaft ist durch die Einführung neuer Telekommunikationsdienste gekennzeichnet. Die erfolgreiche grenzüberschreitende Entwicklung dieser Dienste, beispielsweise Video auf Abruf und interaktives Fernsehen, hängt zum Teil davon ab, inwieweit die Benutzer darauf vertrauen, daß ihre Privatsphäre unangetastet bleibt (Erwägungsgrund Nr. 3).

Im Bereich der Telekommunikation gilt vor allem für alle Fragen des Schutzes der Grundrechte und Grundfreiheiten, die von dieser Richtlinie nicht spezifisch erfaßt werden, einschließlich der Pflichten des für die Verarbeitung Verantwortlichen und der Rechte des Einzelnen die Richtlinie 95/46/EG. Die Richtlinie 95/46/EG gilt für nicht öffentlich zugängliche Telekommunikationsdienste (Erwägungsgrund Nr. 11). Die Zielsetzung der Telekommunikationsrichtlinie ist im wesentlichen verbraucher- und datenschützender Natur. Gleichwohl finden sich in dieser Richtlinie auch wettbewerbsrechtlich relevante Vorschriften.

Die Verwendung von Kommunikation mit Automaten als Gesprächspartner (Voice-Mail-System) oder Fernkopien (Telefax) für Zwecke des Direktmarketings darf nur bei vorheriger Einwilligung der Teilnehmer gestattet werden, Art. 12 Abs. 1 Telekommunikationsrichtlinie. Die Mitgliedstaaten ergreifen gem. Art. 12 Abs. 2 Telekommunikationsrichtlinie geeignete Maßnahmen, um gebührenfrei sicherzustellen, daß mit Ausnahme der in Art. 12 Abs. 1 genannten Anrufe unerbetene Anrufe zum Zwecke des Direktmarketings, die entweder ohne die Einwilligung der betreffenden Teilnehmer erfolgen oder an Teilnehmer gerichtet sind, die keine solchen Anrufe erhalten möchten, nicht gestattet sind. Welche dieser Optionen gewählt wird, ist im innerstaatlichen Recht zu regeln.

Gemäß Art. 12 Abs. 3 Telekommunikationsrichtlinie gelten die nach den Absätzen 1 und 2 übertragenen Rechte für Teilnehmer, die natürliche Personen sind. Die Mitgliedstaaten tragen im Rahmen des Gemeinschaftsrechts und der geltenden einzelstaatlichen Rechtsvorschriften außerdem dafür Sorge, daß die legitimen Interessen anderer Teilnehmer als natürlicher Personen in bezug auf unerbetene Anrufe ausreichend geschützt werden. Die Regelung des Art. 12 Telekommunikationsrichtlinie hat in Deutschland keine Umsetzung gefunden. Vielmehr ist der Gesetzgeber in Deutschland davon ausgegangen, daß die Rechtsprechung zu den verschiedenen Formen der telekommunikativen Werbung einen hinreichenden Schutz vor unerbetenen Anrufen bietet[1270].

[1270] Vgl. *Schmittmann*, Telefaxwerbung im Licht der Richtlinie des Europäischen Parlamentes zum Datenschutz in digitalen Kommunikationsnetzen, RDV 1995, 61 (62).

Mittelbar wettbewerbsrechtliche Auswirkungen ergeben sich aus Art. 4 der Richtlinie. Die personenbezogenen Daten in gedruckten oder elektronischen Teilnehmerverzeichnissen, die öffentlich zugänglich oder durch Auskunftsdienste erhältlich sind, sollten gem. Art. 11 Abs. 1 Richtlinie auf das für die Ermittlung eines bestimmten Teilnehmers erforderliche Maß beschränkt werden, es sei denn, der Teilnehmer hat der Veröffentlichung zusätzlicher personenbezogener Daten zweifelsfrei zugestimmt. Der Teilnehmer ist gem. Art. 11 Abs. 1 Satz 2 Richtlinie berechtigt, gebührenfrei zu beantragen, daß er nicht in ein Verzeichnis aufgenommen wird, zu erklären, daß seine/ihre personenbezogenen Daten nicht zum Zweck des Direktmarketings verwendet werden dürfen und zu verlangen, daß seine/ihre Adresse teilweise weggelassen und keine Angaben zu seinem/ihrem Geschlecht gemacht wird, soweit dies sprachlich anwendbar ist. Ein wesentlicher Bestandteil des Direktmarketings ist die Ermittlung und Auswahl von Adressen. Für den Erfolg einer Marketingmaßnahme ist die Auswahl des Adressatenkreises von erheblicher Bedeutung. Werden Namen und Straßen miteinander verknüpft, so lassen sich Rückschlüsse auf bestimmte Vermögens- und Einkommensverhältnisse ziehen. Dies ist unter Gesichtspunkten des Datenschutzes bedenklich[1271].

Bei der Telefax- und E-Mail-Werbung sind die Telefaxnummern bzw. E-Mail-Anschriften oftmals nur schwer zu ermitteln, da es keine allgemein zugänglichen Verzeichnisse gibt[1272]. Die Daten können daher oftmals nur in der Weise ermittelt werden, daß das Internet quasi „gescannt" und nach E-Mail-Adressen abgesucht wird. Hinsichtlich von Telefaxnummern wird oftmals der Datenbestand von CD-ROM übernommen und so ein Verzeichnis für Telefaxnummern gewonnen. Auch wenn auf diese Weise viele Telefaxnummern ermittelt werden, deren Empfänger sich überhaupt nicht für das angebotene Produkt interessieren, so fällt dies kaum ins Gewicht, da die Versendung der werbenden Telefaxe regelmäßig computergestützt erfolgt und die beim Absender anfallenden Kosten nur äußerst gering sind.

IV. Datenschutzrichtlinie für elektronische Kommunikation

Das Europäische Parlament und der Rat der Europäischen Union haben unter dem 12. Juli 2002 eine Richtlinie über die Verarbeitung per-

---

[1271] Vgl. auch OLG Köln, Urteil vom 10. November 2000 – 6 U 105/00, MMR 2001, 385 ff. = RDV 2001, 103; *Hoeren*, Internetrecht, Oktober 2002, S. 318 ff.; *Rasmussen*, CR 2002, 36 ff.; *Geis*, RDV 2000, 208 ff.

[1272] Vgl. zur Erhebung von solchen Daten: *Engels/Eimterbäumer*, Sammeln und Nutzen von E-Mail-Adressen zu Werbezwecken, K&R 1998, 196 (199).

sonenbezogener Daten und den Schutz der Privatsphäre in der elektronischen Kommunikation erlassen[1273].

1. Erwägungsgründe

Die Richtlinie knüpft sowohl an die Richtlinie 95/46/EG vom 24. Oktober 1995 als auch an die Richtlinie 97/66/EG vom 15. Dezember 1997 an. Dabei erkennt der Rat der Europäischen Union, daß die Richtlinie 97/66/EG an die Entwicklungen der Märkte und der Technologien für elektronische Kommunikationsdienste angepaßt werden muß, um den Nutzern öffentlich zugänglicher elektronischer Kommunikationsdienste unabhängig von der zugrundeliegenden Technologie den gleichen Grad des Schutzes personenbezogener Daten und der Privatsphäre zu bieten. Die Richtlinie 97/66/EG soll daher aufgehoben und durch die vorgeschlagene Richtlinie ersetzt werden (Erwägungsgrund Nr. 4).

Der Rat hat dabei sowohl die Fortentwicklung der digitalen Mobilfunknetze als auch die Umwälzung der herkömmlichen Marktstrukturen durch das Internet im Blick. Einen gewichtigen Teilaspekt nehmen die Standortdaten ein, da dadurch die Identifizierung des Netzpunktes, an dem sich das Endgerät zu einem bestimmten Zeitpunkt befindet, erfaßt wird (Erwägungsgrund Nr. 14).

Im Hinblick auf den Schutz der Persönlichkeitsrechte im Internet liegt ein Schwerpunkt des gemeinsamen Standpunkts in der Speicherung von Daten. Dabei erkennt der Rat, daß die Endgeräte von Nutzern elektronischer Kommunikationsnetze und in diesen Geräten gespeicherte Informationen Teil der Privatsphäre der Nutzer sind, die dem Schutz aufgrund der Europäischen Konvention zum Schutz der Menschenrechte und Grundfreiheiten unterliegt. Instrumente, die ohne das Wissen des Nutzers in dessen Endgerät eindringen, um Zugang zu Informationen zu erlangen oder die Nutzeraktivität zurückzuverfolgen, können eine ernsthafte Verletzung der Privatsphäre dieser Nutzer darstellen. Daher soll die Verwendung solcher Instrumente nur für rechtmäßige Zwecke mit dem Wissen der betreffenden Nutzer gestattet sein (Erwägungsgrund Nr. 24).

Der Rat verkennt nicht, daß solche Instrumente, z. B. „cookies", ein legitimes und nützliches Hilfsmittel sein können, um die Wirksamkeit von Website-Gestaltung und Werbung zu untersuchen und die Identität der an Online-Transaktionen beteiligten Nutzer zu überprüfen. Dienen solche Instrumente einem rechtmäßigen Zweck, z. B. der Erleichterung der Bereitstellung von Diensten der Informationsgesellschaft, so sollte

---

[1273] Datenschutzrichtlinie für elektronische Kommunikation, ABl. EG Nr. L 201 vom 31. Juli 2002, S. 37 ff. = RDV 2002, 252 ff.; vgl. dazu auch den Gemeinsamen Standpunkt des Rates vom 21. Januar 2002, ABl. EG Nr. C 113 E vom 14. Mai 2002, S. 39; vgl. *Ohlenburg*, MMR 2003, 82 ff.

IV. Datenschutzrichlinie für elektronische Kommunikation

deren Einsatz unter der Bedingung zugelassen werden, daß der Betreiber einer Website, der solche Instrumente verwendet oder Dritten erlaubt, diese über seine Website zu versenden, vorab klare und genaue Auskunft über den Zweck von cookies oder ähnlichen Instrumenten gibt. Der Website-Betreiber sollte den Nutzern ferner zumindest die Gelegenheit geben, die Speicherung eines cookie oder eines ähnlichen Instrumentes in seinem Endgerät abzulehnen (Erwägungsgrund Nr. 25).

Die Mitgliedstaaten sollen weiterhin Vorkehrungen treffen, um die Teilnehmer an der Kommunikation gegen die Verletzung ihrer Privatsphäre durch unerbetene Nachrichten für Zwecke der Direktwerbung, insbesondere durch automatische Anrufsysteme, Faxgeräte und elektronische Post, einschließlich SMS, zu schützen. Dabei stützt sich der Rat insbesondere auf das Argument, daß diese Formen von unerbetenen Werbenachrichten zum einen relativ leicht und preiswert zu versenden sind und zum anderen eine Belastung und/oder einen Kostenaufwand für den Empfänger bedeuten (Erwägungsgrund Nr. 40).

2. Regelungen in der Richtlinie

Die Richtlinie enthält in Art. 2 zunächst Begriffsbestimmungen. Art. 3 stellt klar, daß die Richtlinie für die Verarbeitung personenbezogener Daten in Verbindung mit der Bereitstellung öffentlich zugänglicher elektronischer Kommunikationsdienste in öffentlichen Kommunikationsnetzen in der Gemeinschaft gilt.

Nach Art. 4 sind die Betreiber eines öffentlich zugänglichen elektronischen Kommunikationsdienstes verpflichtet, geeignete technische und organisatorische Maßnahmen zu ergreifen, um die Sicherheit der Dienste zu gewährleisten. Diese Vorschrift wird durch Art. 5 dahin ergänzt, daß die Mitgliedstaaten die Vertraulichkeit der mit öffentlichen Kommunikationsnetzen und öffentlich zugänglichen Kommunikationsdiensten übertragenen Nachrichten und der damit verbundenen Verkehrsdaten durch innerstaatliche Vorschriften sicherstellen. Dies betrifft indes nicht das rechtlich zulässige Aufzeichnen von Nachrichten und der damit verbundenen Verkehrsdaten, wenn dies im Rahmen einer rechtmäßigen Geschäftspraxis zum Nachweis einer kommerziellen Transaktion oder einer sonstigen geschäftlichen Nachricht geschieht. Daraus folgt, daß Unternehmen des E-Business nach wie vor die Möglichkeit haben, Geschäftsvorfälle aufzuzeichnen.

Art. 6 befaßt sich mit der Behandlung von Verkehrsdaten, Art. 7 mit dem Einzelgebühren-Nachweis und Art. 8 mit der Rufnummernanzeige sowie den Möglichkeiten der Unterdrückung der Anzeige.

Für die Werbung im Internet von besonderer Bedeutung ist Art. 13, der sich mit „unerbetenen Nachrichten" befaßt. Gemäß Art. 13 Abs. 1 dürfen die Mitgliedstaaten die Verwendung von Voice-Mail-Systemen,

§ 5. Europarechtliche Implikationen

Fax-Geräten oder elektronischer Post für die Zwecke der Direktwerbung gegenüber natürlichen Personen nur bei vorheriger Einwilligung des Teilnehmers gestatten („Opt-In-Regelung").

Die Praxis des Versendens elektronischer Nachrichten zu Zwecken der Direktwerbung, bei der die Identität des Absenders, in dessen Namen die Nachricht übermittelt wird, verschleiert oder verheimlicht wird oder bei der keine authentische Adresse vorhanden ist, an die der Empfänger eine Aufforderung zur Einstellung solcher Nachrichten richten kann, ist grundsätzlich gem. Art. 13 Abs. 4 verboten.

Das Europäische Parlament hat am 30. Mai 2002 eine legislative Entschließung (15396/2/2001 – C5-0035/2002 – 2000/0189 (COD)) gefaßt und dabei folgende Modifikationen getroffen: Unter Erwägung 44a (neu) soll darauf hingewiesen werden, daß die Teilnehmer bei einigen elektronischen Postsystemen Absender und Betreffzeile einer elektronischen Post sehen und darüber hinaus diese Post löschen können, ohne die gesamte Post oder deren Anlagen herunterladen zu müssen. Hinsichtlich der Zulässigkeit der verschiedenen Formen der elektronischen Werbung ergeben sich keine Unterschiede zu dem Gemeinsamen Standpunkt des Rates vom 21. Januar 2002 sowie der Richtlinie vom 31. Juli 2002.

V. Finanzdienstleistungs-Richtlinie

Es liegt inzwischen eine Finanzdienstleistungs-Richtlinie[1274] der Europäischen Union vor[1275].

1. Erwägungsgründe

Der Richtlinie des Europäischen Parlaments und des Rates über den Fernabsatz von Finanzdienstleistungen an Verbraucher und zur Änderung der Richtlinie 90/619/EWG des Rates und der Richtlinien 97/7/EG und 98/27/EG liegen folgende Erwägungen zugrunde:

Für den Verbraucher wie auch für die Anbieter von Finanzdienstleistungen wird der Fernabsatz von Finanzdienstleistungen zu den wichtigsten greifbaren Ergebnissen des vollendeten Binnenmarktes gehören (Erwägungsgrund Nr. 2). Es liegt im Interesse der Verbraucher im Binnenmarkt, gleichen Zugang zum breitestmöglichen Angebot an Finanzdienstleistungen zu haben, die in der Gemeinschaft verfügbar sind,

---

[1274] S. Richtlinie 2002/65/EG des Europäischen Parlaments und des Rates über den Fernabsatz von Finanzdienstleistungen an Verbraucher und zur Änderung der Richtlinie 90/619/EWG des Rates und der Richtlinie 97/7/EG und 98/27/EG vom 23. September 2002, ABl. EG Nr. 271 vom 9. Oktober 2002, 16.

[1275] Vgl. dazu: *Härting/Schirmbacher*, CR 2002, 809ff.; *Micklitz*/Tonner, Hk-VertriebsR, § 312b BGB Rdnrn. 8ff.

damit die Verbraucher sich für die Leistungen entscheiden können, die ihren Bedürfnissen am ehesten entsprechen. Zwecks Gewährleistung des Rechts der Verbraucher auf freie Wahl, das für die Verbraucher ein wesentliches Recht darstellt, ist ein bestimmtes Schutzniveau unerläßlich, um sicherzustellen, daß das Vertrauen der Verbraucher in den Fernabsatz wächst (Erwägungsgrund Nr. 3).

Für das reibungslose Funktionieren des Binnenmarktes ist es unabdingbar, daß die Verbraucher mit außerhalb ihres Landes ansässigen Anbietern Verträge aushandeln und schließen können, und zwar unabhängig davon, ob ein Anbieter über eine Niederlassung in dem Land verfügt, in dem der Verbraucher ansässig ist (Erwägungsgrund Nr. 4).

Die Schaffung eines rechtlichen Rahmens für den Fernabsatz von Finanzdienstleistungen soll dazu beitragen, die Entstehung der Informationsgesellschaft und die Entwicklung des elektronischen Geschäftsverkehrs zu fördern (Erwägungsgrund Nr. 5).

Die Richtlinie 97/7/EG (Fernabsatz-Richtlinie[1276]) enthält die Kernbestimmungen über Verträge, die im Fernabsatz von Waren und Dienstleistungen zwischen dem Lieferer und einem Verbraucher geschlossen werden. Aus dieser Richtlinie sind Finanzdienstleistungen allerdings ausgeklammert (so Erwägungsgrund Nr. 6).

2. Regelungen in der Richtlinie

Die Finanzdienstleistungs-Richtlinie ist in wesentlichen Teilen an die Fernabsatz-Richtlinie angelehnt. So räumt Art. 4 Finanzdienstleistungs-Richtlinie ein Widerrufsrecht ein. Aus Art. 6 ergibt sich, daß der Anbieter den Verbraucher vor Vertragsabschluß in einer der benutzten Fernkommunikationstechnik angepaßten Weise deutlich und unmißverständlich über die dem Verbraucher gem. den Art. 2 und 3 zustehenden Rechte belehrt. In Art. 10 Finanzdienstleistungs-Richtlinie sind Regelungen zu unerbetenen Mitteilungen enthalten.

Die Verwendung automatischer Systeme für Kommunikation, die ohne menschliche Intervention erfolgt (Voice-Mail-Systeme), oder von Telefaxgeräten zum Zweck des Fernabsatzes von Finanzdienstleistungen darf gem. Art. 10 Abs. 1 Finanzdienstleistungs-Richtlinie nur zulässig sein, wenn damit Verbraucher angesprochen werden, die vorab darin eingewilligt haben. Die Mitgliedstaaten treffen gem. Art. 10 Abs. 2 Finanzdienstleistungs-Richtlinie die erforderlichen Maßnahmen, damit von den Verbrauchern unerbetene Mitteilungen, die zum Zweck des Fernabsatzes von Finanzdienstleistungen mit anderen als in Abs. 1 vorgesehenen Mitteln getätigt werden, gem. Abs. 2 lit. a nicht zugelassen werden, wenn dafür die Einwilligung der betroffenen Verbraucher nicht erteilt worden ist,

---

[1276] S. im einzelnen oben: § 5 I.

§ 5. *Europarechtliche Implikationen*

oder gem. Abs. 2 lit. b, nur in Ermangelung einer offenkundigen Ablehnung von Seiten des Verbrauchers benutzt werden dürfen. Die Maßnahmen nach Unterabsatz 1 dürfen für den Verbraucher keine Kosten verursachen. Die Bestimmung des Art. 10 Finanzdienstleistungs-Richtlinie entspricht Art. 12 Telekommunikationsrichtlinie und Art. 10 Fernabsatz-Richtlinie. Insoweit darf nach oben verwiesen werden.

Neben der Finanzdienstleistungs-Richtlinie sind die bereits bestehenden Informationspflichten insbesondere im Online-Wertpapierhandel zu beachten[1277]. Die Bestimmung des Art. 31 Abs. 2 WpHG sieht umfassende Aufklärungspflichten für den Wertpapierhandel vor. Problematisch ist, wie diese im Internet von Discount-Brokern zu erfüllen sind. Da diese sich angeblich von vornherein nur an gut informierte und erfahrene Anleger ohne Beratungsleistungen wenden, wird vertreten, daß die Aufklärungspflichten durch standardisierte Information vor Geschäftsbeginn erfüllt werden[1278]. Eine individuelle Beratung würde dem Grundgedanken des Discount-Broking, auf das sich der Kunde aus freien Stücken eingelassen hat, widersprechen[1279].

VI. Sonstige relevante europarechtliche Regelungen

Auch in weiteren Richtlinien der Europäischen Union finden sich Rechtsvorschriften, die Auswirkungen auf die Werbung im Internet haben. Soweit es auf diese Vorschriften ankommt, wird in den einzelnen Kapiteln darauf Bezug genommen.

[1277] So *Hoeren*, Internetrecht, Oktober 2002, S. 284.

[1278] So *Hoeren*, Internetrecht, Oktober 2002, S. 285.

[1279] Vgl. *Balzer*, Discount-Broking im Spannungsfeld zwischen Beratungsausschluß und Verhaltenspflichten nach WpHG, DB 1997, 2311 (2315).

§ 6. Sonderwerberecht bestimmter Berufe

Neben dem allgemeinen Wettbewerbsrecht gilt für bestimmte Berufe, insbesondere die Kammerberufe, ein Sonderwerberecht, das entweder als eigenes Gesetz ergangen ist oder als sog. Berufsordnung oder Satzung. Es bindet den Berufsträger und regelt zugleich die Möglichkeiten der Aufsichtsbehörden, also der Kammern, gegen den Berufsträger vorzugehen. Dabei steht den Kammern oftmals neben der Unterlassungsklage nach dem UWG ein besonderes Rüge- und Tadelverfahren zur Verfügung.

I. Harmonisierung und Liberalisierung des Berufsrechts

Inzwischen ist eine Harmonisierung des Berufsrechts der freien kammergebundenen Berufe zu beobachten[1280], zumal die Berufsordnungen[1281] und die Rechtsprechung der Berufsgerichte sich am Maßstab der Verfassung messen lassen müssen und das Bundesverfassungsgericht in den letzten Jahren beinahe alle bislang bestehenden Berufsordnungen in Einzelheiten beanstandet hat. Der Gesetzgeber wäre daher gut beraten, wenn er nunmehr über ein einheitliches Berufsrecht nachdenkt und dabei den Sachverstand der jeweiligen Kammern berücksichtigt.

Marketing[1282] oder Werbung war den freien kammergebundenen Berufen über lange Zeit untersagt und ist erst in den letzten Jahren, insbesondere unter dem Druck der verfassungsgerichtlichen Rechtsprechung gelockert worden. Gleichwohl herrscht in den Berufsständen selbst noch Streit zwischen den konservativen Kollegen, die Werbung aus grundsätzlichen Erwägungen ablehnen, und den – oftmals jüngeren – Kollegen, die zu offensiven und teilweise sehr populistischen, leider auch unwürdigen Werbemaßnahmen tendieren.

Das Werberecht der freien akademischen Berufe befindet sich seit einiger Zeit im Umbruch[1283]. Während jahrzehntelang – mehr oder weni-

---

[1280] So *Ruppert*, DStR 2002, 825 (828).

[1281] S. zur kartell- und europarechtlichen Dimension solcher Berufsordnungen: EuGH, Urteil vom 19. Februar 2002 – Rs. C-309/99, NJW 2002, 877 = StuB 2002, 782 f. m. Anm. *Schmittmann*. Vgl. umfassend: *Kilian*, Europäisches Kartellrecht und nationales Satzungsrecht berufsautonomer Körperschaften, WRP 2002, 802 ff.

[1282] Vgl. *Kippes*, DStR 2002, 820 ff.

[1283] Immer wieder lesenswert: *Petersen*, Lockerung des Werbeverbots für alle Rechtswahrer, JW 1938, 1154 ff.; *Kornblum*, Zum Werbeverbot für die rechts- und wirtschaftsberatenden akademischen freien Berufe, BB 1985, 65 ff. Umfassend: *Taupitz*, Die Standesordnungen der freien Berufe. Die neueren Tendenzen schildert: *Mävers*, Schöne neue Welt? – Werbung der anwaltlichen Zu(ku)nft, Anwalt 8-9/2001, 10 ff.

§ 6. *Sonderwerberecht bestimmter Berufe*

ger unangefochten – grundsätzlich Werbung als unzulässig galt, steht nunmehr die Frage im Raum, unter welchen berufs- und verfassungsrechtlichen Parametern Werbung der freien akademischen Berufe beschränkt werden kann. Der BGH hat im März 2001 in zwei Grundsatzentscheidungen umfassend und unter tiefgreifender Beachtung des Grundrechts der Berufsfreiheit, Art. 12 GG, zum Werberecht der Rechtsanwälte Stellung genommen. Dabei lassen sich auch Tendenzen des BGH feststellen, wie er die Zulässigkeit berufsbezogener Werbung anderen freien Berufen, etwa von Steuerberatern[1284] und Wirtschaftsprüfern[1285] in Zukunft beurteilen wird. Dabei werden insbesondere die Darstellungen von Rechtsanwälten[1286], Notaren[1287], Patentanwälten[1288], Steuerberatern[1289], Wirt-

---

[1284] Vgl. auch OFD Hannover, Vfg. vom 3. Juli 2001 – S 0822 – 46 – StH 552 / S 0822 – 54 – StO 313, StuB 2001, 991f.

[1285] Vgl. zuletzt: Verlautbarung des Vorstandes der Wirtschaftsprüferkammer zu Grundsatzfragen der Werbung, WPK-Mitteilungen 2001, 135 ff.

[1286] S. *Horst*, E-Commerce – Verbotenes Terrain für Rechtsanwälte?, MDR 2000, 1293 (1294); *Schneider*, Standes- und wettbewerbsrechtliche Grenzen der Internetpräsentation von Anwälten, MDR 2000, 133 ff.; *Sobola*, NJW 2001, 1113 ff.; *Härting*, Anwaltliche Werbung im Internet, AnwBl 2000, 343 ff.; *Weidert*, Internet und Wettbewerbsrecht, AnwBl 2000, 390 ff.; *Koch*, Werbung mit dem Preis und in den Medien, AnwBl 1997, 421 (426 ff.); *Schmittmann*, Werbung von Angehörigen der rechts- und steuerberatenden Berufe im Internet, MDR 1997, 601 ff.; *Flechsig*, Virtuelle Anwaltswerbung im Internet, ZUM 1997, 98 ff.; *Hagenkötter/Härting*, Anwälte im Netz, S. 63 ff.; *Strangmeier*, Internetpräsenz, S. 67 ff.; *Jessnitzer/Blumberg*, BRAO, § 43b Rdnr. 12; Hoeren/Sieber-*Marwitz*, Handbuch Multimedia-Recht, Kap. 11.2 Rdnr. 229; *Scheuerl*, Anwaltswerbung im Internet, NJW 1997, 1291 ff.; *Hartung/Holl-Römermann*, Anwaltliche Berufsordnung, München, 1997, Vor § 6 Rdnr. 215; *Rein*, Der Rechtsanwalt im Internet – Zulässigkeit eines Gästebuchs, NJW 1999, 377 (378); *Disterer*, Internet-Nutzung durch beratende Berufe am Beispiel von Anwaltssozietäten, WPK-Mitteilungen 1997, 293 ff.; OLG Nürnberg, Urteil vom 23. März 1999 – 3 U 3977/98, NJW 1999, 2126 = CR 2000, 244 m. Anm. *Schmittmann* = ZAP Fach 23, 419 (*Koch/Schaaf*); LG Nürnberg-Fürth, Urteil vom 20. Mai 1998 – 3 O 1435/98, MMR 1998, 488 = CR 1998, 622 = AnwBl 1998, 534 = DB 1998, 1404 = NJW 1999, 1409 = NJW-CoR 1998, 431 f. = ZUM 1998, 1046 f.

[1287] Vgl. *Becker*, Die Präsenz des Notars im Internet – Teil 1, NotBZ 1999, 239 ff.; Teil 2, NotBZ 2000, 11 ff.; Eylmann/*Eylmann*, Bundesnotarordnung, München, 2000, § 29 Rdnrn. 38 ff.; *Schippel*, Bundesnotarordnung, 7. Auflage, München, 2000, § 29 Rdnrn. 1 ff.

[1288] S. *Feuerich*, Patentanwaltsordnung, München, 1997, § 39b Rdnr. 4; *Schmittmann*, Werbung von Patentanwälten im Internet, MittPA 1997, 247 ff.

[1289] S. LG München II, Urteil vom 31. August 2000 – 4 HK O 3241/00, StB 2001, 185 = StuB 2001, 419 (*Ullrich*) = NWB EN-Nr. 1593/2000; LG Nürnberg-Fürth, Urteil vom 29. Januar 1997 – 3 O 33/97, StB 1998, 147 ff., m. Anm. *Rein*, 148 ff. und *Späth*, 150 f.; *Strangmeier*, Internetpräsenz, S. 94 ff.; *Heil*, Der Steuerberater im Umfeld von Internet und E-Commerce, StuB 2001, 704 ff.; *Schmittmann*, NWB Fach 28, S. 929 ff.; *Schmittmann*, Werbung von Steuerberatern im Internet, StB 2001, 180 ff.; *Hock*, DSWR 1998, 44 ff.; *Pestke*, Internet und Standesrecht Freier Berufe, DSWR 1998, 241 ff.; *Wittsiepe/Friemel*, NWB Fach 30, S. 1047 ff.; *Heidfeld*, NWB Fach 30, S. 1199 ff.; *Zeps*, Nutzung des Internet durch Steuerberater und Wirtschaftsprüfer,

schaftsprüfern[1290] und Ärzten[1291] im Internet mit einer neuerlichen rechtlichen Prüfung unterzogen werden müssen. Den Kammern kommt dabei eine besondere Rolle zu. Sie können einmal im Wege der Berufsaufsicht tätig werden, also den Berufsangehörigen belehren oder rügen, aber auch zivilrechtlich Unterlassungsklage erheben, wobei die Kammer zwischen beiden Wegen frei wählen kann, der berufsständischen Sanktion also kein Vorrang zukommt[1292]. Dies gilt nicht bei Notare, da diese keinen freien Beruf ausüben[1293], so daß die Notarkammern bei Wettbewerbsverstößen ausschließlich im Aufsichtswege vorgehen können[1294].

II. Rechtsprechung des BGH

Mit der Entscheidung „Anwaltsrundschreiben" hat der BGH den sog. „Dinslakener Anwaltskrieg"[1295] beendet[1296]. Eine Dinslakener Rechtsanwaltskanzlei hatte sich mit einem Rundschreiben an 120 Personen gewandt, unter denen sich auch solche befanden, die keine Mandanten der Kanzlei waren. Das OLG Düsseldorf hat das beanstandete Rundschreiben unter dem Gesichtspunkt von § 1 UWG, § 43 b BRAO als wettbewerbswidrig erachtet und sich dabei im wesentlichen auf die Einschätzung gestützt, daß das Rundschreiben entgegen § 43 b BRAO auf die Erteilung eines Auftrags im Einzelfall gerichtet gewesen sei, weil es sich an einem bestimmten und überschaubaren Adressatenkreis gewandt und

---

StuB 2000, 433ff.; *Zeps/Biermann*, Internetangebote von Steuerberatern und Wirtschaftsprüfern, DSWR 1999, 256ff.; *Ossola-Haring*, Stbg 1998, 361ff.

[1290] S. *Kröger/Kellersmann*, Internet für Steuerberater und Wirtschaftsprüfer, S. 273ff.; *Strangmeier*, Internetpräsenz, S. 119ff.; *Zeps/Biermann*, DSWR 1999, 256ff.; *Meisel/Scheuer*, INF 1998, 52ff.; *Disterer/Buchholz*, WPK-Mitteilungen 1998, 22ff.; *Meise*, WPK-Mitteilungen 1997, 113ff.; *WPK*, Zulässigkeit von Werbung im Internet, WPK-Mitteilungen 1996, 334f.

[1291] Vgl. Bundesärztekammer, Darstellungsmöglichkeiten des Arztes im Internet, Deutsches Ärzteblatt 1999, A – 228; *Laufs*, Werbende Ärzte?, NJW 2001, 1768f.; *Simon/Schmittmann*, Rechtliche Rahmenbedingungen für Internetpräsentationen von Krankenhäusern unter besonderer Berücksichtigung des ärztlichen Berufsrechts, MedR 2001, 228ff.; *Hanika*, Internetrecht versus Schutz der öffentlichen Gesundheit und Standesrecht, MedR 2000, 205ff.; OLG Köln, Urteil vom 17. Dezember 1999 – 6 U 116/99, ZAuR 2000, 84 = ZAP Fach 16, 205 (*Schmittmann*).

[1292] So BGH, Urteil vom 25. Oktober 2001 – I ZR 29/99, BB 2002, 1067 = BRAK-Mitteilungen 2002, 139; vgl. *Ziegenhagen*, Die Berufsgerichtsbarkeit der freien Berufe, Münster, 1998; *Grunewald*, Die Berufsgerichtsbarkeit der freien Berufe, NJW 2002, 1369ff.

[1293] S. BGHZ 64, 214 (217).

[1294] So *Arndt/Lerch/Sandkühler*, BNotO, § 29 Rdnr. 33.

[1295] Dieser Begriff wurde von *Römermann*, Streit um Werbung – Dinslakener Anwaltskrieg, Anwalt Juni 2000, 6ff., geprägt.

[1296] S. BGH, Urteil vom 15. März 2001 – I ZR 337/98, WPK-Mitteilungen 2001, 319 = DStRE 2001, 1134 = EWiR 2001, 915f. (*Kleine-Cosack*).

§ 6. Sonderwerberecht bestimmter Berufe

anwaltliche Dienste für einen konkret bezeichneten Regelungsbedarf angeboten habe[1297].

In seiner Entscheidung „Anwaltswerbung I" hatte der Erste Senat des BGH noch angenommen, daß es sich um eine nach §§ 1 UWG, 43 BRAO unzulässige reklamehafte Anpreisung handele, wenn ein Rechtsanwalt unaufgefordert einem Dritten, mit dem er in keiner Mandatsbeziehung stehe oder gestanden habe, seine anwaltliche Tätigkeit nahezubringen versuche[1298].

Unter Berücksichtigung der Neuregelung des anwaltlichen Werberechts in § 43b BRAO ist diese Entscheidung überholt, da nach dem Willen des Gesetzgebers mit der im Jahre 1994 erfolgten Einfügung der §§ 43b, 59d BRAO den Rechtsanwälten insbesondere die Möglichkeit eröffnet werden sollte, sich potentiellen Mandanten gegenüber darzustellen. Demnach sei ein Rundschreiben per se nicht zu beanstanden[1299].

Eine für sich genommen zulässige Werbung um mögliche Auftraggeber kann sich allerdings als eine auf die Erteilung von Aufträgen im Einzelfall gerichtete, gegen § 43b BRAO verstoßende Werbung darstellen, wenn der Umworbene in einem konkreten Einzelfall der Beratung oder der Vertretung bedarf und der Werbende dies in Kenntnis der Umstände zum Anlaß für seine Werbung nimmt. Eine solche Werbung ist als unzulässig anzusehen, weil sie in gleicher Weise wie die offene Werbung um die Erteilung eines Auftrags im Einzelfall mit einer oft als aufdringlich empfundenen Weise auszunützen versucht, daß sich der Umworbene beispielsweise in einer Lage befindet, in der er auf Hilfe angewiesen ist und sich möglicherweise nicht frei für einen Anwalt entscheiden[1300].

In der Entscheidung „Anwaltswerbung II" hat der BGH herausgearbeitet, daß der Zulässigkeit einer Informationsveranstaltung von Rechtsanwälten zur eigenen anwaltlichen Tätigkeit oder zu allgemein rechtlichen Themen grundsätzlich nicht entgegensteht, daß zu ihr Personen eingeladen werden, zu denen kein mandatschaftliches Verhältnis besteht oder bestanden hat und daß ein kostenloser Mittagsimbiß gereicht wird[1301].

Im zugrundeliegenden Sachverhalt hatten Rechtsanwälte mit Schreiben vom 29. August 1997 verschiedene in der Innenstadt ansässige Einzel-

---

[1297] So OLG Düsseldorf, Urteil vom 24. November 1998 – 20 U 89/98, MDR 1999, 258 m. Anm. *Römermann.*
[1298] So BGH, Urteil vom 4. Juli 1991 – I ZR 2/90, BGHZ 105, 110.
[1299] So BGH, Urteil vom 15. März 2001 – I ZR 337/98, WPK-Mitteilungen 2001, 319 = DStRE 2001, 1134 = EWiR 2001, 915f. (*Kleine-Cosack*).
[1300] So BGH, Urteil vom 15. März 2001 – I ZR 337/98, WPK-Mitteilungen 2001, 319 = DStRE 2001, 1134 = EWiR 2001, 915f. (*Kleine-Cosack*); BGH, Urteil vom 1. März 2001 – I ZR 300/98, BRAK-Mitteilungen 2001, 189ff. = DB 2001, 2043ff. = DStRE 2001, 1064ff.
[1301] So BGH, Urteil vom 1. März 2001 – I ZR 300/98, BRAK-Mitteilungen 2001, 189ff. = DB 2001, 2043ff. = DStRE 2001, 1064ff.

händler, die nicht zu ihren Mandanten gehörten, für einen Samstag, 10.00 bis 15.00 Uhr, zu einem Informationsgespräch einschließlich Mittagessen in das örtliche Parkhotel eingeladen und „fundierte Ratschläge und Informationen praxiserfahrener Rechtsanwälte" zu wettbewerbsrechtlichen Fragen angekündigt. Der BGH ist der Auffassung, daß die Einladung eine in Form und Inhalt sachliche Unterrichtung über die berufliche Tätigkeit der Rechtsanwälte enthalte und daher berufsrechtlich nicht zu beanstanden sei. Eine Werbung unterrichtet über die berufliche Tätigkeit eines Berufsträgers, wenn sie die interessierte Öffentlichkeit darauf aufmerksam macht, daß der Werbende oder Beworbene als Berufsträger tätig ist. Enthält die Werbung darüber hinaus weitere Informationen, so stehen diese mit der Berufstätigkeit in ausreichendem Zusammenhang, wenn sie für die Entscheidung der Rechtsuchenden, ob dieser Rechtsanwalt gegebenenfalls beauftragt werden soll, bei vernünftiger und sachbezogener Betrachtung von Bedeutung sein könne[1302].

Die Beurteilung der Form der Werbung als unsachlich kommt insbesondere in Betracht, wenn ihr Erscheinungsbild derart im Vordergrund steht, daß ihr Inhalt weit dahinter zurückbleibt[1303]. Informationsveranstaltungen von Rechtsanwälten zur eigenen anwaltlichen Tätigkeit oder zu allgemein rechtlichen Themen sind dabei im Grundsatz nicht als unsachlich anzusehen[1304]. Sie entsprechen den mit §43b BRAO verfolgten zweifachen Zweck, einerseits dem Rechtsanwalt die Möglichkeit zu verschaffen, sich Mandanten und potentiellen Mandanten darzustellen, und andererseits dem rechtsuchenden Publikum die Gelegenheit zu geben, sich über das Angebot anwaltlicher Leistungen zu informieren. Gegen das Sachlichkeitsgebot verstößt eine Informationsveranstaltung ihrer Form nach allerdings dann, wenn bei ihr weitere Leistungen angeboten werden, die geeignet sind, die angesprochenen Verkehrskreise dazu zu bewegen, an der Veranstaltung nicht wegen der Information, sondern vor allem wegen dieser weiteren Leistung teilzunehmen. Insbesondere das kostenlose Angebot ansonsten entgeltlicher Leistungen kann eine unzulässige Anlockwirkung entfalten[1305].

[1302] So ausdrücklich BGH, Urteil vom 1. März 2001 – I ZR 300/98, BRAK-Mitteilungen 2001, 189 ff. = DB 2001, 2043 ff. = DStRE 2001, 1064 ff.

[1303] Vgl. *Eylmann*, Reglementierung der Werbung in der Berufsordnung, AnwBl 1996, 481 (483).

[1304] Vgl. *Hensler/Prüting/Eylmann*, BRAO, §43 b Rdnr. 50; *Kleine-Cosack*, Das Werberecht der rechts- und steuerberatenden Berufe, Rdnrn. 335, 384.

[1305] So BGH, Urteil vom 1. März 2001 – I ZR 300/98, BRAK-Mitteilungen 2001, 189 ff. = DB 2001, 2043 ff. = DStRE 2001, 1064 ff.

III. Rechtsprechung des Bundesverfassungsgerichts

Das Bundesverfassungsgericht hat bereits im Jahre 2000 Stellung zu § 43b BRAO genommen und dabei insbesondere den verfassungsrechtlichen Maßstab für die Werbung kammergebundener freier Berufe definiert. Dabei verweist das Verfassungsgericht zunächst darauf, daß in den Bereichen der durch Art. 12 Abs. 1 GG geschützten berufsbezogenen Tätigkeiten auch die berufliche Außendarstellung der Grundrechtsberechtigten einschließlich der Werbung für die Inanspruchnahme ihrer Dienste fällt[1306]. Bei der Außendarstellung ist zwischen werbewirksamem Verhalten und gezielter Werbung im engeren Sinne zu unterscheiden[1307].

Das Bundesverfassungsgericht weist darauf hin, daß allein aus dem Umstand, daß eine Berufsgruppe ihre Werbung anders als bisher üblich gestaltet, nicht gefolgert werden kann, daß dies unzulässige Werbung ist[1308]. Auch Sponsoring sei nicht von vornherein unangemessen und übertrieben[1309].

Das Bundesverfassungsgericht sieht Sponsoring nicht als in Form oder Inhalt nicht sachliche Unterrichtung an. Es führt vielmehr aus, daß nicht ersichtlich sei, inwieweit das Sponsoring geeignet sein könne, das Vertrauen der Rechtsuchenden zu beeinträchtigen, der Anwalt werde nicht aus Gewinnstreben zu Prozessen raten oder die Sachbehandlung an Gebühreninteressen ausrichten. Sponsoring unterstütze die traditionellen Kommunikationsinstrumente der Werbung. Bekanntheitsgrad oder positives Image seien die wichtigsten Ziele, die damit verfolgt werden. Die Imagebeeinflussung werde zum einen durch die Förderung als solche und zum anderen durch einen Imagetransfer vom Sponsoringfeld auf den Sponsor zurück erzielt; der Sponsor werbe um Sympathie, Vertrauen und Akzeptanz. Selbstdarstellungen dieser Art enthielten Informationen, die für sich genommen weder irreführend sind noch ein sensationelles oder reklamehaftes Sich-Herausstellen zum Gegenstand haben[1310].

Das Bundesverfassungsgericht verkennt nicht, daß es beim Sponsoring zu Übertreibungen kommen kann oder es Verknüpfungen geben kann, die geeignet sind, die genannten Gemeinwohlbelange zu gefährden. Dies sei aber ein Frage des Einzelfalls. Jedenfalls die Förderung kultureller Ver-

---

[1306] So BVerfGE 85, 248 (257) = NJW 1992, 2341; BVerfG, Beschluß vom 24. Juli 1997 – 1 BvR 1863/96, NJW 1997, 2510 – Briefbogengestaltung durch Anwaltsnotare.
[1307] So BVerfGE 85, 248, 257 = NJW 1992, 2341; BVerfGE, NJW 1997, 2510.
[1308] So BVerfG, NJW 1997, 2510 (2511).
[1309] Vgl. BVerfGE 94, 372 (395) = NJW 1996, 3067.
[1310] So BVerfG, Beschluß vom 17. April 2000 – 1 BvR 721/99, NJW 2000, 3195 (3196) = EWiR 2000, 571 (*Huff*). Das OLG Rostock (Urteil vom 17. März 1999 – 2 U 81/98, MDR 1999, 834 m. Anm. *Römermann*) hatte Sponsoring noch als unsachliche Imagewerbung und daher unzulässig angesehen.

III. Rechtsprechung des Bundesverfassungsgerichts

anstaltungen – etwa des Konzerts der NDR-Bigband mit der Norddeutschen Philharmonie Rostock, des Landespresseballs oder der Kunstbörse mit anschließender Auktion – stelle nach Anlaß und Form keine marktschreierische Werbemaßnahme dar[1311].

In Kenntnis dieser Rechtsprechung des Bundesverfassungsgerichts mißt auch der BGH seine Entscheidungen am Maßstab des Art. 12 Abs. 1 GG, wobei er zunächst definiert, was als Werbung anzusehen ist: Werbung ist ein Verhalten, das darauf angelegt ist, andere dafür zu gewinnen, die Leistungen desjenigen in Anspruch zu nehmen, für den geworben wird[1312].

Nach § 43b BRAO ist den Rechtsanwälten Werbung erlaubt, soweit sie über die berufliche Tätigkeit in Form und Inhalt sachlich unterrichtet und nicht auf die Erteilung eines Auftrags im Einzelfall gerichtet ist (vgl. BGH, Urteil vom 15. März 2001 – I ZR 337/98):

> [...] Die Werbung kann weiter nicht mit der Begründung als unzulässig beurteilt werden, sie sei unter Verstoß gegen § 43b BRAO auf die Erteilung von Aufträgen im Einzelfall gerichtet.
> Der Senat hat allerdings in seiner vor der Novellierung des anwaltlichen Werberechts ergangenen Entscheidung „Anwaltswerbung I" ausgesprochen, daß es als eine nach § 1 UWG i.V. mit § 43 BRAO unzulässige reklamehafte Anpreisung anzusehen sei, wenn ein Rechtsanwalt unaufgefordert einem Dritten, mit dem er in keiner Mandatsbeziehung stehe oder gestanden habe, seine anwaltliche Tätigkeit nahezubringen versuche (BGHZ 115, 105, 110).
> Diese Entscheidung ist insoweit jedoch durch die Neuregelung des anwaltlichen Werberechts in § 43b BRAO überholt. Nach dem Willen des Gesetzgebers sollte mit der im Jahre 1994 erfolgten Einfügung der §§ 43b, 59b in die Bundesrechtsanwaltsordnung den Rechtsanwälten insbesondere die Möglichkeit eröffnet werden, sich potentiellen Mandanten gegenüber darzustellen (vgl. Begründung des Regierungsentwurfs eines Gesetzes zur Neuordnung des Berufsrechts der Rechtsanwälte und der Patentanwälte, BT-Drs. 12/4993, S. 28). Dementsprechend unterscheidet die am 11. März 1997 in Kraft getretene Berufsordnung für Rechtsanwälte (abgedruckt in BRAK-Mitt. 1999, 123 ff.), soweit sie in ihren gem. § 59b Abs. 2 Nr. 3 BRAO erlassenen §§ 6 bis 10 Bestimmungen über die Berufspflichten des Anwalts im Zusammenhang mit der Werbung enthält, nicht zwischen Rundschreiben an Mandanten und Rundschreiben, die an dritte Personen gerichtet sind.
> Eine für sich genommen an sich zulässige Werbung um mögliche Auftraggeber kann sich allerdings als eine auf die Erteilung von Aufträgen im Einzelfall gerichtete, gegen § 43b BRAO verstoßende Werbung darstellen, wenn der Umworbene in einem konkreten Einzelfall der Beratung oder der Vertretung bedarf und der Werbende dies in Kenntnis der Umstände zum Anlaß für seine Werbung nimmt. Eine solche Werbung ist als unzulässig anzusehen, weil sie in gleicher Weise wie die offene Werbung um die Erteilung eines Auftrags im Einzelfall in einer oft als aufdringlich empfundenen Weise auszunützen versucht, daß sich der Umworbene beispielsweise in einer Lage befindet, in der er auf Hilfe angewiesen ist und sich möglicherweise nicht frei für einen Anwalt entscheiden kann (vgl. BGH, Urt. v. 1. März 2001 – I ZR 300/98).

[1311] So BVerfG, Beschluß vom 17. April 2000 – I BvR 721/99, NJW 2000, 3195 (3196).
[1312] So BGH, Beschluß vom 7. Oktober 1991 – AnwZ (B) 25/91, NJW 1992, 45; BGH, Urteil vom 1. März 2001 – I ZR 300/98, BRAK-Mitteilungen 2001, 189 ff. = DB 2001, 2043 ff. = DStRE 2001, 1064 ff.

IV. Berufsgruppen

Der Begriff der freien Berufe ist in § 1 Abs. 2 Satz 1 PartGG erstmals gesetzlich definiert. Danach haben die freien Berufe im allgemeinen auf der Grundlage besonderer fachlicher Qualifikation oder schöpferischer Begabung die persönliche, eigenverantwortliche und fachlich unabhängige Erbringung von Dienstleistungen höherer Art im Interesse der Auftraggeber und der Allgemeinheit zum Inhalt. In § 1 Abs. 2 Satz 2 PartGG sind u.a. Ärzte, Heilpraktiker, Mitglieder der Rechtsanwaltskammer, Patentanwälte, Steuerberater, Wirtschaftsprüfer, Ingenieure und Architekten genannt. Auch die sog. Katalogberufe in § 18 Abs. 1 Nr. 1 EStG gelten gemeinhin als freie Berufe. Nachfolgend soll insbesondere das Berufsrecht der Rechtsanwälte, Notare[1313], Steuerberater, Wirtschaftsprüfer, Ärzte, Zahnärzte, Tierärzte und Architekten untersucht werden.

Das Berufsrecht der Apotheker bleibt hier außer Betracht[1314]. Das deutsche Berufsbild des „Apothekers in seiner Apotheke" ist bereits anderenorts hinreichend bearbeitet[1315]. Die für das Internet-Werberecht relevanten Fragen sind unter § 4 II. – Heilmittelwerberecht und Heilmittelhandelsrecht dargestellt.

1. Rechtsanwälte und Notare

a) Rechtsanwälte

Die Berufsausübung der Rechtsanwälte ist in der BRAO[1316] und der Berufsordnung[1317] geregelt. Darüber hinaus sind europäische Regelungen zu beachten[1318].

Die Internetpräsentation des Rechtsanwalts im Internet ist als „anderes Informationsmittel" i.S. des § 6 Abs. 2 Satz 1 BORA anzusehen[1319]. Es ist Rechtsanwälten grundsätzlich gestattet, sich und ihre Kanzlei im Internet

---

[1313] Zwar üben Notare keinen freien Beruf aus (so BGHZ 64, 214 (217); *Arndt/Lerch/Sandkühler,* BNotO, § 29 Rdnr. 159), aber im Hinblick auf die in vielen Bezirken vorliegende Bestellung zum Anwaltsnotar scheint die Erörterung des Werberechts in diesem Rahmen zweckmäßig.

[1314] Vgl. aber BVerfGE 94, 372 = GRUR 1996, 899 ff. – Werbeverbot.

[1315] Vgl. BVerfGE 17, 232 (239 ff.); BVerfGE 75, 166; BVerwGE 56, 186 (188); BVerwGE 92, 172; BGH, GRUR 1981, 282; BGH, GRUR 1982, 313 (314).

[1316] S. Bundesrechtsanwaltsordnung vom 1. August 1959, BGBl. 1959 I, S. 565, zuletzt geändert durch Gesetz vom 13. Dezember 2001, BGBl. 2001 I, S. 3574.

[1317] S. Berufsordnung für Rechtsanwälte i.d.F. der Bekanntmachung vom 1. Januar 2003, einsehbar unter: www.brak.de.

[1318] S. *Wurster,* Europas Rechtsanwälte im Internet, AnwBl 2002, 316 ff.

[1319] So LG Leipzig, Beschluß vom 14. Dezember 2001 – 5 O 8712/01, BRAK-Mitt. 2002, 97.

IV. Berufsgruppen

zu präsentieren[1320]. Dabei sind die Vorschriften des Fernabsatzrechts zu beachten[1321]. Im Internet ist der Rechtsanwalt auch an die Vorschriften der Berufsordnung gebunden[1322]. Gemäß § 6 Abs. 1 BORA darf der Rechtsanwalt über seine Dienstleistung und seine Person informieren, soweit die Angaben sachlich unterrichten und berufsbezogen sind. Der Begriff des Anwalts ist gesetzlich geschützt und eine unzulässige Führung auch gem. § 132a Abs. 1 Nr. 2 StGB strafbewehrt. Auch ähnliche Begriffe sind geschützt, so daß die Verwendung der Bezeichnungen „Handelsanwalt"[1323] oder „Finanzanwalt"[1324] gegen § 3 UWG verstößt.

In der jüngeren Vergangenheit sind insbesondere folgende Werbeaktionen als berufsrechtswidrig beurteilt worden:

- Die Aussage „Ihre Rechtsfragen sind unsere Aufgabe" in einer Werbeanzeige von Rechtsanwälten entbehrt sachlichen Inhalts und ist daher unerlaubte Qualitätswerbung[1325].

- Die Anzeige eines Rechtsanwalts, die zusammen mit der Bezeichnung „Fachanwalt für Strafrecht" zehn „Strafrechtliche Tätigkeitsgebiete, welche das Rechtsgebiet nahezu komplett auffächern, nennt, ist berufsrechtswidrig[1326].

[1320] So *Teplitzky*, in: Großkommentar UWG, § 1 Rdnr. G 144; *Schulte/Schulte*, Unzulässige Werbung von Anwälten im Internet, MMR 2002, 585 ff.; *Horst*, E-Commerce – Verbotenes Terrain für Rechtsanwälte?, MDR 2000, 1293 (1294); *Schneider*, Standes- und wettbewerbsrechtliche Grenzen der Internetpräsentation von Anwälten, MDR 2000, 133 ff.; *Sobola*, NJW 2001, 1113 ff.; *Härting*, Anwaltliche Werbung im Internet, AnwBl 2000, 343 ff.; *Weidert*, Internet und Wettbewerbsrecht, AnwBl 2000, 390 ff.; *Koch*, Werbung mit dem Preis und in den Medien, AnwBl 1997, 421 (426 ff.); *Schmittmann*, Werbung von Angehörigen der rechts- und steuerberatenden Berufe im Internet, MDR 1997, 601 ff.; *Flechsig*, Virtuelle Anwaltswerbung im Internet, ZUM 1997, 98 ff.; *Hagenkötter/Härting*, Anwälte im Netz, S. 63 ff.; *Kleine-Cosack*, Das Werberecht der rechts- und steuerberatenden Berufe, Rdnr. 392 ff.; *Strangmeier*, Internetpräsenz, S. 67 ff.; *Jessnitzer/Blumberg*, BRAO, § 43b Rdnr. 12; *Hoeren/Sieber-Marwitz*, Handbuch Multimedia-Recht, Kap. 11.2 Rdnr. 229; *Scheuerl*, Anwaltswerbung im Internet, NJW 1997, 1291 ff.; *Hartung/Holl-Römermann*, Anwaltliche Berufsordnung, München, 1997, Vor § 6 Rdnr. 215; *Rein*, Der Rechtsanwalt im Internet – Zulässigkeit eines Gästebuchs, NJW 1999, 377 (378); *Disterer*, Internet-Nutzung durch beratende Berufe am Beispiel von Anwaltssozietäten, WPK-Mitteilungen 1997, 293 ff.

[1321] S. *Bürger*, NJW 2002, 465 ff.

[1322] So AG Oldenburg, Urteil vom 21. März 2002 – E1 C 1034/02, NJW 2002, 2652 (Ls.) = JurPC Web-Dok. 170/02.

[1323] S. KG, JW 1922, 1332.

[1324] S. LG Regensburg, BRAK-Mitteilungen 2002, 147 = AnwBl 2002, 366.

[1325] So OLG Köln, Urteil vom 10. Juli 1998 – 6 U 66/98, WPK-Mitt. 1999, 68 ff.

[1326] So OLG Nürnberg, Urteil vom 15. Februar 2000 – 3 U 3881/99, AnwBl. 2000, 314.

§ 6. Sonderwerberecht bestimmter Berufe

- Die Veröffentlichung von objektiv nicht gerechtfertigten Rangeinstufungen von Rechtsanwälten und Kanzleien in einem Handbuch verstößt gegen § 1 UWG[1327].
- Die Verwendung des staatlich nicht verliehenen Titels „Dipl.-Wirtschaftsjurist (SWA)" auf dem Briefbogen eines Rechtsanwalts ist standeswidrig[1328].
- Der Slogan „Alles was Recht ist" in einem Telefonbucheintrag stellt eine unzulässige Selbsteinschätzung dar[1329].
- Die Wahl der Domain „www.immobilienanwalt.de" verstößt gegen §§ 43b BRAO, 7 BORA und ist daher unzulässig. Eine solche Gattungsdomain erzeugt bei den Rechtsuchenden die fehlerhafte Vorstellung, daß sich hinter der Domain der einzige oder zumindest maßgeblicher Anbieter verberge oder eine Vielzahl von Anbietern dort zu finden ist. Zudem ist die Bezeichnung „Immobilienanwalt" auch insoweit unzulässig, als ein Rechtsuchender in Folge nicht klarer Trennung zwischen Rechtsberatung und gewerblicher Tätigkeit den Eindruck gewinnen könnte, daß eine Tätigkeit auch auf dem gewerblichen Sektor entfaltet wird. Zudem beschreibt die Domain „www.immobilienanwalt.de" einen Teil anwaltlicher Tätigkeit, der ausschließlich gesondert als Interessen- und/oder Tätigkeitsschwerpunkt genannt werden darf[1330].
- Keine unzulässige Werbung liegt indes vor, wenn eine Anwaltskanzlei eine Marketingaktion von Gewerbetreibenden in einer Stadt finanziell unterstützt und dafür an einer Eislauffläche sachliche Bandenwerbung betreibt[1331].
- Die Verwendung einer sog. Vanity-Nummer[1332] durch einen Rechtsanwalt mit einer Berufsbezeichnung oder Tätigkeitsbeschreibung stellt eine Unterrichtung über die berufliche Tätigkeit dar und damit berufbezogen. Es liegt auch keine wettbewerbswidrige Tätigkeit dar und damit berufbezogen. Es liegt auch keine wettbewerbswidrige Kanalisierung von Kundenströmen vor[1333].

[1327] So OLG München, Urteil vom 8. Februar 2001 – 29 U 4292700, NJW 2001, 1950.

[1328] So AnwGH Rheinland-Pfalz, Beschluß vom 6. September 2000 – 2 AGH 23/99, NJW 2001, 1586.

[1329] So OLG Stuttgart, Urteil vom 27. Oktober 2000 – 2 U 67/00, n.v.

[1330] So AnwG Hamm, Beschluß vom 27. Juni 2002 – AR 22/01, BRAK-Mitt. 2002, 286.

[1331] So AnwG Hamm, Beschluß vom 14. März 2002 – AR 19/01, NJW 2002, 2652 (Ls.)

[1332] Der Begriff der Vanity-Nummer gewinnt einen tieferen Sinn, wenn man sich den lateinischen Wortstamm „vanitas" [Eitelkeit] vergegenwärtigt. Vgl. zu Vanity-Nummern auch LG Aachen, Urteil vom 29. Dezember 2000 – 11 O 457/00, MMR 2001, 178; VG Köln, Urteil vom 27. Oktober 2000 – 11 K 7361/00, MMR 2001, 190; *Demmel/Skrobotz*, MMR 2000, 164 ff.

[1333] So BGH, Urteil vom 21. Februar 2002 – I ZR 281/99, BRAK-Mitt 2002, 231 m. Anm. *Dahns*. A.A. OLG Stuttgart, Urteil vom 15. Oktober 1999 – 2 U 52/99, MMR 2000, 164.

IV. Berufsgruppen

- Ebenfalls nicht beanstandet i.S. von §§ 43b BRAO, 60 BORA wurde der in einer Zeitungsanzeige eines Rechtsanwalts drucktechnisch hervorgehobene Slogan „ALL YOU NEED IS L@W"[1334].
- Ebenso ist es dem Rechtsanwalt gestattet, in einer Zeitungsanzeige damit zu werben, daß er darauf hinweist, wie man sich gegen bestimmte rechtliche Entscheidungen (hier: taktisches Vorgehen gegen abgelehnte Berufsunfähigkeitsrente) wehrt[1335].
- Weiterhin ist beanstandet worden, daß ein Rechtsanwalt auf seiner Homepage anführt, daß er einen „ausgewählten Mandantenstamm flexibel und erfolgreich berät und vertritt"[1336]. Ebenso unzulässig ist es, mit dem Slogan „Das Recht rund um die Geschäftsidee" zu werben, wenn dabei sechs Interessen- und/oder Tätigkeitsschwerpunkte angegeben werden[1337].

b) Notare

Das Berufsrecht der Notare ergibt sich aus der Bundesnotarordnung[1338] sowie den jeweiligen Regelungen der Kammern, wobei die Zersplitterung des deutschen Notariats in Nur-Notariat, Anwaltsnotariat und Richter- bzw. Amtsnotariat zu berücksichtigen ist[1339]. Im Bezirk des OLG Stuttgart gibt es zugleich drei Formen des Notariats[1340].

Früher galt jegliches Werben um Praxis als „mit dem Ansehen und der Würde des Notars als unvereinbar"[1341] und war somit untersagt[1342], woraus *Kleine-Cosack* zynisch und unhaltbar schloß, daß der Notar der „rechtloseste und unfreiheitlichste rechtsberatende Beruf" sei[1343]. Gemäß § 29 Abs. 1 BNotO[1344] hat der Notar noch heute jedes gewerbliche Verhal-

---

[1334] So AGH Hamburg, Urteil vom 21. Januar 2002 – II EVY 3/00, NJW 2002, 318 ff. = KammerReport Hamm, 4/2002, 24 = BRAK-Mitt 2002, 236 (Ls.).

[1335] So AG Schwerte, Urteile vom 1. August 2001 – 2 C 182/01, NJW-RR 2002, 1146 = NJW 2002, 2961 (Ls.)

[1336] So AnwG Berlin, Beschluß vom 1. März 2002 – 2 AnwG 65/01, n.v.

[1337] S. AGH Hamburg, Urteil vom 21. Januar 2002 – II EVY 3/00, KammerReport Hamm, 4/2002, 24.

[1338] BNotO vom 24. Februar 1961 (BGBl. I, S.98), zuletzt geändert durch Gesetz vom 13. Dezember 2001, BGBl. 2001 I, S.3574.

[1339] Vgl. dazu: *Eylmann/Vaasen*, BNotO, § 3 Rdnr. 2.

[1340] *Seybold/Schippel*, BNotO, § 3 Rdnr. 19; *Eylmann/Vaasen*, BNotO, § 3 Rdnr. 13.

[1341] *Arndt/Lerch/Sandkühler*, BNotO, § 29 Rdnr. 1

[1342] *Teplitzky*, in: Großkommentar, § 1 UWG Rdnr. G 155; überholt: *Hoeren/Sieber-Marwitz*, Handbuch Multimedia-Recht, Kap. 11.2 Rdnr. 155, die sich noch an den früheren Richtlinien orientiert.

[1343] So *Kleine-Cosack*, Das Werberecht der rechts- und steuerberatenden Berufe, Rdnr. 251; a.A. *Schmittmann*, MittPA 2000, 38 (39).

[1344] Die Bestimmung gilt für alle Formen des Notariats, so *Eylmann/Vaasen*, BNotO, § 29 Rdnr. 42.

ten, insbesondere eine dem öffentlichen Amt widersprechende Werbung zu unterlassen. Der Notar darf über seine Amtstätigkeit informieren. Information heißt Unterrichtung über Tatsachen, die auf ihre Richtigkeit überprüft werden können[1345]. Er darf aber nicht um potentielle Aufträge werben, so daß nach der Rechtsprechung das Versenden eines Rundschreibens an Mandanten, die der Notar bereits in erb- und erbschaftsteuerlicher Sicht betreut hat und in dem er sich für die Erteilung eines Auftrages zu weiterer Beratung und ggf. Neugestaltung bestehender Erbfolgeregelungen empfiehlt, als berufsrechtswidrig anzusehen ist[1346].

Nach den Richtlinienempfehlungen der Bundesnotarkammer vom 29. Januar 1999[1347] gilt für das Auftreten des Notars in der Öffentlichkeit und Werbung folgendes:

„1.1. Der Notar darf über die Aufgaben, Befugnisse und Tätigkeitsbereiche der Notare öffentlichkeitswirksam unterrichten, auch durch Veröffentlichungen, Vorträge und Äußerungen in den Medien.
1.2. Werbung ist dem Notar insoweit verboten, als sie Zweifel an der Unabhängigkeit oder Unparteilichkeit des Notars zu wecken geeignet oder aus anderen Gründen mit seiner Stellung in der vorsorgenden Rechtspflege als Träger eines öffentlichen Amtes nicht vereinbar ist.
1.3. Mit dem öffentlichen Amt des Notars unvereinbar ist ein Verhalten insbesondere, wenn
   a) es auf die Erteilung eines bestimmten Auftrags oder Gewinnung eines bestimmten Auftraggebers gerichtet ist,
   b) es den Eindruck der Gewerblichkeit vermittelt, insbesondere den Notar oder seine Dienste reklamehaft herausstellt,
   c) es eine wertende Selbstdarstellung des Notars oder seiner Dienste enthält,
   d) der Notar ohne besonderen Anlaß allgemein an Rechtsuchende herantritt,
   e) es sich um irreführende Werbung handelt.
1.4. Der Notar darf eine dem öffentlichen Amt widersprechende Werbung durch Dritte nicht dulden.
2.1. Der Notar darf im Zusammenhang mit seiner Amtsbezeichnung akademische Grade, den Titel Justizrat und den Professortitel führen.
2.2. Hinweise auf weitere Tätigkeiten i. S. von § 8 Abs. 1, 3 und 4 BNotO sowie auf Ehrenämter sind im Zusammenhang mit der Amtsausübung unzulässig.

[1345] *Eylmann/Vaasen*, BNotO, § 29 Rdnr. 9; *Seybold/Schippel*, BNotO, § 29 Rdnrn. 9ff.

[1346] So OLG Celle, Beschluß vom 11. August 1998 – Not 17/98, NdsRpfl 1999, 84.

[1347] DNotZ 1999, 258.

IV. *Berufsgruppen* 301

3. Der Notar darf sich nur in solche allgemein zugängliche Verzeichnisse aufnehmen lassen, die allen örtlichen Notaren offenstehen. Für elektronische Veröffentlichungen gilt dies entsprechend.
4. Anzeigen des Notars dürfen nicht durch Form, Inhalt, Häufigkeit oder auf sonstige Weise der amtswidrigen Werbung dienen.
5. Der Notar darf sich an Informationsveranstaltungen der Medien, bei denen er in Kontakt mit dem rechtsuchenden Publikum tritt, beteiligen. Er hat dabei die Regelungen der Nrn. 1 und 2 zu beachten.
6. Der Notar darf Broschüren, Faltblätter und sonstige Informationsmittel über seine Tätigkeit und zu den Aufgaben und Befugnissen der Notare in der Geschäftsstelle bereithalten. Zulässig ist auch das Bereithalten dieser Informationen in Datennetzen und allgemein zugänglichen Verzeichnissen. Die Verteilung oder Versendung von Informationen ohne Aufforderung ist nur an bisherige Auftraggeber zulässig und bedarf eines sachlichen Grundes."

2. Steuerberater

Das Berufsrecht der Steuerberater[1348] ist in dem Steuerberatungsgesetz (StBerG[1349]) sowie der Berufsordnung der Steuerberaterkammer (BOStB[1350]) geregelt[1351]. Früher war die Zulässigkeit von Werbung in den Standesrichtlinien (RichtlStB[1352]) geregelt. Danach war Steuerberatern ausschließlich anlaßbezogene Werbung erlaubt[1353]. Die heutige Berufsordnung hat als Satzung allgemeinverbindliche Wirkung und bindet die Berufsangehörigen, aber auch Rechtsprechung und Verwaltung[1354]. Das Berufsrecht der Steuerberater trifft in § 57a StBerG zunächst die Regelung, daß Werbung nur erlaubt ist, soweit sie über die berufliche Tätigkeit in Form und Inhalt sachlich unterrichtet und nicht auf die Erteilung eines Auftrags im Einzelfall gerichtet ist. Mit dieser Bestimmung wird die Rege-

---

[1348] Auch wenn hier durchgängig von „Steuerberater" die Rede ist, sind die Ausführungen auch auf Steuerbevollmächtigte anwendbar.
[1349] S. StBerG i.d.F. der Bekanntmachung vom 4. November 1975 (BGBl. I, S. 2735), zuletzt geändert durch das Gesetz zur Gleichstellung behinderter Menschen und zur Änderung anderer Gesetze vom 27. April 2002 (BGBl. I, S. 1467); *Ruppert*, DStR 2000. 1843 ff.; vgl. auch *Krumbholz*, StuB 1999, 1096 ff.
[1350] S. Satzung über die Rechte und Pflichten der Berufe der Steuerberater und Steuerbevollmächtigten vom 2. Juni 1997, DStR-Beihefter zu Heft 26/1997, geändert am 13. Januar 1999, DStR 1999, 342.
[1351] *Kröger/Kellersmann*, Internet für Steuerberater und Wirtschaftsprüfer, S. 221.
[1352] Vgl. *Gehre*, StBerG, Einl. Rdnr. 11.
[1353] Vgl. *Mittelsteiner/Hund*, DStR 1997, 219 ff.; *Weniger*, Stbg 1996, 397 ff.
[1354] So OLG Hamm, Urteil vom 7. Januar 2002 – 6 U 69/01, DStRE 2002, 726 (727).

lung des § 57 Abs. 1 StBerG konkretisiert, nach der der Steuerberater seinen Beruf unter Verzicht auf berufswidrige Werbung auszuüben hat[1355]. Nach § 10 Abs. 2 BOStB darf der Steuerberater über seine berufliche Tätigkeit informieren. Die Unterrichtung muß sachlich zutreffend und objektiv nachprüfbar sein. Die Darstellung darf nicht reklamehaft sein. Vergleichende oder wertende Aussagen sind nicht zulässig.

Die Rechtsprechung hat in der jüngeren Vergangenheit insbesondere in den nachstehenden Fallgestaltungen unzulässige, weil reklamehafte Werbung gesehen:

- Die Werbung eines Steuerberaters mittels Anbringens des Firmennamens nebst Logo und Slogan „Ihr Partner in Sachen Steuer- und ..." auf einer Straßenbahn der kommunalen Verkehrsbetriebe ist reklamehaft und überschreitet damit die Grenzen zulässiger Werbung[1356].
- Unzulässig ist es auch, mit einer Anzeige „Steuern sparen mit Ihrem Steuerberater" in einer Zeitung zu werben[1357].
- Ebenso unzulässig ist es, mit dem Text „Steuerberater/Wirtschaftsprüfer/Rechtsanwalt sucht laufend Mandate für Bilanzen, Steuererklärungen und lfd. Buchhaltung, Telefon ..." zu werben, da dies eine Werbung um Einzelmandate darstellt[1358].
- Es ist für einen Steuerberater reklamehaft und damit berufsrechtswidrig, auf einem Kraftfahrzeug mittels eines dort angebrachten Werbeaufklebers für die Kanzlei zu werben[1359].
- Für einen Lohnsteuerhilfeverein ist es ein Verstoß gegen das Sachlichkeitsgebot und überdies eine unzulässige Alleinstellungswerbung, sich in Stellenanzeigen als „einer der Marktführer in Deutschland" bzw. „der neue Marktführer" zu bezeichnen[1360].
- Die Werbung von Steuerberatern auf sog. „Stadtplanorientierungsanlagen" verstößt gegen das Gebot der sachlichen Werbung, da es auf lange Dauer angelegt ist und damit einen stark reklamehaft geprägten Charakter hat[1361].

Teilweise werden aber auch reichlich reklamehafte Texte von der Rechtsprechung nicht beanstandet:

[1355] Vgl. *Gehre*, StBerG, § 57a Rdnr. 2; *Hoeren/Sieber-Marwitz*, Handbuch Multimedia-Recht, Kap. 11.2 Rdnr. 153.
[1356] So OLG Naumburg, Urteil vom 13. April 2000 – 7 W 127/99, GRUR-RR 2001, 141 = NWB EN-Nr. 1128/2000.
[1357] So OLG Karlsruhe, Urteil vom 7. Mai 1999 – 4 U 148/98, DStRE 2000, 223f.; LG Konstanz, Urteil vom 25. September 1998 – 1 HO 87/98, n.v.
[1358] So OLG Schleswig-Holstein, Urteil vom 12. Oktober 1999 – 6 U 53/99, n.v.
[1359] So LG Stuttgart, Beschluß vom 24. April 2002 – 14 StL 02/02, n.v.
[1360] So OLG Zweibrücken, Urteil vom 7. Februar 2002 – 4 U 90/01, n.v.
[1361] So OLG Hamm, Urteil vom 3. April 2002 – 4 U 169/00, n.v.

IV. Berufsgruppen

- Bei Fertigstellung eines neuen Bürogebäudes hatte ein Berufsträger in einem Anzeigenblatt u.a. mit den Aussagen „Ihre Jahresabschlüsse werden ab sofort an niegelnagelneuen Schreibtischen von supermotivierten Mitarbeitern gemacht." und „Wir beraten mit Weitblick..." unbeanstandet geworben[1362].

- Nach Auffassung des OLG Frankfurt am Main wird die Grenze zulässiger Werbung auch nicht dadurch überschritten, wenn ein Steuerberater eine Anzeige mit Hinweis auf Beruf, Anschrift und Tätigkeitsbereiche häufiger als einmal im Monat, etwa wöchentlich, schaltet[1363].

Die Satzungsversammlung der Steuerberaterkammer hat in der Sitzung am 24. Oktober 2001 die Vorschriften in der Berufsordnung zur Werbung (§§ 10 bis 23 BOStB) überarbeitet[1364]. Die beschlossenen Änderungen sind zum 1. April 2002 in Kraft getreten[1365]. Insbesondere ist darauf hinzuweisen, daß die bisherige Beschränkung auf bestimmte Werbeträger nunmehr gefallen ist[1366], so daß auch nun auch Rundfunk- und Fernsehwerbung denkbar ist.

Grundsätzlich ist dem Steuerberater nach Auffassung von Literatur und Rechtsprechung die Werbung im Internet gestattet[1367].

Der Steuerberater ist „Organ der Steuerrechtspflege" (§ 2 Abs. 1 BOStB)[1368] und nicht – wie der Rechtsanwalt – „unabhängiges Organ der Rechtspflege" (§ 1 BRAO); gleichwohl kann der Steuerberater nicht ohne Einhaltung bestimmter Regeln im Internet auftreten. Es ist anhand der inzwischen ergangenen Rechtsprechung klären, welche Formen der Internetpräsenz für den Steuerberater zulässig sind. Demgegenüber soll unerörtert bleiben, ob die unmittelbare Dienstleistungserbringung über das Medium Internet[1369] oder Telefon[1370] zulässig ist.

[1362] S. LG Hannover, Beschluß vom 8. Januar 2001 – 44 StL 51/01, n.v.

[1363] S. OLG Frankfurt, Urteil vom 18. April 2002 – 6 U 256/01, DStRE 2002, 1158; LG Frankfurt am Main, Urteil vom 11. Oktober 2001 – 2/3 O 264/01, DStRE 2002, 984.

[1364] S. DStR 2002, 518 (519).

[1365] Vgl. *Ruppert*, DStR 2002, 825 ff.

[1366] Vgl. *Ruppert*, DStR 2002, 825 (827).

[1367] S. *Peter/Charlier*, StBerG, § 57a Rdnr. 56; *Kippes*, DStR 2002, 820 (823); *Heil*, StuB 2001, 704 ff.; *Zeps*, StuB 2000, 433 ff.; *Wittsiepe*, NWB Fach 30, S. 1381 (1382 ff.); *Kröger/Kellersmann*, Internet für Steuerberater und Wirtschaftsprüfer, S. 237 ff.; *Wollschläger*, Internet-Ratgeber für Steuerberater.

[1368] Nach der Rechtsprechung ist der Steuerberater sogar lediglich „Mittler zwischen Steuerpflichtigen und Finanzverwaltung" (BVerfGE 21, 173 (179)).

[1369] Vgl. OLG Celle, Urteil vom 31. März 1999 – 13 U 331/98, CR 1999, 649 f.

[1370] Ob die Erbringung steuerberatender Leistungen über das Telefon unter einer 0190er-Telefonnummer zulässig ist, steht in Streit. Vgl. grundlegend: *Singer*, Stbg 2000, 26 ff.; *Hartmann*, INF 2000, 662 ff.; *Schmittmann*, StB 2000, 474 ff.

Besondere Aktualität erlangt das Thema durch ein jüngeres Urteil des LG München II[1371]. Das Gericht hatte Gelegenheit, sich zur Gestaltung von Websites von Steuerberatern zu äußern. Die Homepage sei Werbung i.S. des § 57a StBerG, urteilte das Gericht. Bei dem betroffenen Berufsträger war offenbar in Vergessenheit geraten, daß auch im Internet die Regeln des Wettbewerbs- und Berufsrechts uneingeschränkt anzuwenden sind. Das Gericht hat die allzu reklamehafte Anpreisungen eines Steuerberaters auf seiner Homepage untersagt.

Die – unter anderem betroffene – Werbeaussage „Spezialkanzlei für steuerstrategische Unternehmensführung und Vermögensplanung" erwecke durch den Zusatz „spezial" den Eindruck außergewöhnlicher Sachkunde und sei daher als täuschungsgeeignet i.s. von § 3 UWG anzusehen. Formulierungen wie „Sie haben damit einen außergewöhnlichen Steuerberater gefunden, der Ihnen nach vielen Berufsjahren der umfassenden Beratung größerer mittelständischer Unternehmen eine komprimierte Fülle an Wissen und Erfahrung im Bereich der steuerstrategischen Unternehmensführung und Vermögensplanung bieten kann.", „Meine Tätigkeit ist professionell organisiert…" und „… und danke Ihnen für Ihr Interesse an meinem exklusiven Leistungsprofil" seien als reklamehafte Selbstanpreisung ein Verstoß gegen §§ 10, 11 BOStB und damit auch gegen §§ 1, 3 UWG.

Für Steuerberater gilt somit – wie für viele andere Kammerberufe auch – der Grundsatz, daß Werbung nicht schrankenlos zulässig ist[1372]. Allgemein ist einem Berufsangehörigen der Unlauterkeitsvorwurf zu machen, wenn er „standesvergessen" handelt und sich dadurch über wettbewerbsbeschränkende Normen des Berufsrechts hinwegsetzt[1373].

3. Wirtschaftsprüfer

Das Berufsrecht der Wirtschaftsprüfer ist in der Wirtschaftsprüferordnung (WPO) gesetzlich geregelt[1374]. Daneben hat die Wirtschaftsprüferkammer aufgrund der Ermächtigung in § 57 Abs. 3 und 4 WPO eine Berufssatzung aufgestellt[1375]. Die Wirtschaftsprüferordnung sieht in § 43 Abs. 1 Satz 1 WPO vor, daß der Wirtschaftsprüfer seinen Beruf unabhängig, gewissenhaft, verschwiegen und eigenverantwortlich auszuüben hat. Gemäß § 52 WPO ist der Wirtschaftsprüfer zu berufswürdigem Verhalten

---

[1371] S. LG München II, Urteil vom 31. August 2000 – 4 HK O 3241/00, StuB 2001, 419 (*Ullrich*) = BB 2000, 2489 = NWB EN-Nr. 1593/2000.
[1372] Vgl. *Kornblum*, BB 1985, 65 ff.; *Heil*, StuB 2001, 704 (706).
[1373] S. *Ring*, Wettbewerbsrecht der freien Berufe, Diss. iur., Trier, 1989, S. 590; *Baumbach/Hefermehl*, Wettbewerbsrecht, § 1 UWG Rdnr. 674; umfassend: *Prinz*, Anwaltswerbung, 1986, S. 92 ff.
[1374] *Kröger/Kellersmann*, Internet für Steuerberater und Wirtschaftsprüfer, S. 222 ff.
[1375] Vgl. *Knorr/Schnepel*, Die Novellierung der Berufssatzung, WPK-Mitteilungen 2002, 2 ff.

IV. Berufsgruppen

bei der Kundmachung seiner Tätigkeit und bei der Auftragsübernahme verpflichtet. Berufswidrige Werbung ist ihm nicht gestattet. Eine Werbung ist nicht berufswidrig, soweit sie über die berufliche Tätigkeit in Form und Inhalt sachlich unterrichtet und nicht auf die Erteilung eines Auftrags im Einzelfall gerichtet ist[1376].

Die allgemeinen Bestimmungen aus §§ 43 Abs. 1, 52 WPO werden durch die Satzung über die Rechte und Pflichten bei der Ausübung der Berufe des Wirtschaftsprüfers und des vereidigten Buchprüfers vom 11. Juni 1996 (Berufssatzung der Wirtschaftsprüferkammer[1377]) in der Fassung vom 10. November 1997 konkretisiert.

Gemäß § 34 Abs. 1 Berufssatzung ist eine Unterrichtung über die berufliche Tätigkeit auch dann in Form und inhaltlich nicht sachlich, wenn sie reklamehaft ist. Werbung ist gem. § 34 Abs. 2 Berufssatzung reklamehaft, wenn sie sich Methoden der gewerblichen Wirtschaft bedient, die mit dem Berufsbild des Wirtschaftsprüfers/Vereidigten Buchprüfers als freier Beruf nicht vereinbar sind. Dabei sind im Rahmen der Gesamtwürdigung neben Form und Inhalt insbesondere auch die Wahl des Werbeträgers und die Häufigkeit des werbenden Auftretens zu berücksichtigen. Weitere Anhaltspunkte für die Zulässigkeit von Werbung von Wirtschaftsprüfern ergeben sich aus der Verlautbarung des Vorstandes der Wirtschaftsprüferkammer zu Grundsatzfragen der Werbung[1378].

Der Vorstand der Wirtschaftsprüferkammer nimmt dabei unter III. 1. c) auch Stellung zur Zulässigkeit der Werbung von Wirtschaftsprüfern im Internet:

> Werbung im Internet ist grundsätzlich zulässig. Die Grenzen der inhaltlichen Ausgestaltung sind hier allerdings weiter zu ziehen als bei sonstigen Werbeträgern, da der potentielle Mandant durch das Aufrufen der entsprechenden Internetseiten bereits Interesse an dem Werbenden signalisiert.
>
> Im übrigen gelten aber die allgemeinen Grundsätze. Verboten ist daher insbesondere die ständige Werbung auf den Internetseiten gewerblicher Unternehmen, da hierdurch der Eindruck einer verfestigten Kooperation erweckt wird. Ein gemeinsamer Zugang ist zwar noch zulässig, die Werbung selbst ist aber in einer eigenen Homepage unterzubringen.

Die vorstehenden Regelungen aus der WPO, der Berufssatzung sowie der Verlautbarung des Vorstandes sind allgemein gehalten, um eine möglichst große Anzahl von Fällen sachgemäß zu regeln.

[1376] Vgl. *Schmittmann*, WPK-Mitteilungen 2002, 8 (19); Hoeren/Sieber-*Marwitz*, Handbuch Multimedia-Recht, Kap. 11.2 Rdnr. 154.
[1377] WPK-Mitteilungen 1996, 176 ff.
[1378] S. WPK-Mitteilungen 2001, 135 ff.

4. Ärzte und Zahnärzte

Der Arzt[1379] unterliegt als klassischer Heilberuf[1380] ebenso wie der Zahnarzt strengen berufsrechtlichen Regelungen[1381]. Dabei gilt grundsätzlich das Recht des Bundeslandes, in dem der Arzt oder Zahnarzt niedergelassen ist. In Nordrhein-Westfalen gilt das Heilberufsgesetz NW[1382] i.V. mit den jeweiligen Berufsordnungen[1383]. Die Berufsordnungen[1384] orientieren sich an der Musterberufsordnung (MB)[1385]. Die Anwendung der Heilberufsgesetze durch die Berufsgerichte ist teilweise vom Bundesverfassungsgericht im Hinblick auf Art. 12 Abs. 1 GG beanstandet worden[1386].

a) Ärzte

Mit erlaubter Information und berufswidriger Werbung befassen sich §§ 27, 28 MBO i.d.F. des 105. Deutschen Ärztetages 2002 in Rostock. Dem Arzt ist nach § 27 Abs. 2 MBO sachliche berufsbezogene Information gestattet. Eine dem Selbstverständnis des Arztes zuwiderlaufende Kommerzialisierung des Arztberufes ist zu vermeiden. Hintergrund ist, daß nach herkömmlicher Auffassung Werbung dem Ansehen des Berufes schade und Werbung von Ärzten der Gesundheit der Bevölkerung abträglich sei[1387]. Nach moderner Auffassung stellen die berufsrechtlichen

---

[1379] Vgl. Approbationsordnung für Ärzte vom 27. Juni 2002, BGBl. 2002 I, S. 2405 ff.; *Rieger*, Lexikon des Arztrechts, Heidelberg, 2000; *Laufs*, Arztrecht, 5. Auflage, München, 1993; *Laufs/Uhlenbruck*, Handbuch des Arztrechts, München, 1992; *Schwerin*, Das ärztliche Werbeverbot – was bleibt?, NJW 2001, 1770 ff.; *Laufs*, Werbende Ärzte?, NJW 2001, 1768 ff.; *Simon/Schmittmann*, MedR 2001, 228 ff.

[1380] Vgl. *Becker-Platen*, Die Kammern der freien Heilberufe – Berufsordnung, Rechte und Pflichten der Mitglieder, Diss. iur. München, 1998; *Walter*, Die Berufsgerichtsbarkeit der ärztlichen Heilberufe, Berlin 1966.

[1381] Den Weg des ärztlichen Berufsrechts vom Gesetz Nr. 215-255 Codex Hammurabis bis heute zeichnet *Ziegenhagen*, Die Berufsgerichtsbarkeit der freien Berufe, Münster, 1998, S. 88 ff., in ihrer Dissertation nach.

[1382] Gesetz zur Änderung des Heilberufsgesetzes und weiterer Rechtsvorschriften sowie zur Errichtung einer Psychotherapeutenkammer vom 9. Mai 2000, GVBl. NW 2000, 403 ff.

[1383] Berufsordnung für die nordrheinischen Ärztinnen und Ärzte vom 18. März 2000 und Berufsordnung der Ärztekammer Westfalen-Lippe vom 25. November 2000.

[1384] Vgl. *Ratzel/Lippert*, Kommentar zur Musterberufsordnung der deutschen Ärzte; *Broglie*, (Muster-) Berufsordnung für die Deutschen Ärzte und Ärztinnen – Neue Werbemöglichkeiten für den Arzt, AusR 1999, 106 ff.

[1385] Vgl. Musterberufsordnung i.d.F. der Beschlüsse des 100. Deutschen Ärztetags, Dt. Ärzteblatt 1997, A 2354 ff.

[1386] Vgl. BVerfG, Beschluß vom 18. Oktober 2001 – 1 BvR 881/00, MMR 2002, 159 ff. zur BO Baden-Württemberg.

[1387] Vgl. dazu BVerfG, NJW 1982, 2487; *Koch*, Kommunikationsfreiheit und Informationsbeschränkungen durch das Standesrecht der Ärzte in der Bundesrepublik Deutschland und in den Vereinigten Staaten von Amerika, 1991, S. 33; *Hoeren/Sieber-Marwitz*, Handbuch Multimedia-Recht, Kap. 11.2 Rdnr. 158.

IV. Berufsgruppen

Werbeverbote vielmehr ihrer Natur nach eine Marktzutrittsbarriere dar und benachteiligen junge Kollegen[1388].
Zulässig ist nach § 27 Abs. 4 MBO die Ankündigung nach der Weiterbildungsverordnung erworbener Bezeichnungen, nach sonstigen öffentlich-rechtlichen Vorschriften erworbener Qualifikationen, Tätigkeitsschwerpunkten und organisatorischer Hinweise. Besondere Regelungen für Auftritte im Internet finden sich in der Muster-Berufsordnung nicht.

In folgenden Konstellationen ist in der Vergangenheit berufswidrige Werbung angenommen worden:

– Ein Arzt läßt anläßlich seiner Niederlassung in der Presse über einen Empfang berichten[1389].
– Ein Arzt bietet einen Tag der offenen Tür an[1390].
– Ein Arzt führt in seiner Praxis unter Herausstellung seines Berufs Vernissagen durch[1391].

Ob diese Beanstandungen aus der Vergangenheit im Hinblick auf Rechtsprechung des Bundesverfassungsgerichts noch Bestand haben können, erscheint mir zweifelhaft.

Die Bundesärztekammer hat eine Handreichung zu Darstellungsmöglichkeiten von Ärzten im Internet veröffentlicht[1392]. Danach ist zu unterscheiden zwischen zulässigen Informationen gegenüber Dritten, Praxisinformationen, die nur über die Homepage des Arztes abgefragt werden können sowie Information anderer Ärzte in einem Intranet[1393].

Die allgemein zugängliche Website, die nicht zwingend vom Arzt selbst betrieben werden muß, darf neben dem Namen und der Praxis- und Privatanschrift des Arztes auch Telefon-, Telefax- und E-Mail-Nummer enthalten[1394]. Außerdem sind berufsrechtliche zulässige akademische Grade und Titel zugelassen. Im diesem Zusammenhang darf auch auf die Stellung als Belegarzt und auf das Krankenhaus hingewiesen werden[1395]. Dabei ist aber zu bedenken, daß das ärztliche Werbeverbot – in casu gem.

[1388] So *Taupitz*, Die Standesordnungen der freien Berufe, S. 1243; *Ratzel/Lippert*, § 28 MBO Rdnr. 2.
[1389] So Landesberufsgericht beim OVG Koblenz, NJW 1990, 1555.
[1390] So Bezirksgericht für Ärzte Stuttgart, Urteil vom 25. August 1982, zit. nach *Ratzel/Lippert*, § 28 MBO Rdnr. 4.
[1391] So Berufsgericht für Heilberufe beim OLG München, zit. nach So *Ratzel/Lippert*, § 28 MBO Rdnr. 4.
[1392] Vgl. dazu BVerfG, Beschluß vom 18. Oktober 2001 – 1 BvR 881/00, MMR 2002, 159 ff.
[1393] *Bundesärztekammer*, Darstellungsmöglichkeiten des Arztes im Internet, Dt. Ärzteblatt 1999, S. A-228.
[1394] Vgl. Hoeren/Sieber-*Marwitz*, Handbuch Multimedia-Recht, Kap. 11.2 Rdnr. 285; vgl. auch *Härting*, Internetrecht, Rdnr. 275; *Loock-Wagner*, Das Internet und sein Recht, S. 35 f.
[1395] S. *Bundesärztekammer*, Darstellungsmöglichkeiten des Arztes im Internet, Dt. Ärzteblatt 1999, S. A-228.

§ 27 BerlArztBerufsO – auch für belegärztliche Tätigkeiten gilt und der Belegarzt, der veranlaßt oder duldet, daß Patienten, die sich aufgrund einer Werbeanzeige des (Beleg-)Krankenhauses melden, an seine Praxis weitergeleitet werden, gegen das ärztliche Werbeverbot verstößt[1396].

Die Homepage des Arztes darf weitere praxisbezogene Informationen enthalten, etwa sachliche Informationen über bestimmte medizinische Vorgänge, besondere Untersuchungs- und Behandlungsverfahren, Weiterbildungen, Sprachkenntnisse und durch die Ärztekammer zuerkannte Qualifikationen enthalten[1397]. Dabei darf auch über persönliche Eigenschaften des Arztes, etwa Konfession, Zeitpunkt der Niederlassung und der Approbationserteilung hingewiesen werden. Auch Bilder des Praxisteams, das Logo der Praxis und Praxislage dürfen ins Internet gestellt werden[1398]. Demgegenüber ist es nicht zulässig, über ein drittes Unternehmen über Telefon oder Internet die Vermittlung von Patienten zu dulden, soweit die damit betriebene Selbstdarstellung über das dem Arzt von der Berufsordnung gestattete Maß hinausgeht[1399].

Nach Auffassung des OLG Koblenz verstößt es nicht gegen die Berufsordnung, wenn ein niedergelassener Arzt im Internet für eine von ihm praktizierte „Sauerstoff-Ionen-Mehrschritt-Therapie" wirbt[1400]. Die Werbung des Arztes sei als „sachlich" anzusehen und daher rechtmäßig. Demgegenüber ist einem Zahnarzt nicht gestattet, sich im Internet mit einer Homepage zu präsentieren, auf der sich ein Foto des Arztes mit der Unterschrift „Ihre Nachricht per E-Mail", ein Lageplan der Praxis mit Parkmöglichkeiten und eine Aufzählung der Mitgliedschaften des Arztes in zahlreichen Berufsorganisationen befindet. Solche Werbung trägt die typischen Elemente einer kommerziellen Reklame und ist daher berufsrechtswidrig[1401].

Die Möglichkeiten des Intranet sind bislang noch nicht ausgelotet. Die Rechtsprechung hatte bislang nur einen Fall zu entscheiden, in dem es um eine Streitigkeit zwischen einem privaten Betreiber eines für Ärzte, Zahnärzte und Kliniken eingerichteten Kommunikationsnetzes und der Kas-

---

[1396] So BGH, Urteil vom 10. November 1999 – I ZR 121/97, NJW 2000, 1789 ff. – Klinik Sanssouci.

[1397] Die Zusatzbezeichnung „Akupunktur" war zweitinstanzlich beanstandet worden, da es sich dabei nicht um eine Gebiets- oder Zusatzbezeichnung im Sinne des – niedersächsischen – Kammergesetzes für Heilberufe handele, vgl. OVG Lüneburg, Urteil vom 4. November 1999 – 8 L 1821/99, n.v.; entgegen VG Braunschweig, Urteil vom 25. November 1998 – 1 A 1042/96. Das BVerwG (Urteil vom 5. April 2001 – 3 C 25/00, DVBl. 2001, 1371) hat die Bezeichnung schließlich gebilligt.

[1398] S. *Bundesärztekammer*, Darstellungsmöglichkeiten des Arztes im Internet, Dt. Ärzteblatt 1999, S. A-228.

[1399] S. LG München I, Urteil vom 14. Januar 1999 – 4 HK O 16788/98, K&R 1999, 283 ff. = CR 2001, 55.

[1400] S. OLG Koblenz, Urteil vom 30. Mai 2000 – 4 U 192/00, OLGR 2000, 394 ff.

[1401] So OLG Köln, Urteil vom 17. Dezember 1999 – 6 U 116/99, ZAuR 2000, 84 ff. = ZAP Fach 16, 205 f. (*Schmittmann*).

IV. Berufsgruppen   309

senärztlichen Bundesvereinigung und der Bundesärztekammer ging. Dabei kam das OLG Köln zu dem Ergebnis, daß die Teilnahme der Bundesvereinigung und der Kammer an diesem System nicht zu beanstanden ist[1402]. Auf die berufsrechtliche Zulässigkeit der Präsentationen im einzelnen kam es nicht an, so daß das Gericht darauf nicht einzugehen hatte. Grundsätzlich war dem Arzt gem. § 27 Abs. 1 Satz 1 BOÄ in der damaligen Fassung die Werbung für seine berufliche Tätigkeit oder die berufliche Tätigkeit anderer Ärzte untersagt. Sachliche Informationen sind nach § 27 Abs. 1 Satz 2 BOÄ nach Maßgabe von weiteren Bestimmungen erlaubt. Gemäß Nr. 6 der Verhaltensregeln („Grundsätze korrekter ärztlicher Berufsausübung") gilt dies auch für „virtuelle Schaufenster" (so die Diktion der Verhaltensregeln), die öffentlich abrufbare ärztliche Informationen in Computerkommunikationsnetzen präsentieren. Dabei soll sichergestellt werden, daß beim Suchprozeß – wohl über Suchmaschinen – zunächst nur die Homepage des Arztes erscheint, welche ausschließlich die für das Praxisschild zugelassenen Angaben enthält. Auf dem Praxisschild darf nach Auffassung des OLG Köln der Arzt beispielsweise auch bestimmte Tätigkeitsschwerpunkte aufführen[1403], etwa „Implantologie BDIZ". Darin bestehe auch keine Gefahr der Verwechslung mit den Bezeichnungen „Kieferorthopädie" oder „Oralchirurgie".

Unzulässig ist die Versendung von Rundschreiben[1404], auch wenn darin lediglich auf die Anschaffung eines neuen Gerätes hingewiesen wird und Patienten zu einer umfassenden Vorsorgeuntersuchung eingeladen werden. Bei dem Rundschreiben handelt es sich gleichwohl um Werbung, die die Leistung des Arztes reklamehaft herausstellt[1405].

Das Werbeverbot für Ärzte beruht auf der Überlegung, daß das Rechtsgut der Gesundheit der Bevölkerung Schaden nehmen könnte, wenn das ärztliche Berufsbild dadurch verfälscht werde, daß der Arzt Werbemethoden verwenden dürfte, die in der gewerblichen Wirtschaft üblich sind[1406]. So ist es einem Zahnarzt aufgrund der berufsrechtlichen Werbeverbote verwehrt, seine Leistungen reklamehaft in einer Publikumszeitschrift anzupreisen[1407].

Es verstößt gegen ärztliches Berufsrecht, wenn der Arzt Informationsmaterial über eine von ihm entwickelte, angebotene und angewandte

---

[1402] S. OLG Köln, Urteil vom 17. Dezember 1999 – 6 U 15/98, MMR 2000, 552 ff.
[1403] S. OLG Köln, Urteil vom 26. Mai 2000 – 6 U 167/99, MedR 2001, 195.
[1404] Vgl. Ekey/Klippel/Kotthoff/Meckel/Plaß-*Kotthoff*, Wettbewerbsrecht, § 1 UWG Rdnr. 652.
[1405] S. OLG Hamburg, Urteil vom 8. April 1999 – 3 U 265/98, n.v. (FAZ vom 29. Mai 2000).
[1406] S. BGH, NJW 2000, 1789 ff. – Klinik Sanssouci; Ekey/Klippel/Kotthoff/Meckel/Plaß-*Kotthoff*, Wettbewerbsrecht, § 1 UWG Rdnr. 652.
[1407] So BGH, Urteil vom 8. Juni 2000 – I ZR 269/97, GRUR 2001, 181 = WRP 2001, 28 ff.

Krebstherapie auf Anfrage an Kranke versenden läßt, die nicht seine Patienten sind[1408].

Es ist einer Klinik auch nicht gestattet, eine Broschüre in Umlauf zu bringen, in der zwei Chirurgen abgebildet sind, deren berufliche Erfahrung geschildert wird und die den Slogan „Vorsprung durch Spezialisierung" enthält[1409]. Das ärztliche Berufsrecht findet zwar keine unmittelbare Anwendung auf den Krankenhausträger; dennoch setzt es der Klinikwerbung im Wege einer mittelbaren Drittwirkung Grenzen. Der Arzt darf nämlich gem. §27 Abs. 2 Satz 1 BOÄ nicht dulden, daß Dritte in einer Weise für ihn werben, die ihm selbst untersagt ist. Dies gilt insbesondere insoweit, daß es dem Arzt nicht gestattet ist, seine Person durch ein Sanatorium, eine Klinik oder andere Unternehmen anpreisend herausstellen zu lassen.

b) Zahnärzte

Das Berufsrecht der Zahnärzte folgt im wesentlichen dem der Ärzte[1410]. Das BVerfG hat in einer Grundsatzentscheidung zum Werberecht der Zahnärzte Stellung genommen und dabei ausgeführt[1411]:

Nach §31 Abs. 1 Satz 1 des baden-württembergischen Gesetzes über die öffentliche Berufsvertretung, die Berufspflichten, die Weiterbildung und die Berufsgerichtsbarkeit der Ärzte, Zahnärzte, Tierärzte, Apotheker und Dentisten (Kammergesetz) in der hier maßgeblichen Fassung vom 16. März 1995 (GBl S.314; im Folgenden: KaG) regelt die Berufsordnung das Nähere über die Berufspflichten. Die Berufsordnung kann nach §31 Abs. 2 KaG insbesondere Vorschriften über die Werbung (Nr. 9) und das berufliche Verhalten gegenüber anderen Berufsangehörigen (Nr. 11) enthalten. [...] Bei Verstößen haben sich die Kammermitglieder nach §55 KaG in einem Berufsgerichtsverfahren zu verantworten.

§13 der Berufsordnung für Zahnärzte in der Fassung vom 11. Januar 1999 (ZBW 3/1999 S.16; im Folgenden: BO 1999) gestattet dem Zahnarzt, eigenverantwortlich sog. „Interessenschwerpunkte" auszuweisen. Näheres regeln die dazu ergangenen Richtlinien der Landeszahnärztekammer Baden-Württemberg. Danach werden Interessenschwerpunkte in den vorgegebenen Bereichen – Funktionsanalyse und Funktionstherapie, Implantologie, Parodontologie und Präventive Zahnheilkunde – in Form einer „Patienten-Informations-Liste" ausgewiesen. Die Bezirkszahnärztekammer führt diese Liste und erteilt aus ihr Auskünfte bei Anfragen aus der Bevölkerung mit dem Hinweis, daß die Angaben rechtlich und sachlich in der Verantwortung des Arztes fallen und lediglich weitergegeben werden. Der Zahnarzt darf nur solche „Interessenschwerpunkte" ausweisen, in denen er mehrjährige praktische Erfahrungen und Fertigkeiten besitzt und über mehrjährige Fortbildung verfügt.

[1408] S.BGH, Urteil vom 9. Juli 1998 – I ZR 72/96, NJW 1998, 3414 = GRUR 1999, 179 = MedR 1999, 70 = EWiR 1998, 909 (*Ring*).
[1409] S.OLG München, Urteil vom 30. Juni 2000 – 29 U 6146/99, n.v.; Berufung eingelegt.
[1410] Vgl. zum Werbeverbot der Zahnärzte: §1 Abs. 3 ZahnheilkundeG vom 16. April 1987, BGBl. I 1987, S.1225.
[1411] S.BVerfG, Beschluß vom 18. Oktober 2001 – 1 BvR 881/00, MMR 2002, 159ff. = WRP 2001, 1437ff.

IV. Berufsgruppen

Der Beschwerdeführer wollte eine Datenbank („Zahnarzt-Suchservice") einrichten und anbieten, in der Zahnärzte sich für einen monatlichen Beitrag von DM 7,50 mit Aussagen zur zahnärztlichen Tätigkeit und zur fachlichen Qualifikation nach eigener Einschätzung eintragen lassen sollten. Das Produkt, das von einem eingetragenen Verein betrieben werden sollte, gelangte nie zur Marktreife.

Durch Urteil vom 21. September 1999 verurteilte das Bezirksberufsgericht für Zahnärzte den Beschwerdeführer wegen berufsunwürdigen Verhaltens nach § 55 Abs. 2 KaG in Verbindung mit § 1 Abs. 2, § 11 Abs. 1 und § 17 Abs. 1 BO 1999 zu einer Geldbuße von 3.000 DM. Die hiergegen eingelegte Berufung des Beschwerdeführers verwarf das Landesberufsgericht für Zahnärzte als unbegründet mit der Maßgabe, daß die Geldbuße auf 1.500 DM ermäßigt wurde. Der Verpflichtung nach § 1 Abs. 2 Satz 2 Buchstabe b BO 1999 widerspreche es, möglichen Patienten Auskünfte aus einer Datei anzubieten, die nur einen Teil der Zahnärzte erfasse und deren Inhalt auf der nicht überprüften Selbsteinschätzung der Zahnärzte beruhe. Die Art der Datenerhebung mache in hohem Maße wahrscheinlich, daß wegen der Unvollständigkeit des Datensatzes und der Unterschiedlichkeit der Bewertungsmaßstäbe der meldenden Zahnärzte unrichtige und irreführende Angaben in die Datei aufgenommen würden. Gegen § 11 BO 1999 werde verstoßen, da der Beschwerdeführer mit Auskünften aus seiner Datei die Grundlage dafür biete, daß durch irreführende Angaben die Patienten getäuscht und dadurch die Konkurrenz unter den Berufskollegen mit unangemessenen Mitteln verfälscht werde. Die Datei sei insbesondere nicht allen Zahnärzten ohne weiteres zugänglich und nicht kostenfrei. Auch das allgemeine Wettbewerbsrecht schließe solche Werbemaßnahmen aus, die unwahre und irreführende Angaben verbreiteten.

Das Bundesverfassungsgericht hat die Verfassungsbeschwerde zur Entscheidung angenommen:

Das Bundesverfassungsgericht hat geklärt, daß die in Art. 12 Abs. 1 GG gewährleistete Berufsfreiheit jede Tätigkeit umfaßt, die auf Dauer angelegt ist und der Schaffung und Aufrechterhaltung einer Lebensgrundlage dient (vgl. BVerfGE 7, 377, [397]; 54, 301, [313]; 97, 228, [252f.]). Auch die maßgeblichen Fragen zum ärztlichen Werberecht hat das Bundesverfassungsgericht bereits entschieden (vgl. BVerfGE 33, 125, [169ff.]; 71, 162, [172ff.]; 71, 183, [194ff.]; 85, 248, [256ff.]). Danach soll das Werbeverbot für Ärzte dem Schutz der Bevölkerung dienen und das Vertrauen der Patienten darauf erhalten, daß der Arzt nicht aus Gewinnstreben bestimmte Untersuchungen vornimmt, Behandlungen vorsieht oder Medikamente verordnet. Werberechtliche Vorschriften in ärztlichen Berufsordnungen hat das Bundesverfassungsgericht mit der Maßgabe als verfassungsmäßig angesehen, daß nicht jede, sondern lediglich die berufswidrige Werbung verboten ist. Als berufswidrig in diesem Sinne gilt unter anderem das Führen von Zusätzen, die im Zusammenhang mit den geregelten Qualifikationsbezeichnungen und Titeln zu Irrtümern und damit zu einer Verunsicherung der Kranken führen können, was das Vertrauen in den Arztberuf untergraben und langfristig negative Rückwirkungen auf die medizinische Versorgung der Bevölkerung haben könnte (vgl. BVerfGE 85, 248, [257ff.]; vgl. auch BVerfG, Beschlüsse der 3. Kammer des Ersten Senats, NJW 1993, 2988, [2989]; NJW 1994, 1591; Beschluß der 2. Kammer des Ersten Senats, NJW 2001, 2788). Für interessengerechte und sachangemessene Informationen, die keinen Irrtum erregen, muß im rechtlichen und geschäftlichen Verkehr jedoch Raum bleiben (vgl. BVerfGE 82, 18, [28]). Auf dieser Rechtsgrundlage hat sich im Bereich der Bundesrechtsanwaltsordnung inzwischen der Anwaltsuchservice eingebürgert. Die Angabe von speziellen Tätigkeitsbereichen und ihre Verbreitung entsprechen einem Informationsbedürfnis des Publikums, weil sich die Berufsangehörigen in unterschiedlichen Gebieten spezialisieren (vgl. dazu BVerfG, Beschluß der 2. Kammer des Ersten Senats, NJW 1992, 1613). [...]

Es sind keine Gemeinwohlbelange ersichtlich, die es rechtfertigen könnten, einem Zahnarzt zu verbieten, einen Zahnarztsuchservice einzurichten. Das Rechtsgut der Gesundheit der Bevölkerung, das insofern als Belang allein in Betracht kommt, und der hierdurch veranlaßte Schutz des Vertrauens der Patienten in die Zahnärzte werden nicht berührt. Von den Zahnärzten eigenverantwortlich mitgeteilte Angaben über ihre Tätigkeit und fachliche Qualifikation können auch im Internet nicht generell verboten werden, sofern diese Angaben in sachlicher Form erfolgen und nicht irreführend sind (vgl. BVerfG, Beschluß der 2. Kammer des Ersten Senats, NJW 2001, S. 2788; vgl. auch OLG München, MedR 1999, 76; LG Kiel, MedR 1999, 279).

Es ist auch nicht erkennbar, daß die Errichtung eines Patienteninformationsdienstes das Gebot zum kollegialen Verhalten in § 11 BO verletzt. Insbesondere kann aus dem monatlichen Beitrag von 7,50 DM, den der Verein für die Teilnahme an dem Informationsdienst erhebt, keine Unkollegialität in der Person des Beschwerdeführers abgeleitet werden. Denn er stellt nur seine Arbeitskraft einem gemeinnützigen Verein zur Verfügung, der mit diesem Beitrag seine Kosten deckt. Der Betrag ist nach seiner Höhe weder prohibitiv noch kommt er dem Beschwerdeführer persönlich zugute.

Schließlich ist auch ein Verstoß des Beschwerdeführers gegen das Verbot berufswidriger Werbung nach § 17 Abs. 1 BO 1999 nicht nachvollziehbar begründet. Das Angebot des Patienteninformationsdienstes in der hier beabsichtigten Form stellt keine gezielte Werbemaßnahme von Seiten des Beschwerdeführers dar, der keine zahnärztliche Tätigkeit im engeren Sinne mehr ausübt.

Soweit der Verein auf Anfrage des Kunden Zahnärzte mit der Angabe ihrer Spezialisierung oder Ausstattung benennt, setzt der Verein im freien Wettbewerb der Zahnärzte untereinander keine unlauteren Mittel ein, was nach §11 Abs. 1 Satz 2 BO verboten wäre. Weder der Verein noch der Beschwerdeführer wirken insofern an gezielten Werbemaßnahmen mit; sie informieren über die vorhandene Ärzteschaft, soweit ihnen die Angaben zugänglich sind. Ein solches Verhalten ist erlaubt, sofern die Information sachlich zutreffend und frei von Irreführung ist.

Auch eine schleswig-holsteinische Zahnklinik hatte es mit ihrer Werbung zum Bundesverfassungsgericht gebracht[1412]. Die von der Klinik angebotenen zahnärztlichen Leistungen werden von einem Zahnarzt erbracht, der in demselben Gebäude auch eine Praxis als niedergelassener Zahnarzt unterhält. Die Zahnklinik verfügte über ein Zimmer mit zwei Betten für einen stationären Aufenthalt von Patienten. Unter der Bezeichnung „Zahnklinik am Ostufer – Zentrum für Implantologie GmbH" warb die Klinik für Implantatbehandlungen und prothetische Behandlungen mit einem farbigen Faltblatt, das in der Klinik auslag. In diesem Faltblatt werden Technik und Ablauf von Implantatbehandlungen als eine Methode der Zahnbehandlung geschildert, die anders als herkömmliche Behandlungen mehr Lebensqualität sichern könne („Der Natur ein Stück näher... sicher"; „Implantate – ein guter Weg"; „Zahn für Zahn mehr Lebensqualität"; „sicher – bequem – ästhetisch"). Die Zahnärztekammer Schleswig-Holstein und ein konkurrierender Zahnarzt ha-

---

[1412] S. BVerfG, Beschluß vom 4. Juli 2000 – 1 BvR 547/99, MDR 2000, 1262 m. Anm. *Härting*.

ben gegen diese Werbung eine wettbewerbsrechtliche Unterlassungsklage erhoben. Nach der Entscheidung des BVerfG waren Auslegung und Anwendung von § 27 Abs. 1 Nr. 2 BO in dem angefochtenen Urteil des BGH[1413] mit Bedeutung und Tragweite der Berufsfreiheit (Art. 12 Abs. 1 GG) nicht zu vereinbaren.

Die Klinik verteilte ein Faltblatt, nach dem die Möglichkeit bestand, umfangreiche Implantationen in Vollnarkose durchzuführen und in diesem Fall eine stationäre Behandlung vorzusehen. Überwiegend werden solche Maßnahmen nach den Feststellungen des Oberlandesgerichts außer in Spezialunternehmen in der Universitätszahnklinik durchgeführt. Kliniken stehen nach den Feststellungen des Bundesverfassungsgerichts auch dann nicht niedergelassenen Ärzten gleich, wenn dort Eingriffe ambulant vorgenommen werden. Je nach den denkbaren Risiken sind Kliniken auch bei ambulant geplanten Behandlungen vorzuziehen, weil im Fall von Komplikationen kein Transport in ein Krankenhaus nötig wird. Sofern die Eingriffe in der Klinik stattfinden und als klinische Leistungen abgerechnet werden, werden hiermit gewerbliche Umsätze erzielt. Die Berufsordnung betrifft solche Leistungen und die für sie vorgenommene Werbung nicht.

Auch bei Kliniken, die mit Belegärzten arbeiten, darf – so das Bundesverfassungsgericht – die Grenze zwischen der gewerblich tätigen Klinik und dem freiberuflichen Arzt nicht in der Weise verschoben werden, daß die Klinik unmittelbar an die Berufsordnung für Ärzte gebunden wird. Solange die Klinik weder durch Namensnennung noch durch Telefonnummern oder sonstige Kontakte auf einen bestimmten Arzt hinweist, hält sie sich im Rahmen der Klinikwerbung. Sofern die Klinik nicht nur als Vorwand betrieben wird, bleiben auch die dort angebotenen ambulanten Leistungen solche des Gewerbebetriebes. Ob eine Klinik-Ambulanz mit Belegärzten betrieben werden darf, ist eine Frage des Arztrechts und nicht eine solche der Werbung.

Nach Auffassung des BVerfG ist weiterhin zu berücksichtigen, daß der Zahnarzt auch eine Praxis als niedergelassener Zahnarzt unterhält, die in dem Faltblatt nicht beworben wird. Arztrechtlich, aber auch hinsichtlich der Werbung ist zwischen diesen beiden Tätigkeitsformen zu unterscheiden. Soweit sich für Belegärzte in Kliniken zusätzliche Erwerbschancen eröffnen, nehmen sie in zulässiger Weise am gewerblichen Erfolg solcher Einrichtungen teil. Dies ist bei ihnen nicht anders als bei angestellten Ärzten. Da Kliniken generell nicht den ärztlichen Werbeverboten unterliegen, läßt ihr Marketingverhalten auch keinen negativen Rückschluß auf die dort beschäftigten oder sonst tätigen Ärzte zu. Eine Verunsicherung der Patienten oder eine Kommerzialisierung ärztlicher Tätigkeit setzt insoweit das Vorliegen besonderer Umstände voraus. Würde man – wie

---

[1413] S. BGH, Urteil vom 26. November 1998 – I ZR 179/96, NJW 1999, 1748 ff.

dies der Bundesgerichtshof für angemessen hält – die gewerblichen Unternehmen, die zur Erfüllung ihrer Aufgaben Belegärzte benötigen, den Werbeverboten des § 27 BO unterwerfen, würde man sie in ihrer Selbstdarstellung im Verhältnis zu den großen Mitbewerbern empfindlich einschränken. Dies muß nicht ausnahmslos unzulässig sein, bedarf aber der Rechtfertigung vor Art. 12 Abs. 1 GG. Gründe hierfür werden in der angegriffenen Entscheidung vom BGH nicht aufgezeigt. Im konkreten Fall fiel zugunsten der Beschwerdeführer vor allem ins Gewicht, daß in dem Faltblatt in erster Linie Nutzen und Vorteile der Implantatbehandlung als solcher herausgestellt werden und hierbei nur auf das Angebot der Klinik hingewiesen wird, nicht aber auf den Zahnarzt[1414].

c) Werbung für Ärzte und Zahnärzte durch Krankenhäuser

Im Rahmen der Internetwerbung hat das Krankenhaus z.B. die §§ 27, 28 der Berufsordnung für die nordrheinischen Ärztinnen und Ärzte bzw. die sinngemäßen Vorschriften der anderen Berufskammern zu beachten. Die Regelung des § 27 BOÄ sieht vor, daß der Arzt an sachlich informativen Publikationen über seine Tätigkeit mitwirken und diese dulden darf, auch wenn damit ein werbender Effekt einhergeht. In Abgrenzung dazu ist jede reklamehafte Anpreisung zu vermeiden.

Beispiel
Die Präsentation des Arztes X im Internet mit den Worten „Dr. Best, der beste Operateur, den das Ruhrgebiet zu bieten hat. Auch Ihr Blinddarm ist Dank der patentierten Schnelloperation des Dr. Best bei uns in guten Händen" ist daher auch dann unzulässig, wenn sie durch das Krankenhaus erfolgt und der Arzt an ihrer Erstellung nicht beteiligt ist.

Im Unterschied dazu ist in der Rechtsprechung anerkannt worden, daß an einer sachlich zutreffenden und dem Laien verständlichen Informationswerbung über bestimmte Behandlungsmethoden ein Allgemeininteresse bestehen kann.
Voraussetzung ist allerdings, daß weder marktschreierisch anpreisend geworben wird noch – was sowohl im Bereich des HWG als auch des UWG von Bedeutung ist – Gesundheitsängste der Bevölkerung geschürt werden. Wichtig ist lediglich, daß durch die Art der Darstellung kein Irrtum auf Seiten der potentiellen Patienten entsteht, diese also weder falschen Vorstellungen noch Hoffnungen ausgesetzt werden.

5. Tierärzte

Das Berufsrecht der Tierärzte ergibt sich aus den jeweiligen Berufsordnungen der Tierärztekammern. In Nordrhein-Westfalen unterfällt die Berufsausübung der Tierärzte gem. § 1 Nr. 4 HeilBerG dem Heilberufsge-

---

[1414] So auch *Henssler*, EWiR, § 1 UWG 5/99, S. 375.

IV. Berufsgruppen

setz. In Nordrhein-Westfalen gibt es die Tierärztekammern Nordrhein und Westfalen-Lippe. Beispielhaft sei hier die Berufsordnung der Tierärztekammer Nordrhein vom 15. Januar 1997[1415], zuletzt geändert durch die Satzung zur Änderung der Berufsordnung vom 19. November 1999[1416], genannt.

Gemäß § 14 Abs. 1 BO Nordrhein sind Anzeigen nur zulässig zur Bekanntgabe der Niederlassung, der Erteilung einer Gebiets-, Teilgebiets- oder Zusatzbezeichnung, bei Änderung von Sprechstundenzeiten oder der Telefonnummer, bei einer Anerkennung als Tierärztliche Klinik und bei mehr als zweiwöchiger Unterbrechung der Praxistätigkeit. Darüber hinaus darf die Anzeige nur in lokalen Tageszeitungen, § 14 Abs. 3 Satz 1 BO Nordrhein, nicht aber in anderen Medien erfolgen, § 14 Abs. 3 Satz 2 BO Nordrhein. Dies bedeutet, daß nach der BO Nordrhein Tierärzten jede Werbung im Internet verboten ist.

Das BVerfG hat die Bestimmung des § 14 BO Nordrhein allerdings für mit Art. 12 Abs. 1 GG unvereinbar und damit nichtig erklärt[1417]. Das BVerfG weist insbesondere darauf hin, daß nicht erkennbar ist, warum andere Medien außer lokalen Tageszeitungen verboten sein müssen. Gemeinwohlinteressen seien insoweit nicht gegeben[1418].

Unter Berücksichtigung der Rechtsprechung des BVerfG kann also grundsätzlich nicht beanstandet werden, wenn ein Tierarzt im Internet wirbt, wenn er sich dabei an die allgemeinen, vom BVerfG gebilligten Regeln der freien kammergebundenen Berufen im Hinblick auf Sachlichkeit und Angemessenheit hält.

Als berufspflichtwidrig hat es die Rechtsprechung beispielsweise angesehen, wenn ein Tierarzt für eine Katzenkastration ein zu niedrige Gebühr verlangt[1419], das Praxisschild auf die Ausstattung der Praxis hinweist[1420] oder ein Tierarzt im Branchenbuch mit den Begriffen „Homöopathie" bzw. „Akupunktur" wirbt, ohne die Voraussetzungen zur Führung dieser Bezeichnungen zu erfüllen[1421].

[1415] S. Deutsches Tierärzteblatt 3/1997, S. 284.
[1416] S. Deutsches Tierärzteblatt 1/2000, S. 79.
[1417] So BVerfG, Urteil vom 18. Februar 2002 – 1 BvR 1644/01, WRP 2002, 521 ff.
[1418] So BVerfG, Urteil vom 18. Februar 2002 – 1 BvR 1644/01, WRP 2002, 521 (523).
[1419] S. VG Mainz, Urteil vom 19. September 2001 – Kf 345/01, n.v.; VG Mainz, Urteil vom 28. November 2001 – Kf 594/01, n.v.
[1420] S. OLG Düsseldorf, Urteil vom 18. April 2000 – 20 U 108/99, WRP 2000, 1329.
[1421] S. OLG München, Urteil vom 5. November 1998 – 6 U 3544/98, NJWE-WettbR 1999, 79.

6. Architekten

Die Regelung der Berufsausübung der Architekten ist den Ländern überlassen[1422]. In Nordrhein-Westfalen findet das Baukammerngesetz (BauKaG NW[1423]) Anwendung. Gemäß § 15 Abs. 1 BauKaG NW sind die Kammermitglieder verpflichtet, ihren Beruf gewissenhaft und unter Beachtung des Rechts auszuüben und dem ihnen im Zusammenhang mit dem Beruf entgegengebrachten Vertrauen zu entsprechen. Gemäß § 15 Abs. 2 Nr. 6 BauKaG NW sind die Berufsträger insbesondere verpflichtet, berufswidrige Handlungen zu Zwecken des Wettbewerbs, insbesondere anpreisende Werbung, zu unterlassen.

Nach Auffassung der Architektenkammer NW ist es Architekten daher untersagt, mit Anzeigen und Informationen in Print- und elektronischen Medien zu werben, in denen Architektenleistungen ohne einen Hinweis auf das Werk des Architekten angeboten werden. Ebenso ist etwa Bandenwerbung, z.B. in Sportstadien, Flugzeugwerbung und Wurfzettelwerbung unzulässig.

Ein Katalog zulässiger und unzulässiger Werbung von Architekten findet sich unter Ziffer 7 Abs. 1 und 2 Berufsordnung des Landes Baden-Württemberg vom 8. Dezember 1998, in der explizit unter Ziffer 7 Abs. 1 lit. h eine sachliche Information im Internet vergleichbar der Darstellung einer Bürobroschüre für zulässig erachtet wird. Nach Ziffer 1.4.4. Satz 2 Berufsordnung der Architektenkammer Berlin[1424] sind elektronische Medien als Werbeträger erlaubt. Hingegen ist bezahlte Werbung in Film, Funk und Fernsehen unzulässig.

Die Berufsbezeichnung „Architekt" ist geschützt, so daß nur derjenige diese Bezeichnung führen darf, der in die Architektenliste eingetragen ist. Mit dem Hinweis „Architektur – Statik – Planung" wird der Eindruck erweckt, der diese Leistungen Anbietende sei Architekt. Trifft dies nicht zu so, liegt ein Fall des § 3 UWG vor[1425].

[1422] Vgl. zur Verfassungsmäßigkeit der berufsmäßigen Werberegelungen: BVerfG, Beschluß vom 19. Dezember 1996 – 1 BvR 792/91, ZMR 1997, 169.

[1423] S. Gesetz über den Schutz der Berufsbezeichnungen „Architekt", „Architektin", „Stadtplaner", „Stadtplanerin" sowie über die Architektenkammer, über den Schutz der Berufsbezeichnung „Beratender Ingenieur" und „Beratende Ingenieurin" sowie über die Ingenieurkammer-Bau – BaukammernG vom 15. Dezember 1992, GV NW 1992, S. 534, zuletzt geändert durch Art. 60 des Gesetzes vom 25. September 2001, GV NW 2001, S. 708.

[1424] Die Berufsordnung wurde von der 4. Vertreterversammlung der Architektenkammer Berlin am 2. Dezember 1998 beschlossen und bekanntgemacht: Amtsblatt für Berlin, Nr. 4 vom 29. Januar 1999.

[1425] So LG Heidelberg, Urteil vom 18. Dezember 2001 – 11 O 128/91 KfH, WRP 2002, 490 (Ls.).

IV. Berufsgruppen

7. Sonstige freie Berufe

Auch andere freie Berufe haben eine spezielle berufsständische Regelung. Dies gilt insbesondere für die den Heilberufen verwandten Berufe wie Heilpraktiker[1426], Diplom-Psychologen[1427] und Krankengymnasten. Demgegenüber fehlen bei den Journalisten, Bildberichterstattern, Lotsen und Wissenschaftlern solche Regelungen völlig.

Liegt eine gesetzliche Regelung, so kommen als Anhaltspunkte die jeweiligen Regelungen der Verbände und Berufsorganisationen in Betracht, wobei allerdings nicht außer Acht gelassen werden sollte, daß es sich insoweit nicht um geltendes Recht handelt, sondern allenfalls um Binnenrecht des Verbandes oder der Organisation.

8. Anwendbares Recht bei Mehrfach-Berufsträgern

Besondere Schwierigkeiten bei der Beurteilung der Zulässigkeit von Werbung freier Berufe ergeben sich dann, wenn entweder ein Berufsträger über eine Mehrfach-Qualifikation verfügt, was insbesondere in der Konstellation Rechtsanwalt und Notar bzw. Wirtschaftsprüfer und Steuerberater vorkommt oder aber der Berufsträger in einer Berufsgesellschaft tätig ist, in der nicht nur Wirtschaftsprüfer, sondern auch Rechtsanwälte und Steuerberater vertreten sind[1428].

Grundsätzlich gilt, daß der Berufsträger bei einer Mehrfach-Qualifikation (Zwangs-) Mitglied mehrerer Berufskammern ist und somit an das strengste anzuwendende Berufsrecht gebunden ist[1429]. Dies gilt vor allem deshalb, weil der Mehrfach-Berufsträger werberechtlich nicht dadurch begünstigt sein darf, daß er durch die andere Qualifikation nicht mehr an die berufsrechtlichen Regeln des ursprünglichen Berufes gebunden

---

[1426] S. Gesetz über die berufsmäßige Ausübung der Heilkunde ohne Bestallung (Heilpraktikergesetz) vom 17. Februar 1939, RGBl. I 1939, S. 251, zuletzt geändert durch Gesetz vom 2. März 1974, BGBl. I 1974, S. 469. Zum Führen von Aesculap-Zeichen durch Heilpraktiker vgl. LG Dortmund, Urteil vom 26. Januar 2000 – Ns 6 Js 910/98, MedR 2001, 93.

[1427] S. Gesetz über die Berufe des Psychologischen Psychotherapeuten und des Kinder- und Jugendlichenpsychotherapeuten (Psychotherapeutengesetz – PsychThG), verkündet als Art. 1 des Gesetzes über die Berufe des Psychologischen Psychotherapeuten und des Kinder- und Jugendlichenpsychotherapeuten zur Änderung des Fünften Buches Sozialgesetzbuch und anderer Gesetze, BGBl. 1998 I, S. 1311. Gem. § 1 Nr. 3 HeilBerG NW unterfallen die psychologischen Psychotherapeuten sowie die Kinder- und Jugendlichenpsychologen dem Heilberufsgesetz und unterliegen der Berufsaufsicht der Psychotherapeutenkammer.

[1428] S. *Schmittmann*, WPK-Mitteilungen 2002, 8 (12).

[1429] So auch *Kleine-Cosack*, Das Werberecht der rechts- und steuerberatenden Berufe, Rdnr. 42; zweifelnd: *Arndt/Lerch/Sandkühler*, BNotO, § 29 Rdnr. 15; unentschieden: Hoeren/Sieber-*Marwitz*, Handbuch Multimedia-Recht, Kap. 11.2 Rdnr. 156.

sein soll. Auch für interprofessionelle Berufsgesellschaften gilt das strengste Berufsrecht[1430].

Besonderheiten ergeben sich insbesondere auch in den Bereichen, in denen sog. Anwaltsnotare tätig sind, also Rechtsanwälte, die gem. § 3 Abs. 2 BNotO für die Dauer ihrer Zulassung bei einem bestimmten Gericht als Notar zu gleichzeitiger Ausübung neben dem Beruf des Rechtsanwalts bestellt werden[1431]. Hierbei ist der Rechtsanwalt unter Ansehung seiner Bestellung als Notar gehalten, Zurückhaltung zu üben und lediglich auf seine Bestellung als Notar hinzuweisen, ohne dafür zu werben. Amtswidrige Werbung ist dem Notar ohnehin gem. § 29 BNotO untersagt, was selbstverständlich auch für das Internet gilt[1432]. Der Anwaltsnotar übt zwei getrennte juristische Berufe aus, die verschiedene Aufgaben der Rechtspflege erfüllen und somit auch verschiedener berufsrechtlicher Regelung zugänglich sind[1433].

Nach einer in der Literatur veröffentlichten Meinung soll der Rechtsanwalt, der zugleich als Notar bestellt ist, auf der Internet-Homepage den Zusatz „Notar" weglassen, wenn sonst der Eindruck gewerblichen Verhaltens als Notar entstehen könnte[1434]. Dies scheint mir inkonsequent zu sein, da der Anwaltsnotar auch auf seinen Briefbögen und sonstigen Druckwerken beide Berufsbezeichnungen führt. Wenn die Homepage des Rechtsanwalts sachlich und nicht reklamehaft ist, so dürfte auch kaum der Eindruck entstehen können, der Notar handele gewerblich.

Wirbt ein Rechtsanwalt, der auch als Steuerberater zugelassen ist, durch dieselbe Handlung in unzulässiger Weise für beide Praxen, kann gleichwohl die Aufsichtsbehörde des Rechtsanwalts einschreiten[1435], zumal der Rechtsanwälte zu sämtlichen Tätigkeiten des Steuerberaters ohne weitere Zulassung befugt ist.

V. Internetpräsenz eines Arztes – eine Fallstudie

Die schwierige rechtliche Gemengelage zeigt insbesondere das Beispiel eines Trierer Zahnarztes, der seine Praxis im Internet präsentierte.

[1430] Ebenso OLG Dresden, Urteil vom 9. Juni 1998 – 14 U 3245/97, BRAK-Mitteilungen 1998, 239.
[1431] Vgl. zum doppelten Pflichtenkreis des Anwaltsnotars: *Arndt/Lerch/Sandkühler*, BNotO, § 14 Rdnr. 41.
[1432] Vgl. im einzelnen: *Becker*, NotBZ 1999, 239 (243).
[1433] S. BVerfGE 17, 371f.
[1434] So *Arndt/Lerch/Sandkühler*, BNotO, § 29 Rdnr. 16.
[1435] Vgl. Ehrengericht Schleswig, Urteil vom 27. November 1989 – 2 EG 12/89, AnwBl 1990, 207.

1. Berufs- und wettbewerbsrechtliche Fragen

Das LG Trier war erstinstanzlich im Verfügungsverfahren – unter Anwendung des UWG – der Auffassung, daß die Präsentation einer Zahnarztpraxis im Internet nicht grundsätzlich wettbewerbswidrig sei. Als berufswidrige Kommerzialisierung sei es aber anzusehen, wenn der Zahnarzt im Internet ein „Gästebuch" einrichte, Glücksspiele veranstalte, Zahnpflegeartikel unter der Überschrift „Praxis-Shop" bewerbe und künstlerische Werke vorstelle. Soweit der Berufsverstoß reicht, sei auch § 1 UWG verletzt[1436].

Das OLG Koblenz war in der Berufungsinstanz der Meinung, daß eine Mißachtung des berufsrechtlichen Werbeverbots und zugleich ein Verstoß gegen die guten Sitten i.S. des § 1 UWG vorliege, wenn ein Zahnarzt in einer eigenen Homepage im Internet für seine Praxis wirbt, indem er seine Praxis beschreibt, seine besonderen zahnärztlichen Leistungen darstellt, die Behandlung bestimmter Zahn- und Kieferkrankheiten erläutert, Stellung zu aktuellen Problemen der Zahnheilkunde nimmt, Zahnpflegeprodukte und Zahnputztechniken vorstellt, ein Gewinnquiz veranstaltet und sog. „Dental Paintings" (d.h. medizinische Darstellungen zahnmedizinischer Themen) zeigt[1437].

Auch im Hauptsacheverfahren meinte das LG Trier, daß für einen Zahnarzt nicht jede Form der Außendarstellung unzulässig sei[1438]. Die Internetwerbung eines Zahnarztes könne nicht ausschließlich an den herkömmlichen Darstellungsweisen auf Praxisschildern, in Telefonbüchern, Tageszeitungen und Fachzeitschriften gemessen werden; auch Angehörigen freier Berufe sei es nicht verwehrt, ihre Außendarstellung den geänderten Verhältnissen anzupassen. Erlaubt seien die farbliche und graphische Gestaltung von Name, Anschrift und Sprechzeiten, die Vorstellung der Praxisräume und der Mitarbeiter, das Aufzeichnen des Anfahrtsweges sowie Gesundheitstips, sofern sie sich sachlich und ohne reklamehafte Wendungen an Laien wenden. Berufswidrig sei dagegen die Angabe von Preisen und das Bewerben von Leistungen, die nicht der Gesundheitsvorsorge dienen (z.B. „Zahnschmuck"), sowie das Anlegen eines Gästebuches, die Werbung für einen „Praxisshop" (in dem Zahnpflegeartikel verkauft werden), das Anlegen eines „virtuellen Kunstmuseums" und die

---

[1436] LG Trier, Urteil vom 19. September 1996 – 7 HO 113/96, WRP 1996, 1231 ff. = Stbg 1996, 509 ff. = CR 1997, 81 ff. = ZUM 1997, 147 ff. = WiB 1997, 326 ff. m. Anm. *Westerwelle* = EWiR 1996, 1051 f. (*Ring*) = NJW-CoR 1996, 387 = AfP 1997, 586).

[1437] OLG Koblenz, Urteil vom 13. Februar 1997 – 6 U 1500/96, ZIP 1997, 377 ff. = Stbg 1997, 175 ff. = WRP 1997, 478 ff. = ZUM 1997, 483 ff. = CR 1997, 343 ff. = NJW 1997, 1932 ff. = MedR 1998, 29 ff. = OLGR Koblenz 1997, 2 ff. = WiB 1997, 326 = NJWE-WettbR 1997, 200 = GI 1997, 228 f. = AfP 1997, 757 = MedR 1997, 219, m. Anm. *Heinrich*, MedR 1998, 32 ff. = ZIP 1997, 381 f. m. Anm. *Ring* = WiB 1997, 297 ff. m. Anm. *Westerwelle*).

[1438] LG Trier, Urteil vom 30. Dezember 1997 – 7 HO 100/97, CR 1998, 303 ff.

Veranstaltung von Gewinnspielen. Vor dem Oberlandesgericht Koblenz schlossen die Parteien schließlich einen Vergleich, so daß das Gericht nicht mehr streitig zu entscheiden hatte[1439].

2. Verfassungsmäßigkeit der Berufsordnung

Vor dem Oberverwaltungsgericht Rheinland-Pfalz war dem streitbaren Zahnarzt indes kein Erfolg beschieden. Er hatte sich dort gegen die Bestimmung des § 13 Berufsordnung Zahnärzte Rheinland-Pfalz gewandt, nach der dem Zahnarzt jede Werbung und Anpreisung untersagt ist. Es entschied im Zusammenhang mit der Internet-Homepage des Zahnarztes, daß die Werberegelung in der Berufsordnung für Zahnärzte in Rheinland-Pfalz ihre Ermächtigungsgrundlage in §§ 14 Abs. 4 Nr. 4, 23 Nr. 11 HeilBG finden und nicht gegen Art. 12 GG verstoßen[1440].

VI. Unzulässige Gestaltungen

Grundsätzlich gilt, daß die allgemeinen Regeln von § 1 UWG auch im Internet uneingeschränkt zu beachten sind, also insbesondere E-Mail-Werbung[1441] des Berufsträgers grundsätzlich unzulässig ist. Aus der bisher ergangenen Rechtsprechung sowie aus den Diskussionen in der Literatur haben sich im übrigen verschiedene Gestaltungen ergeben, die als unzulässig erachtet werden:

1. Einrichtung eines Gästebuchs

Viele Internetseiten geben die Möglichkeit, Stellungnahmen des Users zu hinterlassen. Dabei ist zu unterscheiden, ob diese Eintragungen bzw. Nachrichten lediglich der Unterrichtung des Seitenbetreibers (also des Berufsträ-

---

[1439] Vgl. www.heise.de/newsticker/data/cp-15.06.00-001/
[1440] S. OVG Koblenz, Urteil vom 8. September 1998 – 6 C 10168/98, NJW-CoR 1999, 171 m. Anm. *Ernst* = VR 1999, 107 ff.
[1441] Vgl. dazu: Palandt/*Bassenge*, BGB, § 1004 Rdnr. 10; *Baumbach/Hefermehl*, Wettbewerbsrecht, § 1 UWG Rdnr. 70a; *Schad*, Das Internet ist kein rechtsfreier Raum, WRP 1999, 243f.; *Strömer*, Online-Recht, S. 140 ff.; *Loock-Wagner*, Das Internet und sein Recht, S. 34f.; *Jaeger-Lenz*, Werberecht, S. 104f.; *Köhler/Arndt*, Recht im Internet, Rdnrn. 371 ff., *Schmittmann*, DuD 1997, 636 (639); *ders.*, RDV 1995, 234 (237); *ders.*, RDV 2001, 172ff.; *Fikentscher/Möllers*, NJW 1998, 1337 (1343); *Wolff*, RDV 1999, 9 (11); Loewenheim/Koch-*Hoeren*/Pichler, Praxis des Online-Rechts, Tz. 9.5.2.3.1.; *Hoeren*, WRP 1997, 993 (994); *ders.*, MMR 1999, 192 (197); *Hoeren/Oberscheidt*, VuR 1999, 371 (380f.); *Lorenz*, JuS 2000, 837 (842); *Engels/Eimterbäumer*, K&R 1998, 196 (199); *Ultsch*, DZWir 1997, 466 (472); *Ernst*, BB 1997, 1057 (1060)); *ders.*, VuR 1999, 397 (402f.); *Gaertner/Gierschmann*, DB 2000, 1601 (1606); *Schrick*, MMR 2000, 399ff.; Spindler/*Fuchs*, Vertragsrecht der Internet-Provider, Rdnr. 367ff.; Spindler/*Spindler*, a.a.O., Teil IV, Rdnr. 158ff.; *Härting*, Fernabsatzgesetz, § 2 FernAbsG Rdnr. 42ff.; *ders.*, Internetrecht, Rdnr. 266ff.

VI. Unzulässige Gestaltungen

gers) dienen und daher nicht anders zu beurteilen sind als eine individuelle Stellungnahme gegenüber dem Anbieter oder ob eine Veröffentlichung erfolgt. Regelmäßig werden die Stellungnahmen, die User in Gästebücher eintragen, unmittelbar oder mittelbar, gegebenenfalls nach redaktioneller Bearbeitung, in das Internet eingestellt und somit für die übrigen User der Seite sichtbar gemacht[1442]. Werden diese Daten nur zum eigenen Gebrauch des Homepage-Betreibers gesammelt, ist dagegen nichts einzuwenden[1443].

Werden die – positiven – Stellungnahmen indes zu Werbezwecken des Seitenbetreibers verwendet, indem beispielsweise das Lob eines Mandanten in die Homepage eingespielt wird, so liegt darin eine berufsrechtswidrige Werbung[1444].

Es entlastet den Berufsträger auch nicht, wenn er sich auf den Standpunkt stellt, er habe die Einträge in dem Gästebuch nicht selbst veranlaßt[1445]. Berufsangehörige handeln regelmäßig berufrechtswidrig, wenn sie veranlassen oder zulassen, daß andere Personen (Dritte)[1446] im Rahmen von Veröffentlichungen, die bestimmungsgemäß auch im räumlichen Geltungsbereich der Berufsordnung vertrieben werden, zu ihren Gunsten berufswidrige Werbung betreiben[1447].

Umstritten ist die Frage, ob auf der Homepage eine Veröffentlichung einer Liste mit Referenzen zufriedener Mandanten zulässig ist. Für Steuerberater gilt gem. § 12 Abs. 3 BOStB, daß Hinweise auf Mandanten und auf besondere berufliche Erfolge unzulässig sind. Demgegenüber wird es bei Rechtsanwälten nicht beanstandet, wenn sie beispielsweise in einem Interview mit einem Hochschulmagazin im Hinblick auf das Einklagen

---

[1442] Wer eine Homepage mit Gästebuch betreibt, ist verpflichtet, den Inhalt des Gästebuchs regelmäßig, also im Abstand von mindestens einer Woche, auf rechtswidrige Eintragungen zu überprüfen und diese zu löschen, so LG Trier, Urteil vom 16. Mai 2001 – 4 O 106/00, MMR 2002, 694 m. Anm. *Gercke* = JurPC Web-Dok. 206/2002 (rkr.); LG Düsseldorf, Urteil vom 14. August 2002 – 2a O 312/01, MMR 2003, 61.

[1443] So *Naumann*, Präsentationen im Internet als Verstoß gegen §§ 1, 3 UWG, S. 150; *Schmittmann*, StB 2001, 180 (182).

[1444] So OLG Nürnberg, Urteil vom 23. März 1999 – 3 U 3977/98, NJW 1999, 216 = MMR 1999, 489 m. Anm. *Rein* = MDR 1999, 769 m. Anm. *Römermann*; *Schneider*, MDR 2000, 133 (135); *Zeps*, StuB 2000, 433 (435); *Becker*, NotBZ 1999, 239 (245); *Rein*, NJW 1999, 1377 (1379); *Flechsig*, ZUM 1997, 98 (100); *Schmittmann*, NWB Fach 28, S. 929 (939); *Schmittmann*, MDR 1997, 601 (603); Hoeren/Sieber-*Marwitz*, Handbuch Multimedia-Recht, Kap. 11.2 Rdnr. 171; Gora/Mann-*Eickemeier*, Handbuch Electronic Commerce, Tz. 3.13.8 [S. 169]; a. A. *Hagenkötter/Härting*, S. 66; *Kleine-Cosack*, Das Werberecht der rechts- und steuerberatenden Berufe, Rdnr. 395.

[1445] So aber offenbar *Kleine-Cosack*, Das Werberecht der rechts- und steuerberatenden Berufe, Rdnr. 399, der die Auffassung von *Schmittmann*, MDR 1997, 601 (603), der das OLG Nürnberg, Urteil vom 23. März 1999 – 3 U 3977/98, NJW 1999, 216 = MMR 1999, 489, gefolgt ist, für „nicht haltbar und undifferenziert" hält, ohne dazu im einzelnen Argumente anzuführen.

[1446] *Henssler*, Zur Drittwerbung von Freiberuflern, ZIP 1996, 485 ff.

[1447] So etwa § 6 Abs. 4 BORA, § 21 Abs. 1 BOStB, § 36 Abs. 1 Berufssatzung WP, § 27 Abs. 2 Satz 1 MBO Ärzte.

von Studienplätzen erklären, fast alle ihre Mandanten hätten einen Studienplatz erhalten[1448].

Nach der Verlautbarung des Vorstands der WPK ist die Werbung unter Bezugnahme auf Mandanten oder sonstige Dritte grundsätzlich zulässig. Beispielsweise ist eine neutrale Auflistung betreuter Mandate (Referenzliste) nicht zu beanstanden[1449]. Gleiches gilt auch dann, wenn der sachliche Bezug auf Mandanten oder sonstige Dritte unter Verwendung von Fotographien oder sonstigen Bildern erfolgt. Der Grundsatz der Verschwiegenheitspflicht ist allerdings zu beachten, so daß die Mandanten ihrer Nennung im Rahmen einer Werbemaßnahme zustimmen müssen[1450].

Unter Einhaltung der vorstehenden Kriterien dürfte es also nicht zu beanstanden sein, wenn der Berufsträger – nach Einholung der Zustimmung der Mandanten – eine neutrale Auflistung betreuter Mandate auf seiner Homepage anbringt.

2. Übertriebene Gestaltungen

Wie auch in den übrigen Bereichen der beruflichen Werbung hat der Berufsträger im Internet jede übertriebene Gestaltung zu unterlassen, da insoweit die Besorgnis besteht, daß er sich der Methoden der gewerblichen Wirtschaft bedient und die Werbung damit reklamehaft und unsachlich wird, § 34 Abs. 1 Berufssatzung WP. Nach § 6 Abs. 1 BORA darf der Rechtsanwalt über seine Dienstleistungen und seine Person unterrichten, soweit die Angaben sachlich unterrichten und berufsbezogen sind. Gemäß § 12 Abs. 1 BOStB dürfen Steuerberater über ihre berufliche Tätigkeit in Praxisbroschüren, Faltblättern oder vergleichbaren Informationsmitteln in Wort und Bild sachlich, nicht reklamehaft, unterrichten[1451]. Gemäß § 27 Abs. 1 Satz 2 MBO Ärzte ist dem Arzt nur sachliche Information gestattet. Nach § 28 Satz 1 MBO Ärzte sind Veröffentlichungen medizinischen Inhalts oder die Mitwirkung des Arztes an aufklärenden Veröffentlichungen in den Medien zulässig, soweit sich die Mitwirkung des Arztes auf sachliche Information beschränkt sowie das Handeln des Arztes nicht werbend herausgestellt wird[1452].

Die Vorschriften der Berufsgesetze, -ordnungen und -satzungen sind nach überwiegender Auffassung geeignet, einen Verstoß gegen § 1 UWG

[1448] So OLG Frankfurt am Main, Beschluß vom 4. Januar 2000 – 6 W 189/99, AnwBl. 2000, 253 = ZAP EN-Nr. 177/00.

[1449] Ebenso *Kleine-Cosack*, Das Werberecht der rechts- und steuerberatenden Berufe, Rdnr. 399.

[1450] So II. 4. a) Verlautbarung, WPK-Mitteilungen 2001, 135 (136).

[1451] Vgl. *Peter/Charlier*, StBerG, § 57a Rdnr. 56.

[1452] Auch im ärztlichen Berufsrecht gilt daher, daß Reklame, Propaganda, Agitation und Vertrauenswerbung unzulässig sind, vgl. *Ratzel/Lippert*, Kommentar zur Musterberufsordnung der deutschen Ärzte, § 28 Rdnr. 3.

VI. Unzulässige Gestaltungen

in der Fallgruppe des Vorsprungs durch Rechtsbruch zu begründen[1453]. Übertriebene Gestaltungen liegen insbesondere bei bewegten Bildern (Filmsequenzen) ohne berufsmäßigen Bezug, Sound-Unterstützung[1454], erotischen Darstellungen[1455] und sonstigen reißerischen Aufmachungen vor[1456]. Schon die blickfangmäßige Abbildung einer jungen attraktiven Mitarbeiterin auf der Homepage der Kanzlei kann unter diesem Gesichtspunkt zu beanstanden sein.

Die Grenzen der sachlichen Unterrichtung i.S. von §§ 8 Abs. 1, 57a StBerG sind jedenfalls mit Formulierungen (eines Lohnsteuerhilfevereins) wie „Unser Ziel ist optimale Interessenvertretung unserer Vereinsmitglieder" oder „Wir [...] sichern die steuerfachlich bestmögliche Beratung" überschritten[1457].

Der Berufsträger muß berücksichtigen, daß er einen staatlich gebundenen Beruf ausübt und daher von Mandanten, öffentlicher Verwaltung und Dritten mit einem Vertrauensvorschuß ausgestattet ist, der ihn im Gegenzug zur Mäßigung verpflichtet. Die Einbildung von Elementen der kommerziellen Werbung in Internetpräsentationen führt zu einer werbepsychologisch geschickten Darstellung des Anbieters, die zur Nachfrage nach seinen Leistungen führen soll[1458]. Im übrigen ist das Informationsinteresse der potentiellen Mandanten zu berücksichtigen, so daß besondere graphische Gestaltungen nicht den Interessen der Ratsuchenden entsprechen[1459].

Ein Verstoß gegen das Sachlichkeitsgebot liegt auch dann vor, wenn ein Berufsträger in gefühlsbetonter, übertriebener und unsachlicher Art und Weise den Leser anlockende Werbung ohne Informationswert („Wenn der Steuerfahnder 3x klingelt...") verbreitet[1460].

[1453] A.A. AG Oldenburg, Urteil vom 21. März 2002 – E1 C 1034/02, JurPC Web-Dok. 170/02.

[1454] A.A. LG Köln, Beschluß vom 20. Oktober 1998 – 31 O 723, n.v. – für dezente Hintergrundmusik. Differenzierend *Schneider*, MDR 2000, 133 (135), der in Anlehnung an das OLG München, Urteil vom 23. April 1998 – 29 W 1015/98, AnwBl 1998, 478, Musik unter Einbeziehung von Problemgeräuschen für unzulässig hält. Vgl. auch: *Zeps*, StuB 2000, 433 (435).

[1455] So berichtet *Scheuerl*, NJW 1997, 1291 (1293), auf einer Anwalts-Website auf einen Link zum „World Sex Guide" gestoßen zu sein.

[1456] Vgl. auch *Meisel*, WPK-Mitteilungen 1997, 113 (126); *Schmittmann*, WPK-Mitteilungen 2002, 8 (13); *Schmittmann*, NWB Fach 28, S. 929 (939).

[1457] So OLG Dresden, Urteil vom 28. November 2000 – 14 U 2019/00, DStRE 2001, 1067 ff.

[1458] So OLG Koblenz, Urteil vom 13. Februar 1997 – 6 U 1500/96, ZIP 1997, 377.

[1459] So BGH, Urteil vom 13. Mai 1985 – AnwSt (R) 1/85, NJW 1985, 2559.

[1460] So OLG Oldenburg, Urteil vom 5. April 2001 – 1 U 125/00, EWiR 2002, 205 (*Henssler*) zu § 43b BRAO.

3. Werbung für den Verkauf von Gegenständen

Bisweilen wurde im ärztlichen und zahnärztlichen Bereich für den Verkauf von Gegenständen wie Pflegemitteln oder ähnlichem geworben. Derartige Fragen stellen sich bei anderen Kammerberufen selten. Rechtsanwälte, Steuerberater und Wirtschaftsprüfer handeln im Rahmen ihrer Tätigkeit üblicherweise nicht mit Gegenständen. Denkbar wäre allenfalls, daß der Wirtschaftsprüfer oder Steuerberater die Benutzung einer bestimmten Buchhaltungssoftware empfiehlt und diese auch gleich an den Mandanten verkauft. Dies dürfte sich ohnehin als gewerbliche und damit gem. § 1 Abs. 2 WPO bzw. § 46 Abs. 2 Nr. 1 StBerG als unzulässige Tätigkeit darstellen, so daß es nicht mehr darauf ankommen dürfte, ob ein derartiges Angebote auf der Homepage unterbreitet werden darf. Was der Berufsträger schon in der realen Welt nicht darf, ist ihm erst recht im Internet untersagt.

Verkauft der Berufsträger – z.B. ein Rechtsanwalt – indes seine Vorauflage eines Kommentars oder eines sonstigen Fachbuchs, dürfte gewerbliche Tätigkeit nicht vorliegen. Diese Tätigkeit gehört noch ein Bereich der beruflichen Tätigkeit des Rechtsanwalts und ist wegen § 2 Abs. 2 BRAO *per se* kein Gewerbe. Demnach wäre es nicht zu beanstanden, wenn der Berufsträger lediglich Vorauflagen aus seinem eigenen Bereich zu marktüblichen Preisen abgibt. Eine übertriebene und damit unzulässige Gestaltung wäre wiederum anzunehmen, wenn die Bücher so preisgünstig abgegeben werden, daß davon eine Anlockwirkung ausgeht.

4. Veranstaltung von Gewinnspielen

Die Veranstaltung von Gewinnspielen wird als reklamehafte Form der Werbung angesehen. Wird beispielsweise der User aufgefordert, auf der Website des Wirtschaftsprüfers nach einem verdeckten Gegenstand zu suchen und ist er dabei gezwungen, die gesamte Internetpräsentation des Anbieters genau durchzusehen, um so eventuell einen Preis von nicht unerheblichem Wert zu gewinnen, liegt hier keine Informationswerbung mehr vor, sondern eine typisch gewerbliche Werbeform, die dem Berufsangehörigen nicht gestattet ist[1461].

5. Gebührenunterbietung

Verschiedentlich kommt es vor, daß Berufsangehörige für eine Anfrage über das Internet oder E-Mail lediglich eine Pauschalgebühr verlangen, die der Rechtsuchende bisweilen sogar unmittelbar durch Kreditkarte zahlen kann[1462].

[1461] So *Schmittmann*, StB 2001, 180 (183) – für Steuerberater; OLG Koblenz, Urteil vom 13. Februar 1997 – 6 U 1500/96, ZIP 1997, 377 – für Zahnärzte; Hoeren/Sieber-*Marwitz*, Handbuch Multimedia-Recht, Kap. 11.2 Rdnr. 208 – für Ärzte; *Schmittmann*, WPK-Mitteilungen 2002, 8 (13) – für Wirtschaftsprüfer.

VI. Unzulässige Gestaltungen

Dem Rechtsanwalt ist es gem. § 49b Abs. 1 Satz 1 BRAO nicht gestattet, geringere Gebühren und Auslagen zu vereinbaren oder zu fordern, als die Bundesgebührenordnung für Rechtsanwälte (BRAGO) vorsieht, soweit diese nichts anderes bestimmt. Dies bedeutet insbesondere, daß im gerichtlichen Verfahren mindestens die gesetzliche Gebühr abgerechnet werden muß. Die Vorschrift soll die Werbung mit dem Preis ausschließen[1463]. Weiterhin ist es dem Rechtsanwalt insbesondere auch verboten, Werbung mit kostenloser Erstberatung zu betreiben[1464], selbst wenn es sich um Auskünfte handelt, die der Berufsträger im Rahmen einer Beratungsveranstaltung einer behördlichen Frauenbeauftragten erteilt[1465].

Gem. § 27 Abs. 1 Berufssatzung (in der Fassung 2002) muß der Wirtschaftsprüfer dafür sorgen, daß durch eine angemessene Vergütung des jeweiligen Auftrags die Qualität der beruflichen Tätigkeit sichergestellt wird. Gemäß § 27 Abs. 2 Berufssatzung darf für einen Prüfungsauftrag ein Pauschalhonorar grundsätzlich nur vereinbart werden, wenn es angemessen ist und wenn festgelegt wird, daß bei Eintritt für den Prüfer nicht vorhersehbare Umstände im Bereich des Auftraggebers, die zu einer erheblichen Erhöhung des Prüfungsaufwandes führen, das Honorar entsprechend zur erhöhen ist. Prüfungsaufträge dürften ohnehin über das Internet kaum erteilt werden. Gleichwohl wäre es aber denkbar, daß der Wirtschaftsprüfer im Internet bestimmte Pauschalhonorare, etwa orientiert an der Größe des Unternehmens oder an der Bilanzsumme, anbietet. Im Hinblick darauf, daß eine solche Pauschalierung nicht sicherstellt, daß das Honorar auch angemessen ist, dürfte eine solche Preisliste per se unzulässig sein[1466].

Dies gilt im Grundsatz auch dann, wenn der Wirtschaftsprüfer keinen Prüfungsauftrag erhält, sondern vielmehr beauftragt wird, eine steuerliche Angelegenheit zu bearbeiten, wozu er gem. § 3 Nr. 1 StBerG, § 2 Abs. 2 WPO berechtigt ist. Für Steuerberater gilt nach § 45 Abs. 4 Satz 1 BOStB, daß eine Unterschreitung der angemessenen – also der gesetzlichen – Vergütung berufsrechtswidrig ist. Besondere Umstände, die gem. § 45 Abs. 4 Satz 2 BOStB eine Unterschreitung rechtfertigen könnten, werden im Rahmen einer Internetberatung nicht feststellbar sein, so daß diese Ausnahme als Rechtfertigung ausscheidet. Da der Pauschaltarif die Berücksichtigung der Umstände des Einzelfalls nicht möglich macht, dürfte das Angebot eines Pauschalhonorars für eine steuerliche Beratung im Internet nicht zulässig sein[1467].

[1462] Vgl. *Schmittmann*, StB 2001, 180 (183); *Horst*, MDR 2000, 1293 (1300).
[1463] So *Jessnitzer/Blumberg*, BRAO, § 43b Rdnr. 1.
[1464] So LG Düsseldorf, Urteil vom 3. Dezember 1999 – 45 StL 1297, INF 2002, 382 = NWB EN-Nr. 1042/2000.
[1465] So KG, Beschluß vom 2. Juli 2002 – 54 96/02, n.v.
[1466] *Schmittmann*, WPK-Mitteilungen 2002, 8 (14).
[1467] So *Schmittmann*, StB 2001, 180 (184).

6. Bannerwerbung

Eine im Internet häufig vorkommende Form der Werbung ist die sog. Bannerwerbung[1468]. Bei der Bannerwerbung, die regelmäßig von gewerblichen Unternehmen auf häufig frequentierten Homepages angeboten wird, handelt es sich um eine Hyperlink-Verknüpfung, die durch Mausklick auf die Homepage des Anbieters führt. Diese Form der Werbung ist für die freien Berufe wettbewerbswidrig, da hier einerseits eine Grenzüberschreitung zwischen redaktionellem und werbenden Teil vorliegen kann und andererseits es sich um eine typische Gestaltungsform der gewerblichen Wirtschaft handelt, die den Berufsangehörigen zu Recht verschlossen ist[1469].

Die Verlautbarung des Vorstandes der WPK geht daher zu recht davon aus, daß insbesondere die ständige Werbung auf den Internetseiten gewerblicher Unternehmer verboten ist, da hierdurch der Eindruck einer verfestigten Kooperation erweckt wird[1470]. Für die anderen freien Berufe dürfte nichts anderes gelten.

Demgegenüber hält es der Vorstand für zulässig, einen gemeinsamen Zugang zu unterhalten. Die Werbung selbst ist aber auf einer eigenen Homepage unterzubringen. Eine solche Gestaltung wäre beispielsweise dann gegeben, wenn ein gewerbliches Unternehmen beispielsweise ein Portal unterhält, auf dem verschiedene Wirtschaftsprüfer oder Wirtschaftsprüfungsgesellschaften einen durch einen Hyperlink unterlegten Eintrag haben und es dem User ermöglicht wird, durch Betätigen des Hyperlinks auf die Homepage des Wirtschaftsprüfers zu gelangen. Insoweit ist aber darauf zu achten, daß die Werbung tatsächlich erst auf der Homepage des Berufsträgers beginnt und auf der Website des gewerblichen Unternehmers lediglich ein neutraler Eintrag vorhanden ist.

7. Täuschende Angaben i.S. von §3 UWG

Gemäß §3 Satz 1 UWG kann auf Unterlassung in Anspruch genommen werden, wer im geschäftlichen Verkehr zu Zwecken des Wettbewerbs über geschäftliche Verhältnisse irreführende Angaben macht. Nach §3 UWG sind alle werbenden Angaben, die geeignet sind, die Öffentlich-

---

[1468] Vgl. *Schmittmann*, MMR 2001, 792 ff.; *Schmittmann*, Die Kanzlei 7/2002, S. 9 ff.

[1469] So *Schneider*, MDR 2000, 133, 135 – für Rechtsanwälte; *Becker*, NotBZ 1999, 239 (245) – für Notare; *Schmittmann*, MDR 1997, 601 (603) – für Rechtsanwälte, Steuerberater und Wirtschaftsprüfer; *Schmittmann*, StB 2001, 180 (184) – für Steuerberater; *Schmittmann*, MMR 2001, 792 (796); *Schmittmann*, Die Kanzlei 7/2002, 9 (12) – für Rechtsanwälte; a. A. *Härting*, AnwBl 2000, 343 (344); zweifelnd: *Kröger/Kellersmann*, Internet für Steuerberater und Wirtschaftsprüfer, S. 258.

[1470] So III. 1.c) der Verlautbarung des Vorstandes der WPK, WPK-Mitteilungen 2001, 135 (137).

VI. Unzulässige Gestaltungen

keit über das Leistungsangebot irrezuführen, verboten. Dies gilt im besonderen Maße für die Angehörigen der freien Berufe[1471].

Die Werbeaussage „Spezialkanzlei für steuerstrategische Unternehmensführung und Vermögensplanung" erweckt durch den Zusatz „spezial" den Eindruck außergewöhnlicher Sachkunde und ist daher als täuschungsgeeignet i.S. von §3 UWG anzusehen[1472]. Auch der Hinweis auf einer Homepage „Seit ca. zwei Jahren habe ich mich auf dem Gebiet des Teilzeitwohnrechts (time-sharing) in Spanien spezialisiert" ist als reklamehaftes und damit unzulässiges Herausstellen der eigenen Leistung (Selbstberühmung) anzusehen[1473].

Für die Entscheidung, ob eine Werbeaussage irreführend ist, kommt es nach der Rechtsprechung letztendlich auf die mutmaßliche Erwartung eines durchschnittlich informierten, aufmerksamen und verständigen Durchschnittsverbrauchers an, womit die Beurteilung der jeweiligen Wertung des einzelnen Gerichts überlassen bleibt. Eine irreführende Werbung liegt jedenfalls dann vor, wenn in einer Tageszeitung für eine Telefonberatungsaktion durch „Spitzen-Mediziner" geworben wird, wenn den beratenden Ärzten eine weit überdurchschnittliche Erfahrung auf diesem Gebiet nicht zukommt[1474].

Der Wirtschaftsprüfer darf gem. §32 Abs. 1 Berufssatzung (in der Fassung 2002) Spezialisierungshinweise nur insoweit führen, wie er sie in einem gesetzlich vorgeschriebenen Verfahren erworben hat. Die bislang geltende Beschränkung auf die Angabe von lediglich drei Teilgebieten der Berufstätigkeit als Tätigkeitsschwerpunkt[1475] ist im Zuge der Rechtsprechung des Bundesverfassungsgerichts zur Werbung mit Interessenschwerpunkten von Rechtsanwälten weggefallen[1476]. Vielmehr gilt nun für Wirtschaftsprüfer gem. §32 Abs. 2 Berufssatzung (in der Fassung 2002) ausdrücklich die Ermächtigung, daß Berufsträger Teilgebiete ihrer beruf-

---

[1471] So *Schmittmann*, WPK-Mitteilungen 2002, 8 (14f.)
[1472] So LG München II, Urteil vom 31. August 2000 – 4 HK O 3241/00, WPK-Mitteilungen 2001, 77 = StuB 2001, 419 (*Ullrich*) = StB 2001, 185.
[1473] S. LG Leipzig, Beschluß vom 14. Dezember 2001 – 5 O 8712/01, n.v.
[1474] So OLG Frankfurt am Main, Beschluß vom 20. April 2000 – 6 W 53/00, WRP 2001, 65ff.
[1475] Mit der „nachhaltigen" Tätigkeit i.S. von §7 Abs. 2 BORA wird nicht eine ausschließliche oder überwiegende anwaltliche Tätigkeit auf dem betreffenden Gebiet verlangt, sondern es reicht nach der Rechtsprechung des OLG Düsseldorf (Urteil vom 21. Februar 2002 – 2 U 26/01, NJW 2002, 2184ff.) aus, daß der Berufsträger sich in einem „wesentlichen" bzw. in einem „gewissen" Umfang bereits mit dem betreffenden Rechtsgebiet befaßt hat.
[1476] S. BVerfG, Beschluß vom 12. September 2001 – 1 BvR 2265/00, NJW 2001, 3324f.; entgegen BGH, Beschluß vom 6. November 2000 – AnwZ (B) 10/99, n.v.; BVerfG, Beschluß vom 16. Mai 2001 – 1 BvR 2252/00, NJW 2001, 2461, entgegen BGH, Beschluß vom 16. Oktober 2000 – AnwZ (B) 65/99, NJW 2001, 1138. Vgl. zum ganzen: *Huff*, Fachanwälte stärken – Tätigkeits- und Interessenschwerpunkte abschaffen, ZRP 2001, 508ff.

lichen Tätigkeit als Tätigkeitsschwerpunkte kundgeben dürfen. Die Einschränkungen der Kundmachungen sollen dem Recht des unlauteren Wettbewerbs überlassen bleiben und nicht mehr in der Berufssatzung verankert sein. Andere Spezialisierungshinweise bleiben gem. § 32 Abs. 3 Berufssatzung unzulässig.

Der Wirtschaftsprüfer ist – anders als der Rechtsanwalt[1477] oder Steuerberater – nach der Rechtsprechung nicht gehindert mit Selbstverständlichkeiten zu werben. Nach Auffassung des Vorstandes ist die Werbung mit Qualitätsmerkmalen, die für den Berufstand selbstverständlich sind oder sein sollten („professionell," „kompetent", „erfolgreich," „mit fundierter Erfahrung" o.ä.) nicht zu beanstanden[1478].

M.E. ist jedoch streng darauf zu achten, daß insoweit nicht die Grenze zur reklamehaften Selbstanpreisung überschritten wird und damit ein Verstoß gegen § 34 Berufssatzung vorliegt. Bei einem Steuerberater hat das LG München II zu recht Formulierungen wie „Sie haben damit einen außergewöhnlichen Steuerberater gefunden, der Ihnen nach vielen Berufsjahren der umfassenden Beratung größerer mittelständischer Unternehmen eine komprimierte Fülle an Wissen und Erfahrung im Bereich der steuerstrategischen Unternehmensführung und Vermögensplanung bieten kann." und „... und danke Ihnen für Ihr Interesse an meinem exklusiven Leistungsprofil" als reklamehafte Selbstanpreisung angesehen.

Die Häufung von Schlagworten in einer Zeitungsanzeige wie „Erfolg", „Veränderungsprozesse," „know-how", „Innovation", „Kreativität," „-Kompetenz", „Interdisziplinäres Expertenteam" stellt keine sachliche Unterrichtung über die berufliche Tätigkeit dar, sondern eine reklamehafte und marktschreierische Anpreisung[1479]. Ebenso ist die Aussage „Ihre Rechtsfragen sind unsere Aufgabe" als unsachlich anzusehen[1480]. Auch der Slogan „Alles was Recht ist" wurde bei einer Anwaltskanzlei beanstandet[1481]. Bei Steuerberatern scheidet eine Anzeige mit dem Text „Steuern sparen mit Ihrem Steuerberater" aus den gleichen Gründen aus[1482].

Weiterhin liegt eine reklamehafte Anpreisung i.S. von § 11 Abs. 1 BOStB vor, wenn eine ganzseitige Zeitungsanzeige mit den Maßen 28 x

---

[1477] Vgl. zur unlauteren Werbung mit Selbstverständlichkeiten: *Baumbach/Hefermehl*, Wettbewerbsrecht, § 3 Rdnrn. 53 ff.
[1478] Diese Formulierungen wurden bei einem Steuerberater für unsachlich und damit unzulässig gehalten, so LG Freiburg, Beschluß vom 30. September 1997 – StL 1/91, DStRE 1998, 538 ff.
[1479] So LG Nürnberg-Fürth, Urteil vom 1. Oktober 2000 – 3 O 4973/99, Kammer-Report zu DStR 5/01, Seite 4 – für Rechtsanwälte.
[1480] So OLG Köln, Urteil vom 10. Juli 1998 – 6 U 66/98, WPK-Mitteilungen 1999, 68 ff. = MDR 1998, 1505 – für Rechtsanwälte.
[1481] So AGH Nordrhein-Westfalen, Urteil vom 23. Juni 1999 – 1 ZU 22/99, AnwBl. 1999, 557f.
[1482] So OLG Karlsruhe, Urteil vom 7. Mai 1999 – 4 U 148/98, DStRE 2000, 223.

VI. Unzulässige Gestaltungen

42 cm veröffentlicht wird, in deren oberem Abschnitt in weißen Buchstaben auf blauem Grund steht „Wer den Kopf für das Wesentliche freihaben möchte...", gefolgt von einem Foto in der Größe von 25 x 30 cm, auf dem ein Angler in einem Boot auf dem Wasser im Schilf abgebildet wird und der Slogan folgt „...sollte alles notwendige einem Partner seines Vertrauen überlassen"[1483]. Eine 13,4 x 18 cm große Zeitungsanzeige ist indes nicht als berufsrechts- oder wettbewerbswidrig zu beanstanden[1484].

Qualitätswerbung ist im Internet für Rechtsanwälte aufgrund §§ 1 UWG, 43b BRAO untersagt, so daß insbesondere eine Formulierung wie „Fairness, Zuverlässigkeit und Spitzenqualität treffen Sie hier an" nicht verwendet werden darf[1485]. Die Grenzen zwischen zulässiger Informationswerbung und unsachlicher, gegen § 43b BRAO verstoßender reklamehafter Werbung sind fließend und werden teilweise auch von der Rechtsprechung nicht immer nachvollziehbar gelöst. Das LG Berlin erkennt, daß die Kriterien dafür, ob die berufliche Außendarstellung noch ein übliches und angemessenes werbewirksames Verhalten oder schon eine unsachliche gezielte Werbung ist, zeitbedingten Veränderungen unterliegen. Eine Homepage im Internet sei für sich betrachtet eine passive Darstellungsplattform, bei der Darstellungsempfänger noch Aktivitäten entfalten muß, um die bereitgestellten Informationen abzurufen. Die Selbstbezeichnung als „Die Kanzlei zum Schutze des Privatvermögens" auf der Homepage eines Rechtanwalts verstößt nicht gegen das Sachlichkeitsgebot des § 1 UWG i.V. mit § 43b BRAO und stellt auch keine irreführende und reklamehafte Werbung i.S. von § 3 UWG dar. In der Verwendung des bestimmten Artikels liegt noch keine unzulässige Alleinstellungswerbung[1486].

Selbstverständlich ist es auch unzulässig, auf der Homepage mit Leistungen zu werben, die nicht erbracht werden dürfen. Der im Internet-Auftritt eines Steuerberaterbüros in der Leistungsübersicht angeführte Begriff „Erbrechtsberatung" wird von den angesprochenen Adressaten dahin verstanden, daß sich die Beratung nicht auf rein steuerrechtliche Aspekte beschränkt[1487]. Da dem Steuerberater die Beratung nur in Erbschaftsteuersachen, nicht aber in Erbrechtsangelegenheiten gestattet ist, jedenfalls soweit er keine weitergehende Zulassung hat, verstößt er mit

---

[1483] So LG Hannover, Urteil vom 6. November 2000 – 44 StL 29/00, n. v. – für Steuerberater.
[1484] So BGH, Urteil vom 27. April 2000 – I ZR 292/97, ZIP 2000, 1403 = EWiR 2001, 35 (*Kleine-Cosack*).
[1485] So LG Berlin, Urteil vom 7. März 2000 – 15 O 496/99, BB 2000, 1647 m. Anm. *Roetzel* = MMR 2000, 490 m. Anm. *Roetzel*.
[1486] So LG Berlin, Urteil vom 24. April 2001 – 15 O 391/00, BB 2001, 1434.
[1487] Vgl. LG Hamburg, Urteil vom 3. April 2001 – 311 O 98/01, DStRE 2002, 1480.

dieser täuschenden Leistungsangabe zugleich gegen § 1 UWG in der Fallgruppe des Vorsprungs durch Rechtsbruch (Art. 1 § 1 RBerG). Auch mittelbar ist dieses Verbot zu beachten. So darf beispielsweise in keiner Hinsicht der unzutreffende Eindruck erweckt werden, daß das beworbene Krankenhaus als das einzig im Internet präsente Krankenhaus in der Lage ist, bestimmte Krankheiten sachgerecht zu behandeln[1488].

8. Online-Vollmacht

Ungeklärt ist bislang, ob das Hinterlegen eines Vollmachtsformulars auf der Website unzulässig ist. Bei Wirtschaftsprüfern wird es als Verstoß gegen § 52 Satz 3 WPO anzusehen sein[1489]. Im Bereich des anwaltlichen Berufsrechts gilt zur sog. „Stapelvollmacht", daß die Abgabe von Vollmachtsformularen zur Weitergabe an noch unbekannte Dritte als nach § 43 b BRAO verbotene Mandatswerbung anzusehen ist[1490]. Demnach dürfte auch die Möglichkeit, Vollmachtsformulare als Download anzubieten, unzulässig sein[1491].

9. Metatags

Unter Metatags versteht man Bestandteile im Kopf der Website, die vom User nicht ohne weiteres betrachtet werden können, sondern nur im Quelltext lesbar sind[1492]. Diese Metatags werden aber von Suchmaschinen gelesen und ausgewertet, so daß oftmals in Metatags Begriffe enthalten sind, die im Internet häufig gesucht werden. Dies reicht von Erotik über bestimmte Markennamen bis zu den Firmennamen der Mitbewerber. Solche Praktiken sind als Verstoß gegen das MarkenG[1493] oder gegen § 1 UWG anzusehen, so daß sie schon aus diesem Grunde für den Berufsträger ausscheiden[1494]. Dem Berechtigten steht darüber hinaus ein Unterlassungsanspruch aus §§ 12, 1004 BGB unter dem Gesichtspunkt der Zuordnungsverwirrung zu, da durch die Verwendung seines Namens der

---

[1488] So auch *Simon/Schmittmann*, MedR 2001, 228 (234).

[1489] Vgl. *Meisel*, WPK-Mitteilungen 1997, 113 (126); *Schmittmann*, WPK-Mitteilungen 2002, 8 (14).

[1490] So *Feuerich/Braun*, BRAO, § 43 b Rdnr. 120; *Podszun*, Homepage – die Website des Rechtsanwalts im Internet, KammerReport Hamm, Ausgabe 3/1999, 17 (18).

[1491] So *Jessnitzer/Blumberg*, § 43 b Rdnr. 12; *Schmittmann*, WPK-Mitteilungen 2002, 8 (14); a.A. OLG München, Urteil vom 20. Dezember 2001 – 29 U 4592/01, MMR 2002, 554 = NJW 2002, 760 (762) = CR 2002, 530 = K&R 2002, 371 m. Anm. *Dietrich*.

[1492] Vgl. *Brinson et al.*, Analyzing E-Commerce & Internet Law, S. 497f.; *Ernst*, CR 2000, 122f.; *Schmittmann*, WPK-Mitteilungen 2002, 8 (16); *Rössel*, ITRB 2002, 77.

[1493] So OLG München, Urteil vom 6. April 2000 – 6 U 4123/99, MMR 2000, 546f.; LG Frankfurt am Main, Urteil vom 3. Dezember 1999 – 3/11 O 98/99, MMR 2000, 493f.

[1494] S. *Schneider*, MDR 2000, 133 (136).

VI. Unzulässige Gestaltungen

Eindruck erweckt wird, daß er inhaltlich oder organisatorisch etwas mit der Internetseite zu tun habe[1495]. Ein spektakuläres Urteil erstritt ein Hamburger Rechtsanwalt, der durch Werbeauftritte für einen Elektronik-Markt hervorgetreten ist, und sich dagegen wehrte, daß sein Name als Metatag einer fremden Homepage („Freedom for Links e.V.") verwendet wurde. Das Gericht untersagte dies unter dem Gesichtspunkt der Zuordnungsverwirrung i.S. des § 12 BGB[1496]. Weiterhin ist es unzulässig, Begriffe als Metatag zu verwenden, die eine Tätigkeit bezeichnen, die dem werbenden Berufsträger nicht erlaubt ist. Die Verwendung eines Begriffs als Metatag beinhaltet nämlich das Angebot einer solchen Leistung. Daher ist es Steuerberatern untersagt, den Begriff „Testamentsvollstreckung" als Metatag zu verwenden, da sie diese Tätigkeit nicht ausüben dürfen[1497]. Unerheblich ist insoweit, daß ein Metatag für den Betrachter der Homepage nicht offen lesbar ist[1498].

10. Einrichtung von Countern

Die Einrichtung von Countern, also von in die Präsentation integrierten Zählern[1499], die die Anzahl der Zugriffe auf die Website registrieren und einblenden, ist unzulässig, da es sich hier um eine reklamehafte Werbung handelt. Im übrigen bestehen Bedenken gegen die Zulässigkeit solcher Counter, da deren inhaltliche Richtigkeit nicht überprüft werden kann[1500]. Unabhängig davon ist allerdings der Website-Betreiber frei, die Anzahl der Zugriffe intern festzuhalten und für eigene Zwecke zu verwenden, etwa um zu untersuchen, ob die Anzahl der Zugriffe in einer Relation zur Häufigkeit der Aktualisierung steht.

11. Angstwerbung

Ebenso wie spezialgesetzlich im Heilmittelwerberecht, § 11 Nr. 7 HWG, geregelt ist im Lauterkeitsrecht Werbung mit der Angst verboten. Ein Wettbewerber darf nicht Angstpsychosen hervorrufen, ausnutzen

---

[1495] S. LG Hamburg, Urteil vom 6. Juni 2001 – 406 O 16/01, ITRB 2002, 77 (*Rössel*).
[1496] S. LG Hamburg, Urteil vom 6. Juni 2001 – 406 O 16/01, CR 2002, 374 ff. m. kritischer Anm. *Beckmann.*
[1497] So OLG Hamm, Urteil vom 23. Mai 2002 – 4 U 19/02, NJW 2002, 3183 [Ls.]; LG Hamburg, Urteil vom 22. Mai 2001 – 312 O 145/01, WPK-Mitteilungen 2002, 83 ff. unter Berufung auf OLG Düsseldorf, ZEV 2000, 458 ff. = WPK-Mitteilungen 2000, 263 ff.
[1498] S. LG Hamburg, Urteil vom 22. Mai 2001 – 312 O 145/01, WPK-Mitteilungen 2002, 83 (84) m. Anm. *Thorn.*
[1499] Vgl. *Boehme-Neßler*, CyberLaw, S. 332.
[1500] Eine Manipulation des Zählers ist ohnehin – unabhängig vom Berufsrecht – als Verstoß gegen § 3 UWG anzusehen.

§ 6. Sonderwerberecht bestimmter Berufe

und dadurch die Persönlichkeitssphäre des Umworbenen verletzten. Darin liegt zugleich ein Verstoß gegen die öffentliche Ordnung[1501]. Insbesondere bei Ärzten und Apothekern kommt diese Fallgruppe zur Anwendung.

Beispiel:
Nimmt man etwa die Werbung für eine Grippe-Impfung, so wäre es – im Hinblick auf § 1 UWG – nicht zu empfehlen, die Notwendigkeit der Impfung dadurch zu dokumentieren, daß man Bilder von grippeinfizierten und todkranken Menschen in das Netz stellt, womöglich noch mit dem Untertitel „... hätte ich mich doch nur zu einer Impfung entschließen können".

Diese Art der Darstellung ist nach der Rechtsprechung geeignet und geradezu bestimmt, Ängste beim jeweiligen Betrachter auszulösen, daß ihm das gleiche Schicksal widerfährt, wenn er die angepriesene Impfung nicht wahrnimmt[1502].

Aber auch bei anderen Berufen kann Angstwerbung in der Praxis vorkommen. Denkbar ist etwa, daß Steuerberater und Wirtschaftsprüfer auf ihren Homepages massiv auf die Gefahr einer Kreditkündigung durch die Bank hinweisen, wenn etwa bestimmte Buchführungsvorgaben nicht eingehalten werden oder die Angst vor einer Insolvenz[1503] geschürt wird, die angeblich nur durch die Beauftragung eines bestimmten Steuerberaters oder Wirtschaftsprüfer bewältigt werden kann.

12. Vergleichende Werbung

Den Berufsträgern der freien Berufe ist trotz der inzwischen liberaleren Rechtsprechung des BGH[1504] zur vergleichenden Werbung[1505] und der Änderung des § 2 UWG[1506] aus berufsrechtlichen Gründen ein Vergleich mit den Leistungen von Berufskollegen untersagt[1507]. Diese Wertung für den Arztberuf schlägt auch auf die Krankenhäuser durch, da diese einen Wettbewerbsverstoß des Arztes provozieren würden, wenn sie diese berufsrechtliche Wertung nicht respektierten[1508].

[1501] S. *Baumbach/Hefermehl*, Wettbewerbsrecht, § 1 UWG Rdnr. 176a.
[1502] Vgl. Ekey/Klippel/Kotthoff/Meckel/Plaß-*Plaß*, Wettbewerbsrecht, § 1 UWG Rdnr. 217.
[1503] Vgl. OLG Köln, WRP 1997, 869 – „Sind Sie der Nächste ?"
[1504] S. BGH, Urteil vom 5. Februar 1998 – I ZR 211/95, NJW 1998, 2208 ff.
[1505] Vgl. zur gesetzlichen Regelung: *Plaß*, Die gesetzliche Neuregelung der vergleichende Werbung, NJW 2000, 3161 ff.
[1506] Gesetz zur vergleichenden Werbung vom 1. September 2000, BGBl. I, S. 1374.
[1507] S. *Rieger*, MedR 1999, 513 (518) – für Ärzte; § 10 Abs. 2 Satz 4 BOStB – für Steuerberater; *Jessnitzer/Blumberg*, BRAO, § 43b Rdnr. 2 – für Rechtsanwälte.
[1508] So *Simon/Schmittmann*, MedR 2001, 228 (231).

13. Testimonial – Werbung

Mit dem Grundsatz des Leistungswettbewerbs ist es nicht vereinbar, fremde Autoritätspersonen wie Lehrer, Beamte und Gewerkschaftsmitglieder als Werbemittler einzusetzen[1509]. Unabhängig davon, daß die Vertrauenspersonen („testimonials") von sich aus Neutralität und Zurückhaltung bewahren sollten, gilt im Rahmen des § 1 UWG die Werbung durch Vertrauenspersonen – die sog. „testimonial Werbung" – als unzulässig[1510]. Von „testimonial Werbung" spricht man, wenn sich ein kraft Bekanntheit oder beruflicher Stellung exponierter Fachmann für den Konsum eines bestimmten Produkts verwendet, z.b. durch zustimmende Stellungnahmen oder Erfahrungsberichte oder in anderer Weise[1511].

Grundgedanke dieses Verbotes ist, daß sich Personen, die herausgehobene berufliche Positionen bekleiden, in denen sie eine besondere Vertrauensstellung geniessen, nicht zu Helfern der werbenden Wirtschaft degradieren lassen dürfen. Dies gilt insbesondere für Ärzte[1512]. So ist es einem Arzt untersagt, in seinem Wartezimmer ein visuelles Informationssystem zu installieren, über das neben Gesundheitsinformationen auch Werbespots für Gewerbebetriebe verbreitet werden. Es darf nicht der Eindruck entstehen, daß der Arzt kraft seiner – beruflichen – Autorität ein bestimmtes Produkt oder einen bestimmten Lieferanten empfehle[1513].

Ebenso darf auch ein Krankenhaus nicht für sich mit positiven Stellungnahmen von Ärzten werben, die diese über das Krankenhaus abgegeben haben[1514].

Aber auch Rechtsanwälte, Steuerberater und Wirtschaftsprüfer sollten sich nicht für diese Form der Werbung hergeben, so daß ihr Auftritt auf einer fremden Homepage mit einer Empfehlung etc. aus berufs- und lauterkeitsrechtlichen Gründen ausscheidet.

VII. Zulässige Gestaltungen

Außer Frage steht, daß den Angehörigen der hier behandelten freien Berufe das Betreiben einer Homepage grundsätzlich gestattet ist[1515]. Bei

---

[1509] Vgl. Ekey/Klippel/Kotthoff/Meckel/Plaß-*Plaß*, Wettbewerbsrecht, § 1 UWG Rdnr. 242.
[1510] Vgl. *Wirtz*, Werbung mit fachlicher Autorität, GRUR 1985, 485 ff.; *Schmittmann*, ZAP 2000, 745 (746).
[1511] S. *Baumbach/Hefermehl*, § 1 UWG Rdnrn. 189 ff.
[1512] S. *Wirtz*, GRUR 1985, 485 (488).
[1513] Vgl. VG Münster, Urteil vom 20. Mai 1998 – 6 K 3821/97, MedR 1999, 146 ff. = ZAP EN-Nr. 632/99.
[1514] Vgl. *Simon/Schmittmann*, MedR 2001, 228 (233f.).
[1515] Vgl. *Naumann*, Präsentationen im Internet als Verstoß gegen §§ 1, 3 UWG, S. 150.

§ 6. Sonderwerberecht bestimmter Berufe

der Gestaltung seiner Homepage sollte der Berufsträger jedoch dafür Sorge tragen, daß er lediglich Elemente verwendet, die zulässig sind. Als solche kommen insbesondere in Betracht:

1. Einrichtung einer Mailbox

Die Mailbox ist als elektronisches Postfach anzusehen und funktioniert über das Internet. Über einen Provider richtet der Berufsträger das Postfach ein. Die eingehenden Nachrichten kann er jederzeit abrufen. Dies kann in den meisten Fällen nicht nur vom Computer des Nutzers erfolgen, sondern von jedem Gerät weltweit mit Internetzugang.

Die Einrichtung einer Mailbox ist ebensowenig zu beanstanden wie ein Hinweis auf der Homepage auf diese Kommunikationsmöglichkeit[1516]. Der Berufsträger sollte allerdings auf einen Hinweis wie „per E-Mail sind wir rund um die Uhr erreichbar" verzichten, da die Rechtsprechung dies dahin auslegt, daß im Moment des Abschickens jemand in der Kanzlei persönlich erreicht wird[1517]. Ob dieses Verständnis der Rechtsprechung zutrifft, ist m. E. zweifelhaft, da der Hinweis eher andeuten soll, daß das E-Mail-System „rund um die Uhr" funktioniert.

Bei der individuellen Kommunikation über E-Mail ist der Berufsträger indes gut beraten, wenn er die Zustimmung des Mandanten zuvor einholt, da die Gewährleistung der Geheimhaltung noch nicht hinreichend gesichert ist und erhebliche Manipulationsmöglichkeiten durch Dritte bestehen[1518].

2. Sachliche Informationen über den Berufsträger

Weiterhin ist es dem Berufsangehörigen nicht verwehrt, in seiner Internetpräsentation sachliche Informationen zu verbreiten, die er auch in seiner Praxisbroschüre verwenden dürfte. Bei manchen Berufen – wie etwa den Wirtschaftsprüfern – ist reine Imagewerbung verboten. Soweit reine Imagewerbung unzulässig ist (§ 33 Abs. 1 Satz 3 Berufssatzung WP), ist zwingend eine Sachinformation über den Berufsträger oder die Berufsgesellschaft zu verbreiten. Die Anforderungen hierfür sind jedoch nicht besonders hoch, so daß schon die Angabe der Berufsbezeichnung, erst recht die Angabe des Dienstleistungsangebotes oder von Tätigkeits-/Interessenschwerpunkten genügt[1519].

[1516] So auch *Peter/Charlier*, StBerG, § 57a Rdnr. 56; *Kleine-Cosack*, Das Werberecht der rechts- und steuerberatenden Berufe, Rdnr. 394; *Schmittmann*, MDR 1997, 601 (603); *Zeps*, StuB 2000, 433 (434).

[1517] So LG Hamburg, Beschluß vom 1. März 2002 – 312 O 641/01, MD 2002, 1071 = NWB EN-Nr. 1377/2002.

[1518] Vgl. *Horst*, MDR 2000, 1293 (1299); *Schmittmann*, StB 2001, 180 (181).

[1519] So Verlautbarung des Vorstandes der WPK, Ziffer I.

VII. Zulässige Gestaltungen

Die Darstellung der eigenen Kanzlei gehört zur Unterrichtung über die berufliche Tätigkeit. Zulässig sind auch Angaben zu den Praxisöffnungszeiten, zur so zu kennzeichnenden Privatanschrift, zur privaten Rufnummer sowie Hinweise auf das Alter einer Praxis sowie des Inhabers[1520]. Zulässig sind ebenfalls Hinweise auf Fremdsprachenkenntnisse oder sachliche Betriebsmittel wie er einen Anschluß an ein bestimmtes Rechenzentrum[1521].

Auf der Homepage darf auch auf Kooperationen hingewiesen werden. Dies gilt jedenfalls, soweit es sich um kooperationsfähige Berufe, § 44b WPO, insbesondere Steuerberater, Rechtsanwälte und Notare handelt. Kooperationen i.S. einer ständigen, verfestigten Zusammenarbeit mit gewerblichen Unternehmen sind ohnehin nicht zulässig, so daß auch ein Hinweis auf einen bestimmten gewerblichen Kooperationspartner zu beanstanden ist[1522].

Auch gegen die Verwendung von Fotografien und Bildern ist grundsätzlich nichts einzuwenden[1523]. Dies gilt jedoch nicht für die Werbung mit Fotos oder Bildern von dem Publikum bekannten Symbolen oder Identifikationsfiguren, die als reine Lockmittel ohne jeglichen sachlichen Bezug verwendet werden. Dies bedeutet also, daß weder Comic-Helden noch Fernsehstars zu Werbezwecken verwendet werden dürfen, wobei die Vorschriften der WPO und der Berufssatzung insoweit noch durch das allgemeine Wettbewerbsrecht ergänzt werden. Unter dem Gesichtspunkt des § 1 UWG ist die Werbung mit Autoritäten („testimonial advertising") ohnehin unzulässig[1524].

Die Zulässigkeit der Verwendung von Abbildungen ist indes erreicht, wenn – insbesondere junges, optisch attraktives und interesseweckendes – Kanzleipersonal als reiner Blickfang abgelichtet und veröffentlicht wird, da dies in keinem Zusammenhang mit der fachlichen Tätigkeit des Berufsträgers steht[1525].

Auch die Veröffentlichung von Lebensläufen des oder der Berufsträger auf der Homepage stellt keine übertriebene Gestaltung dar und ist somit zulässig[1526]. Mit der Angabe vorheriger Tätigkeiten sollte jedoch m.E. zurückhaltend umgegangen werden, wenn beim Mandanten ein falscher Eindruck über Einfluß und Verbindung des Berufsträgers entstehen kann

---

[1520] S. *Meisel/Scheurer*, INF 1998, 52 (57).
[1521] Vgl. Verlautbarung des Vorstandes der WPK, Ziffer II. 1.
[1522] So Verlautbarung des Vorstandes der WPK, Ziffer II. 8.
[1523] Vgl. Verlautbarung des Vorstandes der WPK, Ziffer III. 2; ebenso bei Notaren: *Becker*, NotBZ 1999, 239 (244).
[1524] So auch *Simon/Schmittmann*, MedR 2001, 228 (233).
[1525] Vgl. OLG Koblenz, Urteil vom 13. Februar 1997 – 6 U 1500/96, ZIP 1997, 377, 378; *Schmittmann*, StB 2001, 180 (183); *Scheuerl*, NJW 1997, 1291 (1292); a. A. *Kleine-Cosack*, Das Werberecht der rechts- und steuerberatenden Berufe, Rdnr. 398.
[1526] S. *Schmittmann*, NWB Fach 28, S. 929 (939).

§ 6. Sonderwerberecht bestimmter Berufe

(z.B. Zusätze wie Richter am Finanzgericht a.D., Vorsteher des Finanzamtes a.D. oder ähnliches)[1527]. Die Bestimmungen der § 33 Abs. 7 Satz 2 Berufssatzung WP und § 43 Abs. 2 Satz 2 StBerG regeln ausdrücklich, daß Hinweise auf ein früheres öffentlich-rechtliches Beschäftigungsverhältnis oder auf eine frühere Berufstätigkeit nicht zulässig sind[1528].

In Streit steht die Zulässigkeit von Hinweisen auf Mitgliedschaften in Vereinen und Organisationen. Der Hinweis auf die – tatsächlich bestehende – Mitgliedschaft eines Rechtsanwalts in der Deutschen Steuerjuristischen Gesellschaft e.V. oder in einem Berufsverband dürfte unproblematisch sein. Kritisch ist m.E. jedoch die Angabe von Mitgliedschaften in Massenorganisationen (etwa dem ADAC, einem Karnevalsverein oder einem Haus- und Grundbesitzerverein), politischen Parteien oder sonstigen Vereinen, die überhaupt keinen Bezug zum Beruf haben (etwa dem Verein der Donaldisten[1529] oder dem Fanclub von Schalke 04).

Auf der Homepage sind auch Spezialisierungshinweise zulässig, soweit sie sich im Rahmen des § 32 Berufssatzung WP halten, also in einem gesetzlich vorgeschriebenen Verfahren rechtmäßig erworben worden sind und die Höchstzahl von drei Tätigkeits-/Interessenschwerpunkten nicht überschreiten. Dies gilt nach § 7 Abs. 1 BORA insoweit auch für Rechtsanwälte, als daß ihnen lediglich gestattet ist, als Teilbereiche nur Interessen- und/oder Tätigkeitsschwerpunkte zu benennen. Insgesamt sind nicht mehr als fünf Benennungen zulässig, davon höchstens drei Tätigkeitsschwerpunkte. Interessen- und Tätigkeitsschwerpunkte sind als solche zu benennen[1530].

Der Steuerberater darf gem. § 19 BOStB Teilgebiete seiner beruflichen Tätigkeit als Tätigkeitsschwerpunkte bekanntgeben, wobei es sich aber auch um tatsächliche Schwerpunkte handeln muß. Es ist nicht zu beanstanden, wenn der Steuerberater in Anzeigen auf „Schwerpunkte des Leistungsspektrums" hinweist[1531]. Der Hinweis „laufende steuerliche Beratung" beispielsweise ist kein Schwerpunkt, da es sich um den Kernbereich des Tätigkeit des Steuerberaters handelt[1532]. Andererseits ist auch Vorsicht geboten bei der Angaben von zu vielen Tätigkeitsschwerpunkten, da die Angabe eines Schwerpunkts voraussetzt, daß der Berufsträger nachhaltig auf diesem Gebiet tätig ist[1533].

[1527] Ausdrücklich a.A. gegen den Wortlaut: *Kleine-Cosack*, Das Werberecht der rechts- und steuerberatenden Berufe, Rdnr. 272.

[1528] Vgl. dazu: *Peter/Charlier*, § 43 StBerG Rdnr. 22.

[1529] Das Beispiel stammt von *Härting*, AnwBl. 2000, 343 (344).

[1530] Diese Regelung ist verfassungsrechtlich nicht zu halten, vgl. BVerfG, Beschluß vom 12. September 2001 – 1 BvR 2265/00, NJW 2001, 3324f.

[1531] So OLG Frankfurt am Main, Urteil vom 14. August 1999 – 24 U 229/96, DStRE 1999, 895, m. krit. Anm. *Späth*, StB 2000, 57 ff.

[1532] So OLG Frankfurt am Main, Urteil vom 25. Januar 1996 – 6 U 150/95, DStR 1997, 262.

[1533] So *Schmittmann*, StB 2001, 180 (182); *Späth*, StB 2000, 57 (59); *Zeps*, StuB 2000, 433 (434).

VII. Zulässige Gestaltungen

3. Sachliche Informationen über das Sachgebiet

Sachliche Informationen über das vom Berufsträger vertretene Sachgebiet sind zulässig. Dies gilt für alle freien Berufe[1534]. Wenn also beispielsweise ein Berufsträger in seiner Internetdarstellung sachlich über steuerrechtliche oder wirtschaftliche Fragen informiert, auf Rechtsprechung hinweist, Literatur auswertet oder erläuternde Kommentare veröffentlicht, so ist dies nicht zu beanstanden[1535].

Die Grenze der sachlichen Information ist allerdings überschritten, wenn die Information in unerlaubte Qualitätswerbung umschlägt, etwa bei der Aussage einer Rechtsanwaltskanzlei „Ihre Rechtsfragen sind unsere Aufgabe"[1536]. Nach der – tendenziell liberalen – Auffassung des BVerfG ist jedoch die Überschrift über einer Wegbeschreibung im Internet „So kommen Sie zu Ihrem Recht" nicht marktschreierisch, sondern ein zulässiger Sprachwitz[1537]. Ebenso ist es zulässig, auf der Homepage mit dem Satz „Heute stehen Ihnen acht Rechtsanwälte für die optimale Vertretung Ihrer Interessen in den verschiedensten Rechtsgebieten zur Verfügung" zu werben[1538].

Der Rechtsanwalt darf auf der Homepage seine Beratungsschwerpunkte angeben, ohne diese als Tätigkeits- oder Interessenschwerpunkte zu qualifizieren[1539].

Ein reklamehaftes, unzulässiges Sichherausstellen ist aber anzunehmen, wenn ein Rechtsanwalt auf seiner Homepage die Behauptung aufstellt[1540]: „Seit ca. zwei Jahren habe ich mich auf dem Gebiet des Teilzeitwohnrechts (time-sharing) in Spanien spezialisiert."

4. Verwendung von Slogans

Nach der Verlautbarung des Vorstandes der WPK (Ziffer III. 5.) ist die Verwendung von Slogans in Werbeanzeigen, auch in Verbindung mit Bildern oder sonstigen graphischen Gestaltungen, grundsätzlich nicht zu beanstanden. Daher ist auch gegen die Verwendung von Slogans auf Internetseiten von Wirtschaftsprüfern nicht einzuwenden. Für die anderen Kammerberufe liegen entsprechende Anweisungen der Berufsorganisa-

---

[1534] Vgl. exemplarisch: Hoeren/Sieber-*Marwitz*, Handbuch Multimedia-Recht, Kap. 11.2 Rdnr. 165 und 172.

[1535] So auch *Zeps*, StuB 2000, 433 (434); *Schmittmann*, StB 2001, 180 (182).

[1536] Vgl. OLG Köln, Urteil vom 10. Juli 1998 – 6 U 66/98, WPK-Mitteilung 1999, 68 ff.

[1537] So BVerfG, Beschluß vom 12. September 2001 – 1 BvR 2265/00, NJW 2001, 3324 f.

[1538] So OLG Hamburg, Urteil vom 3. Juli 2002 – 5 U 135/01, NJW 2002, 3183 ff.

[1539] So AG Stuttgart, Urteil vom 4. Juni 2002 – 1 C 2871/02, MMR 2002, 766 = AnwBl. 2002, 657.

[1540] S. LG Leipzig, Beschluß vom 14. Dezember 2001 – 5 O 8712/01, BRAK-Mitt. 2002, 97.

§ 6. Sonderwerberecht bestimmter Berufe

tionen nicht vor. Es kann aber davon ausgegangen werden, daß auch hier die vorstehenden Grundsätze zur Anwendung kommen können.

5. Informationspflichten nach TDG

In jedem Fall sollte der Berufsträger darauf achten, daß er im Rahmen seiner Internetpräsentation auch die Informationspflichten von Telediensteanbietern gem. §§ 6 f. TDG 2002 erfüllt[1541]. Aus § 6 Satz 1 TDG 2002 resultiert auch für die Angehörigen der freien Berufe als Anbieter von Telediensten die gem. § 12 TDG bußgeldbewehrte Pflicht, die dort im einzelnen genannten Informationen leicht erkennbar, unmittelbar erreichbar und ständig verfügbar zu halten. Es handelt sich hierbei nicht nur um den Namen und die Anschrift, unter der der Berufsträger niedergelassen ist, sondern auch Angaben zur zuständigen Aufsichtsbehörde sowie Angaben darüber, welcher Kammer der Diensteanbieter angehört, wie die gesetzliche Berufsbezeichnung lautet und wie die berufsrechtlichen Regelungen zugänglich sind.

Im Hinblick darauf, daß ein Verstoß gegen § 6 Satz 1 TDG[1542] zugleich einen Verstoß gegen § 1 UWG darstellen kann[1543], sollten diese Angaben präzise berücksichtigt werden[1544].

VIII. Auswahl der Domain

Besondere Sorgfalt sollte der Berufsträger auf die Auswahl der Domain verwenden[1545]. Dies gilt einerseits deshalb, weil nur durch die Auswahl einer möglichst griffigen, leicht merkfähigen Domain[1546] eine optimale Positionierung im Internet möglich ist; andererseits auch deshalb, weil schon die Wahl der Domain an sich ein berufsrechtswidriges oder wettbewerbswidriges Verhalten darstellen kann.

[1541] Vgl. *Horst*, MDR 2000, 1293 (1295); *Schmittmann*, NWB Fach 28, S. 949 (956).

[1542] Nach von *Wüstenberg*, WRP 2002, 782 (785), vertretener Auffassung ist § 6 TDG indes eine reine Ordnungsvorschrift und rechtfertigt daher eine Abmahnung nicht.

[1543] So OLG München, Urteil vom 26. Juli 2001 – 29 U 3265/01, MMR 2002, 173 (174) = K&R 2002, 256; LG Hamburg, Beschluß vom 28. November 2000 – 312 O 512/00, MD 2001, 629 = NWB EN-Nr. 683/2001.

[1544] Vgl. Bundesnotarkammer-Intern, Ausgabe 5/2001, Seite 4 ff.

[1545] Vgl. *Müller*, WRP 2002, 160 ff.; *Schmittmann*, WPK-Mitteilungen 2002, 8 (17 ff.).

[1546] Die Domain hat die gleiche Bedeutung wie eine „gute Telefonnummer", stellten *Disterer/Buchholz*, WPK-Mitteilungen 1998, 22 (25), schon vor einigen Jahren fest. Mit selbsterklärenden Domain-Namen für Steuerberater befaßt sich *Wittsiepe*, NWB Fach 30, S. 1381 (1385).

VIII. Auswahl der Domain

1. Gattungsdomains

Die Verwendung von Gattungsdomains im Internet, also von Domains, die einen beschreibenden Begriff als Domain-Namen tragen, war lange Zeit umstritten[1547]. Der BGH hat in der sog. „www.mitwohnzentrale.de"-Entscheidung nunmehr den Standpunkt eingenommen, daß die Verwendung eines beschreibenden Begriffs als Domain-Name nicht generell wettbewerbswidrig ist[1548].

Der BGH führt zunächst aus, daß Voraussetzung eines Behinderungswettbewerbs nach § 1 UWG stets eine Beeinträchtigung der wettbewerblichen Entfaltungsmöglichkeiten der Mitbewerber ist. Wettbewerbswidrig ist die Beeinträchtigung im allgemeinen dann, wenn gezielt der Zweck verfolgt wird, den Mitbewerber an seiner Entfaltung zu hindern und ihn dadurch zu verdrängen. Ist eine solche Zweckrichtung nicht festzustellen, muß die Behinderung doch derart sein, daß der beeinträchtigte Mitbewerber seine Leistung am Markt durch eigene Anstrengung nicht mehr in angemessener Weise zur Geltung bringen kann[1549]. Dies läßt sich nur aufgrund einer Gesamtwürdigung der Einzelumstände unter Abwägung der widerstreitenden Interessen der Wettbewerber beurteilen[1550], wobei sich die Bewertung an den von der Rechtsprechung entwickelten Fallgruppen orientieren muß.

Der BGH arbeitet heraus, daß die Verwendung eines beschreibenden Begriffs als Domain-Name zu einer gewissen Kanalisierung führen kann. Dies ist denkbar, weil sich ein Teil der Nutzer aus Bequemlichkeit mit dem gefundenen Angebot zufrieden gibt und keine Veranlassung hat, seine Suche nach weiteren Anbietern fortzusetzen. Andererseits gibt es auch Nutzer, die sich von einer weiteren Suche abhalten lassen, weil sie meinen, die gefundene Website verschaffe ihnen Zugang zum gesamten im Internet zur Verfügung stehenden Angebot. Ein Abfangen i.S. der Fallgruppe des § 1 UWG liegt ebenfalls nicht vor[1551], da es – wie bereits das LG Hamburg in der Entscheidung „www.lastminute.de" herausgearbeitet hat – nicht um ein Ablenken, sondern um ein Hinlenken geht[1552].

[1547] Vgl. *Abel*, WRP 2001, 1426 ff.; *Nägele*, WRP 2002, 138 ff.
[1548] So BGH, Urteil vom 17. Mai 2001 – I ZR 216/99, BGHZ 148, 1 ff. = NJW 2001, 3262 ff. = WRP 2001, 1286 = MMR 2001, 666 m. Anm. *Hoeren*. Vgl. dazu umfassend: *Nägele*, WRP 2002, 138 ff.; *Fezer*, MarkenG, § 3 Rdnr. 347.
[1549] So *Brandner/Bergmann*, in: Großkommentar UWG, § 1 Rdnr. A 3.
[1550] So *Baumbach/Hefermehl*, Wettbewerbsrecht, § 1 UWG Rdnr. 208; *Köhler/Piper*, § 1 UWG Rdnr. 285.
[1551] Vgl. dazu: BGH, Urteil vom 17. Mai 2001 – I ZR 216/99, BGHZ 148, 1 ff.; Vorinstanz: OLG Hamburg, Urteil vom 13. Juli 1999 – 3 U 58/98, CR 1999, 779 – www.mitwohnzentrale.de; OLG Hamburg, Urteil vom 4. Mai 2000 – 3 U 197/99, K & R 2000, 512 ff. = MMR 2000, 544 ff. – www.kulturwerbung.de; OLG Braunschweig, Urteil vom 20. Juli 2000 – 2 U 26/00, CR 2000, 614 – www.stahlguss.de; LG München I, Urteil vom 24. September 2000 – 4 HK O 13251/00 – www.autovermietung.com.
[1552] S. LG Hamburg, Urteil vom 30. Juni 2000 – 416 O 91/00, K & R 2000, 409.

§ 6. Sonderwerberecht bestimmter Berufe

Gleichwohl kann in der Verwendung einer Gattungsdomain ein Verstoß gegen § 1 UWG liegen. Im Einzelfall kann in der Verwendung eines beschreibenden Begriffs als Domain-Name eine irreführende Alleinstellungsbehauptung liegen[1553]. Dies ist bereits angenommen worden, wenn sich eine einzelne Rechtsanwaltskanzlei die Domain „www.rechtsanwaelte.de" für sich konnektiert[1554].

Zwar ergibt sich aus einer analogen Anwendung von § 8 Abs. 2 Nr. 2 MarkenG nicht, daß beschreibende Angaben auch im Internet freizuhalten sind. Eine konsequente Anwendung dieser markenrechtlichen Grundsätze würde nämlich dazu führen, daß der fragliche Begriff von niemandem mehr als Domain-Bezeichnung verwendet werden dürfte. Nach dieser Argumentation soll sogar die Verwendung der Domain „www.notar.de" oder „www.anwalt.de" nicht zu beanstanden sein[1555].

Das OLG Hamburg vertritt die Auffassung, daß bei der Verwendung der Domain „www.rechtsanwalt.com" ein Verstoß gegen § 3 UWG vorliegt, wenn die Website nicht von Rechtsanwälten stammt[1556]. Die Unterlassungsklage griff daher durch. In der Verwendung der Domain „www.rechtsanwalt.com" durch einen Anwaltssuchdienst liegt nach Auffassung des erstinstanzlichen LG Hamburg weder ein Verstoß gegen §§ 1, 3 UWG noch ein unzulässiges Titelführen i.S. des § 132a Abs. 1 Nr. 2 StGB[1557]. Das LG Mannheim sieht in der Verwendung auch keinen Behinderungswettbewerb im Verhältnis zur Anwaltskammer. Das LG Mannheim sieht in der Verwendung auch keinen Behinderungswettbewerb im Verhältnis zur Anwaltskammer[1558].

Die Verwendung einer solchen beschreibenden Domain führt aber zu einer unlauteren Absatzbehinderung i.S. des § 1 UWG, da der Inhaber es Mitbewerbern unmöglich macht, ihre Leistungen Mandanten anzubieten, die unter der Gattungsbezeichnung im Internet suchen. Zugleich liegt ein Verstoß gegen § 43b BRAO vor, weil durch die Wahl der Domain eine un-

---

[1553] Vgl. Hoeren/Sieber-*Marwitz*, Handbuch Multimedia-Recht, Kap. 11.2 Rdnr. 174.

[1554] Vgl. LG München I, Urteil vom 16. November 2000 – 7 O 5570/00, MittPA 2001, 142 m. Anm. *Schmittmann* = K&R 2001, 108 ff. m. Anm. *Sosnitza* = CR 2001, 128 ff. = NJW 2001, 2100. Mit Anerkenntnisurteil vom 22. November 2001 – 6 U 5611/00 hat das OLG München das Urteil des LG München I aufgehoben und festgestellt, daß den Beklagten die Ansprüche nicht zustehen, derer sie sich gegenüber den Klägern berühmen, vgl. NJW 2002, 3352.

[1555] So *Hoeren*, MMR 2001, 669 (670); a.A. *Schmittmann*, StB 2001, 180 ff.; *Hagenkötter/Härting*, S. 68 f.

[1556] So OLG Hamburg, Urteil vom 2. Mai 2002 – 3 U 303/01, MMR 2002, 824 = BRAK-Mitt. 2002, 287 m. Anm. *Creutz* = K&R 2002, 610.

[1557] S. LG Hamburg, Urteil vom 21. Februar 2002 – 406 O 254/00, MC 3/2002, 18.

[1558] S. LG Mannheim, Urteil vom 24. August 2001 – 7 O 189/01, MMR 2002, 635 = BRAK-Mitt. 2002, 290 = CR 2002, 689 (Ls.) = MC 3/2002, 18.

VIII. Auswahl der Domain

zulässige Alleinstellungswerbung betrieben wird[1559]. Darüber hinaus kommen auch Irreführungstatbestände, insbesondere hinsichtlich Qualifikation und Leistungsfähigkeit in Betracht[1560]. So sieht es der AGH Berlin als irreführend und damit unsachlich i.S. von § 43b BRAO an, eine Homepage mit der Bezeichnung eines handelt. Das Sachlichkeitsgebot des § 43b BRAO wird durch die Verwendung der Internetadresse „www.presserecht.de" unter dem Gesichtspunkt des unzulässigen „Sich-Herausstellens" verletzt[1561]. Der BGH hat die Entscheidung des AGH Berlin inzwischen aufgehoben[1562].

Sollte es einem Berufsangehörigen gelungen sein, etwa die Adresse „www.wirtschaftspruefer.de" für sich zu okkupieren, so schließt er damit alle anderen Wirtschaftsprüfer von dieser Möglichkeit aus und es könnte beim User der Eindruck entstehen, der Betreffende sei der einzige im Netz vertretende Wirtschaftsprüfer. Die vorbezeichnete Domain „www.wirtschaftspruefer.de" ist im übrigen derzeit von einer Kanzlei in München konnektiert, wobei es sich um die gleiche Kanzlei handelt, die auf Unterlassung der Nutzung der Domain „www.rechtsanwaelte.de" vor dem Landgericht München I erfolgreich in Anspruch genommen worden ist.

Die Wahl der Domain „www.immobilienanwalt.de" verstößt gegen §§ 43b BRAO, 7 BORA und ist daher unzulässig. Eine solche Gattungsdomain erzeugt bei den Rechtsuchenden die fehlerhafte Vorstellung, daß sich hinter der Domain der einzige oder zumindest maßgeblicher Anbieter verberge oder eine Vielzahl von Anbietern dort zu finden ist. Zudem beschreibt die domain „www.immobilienanwalt.de" einen Teil anwaltlicher Tätigkeit, der ausschließlich gesondert als Interessen- und/oder Tätigkeitsschwerpunkt genannt werden darf[1563].

Unter Bezug auf §§ 1, 3 UWG hat das LG Köln einer Rechtsanwaltskanzlei untersagt, unter der Bezeichnung „www.rechtsanwaelte-koeln.de" im Internet aufzutreten, weil der Verkehr unter dieser Domain nicht nur eine einzige, sondern alle Kölner Kanzleien oder aber die Rechtsanwaltskammer erwartet[1564]. Das LG Duisburg indes hat unter Hinweis auf die Rechtsprechung des BGH zur Gattungsdomain die Verwendung der SLD „www.anwalt-muelheim.de" nicht beanstandet[1565], da der Verkehr unter dieser Bezeichnung nicht ein Eingangsportal für alle Mülheimer Rechtsanwälte erwarte. Schon aus dem Singular „Anwalt"

[1559] So LG München I, Urteil vom 16. November 2000 – 7 O 5570/00, MittPA 2001, 142 m. Anm. *Schmittmann* = K & R 2001, 108.
[1560] S. *Müller*, WRP 2002, 160 (162f.).
[1561] So AGH Berlin, Beschluß vom 25. April 2002 – I AGH 11/01, MMR 2002, 609 = BRAK-Mitt. 2002, 187 ff. m. Anm. *Heskamp*. JurPC Web-Dok. 182/2002.
[1562] S. BGH, Beschluß vom 25. November 2002 – Anw (B) 41/02, n.v.
[1563] So AnwG Hamm, Beschluß vom 27. Juni 2002 – AR 22/01, BRAK-Mitt. 2002, 286.
[1564] So LG Köln, Beschluß vom 7. September 1998 – 31 O 723/98, n.v.
[1565] S. LG Duisburg, Urteil vom 10. Januar 2002 – 21 O 2001/01, K R 2002, 1612 = NJW 2002, 2114.

folge, daß der Verkehr nur eine Kanzlei und nicht eine Vielzahl von Kanzleien erwarte.
Es ist daher konsequent, wenn die Rechtsprechung bei einer Plural-Domain wie „www.rechtsanwaelte-dachau.de" wegen Verstoßes gegen §§ 1, 3 UWG einem Unterlassungsantrag stattgibt, weil durch die Domain der unzutreffende Eindruck erweckt werde, die Seite gewähre einen Zugang zu allen oder den meisten Anwälten in Dachau[1566].
Die Verwendung der Domain „www.arzt-online.de" ist nach der Rechtsprechung des LG Düsseldorf indes unzulässig[1567].
Es ist zur Verhinderung von Mißbräuchen vorgeschlagen worden, daß eine Domain, die eine staatlich geschützte Berufsbezeichnung wie Wirtschaftsprüfer, Rechtsanwalt, Steuerberater, Architekt oder Arzt enthält, der zuständigen Berufskammer vorbehalten bleiben soll[1568], um von vornherein eine gewerbliche Nutzung auszuschließen und damit zu verhindern, daß sich einzelne Berufsträger einen Wettbewerbsvorsprung durch eine – vorgebliche – Alleinstellung verschaffen[1569].
Entsprechende Darstellungen der Kammern findet man beispielsweise unter „www.notare.de"und „www.patentanwalt.de". Eine gesetzliche Grundlage für eine solche Regelung gibt es freilich nicht, so daß die Umsetzung entweder der Vergabepraxis der DENIC e.G. oder der Rechtsprechung vorbehalten bleiben muß[1570].

2. Beispiele zulässiger Domainwahl

Nach Auffassung des LG Berlin ist die Erbringung einer Online-Rechtsberatung unter der Domain „www.gigarecht.de" unter berufs- und wettbewerbsrechtlichen Gesichtspunkten nicht zu beanstanden und insbesondere nicht als Irreführung i.S. von §3 UWG anzusehen[1571].
Demgegenüber hat das OLG Celle die Domain „www.anwalt-hannover.de" als irreführende Werbung i.S. von §3 UWG angesehen[1572]. Unter der Domain „www.anwalt-hannover.de" stelle sich ein beachtlicher Teil der durchschnittlich informierten und verständigen Internetbenutzer vor, daß unter dieser Bezeichnung die Homepage einer zentralen

---

[1566] S. OLG München, Urteil vom 18. April 2002 – 29 U 1573/02, MMR 2002, 614 NJW 2002, 2113.
[1567] So LG Düsseldorf, Beschluß vom 8. Mai 2000 – 2a O 127/00, n.v.
[1568] Vgl. LG Heidelberg, Urteil vom 13. August 1997 – KfH I O 131/97, WRP 1997, 1230.
[1569] So *Schmittmann*, StB 2001, 180 (184).
[1570] Vgl. umfassend zur Stellung der DENIC e.G.: BGH, Urteil vom 17. Mai 2001 – I ZR 251/99, DB 2001, 2190ff. = MMR 2001, 671ff.
[1571] So LG Berlin, Urteil vom 20. Februar 2001 – 15 O 519/00, NWB EN-Nr. 1276/2001 = AnwBl 2001, 515.
[1572] S. OLG Celle, Urteil vom 29. März 2001 – 13 U 309/00, NJW 2001, 2100 = ITRB 2002, 81 [*Wülfing*].

VIII. Auswahl der Domain

Stelle mit Angeboten einer größeren Anzahl von Anwaltskanzleien im Raum Hannover aufzurufen sei, die dadurch entstehende Irreführung sei geeignet, die Entscheidung der umworbenen Verkehrskreise im Zusammenhang mit der Beauftragung eines Rechtsanwalts in wettbewerbsrechtlich relevanter Weise zu beeinflussen. Insoweit genügt, daß potentielle Mandanten durch die irreführende Domain-Bezeichnung „www.anwalt-hannover.de" veranlaßt werden, sich mit der Homepage dieser Kanzlei zu beschäftigen und daß sie ohne die Domainbezeichnung möglicherweise nicht auf die Homepage gestoßen wären oder sie nicht beachtet hätten[1573].

Die Internet-Domain „www.recht-freundlich.de" für eine Anwaltskanzlei ist vom LG Hannover[1574] und OLG Celle[1575] nicht beanstandet worden. Die Anwälte hätten sich eine Adresse ausgesucht, die einen hohen Wiederkennungswert habe. Darin sei aber keine unzulässige Werbung zu sehen, da auch Logos und Briefbogengestaltungen einen hohen Wiedererkennungswert haben können, ohne daß sich daraus berufsrechtswidriges Verhalten ergibt. Auch irreführende Werbung i.S. von § 3 UWG sei nicht feststellbar, insbesondere trete die suggerierte besondere Freundlichkeit der Rechtsanwälte der Kanzlei in den Hintergrund.

Auch die Domain „www.rechtsratgeber.de" ist zulässig[1576]. Offenbar unbeanstandet führt eine Kanzlei in Hannover die Domain „www.alles-recht-so.de".

Als zulässige Domainbezeichnungen kommen somit neben beschreibenden Adjektiven wie „www.recht-freundlich.de" oder „www.gut-beraten.de" im wesentlichen namensgebundene Domains wie „www.meier-partner.de" oder „www.mueller-muenchen.de" in Betracht. Diesbezüglich stellt sich aber oftmals die Schwierigkeit, daß gerade bei Sammelnamen die attraktiven Bezeichnungen bereits in unangreifbarer Weise vergeben sind und daher auf wenig griffige Bezeichnungen wie „www.dr-huber-und-partner-muenchen.de" zurückgegriffen werden muß, zumindest dann, wenn von der Kanzlei eine Kombination des Namens und der Stadt der Niederlassung gewünscht ist.

Auch Phantasiebegriffe wie „www.gigarecht.de" oder „www.megatax.de" dürften eine griffige und leicht wiedererkennbare Bezeichnung darstellen. Die Grenze zur wegen unzulässiger Selbsteinschätzung oder Reklamehaftigkeit unzulässiger Domains („www.turboadvokat.de" [1577]

[1573] So OLG Celle, Urteil vom 29. März 2001 – 13 U 309/00, NJW 2001, 2100.
[1574] S. LG Hannover, Urteil vom 18. April 2001 – 22 O 1849/01, MMR 2001, 630 = AfP 2001, 443 = NJW-RR 2001, 917.
[1575] S. OLG Celle, Urteil vom 23. August 2001 – 13 U 152/01, NJW 2001, 3133.
[1576] So LG Hamburg, Beschluß vom 28. November 2000 – 312 O 512/00, MD 2001, 629 = NWB EN-Nr. 683/2001.
[1577] So *Müller*, WRP 2002, 160 (164).

oder „www.top-accounting.de") dürfte fließend sein[1578]. Aber auch solche Bezeichnungen werden mit der Zeit eine knappe Ressource werden, so daß der interessierte Berufsangehörige möglicherweise darauf angewiesen ist, sich die entsprechende Domain an einer der bekannten Domain-Börsen oder anderweitig zu erwerben.

Es ist auch von Rechtsprechung nicht beanstandet worden, wenn ein bestimmter Rechtsbereich als Gattungsbegriff verwendet wurde. Dies wurde selbst dann nicht beanstandet, wenn der Inhaber der Site selbst nicht als Rechtsanwalt auftritt, sondern als „eingetragener Kaufmann". Der Verkehr erwartet nicht notwendigerweise einen Rechtsanwalt, so daß Irreführung nicht vorliegt. Auch ein Verstoß gegen § 1 UWG in der Fallgruppe des Vorsprungs durch Rechtsbruch (Verstoß gegen das RBerG) wurde angelehnt, da konkrete Rechtsberatung auf der Website nicht erbracht wurde[1579].

Es ist auch nicht unzulässig, eine Domain zu verwenden, die sich aus den Anfangsbuchstaben der Nachnamen der Namensgeber der Kanzlei zusammensetzt, zumal der BGH die Verwendung einer Buchstabenfolge als Zusatz zur Kurzbezeichnung auf dem Briefbogen für mit § 9 Abs. 3 BORA vereinbar hält[1580]. Der Verwendung als Domain steht auch nicht entgegen, daß eine andere Kanzlei sich eine aus Großbuchstaben zusammengesetzte Marke für die gleiche Dienstleistung prioritätsälter hat eintragen lassen, die sich von der Domain lediglich durch „&" unterscheidet. Die Domain „www.mbp.de"ist mit der Marke „MB&P" nicht verwechselbar[1581].

Bei der Auswahl der Domain sollte auch streng darauf geachtet werden, daß Namensrechte Dritter nicht verletzt werden. So sind der Name „Medi S Ärztlicher Praxisverbund Stuttgart GbR" und die Domain „www.medi-s.de" als Portal zu einem virtuellen Informationsdienst, der sich kritisch mit der aktuellen Gesundheitspolitik befaßt, verwechslungsfähig. Demgegenüber nahm das Gericht zwischen dem Namen „Medi S Ärztlicher Praxisverbund Stuttgart GbR"und der Internetadresse „www.medi-report.de" keine Verwechslungsgefahr an[1582].

[1578] So *Kröger/Kellersmann*, Internet für Steuerberater und Wirtschaftsprüfer, S. 246.

[1579] So OLG Braunschweig, Beschluß vom 21. Juni 2002 – 2 W 26/02, MMR 2002, 754; LG Braunschweig, Beschluß vom 20. Dezember 2001 – 21 O 2178/01, MMR 2002, 248f. – www.pruefungsrecht.de

[1580] S. BGH, Beschluß vom 17. Dezember 2001 – AnwZ (B) 12/01, BRAK-Mitt. 2002, 92 m. Anm. *Mävers* – CMS.

[1581] So OLG München, Urteil vom 20. September 2001 – 29 U 3014/01, GRUR-RR 2002, 107 ff.

[1582] So OLG Stuttgart, Urteil vom 23. März 2001 – 2 U 149/00, MMR 2002, 326 (Ls.).

IX. Zusammenfassende Übersicht

Berufsträger der freien Berufe dürfen sich mit einer Homepage im Internet präsentieren. Dabei gelten grundsätzlich die auch in der klassischen Informationswerbung anzuwendenden Maßstäbe. Ein geeignetes Abgrenzungskriterium ist regelmäßig der Vergleich mit einer potentiellen Praxisbroschüre. Angaben, die der Berufsträger im Rahmen einer Praxisbroschüre machen dürfte, kann er auch ohne weiteres in das Internet einstellen.

Die Internetpräsentation hat in Vergleich zur Praxisbroschüre eine Vielzahl von Vorteilen. Einerseits kann sie weltweit und zu jeder Zeit abgerufen werden, ohne daß der potentielle Mandant unmittelbar schriftlich oder fernmündlich mit der Kanzlei in Verbindung treten muß. Andererseits kann auch eine Homepage fortlaufend aktualisiert werden, so daß nicht nur ein Wechsel im Bestand der Gesellschafter, sondern beispielsweise auch ein aktuelles steuerliches oder wirtschaftliches Thema als Einstieg für die Präsentation genutzt werden kann. Überdies besteht auch im Internet die Möglichkeit, die Praxisbroschüre in elektronischer Form zu hinterlegen und als Download bereit zu halten. In diesem Fall bekommt der potentielle Mandant die Möglichkeit, die Praxisbroschüre auf seinen eigenen Computer herunterzuladen und nach Belieben anzuschauen oder auszudrucken.

Vorsicht ist bei der Präsentation im Internet immer dann geboten, wenn die sachliche Informationswerbung in reklamehafte Selbstdarstellung umschlägt. Dies ist dann der Fall, wenn ohne jeden sachlichen Bezug geworben wird, etwa durch inhaltsleere Slogans, oder durch die Abfolge von positiven beschreibenden Begriffen eine so überzeichnete Selbstbelobigung des Homepagebetreibers stattfindet, daß die Darstellung sich als marktschreierische, reklamehafte Darstellung herausstellt und daher wettbewerbsrechtlich zu beanstanden ist.

Die Verwendung von Fotographien und sonstigen Abbildungen ist solange nicht zu beanstanden, wie es sich um Abbildungen handelt, die einen sachlichen Zusammenhang zur Kanzlei des Berufsträgers haben, etwa Abbildungen der Berufsträger, des Gebäudes, in dem die Kanzlei ihren Sitz hat, oder Bilder aus der Umgebung der Kanzlei. Mit allzu aufdringlichen graphischen Gestaltungen, mit der Einbindung unsachlicher Graphikelemente, insbesondere erotischen Darstellungen, der Sound-Untermalung und mit sonstigen – im Internet zwar nicht unüblichen, aber gleichwohl marktschreierischen – Darstellungsformen sollte der Berufsträger sich zurückhalten, um nicht die Grenze zwischen sachlicher Information und marktschreierischer Reklame zu überschreiten.

Will der Berufsträger die Besucher der Seite animieren, diese Seite häufiger aufzusuchen, so sollte darauf geachtet werden, daß aktuelle Informationen angeboten werden, etwa Hinweise auf die Rechtsprechung der Gerichte oder wichtige Gesetzesvorhaben. Dabei ist aber sicherzustellen, daß diese Informationen auch stets gepflegt werden[1583], da sich der Anbieter der Lächerlichkeit preisgibt, wenn er im Internet aktuelle Informationen ankündigt, dann aber zwei bis fünf Jahre alte Rechtsprechung oder Gesetzesvorhaben präsentiert[1584].

[1583] Statt aller: *Kippes*, DStR 2002, 820 (823).
[1584] Vgl. *Schmittmann*, WPK-Mitteilungen 2002, 8 (19); *Wittsiepe*, NWB Fach 30, S. 1381 (1383).

§7. Wettbewerbsrechtliches Sanktionensystem

Das Wettbewerbsrecht sanktioniert Verstöße in verschiedenen Varianten, wobei wesentliches Gestaltungselement ist, daß es sich um ein Antragsverfahren handelt, so daß die Sanktion nur dann eintritt, wenn ein Beteiligter von sich aus entsprechende Anträge stellt. Die Verfolgung von Wettbewerbsverstößen von Amts wegen findet nur dort statt, wo der Wettbewerbsverstoß zugleich einen Ordnungswidrigkeits- oder Straftatbestand erfüllt oder andere öffentlich-rechtliche Normen ein staatliches Eingreifen erfordern.

I. Unterlassung

Im Vordergrund des wettbewerbsrechtlichen Verfahrens steht die Unterlassungsklage. Die Unterlassungsklage wird regelmäßig dann erhoben, wenn der Verletzer keine strafbewehrte Unterlassungserklärung abgibt. In der Praxis gelangt regelmäßig der vorläufige Rechtsschutz zur Anwendung, sofern im Einzelfall nicht nur der Verfügungsanspruch, der regelmäßig mit dem Klageanspruch identisch ist, sondern auch noch die Dringlichkeit gegeben ist. Im Rahmen der Durchsetzung des wettbewerbsrechtlichen Unterlassungsanspruchs hilft dem Antragsteller insoweit die Dringlichkeitsvermutung aus §25 UWG.

Gemäß §253 Abs. 2 Nr. 2 ZPO ist ein bestimmter Klage- bzw. Verfügungsantrag erforderlich, um den Streitgegenstand und den Umfang der Prüfungs- und Entscheidungsbefugnis des Gerichts gem. §308 Abs. 1 ZPO festzulegen.

Der Tatbestand des §1 UWG richtet sich auf Unterlassung. Jedoch kann nur ein Mitbewerber aus §1 gegen den unrechtmäßig Werbenden vorgehen[1585]. Zwar spricht das Ziel des §1 UWG, die Allgemeinheit vor Auswüchsen des Wettbewerbs zu bewahren[1586], mit einigen Literaturstimmen gegen das Erfordernis eines Wettbewerbsverhältnisses[1587], das Vorliegen des Wettbewerbsverhältnisses ist aber aus systematischen Gründen zu fordern[1588]. Somit kann der Dritte aus §1 UWG keinen Unterlassungsanspruch ableiten.

[1585] S. *Melullis*, Handbuch, Rdnr. 368.
[1586] So RGZ 149, 224 (227); BGHZ 19, 392 (396).
[1587] Vgl. *Baumbach/Hefermehl*, Wettbewerbsrecht, §13 Rdnr. 19a.
[1588] So OLG München, NJW-RR 1994, 1054 (1055); *Schmittmann*, Telefaxübermittlungen, S. 206.

In der Praxis bereitet die Abfassung des Unterlassungsantrags insbesondere dann erhebliche Schwierigkeiten, wenn eine verbale Formulierung der zu unterlassenden Handlung nur unzureichend oder überhaupt nicht möglich ist. Um die auch in diesen Einzelfällen notwendige Bestimmtheit zu gewährleisten, ist es notwendig, fotografische oder zeichnerische Darstellungen der konkreten Verletzungsform in den Antrag mit aufzunehmen[1589].

Für den Fall, daß sich der Unterlassungsantrag auf eine bestimmte Internetpräsentation bezieht, so bietet es sich an, entsprechende Screenshots zu fertigen und dem Antrag beizufügen. Dabei sollte im Hauptsacheverfahren auch darauf geachtet werden, daß ggf. für das Gericht weitere Exemplare beigefügt werden, damit diese mit dem Titel und den vollstreckbaren Ausfertigungen fest verbunden werden können.

Ist eine Unterlassungsklage aus §§ 823, 1004 BGB gegen E-Mail-Werbung gerichtet, so reicht es nicht aus, nur zu beantragen, daß eine bestimmte Person nicht mehr mit E-Mail-Werbung überzogen wird. Es ist vielmehr erforderlich, die konkrete E-Mail-Anschrift anzugeben[1590].

In der Praxis kommen Unterlassungsanträge mit einschränkenden und präzisierenden Zusätzen vor. Der einschränkende Zusatz im Antrag „es sei denn, ..." ist regelmäßig nicht notwendig, da es nicht die Aufgabe des Antragstellers ist, dem Antragsgegner durch die Antragsformulierung aufzuzeigen, welche Änderungsformen aus dem gerichtlichen Verbot herausführen[1591]. Dieser Grundsatz gilt jedoch beispielsweise bei Unterlassungsanträgen im Zusammenhang mit E-Mail-Werbung nicht, da insoweit der einschränkende Zusatz erforderlich ist, daß der Unterlassungsantrag dort nicht gelten soll, wo der Antragsteller ausdrücklich um Zusendung mittels elektronischer Post gebeten hat.

Vorsicht ist auch bei sog. „insbesondere"-Anträgen geboten. Nach herrschender Meinung wird ein solcher Antrag nicht als Hilfsantrag angesehen, sondern lediglich als eine beispielhafte Verdeutlichung des allgemeinen Obersatzes des Unterlassungsantrags durch eine oder mehrere konkrete Verletzungsformen[1592].

Aufgrund der Einordnung sog. „insbesondere"-Zusätze als beispielhafte Verdeutlichung der Verletzung können diese Handlungsbeispiele noch im Lauf des gerichtlichen Verfahrens ausgetauscht oder zum Teil gestrichen werden, ohne daß dies weder eine Klageänderung noch eine Klageerweiterung oder aber eine teilweise Klagerücknahme darstellen

---

[1589] Vgl. BGH, GRUR 1981, 517 – Rollhocker; BGH, GRUR 1986, 673 – Beschlagprogramm; BGH, GRUR 1988, 690 – Kristallfiguren.

[1590] S. *Schmittmann*, RDV 2001, 172 (177).

[1591] So BGH, GRUR 1991, 860 (862) – Katovit; BGH, GRUR 1989, 445 (446) – Professorenbezeichnung in der Arztwerbung I.

[1592] So BGH, GRUR 1957, 606 (608) – Heilmittelvertrieb; BGH, GRUR 1996, 793 – Fertiglesebrillen; BGH, GRUR 1996, 502 – Energiekosten-Preisvergleich.

würde[1593]. Dies gilt allerdings nur dann, wenn der „insbesondere"-Zusatz bereits selbst in ausreichender Form die konkrete Verletzungshandlung wiedergibt, da ansonsten insgesamt ein zu unbestimmter Antrag vorliegt[1594].

II. Schadensersatz

Neben dem Anspruch auf Unterlassung steht dem Verletzten nach § 1 UWG auch ein Schadensersatzanspruch zu.

1. Prozeßtaktik und Schadensersatzansprüche

Aus prozeßtaktischen Gründen kann es für den Kläger von Vorteil sein, neben dem Unterlassungs- auch einen Schadensersatzanspruch einzuklagen, da ein rechtshängiger Schadensersatzprozeß nicht selten die Bereitschaft des Beklagten fördert, den Unterlassungsanspruch gegen Verzicht auf den Schadensersatzanspruch anzuerkennen.

Der Schadensersatzanspruch wirkt lediglich für die Zukunft und kann eine bereits eingetretene Wettbewerbsverletzung nicht kompensieren. Sowohl Unterlassungs- als auch Schadensersatzanspruch haben ihre Grundlage in einem konkreten Wettbewerbsverstoß, wobei der Schadensersatzanspruch zusätzlich zu den tatbestandlichen Voraussetzungen des Unterlassungsanspruchs den Eintritt eines Schadens verlangt. Das „Erkaufen" eines Verzichts auf den Schadensersatzanspruch durch die Anerkennung des Unterlassungsanspruchs bei Übernahme der entstandenen Kosten ist keine seltene Ausnahme, sondern insbesondere bei Streitigkeiten um bestimmte Werbeformen beinahe schon die Regel.

Neben dem Schadensersatzanspruch aus § 1 UWG kommen Schadensersatzansprüche aus §§ 14 und 19 UWG sowie aus § 13 Abs. 6 UWG i.V. mit §§ 3, 6 – 6 c, 7, 8 UWG in Betracht. Daneben kommen als Anspruchsgrundlagen außerhalb des UWG noch § 823 Abs. 2 BGB, §§ 14 Abs. 6, 15 Abs. 5 MarkenG, § 97 Abs. 1 UrhG, § 139 Abs. 2 PatentG und § 14a Abs. 1 GeschmMG in Betracht. Früher standen auch noch § 2 Abs. 2 ZugabeVO und §§ 1, 12 RabattG als Schadensersatznorm zur Verfügung.

Nach der Rechtsprechung des BGH gehen die Normen des UWG als speziellere Regelung mit abschließendem Charakter dem Rückgriff auf § 823 Abs. 2 BGB nicht nur vor, sondern schließen diesen auch aus[1595], sofern nicht ausnahmsweise im konkreten Fall eine abschließende Regelung der zu entscheidenden Frage in der wettbewerbsrechtlichen Spezial-

---

[1593] So BGH, GRUR 1991, 772 (773) – Anzeigenrubrik I.
[1594] So BGH, GRUR 1993, 565 (566) – Faltenglätter.
[1595] So BGH, GRUR 1975, 150 (151).

vorschrift getroffen wurde[1596]. In der Praxis spielen daher Schadensersatzansprüche aus § 823 Abs. 2 BGB keine nennenswerte Rolle. Schadensersatzansprüche können aber bei Eingriffen in das Recht am eingerichteten und ausgeübten Gewerbebetrieb aus § 823 Abs. 1 BGB gegeben sein. Zwar ist auch hier der Grundsatz der Subsidiarität zu beachten, aber in den Fällen, in denen es am Tatbestandsmerkmal des „Handelns zu Zwecken des Wettbewerbs" fehlt, kommt § 823 Abs. 1 BGB als Auffangtatbestand mit lückenausfüllendem Charakter in Betracht[1597].

2. Domain-Grabbing und Schadensersatz

Insbesondere im Zusammenhang mit Internet-Konstellationen, also speziell dem „Domain-Grabbing", sind die Ansprüche aus § 826 BGB zu beachten[1598]. Wird eine Domain rechtswidrig genutzt, so steht dem Verletzten ein Schadensersatzanspruch zu, dessen Berechnung jedoch häufig zu erheblichen Schwierigkeiten führt. Der Verletzte wird den ihm entstandenen Schaden regelmäßig nicht beziffern können. Nach der Rechtsprechung kann in Fällen der markenrechtswidrigen Domainnutzung die Schadensberechnung im Wege der sog. „Lizenzanalogie" erfolgen, wenn sich im Hinblick auf die konkrete Bezifferung eines durch die markenverletzende Nutzung eines Begriffs entstandenen Schadens erhebliche Darlegungs- und Beweisschwierigkeiten ergeben[1599]. Der Lizenzanalogie steht nicht entgegen, daß der Verletzte nicht bereit gewesen wäre, überhaupt eine Lizenz einzuräumen[1600]. In einem konkreten Sachverhalt hat das Gericht für die Nutzung der Domain einen monatlichen fiktiven Mietzins von rund 500,00 € in Ansatz gebracht[1601]. In einer anderen Konstellation erwog das LG Mannheim, daß schon für eine schlichte Verlinkung von dem Verletzer rund 50,00 € monatlich gefordert würden, so daß der monatliche Mietzins für eine Domain ohne weiteres mit rund 150,00 € angenommen werden kann. Treten besondere Umstände hinzu, etwa die Bekanntheit der Marke, so kann dieser Betrag auf rund 300,00 € verdoppelt werden[1602].

[1596] So BGHZ 36, 252 (256) – Gründerbildnis.
[1597] So BGH, GRUR 1962, 310 – Gründerbildnis; BGH, GRUR 1988, 826 (827) – Entfernung von Kontrollnummern II.
[1598] Vgl. OLG Frankfurt am Main, NJWE-WettbR 2000, 160 – www.weideglueck.de; LG Frankfurt am Main, GRUR-RR 2002, 68 (69).
[1599] So LG Hamburg, Urteil vom 15. Mai 2001 – 312 O 101/01, CR 2002, 296f.; LG Mannheim, Urteil vom 30. November 2001 – 7 O 296/01, MMR 2002, 400 (401) = WRP 2002, 254 (257); vgl. zur Lizenzanalogie auch: *Gounalakis/Rhode*, Persönlichkeitsschutz im Internet, S. 227.
[1600] S. BGH, Urteil vom 17. Juni 1992 – I ZR 107/90, NJW 1992, 2753 (2755) = CR 1992, 725; BGH, NJW-RR 1990, 1377 = GRUR 1990, 1008 (1009).
[1601] LG Hamburg, Urteil vom 15. Mai 2001 – 312 O 101/01, CR 2002, 296 (297).
[1602] So LG Mannheim, Urteil vom 30. November 2001 – 7 O 296/01, WRP 2002, 254 (257) – www.zwilling.de.

3. Prozessualer Schadensersatzanspruch

Der prozessuale Schadensersatzanspruch aus § 945 ZPO spielt im Wettbewerbsrecht eine nicht unerhebliche Rolle. Gemäß § 945 ZPO ist eine Partei, die eine einstweilige Verfügung erwirkt hat und deren Anordnung sich als von Anfang an ungerechtfertigt herausstellt, dem Gegner zum Ersatz des Schadens verpflichtet, der diesem aus der Vollziehung der Verfügung entstanden ist. Geht ein Wettbewerber im Wege der einstweiligen Verfügung beispielsweise gegen die Werbeaussage in einer Fernsehwerbung vor und stellt sich erst nach mündlicher Verhandlung auf den Widerspruch gegen die zunächst ohne mündliche Verhandlung erlassene Beschlußverfügung oder gar erst in zweiter Instanz heraus, daß die beanstandete Werbeaussage überhaupt nicht wettbewerbswidrig war, kann die einstweilige Verfügung erheblichen Schaden angerichtet haben. Dies gilt insbesondere dann, wenn die Werbeaussage zu einer besonders exponierten Veranstaltung ausgestrahlt werden sollte.

Beispiel:
Eine Werbung für ein westfälisches Pils in der Halbzeitpause eines Pokal-Endspiels dürfte einen erheblich höheren Marketingwert haben als die Wiederholung dieser Werbung an einem späteren gewöhnlichen Bundesliga-Spieltag. Selbst wenn die Wiederholung als solche möglich ist, was allerdings nur dann Sinn macht, wenn der Werbefilm nicht spezifische Bezüge zu dem Ereignis hat, dürfte jedenfalls der für die Buchung gezahlte Preis erheblich höher sein als zu einem anderen Zeitpunkt.

4. Berechnung des Schadensersatzes

Gerade im Hinblick auf den Schadensersatzanspruch sollte vor Beantragung der einstweiligen Verfügung im einzelnen geprüft werden, welche nachteiligen Folgen dem Verletzten entstehen können, wenn sich später herausstellt, daß kein Wettbewerbsverstoß vorliegt.

Nach § 249 Satz 1 BGB ist der Schadensersatzanspruch grundsätzlich auf Naturalherstellung gerichtet. Danach ist der Zustand wieder herzustellen, der ohne das schädigende Ereignis bestehen würde. Dem Integritätsinteresse des Geschädigten wird auch insoweit im Wettbewerbsrecht Vorrang vor dem Kompensationsinteresse eingeräumt[1603]. Die Naturalherstellung ist in ihrer Bedeutung in der Praxis jedoch nachrangig. Soweit der Werbende an der von ihm eingeschlagenen Werbeform festhält, ist es für den Verletzten weitaus einfacher, die Wiederherstellung des störungsfreien Zustandes durch eine Unterlassungsverfügung zu erreichen, da diese verschuldensunabhängig ergeht, während der Schadensersatzanspruch voraussetzt, daß der Verletzer schuldhaft gehandelt hat, was im übrigen auch vom Verletzten zu beweisen ist.

[1603] So BGHZ 92, 85 (90) – Unikat.

Der wettbewerbsrechtliche Schadensersatzanspruch ist in aller Regel auf Geldersatz gerichtet. Der Schaden ist nach zivilrechtlichen Grundsätzen jede nachteilige Einwirkung auf die Vermögenslage, das heißt jede in Geld auszudrückende Einbuße. Zu vergleichen ist dabei nach der Differenzmethode der tatsächliche Vermögensbestand nach dem schädigenden Ereignis mit dem, der ohne das schädigende Ereignis bestehen würde[1604]. Maßgeblich ist die Minderung des Gesamtvermögens und nicht nur der Schaden am konkreten Rechtsgut. Die konkrete Schadensberechnung ist in vielen Fällen unmöglich oder nur mit unangemessenem Aufwand zu betreiben, etwa durch die Einholung eines Gutachtens. Ein solches Gutachten kann regelmäßig nur von einem Wirtschaftsprüfer erstellt werden, was mit erheblichen Kosten verbunden ist, ohne daß bei der Verursachung dieser Kosten schon feststeht, daß der Schadensersatzanspruch später tatsächlich auch realisiert werden kann.

Der Schadensersatzanspruch kann sich auch an konkreten Umsatzeinbußen orientieren, wobei hier oftmals Schwierigkeiten bestehen, die Kausalität nachzuweisen.

Beispiel:
Wird über einen Arzt im Internet kolportiert, er könne einen Schwächeanfall nicht von einem Herzinfarkt unterscheiden und bleiben daher die Patienten weg, so ist seine Vermögenseinbuße zu ersetzen. Dies gilt auch, wenn im Internet eine Datenbank eingerichtet wird, die über ärztliche Kunstfehler berichtet[1605].

III. Auskunftsanspruch

Aus § 242 BGB ist vom Reichsgericht[1606] der Grundsatz entwickelt worden, daß ein Auskunftsanspruch[1607] stets dort besteht, wo der Berechtigte schuldlos über Bestand oder Umfang seines Rechts im Ungewissen ist, der Verpflichtete aber unschwer Auskunft geben kann[1608]. Der BGH hat in mehreren Entscheidungen dargestellt, daß er es nicht für seine Aufgabe erachtet, im Wege des Prozeßrechts einen allgemeinen Auskunftsanspruch zu entwickeln[1609]. So führt insbesondere der zivilprozessuale Grundsatz der Wahrheitspflicht nicht dazu, daß eine Partei der anderen Wissen und Material für den Prozeßsieg verschaffen muß[1610].

[1604] So BGH, GRUR 1966, 92 (94) – Bleistiftabsätze.
[1605] S. *Gounalakis/Rhode*, Persönlichkeitsschutz im Internet, S. 227.
[1606] S. RGZ 108, 1 (7) – Lachendes Gesicht.
[1607] Vgl. *Köhler*, NJW 1992, 1477 (1480f.); *Melullis*, Handbuch des Wettbewerbsprozesses unter besonderer Berücksichtigung der Rechtsprechung, 2. Aufl., München, 1995, Rdnr. 1100.
[1608] So *Schmittmann*, Telefaxübermittlungen, S. 215.
[1609] Vgl. BGH, NJW 1980, 2463; BGH, NJW 1990, 3151.
[1610] So BGH, NJW 1990, 3151.

III. Auskunftsanspruch

Ob dieser Grundsatz auch nach der Zivilprozeßrechts-Reform 2002 noch uneingeschränkt gilt, wird sich zeigen.

Aus prozeßtaktischer Sicht empfiehlt sich die Verbindung des Auskunftsantrags mit einem Schadensersatzfeststellungsantrag. Wird ein angeblicher Verletzer mit einem Auskunftsanspruch überzogen, so sollte er zur Vermeidung der zwangsweisen Durchsetzung eines nur vorläufig vollstreckbaren Auskunftsanspruchs stets neben der Klageabweisung auch einen Vollstreckungsschutzantrag stellen, um so auch die Vorwegnahme der Hauptsache zu vermeiden.

Der Auskunftsanspruch ist nicht grenzenlos. In mehreren Spezialgesetzen sind die Grenzen der Auskunftspflicht ansatzweise normiert. So darf die Auskunftserteilung für den Verpflichteten im Einzelfall nicht unverhältnismäßig sein, § 19 Abs. 1 MarkenG. Entsprechende Regelungen finden sich auch in § 101a Abs. 1 UrhG, § 14a Abs. 3 GeschmacksmusterG, § 24b Abs. 1 GebrauchsmusterG und § 140b Abs. 1 PatentG. Der Grundsatz der Verhältnismäßigkeit gebietet es darüber hinaus, daß die begehrte Auskunft nach Art und Umfang zur Durchsetzung des verfolgten Hauptanspruchs erforderlich ist[1611]. Ferner muß die Auskunftserteilung für den Verletzer zumutbar sein und darf diesen nicht unbillig belasten[1612].

Beispiel:
Bei Internet-Wettbewerbsverstößen kommt insbesondere die Auskunft über die Versendung von unzulässiger Werbung in Betracht. So kann es beispielsweise für einen Wettbewerber von Interesse sein, in welchem Umfang beispielsweise unzulässige E-Mail-Werbung versandt worden ist. Dies bedeutet allerdings nicht, daß der Verletzte zwingend einen Anspruch darauf hat, daß ihm die mit E-Mail-Werbung überzogenen E-Mail-Anschriften bekanntgegeben werden.

Im Zusammenhang mit Rechtsverletzungen nach Urheber- und Wettbewerbsrecht stellt sich für den Verletzten oftmals die Frage, ob neben dem Verletzer auch der Internet-Provider zur Auskunft herangezogen werden kann. Die Drittauskunft ist im Urheberrecht lediglich in § 101a UrhG geregelt. Im Jahre 1990 wurde im Zuge der Verfolgung der Produktpiraterie der Auskunftsanspruch gegen den Vertreiber von Vervielfältigungsstücken eingefügt, der dem Verletzten gegen den Vertreiber einen ausdrücklichen Auskunftsanspruch hinsichtlich Hersteller, Lieferant sowie Menge der hergestellten, ausgelieferten, erhaltenen oder bestellten Vervielfältigungsstücke gibt.

Werden über das Internet Vervielfältigungsstücke verbreitet, greift dieser Anspruch unmittelbar. Geht es indes nicht um Vervielfältigungsstücke, weil dieser Begriff nur körperliche, nicht aber digitale Vervielfältigungen umfaßt, so kann der Auskunftsanspruch nach Auffassung der Literatur in analoger Weise auf § 101a UrhG gestützt werden[1613].

[1611] So BGH, GRUR 1977, 491 (494) – Allstar.
[1612] So BGH, GRUR, 1986, 62 (64) – GEMA-Vermutung I.
[1613] So *von Olenhusen/Crone*, WRP 2002, 164 (166).

Daneben sind auch Auskunftsansprüche nach §§ 96 ff. UrhG i.V. mit § 242 BGB und § 1 UWG i.V. mit § 242 BGB gegen den Provider zu prüfen, wobei zu berücksichtigen ist, daß die vorstehend konstruierten Ansprüche im Lichte der Haftungsverfassung der ECRL und des TDG zu lesen sind, so daß Haftungserleichterungen des Providers in Betracht kommen[1614].

IV. Rechnungslegungsanspruch

Vielfach wird der Rechnungslegungsanspruch als Ausprägung des Auskunftsanspruchs verstanden. Auch der Rechnungslegungsanspruch wurde vom Reichsgericht in der Entscheidung „Lachendes Gesicht" entwickelt[1615]. Der Rechnungslegungsanspruch dient der Kontrolle der mitzuteilenden Tatsachen. Besondere gesetzliche Regelungen für die Rechnungslegung hat der Gesetzgeber mit §§ 666, 675 und 681 BGB geschaffen. Als besondere Rechnungslegungsansprüche kommen auch § 19 MarkenG, § 97 Abs. 1 Satz 2 UrhG, § 140 PatentG, § 14 a Abs. 1 Satz 2, Abs. 3 GeschmacksmusterG in Betracht.

In den nicht spezialgesetzlich geregelten Fällen müssen für den Rechnungslegungsanspruch zunächst die Voraussetzungen des Auskunftsanspruchs vorliegen. Dies ergibt sich aus dem Charakter der Rechnungslegung als spezielle Form der Auskunft.

Die Rechtsprechung erkennt den Rechnungslegungsanspruch nur zurückhaltend an. Im Wettbewerbsrecht hat sie diesen Anspruch daher nur in den Fällen bejaht, in denen aufgrund der Verletzung eines absoluten Schutzrechts ein Schaden der Lizenzanalogie oder des Verletzergewinns berechnet wurde. Im Fall einer Markenverletzung hat der BGH einen Rechnungslegungsanspruch mit der Begründung verneint, daß der Schaden im allgemeinen ohnehin nur im Wege der Schätzung ermittelt werden könne, da auch nur der auf die Kennzeichenrechtsverletzung zurückzuführende Teil des erzielten Gewinns herauszugeben ist. In diesen Fällen bedeutet die nähere Angabe von Lieferanten, Lieferpreisen und Abnehmern für den Verletzten keine so wesentliche Erleichterung, daß es gerechtfertigt wäre, den Verletzter mit der Pflicht zur Rechnungslegung zu belasten[1616]. Die Auskunftsklage ist ebenso wie die Rechnungslegungsklage eine Leistungsklage, für die grundsätzlich Besonderheiten nicht gelten. Der Klageantrag muß Inhalt und Umfang der begehrten Auskunft genau angeben. Als Hilfsanspruch muß sich der Antrag am

---

[1614] So *von Olenhusen/Crone*, WRP 2002, 164 (168ff).
[1615] So RGZ 108, 1 (7).
[1616] So BGH, GRUR 1973, 375 (378) – Miß Petite; BGH, GRUR 1977, 491 (494) – Allstar.

IV. Rechnungslegungsanspruch

Hauptanspruch orientieren, so daß es sich anbietet, die Formulierung des Hauptantrags in den Auskunftsantrag zu übernehmen. Ein vollständiger Antrag könnte demnach wie folgt lauten:

„Der Beklagte wird verurteilt, dem Kläger vollständige Auskunft über sämtliche Handlungen gemäß vorstehender Ziffer I des Urteilstenors seit dem.... zu erteilen, und zwar unter Vorlage einer geordneten rechnungsmäßigen Aufstellung sämtlicher Lieferungen einschließlich Lieferzeiten, Liefermengen, Lieferpreisen sowie unter Nennung der Namen und Anschriften der Lieferanten und gewerblichen Abnehmer und unter Vorlage von Lieferscheinen, Quittungen, Rechnungen und sonstigen Lieferbelegen."

Erteilt der Schuldner im Prozeß Auskunft, so muß der Gläubiger zur Vermeidung von kostenmäßigen Nachteilen seinen Auskunftsantrag ganz oder teilweise für erledigt erklären. Ist die erteilte Auskunft nach Auffassung des Gläubigers falsch, steht diesem ein Anspruch auf Abgabe der eidesstattlichen Versicherung über die Richtigkeit der gemachten Angaben zu. Allerdings muß der Gläubiger gemäß § 259 Abs. 2 BGB Umstände vortragen, die die Annahme rechtfertigen, daß die gemachten Angaben falsch oder unvollständig sind[1617]. Im Wege der Stufenklage kann der Antrag, die Richtigkeit der erteilten Auskunft eidesstattlich zu versichern, aus Gründen der Prozeßwirtschaftlichkeit mit dem Antrag auf Auskunftserteilung und Feststellung der Schadensersatzpflicht verbunden werden[1618].

Für den Streitwert der Auskunftsklage gilt, daß vom wirtschaftlichen Interesse des Auskunftsgläubigers an der Erfüllung der Auskunftspflicht auszugehen ist. Als Hilfsanspruch zum Schadensersatzanspruch wird er je nach den Umständen des Einzelfalles, insbesondere in Abhängigkeit davon, wie dringend der Gläubiger die Auskunft benötigt, mit etwa 10 bis 50 % des Streitwerts des Ersatzanspruchs bewertet. Wird der Auskunftsanspruch isoliert ohne Schadensersatzanspruch geltend gemacht, geht man von lediglich 5 bis 10 % des Wertes des Unterlassungsanspruchs aus[1619].

[1617] So BGH, GRUR 1994, 630 (633) – Cartier-Armreif.
[1618] So BGH, GRUR 2000, 226 (227) – Planungsmappe.
[1619] So *Teplitzky*, Wettbewerbsrechtliche Ansprüche, Kap. 49 Rdnr. 37.

§ 8. Werbevertragsrecht

Die neuen Formen der Werbung im Internet haben auch dazu geführt, daß sich neue Vertragsformen entwickelt haben, die bislang in dieser Form nicht bekannt waren[1620]. Diese neuen Verträge sind schon Gegenstand von gerichtlichen Auseinandersetzungen geworden, insbesondere hinsichtlich der Vergütung[1621].

I. Webdesign-Vertrag

§ 1 (Allgemeines und Vertragsinhalt)

(1) Gegenstand des Vertrages sind die Entwicklung einer Konzeption für eine Web-Site und die Erstellung der Web-Site.

Nicht Gegenstand dieses Vertrages ist die Einstellung der Web-Site in das Internet (World Wide Web) auf einem eigenen oder fremden Server sowie die Beschaffung einer Internet-Domain.

(3) Die Web-Site soll aus folgenden Bestandteilen bestehen: (Anzahl) Web-Sites; (Anzahl) Fotos, Grafiken und Logos, (Anzahl) Buttons für die Navigation sowie (Anzahl) Animationen.

(4) Ferner soll ein E-Mail-Eingabefenster installiert werden.

Mit dieser allgemeinen Abgrenzung stellen die Parteien klar, was geschuldet sein soll. Insbesondere sollte aus Gründen der Klarstellung immer angegeben werden, daß die Einstellung in das Internet, die Beschaffung der Domain sowie das Hosting nicht Vertragsgegenstand sind.

Selbstverständlich sind weitere Bestandteile wie Flash-Intro, Newsletter-Funktion, Forum, Chat und Shop-Service denkbar.

§ 2 (Pflichten des Anbieters)

(1) Der Anbieter verpflichtet sich, eine funktionsfähige Web-Site im HTML-Format herzustellen und diese dem Kunden auf einem geeigneten Datenträger zu übergeben.

(2) Die vertraglich geschuldeten Leistungen werden vom Anbieter in drei Phasen

Es hat sich in der Praxis als zweckmäßig herausgestellt, die einzelnen Phasen im Vertrag genau zu benennen und damit abzugrenzen, was der Anbieter im einzelnen zu welchem Zeitpunkt schuldet.

Weiterhin ist es sinnvoll, zunächst davon auszugehen, daß nur Gestaltungen ver-

---

[1620] Vgl. *Cichon*, Internetverträge, S. 103 ff.; *Schuster*, Vertragshandbuch Telemedia, S. 883 ff.; Spindler/*Schmidt*, Vertragsrecht der Internet-Provider, Teil VIII, Rdnrn. 1 ff. *Deckers*; CR 2002, 900 ff.

[1621] S. LG Stuttgart, Urteil vom 31. Mai 2001 – 20 O 401/00, CR 2002, 376 f.

§ 8. Werbevertragsrecht

nach Maßgabe der nachstehenden Absätze erbracht:

(3) Konzeptphase: Der Anbieter erarbeitet zunächst ein Konzept für die Struktur der Web-Site. Dazu gehört ein Verzeichnis über die hierarchische Gliederung der einzelnen Web-Sites (Baum), ein Framekonzept (sofern vertraglich vereinbart), die Plazierung der Links sowie ggf. die Einbindung eines E-Mail-Fensters.

(4) Entwurfsphase: Nach Fertigstellung des Konzepts und nach Freigabe des Konzepts durch den Kunden erstellt der Anbieter eine Basisversion der Web-Site auf der Grundlage des freigegebenen Konzepts. Die Basisversion muß die Struktur der Web-Site erkennen lassen, die wesentlichen gestalterischen Merkmale beinhalten und die notwendige Grundfunktionalität aufweisen. Zur notwendigen Grundfunktionalität gehört insbesondere die Funktionstüchtigkeit der Links, die die einzelnen Web-Seiten verbindet.

(5) Herstellungsphase: Nach Fertigstellung der Basisversion und deren ausdrückliche schriftliche Freigabe durch den Kunden erstellt der Anbieter die Endversion der Web-Site.

(6) Der Anbieter verpflichtet sich, die Web-Site auf (Netscape-Navigator, Version?/Internet-Explorer, Version?) mit einer Bildschirmauflösung von mindestens 640 x 480 Pixel zu optimieren.

(7) Bilddateien und Animationen sind so abzuspeichern, daß sie mit den oben spezifizierten Browsern uneingeschränkt zu betrachten sind.

wendet werden sollen, die mit dem ausgewählten Navigator/Explorer funktionieren. Ist beabsichtigt, Bilddateien und Animationen zu verwenden, die Plug-Ins (Browser-Erweiterungen) benötigen, so sollte dies ausdrücklich vereinbart werden. Dann sollte auch ausdrücklich vereinbart werden, daß auf den entsprechenden Seiten ein Hinweis aufzuführen ist, wie der für den User erforderliche Plug-In beschafft werden kann.

§ 3 (Pflichten und Obliegenheit des Kunden)

(1) Der Kunde stellt dem Anbieter die in die Web-Site einzubindenden Inhalte zur Verfügung. Für die Herstellung dieser Inhalte ist allein der Kunde verantwortlich.

(2) Zu den vom Kunden bereitzustellenden Inhalten gehören insbesondere sämtliche einzubindenden Texte, Bilder, Grafiken, Logos und Tabellen.

(3) Der Kunde wird dem Anbieter die einzubindenden Texte in digitaler Form im

Alternativ ist auch denkbar, daß der Anbieter (kostenpflichtig) die vom Kunden bereitgestellten Inhalte überarbeitet. Ebenso ist es denkbar, daß der Anbieter selbst Inhalte bereitstellt.

Hinsichtlich der Zurverfügungstellung der einzubindenden Texte und Bilder kann alternativ vereinbart werden, daß die Texte und Bilder als Ausdruck oder Fotoabzug in einer Qualität zur Verfügung gestellt werden, die sich zur Digita-

Dateiformat TXT, RTF oder DOC zur Verfügung stellen.

(4) Der Kunde wird dem Anbieter Bilddateien in digitaler Form in einem allgemein verständlichen Format wie JPG, BMP oder ähnlich zur Verfügung stellen.

(5) Der Kunde wird dem Anbieter die Titel der einzelnen Web-Sites, einige Schlüsselworte zu jeder Seite und jeweils eine Beschreibung der einzelnen Web-Seiten zur Verfügung stellen, damit die Titel (titles) Schlüsselworte (key words) und Beschreibungen (descriptions) mittels Metatags in den Quellcode der einzelnen HTML-Seiten integriert werden können.

(6) Der Kunde wird dem Anbieter die gemäß vorstehenden Absätzen zu liefernden Inhalte und Angaben spätestens mit Beendigung der Konzeptphase zur Verfügung stellen.

(7) Sobald der Anbieter ein Konzept erstellt hat, das die vertraglichen Anforderungen erfüllt, wird der Kunde diesen Entwurf durch schriftliche rechtsverbindliche Erklärung freigeben.

(8) Nach Erstellung einer Basisversion der Web-Site durch den Anbieter, die den vertraglichen Anforderungen entspricht, verpflichtet sich der Kunde, die Basisversion durch schriftliche Erklärung freizugeben.

lisierung mit einem handelsüblichen Scanner eignet.

Hinsichtlich der Anlieferung der Titel, Schlüsselworte und Beschreibungen sollte der Anbieter darauf achten, daß keine offensichtlichen Verstöße des Kunden gegen Marken- und Urheberrechte gegeben sind. Auch wenn insoweit die Haftung des Anbieters streitig ist, sollte er den sichersten Weg einschlagen.

Die Mitwirkungsobliegenheiten des Kunden sollten im Vertrag so präzise wie möglich formuliert werden, da dadurch späterer Änderungs- und Überarbeitungsaufwand gespart werden kann.

§ 4 (Abnahme)

(1) Nach Fertigstellung der Web-Site ist der Anbieter verpflichtet, dem Kunden die Web-Site auf einem geeigneten Datenträger (Diskette, CD-ROM) zur Verfügung zu stellen. Der Kunde ist zur Abnahme verpflichtet, wenn die Web-Site den vertraglichen Anforderungen entspricht.

(2) Während der Herstellungsphase ist der Anbieter berechtigt, dem Kunden einzelne Bestandteile der Web-Site zur Teilabnahme vorzulegen. Der Kunde ist zur Teilabnahme verpflichtet, sofern die betreffenden Bestandteile den vertraglichen Anforderungen entsprechen.

Die Vorlage von einzelnen Teilen der Web-Site ist insbesondere bei der Herstellung von größeren Präsentationen oder bei längeren Entscheidungsprozessen beim Kunden zu empfehlen.

§ 5 (Urheberrechte und Verwertungsrechte)

(3) Sämtliche urheberrechtlichen Verwertungsrechte an der Web-Site werden vom Anbieter schon jetzt auf den Kunden übertragen. Der Kunde erwirbt die urheberrechtlichen Verwertungsrechte erst, wenn der Anbieter dem Kunden die Web-Site auf einem Datenträger übergeben und der Kunde die geschuldete Vergütung vollständig an den Anbieter erbracht hat. Bis zur endgültigen Erbringung der geschuldeten Vergütung verbleiben sämtliche urheberrechtlichen Verwertungsrechte beim Anbieter.

(2) An geeigneten Stellen werden in die Web-Site Hinweise auf die Urheberstellung des Anbieters aufgenommen. Der Kunde ist nicht berechtigt, diese Hinweise ohne Zustimmung des Anbieters zu entfernen.

Die Übertragung der urheberrechtlichen Verwertungsrechte erfolgt aufschiebend bedingt (§ 158 Abs. 1 BGB).

Verständlicherweise ist der Anbieter daran interessiert, daß jede von ihm gestaltete Homepage bzw. Web-Site auch als sein Produkt zu erkennen ist, damit er dies als Werbemittel einsetzen kann. Es ist aber zu bedenken, ob der Kunde einen solchen Hinweis überhaupt gestatten darf. Bei verschiedenen freien Berufen könnte sich dies als sog. Testimonialwerbung darstellen und daher unzulässig sein.

§ 6 (Vergütung)

(1) Die Parteien vereinbaren eine Pauschalvergütung nach Maßgabe des nachfolgenden Absatzes 2.

(2) Der Kunde verpflichtet sich, an den Anbieter eine Pauschalvergütung von 10.000,00 € zuzüglich 16 % Umsatzsteuer zu zahlen. Die Pauschalvergütung umfaßt die Leistungen des Anbieters gemäß §§ 1, 2 dieses Vertrages.

Für Mehraufwendungen, die über die gemäß §§ 1,2 dieses Vertrages vom Anbieter geschuldeten Leistungen hinausgehen, vereinbaren die Parteien eine Stundenvergütung von 100,00 € zuzüglich 16 % Umsatzsteuer.

(3) Der Kunde ist verpflichtet, jeglichen Mehraufwand des Anbieters mit einem Stundensatz von 100,00 € zuzüglich 16 % Umsatzsteuer zu vergüten, der daraus resultiert, daß der Kunde seinen Verpflichtungen gemäß § 3 dieses Vertrages nicht nachgekommen ist.

Alternativ kann auch die Vergütung von Einzelleistungen vereinbart werden. Hierbei sollte jeweils ein Preis für jede HTML-Seite vereinbart werden. Ein gesonderter Preis sollte für die Einarbeitung eines Fotos bzw. einer Grafik sowie eines Buttons geregelt werden. Es bietet sich jedoch in diesem Fall an, im Vertrag eine bestimmte Vergütung zu bezeichnen, um später auszuschließen, daß die Parteien sich auf Kalkulations- oder Erklärungsirrtümer berufen.

Weiterhin alternativ ist auch eine Stundenvergütung denkbar, wobei in diesem Fall zweckmäßigerweise eine Hinweispflicht in den Vertrag aufgenommen wird, nach der der Anbieter den Kunden verständigt, wenn eine bestimmte Vergütungshöhe durch die bereits erbrachten Leistungen erreicht ist. In einem solchen Fall sollten die Parteien sich dann verständigen, welche weiteren Leistungen der Anbieter noch erbringt.

Ebenfalls zweckmäßig ist es, die vergütungspflichtigen Mehraufwendungen rechtzeitig zu definieren. Es kommt dabei insbesondere in Betracht, Wünsche des Kunden nach Freigabe des Konzepts, nach Freigabe der Basisversion oder Teil-

I. Webdesign-Vertrag

abnahmen als vergütungspflichtige Mehraufwendungen anzusehen, wenn sich diese Änderungen auf Leistungen beziehen, die bereits freigegeben oder abgenommen worden sind.

Ebenfalls sinnvoll ist die Vereinbarung über die erstattungsfähigen Auslagen.

§ 7 (Zahlungsmodalitäten)

(1) Nach Fertigstellung der Web-Site wird der Anbieter dem Kunden die vertraglich geschuldete Vergütung in Rechnung stellen (Schlußrechnung). Die Schlußrechnung ist innerhalb von 14 Tagen nach Zugang fällig.

(2) Abschlagszahlungen: Der Anbieter ist berechtigt, dem Kunden in angemessenen zeitlichen Abständen Abschlagszahlungen in Rechnung zu stellen. Die Höhe der Abschlagszahlungen richtet sich nach den jeweils bereits erbrachten Leistungen des Anbieters. Die Fälligkeit der Abschlagsrechnungen richtet sich nach § 7 Abs. 1 Satz 2.

(3) Gerät der Kunde mit Zahlung fälliger Rechnungen in Verzug, so ist er zur Zahlung von Verzugszinsen in Höhe von 8 % p.a. verpflichtet, sofern er nicht nachweist, daß der Zinsschaden, der dem Anbieter entstanden ist, geringer ist. Die Geltendmachung weiterer Verzugsansprüche des Anbieters, insbesondere der Nachweis eines höheren Zinsschadens, ist nicht ausgeschlossen.

§ 8 (Gewährleistung und Haftung)

(1) Für Mängel der Web-Site haftet der Anbieter nach Maßgabe der gesetzlichen Bestimmungen, §§ 366 ff. BGB.

(2) Der Anbieter ist für die Inhalte, die der Kunde bereitstellt, nicht verantwortlich. Insbesondere ist der Anbieter nicht verpflichtet, die Inhalte auf mögliche Rechtsverstöße zu überprüfen.

(3) Sollten Dritte den Anbieter wegen möglicher Rechtsverstöße in Anspruch nehmen, die aus den Inhalten der Web-Site resultieren, verpflichtet sich der Kunde, den Anbieter von jeglicher Haftung gegenüber Dritten freizustellen und

Diese Regelungen stellen klar, daß es sich um einen Werkvertrag handelt.

Hinsichtlich der Haftung für Rechtsverstöße ist eine genaue Überprüfung des Sachverhalts nach dem TDG erforderlich.

dem Anbieter die Kosten zu ersetzen, die diesem wegen der möglichen Rechtsverletzung entstehen.

(4) Bei leichter Fahrlässigkeit haftet der Anbieter nur bei Verletzung vertragswesentlicher Pflichten. Im übrigen ist die vorvertragliche, vertragliche und außervertragliche Haftung des Anbieters auf Vorsatz und grobe Fahrlässigkeit beschränkt, wobei die Haftungsbegrenzung auch im Falle des Verschuldens eines Erfüllungsgehilfen des Anbieters gilt.

§ 9 (Fertigstellung der Web-Site)

(1) Fertigstellungstermin: Als Fertigstellungstermin vereinbaren die Parteien (Datum):

(2) Der Fertigstellungstermin ist für den Anbieter nicht verbindlich, sofern er aus Gründen nicht eingehalten werden kann, die der Kunde zu vertreten hat. Dies gilt insbesondere im Falle einer Verletzung der Verpflichtungen des Kunden gemäß § 3 dieses Vertrages.

Es liegt im Interesse beider Parteien, nach Möglichkeit einen Fertigstellungstermin zu vereinbaren. Dem Kunden sollte auch deutlich gemacht werden, daß die Einhaltung dieses Termins im wesentlichen auch davon abhängt, daß er seinen Verpflichtungen aus § 3 des Vertrages nachkommt.

§ 10 (Kündigung)

(1) Dieser Vertrag kann nur aus wichtigem Grund gekündigt werden.

(2) Der Anbieter ist zur Kündigung insbesondere dann berechtigt, wenn der Kunde seine Verpflichtungen gemäß § 3 dieses Vertrages nachhaltig verletzt oder der Kunde trotz Mahnung und Fristsetzung seiner Verpflichtung zu Abschlagszahlungen nicht nachkommt.

Diese Klausel soll Streitigkeiten darüber vermeiden, ob die Nichtmitwirkung des Kunden schon zur Kündigung des Vertrages berechtigt. Weiterhin wird durch diese Klausel klargestellt, daß der Anbieter bei der Nichterbringung von Abschlagszahlungen seinerseits zur Kündigung berechtigt ist.

§ 11 (Schlußbestimmung)

(1) Auf den vorliegenden Vertrag ist ausschließlich deutsches Recht anwendbar.

(2) Sofern der Kunde Vollkaufmann ist, wird für alle Streitigkeiten, die sich aus oder im Zusammenhang mit diesem Vertrag ergeben, die Stadt (Stadtname) als Gerichtsstand vereinbart.

(3) Sollten einzelne Bestimmungen dieses Vertrages unwirksam sein oder die Unwirksamkeit durch einen später eintretenden Umstand verlieren, bleibt die Wirksamkeit des Vertrages im übrigen unberührt. Anstelle der unwirksamen Vertragsbestimmungen tritt eine Regelung, die dem am nächsten kommt, was die Vertragsparteien gewollt hätten, sofern sie den betreffenden Punkt bedacht hätten. Entsprechendes gilt für Lücken dieses Vertrages.

Diese Bestimmung enthält eine in der Praxis übliche Rechtswahl, eine nur bei Vollkaufleuten zuständige Gerichtsstandsvereinbarung sowie die allgemein verbreitete salvatorische Klausel.

II. Bannerwerbevertrag

In einen Vertrag über Bannerwerbung könnten insbesondere folgende Regelungen aufgenommen werden:

§ 1 (Allgemeines und Vertragsinhalt)

(1) Für den Verkauf aller Werbeflächen und sonstigen werblichen Inhalte, nachstehend auch „Werbung" genannt, gelten ausschließlich die nachfolgenden Bedingungen.

(2) Der Auftragnehmer, nachstehend auch Anbieter oder Provider genannt, wird ein Werbebanner des Auftraggebers, nachstehend auch Kunde genannt, auf seiner Website [www.website.de] aufnehmen. Das Werbebanner hat die Größe [Angabe der Größe in Pixel].

(3) Das Werbebanner wird über einen Hyperlink mit folgender Website des Kunde [www.kunde.de] verknüpft. Die vorbezeichnete Website wird aufgerufen, wenn das Werbebanner mit einem Mausklick aktiviert wird. Die Verlinkung erfolgt im gleichen Browser-Fenster.

Mit dieser allgemeinen Regelung wird zwischen den Parteien vereinbart, daß die folgenden Abreden abschließend sein sollen.

Hier werden die Parteien des Vertrags vorgestellt und definiert. Es können an dieser Stelle – anstatt eines gesonderten Rubrums – die Namen und Anschriften der Parteien aufgenommen werden.

Alternativ kann die Verlinkung auch in einem neuen Pop-up-Fenster erfolgen.

§2 (Laufzeit, Kündigung)

(1) Das Werbebanner wird aufgenommen ab [Datum].

(2) Der Provider verpflichtet sich, das Werbebanner abrufbar zu halten: täglich von 0.00 Uhr bis 24.00 Uhr [oder mindestens ... Stunden pro Tag; täglich in der Zeit von ...].

(3) Der Vertrag wird auf unbestimmte Zeit geschlossen und kann von beiden Parteien durch schriftliche Erklärung gekündigt werden, und zwar mit einer Frist von [Frist] zum Ende eines Kalendermonats.

(4) Das Kündigungsrecht aus wichtigem Grund bleibt den Parteien unbenommen.

(5) Ein wichtiger Grund zur Kündigung dieses Vertrages liegt für den Provider insbesondere dann vor, wenn der Kunde seine Verpflichtungen gemäß den §§ 7 bis 10 dieses Vertrages nachhaltig verletzt.

Es sollte nach Tag und Stunde definiert werden, ab wann die Leistung erfolgt. Ist nichts anderes vereinbart, dürfte die ganztägige Abrufbarkeit geschuldet sein.

Die Laufzeit kann individuell geregelt werden. Alternativ kommt eine feste Laufzeit in Betracht: „Der Werbebanner-Vertrag endet, ohne daß es einer Kündigung bedarf, am [Datum]."

Das Kündigungsrecht aus wichtigem Grund ergibt sich auch aus allgemeinem Zivilrecht.

§3 (Zustandekommen des Vertrags)

Der Vertrag kommt erst zustande durch schriftliche oder durch fernschriftliche Bestätigung des Auftrags durch den Provider oder durch die durch ihn erfolgende Verbreitung der Werbung. Mündliche oder fernmündliche Abreden sind von den Parteien nicht getroffen.

Die Bestimmung stellt klar, daß der Vertrag nicht mündlich oder fernmündlich zustandekommen soll. Dies dient insbesondere der Rechtssicherheit und Beweisbarkeit der getroffenen Vereinbarungen.

§4 (Plazierung)

(1) Für die Plazierung von Werbung kommen ausschließlich die vom Anbieter vorgehaltenen Flächen in Betracht, die in dem jeweils gültigen Angebot ausgewiesen sind. Einen Anspruch auf eine Plazierung der Werbung in einer bestimmten Position der Website hat der Kunde nicht.

(2) Hat der Kunde einen Plazierungswunsch für die Werbung geäußert, so versucht der Provider, diese Plazierung im Einvernehmen mit dem Kunden herzustellen.

Alternativ ist es möglich, die Plazierung vertraglich zu vereinbaren, etwa mit folgenden Formulierungen: „an der obersten Stelle der Website" oder „im oberen Bereich der Website".

Die Bestimmung dokumentiert lediglich den guten Willen des Auftragnehmers, ohne eine rechtliche Pflicht zu begründen.

§ 5 (Konkurrenzschutz)

Ein Konkurrenzausschluß wird nicht gewährt.

Auf diese Klausel sollte unter keinen Umständen verzichtet werden, da ansonsten mit Komplikationen seitens anderer Kunden zu rechnen ist. Dem Provider verbleibt so die Möglichkeit, den übrigen Raum auf seiner Website auch an Mitbewerber seiner Kunden zu vermieten.

§ 6 (Reporting)

(1) Der Provider ist verpflichtet, die Anzahl der Mausklicks auf das Werbebanner zu erfassen.

(2) Der Provider wird dem Kunden Auskunft über die Zahlen von Ad-Views (Aufrufe der Site, auf der die Werbung geschaltet ist) und Ad-Clicks (Anklicken der geschalteten Werbebanner) und somit auch über die Ad-Click-Rate (Verhältnis von Ad-Views und Ad-Click) geben.

Die Erfassung der Klicks dient der Kontrolle der Wirksamkeit des Banners und ist nach Maßgabe der Vergütungsvereinbarung u.U. auch Abrechnungsgrundlage.

Alternativ kann der Provider auch eine Funktion einrichten, mit der sich der Kunde selbst (nach Eingabe eines Codes) die statistischen Angaben zugänglich machen kann.

§ 7 (Beistellung der Werbemittel)

(1) Der Kunde ist verpflichtet, dem Provider bis spätestens sieben Werktage vor dem vereinbarten ersten Schaltungstermin das für die Schaltung erforderliche Material in der endgültigen elektronischen Form als GIF- oder als JPG-Datei (für statische Banner), GIF-Datei (für animierter Banner) oder HTML-Datei (für interaktiven Banner) an die im Vertragskopf genannte Adresse zu übermitteln. Die Datei darf die Größe von *** KByte nicht überschreiten. Sind die Daten bereits auf dem Server des Providers abgespeichert, teilt der Kunde innerhalb derselben Frist und an dieselbe Adresse die ULR der zu schaltenden Grafikdatei mit.

(2) Hat der Kunde das Material nicht in elektronischer Form verfügbar, so wird der Provider gegen gesonderte Berechnung das Scanning der Unterlagen vornehmen. Die Hereingabe des Materials hat mindestens zehn Werktage vor der vereinbarten Veröffentlichung der Werbung zur Verfügung zu stehen. Der Kunde trägt die Gefahr der Übermittlung des zur Veröffentlichung bestimmten Materials, insbesondere die Gefahr für den Verlust von Daten, Datenträgern, Fotos oder sonstigen Unterlagen. Die Unterla-

Die Definition der Dateiformate der beizustellenden Banner beugt späteren Streitigkeiten über Kosten der Umformatierung etc. vor. Außerdem wird dadurch die Umsetzung der Vorgaben des Kunden erleichtert.

Die Beschränkung auf eine bestimmte Dateigröße ist sinnvoll, um die Handhabbarkeit beim Provider nicht zu gefährden.

Diese Klausel wird dann Bedeutung haben, wenn der Kunde keine geeignete Datei beibringen kann. Es kommt somit ein zusätzlicher, rein werkvertraglicher Vertragsbestandteil hinzu.

Die Verlinkung mit einer „toten" Website führt oftmals zum Unwillen des Nutzers und damit auch zu einem Nachteil beim Provider, da der Eindruck entstehen könnte, er pflege seine Internet-Angebote nicht regelmäßig.

gen des Kunden werden ihm nur auf sein Verlangen und auf seine Kosten zurückgesandt. Die Gefahr hierfür trägt der Kunde.

(3) Der Kunde ist verpflichtet, die Zielseite während der gesamten Vertragsdauer abrufbar zu halten.

§ 8 (Rechteeinräumungen)

Der Kunde räumt dem Provider sämtliche für die Nutzung und auftragsgemäße Schaltung der Werbung erforderlichen Rechte ein, insbesondere

– das Multimedia- und Online-Recht als das Recht, die Werbung zu digitalisieren, auf allen Medien zu speichern, im Rahmen einer Multimedia-Produktion mit anderen Werken, insbesondere anderer Werbung zu vereinen, das Produkt auch interaktiv auf elektronischem Weg nutzbar zu machen, das Produkt sowohl auf beliebigen Datenträgern zu vervielfältigen, zu verbreiten, zu vermieten und/oder zu verleihen, insbesondere das Produkt einer Online-Nutzung in der Weise zugänglich zu machen, daß Mitglieder der Öffentlichkeit oder geschlossene Benutzerkreise an Orten und Zeiten ihrer Wahl Zugang erhalten;

– das Datenbankrecht als das Recht, die Werbung, insbesondere in elektronischer Form, digitalisiert zu erfassen und auf allen bekannten Speichermedien allein oder gemeinsam mit anderen Elementen, insbesondere Werken einschließlich anderer Werbung zu speichern, zu bearbeiten und mit einer Retrieval-Software zu versehen, sowie auf beliebige Datenträger zu speichern, diese Datenträger in beliebiger Form zu vervielfältigen, zu verbreiten, zu vermieten oder zu verleihen sowie ferner die Werbung im Wege der Datenfernübertragung auf Computer Dritter zu übertragen sowie Ausdrucke auf Papier oder sonstige Vervielfältigungen durch diese Benutzer zu erlauben;

– das Senderecht als das Recht, die Werbung mit Hilfe von Ton- und/oder Fernsehrundfunk einschließlich Draht-

Die weitgehende Rechteeinräumung soll späteren Streitigkeiten vorbeugen und ist vorliegend bewußt umfangreich formuliert, um alle Eventualitäten abzudecken.

II. Bannerwerbevertrag

funk, Kabel- und Satellitenrundfunk und ähnlichen Übertragungstechniken, gleichgültig ob in digitalisierter oder analoger Form sowohl über öffentlich-rechtlich als auch privatrechtlich organisierte Sender einschließlich Abonnentenfernsehen und Abonnentenrundfunk, Videotext, On-Demand-Dienste, Pay-TV, Teleshopping-Sender und vergleichbare Techniken und Verwertungsformen zu senden und zu verbreiten und/oder solche Sendungen öffentlich wiederzugeben;

– das Werberecht als das Recht, die Werbung im Umfange der durch die vorstehenden Ziffern eingeräumten Befugnisse auch unentgeltlich durch Abdruck, Sendung oder sonstige Wiedergabe kurzer Bestandteile zu bewerben oder zur Werbung für sein Unternehmen zu verwenden.

§ 9 (Unterlizenzen und Übertragung)

Der Provider kann an den eingeräumten Rechten die für die vereinbarte Werbeschaltung erforderlichen Unterlizenzen in beliebiger Anzahl einräumen sowie die eingeräumten Rechte auf Dritte übertragen.

Diese Klausel stellt sicher, daß der Provider seine Aufgaben auch weitervergeben bzw. Subunternehmer einschalten kann.

§ 10 (Ausgeschlossene Inhalte)

(1) Der Provider wird Werbung mit pornographischem oder rechtswidrigem Inhalt nicht verbreiten. Der Provider ist berechtigt, Werbung für bestimmte Produkte (Arzneimittel, Heilmittel, Tabakwaren etc.) von einer schriftlichen Zusicherung des Auftraggebers über die rechtliche Zulässigkeit der Werbung abhängig zu machen und/oder die beabsichtigte Werbung auf Kosten des Auftraggebers von einer sachverständigen Person auf rechtliche Zulässigkeit überprüfen zu lassen.

(2) Unabhängig davon trägt im Verhältnis zwischen Provider und Kunde allein der Kunde die presserechtliche, wettbewerbsrechtliche und sonstige Verantwortung für die Werbung. Der Kunde bestätigt mit der Auftragserteilung, daß er sämtliche zur Verbreitung auf einem Online-Dienst erforderlichen Nutzungsrechte der Inhaber von Urheber-, Mar-

Diese Bestimmung sollte unter keinen Umständen fehlen, da der Provider ansonsten Gefahr läuft, als Gehilfe wettbewerbs- oder strafrechtlich in Anspruch genommen zu werden. Im übrigen dürfte es der Reputation des Providers auch abträglich sein, mit den genannten Inhalten in Verbindung gebracht zu werden.

Die verwendete Formulierung ermöglicht auch ein sog. „Webauditing" auf Kosten des Kunden, sofern Anhaltspunkte für rechtswidrige Gestaltungen bestehen.

Oftmals wird versucht, die Aufmerksamkeit des Betrachters mit Schaltfeldern zu wecken, die keine Funktion beinhalten oder Systemmeldungen zu simulieren, die ebenfalls erhöhte Aufmerksamkeit hervorrufen. Der Provider sollte, um jegliche Hilfestellung bei solchen wettbewerbswidrigen Gestaltungen zu vermei-

ken-, Leistungsschutz-, Persönlichkeits- und sonstigen Rechten an den von ihm gestellten Dateien wie Texte, Fotos, Grafiken, Tonträger und Videobänder erworben hat.

(3) Der Kunde stellt den Provider von allen Ansprüchen Dritter frei, die dem Provider aus der Ausführung des Auftrags erwachsen. Der Kunde haftet für die Rechtmäßigkeit des Inhalts, der Herkunft und der technischen Form der in Auftrag gegebenen Werbung uneingeschränkt, auch und insbesondere im Verhältnis gegenüber Dritten.

(4) Die Gestaltung des Werbebanners darf nicht irreführend sein. Es darf insbesondere keine Systemmeldung vortäuschen oder nicht operationale Funktionselemente enthalten.

den, im Vertrag ein entsprechendes Verbot vorsehen.

§ 11 (Unterbrechung der Bannerschaltung)

(1) Der Provider ist berechtigt, die Schaltung der Werbung vorübergehend zu unterbrechen, falls ein hinreichender Verdacht auf rechtswidrige Inhalte der Website vorliegt, auf die der mit der Werbung verbundene Hyperlink verweist. Dies gilt insbesondere in den Fällen einer Abmahnung des vermeintlich Verletzten, es sei denn, diese ist offensichtlich unbegründet. Der Abmahnung stehen Ermittlungen einer staatlichen, nationalen oder europäischen Behörde gleich.

(2) Der Kunde ist über die Sperrung unter Angabe der Gründe unverzüglich zu benachrichtigen und aufzufordern, die vermeintlich rechtswidrigen Inhalte zu entfernen oder die Rechtmäßigkeit darzulegen und gegebenenfalls zu beweisen. Der Provider kann dem Kunden anbieten, die Werbung durch ein anderes Banner und/oder durch einen Hyperlink auf eine andere Seite zu ersetzen. Mehrkosten durch die Neuprogrammierung der Seiten, auf denen die Werbung erfolgt, sind von dem Kunden nach Nachweis durch den Provider zu tragen.

(3) Die Sperrung ist aufzuheben, sobald deren Voraussetzungen nicht mehr vorliegen.

Die Klausel erläutert sich weitgehend selbst.

§ 12 (Zurückweisung)

Der Provider behält sich vor, vom Kunden zu dem Zweck der Werbeschaltung überlassene Beistellungen zurückzuweisen, wenn diese gegen geltendes Recht verstoßen. Ein Zurückweisungsrecht besteht auch dann, wenn die Beistellungen wegen ihrer Herkunft, ihrem Inhalt, ihrer Form, ihrer technischen Qualität oder in programmlicher Hinsicht dazu führen würden, daß die Werbung für den Provider unzumutbar würde. Die Zurückweisung wird dem Kunden unter Angabe der Gründe unverzüglich mitgeteilt. Der Kunde ist in diesem Fall berechtigt, dem Provider eine abgeänderte Version der Beistellung zu übermitteln, für die keine Zurückweisungsgründe bestehen.

Diese Klausel ist die logische Fortsetzung aus § 10, der ausgeschlossene Inhalte definiert.

§ 13 (Abnahme und Schadensersatz)

(1) Der Kunde ist verpflichtet, die Werbung unverzüglich nach der ersten Schaltung innerhalb von zwölf Stunden zu untersuchen und etwaige Fehler innerhalb von drei Tagen nach der ersten Schaltung schriftlich zu rügen. Nach Ablauf dieser Zeit gilt die Werbung als abgenommen im Sinne von § 640 BGB.

(2) Der Provider gewährleistet eine dem jeweils üblichen technischen Standard entsprechende, bestmögliche Wiedergabe der Werbung. Bei fernmündlich erteilten Aufträgen oder fernmündlich übermittelten Korrekturen haftet der Provider nicht für die Richtigkeit der Wiedergabe. Eine Haftung wird auch nicht übernommen, wenn sich Mängel an der Vorlage erst bei der Reproduktion und Veröffentlichung zeigen. Der Kunde hat bei ungenügender Veröffentlichung keine Ansprüche.

(3) Nach der Rüge von Mängeln sorgt der Provider umgehend nach Erhalt der Mängelrüge für eine Beseitigung der gerügten Mängel. Ansprüche des Kunden auf Schadensersatz sind ausgeschlossen, sofern dem Provider nicht Vorsatz oder grobe Fahrlässigkeit vorzuwerfen sind. Nur bei nachweislich vom Provider verschuldeten Mängeln der Werbung hat der Kunde Anspruch auf Minderung oder gegebenenfalls auf Veröffentlichung einer Ersatzwerbung höchstens in Höhe der

Da es sich um einen Werkvertrag handelt, ist die Definition des Abnahmezeitpunktes, u.a. für die Vergütung, von entscheidender Bedeutung.

Kosten der beanstandeten Werbung. Eine weitergehende Haftung des Providers ist ausgeschlossen.

(4) Eine Haftung des Providers sowie seiner Vertreter oder Erfüllungsgehilfen auf Schadensersatz, insbesondere wegen Verzugs, Nichterfüllung, Schlechterfüllung oder unerlaubter Handlung – auch im Zusammenhang mit Gewährleistungsverpflichtungen – kommt nur bei der Verletzung von vertraglichen Hauptpflichten in Betracht, auf deren Erfüllung der Kunde in besonderem Maße vertrauen darf. Dieser Haftungsausschluß gilt nicht für Fälle des Vorsatzes und der groben Fahrlässigkeit oder für eine Haftung wegen zugesicherter Eigenschaften. Soweit Hauptpflichten leicht fahrlässig verletzt werden, haftet der Provider höchstens bis zur Höhe des Entgelts der Werbung.

(5) Ist der Kunde Kaufmann, gilt dieselbe Begrenzung für alle in dieser Ziffer genannten Haftungstatbestände auch bei vorsätzlicher oder grob fahrlässiger Verletzung jeglicher Pflichten durch Erfüllungsgehilfen, die nicht gesetzliche Vertreter oder leitende Angestellte sind.

(6) Ein Gewährleistungsanspruch besteht nicht, wenn die beanstandete Darstellung

- durch die Verwendung einer nicht geeigneten Soft- und/oder Hardware;

- durch Unterbrechung von Telekommunikations- und Elektrizitätsleitungen;

- durch Störungen der Kommunikationsnetze anderer Betreiber;

- durch Rechnerausfall bei Internet-Providern und Online-Diensten;

- durch unvollständige und/oder nicht aktualisierte Angebote auf Proxy-Servern kommerzieller und nicht kommerzieller Provider oder Online-Dienste

hervorgerufen wird.

(7) Bei Betriebsstörungen oder in Fällen höherer Gewalt, Arbeitskampf, Beschlagnahme, Verkehrsstörungen, allgemeiner Rohstoff- oder Energieverknappung und dergleichen – sowohl im Betrieb des Providers als auch in fremden Betrieben, derer sich der Provider zur Erfüllung seiner Verbindlichkeiten bedient – kann die Ver-

öffentlichung einer Werbung unterbleiben oder ohne vorherige Benachrichtigung des Auftraggebers verschoben werden. Es erlischt jegliche Verpflichtung des Providers auf Erfüllung von Aufträgen und Leistungen von Schadensersatz. Insbesondere wird auch kein Schadensersatz für nicht veröffentlichte oder nicht rechtzeitig veröffentlichte Werbung geleistet.

§ 14 (Vergütung/Entgelt)

(1) Die im Tarif enthaltenen Preise, Zuschläge und Rabatte werden für alle Auftraggeber als einheitliche Richtlinien angewendet.

(2) Die Vergütung wird vom Provider monatlich abgerechnet und ist innerhalb von zehn Werktagen nach Rechnungsdatum zur Zahlung fällig.

Bemessungsgrundlage für das Entgelt kann der aus sonstigen Werbeformen bekannte Tausend-Kontakt-Preis sein, der über das Verhältnis von Ad-View- und Ad-Click-Rate definiert wird.

Der Tarif sollte als festverbundene Anlage dem Vertrag beigefügt werden.

Alternativ ist die Vereinbarung einer einmaligen oder monatlichen Pauschalvergütung, einer Mischvergütung oder sonstigen Vergütung möglich.

Weiter kann alternativ eine Vergütung auf der Grundlage der mittels des Werbebanners erzielten Geschäftsabschlüsse erfolgen. Damit ist jedoch die Grenze zwischen Vermittlungstätigkeit und Werbungsveröffentlichung überschritten, so daß im Ergebnis eine Abschlußprovision geschuldet wird und kein Werkvertrag mehr vorliegt.

Ist eine andere als eine Pauschalvergütung vereinbart, wird es vertragliche Nebenpflicht des Auftragnehmers sein, die Klicks und Views zu zählen und dokumentieren, was bereits oben in § 6 (Reporting) formuliert ist.

§ 15 (Erfüllungsort, Rechtswahl und salvatorische Klausel)

(1) Erfüllungsort ist Sitz des Providers.

(2) Auf die Verträge ist ausschließlich deutsches Recht anwendbar.

(3) Gerichtstand ist, soweit zulässig, Sitz des Providers. Ist der Auftraggeber kein Kaufmann, gelten für den Gerichtstand die gesetzlichen Bestimmungen der ZPO, sofern der Wohnsitz oder der gewöhnliche Aufenthalt des Kunden im

Die Klausel erläutert sich im wesentlichen selbst.

Zeitpunkt der Klageerhebung nicht unbekannt ist oder der Kunde nach Vertragsabschluß seinen Wohnsitz oder gewöhnlichen Aufenthalt nicht aus dem Geltungsbereich des Gesetzes verlegt.

(4) Sollten einzelne Bestimmungen dieses Vertrages unwirksam sein oder die Wirksamkeit durch einen später eintretenden Umstand verlieren, bleibt die Wirksamkeit des Vertrages im übrigen unberührt. Anstelle der unwirksamen Vertragsbestimmungen tritt eine Regelung, die dem am nächsten kommt, was die Vertragsparteien gewollt hätten, sofern sie den betreffenden Punkt bedacht hätten. Entsprechendes gilt für Lücken dieses Vertrages.

Die Berücksichtigung der vorstehenden Punkte kann die Gestaltung eines Webdesign- oder Bannerwerbevertrags erheblich erleichtern. Sie kann aber keinesfalls die konkrete rechtliche Beratung im Einzelfall ersetzen, insbesondere wenn es um Verträge mit grenzüberschreitender Bedeutung geht. In diesem Fall ist die Überprüfung der Vertragswerks durch einen Rechtsanwalt dringend geboten.

§ 9. Tätigkeit der Verwertungsgesellschaften

In Deutschland gibt es derzeit neun Verwertungsgesellschaften, die sich jeweils mit den Rechten in verschiedenen Branchen befassen[1622].

I. GEMA

1. Allgemeines

Die GEMA ist die deutsche „Gesellschaft für musikalische Aufführungs- und mechanische Vervielfältigungsrechte". Sie nimmt als staatlich anerkannte Treuhänderin die Nutzungsrechte der Musikschaffenden wahr. Sie ist die bekannteste Verwertungsgesellschaft. Sie hat sich die Rechtsform eines wirtschaftlichen Vereins gegeben. Ihre Arbeit unterliegt der Aufsicht und Kontrolle durch das Deutsche Patentamt, das Bundeskartellamt, den Berliner Senator für Justiz sowie der Mitgliederversammlung der GEMA. Grundlage der Tätigkeit der GEMA ist das Urheberrechts-Wahrnehmungsgesetz[1623].

Hat eine Verwertungsgesellschaft ihre staatliche Erlaubnis, §§ 1 bis 5 UrhWG, erhalten, so ist sie gem. § 6 Abs. 1 Satz 1 UrhWG verpflichtet, die zu ihrem Tätigkeitsbereich gehörenden Rechte und Ansprüche auf Verlangen der Berechtigten zu angemessenen Bedingungen wahrzunehmen, wenn diese Deutsche i.s. des Grundgesetzes oder Staatsangehörige eines anderen Mitgliedstaates der Europäischen Union oder eines anderen Vertragsstaates des Abkommens über den Europäischen Wirtschaftsraum (EWR) sind oder ihren Wohnsitz im Geltungsbereich dieses Gesetzes haben und eine wirksame Wahrnehmung der Rechte oder Ansprüche anders nicht möglich ist. Ist der Inhaber eines Unternehmens Berechtigter, so gilt die Verpflichtung gem. § 6 Abs. 1 Satz 2 UrhWG gegenüber dem Unternehmen mit Sitz in einem Mitgliedstaat der Europäischen Union oder in einem Vertragsstaat des Abkommens über den Europäischen Wirtschaftsraum.

[1622] S. *Boehme-Neßler*, CyberLaw, S. 267 ff.; *Hoeren*, Internetrecht, Oktober 2002, S. 134 ff.

[1623] Gesetz über die Wahrnehmung von Urheberrechten und verwandten Schutzrechten; UrhWG vom 9. September 1965, BGBl. I 1965, S. 1294, zuletzt geändert durch Art. 2 des Gesetzes vom 8. Mai 1998, BGBl. I 1998, S. 903.

374 *§ 9. Tätigkeit der Verwertungsgesellschaften*

Gemäß § 11 Abs. 1 UrhWG ist die Verwertungsgesellschaft verpflichtet, aufgrund der von ihr wahrgenommenen Rechte jedermann auf Verlangen zu angemessenen Bedingungen Nutzungsrechte einzuräumen oder Einwilligungen zu erteilen. Die Verwertungsgesellschaft hat gem. § 13 Abs. 1 UrhWG Tarife aufzustellen über die Vergütung, die sie aufgrund der von ihr wahrgenommenen Rechte und Ansprüche fordert. Soweit Gesamtverträge abgeschlossen sind, gelten die in diesen Verträgen vereinbarten Vergütungssätze als Tarife.

Veranstalter von öffentlichen Wiedergaben urheberrechtlich geschützter Werke haben gem. § 13 a Abs. 1 UrhWG vor der Veranstaltung die Einwilligung der Verwertungsgesellschaft einzuholen, welche die Nutzungsrechte an diesen Werken wahrnimmt. Der Veranstalter hat gem. § 13 a Abs. 2 UrhWG nach der Veranstaltung der Verwertungsgesellschaft eine Aufstellung über die bei der Veranstaltung benutzten Werke zu übersenden. Dies gilt nicht nur für die Wiedergabe eines Werkes mittels Tonträger, für Wiedergaben von Funksendungen eines Werkes und für Veranstaltungen, auf denen in der Regel nicht geschützte oder nur unwesentlich bearbeitete Werke der Musik aufgeführt werden.

Die GEMA hat sich selbst eine Satzung gegeben. Gemäß § 6 Abs. 1 Satzung GEMA unterscheidet der Verein zwischen ordentlichen, außerordentlichen und angeschlossenen Mitgliedern. Ordentliches oder außerordentliches Mitglied der GEMA kann nur werden, wer selbst Urheber i.S. des UrhG ist oder einen Musikverlag betreibt. Die Bezeichnung „angeschlossenes Mitglied" führt ein Berechtigter, der weder die Voraussetzungen des außerordentlichen noch der ordentlichen Mitgliedschaft erfüllt, mit der Unterzeichnung eines Berechtigungsvertrages. Er wird aber nicht Mitglied im vereinsrechtlichen Sinne.

2. Digitale Werke und Online-Vervielfältigungen

Die von der GEMA wahrzunehmenden Rechte werden ihr durch Abschluß eines besonderen Berechtigungsvertrages gem. § 3 Abs. 1 Satzung GEMA übertragen, in dem auch der Umfang der wahrzunehmenden Rechte festgelegt wird. Die GEMA läßt sich in den Wahrnehmungsverträgen die „Rechte der Aufnahme auf Tonträger und Bildtonträger und die Vervielfältigungs- und Verbreitungsrechte an Tonträgern und Bildtonträgern" übertragen. Problematisch ist, ob auch Disketten und CD-ROM als Tonträger und Bildtonträger in diesem Sinne zu verstehen sind[1624].

Nach Auffassung von *Hoeren* bezieht sich die Rechtsübertragung lediglich auf die unveränderte Übernahme eines vollständigen Musikwer-

---

[1624] Vgl. auch *Siebert*, Die Auslegung der Wahrnehmungsverträge unter Berücksichtigung der digitalen Technik, München, 2002.

kes auf Bild-/Tonträger[1625]. Jede Bearbeitung, Veränderung oder Kürzung führt deshalb zur Nichtanwendbarkeit der Übertragungsklausel[1626]. Die Digitalisierung von Musik zu Multimedia-Zwecken, also beispielsweise auf einem Multimedia-Produkt auf CD-ROM oder als Hintergrund einer Internetpräsentation, ist eher als Vorgang anzusehen, der mit der Herstellung eines Films vergleichbar ist. Die multimediale Verknüpfung von Text, Bild und Ton führt regelmäßig zu einem Werk, das den Eindruck bewegter Bilder vermittelt. Damit erfüllt ein Multimedia-Produkt nach Ansicht der Rechtsprechung die Voraussetzung für die Einstufung als filmähnliches Werk. Für die Verfilmung ist die GEMA jedoch nicht unmittelbar und alleinig zuständig. Vor Vergabe des sog. „Synchronisationsrechtes" muß die GEMA den Berechtigten über die Anfrage eines Produzenten informieren. Das Synchronisationsrecht kommt immer dann zur Anwendung, wenn das geschützte Musikwerk mit einem anderen Werk verbunden werden soll. In diesem Fall ist zunächst der Urheber zu unterrichten.

Auch für den Online-Bereich hat die GEMA bereits Tarife festgelegt[1627]. Der Aufsichtsrat der GEMA hat in seiner Sitzung vom 9./10. Mai 2001 auf Vorschlag des Tarifausschusses Vergütungssätze für den Online-Bereich genehmigt und zur Veröffentlichung im Bundesanzeiger freigegeben.

1. Vergütungssätze S-VR/IntR für die Veranstaltung von Internet-Radio

Kernpunkte des Tarifs:
Unter diese Kategorie fallen Musikübertragungen im Internet, die ohne Interaktivität in Form eine Programmes angeboten werden. Die Regelvergütung beträgt bei einfachem Web-Radio 10 % der Einnahmen des Veranstalters. Bei Mehrkanal-Web-Radio ab 25 Kanälen beträgt die Vergütung 12 % der Einnahmen des Veranstalters. Die Mindestvergütung beträgt zwischen 25 € und 3.000 € pro Monat.

2. Vergütungssätze VR-OD 1 für Ruftonmelodien Music-On-Demand mit Download

Kernpunkte des Tarifs:
Dieser Tarif regelt die Einspeicherung, die Übermittlung und den Download von Musikwerken in Form von Ruftonmelodien. Die Vergütung beträgt 15 % vom Endkundenpreis mit Mindestvergütungen (mit der Option eines Gesamtvertrags-Nachlasses von 20 %). Das Urheber-Persönlichkeitsrecht soll dabei in jedem Fall gewahrt werden. Die GEMA hat daher die Mitglieder, die aus urheberpersönlichkeitsrechtli-

---

[1625] So *Hoeren*, Internetrecht, Oktober 2002, S. 136.
[1626] So auch *Schulze*, Teil-Werknutzung, Bearbeitung und Werkverbindung bei Musikwerken – Grenzen des Wahrnehmungsumfangs der GEMA, ZUM 1993, 255 (261).
[1627] Die jeweils gültigen Tarife können unter „www.gema.de" abgerufen werden.

§ 9. *Tätigkeit der Verwertungsgesellschaften*

chen Gründen einer Nutzung ihrer Werke in Form von Ruftonmelodien nicht zustimmen, gebeten, die GEMA entsprechend zu unterrichten.

3. Vergütungssätze VR-W 1 für Websites zu Präsentationszwecken

Kernpunkte des Tarifs:
Der Tarif VR-W 1 regelt Nutzungen einzelner Musikwerke auf Websites von Privatpersonen, Unternehmen und nichtgewerblichen Institutionen. Die Vergütung bemißt sich je Werk unter Berücksichtigung der Page Impressions (Zugriffszahlen) sowie der Nutzungsdauer.

4. Vergütungssätze VR-W 2 für Websites mit Electronic Commerce

Kernpunkte des Tarifs:
Der Tarif regelt Nutzungen einzelner Musikwerke auf Websites, die Electronic Commerce betreiben. Der Tarif unterscheidet einerseits E-Commerce für Musikvertrieb und andererseits für sonstige Waren und Dienstleistungen. Die Vergütung richtet sich je Werk nach der Zugriffszahl (Page Impressions) sowie der Nutzungsdauer.

5. Websites von GEMA-Mitgliedern zu Promotionszwecken von Eigenrepertoire

Kernpunkte des Tarifs:

Für Websites von Komponisten und Textdichtern ist eine jährliche Vergütung von 25 € für zehn Werke oder zwanzig Werkteile mit einer Dauer bis zu einer Minute fünfundvierzig Sekunden vorgesehen. Für Websites von Musikverlagen ist eine jährliche Vergütung von 200 € für dreißig Werke oder 60 Werkteile mit einer Dauer bis zu einer Minute fünfundvierzig Sekunden vorgesehen.

In beiden Fällen können 50 % der Werke innerhalb eines Jahres einmalig ausgetauscht werden. Die Regelungen gelten bis zu 50.000 Page Impressions pro Monat.

Die GEMA hat erkannt, daß das Internet ein Bereich ist, der außerordentlich schnellen Wandlungen unterliegt. Daher sind die Vergütungssätze, die oben beschrieben sind, zunächst bis zum 31. Dezember 2002 befristet. Es soll danach eine Überprüfung aufgrund der Marktentwicklung stattfinden, die ggf. auch zu einer Anpassung führt.
Soweit Musikwerke zur Werbung benutzt werden sollen, ist § 1 lit. k des Berechtigungsvertrages der GEMA zu beachten, wonach die Einwilligung in die Benutzung der Musik zu Werbezwecken ausdrücklich nicht auf die Verwertungsgesellschaft übertragen worden ist und daher auch von ihr nicht vergeben werden kann[1628]. Dies hängt im wesentlichen da-

---

[1628] So OLG Hamburg, GRUR 1991, 599.

mit zusammen, daß für Nutzungshandlungen zu Werbezwecken, bei denen das Werk der Werbung unmittelbar dient, deutlich höhere Preise gezahlt werden als für sonstige Synchronisationsrechte, so daß auch eine konkludente Einwilligung nicht unterstellt werden kann. Eine Verbindung von Werken mit Werbeangeboten stellt ohne Einwilligung des Urhebers immer eine Verletzung von Urheberpersönlichkeitsrechten dar[1629]. Auch in den Fällen, in denen nicht eine zeitgleiche Verbindung erstellt wird, sondern Werbeeinblendungen die Wahrnehmung des Werkes unterbrechen, kann ein Eingriff in die Integrität des Werkes vorliegen[1630].

II. VG Wort

Auch die VG Wort[1631] ist als Verwertungsgesellschaft ein wirtschaftlicher Verein i.S. von § 22 BGB. Die VG Wort untersteht der Aufsicht des Deutschen Patentamtes, des Bundeskartellamtes sowie des Bayerischen Staatsministeriums für Wirtschaft. Die VG Wort wurde im Jahr 1958 gegründet und vereinigte sich im Jahr 1978 mit der VG Wissenschaft, die ihrerseits aus der früheren „Inkassostelle für urheberrechtliche Vervielfältigungsgebühren GmbH", einer Einrichtung des Börsenvereins des Deutschen Buchhandels, hervorgegangen war. Seither bestehen innerhalb der VG Wort sechs Berufsgruppen:

- Autoren und Übersetzer schöngeistiger und dramatischer Literatur,
- Journalisten, Autoren und Übersetzer von Sachliteratur,
- Autoren und Übersetzer von wissenschaftlicher und Fachliteratur,
- Verleger von schöngeistigen Werken und von Sachliteratur,
- Bühnenverleger,
- Verleger von wissenschaftlichen Werken und von Fachliteratur.

Die Tätigkeit der VG Wort beschränkt sich auf die Verwaltung urheberrechtlicher Nutzungsrechte an Sprachwerken. Außerdem nimmt die VG Wort auch die Rechte an Eigenillustrationen von Autoren wissenschaftlicher Texte wahr; die sonstigen Bildrechte werden durch die VG Bild-Kunst verwaltet. Seit 1998 nimmt die VG Wort darüber hinaus auch Leistungsschutzrechte wahr, soweit Verleger als Produzenten von Tonträgern mit Sprachwerken (insbesondere von Hörbüchern und Lehrgängen) tätig sind und sie diese Rechte nicht schon an die Gesellschaft zur Verwertung von Leistungsschutzrechten (GVL) abgetreten haben.

Die GVL, eine gemeinsame Gründung der Deutschen Orchestervereinigung und der deutschen Landesgruppe der IFPI (International Federa-

---

[1629] So BGH, GRUR 1994, 191 ff.; BGHZ 26, 52.
[1630] So *Liuzzo*, GRUR Int. 1989, 110 (112).
[1631] Weitere Informationen sind unter „www.vgwort.de" abrufbar.

§ 9. *Tätigkeit der Verwertungsgesellschaften*

tion of Phonogram and Videogram Producers), ist die bedeutendste Verwertungsgesellschaft auf dem Gebiet der Leistungsschutzrechte für ausübende Künstler, Tonträger-Hersteller, Video-Produzenten und Filmhersteller.

Die weite Verbreitung von digitalen Vervielfältigungs- und Speichersystemen hat die VG Wort (wie auch die VG Bild-Kunst) veranlaßt, die Vergütungspauschale auf 30 € für jeden ab dem 1. Januar 2001 verkauften Personalcomputer festzusetzen. Die Verbindung mit entsprechenden Peripherie-Geräten führt dazu, daß PCs als moderne Alternative zu Fotokopierern, Cassettendecks und Videorecordern angesehen werden können, auf die bereits seit 1965 eine Geräteabgabe durch die Industrie gezahlt wird. Veröffentlichungen im Internet sind derzeit noch nicht vergütungsfähig. Die VG Wort weist aber darauf hin, daß ggf. über die Provider oder die Hersteller von Zugangssoftware Pauschalen erhoben werden sollen, die dann an die Autoren ausgeschüttet werden könnten.

Dieser Bereich ist derzeit ohnehin im Umbruch. Die EU hat im Mai 2001 eine Richtlinie zum Urheberrecht in der Informationsgesellschaft verabschiedet, die nunmehr in deutsches Recht umgesetzt werden muß. Es soll ein exklusives „Recht der öffentlichen Zugänglichmachung" eingeführt werden, in dessen Rahmen auch die Regelung über die Einstellung von Werken in das Internet geregelt werden soll.

III. VG Bild-Kunst

Die Urheberrechtsorganisation der deutschen Künstler, Fotografen und Filmurheber ist die Verwertungsgesellschaft Bild-Kunst[1632] (VG Bild-Kunst)[1633]. Sie unterscheidet zwischen drei Berufsgruppen:
Berufsgruppe I: Bildende Künstler
Berufsgruppe II: Fotografen, Bildjournalisten, Designer, Karikaturisten, Pressezeichner und Bildagenturen
Berufsgruppe III: Filmproduzenten, Regisseure, Kameraleute, Cutter, Szenen- und Kostümbildner, Choreographen.

Wie auch bei den anderen Verwertungsgesellschaften erfolgt der Beitritt zur VG Bild-Kunst durch Abschluß eines Wahrnehmungsvertrages, durch den die in der jeweiligen Berufsgruppe relevante Rechtewahrnehmung auf die Verwertungsgesellschaft übertragen wird. Die Verteilung der eingegangenen Gelder erfolgt nach einem Verteilungsplan, der von der Mitgliederversammlung beschlossen wird. Darin wird auch festgelegt, ob und welche Anteile der Einkünfte für soziale oder kulturfördernde

---

[1632] So *Hoeren*, Internetrecht, Oktober 2002, S. 139.
[1633] Weitere Informationen sind unter „www.bildkunst.de" abrufbar.

Zwecke verwandt werden. Auch die VG Bild-Kunst erhebt wie die VG Wort für jeden verkauften Personalcomputer eine Gebühr von 30,00 €.

IV. Reformüberlegungen

Die vorstehend bereits angedeuteten Rechtsunsicherheiten führen dazu, daß Content-Provider ebensowenig wie die Urheber wissen, wann eine Digitalisierung in den Kompetenzbereich einer Verwertungsgesellschaft fällt. Diese Rechtsunsicherheit blockiert den technischen Fortschritt. Einerseits sind die Urheber unsicher, welche Rechte von ihnen selbst verwertet werden dürfen. Aber auch die Provider sind an einer Klärung interessiert, da sie bei Rechtsunsicherheit damit rechnen müssen, ggf. auch noch nach mehreren Jahren mit Nachforderungen überzogen zu werden. Dies führt dazu, daß viele Content-Provider kaum abschätzen können, welche Kosten sie ihren Kunden weiterberechnen müssen. Der ohnehin schwierige Markt wird dadurch erheblich geschädigt.

Verschiedene Lösungsmodelle sind in der Diskussion. Einerseits käme in Betracht, die von den Verwertungsgesellschaften wahrgenommenen Rechte um die Verfilmung zu erweitern und damit auch die Multimedia-Verarbeitung mit einzubeziehen. Dies dürfte aber bei Urhebern und Leistungsschutzberechtigten zu Recht auf Kritik stoßen, im übrigen wären auch gesetzgeberische Änderungen nötig[1634]. Andererseits werden auch technische Lösungen für ein effizientes Lizenzmanagement diskutiert (sog. Electronic Copyright Management System – ECMS)[1635].

Auch die World Intellectual Property Organization (WIPO) diskutiert derzeit die Einführung eines weltweiten Identifizierungscodes, mit dem jedes digitale Werk sofort zu erkennen wäre und ein umfassender Schutz gewährleistet werden könnte. Da entsprechende Regelungen aber noch nicht verabschiedet sind, stehen die Content-Anbieter nach wie vor beinahe unlösbaren Problemen gegenüber, sofern sie nicht lediglich selbst hergestelltes Material verarbeiten. Die Gesamtproblematik stellt sich derzeit noch so dar, daß eine Vielzahl von Online-Präsentationen mit Musik unterlegt wird, ohne daß eine rechtliche Klarheit darüber herrscht, wie die Rechte zu vergüten sind.

Bei folgenden Darstellungsformen ist davon auszugehen, daß die Musik wichtiges Beiwerk, aber nicht Hauptteil der Darstellung ist:

– Online-Shopping, das dem Kunden die Möglichkeit einräumt, die Musik online probezuhören und danach online zu bestellen;
– Firmen- und Produkt-Präsentationen auf Websites;

[1634] So *Hoeren*, Internetrecht, Oktober 2002, S. 142 ff.
[1635] Vgl. *Möschel/Bechtold*, Copyright Management im Netz, MMR 1998, 571 ff.

– nicht-kommerzielle Präsentationen auf Websites (durch Privatpersonen und private Einrichtungen)

Im Vordergrund steht die Musik allerdings bei folgenden Darstellungsformen:

– Music-on-demand-Dienste einschließlich der Video-on-demand-Dienste, die den Endverbrauchern die Möglichkeit bieten, gegen Entgelt einzelne Musikwerke oder ganze Tonträger herunterzuladen;
– Life-Übertragungen von Konzerten, Veranstaltungen etc. in Echt-Zeit (Real Audio);
– Rundfunk- und Fernsehübertragungen in Echt-Zeit (Real Audio oder Real Video).

Hierbei handelt es sich im wesentlichen um Fernseh- oder Rundfunksendungen, die über das Internet übertragen werden.

Auch die Inhaber privater Websites sollten aber bei der Hintergrundmusik vorsichtig sein. Der Rahmen der privaten Website kann nach Auffassung der GEMA nicht mit der sonstigen Nutzung von Musik im privaten Bereich verglichen werden. Durch die Einstellung eines Musikstücks in das Internet wird die Musik weltweit verfügbar und für Dritte zugänglich gemacht. Damit handelt es sich um einen eigenen urheberrechtlichen Vorgang, der gegenüber der GEMA vergütungspflichtig ist. Der Betreiber einer privaten Website muß daher das Recht zur Nutzung bei der GEMA erwerben sowie das sog. Herstellungsrecht abklären.

Dies gilt um so mehr für Websites von gewerblichen Unternehmen, da hier ausdrücklich vorgesehen ist, daß diese zu kommerziellen Zwecken verwendet werden. Man könnte insoweit auch einen Vergleich zur Musikhinterlegung bei einer Fernsehsendung ziehen. Die Musikhinterlegung soll die Website für den User attraktiv machen und ihn veranlassen, möglichst lange auf dieser Seite zu bleiben. Damit hat sie eine ähnliche Funktion wie die Hintergrundmusik in einem Radio-Werbespot oder in einem Fernseh-Werbespot. In diesen Konstellationen ist es zur Vermeidung von Ersatzansprüchen zweckmäßig, zunächst mit dem Urheber des ins Auge gefaßten Musikstücks in Kontakt zu treten, damit sichergestellt ist, daß dieser nicht aus urheberpersönlichkeitsrechtlichen Gründen Einwendungen gegen die Verwendung als Hintergrundmusik erhebt. Dann ist in einem weiteren Schritt festzustellen, ob die Wahrnehmung durch einen Wahrnehmungsvertrag abgedeckt ist oder ob mit dem Urheber frei verhandelt werden kann.

Soweit urheberrechtlich geschützte Werke verwendet werden, ohne daß vorher die Rechte erworben worden sind, so drohen nicht nur einstweilige Verfügungen mit Unterlassungsanträgen, sondern zudem auch noch nicht unerhebliche Schadensersatzansprüche. Schon aus diesem Grund sollte die Kontaktaufnahme mit dem Urheber keinesfalls versäumt werden.

§ 10. Leitsätze

Die nachstehende Zusammenstellung umfaßt Leitsätze bedeutsamer Entscheidungen zum Internet- und Wettbewerbsrecht aus der Zeit ab Oktober 2000 bis Oktober 2002.

OLG Celle, Beschluß vom 17. Oktober 2002 – 4 AR 81/02

ZPO §§ 32, 36

Bei Internetverstößen kommt als Gerichtsstand des Begehungsortes gemäß § 32 ZPO wegen des Willkürverbotes in bezug auf Einhaltung des gesetzlichen Richters als Tatort nur der Ort in Betracht, wo sich der Verstoß im konkreten Verhältnis der Prozessparteien tatsächlich auswirkt.

n.v.

OLG Frankfurt am Main, Urteil vom 12. September 2002 – 6 U 128/01

UWG §§ 1, 3; BGB § 826

Einem Drogistenverband stehen weder aus dem Gesichtspunkt der Behinderung noch wegen Irreführungsgefahr Ansprüche gegen den Inhaber der Domain „www.drogerie.de" zu, der unter der Domain ein Internetportal betreiben will. Dies gilt auch dann, wenn der Inhaber der Domain eine Vielzahl generischer Domains hält, ohne entsprechende Internetportale geschaffen zu haben.

MMR 2002, 811

HansOLG Hamburg, Urteil vom 3. Juli 2002 – 5 U 135/01

BRAO § 43b; BORA § 6

Der Satz „Heute stehen Ihnen acht Rechtsanwälte für die optimale Vertretung Ihrer Interessen in den verschiedensten Rechtsgebieten zur Verfügung" auf einer Anwalts-Homepage verstößt nicht gegen §§ 43b BRAO, 6 BORA.

NJW 2002, 3183

SG Münster, Urteil vom 21. Juni 2002 – S 11 KR 79/02 ER

AMG § 43 Abs. 1, § 73 Abs. 2 Nr. 6a, EG Art. 28, EG Art. 30

1. Eine Krankenkasse ist nicht berechtigt, ihren Versicherten die Arzneimittelkosten zu erstatten, die diese über das Internet bei einer Apotheke in einem anderen Mitgliedstaat beziehen, da dies gegen das im Arzneimittelrecht geregelte Verbot des Versandhandels verstößt.
2. Ein Verstoß gegen Gemeinschaftsrecht liegt durch das Versandhandelsverbot nicht vor.

n.v.

HansOLG Hamburg, Urteil vom 13. Juni 2002 – 3 U 168/00

AGBG § 2 Abs. 1; BGB §§ 145, 612 Abs. 2, 632 Abs. 2; UrhG §§ 31, 72, 97

1. Ist für den streitigen Inhalt einer Datei mit AGB kein Beweis angeboten worden, kommt es nicht darauf an, ob die auf elektronischem Wege übermittelte Datei den Empfänger erreicht hat.
2. Enthält ein Internetangebot allgemeine Geschäftsbedingungen, kommt ein Vertrag mit dem Verwender aber nicht bei Nutzung des Online-Dienstes, sondern hiervon unabhängig zustande, ist bei der Einigung ein eindeutiger Hinweis des Verwenders erforderlich, daß die allgemeinen Geschäftsbedingungen einbezogen werden sollen.
3. Eine Nutzungserlaubnis deckt nur die Nutzung durch den Vertragspartner. Welcher Organisationsformen dieser sich bedient, um sein Verlagserzeugnis der Öffentlichkeit zugänglich zu machen, ist in der Regel für den Vertragsinhalt ohne Bedeutung und die Nutzung der Bilder durch ein konzerneigenes Unternehmen von der Erlaubnis gedeckt.
4. Zur Lizenzhöhe für die Internetnutzung von Lichtbildern, die zur Veröffentlichung in einer Zeitschrift überlassen worden sind.

ZUM 2002, 833

HansOLG Hamburg, Urteil vom 5. Juni 2002 – 5 U 74/01

UWG § 1, StGB §§ 284 Abs. 1, 287 Abs. 1; TDG §§ 3 Nr. 1, 4 Abs. 2

1. Die Werbung eines deutschen Unternehmens auf seiner Internet-Homepage für die Veranstaltung eines in Deutschland nicht zugelassenen Internet-Glücksspiels durch ein englisches Unternehmen stellt sich als Verstoß gegen die §§ 284 Abs. 1, 287 Abs. 1 StGB als wertbe-

§ *10. Leitsätze*

zogene Schutzgesetze und damit als sittenwidrigen Wettbewerbsverstoß gemäß 1 UWG dar.
2. Das die Werbung schaltende deutsche Unternehmen ist kein „Dienstanbieter" i. S. v. § 3 Nr. 1 TDG n. F. Die rechtliche Beurteilung der Wettbewerbswidrigkeit und die Inanspruchnahme nach den Grundsätzen der Störerhaftung richtet sich in derartigen Fällen nicht nach § 4 Abs. 2 TDG n. F., sondern unterliegt dem nationalen deutschen Recht, das sich an dem Marktortprinzip orientiert.
3. Für das in der Schaltung eines Werbebanners liegende mittelbare Anbieten eines Teledienstes findet das TDG n. F. ebenfalls keine Anwendung. Insoweit gilt – wie bei Hyperlinks – die Ausnahmeregelung nach Kapitel IV Art 23 Abs. 2 Satz 1 der RL 2000/31/EG.

ITRB 2002, 288 = CR 2003, 56

AG Stuttgart, Urteil vom 4. Juni 2002 – 1 C 2871/02

BRAO § 43b; BORA §§ 6 Abs. 2, 7; UWG §§ 1, 3

Einem Rechtsanwalt ist es erlaubt, auf seiner Homepage Beratungsschwerpunkte zu benennen, ohne diese nach Tätigkeits- und Interessenschwerpunkten zu unterscheiden.

NJW 2002, 2572 = MMR 2002, 766

OLG Köln, Urteil vom 28. Mai 2002 – 15 U 221/01

TDG § 5; BGB § 1004 Abs. 1

„Eigene" Inhalte im Sinne von § 5 TDG sind nicht ausschließlich diejenigen, die von dem Provider herrühren, die er selbst verfasst hat und deren Schöpfer bzw. Urheber er ist, sondern darüber hinaus auch fremd erstellte Inhalte, die der Dienstanbieter sich zu eigen macht, die er so übernimmt, daß er aus der Sicht eines objektiven Nutzers für sie Verantwortung tragen will. Dazu bedarf es wertender Betrachtung aller Umstände des Einzelfalles. Ein von Nutzern eingestellter Beitrag in Gestalt obszöner Fotomontagen kann daher eigener Inhalt des Seitenbetreibers sein, der künftig zu unterlassen ist.

MMR 2002, 548 = CR 2002, 678 = TMR 2002, 393 = NJW-RR 2002, 1700

§ 10. Leitsätze

OLG München, Urteil vom 17. Mai 2002 – 21 U 5569/01

BGB §§ 823 Abs. 1, 1004 Abs. 1 S. 2; MDStV §§ 5 Abs. 2, 5 Abs. 4; TDG §§ 5 Abs. 2, 5 Abs. 4

1. Wird gegen eine Veröffentlichung im Internet ein Unterlassungsanspruch geltend gemacht, so gilt, wenn das TDG anwendbar ist, dessen Fassung bis zum Dezember 2001, wenn der Eingriff in das Recht am eingerichteten und ausgeübten Gewerbebetrieb vor In-Kraft-Treten der Neuregelung abgeschlossen war.
2. Zur Frage des Aussagegehalts einer schlagzeilenmäßig aufgemachten Äußerung in einem Meinungsforum, deren Inhalt erst durch Aufsuchen weiterer Seiten erschlossen wird.
3. Ein Disclaimer kann die Haftung nach Deliktsrecht für Äußerungen im Internet nicht ausschließen. Er kann allenfalls als Distanzierung verstanden werden.
4. Die Erfüllung des Anspruchs aus TDG § 5 Abs. 4 in der Fassung vom 22. Juli 1997 auf Entfernung eines Inhalts beseitigt die Wiederholungsgefahr grundsätzlich nicht.

NJW 2002, 2398 = ZUM-RD 2002, 357 = MMR 2002, 611 = K & R 2002, 550

OLG Karlsruhe, Urteil vom 8. Mai 2002 – 6 U 197/01

TDG § 5

1. Zur Bestimmtheit des Unterlassungsantrags bei mehreren Störern.
2. Der Access-Provider haftet für eine Verletzung der Wettbewerbsordnung (hier durch unzulässige Versendung von Fax-Werbung via Internet) durch seine Kunden grundsätzlich nicht.

WRP 2002, 1090 = MMR 2002, 613

HansOLG Hamburg, Urteil vom 3. Mai 2002 – 3 U 355/01

HWG §§ 4 Abs. 1, 4 Abs. 5; UWG § 1

1. Wird im Internet gegenüber Fachkreisen für ein Arzneimittel geworben, müssen die gemäß § 4 Abs. 1 HWG erforderlichen Pflichtangaben in unmittelbarem und engem Zusammenhang mit dieser Werbung stehen. An der erforderlichen engen Verbindung fehlt es, wenn der Adressat der Werbung drei Zwischenschritte (Anklicken) benötigt, um die Pflichtangaben für das einzelne Arzneimittel einsehen zu können.

§ 10. Leitsätze

2. Allein der Umstand, daß eine Arzneimittelwerbung im Internet verbreitet wird, führt nicht dazu, daß es sich bei dieser Werbung um eine audio-visuelle Werbung im Sinne von § 4 Abs. 5 HWG handelt.

n. v.

HansOLG Hamburg, Urteil vom 2. Mai 2002 – 3 U 303/01

UWG § 3

Bei Verwendung der Domain-Adresse www.rechtsanwalt.com geht zumindest ein Teil der Internetnutzer davon aus, daß die darüber abrufbare Homepage von einem Rechtsanwalt bzw. einer Rechtsanwaltsgesellschaft oder einer entsprechenden Berufs- bzw. Standesvertretung stammt, d. h. daß die Homepage maßgeblich von einem oder mehreren Rechtsanwälten gestaltet und verantwortet wird. Ist dies tatsächlich nicht der Fall, liegt eine Irreführung im Sinne von § 3 UWG vor.

NJW-RR 2002, 1582 = K & R 2002, 610

LG Berlin, Urteil vom 26. April 2002 –16 O 264/02

HWG § 10 Abs.1

Nimmt ein Arzt in seine Internethomepage den Hinweis auf eine „Unterstützung mit ... Botulinustoxin (Botox)" auf, so liegt darin eine verbotene Werbung für ein verschreibungspflichtiges Arzneimittel (hier: Botox).

WRP 2002, 860

BGH, Urteil vom 11. April 2002 – I ZR 317/99 (www.vossius.de)

MarkenG § 5 Abs. 2, MarkenG § 15 Abs. 2, BRAO § 43a Abs. 2

1. Ist ein Namensträger nach dem Recht der Gleichnamigen verpflichtet, seinen Namen im geschäftlichen Verkehr nur mit einem unterscheidenden Zusatz zu verwenden, folgt daraus nicht zwingend das Verbot, den Namen als Internet-Adresse zu verwenden. Vielmehr kann eine mögliche Verwechslungsgefahr auch auf andere Weise ausgeräumt werden. So kann der Internetnutzer auf der ersten sich öffnenden Seite darüber aufgeklärt werden, daß es sich nicht um die Homepage des anderen Namensträgers handelt, zweckmäßigerweise verbunden mit einem Querverweis auf diese Homepage.

2. Kann der Inhaber eines Unternehmenskennzeichens einem Dritten die Verwendung dieses Zeichens als Domain-Name im geschäftlichen Verkehr verbieten, kommt ein auf Löschung der Registrierung gerichteter Beseitigungsanspruch nur in Betracht, wenn der Dritte kein berechtigtes Interesse vorweisen kann, diesen Domain-Namen außerhalb des sachlichen oder räumlichen Wirkungsfelds des kennzeichenrechtlichen Anspruchs – etwa für private Zwecke oder für ein Unternehmen in einer anderen Branche – zu verwenden.

3. Ein Rechtsanwalt, der durch die Bezeichnung seiner Kanzlei die Rechte eines Wettbewerbers verletzt hat, ist im Hinblick auf die ihn treffende Verschwiegenheitspflicht grundsätzlich nicht verpflichtet, im Rahmen einer der Schadensberechnung dienenden Auskunft die Namen seiner Mandanten zu offenbaren.

NJW 2002, 2096 = MittPA 2002, 297 = MMR 2002, 456 m. Anm. *Hoeller*

LG Düsseldorf, Urteil vom 27. März 2002 – 12 O 48/02

UWG §§ 1, 3

Wenn ein Online-Shop, der Roben für Justizangehörige vertreibt, auf seiner Homepage sachfremde Metatags verwendet, deren „keywords" Begriffe wie z.B. Repetitorium, StVO, NJW, Uni, Urteil, BRAGO und Leitsatzkartei enthalten, liegt eine sittenwidrige Wettbewerbshandlung i.S. v. § 1 UWG unter dem Aspekt der unzumutbaren Belästigung, des übertriebenen Anlockens und des gezielten Abfangens von Kunden sowie eine irreführende Werbung i.S. v. § 3 UWG durch Täuschung der angesprochenen Verkehrskreise über die bereitgehaltenen Inhalte vor.

K & R 2002, 380 = CR 2002, 610 = MMR 2002, 557 = ITRB 2002, 153 = CR 2002, 548

OLG Karlsruhe, Urteil vom 27. März 2002 – 6 U 200/01

FernAbsG §§ 2 Abs. 2 Nr. 1, 2 Abs. 2 Nr. 2. 2, 2 Abs. 2 Nr. 8, 3 Abs. 2 Nr. 4; BGB §§ 312c Abs. 1 S. 1 Nr. 1, 312d Abs. 4 Nr. 4; BGB-InfoV; UWG § 1

1. Im Rahmen eines Fernabsatzgeschäftes im Internet (hier: Angebot der Vermittlung von Lottowetten) entspricht der Unternehmer seiner Pflicht zur klaren und unmißverständlichen Angabe seiner Identität und seiner Anschrift nicht bereits dadurch, daß er den Verbraucher in die Lage versetzt, sich diese Informationen zu verschaffen. Es reicht daher nicht aus, daß sich der Verbaucher über einen Link „Kontakt" und dort unter der Überschrift „Impressum" zu den Informationen „weiterklicken" kann.

2. Wenn die durch ein Fernabsatzgeschäft angebotene Dienstleistung in der Weiterleitung eines Lottotipps an eine Lottogesellschaft besteht, sind die notwendigen Informationen über die wesentlichen Merkmale der Dienstleistung (§ 2 Abs. 2 Nr. 2 FernAbsG) nur dann erbracht, wenn der Anbieter klar und unmißverständlich darauf hinweist, daß er nicht selbst Partner der Wette mit dem Verbraucher ist, sondern nur als Beauftragter des Kunden dessen Angebot („Tippschein") gegen Entgelt der Lottogesellschaft unterbreitet, und dabei nicht dafür einsteht, daß der Vertrag zustande kommt.
3. Bei der Geschäftsbesorgung durch Weiterleitung eines „Lottotipps" an eine Lottogesellschaft handelt es sich nicht um einen Vertrag zur Erbringung von Wett- oder Lotteriedienstleistungen. Der Anbieter muß den Verbraucher daher bei dem Fernabsatzgeschäft über sein Widerrufsrecht belehren.

WRP 2002, 849 = GRUR 2002, 730 = MMR 2002, 618 = NJW-RR 2002, 1127

Brandenburgisches OLG, Urteil vom 27. März 2002 – 6 U 150/01

UWG §§ 1, 3, 13 Abs. 1 Nr. 1, 24 Abs. 2 S. 1, 24 Abs. 2 S. 2

Zwischen eher kleineren Rechtsanwaltskanzleien in Berlin und in Heilbronn besteht kein konkretes Wettbewerbsverhältnis. Dies gilt auch im Hinblick auf eine (von der Heilbronner Kanzlei) auf einer Internet-Homepage angebotene Rechtsberatung. Es dürfte so gut wie nie vorkommen, daß sich ein potentieller Mandant der Berliner Kanzlei ausgerechnet durch die Heilbronner Kanzlei „online" beraten läßt. Für wettbewerbsrechtliche Unterlassungsansprüche ist daher ein Gerichtsstand des Begehungsortes (hier) bei dem Landgericht Potsdam nicht begründet.

MMR 2002, 463

HansOLG Hamburg, Urteil vom 21. März 2002 – 3 U 295/01

UWG § 3

Die Angabe, eine Marke sei „die kommende Weltmarke", ist irreführend, wenn keine Anstalten getroffen sind, die mit einer gewissen Wahrscheinlichkeit erwarten lassen, daß die Marke in absehbarer Zeit weltweit bekannt wird.

GRUR-RR 2002, 263 = GRUR 2002, 1094

OLG München, Urteil vom 15. März 2002 – 21 U 1914/02

PresseG BY Art. 10, ZPO § 415

1. Verfassungsschutzberichte sind nicht öffentliche Urkunden i. S. von § 415 ZPO und begründen daher nicht eine offensichtliche Unwahrheit der Gegendarstellung.
2. Der Setzer eines Hyperlinks übernimmt eine Art „Internet-Verkehrssicherungspflicht", weil er bewußt das Risiko eingeht, daß die Verweisungsseite später geändert wird.
3. Der Äußerung, ein Dachverband habe einen Aufruf veröffentlicht, kann mit einer Gegendarstellung entgegengetreten werden, wenn sich der Aufruf (nur) aus einem in oder von einem Ortsverband gesetzten Link ergibt.
4. Die in erster Instanz vorgelegte Ermächtigung des Gerichts, einen selbständigen Punkt der Gegendarstellung zu streichen, gilt auch für das Berufungsgericht, wenn sie nicht ausdrücklich auf die erste Instanz beschränkt ist.

NJW-RR 2002, 1048 = ZUM-RD 2002, 360 = MMR 2002, 625

OLG Frankfurt, Urteil vom 7. März 2002 – 6 U 43/01

HWG §§ 11 Nr. 11, 11 Nr. 13, 12 Abs. 1; UWG § 1, EWGRL 28/92

1. Die Richtlinie 92/28/EWG legt lediglich einen Mindeststandard für das Verbot bestimmter Formen der Öffentlichkeitswerbung für Arzneimittel fest, durch den die Bundesrepublik nicht gehindert ist, bereits bestehende, im Heilmittelwerbegesetz normierte weitergehende Werbebeschränkungen auf diesem Gebiet beizubehalten. Die Richtlinie 92/28/EWG führt keine abschließende Vollharmonisierung herbei, sondern harmonisiert lediglich den Mindeststandard der Werbebeschränkungen für Arzneimittel (Festhaltung OLG Frankfurt, 6. Februar 1995 – 6 U 191/94, NJW-RR 1996, 750; entgegen KG Berlin, 31. Oktober 1994 – 25 U 5213/94, GRUR 1995, 684).
2. Dem Vertreiber eines als Arzneimittel registrierten Ginseng-Präparates ist es daher zu untersagen:
a) in Werbeschreiben und auf einer Internet-Homepage mit einer „Auswertung Konsumentenbefragung" zu werben, in der Kunden (gestaffelt nach Altersgruppen) ihre Erfahrungen mit dem Präparat und ihren Zufriedenheitsgrad angegeben haben; eine solche Werbung verstößt gegen § 11 Nr. 11 HWG;
b) in der Werbung für das Arzneimittel eine Auslosung einer Packung „Ginseng-Extrapulver" anzukündigen; eine solche Werbung verstößt gegen § 11 Nr. 13 HWG;

c) in der Werbung für das Präparat mit der Aussage zu werben: „Die Chinesen glauben, daß ... Krebs bekämpfen kann, den Alterungsprozeß verlangsamt, vor Herzinfarkt und vielen Zivilisationskrankheiten schützt; eine solche Werbung verstößt gegen § 12 Abs. 1 HWG, denn sie bezieht sich auf die Verhütung und Linderung von Krankheiten entsprechend der Katalogliste zu § 12 HWG.

WRP 2002, 730 = PharmaR 2002, 222 = GRUR Int. 2002, 931 = GRUR-RR 2002, 363

OLG Stuttgart, Urteil vom 21. Februar 2002 – 2 U 150/01

MarkenG §§ 5, 15; BGB § 12; UWG §§ 1, 3

1. Die Bezeichnung „Herstellerkatalog" ist als Firmenbestandteil für ein Unternehmen, das einen Katalog vertreibt, in dem verschiedene Unternehmen ihre Produkte anbieten, nicht unterscheidungskräftig.
2. Die Verwendung des Begriffs „Herstellerkatalog" als Domain-Name ist ohne Hinzutreten besonderer Unlauterkeitskriterien nicht wettbewerbswidrig.

MMR 2002, 754

HansOLG Hamburg, Urteil vom 4. Februar 2002 – 3 W 8/02

MarkenG §§ 14, 15 Abs. 2, 15 Abs. 4

Bei Verwendung einer einen Firmennamen prägenden Bezeichnung unter Hinzufügung lediglich einer anderen Top-Level-Domain besteht angesichts vorhandener Branchenidentität Verwechslungsgefahr. Um diese zu vermeiden, ist die Ergänzung um einen unterscheidungskräftigen Zusatz erforderlich.

CR 2002, 446 = MMR 2002, 626

OLG Koblenz, Urteil vom 25. Januar 2002 – 8 U 1842/00

BGB § 12

Eine Gemeinde ohne überragende überregionale Bedeutung bzw. Bekanntheit (hier: Kleinstadt „Vallendar") hat keinen Anspruch gegen einen Gleichnamigen (hier: den Inhaber einer Firma „Vallendar Brennereitechnik GmbH", eines bekannten Herstellerunternehmens für Edelbrände), der sich seinen (Nach-)Namen als Domain-Namen (hier: „vallendar.de") hat bei der DENIC eG registrieren lassen, auf Löschung der Domain.

MMR 2002, 466 m. Anm. *Ernst* = VR 2002, 283 m. Anm. *Hantke*

§ 10. Leitsätze

OLG Düsseldorf, Urteil vom 15. Januar 2002 – 20 U 76/01

BGB § 12

1. Wenn ein Städtename in der Domainbezeichnung eines privaten, kommerziellen Anbieters verwendet wird, ist nicht grundsätzlich von einer Namensrechtverletzung der entsprechenden Gebietskörperschaft auszugehen.
2. Eine Zuordnungsverwirrung ist bei Domainbezeichnungen, die den Städtenamen unter Hinzufügung eines erklärenden Zusatzes aufweisen, nicht zu befürchten. Der angesprochene Verkehr weiß, daß auch Dritte, die einen bestimmten Bezug zu dem betreffenden Gebiet haben, ein berechtigtes Interesse besitzen, diesen Bezug nach außen zum Ausdruck zu bringen. Ein „Monopol" in dem Sinne, daß nur mit ihrer Zustimmung Dritte die Gebietsbezeichnung nutzen dürfen, besitzen Gebietskörperschaften weder allgemein noch im Zusammenhang mit dem Internet.
3. Eine derartige Bezugnahme wird auch nicht als Ausbeutung des Rufs der Gebietskörperschaft angesehen, da dem Verkehr bekannt ist, daß Gebietskörperschaften für ihren Internet-Auftritt als Domain lediglich ihren Namen, gegebenenfalls ergänzt um Zusätze wie Gemeinde oder Stadt nutzen und vor einer Autorisierung anderer Domainnamen und Inhalte nicht auszugehen ist.

GRUR-RR 2003, 25 = CR 2002, 447 = WRP 2002, 1085

OLG München, Urteil vom 10. Januar 2002 – 6 U 3512/01

BGB § 12

Die Reservierung einer Domain mit der Bezeichnung „duck.de" eröffnet mangels beschreibenden Inhalts kein Informationsportal über die Ente als Tier und Nahrungsmittel, sondern verletzt eine natürliche Person mit diesem Familiennamen in ihrem Namensrecht.

MMR 2002, 627

HansOLG Hamburg, Urteil vom 28. November 2001 – 5 U 111/01

UWG § 1; ZugabeVO §§ 1ff.; RabattG § 1

Die Versendung von Einkaufsgutscheinen über DM 30 an 1,5 Mio Gewerbetreibende durch einen Internet-Versandhandel für Büroartikel verstößt auch nach der Aufhebung der ZugabeVO und des RabattG gegen UWG § 1.

GRUR-RR 2002, 203 = CR 2002, 370 = ITRB 2002, 128 (*Hentschel*)

BGH, Urteil vom 22. November 2001 – I ZR 138/99 – www.shell.de

MarkenG §§ 14 Abs. 2 Nr. 3, 15 Abs. 3; BGB § 12

1. Der kennzeichenrechtliche Schutz aus §§ 5, 15 MarkenG geht in seinem Anwendungsbereich grundsätzlich dem Namensschutz aus § 12 BGB vor.
2. Schon die Registrierung, nicht erst die Benutzung eines fremden Unternehmenskennzeichens als Domain-Name im nichtgeschäftlichen Verkehr, stellt einen unbefugten Namensgebrauch nach § 12 BGB dar.
3. Verwendet ein Nichtberechtigter ein bekanntes Kennzeichen als Domain-Namen im geschäftlichen Verkehr, liegt darin eine Beeinträchtigung der Kennzeichnungskraft des bekannten Zeichens nach § 14 Abs. 2 Nr. 3 bzw. § 15 Abs. 3 MarkenG.
4. Kommen mehrere berechtigte Namensträger für einen Domain-Namen in Betracht, führt die in Fällen der Gleichnamigkeit gebotene Abwägung der sich gegenüberstehenden Interessen im allgemeinen dazu, daß es mit der Priorität der Registrierung sein Bewenden hat. Nur wenn einer der beiden Namensträger eine überragende Bekanntheit genießt und der Verkehr seinen Internet-Auftritt unter diesem Namen erwartet, der Inhaber des Domain-Namens dagegen kein besonderes Interesse gerade an dieser Internet-Adresse dartun kann, kann der Inhaber des Domain-Namens verpflichtet sein, seinem Namen in der Internet-Adresse einen unterscheidenden Zusatz beizufügen.
5. Dem Berechtigten steht gegenüber dem nichtberechtigten Inhaber eines Domain-Namens kein Anspruch auf Überschreibung, sondern nur ein Anspruch auf Löschung des Domain-Namens zu.

NJW 2002, 2031 = WRP 2002, 694 = JurPC Web-Dok. 139/2002 = BB 2002, 1137

OLG Nürnberg, Urteil vom 6. November 2001 – 3 U 2393/01

UWG § 3; StBerG § 4 Nr. 11

Eine als Domain-Name gewählte rein beschreibende Unternehmensbezeichnung darf nicht irreführend sein, weil sie andernfalls gegen UWG § 3 verstößt. Der Domain-Name „Steuererklärung" ist irreführend, wenn der Inhaber der Domain als Lohnsteuerhilfeverein nur eine eingeschränkte Beratungsbefugnis besitzt. Durch den Hinweis auf die beschränkte Beratungsbefugnis auf der Homepage wird die Irreführungsgefahr nicht beseitigt.

WRP 2002, 343f. = K & R 2002, 155f. = MDR 2002, 406

HansOLG Hamburg, Beschluß vom 25. Oktober 2001 – 3 U 8/01

UWG § 3

Die Angabe „Europas unbegrenzter Karrieremarkt aus dem Internet" für eine Zeitschrift betreffend Stellenanzeigen ist irreführend. Man erwartet eine erhebliche Anzahl auch von Stellenanzeigen von europäischen Unternehmen außerhalb Deutschlands. Die Werbeangabe erschöpft sich nicht in der Anspielung auf das „grenzenlose Internet", denn sie bezieht sich gerade auf das Leistungsangebot der Zeitung. Dem steht nicht entgegen, dass der Titel der beworbenen Zeitschrift einer Internet-Domain nachgebildet ist (hier: „jobpilot.de").

MMR 2002, 480 = K & R 2002, 378

HansOLG Hamburg, Urteil vom 4. Oktober 2001 – 3 U 29/00

UWG § 3

1. Es ist irreführend, für einen Online-Dienst eine Spitzenstellung in Europa zu beanspruchen, wenn diese Spitzenstellung nur für die Kundenzahl (mag diese auch ausdrücklich genannt werden), nicht jedoch für alle Eigenschaften zutrifft, die der Verkehr einem europäischen Online-Dienst zuschreibt.
2. Das gilt auch, wenn der Online-Dienst dabei als „Provider" bezeichnet wird, weil der Verkehr diese Angabe ohne klarstellende Erläuterung nicht nur auf die Anzahl der Anschlüsse zum Internet bezieht, die der Online-Dienst ermöglicht.

GRUR-RR 2002, 73 ff. = OLGR Hamburg 2002, 51 ff.

LG Karlsruhe, Urteil vom 27. September 2001 – 14 O 142/01 KfH III

UWG § 1; HWG § 10

Auch nach Marktrücknahme des cholesterinsenkenden Mittels „Lipobay" der Firma Bayer darf ein konkurrierender Pharmahersteller für sein, ebenfalls cholesterinsenkendes, Präparat im Internet nicht mit dem Hinweis werben, sein verschreibungspflichtiges Medikament könne man „weiterhin problemlos einnehmen". Darin liegt ein Verstoß gegen das Verbot, für verschreibungspflichtige Arzneien außerhalb von Fachkreisen zu werben. Der Werbende kann sich zur Rechtfertigung seiner Werbung nicht mit Erfolg darauf berufen, die Patienten seien nach der Marktrücknahme von „Lipobay" unsicher geworden.

MedR 2002, 27 (Ls.)

§ 10. Leitsätze 393

OLG München, Urteil vom 20. September 2001 – 29 U 5906/00

UWG § 1; MarkenG § 127 Abs. 3

Ein Ausschließlichkeitsrecht eines Verbandes von Champagner-Herstellern an der Bezeichnung „Champagner" oder ein ausschließliches Recht, unter Benutzung dieser Bezeichnung Werbung für Champagner zu betreiben, ist unter Berufung auf die Erforderlichkeit des Schutzes der berühmten Herkunftsbezeichnung „Champagner" nicht begründbar. Innerhalb der Grenzen der gesetzlichen Vorschriften ist jedermann berechtigt, den Vertrieb von und die Werbung für Champagner zum Gegenstand seiner beruflichen Tätigkeit zu machen und dabei den Begriff „Champagner" zu benutzen. Ein Unterlassungsanspruch aus UWG § 1 gegen die Internet-Domain „champagner.de" ist daher nicht begründet.

GRUR-RR 2002, 17 ff. = MMR 2002, 115 ff.

OLG Karlsruhe, Urteil vom 12. September 2001 – 6 U 13/01
– www.dino.de

MarkenG § 14; UWG § 1

1. Die bloße Registrierung einer Domain ohne Bezug zu einem Produkt oder Gewerbe zum alleinigen Zweck der Freihaltung der Domain für einen Internetauftritt eines Kunden stellt noch keine kennzeichenrechtliche Benutzung dar. Da die Internet-Domain als solche nicht als das verwechslungsfähige Produkt angesehen werden kann, fehlt es an einer markenrechtlich relevanten Produktkollision.

2. Eine sittenwidrige Behinderung ist in einem solchen Falle nur dann gegeben, wenn die Reservierung des Domain-Namens ausschließlich in der Absicht erfolgt, die Domain für einen Konkurrenten zu „sperren".

MMR 2002, 118 f. = GRUR-RR 2002, 138 f.

LG Frankfurt, Urteil vom 5. September 2001 – 3/12 O 107/01

UWG § 1; HWG § 8 Abs. 1; AMG § 43 Abs. 1; TDG § 5 Abs. 4

1. Der Anbieter einer Suchmaschine im Internet kann nicht als Mitstörer wettbewerbsrechtlich deshalb in Anspruch genommen werden, weil er einem werbenden Inhaber einer Website (hier: der niederländischen Internetapotheke „DocMorris") bzw. einem in dessen Auftrag handelnden Dritten (hier: einem Online-Marketingunternehmen) mit seiner Suchmaschine ein „Vehikel" zur Verfügung stellt, mit dem wettbe-

werbswidrige Inhalte an Interessenten vermittelt werden können (hier: Mitwirkung an der unzulässigen Werbung für den Versandhandel mit Arzneimitteln bei Verlinkung eines Arzneimittelnamens als Suchbegriff mit der Webseite der Internetapotheke, sog. Index-Spamming).
2. Die gelinkten Inhalte bei einer Suchmaschine sind fremde Inhalte. Ein Zu-Eigen-Machen liegt dem Suchmaschinenbetreiber/Suchmaschinenanbieter fern; er „identifiziert" sich nicht mit den fremden Inhalten. Die gefundenen Informationen stammen nicht von der Suchmaschine, sondern machen nichts anderes, als nach von Dritten vorgegebenen Schlüsselwörtern Websites aufzufinden. Diese Tätigkeit des Suchmaschinenbetreibers bewegt sich auf einer rein faktischen Ebene, ohne jegliche rechtliche Bindung zu dem Inhaber der Website/Dritten (hier: dessen Marketing-Unternehmen), weshalb es nicht nur an dem Kriterium der willentlichen Mitwirkung an dessen Wettbewerbsverstoß fehlt, sondern auch an der rechtlichen Möglichkeit die Handlung des Inhabers der Website/Dritten zu verhindern. Beide Kriterien sind aber zur Begründung der Mitstörereigenschaft erforderlich.

GRUR-RR 2002, 83 ff. = NJW-RR 2002, 545 ff.

OLG Zweibrücken, Urteil vom 30. August 2001 − 4 U 140/00

MarkenG § 14 Abs. 2; § 15 Abs. 2; UWG § 1, § 3

Wer es nur geschehen lässt und nicht für sich ausnutzt, daß Internet-Suchmaschinenbetreiber eine fehlerhafte Verknüpfung der Domain-Adresse eines Konkurrenten mit der eigenen Webseite herstellen, ist kein Störer im Sinne des Marken- oder Wettbewerbsrechts.

OLGR Zweibrücken 2002, 16 ff.

OLG Celle, Urteil vom 23. August 2001 − 13 U 152/01

UWG § 1; BRAO § 43b; BORA § 6

Die Internet-Domain eines Rechtsanwalts „recht-freundlich.de" ist keine Werbung im Sinne der BRAO und der Berufsordnung für Rechtsanwälte.

NJW 2001, 3133 = MMR 2001, 811

LG Hannover, Urteil vom 26. Juli 2001 – 21 O 3807/01

UWG § 1

Die Werbung per E-Mail gegenüber Personen, deren Einverständnis weder ausdrücklich vorliegt, noch vermutet werden kann, stellt einen Verstoß gegen UWG § 1 dar, auch wenn Absender und Intention unzweifelhaft erkennbar sind.

WRP 2001, 1254

LG Stuttgart, Urteil vom 20. Juli 2001 – 1 KfH O 101/01

UWG § 1

Ist an einer Nudelpackung ein Leporello mit einem Gewinnspiel fest angeklebt, auf dem alternativ zur Teilnahmemöglichkeit per Warenkauf die Anforderung von Teilnahmeunterlagen per Post oder die Teilnahme via Internet mit einer Internetadresse beworben wird, ist dies unzulässig. Die Teilnahmemöglichkeit via Internet genügt nicht, um den Vorwurf der unzulässigen Koppelung des Warenabsatzes mit dem Gewinnspiel zu beseitigen.

WRP 2001, 1254 (Ls.)

OLG Frankfurt, Urteil vom 12. Juli 2001 – 6 U 38/01

UWG § 1; PAngV § 1 Abs. 1, 5

1. Wird im Internet für ein „flat"-Angebot mit Preisbestandteilen unter der Überschrift geworben: „Rund um die Uhr für null Pfennig surfen", verstößt diese Werbung gegen UWG § 1 i.V.m. PAngV § 1 Abs. 1, Abs. 5, sofern der monatliche Grundpreis nicht genannt wird.
2. Das Setzen eines Links „Details", der nicht erkennen läßt, daß er zu einer Angabe über die monatliche Grundgebühr (auf einer anderen Webseite) führt, vermag nicht wie ein „Sternchen"-Hinweis der Werbung die Preisbestandteile eindeutig zuzuordnen (Abgrenzung zu BGH, WRP 1999, 90).

MMR 2001, 747ff. = NJW-RR 2001, 1696ff. = GRUR-RR 2002, 113ff.

HansOLG Hamburg, Urteil vom 5. Juli 2001 – 3 U 35/01

UWG § 1

Wird in der Anzeige für eine Online-Versteigerung mit einem Mindestgebot für ein hochwertiges Markenprodukt (hier: Fernsehgerät mit Rack, UVPE 4.598 DM; Mindestgebot ab 1 DM) geworben, so kann das im Einzelfall wegen übertriebenen Anlockens und Imagebeeinträchtigung unlauter sein.

MMR 2001, 748f. = GRUR-RR 2002, 39f. = NJW-RR 2002, 254f. = NJW 2002, 1056 (Ls.)

LG Potsdam, Urteil vom 4. Juli 2001 – 52 O 11/01

UWG § 24 Abs. 1 Satz 1; ZPO § 32

Ein örtlicher Gerichtsstand des Begehungsorts ist nur dort gegeben, wo sich der behauptete Wettbewerbsverstoß in dem konkreten Verhältnis der Prozessparteien tatsächlich auswirkt. Eine davon abweichende Interpretation des „fliegenden Gerichtsstands" bei im Internet begangenen Wettbewerbsverstößen stellt eine willkürliche Gerichtsstandswahl frei, die der ZPO fremd ist. Aus dem Willkürverbot folgt das fehlende Rechtsschutzinteresse für eine beliebige, nicht durch konkrete, nachprüfbare Anhaltspunkte belegte Gerichtsstandswahl des Verletzten einer Internetwerbung.

MMR 2001, 833f.

OLG Köln, Urteil vom 29. Juni 2001 – 6 U 207/00

MarkenG § 5 Abs. 2, § 15 Abs. 2, 4; UWG § 1

1. Dem Bestandteil „Printer-Store" in einer Firma, die im EDV-Bereich tätig ist und insbesondere mit Druckern und Druckerzubehör handelt sowie insoweit Dienstleistungen erbringt, kommt eine originäre namensmäßige Unterscheidungskraft nicht zu. Aus seiner Verwendung in der Internet-Domain „www.printerstore.de" lassen sich daher bei Fehlen einer Verkehrsgeltung keine unternehmensrechtlichen Ansprüche herleiten.
2. Die Verwendung von Gattungsbegriffen als Internetadresse ist wettbewerbsrechtlich nicht zu beanstanden, sofern nicht besondere Unlauterkeitsmomente hinzukommen oder der Verkehr in die Irre geführt wird (Anschluß an BGH, NJW 2001, 3262 – mitwohnzentrale.de).

GRUR-RR 2001, 266f. = MMR 2002, 125f.

OLG Köln, Urteil vom 1. Juni 2001 – 6 U 204/00

UWG § 1

Ein Powershopping-System in der konkreten Ausgestaltung, daß Waren den Kaufinteressenten zeitlich begrenzt in bestimmten Preisgruppen angeboten werden und bei dem die Preisstufen vor Ablauf der ursprünglich vorgesehenen Laufzeit geschlossen werden, wenn die vorgesehene Teilnehmerzahl erreicht ist, ist wettbewerblich unlauter, weil es die Teilnehmer durch das an bestimmte Kundenzahlen gebundene Versprechen ganz erheblicher Preisnachlässe (von bis zu 50%) und die Eröffnung der Möglichkeit, auf die Höhe des Preises unter spekulativen Gesichtspunkten Einfluß zu nehmen, in nicht unerheblichem Maße davon abhält, ihre Kaufentscheidung allein nach der Preiswürdigkeit der Ware zu treffen. Dieses Vertriebssystem ist darauf abgestellt, die Spiellust der Kunden anzuregen. Diese laufen Gefahr, ein verbindliches Kaufangebot nicht deswegen abzugeben, weil sie die betreffende Ware gerade zu dem betreffenden Preis erwerben wollen, sondern weil sie sich von dem spekulativen Aspekt in den Bann ziehen lassen, ob ein besonders günstiger Preis noch erreicht werden kann.

MMR 2001, 523 ff. = GRUR-RR 2002, 40 ff.

OLG Frankfurt, Urteil vom 31. Mai 2001 – 6 U 240/00 – Doc Morris

UWG § 1; HWG § 8 Abs. 1, 2; AMG § 43 Abs. 1

1. Eine niederländische Apotheke verstößt mit ihrem über Internet verbreiteten Angebot, in Deutschland nicht zugelassene Arzneimittel nach Deutschland zu liefern, gegen das Verbot des § 8 Abs. 2 HWG, für den Bezug bestimmter Arzneimittel im Wege der Einzeleinfuhr zu werben.
2. Eine niederländische Apotheke verstößt mit Angebot und Verkauf in Deutschland zugelassener Arzneimittel im Wege des Versands gegen § 43 Abs. 1 AMG, § 8 Abs. 1 HWG.
3. Die Werbeverbote des § 8 HWG und das Versandhandelsverbot des § 43 AMG sind – auch insoweit hiervon die Einfuhr aus einem anderen Mitgliedstaat betroffen ist – mit dem europäischen Recht vereinbar.

NJW-RR 2001, 1408 ff. = GRUR-RR 2001, 250 ff. = MMR 2001, 751 ff. = GRUR Int 2001, 771 ff.

§ 10. Leitsätze

OLG Hamm, Urteil vom 31. Mai 2001 – 4 U 27/01

ZPO §§ 935, 940; UWG § 25

Bei der begehrten Einwilligung in die Änderung der Eintragung des Inhabers einer Internet-Domain geht es um einen Anspruch auf endgültige Aufgabe der Reservierung. Ein solcher Anspruch auf Vornahme einer Handlung kann im Eilverfahren nicht geltend gemacht werden, weil damit die vollständige Erfüllung des Hauptsacheanspruchs verbunden wäre, die nicht Aufgabe des summarischen Sicherungsverfahrens ist. Auch fehlt es in der Regel an der Eilbedürftigkeit und damit an einem Verfügungsgrund i.S.d. §§ 935, 940 ZPO.

MMR 2001, 695

KG Berlin, Urteil vom 29. Mai 2001 – 5 U 10150/00

UWG § 1; AMG §§ 43 Abs. 1 Satz 1, 47, § 73 Abs. 2 Nr. 6a;

1. Der Versand apothekenpflichtiger Arzneimittel (außerhalb des AMG § 47) durch einen niederländischen Apotheker, der über das Internet derartige Arzneimittel den Verbrauchern in Deutschland anbietet, ist mit § 43 Abs. 1 Satz 1 AMG unvereinbar und wettbewerbswidrig.
2. Dieser Versandhandel ist auch nicht ausnahmsweise gemäß § 73 Abs. 2 Nr. 6a AMG erlaubt. Ein „Beziehen" von Arzneimitteln im Sinne dieser Vorschrift erfordert einen Kauf der Arzneimittel unter persönlicher Anwesenheit in der EG-ausländischen Apotheke, auch wenn die Ware dann im Versandwege importiert wird.

GRUR-RR 2001, 244 ff. = MMR 2001, 759 ff. = NJW-RR 2002, 113 ff.

LG Hamburg, Urteil vom 22. Mai 2001 – 312 O 145/01

UWG §§ 1, 13 Abs. 2 Nr. 1; RBerG Art. 1 § 1 Satz 1

In der Angabe des Tätigkeitsschwerpunkts „Testamentsvollstreckung" in den Metatags der Homepage eines Steuerberaters liegt das geschäftsmäßige Anbieten der Leistung Testamentsvollstreckung, das mangels Erlaubnis sowohl einen Verstoß gegen Art. 1 § 1 S. 1 RBerG als auch gegen § 1 UWG darstellt (Anschluß an OLG Düsseldorf, ZEV 2000, 458). Rechtsanwälte, die am Geschäftssitz des Steuerberaters ihren Kanzleisitz unterhalten, sind für einen wettbewerblichen Unterlassungsanspruch nach § 13 Abs. 2 Nr. 1 UWG aktivlegitimiert.

MMR 2001, 624 ff.

BGH, Urteil vom 17. Mai 2001 – I ZR 216/99 – www.mitwohnzentrale.de

UWG §§ 1, 3

1. Die Verwendung eines beschreibenden Begriffs als Domain-Name ist nicht generell wettbewerbswidrig.
2. Im Einzelfall kann in der Verwendung eines beschreibenden Begriffs als Domain-Name eine irreführende Alleinstellungsbehauptung liegen.

NJW 2001, 3262 = JurPC Web-Dok. 219/2001 = WRP 2001, 1286 ff. = MMR 2001, 666 m. Anm. *Hoeren*

BGH, Urteil vom 17. Mai 2001 – I 251/99 – www.ambiente.de

MarkenG §§ 4 Nr. 2, 14 Abs. 2 Nr. 3; GWB § 20 Abs. 1

1. Die für die Registrierung von Domain-Namen unter der Top-Level-Domain „.de" zuständige DENIC ist vor der Registrierung grundsätzlich weder unter dem Gesichtspunkt der Störerhaftung noch als Normadressatin des kartellrechtlichen Behinderungsverbots zur Prüfung verpflichtet, ob der angemeldete Domain-Name Rechte Dritter verletzt.
2. Wird die DENIC von einem Dritten darauf hingewiesen, daß ein registrierter Domain-Name seiner Ansicht nach ein ihm zustehendes Kennzeichenrecht verletzt, kommt eine Haftung als Störerin oder eine kartellrechtliche Haftung für die Zukunft nur in Betracht, wenn die Rechtsverletzung offenkundig und für die DENIC ohne weiteres feststellbar ist. Im Regelfall kann die DENIC den Dritten darauf verweisen, eine Klärung im Verhältnis zum Inhaber des umstrittenen Domain-Namens herbeizuführen.

WRP 2001, 1305 ff. = JurPC Web-Dok. 220/2001

KG, Urteil vom 11. Mai 2001 – 5 U 9586/00

UWG §§ 1, 3; GewO § 34b; VerstV

1. Eine als „Internetauktion" bezeichnete Verkaufsaktion stellt keine Versteigerung gemäß § 34b GewO dar. Der Veranstalter der Verkaufsaktion ist daher nicht gehalten, die Vorschriften der VersteigerungsVO einzuhalten.
2. Es ist nicht irreführend im Sinne des § 3 UWG, eine derartige Verkaufsaktion als „Auktion" bzw. „Versteigerung" zu bezeichnen.

NJW 2001, 3272 ff. = MMR 2001, 764 f.

LG Hamburg, Beschluß vom 2. Mai 2001 – 315 O 268/01

FernAbsG § 3; UWG § 1

Wenn ein „Internet-Shop" die gesetzlich vorgeschriebene vorvertragliche Belehrung über das Bestehen eines Widerrufs- bzw. Rückgaberechts unterläßt, verschafft er sich einen unzulässigen Wettbewerbsvorsprung durch Rechtsbruch. Seine Vorgehensweise verstößt damit gegen § 3 FernAbsG i.V.m. § 1 UWG.

WRP 2001, 1254 (Ls.)

LG Berlin, Urteil vom 24. April 2001 – 15 O 391/00

BRAO § 43b; UWG §§ 1, 3, 13 Abs. 5

1. Ein Mißbrauch der Klagebefugnis i.S.d. § 13 UWG Abs. 5 kann erst dann angenommen werden, wenn die Erzielung von Einnahmen (durch Vertragsstrafen) der beherrschende Zweck der Rechtsverfolgung ist, also die Bekämpfung des unlauteren Wettbewerbs nur als Vorwand für eine gewinnbringende Abmahn- und Prozeßtätigkeit dient.
2. Eine Internet-Homepage (hier: eines Rechtsanwalts) als Medium für die berufliche Außendarstellung ist, für sich genommen, eine passive Darstellungsplattform.
3. Wird ein Tätigkeitsschwerpunkt einer Rechtsanwaltskanzlei auf einer Internet-Homepage umgangssprachlich umschrieben (hier: „Die Kanzlei zum Schutz des Privatvermögens"), verstößt dies nicht gegen das Sachlichkeitsgebot des § 1 UWG i.V.m. § 43b BRAO. Auch liegt keine reklamehafte und irreführende Werbung i.S.d. § 3 UWG vor.

NJW-RR 2001, 1643 ff. = MMR 2001, 836 f. = NJW 2002, 227 (Ls.)

LG Hannover, Urteil vom 18. April 2001 – 22 O 1849/01

BRAO § 43b; UWG § 1

Es stellt weder einen Verstoß gegen anwaltliches Standesrecht noch gegen Wettbewerbsrecht dar, wenn eine Anwaltskanzlei für ihren Internet-Auftritt die Internetadresse „recht-freundlich.de" verwendet. Es handelt sich hierbei weder um ein „reklamehaftes Herausstellen" noch um eine unzulässige Qualitätswerbung, noch liegt ein Verstoß gegen das Sachlichkeitsgebot vor.

NJW-RR 2001, 917 ff. = MMR 2001, 630 ff.

OLG Frankfurt, Beschluß vom 17. April 2001 – 6 W 37/01

FernAbsG §2 Abs. 2 Nr. 1, 8; UWG §1

1. Bietet ein Verkäufer unter ausschließlicher Verwendung seiner Internetseite privaten Verbrauchern den Abschluß von Verträgen über die Lieferung von Waren an, muß er rechtzeitig vor Vertragsschluß in einer dem Internet entsprechenden Weise klar und verständlich über seine Identität und Anschrift sowie über das Bestehen eines Widerrufs- und Rückgaberechts informieren. Die Möglichkeit für den Internetnutzer, mit Hilfe entsprechender Links die Anschrift des Verkäufers zu ermitteln oder etwas über das Widerrufsrecht zu erfahren, reicht für eine ordnungsgemäße Information der Verbraucher i.S.v. §2 Abs. 2 FernAbsG nicht aus.
2. In der Verletzung der Informationspflicht nach §2 Abs. 2 FernAbsG liegt zugleich ein Verstoß gegen §1 UWG.

MMR 2001, 529f. = RDV 2001, 238f.

LG Darmstadt, Urteil vom 17. April 2001 – 16 O 501/00

UWG §1, 3

1. Wird eine Gattungsbezeichnung als Internetdomain (hier: kueche.de) verwendet, stellt dies keine Alleinstellungs- oder Spitzenstellungswerbung dar.
2. Die Verwendung einer solchen Domain ist auch nicht irreführend, da dem Internetnutzer nach Aufruf des Internetportals ohne weiteres klar wird, daß hier nur ein Teil der Wettbewerber auf dem Küchenmarkt für sich wirbt.

ZUM-RD 2002, 90f. = MMR 2001, 559 (Ls.)

KG, Urteil vom 6. April 2001 – 5 U 6/01

UWG §§ 1, 3

Die im Fließtext gehaltene Werbeangabe „Sie können surfen, so lange Sie wollen. Sie zahlen nicht nach Stunden, sondern monatlich einen Festpreis" ist irreführend und sittenwidrig, wenn der „Festpreis" tatsächlich nur für ein Gigabyte gilt und für jedes weitere Gigabyte weitere Gebühren anfallen. Eine nur versteckt erteilte Aufklärung ist zur Klarstellung nicht geeignet.

NJW-RR 2001, 1265f. = MMR 2001, 700f. = NJW 2001, 3274 (Ls.)

OLG Celle, Urteil vom 29. März 2001 – 13 U 309/00

UWG §3; BRAO §43b; BORA §6 Abs. 1

Die Internet-Domain „www.anwalt-hannover.de" stellt eine irreführende Werbung im Sinne des §3 UWG dar.

NJW 2001, 2100 = MMR 2001, 531f.

LG Frankfurt, Urteil vom 23. März 2001 – 3/12 O 4/01

BGB §1004; UWG §3

1. Der Internetnutzer erwartet unter der Domain „drogerie.de" ein Informationsarchiv zu Drogerie- und sachverwandten Themen vorzufinden, das sach- und fachkundig redaktionell bearbeitet wird. Die Annahme, er treffe hier auf eine Plattform für E-Mail-Adressen und/ oder Subdomains im Wege der entgeltlichen Mitüberlassung durch eine branchenfremde Person, liegt jedoch fern.
2. Die Verwendung dieser Internetdomain ohne unterscheidungskräftigen Zusatz schafft einen wettbewerbswidrigen Störungszustand. Dieser ist durch Erklärung des Verzichts auf diese Domain gegenüber der DENIC e.G. zu beseitigen.

MMR 2001, 542f. = ZUM-RD 2002, 99ff.

LG Kiel, Urteil vom 15. März 2001 – 15 O 194/00

BGB §§12, 830 Abs. 1, 2, §1004; MarkenG §14 Abs. 2, 5; UWG §§1, 3

Die DENIC e.G. als Registrierungsstelle für Internetdomains unterhalb der Top Level Domain „.de" kann für eine rechtsverletzende Domain nur ausnahmsweise mitverantwortlich gemacht werden. Es muß für sie erkennbar sein, daß eine Domain in grober Weise Rechte eines Dritten verletzt. Diese Voraussetzung ist nicht gegeben, wenn eine Domain aus einem allgemein bekannten und vielseitig verwendbaren Begriff besteht (hier: „nordsee.de").

MMR 2002, 64 (Ls.).

OLG Köln, Urteil vom 9. März 2001 – 6 U 127/00

UWG §1; ZÄBerufsO Nordrhein §20; ZÄBerufsO Nordrhein §20a

1. Wenn ein Zahnarzt sich und seine Praxis aus der maßgeblichen Sicht des Betrachters in seiner Internetwerbung als Spezialist in allen oder doch nahezu allen Bereichen der Zahnmedizin darstellt, verstößt er ge-

gen das Verbot, zahnärztliche Behandlungen nicht ungefragt wie gewerbliche Leistungen und mit reklamehaften Zügen anzupreisen.

2. Es bleibt offen, ob allein die Tatsache, daß der Zahnarzt dem potentiellen Patienten sich und sein Praxisteam durch die Wiedergabe von Fotografien vorstellt, bedenklich sein könnte.

MMR 2001, 702f. = NJW-RR 2002, 204ff. = MedR 2002, 148 (Ls.)

OLG Frankfurt, Urteil vom 1. März 2001 – 6 U 64/00

UWG §3 Satz 1, GewO §34b Abs. 1 Satz 1

Die Bezeichnung „Auktion"oder „Versteigerung" für Verkäufe gegen Höchstgebot im Internet, die keine Versteigerungen i.S.v. §34b GewO sind, ist, ohne Hinzutreten weiterer Umstände, nicht irreführend.

NJW 2001, 1434f. = NJW-RR 2001, 903f. = MMR 2001, 451f. = GRUR-RR 2001, 317 = NJW-RR 2001, 1296 (Ls.)

LG Hamburg, Urteil vom 27. Februar 2001 – 312 O 775/00

HWG §8 Abs. 1, 2; AMG §§43 Abs. 1, §73 Abs. 2 Nr. 6a, Abs. 3; UWG §1

1. Ein Unternehmen der privaten Krankenversicherung ist gegenüber den Versicherten verpflichtet, die Kosten für Arzneimittel zu erstatten, die – bei vorliegender ärztlicher Verordnung – durch den Bezug der Arzneimittel von einer, im Ausland ansässigen, sog. „Internetapotheke" entstanden sind.
2. Zur Frage der Mitwirkung des Krankenversicherers an dem möglicherweise rechtswidrigen Vertrieb von Arzneimitteln im Versandwege über Bestellung im Internet durch Hinweise an die Versicherten über die Möglichkeit des Bezugs über die „Internetapotheke".

NJW-RR 2001, 1486 = PharmaR 2002, 70f.

LG Berlin, Urteil vom 20. Februar 2001 – 15 O 519/00

UWG §§1, 3; BRAO §§3, 43b

Der Gebrauch des Domain-Names „gigarecht" für einen Rechtsberatungsservice im Internet ist nicht wettbewerbswidrig. Die Bezeichnung ist weder irreführend i.S.v. §3 UWG noch verstößt sie gegen §1 UWG unter dem Aspekt einer berufswidrigen Werbung.

NJW-RR 2001, 1719ff. = AnwBl 2001, 515f.

§ 10. Leitsätze

OLG Köln, Urteil vom 16. Februar 2001 – 6 U 189/00

UWG § 3

Die Werbung einer Telefongesellschaft für einen Telefontarif mit der Aussage „Und mit T-Online pro und T-ISDN xxl können Sie sonntags für null Pfennige surfen" wird vom durchschnittlich informierten Verbraucher, dem die Unterscheidung zwischen der monatlichen Grundgebühr und den verbrauchs- bzw. nutzungsabhängigen Kosten seit jeher bekannt ist, zutreffend in dem Sinne verstanden, daß er bei Abschluß des beworbenen Tarifs beim Internetsurfen sonn- und feiertags keine nutzungsabhängigen Telefonkosten zahlen müsse. Die Werbung ist demnach unter dem Gesichtspunkt einer Irreführung nicht zu beanstanden (Abgrenzung zu OLG Köln, BB 2000, 2328).

RTkom 2001, 174 ff.

LG Saarbrücken, Urteil vom 30. Januar 2001 – 7 IV O 97/00

MarkenG § 14; BGB §§ 823 Abs. 2, 1004

Der Anspruch auf Übertragung der Domain aus §§ 14 MarkenG, 823 Abs. 2, 1004 BGB kann auch durch einstweilige Verfügung ausgesprochen werden (vgl. LG Wiesbaden, MMR 2001, 59).

JurPC Web-Dok. 175/2001

Schleswig-Holsteinisches OLG, Urteil vom 19. Dezember 2000 – 6 U 51/00

UWG § 1; MarkenG § 14

Wird durch einen Link von einer privaten Homepage auf die Seiten eines kommerziellen Internetanbieters und deren Inhalte verwiesen, so liegt darin mangels eines Handelns im geschäftlichen Verkehr kein Verstoß gegen marken-, wettbewerbs- oder urheberrechtliche Vorschriften. Dies gilt auch dann, wenn die Webseiten, auf die verwiesen wird, durch ihren Inhalt gegen diese Vorschriften verstoßen sollten, der private Homepageinhaber sich jedoch die Verweisungsseiten nicht zu eigen macht, auf deren Gestaltung keinen Einfluß hat, seine eigene Homepage inhaltlich nicht in die fremden Websites eingebettet ist, und keine wirtschaftliche Verbindung zwischen dem Verweisenden und dem „verlinkten" Anbieter besteht.

MMR 2001, 399 ff. = ZUM-RD 2001, 452 ff.

OLG München, Urteil vom 14. Dezember 2000 – 6 U 2690/00

UWG §§ 1, 7

Eine Rückwärtsauktion von Gebrauchtwagen im Internet verstößt weder gegen § 1 UWG in der Form des übertriebenen Anlockens noch liegt eine unzulässige Sonderveranstaltung vor, wenn der Kaufvertragsabschluß nicht mit dem Drücken des Zuschlag-Buttons auf dem Bildschirm zustande kommt, sondern hierdurch erst die Möglichkeit zu einem zeitlich nachfolgenden Erwerb eingeräumt wird.

MMR 2001, 233 ff. = GRUR-RR 2001, 112f.

HansOLG Hamburg, Urteil vom 14. Dezember 2000 – 3 U 157/00

UWG § 3

Die Angabe „Mit AOL ohne Limit ins Internet" ist – im Rahmen der beanstandeten Anzeige – nicht irreführend.

ZUM-RD 2001, 345 ff.

OLG Karlsruhe, Urteil vom 13. Dezember 2000 – 4 W 24/00

UWG §§ 3, 25

1. Ist eine wettbewerbswidrige Werbeaussage (hier: „Deutschlands größtes Uhrenfachgeschäft") nach einer Abmahnung in den konventionellen Medien abgestellt worden, wird aber nach mehreren Monaten festgestellt, daß die beanstandete Werbung in Internet-Links von Suchmaschinen weiter verwendet wird, lebt die nach den wettbewerbsrechtlichen Vorschriften erforderliche Dringlichkeit wieder auf.
2. Ein Wettbewerber ist für die Beseitigung wettbewerbswidriger Aussagen in den von Suchmaschinen nachgewiesenen Internet-Links verantwortlich.

ITRB 2001, 81f.

LG Düsseldorf, Urteil vom 8. Dezember 2000 – 38 O 88/00

MarkenG §§ 5 Abs. 3, 15 Abs. 2, 4; UWG §§ 1, 3

1. Die Wortkombination „mediapool" ist für sich betrachtet äußerst kennzeichnungsschwach und somit nicht zur Individualisierung geeig-

net. Eine Verwechslungsgefahr mit der Internet-Domain „mediapool.net" besteht daher nicht.
2. Kennzeichnet die Domain eine Internetseite, auf der zur Zeit ein gänzlich unbestimmtes Angebot angekündigt wird, liegt auch keine Wettbewerbswidrigkeit i.S.v. §§ 1, 3 UWG vor.

ZUM-RD 2001, 408f. = AfP 2001, 541 (Ls.)

HansOLG Hamburg, Urteil vom 7. Dezember 2000 – 3 U 116/00

UWG § 1

Eine zeitlich befristete Verkaufsaktion im Internet für Gegenstände des täglichen Bedarfs („Schnäppchen-Börse"), bei der der Warenvorrat begrenzt ist und der Warenpreis jeden Tag um einen fortschreitenden Prozentsatz billiger wird (sogenannte umgekehrte Versteigerung), stellt einen Verstoß gegen § 1 UWG dar, weil die Spiellust der Verbraucher in sachfremder und unlauterer Weise ausgenutzt wird.

GRUR-RR 2001, 113 ff. = MMR 2001, 539 ff.

HansOLG, Urteil vom 30. November 2000 – 3 U 57/00

UWG §§ 1, 3; PAngV § 1 Abs. 6

Die durch einen Sternchenhinweis erläuterte Angabe „2 Pf/Min" für einen Internet-Tarif ist – im Rahmen der beanstandeten Anzeige – nicht irreführend, obwohl zusätzlich u.a. eine monatliche Grundgebühr zu zahlen ist.

ZUM-RD 2001, 531 f.

OLG Dresden, Urteil vom 28. November 2000 – 14 U 2486/00

BGB §§ 12, 830, 1004 Abs. 1; MarkenG § 14 Abs. 2, 5; UWG §§ 1, 3

1. Die Vergabestelle für Domain-Namen der Top-Level-Domain „de" (DENIC) trifft bei der Registrierung einer Internet-Adresse keine generelle Prüfungspflicht hinsichtlich möglicher Verletzungen von Namens- oder Kennzeichenrechten. Sie haftet nur bei groben, unschwer zu erkennenden Verstößen.
2. Die Namensverletzung ist für die Vergabestelle auch dann nicht unschwer zu erkennen, wenn es sich bei dem Namensinhaber um eine berühmte Persönlichkeit handelt.

3. Wird durch eine Internet-Domain lediglich das Namensrecht und nicht auch ein Zeichen verletzt, so besteht für den Namensinhaber kein Anspruch auf eine dauerhafte Sperrung der Domain durch die Vergabestelle.

NJW-RR 2001, 829 ff. = GRUR-RR 2001, 130 ff. = MMR 2001, 459 ff. = JurPC Web-Dok. 159/2001 m. Anm. *Hoffmann*

LG Hamburg, Urteil vom 28. November 2000 – 312 O 512/00

UWG § 1; TDG § 6 Nr. 1; BRAO § 49b Abs. 4 Satz 2

1. Das Angebot eines Rechtsanwalts, der im Internet unter der Homepage „rechtsratgeber.de" rechtsberatende Leistungen anbietet, unterfällt dem Teledienstgesetz.
2. Erforderlich ist daher gemäß § 6 Nr. 1 TDG die Nennung des vollständigen Namens und der Anschrift des Anbieters.
3. Mit dem auf der Homepage im „Impressum" gegebenen Hinweis „Dr. jur. H., Hamburg" liegt ein Verstoß gegen § 6 Nr. 1 TDG vor. Diese Rechtsnorm ist jedoch als nicht wertbezogene Ordnungsvorschrift einzuordnen, so dass nur bei gezielt planmäßigem Handeln mit der Absicht, einen unlauteren Vorsprung im Wettbewerb zu erzielen, ein sittenwidriges Handeln gemäß § 1 UWG bejaht werden kann.
4. § 49b Abs. 4 S. 2 BRAO, der die Abtretung von anwaltlichen Gebührenforderungen an Nicht-Rechtsanwälte verbietet, verbietet dem Rechtsanwalt nicht, dem Mandanten die Möglichkeit einzuräumen, die Vergütung für anwaltliche Beratung per Kreditkarte zu entrichten.

NJW-RR 2001, 1075 f. = MMR 2001, 546 f.

KG, Urteil vom 24. November 2000 – 5 U 7264/00

UWG § 1

Das Angebot, eine kostenlose Registrierung einer „de"-Adresse durchzuführen, verstößt nicht gegen § 1 UWG.

Es geht insoweit nicht um eine wettbewerbswidrige Wertreklame, die den Interessenten unsachlich beeinflußt und unzulässig übertrieben anlockt. Das beanstandete Verhalten führt auch nicht zu einer allgemeinen Marktstörung.

MMR 2001, 708 f. = GRUR-RR 2001, 279 f.

§ 10. Leitsätze

HansOLG Hamburg, Urteil vom 23. November 2000 – 3 U 180/00

UWG §§ 1, 3; PAngV § 1 Abs. 1 Satz 1

1. Bei einem Gesamtangebot aus einem Computer, Zubehör und Software sowie aus einem Online-Vertrag fehlt es an einem Verstoß gegen § 3 UWG, wenn bei der Angabe der Online-Entgelte konkret lediglich auf die monatliche Gebühr, im übrigen aber nur allgemein darauf hingewiesen wird, daß Nutzungs- und Verbindungsentgelt anfällt.
2. Dagegen liegt ein Verstoß gegen § 1 UWG, § 1 PAngV vor.

OLGR Hamburg 2001, 230f. = ITRB 2001, 161 (Ls.)

LG Frankfurt, Urteil vom 17. November 2000 – 3/11 O 193/00

UWG § 1

Der Deutschen Bahn AG steht kein Unterlassungsanspruch aus § 1 UWG gegen einen Internetdienst zu, der Interessenten zusammenführt, um die verbilligten Gruppentarife aus dem Angebot der Deutschen Bahn AG zu nutzen. Denn dies stellt weder einen unlauteren Behinderungswettbewerb noch die wettbewerbswidrige Übernahme fremder Leistungen dar.

CR 2001, 125 ff. = ITRB 2001, 178 f.

LG München, Urteil vom 16. November 2000 – 7 O 5570/00

UWG § 1; BRAO § 43b

1. Die Verwendung der Domain „www.rechtsanwaelte.de" führt zu einer unlauteren Absatzbehinderung anderer Rechtsanwälte, weil potentielle Mandanten, die im Internet eine Anwaltsrecherche mittels der Direkteingabe der Berufsbezeichnung „Rechtsanwälte"unternehmen, abgefangen und auf die Homepage „www.rechtsanwaelte.de" geleitet werden.
2. Durch die Verwendung der Domain „www.rechtsanwaelte.de" verschafft sich der Verwender in standeswidriger Weise eine Alleinstellung. Die Domain ist geeignet, einem Rechtsanwalt unter der Vielzahl seiner Kollegen einen Vorsprung im Zugang zu Mandanten zuzuweisen.

MMR 2001, 179 ff. = NJW 2001, 2100 ff. = MittPA 2001, 142 f. m. Anm. *Schmittmann*

HansOLG Hamburg, Urteil vom 16. November 2000 – 3 U 107/00

UWG §§ 1, 3; ZugabeV §§ 1, 2 Abs. 1

Die Aussage „Europas unbegrenzter Karrieremarkt aus dem Internet" zur Bewerbung eines Stellenanzeigenblattes ist irreführend, wenn von über 400 Stellenanzeigen allenfalls 11 % den ausländischen Arbeitsmarkt betreffen. Wird eine Internetdomain zugleich als Titel einer Druckschrift verwendet, so bezieht der Verkehr werbliche Aussagen auf dem Titelblatt in erster Linie auf den Inhalt der Druckschrift und nicht auf das unter der gleichnamigen Domain im Internet vorgehaltene Angebot.

Wer für den Fall der Aufgabe einer entgeltlichen Stellenanzeige im Internet unverbindlich eine nicht zu vergütende Veröffentlichung der Anzeige in einem Stellenanzeigenblatt in Aussicht stellt, wirbt mit einer unerlaubten Zugabe.

ZUM-RD 2001, 174 ff. = AfP 2001, 228 ff. = GRUR 2001, 361 ff.

LG München I, Urteil vom 16. November 2000 – 17 HKO 17624/00

BGB § 12; UWG §§ 1, 3

Eine zulässige Verwendung einer berühmten Marke (hier: „BMW") in einer Internetdomain liegt allenfalls dann vor, wenn sowohl durch lokalisierende als auch auf das Fehlen einer vertraglichen Dauerbindung hinweisende Zusätze eine Irreführung der angesprochenen Verkehrskreise ausgeschlossen wird. Ohne solche klarstellende Zusätze ist die Anmeldung und Verwendung solcher Domainbezeichnungen aus namensrechtlichen (§ 12 BGB) und wettbewerbsrechtlichen (§§ 1, 3 UWG) Gründen zu unterlassen.

CR 2001, 416 f.

LG Frankfurt, Urteil vom 9. November 2000 – 2/3 O 366/00

EGVtr Art. 28, 234; VollstrZustÜbk Art. 5 Nr. 3; UWG §§ 1, 13 Abs. 2 Nr. 2; AMG § 43 Abs. 1 Satz 1 und 2, § 73 Abs. 1, 2 Nr. 6a; HWG § 3a, 8 Abs. 1, Abs. 2 Alt. 2, § 10; ZPO § 32; EGRL 31/2000 Art. 2, 3; EWGRL 28/92 Art. 1 Abs. 3; EGRL 7/96 Art. 14

1. Für Rechtsstreitigkeiten über Online-Werbung sind die Gerichte an jedem Ort zuständig, an dem das Medium Internet bestimmungsgemäß abgerufen werden kann. Bei einem ausländischen Internet-Angebot, das sich vor allem an Interessenten in der Bundesrepublik richtet, sind die deutschen Gerichte am Abrufort international zuständig.

2. Eine Pflicht zur Vorlage der Sache an den Europäischen Gerichtshof besteht im Verfahren des einstweiligen Rechtsschutzes nicht.
3. Das nach deutschem Recht zulässige Verbot des gewerblichen Versandhandels mit Arzneimitteln sowie das Verbot, für den Online-Versand von Arzneimitteln zu werben, verstößt nicht gegen das Gemeinschaftsrecht (Art. 28 EGVtr), weil es für einen wirksamen Schutz der Gesundheit und des Lebens von Menschen notwendig ist (Abgrenzung zu EuGH, ZIP 1993, 1813).
4. Das Betreiben des gewerblichen Versandhandels mit Arzneimitteln per Internet verstößt gegen § 43 Abs. 1 AMG. Die Ausnahmevorschrift des § 73 Abs. 2 Nr. 6a AMG erfaßt den Betrieb einer Internetapotheke nicht.
5. Ein ausländischer Unternehmer, der im Internet für den Versand von zulassungs- und apothekenpflichtigen Arzneimitteln mittels Abbildung von Online-Bestellformularen wirbt, verstößt sowohl gegen § 8 Abs. 2 Alt. 2 HWG als auch gegen § 8 Abs. 1 HWG. Ferner liegt wegen Werbung für den Bezug von in Deutschland nicht zugelassenen bzw. verschreibungspflichtigen Arzneimitteln an Privatverbraucher ein Verstoß gegen §§ 3a und 10 HWG vor.
6. In dem Verstoß gegen § 43 AMG und §§ 3a, 8 und 10 HWG liegt zugleich ein Verstoß gegen UWG § 1, der einen Unterlassungsanspruch begründet (hier: eines Spitzenverbands des Apothekerwesens).

ZIP 2000, 2080 ff. = K & R 2001, 160 ff. = MMR 2001, 243 ff.

OLG Düsseldorf, Urteil vom 9. November 2000 – 2 U 49/00

UWG §§ 1, 13 Abs. 2 Satz 1 Nr. 2; PAngV § 1 Abs. 1 Satz 1 Alt. 1

1. Der Anbieter von Personenbeförderungsleistungen (hier: Fluggesellschaft) muß, sobald er potentielle Kunden auffordert, bestimmte im Fahrplan oder Flugplan aufgeführte Transportleistungen konkret in Anspruch zu nehmen, die hierfür verlangten Preise angeben.
2. Ein Internet-Buchungssystem, bei dem der Kunde, ohne daß ihm ein geforderter Preis genannt wird, für einen von ihm konkret zu benennenden Flug diejenige Geldsumme bietet, die er zu zahlen bereit ist, und das Flugunternehmen dieses Angebot innerhalb von 24 Stunden je nach Kapazität oder Preisangemessenheit entweder annimmt oder ablehnt, ist als Verstoß gegen die wertneutralen Vorschriften der PAngV objektiv und subjektiv sittenwidrig.
3. Das beanstandete Internet-Buchungssystem ist geeignet, den Wettbewerb auf dem relevanten Markt i.S.d. § 13 Abs. 2 Nr. 2 UWG wesentlich zu beeinträchtigen.

WRP 2001, 291 ff. = MMR 2001, 161 ff. = OLGR Düsseldorf 2001, 348 f.

OLG München, Urteil vom 9. November 2000 - 6 U 2812/00

UWG § 1, UrhG § 87a

1. Die nach Größe und weiten Sachgebieten geordneten Inserate eines umfangreichen „Stellenmarktes" in einer Tageszeitung stellen keine Datenbank im Sinne des § 87a UrhG dar.

2. Es verstößt gegen § 1 UWG wegen unlauteren Ausnutzens fremder Geschäftsbeziehungen und Schädigung eines fremden Geschäftsbetriebs, in einem Printmedium gegen Entgelt veröffentlichte Anzeigen zu übernehmen und im Internet kostenlos zur Verfügung zu stellen.

AfP 2001, 301 ff. = GRUR-RR 2001, 228f. = OLGReport München 2001, 68

HansOLG Hamburg, Urteil vom 9. November 2000 - 3 U 109/00

UWG § 3

Die Angabe „Keine Online-Gebühr" ist irreführend, wenn die anfallenden „Telefonkosten", auf die hingewiesen wird, im Wege der Mischkalkulation sowohl die Zuführung über das Telefonnetz als auch die Internet-Nutzung umfassen.

OLGR Hamburg 2001, 212f. = MMR 2001, 318f. m. Anm. *de Riese*

LG München II, Beschluß vom 8. November 2000 - 2 HKO 6494/00

UWG § 1

Werden Waren via Internet im Versandhandel angeboten muß der Verbraucher nach § 3 FernAbsG zwingend über sein Widerrufs- und Rückgaberecht belehrt werden. Kommt der Internet-Anbieter dieser Belehrungspflicht nicht nach, handelt er unter dem Gesichtspunkt des Vorsprungs durch Rechtsbruch wettbewerbswidrig.

WRP 2001, 326 = CR 2001, 788

LG Berlin, Urteil vom 7. November 2000 - 103 O 19/00

AMG § 43 Abs. 1, § 73 Abs. 2 Nr. 6a; EGV Art. 28; HWG § 8 Abs. 1; UWG § 1

1. Der Versand von per Internet in den Niederlanden bestellten apothekenpflichtigen Arzneimitteln auf dem Postweg oder per Boten verstößt grundsätzlich gegen § 43 Abs. 1 AMG. Sind die vertriebenen

Arzneimittel in den Niederlanden zugelassen, also rechtmäßig in den Verkehr gebracht worden, und werden nur dem üblichen persönlichen Bedarf entsprechende Mengen versandt, ist der Ausnahmetatbestand des § 73 Abs. 2 Nr. 6a AMG erfüllt. Eine gewerbs- oder berufsmäßige Vermittlung i.S.v. § 73 Abs. 2 Nr. 6a AMG liegt beim Bezug über das Internet nicht vor, denn dieser Begriff ist nach gemeinschaftsrechtskonformer Auslegung eng zu verstehen.

2. Werden auf der Internetseite der Apotheke im Rahmen des Bestellformulars Angaben zu Preisen und Produkten gemacht, verstößt dies nicht gegen das Werbeverbot des § 8 Abs. 2 HWG, da dies die für eine Onlinebestellung notwendige Präsentationsform ist.

MMR 2001, 249 ff. m. Anm. *Mankowski* = CR 2001, 268 ff.

OLG Hamm, Urteil vom 2. November 2000 – 4 U 95/00

UWG §§ 1, 3; MarkenG § 8 Abs. 2 Nr. 1 und 2

1. Die Verwendung eines Gattungsbegriffs ohne weitere Zusätze als Domain-Name wie „sauna.de" verstößt nicht gegen das Irreführungsverbot des § 3 UWG. Bei einem Gattungsbegriff ohne weitere Zusätze erwartet der Internet-Benutzer eine Präsentation aus diesem Bereich, nicht aber einen übergeordneten Informationsdienst.

2. Die Registrierung der Internet-Domain „sauna.de" für ein Unternehmen, das den Einbau von Saunen betreibt, führt nicht zu einer wettbewerbswidrigen Behinderung von Konkurrenten. Auch der aus der Verwendung der Domain folgende „Kanalisierungseffekt" ist nicht sittenwidrig i.S.v. § 1 UWG. Eine analoge Anwendung des Markengesetzes (§ 8 Abs. 2 Nrn. 1 und 2 MarkenG) auf die Wahl einer beschreibenden Internet-Domain ist abzulehnen (Abgrenzung zu OLG Hamburg, CR 1999, 779).

MMR 2001, 237 ff. m. Anm. *Schröder* = GRUR-RR 2001, 105 f.

OLG Köln, Urteil vom 27. Oktober 2000 – 6 U 71/00

UrhG § 16 Abs. 1, § 17, § 87b Abs. 1, § 97 Abs. 1; UWG § 1, 3, 13 Abs. 2 Nr. 1

1. Die Eröffnung eines unmittelbaren Zugriffs auf konkret gesuchte Informationen (sog. deep link) im Internet durch eine Suchmaschine ist rechtlich aus dem Blickwinkel des Nutzers zu beurteilen und stellt deshalb weder eine Urheberrechtsverletzung noch eine Verletzung des Datenbankschutzes dar.

2. Eine solche Suchmöglichkeit begegnet auch keinen wettbewerbsrechtlichen Bedenken.
3. Die Eröffnung eines deep link auf fremde Publikationsangebote im Internet als die Möglichkeit, die persönliche Tageszeitung zu bezeichnen, ist irreführend und daher unzulässig.

NJW-RR 2001, 904 ff. = GRUR-RR 2001, 97 ff. = MMR 2001, 387 ff.

OLG Köln, Urteil vom 27. Oktober 2000 – 6 U 209/99

MarkenG §§ 4, 5, 14 Abs. 2 Nr. 1, § 15 Abs. 4; BGB § 12; UWG § 1

1. Dem Bestandteil „Online" in der Firma eines Unternehmens, das sich mit der Veranstaltung von Seminaren, Symposien, Kongressen und Ausstellungen befaßt, kommt heute eine namensmäßige Unterscheidungskraft nicht mehr zu. Aus ihm lassen sich insbesondere keine marken- oder unternehmenskennzeichenrechtliche, darüber hinaus aber auch keine namens- und wettbewerbsrechtlichen Ansprüche gegen eine Second-Level-Domain herleiten, die von einem Unternehmen der Telekommunikations- und Internetbranche für sich und seine Tochtergesellschaften benutzt wird.
2. Auch wenn man dem Bestandteil „Online" in der Firma eines Unternehmens, das sich mit Veranstaltungen der in 1. genannten Art befaßt, eine gewisse Unterscheidungskraft zubilligen wollte, fehlte es an der für die Anwendung des § 15 Abs. 4 MarkenG erforderlichen Verwechslungsgefahr, wenn Internetnutzer über die Second-Level-Domain „Online" auf sich im Internet präsentierende Firmen stoßen, die sämtlich – zum Teil neben „Online" – einen kennzeichnungskräftigen und ungewöhnlichen (weiteren) anders lautenden Namensbestandteil führen, der ihre Zugehörigkeit zu einer Firmengruppe belegt.
3. Benutzt ein Gewerbetreibender als Internet- und E-Mail-Adresse einen Begriff (hier: Online), der seinerseits Teil einer Wort/Bildmarke eines Anderen ist, kommt ein Anspruch aus § 14 Abs. 2 Nr. 1 MarkenG (identische Markenverletzung) nicht in Betracht.
4. Bei einer Wort-/Bildmarke, der auf Grund des Zusammenwirkens des Bild- und des Wortelements in ihrer Gesamtheit eine gewisse Unterscheidungskraft nicht abzusprechen ist (Wortelement: „Online"; Bildelement: umschließende Ellipse mit nach innen gerichteten Strahlen), kommt heute dem Wortbestandteil „Online" allein keine den Gesamteindruck (mit-)prägende Bedeutung mehr zu.
5. Auch im Falle einer unberechtigten Abmahnung hat der Abgemahnte gegen den Abmahnenden in der Regel keinen Anspruch auf Erstattung entstandener Anwalts- und Gerichtskosten.

GRUR 2001, 525 ff. = MMR 2001, 392 ff. = ZUM-RD 2001, 461 ff.

OLG Karlsruhe, Urteil vom 25. Oktober 2000 – 6 U 104/00

MarkenG §§ 14, 15; UWG §§ 1, 3

1. Wird eine Internet-Domain aus Gattungsbezeichnungen gebildet, die kein Mindestmaß an Individualität aufweisen, ist sie weder als Marke noch als Werktitel schutzfähig.
2. Der Verwender einer solchen Domain hat keinen Anspruch auf Löschung einer ähnlichen Domain, die von einem Wettbewerber benutzt wird.

ITRB 2001, 153 (Ls.)

LG Hamburg, Urteil vom 13. Oktober 2000 – 416 O 209/00

UWG § 1; RabattG § 1

Sog. Powershopping im Internet verstößt sowohl gegen das UWG als auch gegen das Rabattgesetz.

AfP 2000, 536 = ITRB 2001, 5 (Ls.)

LG Köln, Urteil vom 12. Oktober 2000 – 33 O 180/00

UWG § 1

Ein Verkaufssystem im Internet, daß darauf beruht, daß der Preis für ein Produkt um so niedriger wird, je mehr Käufer sich für dieses Produkt innerhalb einer bestimmten Zeitspanne zusammenfinden, verstößt unter dem Aspekt des übertriebenen Anlockens gegen § 1 UWG.

AfP 2000, 536 = ITRB 2001, 5 (Ls.)

OLG München, Urteil vom 12. Oktober 2000 – 29 U 3947/00

MarkenG §§ 5, 15 Abs. 2, 4; UWG § 1; BGB § 826

1. Verwechslungsfähigkeit i.S.d. § 15 Abs. 2 MarkenG kann zwischen einer Internetdomain und einer Marke nur dann angenommen werden, wenn neben der Zeichenähnlichkeit (hier: „TEMBUS" und „teambus.de") hinzukommt, daß zwischen den Tätigkeitsbereichen der streitenden Unternehmen sachliche Berührungspunkte, eine je nach dem Grad der Ähnlichkeit der Zeichen größere oder geringere Branchenähnlichkeit besteht.
2. Verwechslungsgefahr zwischen einer Internetadresse und einer Marke setzt zumindest voraus, daß die Domain für eine Ware oder Dienstleistung verwendet wird, für die die Marke Rechtskraft entfaltet.

3. Dies bedeutet, daß gegen eine reservierte, jedoch nicht verwendete Internetadresse aus dem Regelwerk des MarkenG wegen Verwechslungsgefahr jedenfalls dann nicht vorgegangen werden kann, wenn noch ungewiß ist, für welche Ware bzw. Dienstleistung bzw. Branche die Domain verwendet werden soll.
4. Das Anbieten von Leistungen oder Waren für das Internet ist im Hinblick auf die markenrechtliche Ähnlichkeit zu unterscheiden von dem Anbieten beliebiger Waren oder Dienstleistungen im Internet oder das Abwickeln solcher darüber. Die Verwendung einer Domain für den Zugriff auf eine Internet gibt allein nicht zwingend Ansprüche auf die Dienstleistung „Bereitstellung von Waren oder Diensten für das Internet".
5. Die bloße Registrierung einer Domain zur Prioritätssicherung und die Absicht, diese Domain durch weitere Registrierungen „abzusichern" stellt keine den Vorwurf der Sittenwidrigkeit i.S.v. §1 UWG oder §826 BGB begründende Behinderung des Inhabers einer ähnlichen Marke dar. Es müßte darüber hinaus die Absicht bestehen, die Domain für einen anderen zu „sperren,"um ihn an der Nutzung zu hindern (sog „Domain-Grabbing"). Dazu kann insbesondere die Absicht zählen, finanzielle Vorteile aus einem späteren Verzicht auf die Domain zu ziehen.

MittPA 2000, 512 ff. m. Anm. *Leibrand* = MarkenR 2000, 428 f.

LG Köln, Urteil vom 10. Oktober 2000 – 33 O 286/00

UWG § 1

1. Die Verwendung eines Gattungsbegriffs als Teil einer Internet-Domain kann unter dem Gesichtspunkt der unlauteren Behinderung gegen UWG § 1 verstoßen.
2. Ein solcher Fall ist auch dann gegeben, wenn ein Unternehmen, das Verzeichnisse mit Immobilien-Zwangsversteigerungsdaten erstellt, zur Präsentation seiner Dienstleistung die Internet-Domain-Adresse „www.zwangsversteigerungen.de" oder „www.versteigerungskalender.de" benutzt.

MMR 2001, 55 f. = CR 2001, 193 f. = EWiR 2000, 1129 [*Hoeren*]

LG Köln, Urteil vom 10. Oktober 2000 – 33 O 180/00

RabattG § 1 Abs. 1; UWG §§ 1, 7

1. Staffelt der Warenanbieter den Kaufpreis für ein bestimmtes Produkt nach der Anzahl der Besteller (sog. „Powershopping"), d.h. die Käufer

bündeln ihre Kaufkraft im Internet durch einen Gruppeneinkauf, verstößt dies unter dem Aspekt des übertriebenen Anlockens gegen § 1 UWG (Fortführung von LG Köln, CR 2000, 318).
2. Ob zugleich ein Verstoß gegen das Rabattgesetz oder das Verbot von Sonderveranstaltungen gemäß § 7 UWG vorliegt, bedarf daher nicht der Entscheidung.

MMR 2001, 54 ff. = CR 2001, 44 ff.

LG Hamburg, Urteil vom 6. Oktober 2000 – 416 O 196/00

MarkenG §§ 4, 14, 15; UWG § 1

1. Auch eine beschreibende Bezeichnung (hier: „Bodenseeklinik Prof. Dr. N."), der im Falle der Alleinstellung kein originärer Kennzeichenschutz zukommt und die einen solchen auch nicht wegen Verkehrsdurchsetzung erworben hat, kann als Bestandteil eines zusammengesetzten Zeichens eine das Gesamtzeichen prägende Kennzeichnungskraft besitzen. Im Falle der Gegenüberstellung des so geprägten Zeichens mit dem isoliert verwendeten Begriff (hier: „www.bodenseeklinik.net") kann deshalb Verwechslungsgefahr gegeben sein.
2. Ein sich deshalb ergebender Unterlassungsanspruch kann sich auch auf die Verwendung der Bezeichnung in unterschiedlichen Schreibweisen und als Domain-Name unter verschiedenen Top-Level-Domains beziehen.

CR 2001, 418 ff. m. Anm. *Dieselhorst* = ITRB 2001, 236

Stichwortverzeichnis

Abfangen von Kunden 187
Ablösesumme 60
Abmahnung 45, 46, 81, 405
Abmahnungsschuldverhältnis 47
Abrufdienste 270
Absatzbehinderung 127, 340, 408
Abschlußerklärung 51
Abschlußschreiben 50
Access-Provider 142, 146, 384
AdClick 365, 371
AdImpressions 11
AdViews 11, 365, 371
Anreize, aleatorische 102
Alleinstellung 342
Alleinstellungsbehauptung 399
Alleinstellungswerbung 302, 341
Angriffsfaktor 58
Angstwerbung 331, 332
Animationen 358
Anlocken, übertriebenes 92, 109
Anlockwirkung 293, 324
Anpreisungen, reklamehaft 304, 328
Anwaltsnotare 318
Anwaltsrundschreiben 291
Anwaltssuchdienst 340
Anwaltswerbung 292
Apotheke 210
Apothekenmonopol 216
Approbation 213
Architekt 316
ARPA (Advance Research Projects Agency Experimental Pocket-Switched Network) 1
Arrondierung 126
Arzneimittel 207, 211, 212, 214, 215, 384, 397, 398, 410, 411
Arzneimittelwerbung 202, 385
Ärzte 291, 306, 385
Aufmerksamkeitswerbung 14, 180
Auktionen 111
Ausbeutung 127
Auskunftsanspruch 352, 353
Auskunftsantrag 355
Ausschließlichkeitsrecht 393

Bandenwerbung 316
Banner 8, 365, 368
Bannerwerbevertrag 363
Bannerwerbung 12, 68, 135, 326

Barzahlungsrabatt 95
Beeinträchtigungsmöglichkeit 40
Behinderung 121, 158, 175, 183, 187, 225, 393
Belästigung 69, 90
Belehrungspflichten 263
Benutzerkennung 168
Benutzungsmarke 177
Berufsfreiheit 290, 295, 311, 313
Berufsordnung 273, 320
Berufssatzung der Wirtschaftsprüferkammer 305
Beschaffungswesen 250
Beschlußverfügungen 54
BGB-Informationspflicht-Verordnung 252
Bilddateien 358
Bildtonträger 374
BTX-Werbung 70
Buchhändler 4
Bündel- oder Clusterregistrierung 126
Bundesärztekammer 307
Business-to-Consumer 3
Button 9

Caching 278
Chatrooms 140
Codice Civile 43
Cold-calling 79
Comet Curser 8
Content 18
Content-Provider 142, 143
Cookies 119, 234, 284, 285
Corporate Site 7
CoShopping 105
Counter 331
Cybersquatting 224

Datenbanken 129, 130, 199
Datenbankrecht 366
Datenschutz 283
Datenschutzrichtlinie für elektronische Kommunikation 283
Deep-Link, Deep Linking 61, 130, 134, 138, 199, 412, 413
Deliktsrecht 28, 42
Deliktstatut 27
DENIC 149, 150, 151, 153, 155, 156, 157, 160, 192, 342, 402, 406,
Dental-Paintings 319

Dezentralisierung 3
Diensteanbieter 142, 147, 149, 270, 280, 281
Dienstleistungsform 37
Dienstleistungsfreiheit 78
Digitalisierung 379
diligentia quam in suis 259
„Dinslakener Anwaltskrieg" 291
Diplom-Psychologen 317
Direktmarketing 282
Disclaimer 41, 384
Dispute-Eintrag 52, 152, 153, 191, 194
Domain 126, 149, 155, 168, 170, 171, 172, 176, 177, 179, 181, 186, 190, 192, 237, 238, 338, 343, 409
Domaingrabbing, -grabber 60, 224, 225, 226, 350, 415
Domain-Inhaber 151, 156
Domain-Name 159
Domain-Registrierung 184
Domain-Trafficking 224
Domainwahl 163
Dringlichkeitsvermutung 53, 347
Drittauskunft 353
Durchleitung 278

E-Commerce-Richtlinie 30, 79, 265, 267
Einrichtung einer Mailbox 334
Einstweilige Verfügung 52, 54
Einstweiliger Rechtsschutz 52
Einverständnis 75
Einwilligung 280
Electronic Copyright Management System 379
Elektronischer Geschäftsverkehr-Gesetz 80
E-Mail-Werbung 70, 71, 72, 75, 77, 83, 84, 121, 232, 264, 265, 277, 348
Entstellung 198
Erfahrungsbericht 204
Erinnerungswerbung 205
E-Zines 235

Fachwerbung 205, 209
Fallgruppen 63
Fehlerkorrektur-Funktion 246
Fernabsatzgeschäft 386
Fernabsatzgesetz 221, 243, 247
Fernabsatzrecht 108, 221, 258, 297
Fernabsatzrecht, Ausschlüsse des - 251
Fernabsatz-Richtlinie 78, 88, 243, 244, 245, 246, 268, 287
Fernabsatzverträge 222, 248, 249, 250
Fernkommunikationsmittel 248
Fernsehfee 122
Filmsequenzen 323
Finanzdienstleistungs-Richtlinie 286, 287

Firmenschlagwort 172, 181
Flexibilisierung 3
„Fliegender Gerichtsstand" 29
Folgenbeseitigungsanspruch 192
Framing 133, 135
Funktionseinheit 97

Gästebuch 204, 320
Gattungsbegriff 344, 412
Gattungsbezeichnung 166
Gattungsdomain 187, 188, 339, 341
Gebietskörperschaften 175, 275, 390
Gebührenordnung 273
Gebührenunterbietung 324
Gefühls- und Vertrauensausnutzung 115
Gefühlsbetonte Werbung 116
Gegenstandswert 57, 85
Geldgutscheine 105
GEMA 373, 380
Generalklausel 63
Gerichtsstand 381, 396
Gerichtsstand, fliegender 29
Gerichtsstandsbestimmung 27
Gerichtsvollzieher 56
Geschenke 19
Geschmackszensur 90
Gesellschaft zur Verwertung von Leistungsschutzrechten 377
Gesetz über rechtliche Rahmenbedingungen für den elektronischen Geschäftsverkehr 269
Gestaltungshöhe 197
Gestaltungsrecht 20
Gewerbefreiheit 218
Gewerbeordnung 218
Gewinnspiele 19, 32, 102, 114, 268, 271, 324, 395
Glaubhaftmachung 55
Gleichnamigkeit 174, 175, 391
Globalisierung 3
Glücksspiel 103, 382
Graphikdatei 8
Gratisverlosungen 102, 110, 114
Großhandelsprivileg 209
Grundbuchberichtigungsanspruch 191
Gutscheine 93

Haftungsausschluß 143
Haftungseinschränkung 148
Haftungsprivilegierung 149
Harmonisierung 30
Harmonisierung des Berufsrechts 289
Hauptsacheverfahren 46
Haustürgeschäfte 222
Heilberufsgesetz 315
Heilmittel 207
Heilmittelhandelsrecht 202

Heilmittelwerbegesetz 388
Heilmittelwerberecht 202
Heilmittelwerbeverordnung 202
Heilmittelwerbung 115, 210
Heilpraktiker 317
Heimatrecht 42
Herkunftslandprinzip 31, 33, 34, 40, 80, 271
Hits 10
Homepage 18, 29, 197, 200, 270, 321
Hosting 278, 279
Host-Provider 142, 144
Hyperlink 8, 130, 326, 368, 388

ICANN 150, 161, 162
ICC-Guidelines 24
Identitätsschutz 198
Image- bzw. Unternehmenswerbung 202
Imagewerbung 14, 16, 205
Indexspamming 124, 125, 394
Individualisierung 3
Individualkommunikation 23
Informationelle Selbstbestimmung 233
Informationsfreiheit 73, 74
Informationsgesellschaft 266
Informationspflichten 254, 258, 263, 272, 273, 274, 275, 338
Informationspflichten von Kreditinstituten 254
Informationsportal 166, 390
Informationsveranstaltung 292
Informationswerbung 329, 345
Inline-Link 61, 134
instrumenta sceleris 216
Integritätsschutz 198
Interface message processors 1
Internet-Apotheke 403
Internet-Foren 140
Internetportal 381, 401
Internet-Radio 375
Interstitial 9
Intranet 308
invitatio ad offerendum 13
Irreführende Angaben 137
Irreführung 65, 136, 188, 207, 342, 385, 392, 402, 403, 409
Irreführungsgefahr 381, 391
ISDN-Datenschutz-Richtlinie 79, 80
Italien 43

Kanalisierung 187, 298, 339
Kanalisierungseffekt 412
Kartellrecht 240, 399
Kennzeichnungen 174
Kennzeichnungskraft 179, 186, 238
Kennzeichnungspflicht 19, 276
Keyword-Advertising 10

Keywords 10, 86, 92
Klagebefugnis 261
Klinik 313
Klinikwerbung 310
Kommunikationsnetz 285
Kompensationsinteresse 351
Komponisten 376
Kostentragungspflicht 51
Krankengymnasten 317
Krankenhäuser 314, 330, 333
Krankenhausträger 310
Krankenversicherung 211
Kundenbestechung 92, 99
Kundenfang 63, 64
Kündigung 362
Kunstausübung 20
Kunstfreiheit 15
Künstlernamen 164
Kunst-Urhebergesetz 227
Kunstwerk 17, 20
Kurzbezeichnung 344

Laienwerbung 120
Lauterkeitsrecht 63
lex loci delicti commissi 27
Liberalisierung 30
Lieferantenfang 64
Lieferung unbestellter Sachen 89
Link, Linking 133, 183, 404, 405
Lizenzanalogie 350, 354
Lizenzhöhe 382
Lizenzmanagement 379
Lockmittel 335
Lockvogelwerbung 66
Logo 302, 308
Lohnsteuerhilfeverein 391
Lokalisationsgrundsatz 30
Löschung 189
Löschungsantrag 192
Lotterie 218, 219

Mailing-Liste 76
Markenrecht 177, 178
Marketing-Sites 8
Marketing-Aktion 298
Marktermittlung 38
Markthandlung 22
Marktpartner 22
Marktplatz, Marktplätze 3, 4
Marktstörung 407
Marktteilnehmer 35, 63
Marktwirkung 35
Marktwirkungslehre 38
Marktzutrittsbarriere 307
Massenkommunikation 7
M-Commerce 86, 235
Mehrfach-Berufsträger 317

Meinungsäußerungsfreiheit 15, 16, 83, 229
Meinungsfreiheit 84
Melchizedek 39
Meta-Kollisionsnorm 33
Metatags 131, 132, 183, 330, 331, 359, 386, 398
Mitbewerber 22
Mobiltelefon 95, 96
Multimedia-Produkt 196, 375
Music-on-demand-Dienst 380

Namensanmaßung 169
Namensfunktion 164
Namensleugnung 165, 166, 172
Namensrecht 164
Namensverletzung 406
Nanosite-Banner 9
Negativlisten 157
Nethics 23
Netiquette 23
Netzkartenvertrag 98
Netzwirtschaft 2
Newsgroups 145, 205
Notar 290, 299, 300, 318
Nötigung 69
Notorische Marke 177
Nutzungsprofile 234
Nutzungsrecht 170, 374
Nutzungsrechteinräumung 201

OECD 24
offerta ad incertas personas 13
Ökonomie 2, 3, 4
Online-Auftritte 197
Online-Auktionen 148
Online-Handel 4
Online-Medialeistungen 10
Online-Vollmacht 330
Online-Wertpapierhandel 288
Opt-In-Regelung 286
Opt-Out-Prinzip 264

PageImpressions 10
PageViews 10
Patentanwälte 290
Pauschalhonorar 325
Peep-Shows 218
Persönlichkeitsrecht 73, 226, 227, 228, 232, 233, 284
Persönlichkeitsrechtsverletzung 232
Pflichtangaben 208
Phantasiebegriffe 343
Pop-up-Fenster 8, 363
Portal 18

Powershopping-System 62, 105, 106, 107, 113, 397, 414, 415
Preisangabenverordnung 98, 241
Preisausschreiben 19, 102, 110, 114, 268
Preisklarheit 99
Preisnachlässe 19
Preisrätsel 110
Preisvorteil 100
Preiswahrheit 99
Pressefreiheit 83
Presserecht 142
Priorität 176
Prioritätsgrundsatz 171, 175, 177, 240
Prioritätssicherung 225
Privatsphäre 120
Product Placement 68
Prostitution 91
protestatio facto contraria 42
Provider 277, 364, 367, 369, 383, 392
Prüfungsauftrag 325
Pseudonyme 165, 280
Psychologischer Kaufzwang 92, 93, 115
Public Relations 8
Publikumswerbung 203, 212, 213

Qualitätswerbung 337
Quelltext 131, 132, 330

Rabattgesetz 94, 416
Räumungsverkäufe 140
Rechnerausfall 370
Rechnungslegungsanspruch 354
Recht am eigenen Bild 227
Rechteeinräumung 200
Rechtsanwalt 295, 296, 325, 383, 394
Rechtsfolgen 253
Rechtsschutz 38
Referenzen 321
Referenzliste 321, 322
Regelstreitwert 60
Registermarke 177
Registrierungskosten 191
Reisebranche 6
Reisevertragsrecht 253
Reklamehafte Anpreisung 328
Reklamehaftigkeit 343
Reporting 365
Rich-Media 8
Richtlinienempfehlungen der Bundesnotarkammer 300
Robinson-Listen 268
Rückgaberecht 257, 258
Rücktrittsrecht 258
Rufausbeutung 183, 184
Ruftonmelodien 375
Rundschreiben 309
Sachinformation 334, 337

Stichwortverzeichnis

Sachlichkeitsgebot 293, 302, 323, 400
Schadensberechnung 352
Schadensersatz 349
Schadensersatzanspruch 351, 355
Schadensersatzberechnung 351
Schaustellungen von Personen 218
Schiedsgerichte 163
Schleichwerbung 16, 66
Schockwerbung 14, 116, 117
Schreibfehler-Domain 184
Schuldnerspiegel 229, 230, 231
Schuldrechts-Modernisierungsgesetz 88, 247
Schuldrechtsreform 221
Schutzfähigkeit 195
Schutzschrift 49
Screen Shots 55
Sealand 39
Second-Level-Domain 173, 412
Selbstanpreisung 304, 328
Selbstberühmung 327
Selbstbestimmungsrecht 73, 198
Selbstdarstellung 294, 345
Selbstmedikation 214
Selbstregulierung 23
Server 29, 38
Site Stickiness 11
Sittenwidrige Schädigung 223
Slogan 298, 302, 337
SMS-Werbung 70, 86, 232
Sonderrufnummern 66
Sonderwerberecht 195, 289
Spamming 70
Sperrfunktion 192
Spezialisierungshinweis 336
Spiellust 107, 111, 406
Spitzenplätze 9
Spitznamen 165
Sponsoring 294
Sportwetten 104
Sprache 36
Sprachwerke 377
Steuerberater 290, 301, 303
Störerbegriff 141
Störerhaftung 154
Streitwertbestimmung 57
Striptease-Veranstaltungen 218
Sub-Domains 145, 402
Subliminals 67, 119
Suchmaschinen 9, 125, 132, 189, 190, 393
Surface-Link 134
Synchronisationsrechte 377

Täuschende Angaben 326
Täuschung 64, 65
Teledienste 44, 270, 272, 383

Teledienste-Datenschutzgesetz (TDDSG) 160, 279
Teledienstegesetz (TDG) 32, 67, 269, 407
Telefax-Werbung 76, 232
Telefonsex-Verträge 91
Telefonwerbung 74
Telekommunikations-Datenschutzverordnung 81
Telekommunikationsrichtlinie 281
Testimonial Advertising 335
Testimonial-Werbung 118, 333
Textdichter 376
Textform 252, 274
Third-Level-Domain 145
Tierarzt 314, 315
Titelschutzanzeige 239
Tonträger 374
Top-Level-Domain 35
Trennungsgebot 67, 275
Trennungsprinzip 18
Treueprämie 101

Übernahme fremder Leistung 128
Überschreibung 391
Übertragung 191
Übertragungsanspruch 192, 193, 404
Übertragungserklärung 189
Übertragungsklausel 375
Übertriebene Gestaltungen 322
Übertriebenes Anlocken 92, 109
UDRP 162, 163
Umsatz 4, 6, 58
Unique Visitor 11
Unterlassungsanspruch 72, 77, 83, 86, 130, 167, 264, 349
Unterlassungsantrag 59, 82, 348
Unterlassungserklärung 48
Unterlassungsklage 347
Unterlassungsklagegesetz 262
Unterlassungsschuldner 46
Unternehmenskennzeichen 178
Unternehmenssitz 28
Unternehmer 249, 253, 274
Unterrichtung des Verbrauchers 252
Unterscheidungskraft 396
Urheberbezeichnung 198
Urheberpersönlichkeitsrecht 198
Urheberrecht 195
Urheberrechts-Wahrnehmungsgesetz 373
Ursprungslandprinzip 31
Ursprungslandrecht 44

Vanity-Nummer 298
Verbraucher 248, 253
Verbreitung des Internet 2
Verbringungsverbot 217
Verfügungsverfahren 53, 55

Vergabestelle 154, 161
Vergleich 139
Vergleichende Werbung 138, 332
Verhaltenskodex 25
Verkehrsgeltung 179, 186
Verlockung 92, 95
Vernetzung 3
Versandhandel 210, 411
Versandhandelsverbot 217, 382, 397
Verschwiegenheitspflicht 322
Versteigerung 109, 112, 218, 219, 220, 256, 257, 396, 399, 403
Verteildienste 270
Verwässerung 176
Verwechslungsfähigkeit 167, 414
Verwechslungsgefahr 128, 180, 183, 185, 385, 389, 414, 416
Verwertungsgesellschaften 373, 374, 379
VG Bild-Kunst 378
VG Wort 377
Video-on-demand-Dienst 380
Vindikationsanspruch 191
Visits 10, 58
Voice-Mail-System 282
Volksgesundheit 214
Vollzug Einstweiliger Verfügungen 56
Vorratsverfügung 52

Wahrheitsgrundsatz 17, 64
Wahrnehmungsvertrag 378, 380
Warenart 37
Warenumsatz 60
Webdesign-Vertrag 357
Webhändler 5
Webseite 394
Website 7, 10, 360, 362
Webwasher 122, 123, 199
Weltwirtschaft 2
Werbeaufwendungen 60
Werbebanner 9, 124, 363, 383
Werbebegriff 12
Werbebehinderung 122
Werbebutton 9

Werbeformen 7
Werbematerial 215
Werbemethoden 196
Werberecht der Rechtsanwälte 290
Werbevertragsrecht 357
Werbung reglementierter Berufe 277
Werbung wider Willen 231
Werkart 196
Werktitel 236, 414
Werktitelschutz 178, 235, 236, 237
Werkvernichtung 199
Werkvertrag 361
Wertersatz 260
Wertminderung 261
Wertreklame 106
Wertverlust 259
Wettbewerb 21
Wettbewerbsprinzip 21
Wettbewerbsverhältnis 30, 39, 40, 223, 387
Widerruf 108
Widerrufs- und Rückgaberecht 255, 400, 401
Widerrufsrecht 255, 256, 260, 287, 387
Widerspruch 50
Wiederholungsgefahr 82
WIPO 162, 379
Wirkbereich 20
Wirtschaftsprüfer 291, 304
Word Stuffing 131
Wort-Bild-Marke 182

Zahnarzt 306, 310, 313, 318, 319, 402
Zahnarzt-Suchservice 311
Zahnklinik 312
Zugaben 19
Zugabeverbot 96
Zugabeverordnung 93, 97, 101
ZugabeVO 390
Zuordnungsverwirrung 166, 169, 170, 173, 179, 181
Zusendung unbestellter Ware 87
Zuständigkeit 27
Zustellung 56